Christoph Schmitt (Hrsg.)

Gestaltung von Wirtschaftsverträgen

De Gruyter Praxishandbuch

Gestaltung von Wirtschaftsverträgen

Unwirksame Vertragsklauseln und Verträge vermeiden

Herausgegeben von
Christoph Schmitt, Hoffmann Liebs Fritsch & Partner
Rechtsanwälte mbB, Düsseldorf

Bearbeitet von
Rechtsanwalt **Dr. Volker Hees**, Fachanwalt für Insolvenzrecht;
Rechtsanwalt **Sebastian Herrmann**; Rechtsanwalt **Lothar Köhl**;
Rechtsanwalt **Thomas Michaelis**; Rechtsanwalt **Christoph Schmitt**;
Rechtsanwalt **Martin Stange**, alle Hoffmann Liebs Fritsch & Partner
Rechtsanwälte mbB, Düsseldorf

DE GRUYTER

Zitiervorschlag: Schmitt/*Köhl* Gestaltung von Wirtschaftsverträgen, Kap. 2 Rn 4

Hinweis:
Alle Angaben in diesem Werk sind nach bestem Wissen unter Anwendung aller gebotenen Sorgfalt erstellt worden. Trotzdem kann von dem Verlag und den Autoren keine Haftung für etwaige Fehler übernommen werden.

ISBN 978-3-11-033034-2
e-ISBN (ebook) 978-3-11-033067-0
e-ISBN (epub) 978-3-11-038994-4

Bibliografische Information der Deutschen Nationalbibliothek
Die Deutsche Nationalbibliothek verzeichnet diese Publikation in der Deutschen Nationalbibliografie; detaillierte bibliografische Daten sind im Internet über http://dnb.d-nb.de abrufbar.

Einbandabbildung: Robert Churchill/iStock/thinkstock
Datenkonvertierung/Satz: jürgen ullrich typosatz, 86720 Nördlingen
Druck: CPI books GmbH, Leck
♾ Gedruckt auf säurefreiem Papier
Printed in Germany

www.degruyter.com

Vorwort

Vertragliche Gestaltungen zwischen Wirtschaftsunternehmen sind oft vielschichtig und komplex. Für den juristischen Verfasser und Bearbeiter stellen sie teils große Herausforderungen dar, soweit sie einerseits den hohen Anforderungen der Rechtsprechung im Hinblick auf ihre Wirksamkeit genügen und andererseits tatsächlich jeweils interessenwahrend sein sollen. Die zum Teil, wenn auch systematisch richtige, doch sehr stringente Rechtsprechung zum Recht der Allgemeinen Geschäftsbedingungen (AGB-Recht) hat ihr übriges getan, um die Messlatte für die Zielerreichung der vorgenannten Ziele zu erhöhen.

Die unüberschaubare Vielzahl an Literatur zu den einzelnen in der Wirtschaft gebräuchlichen Vertragsarten zeigt die Unmöglichkeit, die zu beachtenden vielschichtigen rechtlichen Facetten in einem kompakten Werk abzuhandeln.

Gleichwohl stellt dieses Buch den Versuch dar, neben den nicht zu unterschätzenden Grundzügen der Vertragsgestaltung aus Praktikersicht eine kompakte Abhandlung der bei den wichtigsten, in der Wirtschaft gebräuchlichen Vertragsgestaltungen zu berücksichtigenden Regelungen zu bieten und aus Praktikersicht sinnvolle Hinweise darauf zu erteilen, welche Regelungsfallen es zu meiden gilt. Regelungsspezifisch werden dabei auch sinnvolle Hinweise zu AGB-rechtlichen Gestaltung miteinbezogen. Die Aufnahme von positiven und negativen Musterformulierungen soll zudem dem Vertragsgestalter die Erarbeitung des spezifischen Vertragsentwurfs unter Anwendung der notwendigen fallspezifischen Reflektion erleichtern.

Das Werk hat nicht den Anspruch sich in hochwissenschaftlicher Form mit einzelnen Vertragsarten oder darin vorkommenden juristischen Regulierungen auseinanderzusetzen. Es ist vielmehr aus der Sicht langjährig vertragsgestaltend tätiger Autoren als praktische Arbeitshilfe für Praktiker gedacht.

Düsseldorf, im März 2015

Christoph Schmitt
Rechtsanwalt

Inhaltsverzeichnis

Kapitel 5
Vertragsverhandlungen: Grundlagen der Verhandlungstechnik

Kapitel 6
Anforderungen an die Vertragsgestaltung

Kapitel 7
Typische Vertragsarten und deren wichtigste Regelungsinhalte

Kapitel 8
Klauselbestandteile und Praxistipps

Kapitel 9
Vertragliche Sicherungsinstrumente – Was hilft in Krise und Insolvenz des Vertragspartners?

Kapitel 10
Konfliktlösungsmöglichkeiten

Abkürzungsverzeichnis

%	Prozent
§	Paragraph
a.A.	anderer Ansicht
a.a.O.	an angegebenem Ort
a.E.	am Ende
a.F.	alte Fassung
Abs.	Absatz
AEUV	Vertrag über die Arbeitsweise der Europäischen Union
AG	Aktiengesellschaft
AG *Ort*	Amtsgericht *des Ortes*
AGB	Allgemeine Geschäftsbedingungen
AGG	Allgemeines Gleichbehandlungsgesetz
AktG	Aktiengesetz
Alt.	Alternative
amtl. Begr.	amtliche Begründung
ÄndG	Änderungsgesetz
Anh.	Anhang
Anm.	Anmerkung
Anm. d. Verf.	Anmerkung des Verfassers
Art.	Artikel
aufgeh.	aufgehoben
Aufl.	Auflage
AÜG	Arbeitnehmerüberlassungsgesetz
AVBFernwärmeV	Verordnung über Allgemeine Bedingungen für die Versorgung mit Fernwärme
Az	Aktenzeichen
B2B	engl. *business to business*, Unternehmer zu Unternehmer
B2C	engl. *business to customer*, Unternehmer zu Verbraucher
BAG	Bundesarbeitsgericht
BAGE	BAG-Entscheidungen
BauR	Baurecht (Zeitschrift)
BB	Betriebs-Berater (Zeitschrift)
BC	Zeitschrift für Bilanzierung, Rechnungswesen und Controlling
BeckRS	Beck'sche Rechtsprechungssammlung (Online-Zeitschrift)
Beschl. v.	Beschluss vom
BetrKV	Betriebskostenverordnung
BetrVG	Betriebsverfassungsgesetz
BFH	Bundesfinanzhof
BGB	Bürgerliches Gesetzbuch
BGBl.	Bundesgesetzblatt
BGH	Bundesgerichtshof
BGHSt	Entscheidungen des Bundesgerichtshofs in Strafsachen
BGHZ	Entscheidungen des Bundesgerichtshofs in Zivilsachen
BK	Beschlusskammer
BKartA	Bundeskartellamt

BMF	Bundesministerium der Finanzen
BRAO	Bundesrechtsanwaltsordnung
BR-Drucks.	Bundesrats-Drucksache
bspw.	beispielsweise
BStBl.	Bundessteuerblatt
BT-Drucks.	Bundestags-Drucksache
BVerfG	Bundesverfassungsgericht
BVerfGE	Entscheidungen des Bundesverfassungsgerichts
BVerwG	Bundesverwaltungsgericht
bzw.	beziehungsweise
CR	Computer und Recht (Zeitschrift)
d.h.	das heißt
DB	Der Betrieb (Zeitschrift)
EGBGB	Einführungsgesetz zum BGB
EGV	Vertrag zur Gründung der Europäischen Gemeinschaft
Einf	Einführung
EL	Ergänzungslieferung
EU	Europäische Union
EuGH	Europäische Gerichtshof
EuInsVO	Europäische Insolvenzordnung
EUV	Vertrag über die Europäische Union
f./ff.	folgende/fortfolgende
FG	Finanzgericht
Fn	Fußnote
GasGVV	Verordnung über Allgemeine Bedingungen für die Grundversorgung von Haushaltskunden und die Ersatzversorgung mit Gas aus dem Niederdrucknetz
GbR	Gesellschaft bürgerlichen Rechts
GebrMG	Gebrauchsmustergesetz
GeschmMG	Geschmacksmustergesetz
GewO	Gewerbeordnung
GG	Grundgesetz
ggf.	gegebenenfalls
GmbH	Gesellschaft mit beschränkter Haftung
GmbHG	Gesetz betreffend die Gesellschaft mit beschränkter Haftung
grds.	grundsätzlich
Grundz.	Grundzüge
GWB	Gesetz gegen Wettbewerbsbeschränkungen
GWR	Gesellschafts- und Wirtschaftsrecht (Zeitschrift)
h.M.	herrschende Meinung
HeizKV	Heizkostenverordnung
HGB	Handelsgesetzbuch
Hs.	Halbsatz

i.d.F.	in der Fassung
i.d.R.	in der Regel
i.E.	im Einzelnen
i.e.S.	im engeren Sinne
i.S.	im Sinne
i.S.d.	im Sinne des
i.S.e.	im Sinne einer
i.S.v.	im Sinne von
i.V.m.	in Verbindung mit
insb.	insbesondere
InsO	Insolvenzordnung
JZ	Juristen Zeitung (Zeitschrift)
Kap.	Kapitel
Kart.	Kartellverfahren
KG	Kommanditgesellschaft
KG Berlin	Kammergericht Berlin
krit.	kritisch
LAG	Landesarbeitsgericht
LG	Landgericht
lit.	lat. *littera* = Buchstabe
LL	Leitlinien
LoI	engl. *letter of intent*, Absichtserklärung
M&A	mergers & aquisitions (Fusionen und Übernahmen)
m.a.W.	mit anderen Worten
m.w.M.	mit weiteren Meinungen
m.w.N.	mit weiteren Nachweisen
m.W.v.	mit Wirkung vom
m.z.N.	mit zahlreichen Nachweisen
MarkenG	Markengesetz
max.	maximal
MDR	Monatsschrift für Deutsches Recht (Zeitschrift)
MediationsG	Mediationsgesetz
Mio.	Millionen
MMR	Multimedia und Recht (Zeitschrift)
MoU	engl. *memorandum of understanding*, Grundsatzvereinbarung
MüKo	Münchener Kommentar
n.F.	neue Fassung
n.v.	nicht veröffentlicht
NJOZ	Neue Juristische Online-Zeitschrift
NJW	Neue Juristische Wochenschrift (Zeitschrift)
NJW-RR	Neue Juristische Wochenschrift-Rechtsprechungs-Report
Nr.	Nummer
NRW	Nordrhein-Westfalen
NZA	Neue Zeitschrift für Arbeitsrecht

NZA-RR	Neue Zeitschrift für Arbeitsrecht-Rechtsprechungs-Report
NZBau	Neue Zeitschrift für Baurecht und Vergaberecht
NZG	Neue Zeitschrift für Gesellschaftsrecht
NZI	Neue Zeitschrift für Insolvenz- und Sanierungsrecht
NZM	Neue Zeitschrift für Miet- und Wohnungsrecht
o.g.	oben genannt
OHG	Offene Handelsgesellschaft
OLG	Oberlandesgericht
PatentG	Patentgesetz
PrKG	Preisklauselgesetz
Rn	Randnummer
Rs	Rechtssache
Rspr.	Rechtsprechung
RVG	Rechtsanwaltsvergütungsgesetz
Rz.	Randziffer
S./s.	Seite/siehe
s.o.	siehe oben
s.u.	siehe unten
Slg.	Sammlung der Rechtsprechung des Gerichtshofes und des Gerichts Erster Instanz (Sammlung des EuGH)
StBerG	Steuerberatungsgesetz
sog.	sogenannt
TzBfG	Teilzeitbefristungsgesetz
u.a.	unter anderem/und andere
u.ä.	und ähnliches
u.E.	unseres Erachtens
u.U.	unter Umständen
u.v.a.	und viele andere
UG	Unternehmergesellschaft
Urt.	Urteil
UWG	Gesetz gegen den unlauteren Wettbewerb
v.	von
v.g.	vorher genannt
v.H.	von Hundert
VersR	Versicherungsrecht (Zeitschrift)
vgl.	vergleiche
VO	Verordnung
VOB/A	Vergabe- und Vertragsordnung für Bauleistungen, Teil A
VOB/B	Vergabe- und Vertragsordnung für Bauleistungen, Teil B
Vorbem.	Vorbemerkung
WM	Wertpapiermitteilungen (Zeitschrift)
WuM	Wohnungswirtschaft und Mietrecht (Zeitschrift)

z.B.	zum Beispiel
z.T.	zum Teil
Ziff.	Ziffer
ZIP	Zeitschrift für Wirtschaftsrecht
zit.	zitiert
ZMR	Zeitschrift für Miet- und Raumrecht
zzt.	zurzeit
ZPO	Zivilprozessordnung
ZVG	Zwangsversteigerungsgesetz
ZwVwV	Zwangsverwalterverordnung

Literaturverzeichnis

Altmeppen, Holger/Roth, Günter, GmbHG, Kommentar, 7. Auflage, München 2012 (zit.: *Bearbeiter* in: Altmeppen/Roth, GmbHG, 7. Auflage 2012)

Alvermann, Jörg/Bahns, Jochen/Beckert, Manuela u.a., Formularbuch Recht und Steuern, 8. Auflage, München 2014 (zit.: *Bearbeiter* in: Formularbuch Recht und Steuern, 8. Auflage 2014)

Bamberger, Heinz G./Roth, Herbert, Beck'scher Online-Kommentar zum BGB, Edition 33, Stand 1.11.2014 (zit.: *Bearbeiter* in: Bamberger/Roth, Beck'scher Online-Kommentar BGB)

Bauer, Jobst-Hubertus/Diller, Martin, Wettbewerbsverbote, 6. Auflage, München 2012 (zit.: *Bauer/Diller* Wettbewerbsverbote, 6. Auflage 2012)

Baumbach, Adolf/Hopt, Klaus, Handelsgesetzbuch, Kommentar, 36. Auflage, München 2014 (Baumbach/Hopt/*Bearbeiter*)

Baumbach, Adolf/Hueck, Alfred, GmbHG, Kommentar, 20. Auflage, München 2013 (zit.: *Bearbeiter* in: Baumbach/Hueck, GmbHG, 20. Auflage 2013)

Graf von Bernstorff, Chistoph, Incoterms® 2010 der Internationalen Handelskammer (ICC): Kommentierung für die Praxis inklusive offiziellem Regelwerk 1. Auflage, Köln 2010 (zit.: *Bernstorff* Incoterms® 2010 Kommentierung für die Praxis, 1. Auflage 2010)

Calliess, Christian/Ruffert, Matthias, EUV/AEUV, Kommentar, 4. Auflage, München 2011 (zit.: *Bearbeiter* in: Calliess/Ruffert, EUV/AEUV, 4. Auflage 2011)

Dauner-Lieb, Barbara/Langen, Werner, Bürgerliches Gesetzbuch: BGB Band 1/2 §§ 241–610, 2. Auflage, Baden-Baden 2012 (zit.: *Bearbeiter* in: Dauner-Lieb/Langen, BGB/Schuldrecht, 2. Auflage 2012)

Dauner-Lieb, Barbara/Langen,Werner, Bürgerliches Gesetzbuch: BGB Band 2/2 §§ 611–853, 2. Auflage, Baden-Baden 2012 (zit.: *Bearbeiter* in: Dauner-Lieb/Langen, BGB/Schuldrecht, 2. Auflage 2012)

Dauner-Lieb, Barbara/Konzen, Horst/Schmidt, Karsten, Das neue Schuldrecht in der Praxis, 1. Auflage, Köln 2002 (zit.: *Bearbeiter* in: Dauner-Lieb/Konzen/Schmidt, Das neue Schuldrecht in der Praxis, 1. Auflage 2002)

Ebenroth, Carsten Thomas/Boujong, Karlheinz/Joost, Detlev/Strohn, Lutz, Handelsgesetzbuch, Kommentar, Band 1: §§ 1–342e, 3. Auflage, München 2014, Band 2: §§ 343–475h, 2. Auflage, München 2009 (zit.: Ebenroth/Boujong/Joost/Strohn/*Bearbeiter*)

Hannemann, Thomas/Wiegner, Michael, Anwalts Handbuch Mietrecht, 3. Auflage, München 2010 (zit.: *Bearbeiter* in: Hannemann/Wiegner, Anwalts Handbuch Mietrecht, 4. Auflage 2014)

Heidel, Thomas, Aktienrecht und Kapitalmarktrecht, 4. Auflage, Baden-Baden 2014 (*Bearbeiter* in: Heidel, Aktienrecht und Kapitalmarktrecht, 4. Auflage 2014)

Hoffmann-Becking, Michael/Rawert, Peter, Beck'sches Formularbuch Bürgerliches, Handels- und Wirtschaftsrecht, 11. Auflage, München 2013 (zit.: *Bearbeiter* in: Hoffmann-Becking/Rawert, Beck'sches Formularhandbuch Bürgerliches, Handels- und Wirtschaftsrecht, 11. Auflage 2013)

Hümmerich, Klaus/Lücke, Oliver/Mauer, Reinhold, Arbeitsrecht, 8. Auflage, Baden-Baden 2014 (zit.: *Bearbeiter* in: Hümmerich, Arbeitsrecht, 8. Auflage 2014)

Jauernig, Othmar, Kommentar zum BGB, 15. Auflage, München 2014 (zit.: *Bearbeiter* in: Jauernig, Kommentar zum BGB, 15. Auflage 2014)

Kapellmann, Klaus Dieter/Messerschmidt, Burkhard, VOB Teile A und B, 4. Auflage, München 2013 (zit.: *Bearbeiter* in: Kapellmann/Messerschmidt, VOB Teile A und B, 4. Auflage 2013)

Krügler, Eberhard/Schmitt, Christoph, Projektverträge im Anlagenbau und für vergleichbare Investitionsprojekte, 1. Auflage, Berlin/Heidelberg 2013 (zit.: *Krügler/Schmitt* Projektverträge, 1. Auflage 2010)

Küstner, Wolfram/von Manteuffel, Kurt, Verträge mit Handelsvertretern, 8. Auflage, Heidelberg 1992 (zit.: *Küstner/v. Manteuffel* in: Verträge mit Handelsvertretern, 8. Auflage 1992)

Lindner-Figura, Jan/Oprée, Frank/Stellmann, Frank, Geschäftsraummiete, 3. Auflage, München 2012 (zit.: *Bearbeiter* in: Lindner-Figura/Oprée/Stellmann, Geschäftsraummiete 3. Auflage 2012)

Müller-Glöge, Rudi/Preis, Ulrich/Schmidt, Ingrid, Erfurter Kommentar zum Arbeitsrecht, 15. Auflage, München 2015 (zit.: *Bearbeiter* in: Erfurter Kommentar zum Arbeitsrecht, 15. Auflage 2015)

Münchener Kommentar zum Bürgerlichen Gesetzbuch, Band 1 §§ 1–240, Band 2 §§ 241–432, Band 3 §§ 433–610, Band 4 §§ 611–704, Band 5 §§ 705–853, 6. Auflage, München 2012 ff. (zit.: MüKo-BGB/*Bearbeiter*)

Münchener Kommentar zum Handelsgesetzbuch, Band 1 §§ 1–104a, Band 2 §§ 105–160, Band 3 §§ 161–237, Band 5 §§ 343–406, 3. Auflage, München 2010 ff. (zit.: MüKo-HGB/*Bearbeiter*)

Niebling, Jürgen, AnwaltKommentar AGB-Recht, 2. Auflage, Bonn 2014 (zit.: *Bearbeiter* in: Niebling, AnwaltKommentar AGB-Recht, 2. Auflage 2014)

Oetker, Hartmut, Handelsgesetzbuch, Kommentar, 3. Auflage, München 2013 (zit.: Oetker/*Bearbeiter*)

Palandt, Otto, Bürgerliches Gesetzbuch, Kommentar, 74. Auflage, München 2015 (zit.: Palandt/*Bearbeiter*)

Ring, Gerhard, Arbeitsbuch AGB, 1. Auflage, Münster 2007 (*Bearbeiter* in: Ring, Arbeitsbuch AGB, 1. Auflage 2007)

Schaub, Günter, Arbeitsrechtliches Formular- und Verfahrenshandbuch, 10. Auflage, München 2013 (zit.: *Bearbeiter* in: Schaub, Arbeitsrechtliches Formular- und Verfahrenshandbuch, 10. Auflage 2013)

Schmidt, Andreas, Hamburger Kommentar zum Insolvenzrecht, 5. Auflage, Köln 2015 (zit.: *Bearbeiter* in: Schmidt, Hamburger Kommentar zum Insolvenzrecht, 5. Auflage 2015)

Schmidt-Futterer, Wolfgang, Mietrecht, 11. Auflage, München 2013 (zit.: *Bearbeiter*: Schmidt-Futter, Mietrecht, 11. Auflage 2013)

Schmitt, Christoph/Ulmer, Detlef, Allgemeine Geschäftsbedingungen und Verträge für Unternehmen, 1. Auflage, Berlin/Heidelberg 2010 (zit.: *Schmitt/Ulmer* Allgemeine Geschäftsbedingungen und Verträge für Unternehmen, 1. Auflage 2010)

Schmitt, Christoph/Ulmer, Detlef, Wirtschaftsverträge rechtssicher gestalten, 1. Auflage, Berlin/Heidelberg 2010 (zit.: *Schmitt/Ulmer* Wirtschaftsverträge rechtssicher gestalten, 1. Auflage 2010)

Sonntag, Gerolf/Rütten, Thomas, FormularBibliothek Vertragsgestaltung Privates Baurecht, 2. Auflage, Baden-Baden 2012 (zit.: *Bearbeiter* in: Sonntag/Rütten, FormularBibliothek Vertragsgestaltung Privates Baurecht, 2. Auflage 2012)

Staub Großkommentar zum HGB und seinen Nebengesetzen, hrsg. von Canaris, Claus-Wilhelm/Habersack, Mathias/Schäfer, Carsten, Band 2 §§ 48–104, 5. Auflage, Berlin 2008 ff. (zit.: *Bearbeiter* in Großkomm. HGB, 5A)

Staudinger, BGB Kommentar zum Bürgerlichen Gesetzbuch, Buch 2, Recht der Schuldverhältnisse, §§ 255–304, Stand: 2014; §§ 315–326, Stand: 2009; §§ 305–310, Stand: 2013; §§ 305–310, Stand: 2013; §§ 433–480, Stand: 2014; §§ 535–555f, Stand: 2014; §§ 631–651, Stand: 2013; Berlin (zit.: Staudinger/*Bearbeiter* Neubearbeitung 2014)

Staudinger, Eckpfeiler des Zivilrechts 2014/2015, Berlin (zit.: Staudinger/*Bearbeiter* Eckpfeiler des Zivilrechts, Neubearbeitung 2014/2015)

Ulmer, Peter/Brandner, Erich/Hensen, Horst-Diether, AGB-Recht, 11. Auflage, Köln 2011 (zit.: *Bearbeiter* in: Ulmer/Brandner/Hensen, AGB-Recht, 11. Auflage 2011)

Graf von Westphalen, Friedrich, Vertragsrecht und AGB-Klauselwerke, München, 35. Ergänzungslieferung Februar 2014 (zit.: *Bearbeiter* in: Graf von Westphalen, Vertragsrecht und AGB-Klauselwerke, 35. EL 2014)

Ziemons, Hildegard/Jaeger, Carsten, Beck'scher Online-Kommentar GmbHG, Edition 20, Stand 1.9.2014, München 2014 (zit.: *Bearbeiter* in: Ziemons/Jaeger, Beck'scher Online-Kommentar GmbHG, Edition 20, Stand 1.9.2014)

Autorenverzeichnis

Volker Hees, Dr. iur., Jg. 1970; Studium der Rechtswissenschaften und Promotion an der Westfälischen Wilhelms-Universität Münster; zunächst Rechtsanwalt seit 1999 bei BBLP Beiten Burkhardt Mittl & Wegener; seit 2002 bei Hoffmann Liebs Fritsch & Partner Rechtsanwälte mbB als Rechtsanwalt und Partner mit Tätigkeitsschwerpunkt Insolvenzrecht; Mitglied in der „Düsseldorfer Vereinigung für Insolvenz- und Sanierungsrecht e.V."; diverse Fachveröffentlichungen.

Sebastian Herrmann, Jg. 1975; Studium der Rechtswissenschaften in Freiburg; Rechtsanwalt seit 2004 bis 2009 bei Waldowski Stünkel Arendt & Partner, Düsseldorf, seit 2010 bei Hoffmann Liebs Fritsch & Partner Rechtsanwälte mbB, dort Rechtsanwalt und Partner mit den Tätigkeitsschwerpunkten Vertriebsrecht, einschließlich Vertriebskartellrecht, Vertrags- und AGB-Recht sowie Handels- und Gesellschaftsrecht; Mitglied in der „Studienvereinigung Kartellrecht e.V."; langjähriger Referent bei namhaften Seminarveranstaltern zu Themen des Vertrags- und AGB-Rechts sowie des Vertriebs- und Vertriebskartellrechts, Mitarbeiter-Schulungen im Bereich Compliance/Kartellrecht.

Lothar Köhl, Jg. 1965; Studium der Rechtswissenschaften in Münster; Auslandstätigkeit in einer Sozietät in Dublin/Irland 1993–1994, von 1995–2004 Rechtsanwalt bei einer örtlichen Sozietät in Münster sowie Dozententätigkeit und Zweigstelleninhaber bei einem juristischen Repititorium, seit 2004 bei Hoffmann Liebs Fritsch & Partner Rechtsanwälte mbB und dort als Partner im Bereich der nationalen und internationalen handels-, vertriebs- und gesellschaftsrechtlichen Beratung von Unternehmen; Vorstandsmitglied der „Deutsch-Irischen Juristen- und Wirtschaftsvereinigung e.V." (German-Irish Lawyers and Business Association); Regelmäßige Fachvorträge und Veröffentlichungen (u.a. im Euroforum Management-Lehrgang und im Beck Verlag).

Thomas Michaelis, Jg. 1978; Studium der Rechtswissenschaften in Düsseldorf mit Referendariat in Wuppertal, Düsseldorf und Paris, laufende Promotion an der Universität Düsseldorf; als zugelassener Rechtsanwalt in Düsseldorf und Luxemburg (Liste 4) von 2006 bis 2012 bei der Luther Rechtsanwaltsgesellschaft mbH, Auslandstätigkeit von 2010 bis 2012 bei der Kanzlei Luther Avocats à la Cour; seit Oktober 2012 bei Hoffmann Liebs Fritsch & Partner Rechtsanwälte mbB im Bereich Immobilien-, Bau- und Vergaberecht; Deutsche und französischsprachige Vorträge, Seminare und Veröffentlichungen in diesem Fachbereich.

Christoph Schmitt, Jg. 1963; Studium der Rechtswissenschaften an der Universität Köln; zunächst 1990–1992 als Unternehmensberater tätig, danach seit 1993 Rechtsanwalt im nationalen und internationalen Handels-, Gesellschafts- und Vertragsrecht, seit 1999 Partner bei Hoffmann Liebs Fritsch & Partner Rechtsanwälte mbB; Mitglied der „Deutschen Vereinigung für Gewerblichen Rechtsschutz und Urheberrecht e.V." (GRUR), der „Deutsch Indischen Handelskammer" und der „DCW Deutsch-Chinesische Wirtschaftsvereinigung e.V."; Autor mehrerer Fachbücher u.a. zur rechtssicheren Gestaltung von Wirtschaftsverträgen und AGB, darüber hinaus langjähriger Referent beim FORUM Institut für Management, der Beck Akademie und dem Otto Schmidt Verlag.

Martin Stange, Jg. 1980; Studium der Rechtswissenschaften in Münster, Referendariat in Münster, Prag und München; 2009 bis 2010 Contract-Manager eines städtischen Unternehmens in Mönchengladbach; Rechtsanwalt seit 2010 bei Hoffmann Liebs Fritsch & Partner Rechtsanwälte mbB im Bereich des Handels-, Gesellschafts-, Vertriebsrechts sowie im Gewerblichen Rechtsschutz; Fachveröffentlichungen u.a. im „AnwaltKommentar AGB-Recht" (Hrsg. Niebling; 2. Auflage 2014) sowie Vorträge im Bereich des Vertriebs- und Wettbewerbsrechts.

Kapitel 1
Überblick: Häufige Rechts- und Regelungsfallen

Obwohl Rechtssysteme dazu dienen, die rechtlichen Beziehungen zwischen einzelnen Personen oder Unternehmen zu klären, sind sie bisweilen so komplex und umfangreich, dass mitnichten jede geschäftsfähige Person auch in der Lage ist hieb- und stichfeste Verträge zu schreiben. Für komplizierte und vielschichtige Verträge empfiehlt es sich, die Hilfe eines Rechtsanwaltes und Fachmannes auf dem Gebiet anzunehmen. Mit genügend Anleitung können simplere Rechtsverhältnisse allerdings durchaus auch ohne ein juristisches Studium gestaltet werden. Viele Prozesse und nachträgliche Konflikte können schon durch Vermeidung der geläufigen Fehler umgegangen werden. 1

Zu den geläufigen Fehlern zählt eine **missverständliche Wortwahl**. Aus der Tatsache, dass Recht nur mit Sprache wiedergegeben und kommuniziert werden kann, hat sich über die Zeit ein sehr genauer Sprachstil entwickelt. Dieser unterscheidet sich von der Alltagssprache nicht nur durch eigentümliche sprachliche Wendungen, sondern vor allem durch den Anspruch, möglichst **exakt Sachverhalte darzustellen**. Juristische Texte sind nicht dazu da, den Leser zu fesseln und ihn mit spannenden Ausführungen zum Lesen anzuregen. Niemand liest einen Vertrag oder ein Gesetz in der Hoffnung auf eine gute Lektüre. Wer sich einen Vertrag zur Hand nimmt, will vor allem genaue Antworten auf die Frage: „**Wer** darf **was** von **wem** in **welchem Falle** verlangen?“. Mittels einer bedachten, logischen und genauen Wortwahl, soll dies geregelt werden. 2

Beispiel

Während im alltäglichen Sprachgebrauch die Worte „**immer**“ und „**grundsätzlich**“ häufig synonym verwendet werden, bedeutet für einen Juristen letzterer Begriff, dass es auch durchaus Ausnahmen von diesem Grundsatz geben kann und es eben nicht immer so ist.

Auch kann die Verwendung eines „**und**“ oder eines „**oder**“ einen großen Unterschied machen. Bei einem „und“ müssen denknotwendig beide sprachlich verbundenen Elemente vorliegen, um beispielsweise eine Rechtsfolge auszulösen. Bei einem „oder“ reicht das Vorliegen eines der beiden Elemente.

Ebenso können einzelne Worte durch **juristische oder gesetzliche Definition** eine gänzlich andere Bedeutung haben. Für die meisten Menschen macht es keinen Unterschied, ob jemandem vertraglich „**Eigentum**“ oder „**Besitz**“ an einer Sache verschafft werden soll. Im juristischen besteht hingegen ein bedeutender Unterschied. Wer Eigentum an einer Sache hat, hat die rechtliche Befugnis frei über die Sache zu verfügen und andere von der Nutzung auszuschließen, soweit das Gesetz nichts anderes bestimmt, § 903 BGB. Dagegen ist Besitz nur ein Faktum, die rein tatsächliche Gewalt an einer Sache, § 854 BGB. Ein guter Vertrag enthält klare Regelungen und lässt nur dort Spielraum zur Auslegung, wo er von den Vertragsparteien gewünscht ist.

Je länger zudem ein selbst verfasster Vertrag ist, desto häufiger leidet er auch an **Unübersichtlichkeit** und ist schwerer zu erfassen. Professionell aufgesetzte Ver- 3 träge zeichnen sich unter anderem durch transparente Strukturen auf. Der Text wird in sinnvolle Absätze unterteilt. Einzelne Abschnitte sind durchnummeriert und erhalten Überschriften.

4 Unabhängig von Sprache und Aufbau kommt es zudem oft vor, dass die Parteien schlichtweg **unzulässige Inhalte** im Vertrag vereinbaren. Im deutschen Rechtssystem herrscht zwar grundsätzlich das Prinzip der Vertragsfreiheit, also der Freiheit, über alles, was die Parteien wollen, in Verträgen zu disponieren. Aus Gerechtigkeitserwägungen heraus wird diese Freiheit an zahlreichen Stellen von Gesetz oder Rechtsprechung eingeschränkt.

5 Die Grundlagen des Vertragsrechts sollen in den weiteren Kapiteln des Buches verständlich dargestellt und mit **Praxisbezug** erläutert werden. Ebenso werden wichtige Hinweise zu Aufbau, Struktur und Gestaltung des Vertrages gegeben. Zur Vermeidung von unwirksamen Vertragsklauseln werden sodann klassische Vertragstypen und deren wichtigste **gesetzliche Regelungsinhalte** erläutert. Der Fokus liegt dabei auf den vertraglichen Gestaltungsmöglichkeiten, die den Vertragsparteien vom Gesetzgeber hinsichtlich Haupt- und Nebenleistungspflichten eingeräumt werden. Zuletzt wird, getreu dem Motto „Vorsicht ist besser als Nachsicht“, auf vertragliche **Sicherungsinstrumente** verwiesen und auf die Möglichkeiten, sich schon vorab auf bestimmte **Konfliktlösungsverfahren** zu einigen.

Kapitel 2
Effiziente Vertragsgestaltung und -umsetzung

A. Grundsätze der Vertragsgestaltung

Mit dem Begriff des Vertrages wird meist nicht allzu viel Positives assoziiert. Viele denken an seitenlange Stolperfallen in kleinster Schrift und komplizierten Floskeln. Dabei sollen Verträge gerade der **Rechtssicherheit** dienen und beide Parteien informieren „woran man ist". Dennoch lösen sie bei den meisten Menschen Unbehagen aus. Wer einen Vertrag vorgesetzt bekommt, fragt sich: „Wo ist der Haken?". Wer aber einen Vertrag erstellt, sieht sich selbst vor einer ganz anderen Herausforderung: dem **Blick in die Zukunft**. 1

Anders als ein Richter, der die Rechtslage anhand eines bereits feststehenden Sachverhalts klären soll, obliegt es den Vertragsgestaltenden die Rechtslage für noch nicht eingetretene Ereignisse im Vorhinein zu klären. Diese schwierige Aufgabe wird in der Praxis nicht mit einem Blick in die Kristallkugel, sondern mit **allgemeiner Lebenserfahrung** gelöst. Denn oftmals sind es ähnliche Fragen, die die Parteien beschäftigen: 2

- Ab wann soll eine bestimmte Summe gezahlt werden?
- Wie kann ich den Vertrag kündigen?
- Wer haftet im Schadensfall?
- etc.

Im Folgenden finden Sie eine Einführung in das Thema „Verträge". Wozu dient ein Vertrag, woraus besteht er im wesentlichem und wie kommt er zustande (I.)? Zudem wird erläutert, wie ein Vertrag ausgelegt und gelesen wird (II.) und wo der Gesetzgeber dem Recht auf freie Vertragsgestaltung Schranken setzt (III.). Abschließend wird ein Überblick über wesentliche Punkte gegeben, über die man sich bei Vertragsgestaltung grundsätzlich Gedanken machen sollte (IV.). 3

I. Der Vertrag

1. Funktion des Vertrages

Unter Vertrag ist nicht zwingend ein Schriftstück zu verstehen, das einen Geschäftsabschluss beinhaltet und von beiden Parteien unterschrieben wird. Es ist vielmehr die Vereinbarung selbst, die durch ein Dokument verkörpert werden kann, aber nicht muss. Jeder von uns schließt tagtäglich Verträge mit verschiedensten Leuten ab, egal ob es nun um den Zeitungskauf im Kiosk, die Fahrt mit dem Taxi oder den Eintritt ins Kino geht. Dabei herrscht in Deutschland der **Grundsatz der Privatau-** 4

tonomie. Das heißt, dass jeder einzelne grundsätzlich die Freiheit hat, seine privaten Rechtbeziehungen **frei** zu gestalten.

Beispiel
A möchte seinen gebrauchten Fernseher verkaufen, fragt seinen Freund B, ob er Interesse hat und sagt: „Für 500 € würde ich ihn Dir überlassen.". B antwortet: „Okay! Ich hol ihn dann morgen mit dem Auto ab und bring Dir das Geld vorbei."

5 Unter die Privatautonomie fällt auch die Vertragsfreiheit, die umfasst, dass jeder selbst entscheiden kann, **ob** und **mit wem** er einen Vertrag abschließt, welchen **Inhalt** dieser hat und ob er schriftlich, mündlich oder in einer anderen **Form** geschlossen wird. Die Gesetze sind insofern sehr liberal und in solch simplen Fällen wie dem angeführten Beispiel kann oftmals auch schon der juristische Laie anhand gesunden Menschenverstands das gesetzlich vorgegebene „Ergebnis" erahnen.

Beispiel
B kommt am nächsten Tag mit dem Geld zu A. Dieser weigert sich ihm den Fernseher zu überlassen, da sein Arbeitskollege C ihm mittlerweile 600 € für das Gerät angeboten hat. Muss A trotzdem den Fernseher an B zum vereinbarten Preis übergeben?
Weil er schon am Tag zuvor mündlich einen Kaufvertrag mit B abgeschlossen hat, ist A verpflichtet, B den Fernseher für 500 € zu übergeben. Ob B tatsächlich so weit geht und sein Recht klageweise geltend macht oder es zähneknirschend dem Frieden zuliebe unterlässt, ist Bs Entscheidung. Für einen Richter müsste die Bewertung des Falles selbstverständlich noch in die einschlägigen Paragraphen des Bürgerlichen Gesetzbuches (BGB) eingekleidet werden. Dieses Beispiel zeigt auch den Unterschied zwischen „Recht haben" und „Recht bekommen".

6 Innerhalb des marktwirtschaftlichen Systems ist die Vertragsfreiheit elementarer Bestandteil. Zum einen dient sie dem Wettbewerb und dem **Interessenausgleich** einzelner durch frei ausgehandelte Vereinbarungen. Zum anderen kümmert sich jeder selbst um die von ihm benötigten Güter wie Nahrung, Kleidung und Wohnung. Es kommt zu einer optimalen **Bedarfsverteilung.**

7 Doch auch die Vertragsfreiheit als Ausdruck der Privatautonomie und allgemeinen Handlungsfreiheit aus Artikel 2 des Grundgesetzes findet ihre Grenzen in der Freiheit anderer. So kann es bei Vertragsverhandlungen zwischen zwei Personen nicht nur auf den Willen eines Beteiligten ankommen. Beide Parteien wollen möglichst wenig leisten und dafür möglichst viel bekommen. Durch solche Verhandlungen zweier gleich starker Vertragspartner werden gerechte Ergebnisse erzielt, die von der Rechtsordnung anerkannt werden. Bei (wirtschaftlich) unterschiedlich starken Beteiligten wird die Privatautonomie in einigen Bereichen beschränkt (vgl. Rn 57 Kap. 2 Grenzen der Privatautonomie).

2. Bestandteile des Vertrages

Juristen definieren einen Vertrag als ein **Rechtsgeschäft** bestehend aus zwei inhaltlich übereinstimmenden, mit Bezug aufeinander abgegebenen **Willenserklärungen** (Angebot und Annahme). Eine Willenserklärung ist eine private Willensäußerung, die auf die Erzielung einer Rechtsfolge gerichtet ist. Es müssen sich also beide Vertragspartner einigen, bestimmte Rechtsfolgen herbeizuführen. 8

a) Innerer Wille

Um eine wirksame Willenserklärung abzugeben, muss man zunächst **innerlich** Handlungs-, Erklärungs- und Geschäftswillen bilden. Für gewöhnlich läuft die Willensbildung fehlerfrei ab und wird in Gerichtsverhandlungen gar nicht weiter thematisiert. Falls aber doch Probleme bei der Willensbildung vorlagen, ist zu klären, ob ein Vertrag überhaupt zustande kam und wenn ja, ob dieser dann nicht durch Anfechtung rückwirkend unwirksam gemacht werden kann. 9

Unter **Handlungswillen** versteht man das Bewusstsein, überhaupt zu handeln. In der Praxis entstehen selten an dieser Stelle Probleme, da glücklicherweise Vertragsverhandlungen nicht besonders häufig mit schlafenden oder hypnotisierten Personen geführt werden. 10

Der **Erklärungswille** umschreibt das Bewusstsein, dass die eigene Handlung überhaupt irgendeine rechtserhebliche Erklärung darstellt. Auch an diesem Punkt tauchen in der Praxis kaum Probleme auf. 11

Beispiel

Der ortsfremde A winkt während einer Versteigerung seinem Freund B zu, der auf der anderen Seite des Raumes steht. A bekommt den Zuschlag für die zu versteigernden Weinfässer.

In diesem Schulbeispiel mangelt es A an dem Bewusstsein, durch das Heben des Armes eine rechtserhebliche Erklärung abzugeben. Solche Situationen lassen sich meist durch Aufklärung des Missverständnisses ohne Gerichtsverhandlung aus der Welt schaffen.

Zuletzt bedarf es für eine Willenserklärung des **Geschäftswillens.** Darunter versteht man den Willen, mit der Erklärung eine konkrete Rechtsfolge herbeizuführen. 12

Beispiel

A will bei B 500 Postkarten bestellen, vertippt sich aber und schickt versehentlich eine Bestellung von 5.000 Postkarten an B.

A hatte zwar Geschäftswillen, aber nur für die Anzahl von 500 Postkarten.

Mängel bei der Willensbildung, also beim Handlungs-, Erklärungs- oder Geschäftswillen, führen nicht zwingend zur Nichtigkeit eines Vertrages. Wären Verträge in solchen Fällen immer nichtig, würde dies zu immenser **Rechtsunsicherheit** führen. Unter bestimmten Umständen können Verträge, die auf einer unwirksamen Wil- 13 lenserklärung beruhen, vom Erklärenden **angefochten** werden, §§ 119 ff. BGB. Bei erfolgreicher Anfechtung wird der Vertrag für von Anfang an nichtig erklärt, § 142 BGB.

b) Äußere Erklärung

14 Interessant wird es, wenn es um die **Erklärung** als dem **äußeren** Erscheinen des Willens geht, bestehend aus den drei oben genannten Merkmalen. Dieses kann auf verschiedene Weise erfolgen.

15 Die Willenserklärung kann **ausdrücklich** abgegeben werden. Dafür bedarf es keinerlei juristischer Fachbegriffe. Erforderlich ist nur, dass derjenige, dem die Erklärung gilt, verstehen kann, welche Rechtsfolge der Erklärende erreichen möchte.

16 Sie kann auch **konkludent**, das heißt durch schlüssiges Verhalten, erfolgen. Auch hier gilt als Maßstab, dass der Empfänger verstehen können muss, welche rechtliche Folge gesetzt werden soll.

17 In einigen Ausnahmefällen können auch durch **Schweigen** die Rechtsfolgen einer Willenserklärung herbeiführen. Dies gilt, wenn die Parteien es so vereinbart haben, oder in den wenigen Fällen, in denen es der Gesetzgeber vorgeschrieben hat. Besondere Aufmerksamkeit gilt hier dem § 362 HGB. Danach kann das Schweigen eines **Kaufmannes** (zur Kaufmannseigenschaft, vgl. §§ 1 ff. HGB) als Annahme eines Antrages gelten, also als Willenserklärung.

c) Geschäftsgrundlage

18 Als Geschäftsgrundlage werden all jene **Umstände** bezeichnet, die zwar für die Parteien zur Entscheidung für den Vertragsschluss **entscheidend** waren, selbst aber **nicht Vertragsbestandteil** geworden sind.

Beispiel
A will von B ein seltenes antikes Schwert aus dem Nahen Osten kaufen. Dieses müsste B einfliegen lassen. B bedenkt, dass die Kosten dafür 2.000 € betragen und bietet dem A den Kauf für 3.000 € an. A willigt ein.
Obwohl bei Vertragsschluss die Anschaffungskosten der Antiquität nicht Teil des Vertrages waren, stellen sie für B die Geschäftsgrundlage dar.

---

19 Bei einer Störung der Geschäftsgrundlage soll nach § 313 Abs. 1 BGB ein **Ausgleich** geschaffen werden zwischen dem Interesse des begünstigten Teils am Bestand des Vertrages und dem Interesse des benachteiligten Teils an Anpassung oder Kündigung. Eine Anfechtung ist in solchen Fällen regelmäßig nicht möglich, da nur die **Vertragsbestandteil gewordenen** Willenserklärungen angefochten werden können. Dazu zählt die Geschäftsgrundlage grade nicht.

Allerdings kommen bei Änderung der Geschäftsgrundlage bestimmte Ansprüche und Rechte der betroffenen Vertragspartei in Betracht. Dazu muss sich ein Umstand selbst oder die Vorstellung über einen solchen Umstand, der **wesentliche Vertragsgrundlage** war, geändert haben. Zudem muss die Annahme zu bejahen sein, dass die Parteien bei dieser veränderten Lage den Vertrag **nicht** oder **so nicht geschlossen** hätten. Außerdem darf die Umstandsänderung nicht im **Risikobereich** derjenigen Vertragspartei liegen, die sich auf die Störung der Geschäftsgrundlage beruft. Zuletzt muss den Parteien das Festhalten am Vertrag **unzumutbar** sein. Liegen diese Voraussetzungen vor, wird zunächst eine **Vertragsanpassung** angestrebt. Ist eine solche nicht möglich, erhalten die Parteien aus § 313 Abs. 3 BGB die Möglichkeit zu **Rücktritt** oder **Kündigung.**[1] 20

Beispiel

Bevor B das antike Schwert einfliegen lassen konnte, kommt es in der Region zu bürgerkriegsähnlichen Zuständen, wodurch die Einfuhr erschwert wird und die Kosten dafür auf 4.000 € steigen. B will daher den Kaufpreis auf 5.000 € erhöhen, aber A pocht auf den vereinbarten Preis.

Zwar waren die Anschaffungskosten Geschäftsgrundlage für B, jedoch liegt das Beschaffungsrisiko allein in seiner Sphäre. Sein interner Kalkulationsirrtum ist als ein bloßer Motivirrtum unbeachtlich. Das Interesse des A an der Vertragstreue überwiegt.

Hätte B nicht nur sein Berechnungsergebnis, sondern auch seinen Berechnungsweg gegenüber A erklärt, würde dieser offene Kalkulationsirrtum die Möglichkeit einer Vertragsanpassung eröffnen.

Eine Störung der Geschäftsgrundlage wird nur unter diesen engen Voraussetzungen angenommen, bietet aber als Ausdruck des **Grundsatzes von Treu und Glauben** eine flexible Anpassungsmöglichkeit bei unzumutbar gewordenen Verhältnissen. 21

3. Zustandekommen des Vertrages

Die Willenserklärungen, aus denen der Vertrag besteht, werden Angebot und Annahme genannt, vgl. §§ 145 BGB. Stimmen sie inhaltlich überein, haben sich die Vertragspartner geeinigt und der Vertrag kommt wirksam zustande. 22

a) Grundsätze

Unter einem **Angebot** versteht man eine empfangsbedürftige Willenserklärung, die dem anderen in der Gestalt herangetragen wird, dass das Zustandekommen des Vertrages nur noch von dessen Einverständnis abhängt. Das Angebot muss demnach so vollständig sein und die **wesentlichen Punkte** (essentialia negotii) enthalten, dass der Vertragspartner nur noch mit einem simplen „Ja" antworten müsste. 23

---

1 Vgl. BT-Drucks. 14/6040, S. 175.

24 Eine **Annahme** ist eine mit Bezug auf das Angebot abgegebene Willenserklärung, durch die der Vertrag begründet wird. Wird das Angebot nur **mit Änderungen angenommen** („Ja, aber…"), gilt die Willenserklärung nicht als Annahme, sondern als neues **abgeändertes Angebot**, das seinerseits vom Vertragspartner angenommen werden müsste (§ 150 Abs. 2 BGB). Ein abgegebenes Angebot ist innerhalb einer **angemessenen Annahmefrist** anzunehmen. Die Länge der Frist hängt von dem gewählten Kommunikationsweg, beispielsweise direktes Gespräch oder Postweg, ab. Eine verspätet zugegangene Annahme gilt als neues Angebot (§ 150 Abs. 1 BGB).

25 Beide Willenserklärungen müssten ordnungsgemäß abgegeben und zugegangen sein. Eine Willenserklärung wurde **abgegeben**, wenn sie willentlich in der Art und Weise in den Rechtsverkehr gelangt ist, dass nach allgemeiner Lebenserfahrung mit dem Zugang gerechnet werden kann. **Zugegangen** ist eine Willenserklärung, wenn sie in der Gestalt in den Machtbereich des Empfängers gelangt ist, dass man bei verständiger Würdigung von der Kenntnisnahme ausgehen darf. Auf die tatsächliche Kenntnisnahme kommt es nicht an.

Beispiel

A weiß, dass er in den kommenden Tagen eine hohe Zahlungsaufforderung erhalten wird und leert absichtlich nicht seinen Briefkasten.

Die Aufforderung gilt dennoch als dem A zugegangen, da man von der täglichen Leerung eines Briefkastens ausgehen darf.

26 Ob eine Willenserklärung, beispielsweise eine Kündigung, zugegangen ist oder nicht, hat derjenige nachzuweisen, dessen Anspruch sich auf den Zugang der Willenserklärung stützt, im Beispiel der Kündigende.

Praxistipp

Um die Einhaltung von Fristen und den Zugang von schriftlichen Willenserklärungen nachzuweisen, empfiehlt es sich, sich eine Empfangsbestätigung zusenden zu lassen oder den Brief per Einschreiben mit Rückschein abzuschicken.

27 Schweigen gilt für Nicht-Kaufmänner nur dann ausnahmsweise als Willenserklärung, wenn die Parteien es so vereinbart haben oder die Verkehrssitte es so erfordert, beispielsweise jahrelange Geschäftsbeziehungen zueinander gepflegt werden, vgl. § 151 BGB.

b) Ausnahmen für Kaufleute

28 Das Schweigen eines Kaufmannes (§§ 1ff. HGB) kann darüber hinaus im Falle des **§ 362 HGB** und bei einem **kaufmännischen Bestätigungsschreiben** als Annahme gelten.

Nach § 362 Satz 1 HGB gilt das Schweigen eines Kaufmannes, dessen Handelsgewerbe die **Besorgung von Geschäften** für andere mit sich bringt, auf einen **Antrag mit dem Inhalt einer solchen Geschäftsbesorgung**, als Annahme. Dieser Ausnahmetatbestand begründet sich mit dem Vertrauensschutz von Kaufleuten in lange bestehenden Geschäftsbeziehung. Dafür müsste der Kaufmann mit dem Antragenden jedoch auch in **ständiger Geschäftsbeziehung** stehen, also in der Vergangenheit schon häufiger Geschäfte dieser Art zwischen den Parteien abgeschlossen worden sein. Unter der Besorgung von Geschäften sind Verträge im Bereich **kaufmännischer Dienstleistungen** wie Lager, Fracht, Kommission, Spedition, Bank- und Börsengeschäfte zu verstehen. 29

Hat ein Kaufmann zuvor eine werbende **Einladung zum Geschäftsabschluss** an einen konkreten potentiellen Vertragspartner geschickt und schickt dieser **daraufhin** dem Kaufmann ein **Angebot**, so gilt das Schweigen des Kaufmannes auf das Angebot als Annahme gemäß § 362 Satz 2 HGB. Eine solche Einladung oder Aufforderung zum Geschäftsabschluss (invitatio ad offerendum) muss sich dabei **individualisiert** an den nun Antragenden gerichtet haben. Eine bloße Reaktion auf massenartige Werbung über Funk- und Fernsehen reicht dafür nicht aus. Durch diese Regelung soll das Vertrauen im Rechtsverkehr auf die vorherige Geschäftseinladung geschützt werden. 30

Eine weitere Ausnahme gilt bei Schweigen als Reaktion des Kaufmannes auf ein **kaufmännisches Bestätigungsschreiben**. Dies ist ein Schreiben, welches ein Kaufmann dem anderen mit **Bezug auf vorherige Verhandlungen** mit Klärungsbedarf, zum Beispiel mündliche oder telefonische Verhandlungen, geschickt hat. Dieses Bestätigungsschreiben muss den **wesentlichen Inhalt** der Vertragsverhandlungen wiedergeben und in **zeitlicher Nähe** zu den Verhandlungen zugegangen sein. Antwortet der Kaufmann auf ein solches Schreiben nicht und weicht es von den tatsächlichen vorherigen Verhandlungen ab, so gilt der Inhalt des kaufmännischen Bestätigungsschreibens als **vereinbarter Vertragsinhalt**. Eine Ausnahme hiervon gilt nur dann, wenn die Abweichung so wesentlich ist, dass ein Festhalten an diesen Konditionen für den Kaufmann **unzumutbar** oder der Absender des Schreibens **nicht schutzwürdig** ist. Zu achten ist darauf, dass es sich bei dem Schreiben inhaltlich tatsächlich um ein kaufmännisches Bestätigungsschreiben und nicht etwa um eine Auftragsbestätigung handelt. Aus einem kaufmännischen Bestätigungsschreiben muss hervorgehen, dass der Absender bereits von einem **Vertragsschluss bei den vorherigen Verhandlungen** ausgeht und nur nochmals den Inhalt wiedergibt, während bei einer Auftragsbestätigung erst **durch Zusendung der Auftragsbestätigung** selbst ein Vertragsabschluss zustande kommen soll. 31

II. Vertragsauslegung

Schon bei der Vertragsgestaltung sollte der Verfasser mit der Auslegung von Verträgen vertraut sein. Zu wissen unter welchen Maßstäben ein bereits geschlossener 32

Vertrag bei Streitpunkten gelesen und interpretiert wird, kann dem Verfassen helfen, das Gewollte für den Empfänger **deutlicher** hervorzuheben.

1. Ziel der Auslegung

33 Der Gedanke hinter einer Vertragsauslegung ist der Ausgleich zweier Interessenpole: Beachtung des **wirklichen Willen des Erklärenden** einerseits und dem **Vertrauensschutz des Empfängers** nach Treu und Glauben und unter Beachtung der Verkehrssitte andererseits. Geregelt sind diese Ziele in den Paragraphen 133 und 157 BGB. Diese zwei allgemeinen Regelungen werden im Gesetz an einigen Stellen von subsidiären Zweifelsregelungen ergänzt, z.B. §§ 154 Abs. 2, 271 Abs. 2 BGB.

34 Da ein Vertrag aus zwei mit Bezug aufeinander abgegebenen Willenserklärungen besteht, ist es allgemein anerkannt, den auf Willenserklärungen bezogenen § 133 BGB und den auf Verträge bezogenen § 157 BGB **gemeinsam** zur Auslegung von Verträgen heranzuziehen. Letztlich ist Ziel der Auslegung nicht nur die Antwort auf die Frage, wie der Vertrag bzw. einzelne Passagen zu verstehen sind, sondern auch auf die Frage, wer bei Auseinanderfallen von wirklichem und objektiv erklärtem Willen das **Risiko** trägt.

2. Methode und Anhaltspunkte

35 Gegenstand der Auslegung ist die Frage, ob ein bestimmtes Verhalten als Willenserklärung zu betrachten ist und wie es verstanden werden kann. Zur Auslegung einer Vertragsklausel kann folgende Checkliste herangezogen werden.

? **Checkliste**
- Einzelne Willenserklärungen ohne Willensmängel
- Übereinstimmung der Willenserklärungen in wesentlichen Punkten
- Wirklicher Wille des Erklärenden (Vertragszweck)
- Was durfte der Empfänger verstehen (Umstände, Verkehrssitte)
- Keine Ausnahme (Kennen oder Kennen müssen)
- Auslegungsergebnis bestimmt genug

36 Bevor der Vertrag als Ganzes betrachtet wird, richtet sich ein kurzer Blick auf die **einzelnen Willenserklärungen** der Vertragsparteien. Wurden die Willenserklärungen frei von **Willensmängeln** abgegeben (vgl. Rn 8 Kap. 2 Bestandteile des Vertrages)? Stimmen sie in den **wesentlichen** Punkten überein? Wenn die Parteien unterschiedliche Erklärungen dazu abgegeben haben wer was von wem zu welcher Gegenleistung bekommt, dann kann es sein, dass der Vertrag **mangels Einigung** gar nicht erst zustande gekommen ist. Ob die Parteien in diesen wesentlichen Punkten übereinstimmen, kann ebenfalls durch Auslegung ermittelt werden.

Zu beachten ist hierbei, dass gemäß § 133 BGB der **wirkliche Wille** zu erforschen ist und nicht an dem buchstäblichen Sinne des Ausdrucks festgehalten werden muss. Wichtig für die Auslegung ist der angestrebte **Vertragszweck**. 37

Beispiel
In einem schriftlichen Vertrag einigen sich A und B auf den Verkauf des Hauses mit der Hausnummer 31. Tatsächlich haben sich beide vertan und meinten das Haus mit der Nummer 32. Trotz des entgegenstehenden Wortlauts, haben sich die Parteien über den Verkauf des Hauses 32 geeinigt (bloße Falschbezeichnung, sogenannte falsa demonstratio).

Mit der Erklärung als Ausgangspunkt wird anschließend untersucht, wie der Empfänger der Willenserklärung, sprich der Vertragspartner, diese verstehen konnte. Dabei heranzuziehen sind auch die äußeren Umstände und die **Verkehrssitte** bei Abschluss des Vertrages. Entscheidend ist, was aus Sicht des Empfängers bei zumutbarer Anstrengung als **verbindlich** erklärter Wille zu verstehen war. 38

Dieser Gedanke zeigt sich auch in den §§ 116, 117 BGB. Nach § 116 BGB ist eine Erklärung nicht schon deshalb nichtig, weil eine Partei **insgeheim** einen Vorbehalt gegen den Vertrag hatte. Der Vertragspartner darf darauf vertrauen, dass schon so gemeint war, was der Erklärende sagte. Ebenso ist nach § 117 BGB ein Rechtsgeschäft nicht schon deswegen nichtig, weil eine Vertragspartei es **nur zum Schein** abschließen wollte. 39

In diesen Konstellationen wird angedeutet, dass es auch **Ausnahmen von der Schutzwürdigkeit** des Empfängers gibt. Schutzwürdig ist nämlich nicht wer den wirklichen Willen des anderen **kennt**. Kennt eine Partei den geheimen Vorbehalt der anderen, so ist das Rechtsgeschäft nichtig, § 116 BGB. Weiß eine Partei, dass die andere das Geschäft nur zum Schein abschließen will, ist das Scheingeschäft nichtig, vgl. § 117 BGB. 40

Ebenso wenig ist der Empfänger schutzwürdig, wenn er sich aufdrängende Zweifel an der Deutung der Willenserklärung ignoriert. Wer die Abweichung des tatsächlich gewollten vom objektiv Erklärten nicht kennt, aber **hätte kennen müssen**, der muss nicht von der Rechtsordnung geschützt werden. Beispielhaft zeigt sich dies in § 118 BGB. Hat jemand eine scherzhafte Erklärung in dem Glauben abgegeben, dass jeder Anwesende den Mangel an Ernstlichkeit erkenne, dann kommt es nicht darauf an, ob die Anwesenden tatsächlich den Scherz darin erkannt haben. Sie hätten ihn zumindest erkennen müssen. Folglich ist die Willenserklärung nichtig. 41

Entscheidend ist somit nicht das vom Empfänger tatsächlich Verstandene. In der Praxis stellt man darauf ab, was ein umsichtiger, unbefangener, **objektiver Dritter**, der mit den äußeren Umständen des Vertrages vertraut ist, im konkreten Einzelfall verstanden hätte. 42

Eine allgemeingültige Regel, wonach bestimmte Interessen stets überwiegen, lässt sich nicht festlegen. Grundsätzlich kann man sagen, dass **je bedeutsamer** 43 die Willenserklärung für den Rechtsverkehr ist, **desto eher** der Empfänger auf die Richtigkeit des objektiv Erklärten **vertrauen darf.** Letztlich kommt es bei der Auslegung zweifelhafter Vertragsformulierungen jedoch stets auf den Einzelfall an.

44 Stimmen bei der Erklärung der subjektive Wille und das objektiv zu Verstehende überein, so gilt diese Auslegung. Bleibt der fragliche Vertragsteil bis zuletzt zu unbestimmt, dann ist er nichtig. Gleiches gilt, wenn das Gesetz die Nichtigkeit der Vereinbarung vorsieht, vgl. Rn 61 Kap. 2 Gestaltungsverbote. Unter Umständen kann sich durch die Abgabe einer nichtigen Erklärung ein Schadensersatzanspruch ergeben, vgl. §§ 311 Abs. 2 Nr. 1, 241 Abs. 2, 280 Abs. 1 BGB. **Im Zweifel** ist diejenige Auslegung des Vertrages vorzuziehen, die die Nichtigkeit des Vertrages vermeidet.

3. Ergänzende Vertragsauslegung

45 Wie zu Beginn erläutert, ist es bei Vertragsgestaltung, -verhandlung und -vereinbarung ohne übernatürliche Fähigkeiten schwer, in die Zukunft zu sehen und die rechtlichen Verhältnisse für alle möglicherweise eintretenden Fälle zu regeln. Häufig kommt es dazu, dass die Parteien bei Vertragsabschluss an eine bestimmte Situation **nicht gedacht** haben und der Vertrag diesbezüglich eine Lücke aufweist. Manchmal wird eine solche Lücke auch **bewusst** im Vertrag belassen, um in der Situation selbst die Handhabung neu zu vereinbaren und flexibel zu reagieren. Liegt eine **Regelungslücke** vor ist sie durch Gesetz oder die Ermittlung des **hypothetischen Parteiwillens** zu schließen.

? **Checkliste**

- Regelungslücke (regelungsbedürftige Situation nicht vom Vertrag erfasst)
- Keine Ausnahme von Regelungslücke (Vertrag gilt abschließend oder keine Einigung in Vertragsverhandlungen)
- Einschlägige Gesetzesnorm zur Lückenausfüllung (vorrangige Anwendung)
- Ergänzende Vertragsauslegung (hypothetischer Parteiwille nach angemessener Interessenabwägung nach Treu und Glauben)
- Keine Ausnahme von ergänzender Vertragsauslegung (Ausnahme wegen Widerspruch zum Vertragsinhalt, Nichtigkeit bei Auslegung, Veränderung des Vertragskern, Unbestimmtheit oder Zweifel an Vertragsauslegung)

a) Regelungslücke

46 Voraussetzung für eine ergänzende Vertragsauslegung ist zunächst das Bestehen einer **Lücke** im Vertrag. Eine Vertragslücke besteht dann, wenn eine regelungsbedürftige Situation nicht von dem objektiven Regelungsinhalt des Rechtsgeschäfts erfasst wird. Erforderlich ist eine **Vervollständigungsbedürftigkeit** in dem Sinne,

dass ohne die gebotene Vervollständigung eine angemessene, interessengerechte Lösung nicht zu erzielen ist.[2]

Eine Regelungslücke kann von **Anfang** an bestehen oder **nachträglich** entstehen. Sie kann beispielsweise schon bei Vertragsabschluss durch Unwirksamkeit einer Vertragsvereinbarung entstehen.[3] 47

Eine bewusst nicht geregelte Situation kann ebenfalls grundsätzlich eine Regelungslücke begründen. Jedoch sind einige **Ausnahmen** zu beachten: Keine Regelungslücke liegt vor, wenn die Parteien sich nicht für eine bestimmte Regelung entschieden haben und der Vertrag dennoch **abschließend** sein soll.[4] Wenn sich die Parteien bei Vertragsschluss **nicht einigen** konnten und daher den strittigen Punkt bewusst offen gelassen haben, wird ebenfalls keine Lücke angenommen. Es ist nicht gewollt, durch ergänzende Vertragsauslegung das Verhandlungsergebnis zu korrigieren und dasjenige durchzusetzen, worauf man sich in der Verhandlung nicht einigen konnte.[5] 48

Keine Lücke liegt vor, wenn sich die Parteien zwar geeinigt haben, das Ergebnis aber für eine Partei zu einer **stärkeren Belastung** führt. Im Wege der Privatautonomie kann jeder selbst entscheiden und verhandeln, welche Verträge abgeschlossen und wie diese ausgestaltet werden sollen. Die ergänzende Vertragsauslegung dient nicht dazu, ungünstige Verträge zu korrigieren. 49

b) Ausfüllung durch Gesetz

Besteht eine Regelungslücke im Vertrag, ist diese **vorrangig durch Gesetz** zu schließen. Gibt es also für die Lücke eine einschlägige Norm, so kommt es gar nicht erst zu einer ergänzenden Vertragsauslegung. 50

Eine Ausnahme von dieser Regel besteht, sofern man den konkreten Vertrag nicht einem gesetzlich geregelten Vertragstyp zuordnen kann, zum Beispiel dem Kaufvertrag oder Mietvertrag. Je stärker der Vertrag einem gesetzlich normierten Vertragstyp ähnelt, desto eher ist **dispositives** (d.h. vertraglich abdingbares) **Recht** anzuwenden. Je weiter sich der Vertrag von den gesetzlichen Typen unterscheidet, desto eher bedient man sich der **ergänzenden Vertragsauslegung**. 51

Da das Gesetz sehr allgemein bestimmte Vertragsverhältnisse regelt, kann es durch die Heranziehung dispositiven Rechts zu Ungerechtigkeiten kommen. In **Einzelfällen** wird eine ergänzende Vertragsauslegung daher auch bei einschlägigen Normen angewandt.[6] 52

2 BGH NJW 1993, 2935, 2936.
3 BGH NJW 1984, 1177.
4 BGH NJW 2009, 1348, Rz. 12.
5 BGH NJW 2010, 527, Rz. 33.
6 BGH NJW 2010, 1135, Rn 9.

c) Ausfüllung durch ergänzende Vertragsauslegung

53 Ergänzende Vertragsauslegung heißt, dass zur Regelung der Lücke im Rechtsgeschäft der **hypothetische Parteiwille** ermittelt wird. Es kommt also darauf an, was die redlichen Vertragsparteien vereinbart hätten, wenn sie nach angemessener Interessenabwägung nach Treu und Glauben bei Vertragsschluss den regelungsbedürftigen Fall bedacht hätten.[7]

54 Als **Hinweise** gelten dabei die im Kontext des Vertrages geregelten Vereinbarungen, der Vertragszweck, die Grundsätze von Treu und Glauben und die Verkehrssitte.

55 Grenzen findet die ergänzende Vertragsauslegung in dem Gedanken der Privatautonomie. Das Auslegungsergebnis darf **nicht im Widerspruch** zum tatsächlichen Parteiwillen oder Vertragsinhalt stehen. Ebenso darf es nicht zur **Nichtigkeit** der getroffenen Vereinbarung führen. Es darf nicht etwas gänzlich Neues zum Vertrag hinzufügen, denn zu ergänzen ist nur der **Vertragsinhalt**, nicht aber der **Vertragswille**. Kommen mehrere Auslegungsmöglichkeiten in Betracht und ist **unklar**, welche die Parteien gewählt hätten, ist eine ergänzende Vertragsauslegung auch nicht möglich.[8]

56 Unter den oben angeführten Gesichtspunkten des **inneren Willens** und des **objektiv Erklärten** wird ein Vertrag im Nachhinein gedeutet. Durch ergänzende Vertragsauslegung kann es bei **regelungsbedürftigen Lücken** im Vertrag zu weiteren Rechten und Pflichten für die Vertragsparteien kommen.

! **Praxistipp**

Um die Auslegung zu vereinfachen, ist es empfehlenswert, im Vertrag den angestrebten Zweck des Vertragsschlusses und wichtiger Regelungen zu umschreiben. Es sollte dabei klargestellt werden, dass es sich dabei um eine Motiverklärung und nicht etwa eine Bedingung handelt, vgl. Rn 94 Kap. 2 [S. 22] Bedingungen und Befristungen.

III. Grenzen der Privatautonomie

57 Die Vertragsfreiheit als Teil der Privatautonomie kann selbstverständlich **nicht schrankenlos** gewährt werden. Wirtschaftliche und intellektuelle Unterschiede führen häufig dazu, dass sich **ungleich starke** Verhandlungspartner gegenüberstehen. Es bestünde die Gefahr, dass der überlegene Teil den Leichtsinn, die wirtschaftliche Abhängigkeit etc. des Schwächeren **ausnutzt**. Ohne Einschränkungen und Regelungen zum Schutze der schwächeren Vertragspartei wäre die marktwirt-

---

7 BGH NJW 2010, 1742, Rn 18.
8 BGH NJW 2009, 1482, Rn 24.

schaftliche Regulierungsfunktion der Vertragsfreiheit nicht zu gewährleisten. Einige Grenzen der Privatautonomie sollen im vorliegenden Überblick aufgezeigt werden.

1. Allgemeine Grundsätze

In einigen Rechtsgebieten, dem Sachen-, Familien- und Erbrecht, ist die Vertrags- 58
freiheit des Einzelnen durch den sogenannten **Typenzwang** eingeschränkt. So gibt es im Sachenrecht beispielsweise nur die darin beschriebenen Arten von Eigentum und Besitz. Die Parteien können nicht untereinander neue Formen ausgestalten.

Bei **schuldrechtlichen Verträgen** genießen die Parteien jedoch viel Spielraum 59
für individuelle Vereinbarungen über den Leistungsaustausch. Begrenzt wird er nur durch allgemeine Grundsätze der Privatautonomie selbst. Beispielhaft hierfür ist die **Unwirksamkeit eines Vertrages zu Lasten Dritter**. Wenn jeder seine rechtlichen Beziehungen frei gestalten darf, dann kann es nicht sein, dass jemand ohne seine Mitwirkung an einen Vertrag gebunden wird, dem er nicht zugestimmt hat. Ein Vertrag zwischen zwei oder mehr Personen, der unmittelbar einen Dritten belastet, ist folglich unwirksam.

Beispiel

A und B einigen sich untereinander, dass A dem B seine Stereoanlage verkauft. Sie einigen sich, dass C, der davon nichts weiß, sie bezahlen soll.
Weil dies einen Vertrag zu Lasten Dritter darstellt, trifft C keine Zahlungspflicht.

Gleiches gilt bei Verträgen zu Lasten der Allgemeinheit, also einer „Mehrheit Drit- 60
ter". Dies kommt in **Genehmigungsvorbehalten** der Behörden, spezialgesetzlichen Regelungen oder aber auch in den allgemeinen Regelungen gemäß §§ 134, 138 BGB zum Ausdruck.

2. Gestaltungsverbote

Die Paragraphen 134 und 138 BGB stellen die wichtigsten, allgemeinen Gestaltungs- 61
verbote des BGB dar.

a) Gesetzliches Verbot, § 134 BGB

Nach § 134 BGB sind Rechtsgeschäfte, die gegen ein **gesetzliches Verbot** verstoßen, 62
nichtig, sofern sich aus dem Gesetz nichts anderes ergibt. Diese Regelung umfasst den **Inhalt**, also den bezweckten Erfolg, und die **Vornahme**, die konkrete Erfüllungshandlung, des Rechtsgeschäftes.

Ein Verstoß gegen ein gesetzliches Verbot führt nicht automatisch zur Nichtig- 63
keit des gesamten Rechtsgeschäftes. Es liegt nur ein gesetzliches Verbot gemäß § 134

BGB vor, wenn durch eine Norm ein grundsätzlich **mögliches** Rechtsgeschäft für **bestimmte Fälle** mit Blick auf seinen Inhalt, den bezweckten Erfolg oder seine Vornahme **untersagt** wird.

64 Liegt ein Verstoß gegen ein gesetzliches Verbot vor, so ist zunächst auf den Sinn und Zweck des Verbotes abzustellen. Abhängig davon, wer durch das Verbot **geschützt** werden soll und wer **Kenntnis** von der Verbotswidrigkeit hat, kann das Rechtsgeschäft wirksam bleiben oder nichtig werden. Verstoßen nur einzelne Klauseln gegen ein Verbotsgesetz, so können auch nur diese nichtig werden, sofern das Verbotsgesetz den übrigen Vertrag **billigt**.

Beispiel

A und B schließen einen Darlehensvertrag ab und vereinbaren, dass Forderungen aus dem Vertrag nicht abgetreten werden können. B tritt seine Forderung dennoch an C ab.

Hier liegt kein Verstoß gegen ein Verbotsgesetz vor, weil die Abtretung bereits aufgrund einer Vereinbarung zwischen den Parteien nichtig ist (vgl. § 399 2. Alt. BGB).

D und der Werkstattbetreiber E schließen einen Werkvertrag über die Reparatur von Ds Auto ab. E führt die Reparatur mangelhaft durch. Später stellt sich heraus, dass E seinen Betrieb nicht angemeldet hatte. D wusste hiervon nichts.

Hier handelt es sich, weil D keinen entsprechenden Vorsatz hatte, um einen einseitigen Rechtsverstoß des E gegen das Gesetz zur Bekämpfung der Schwarzarbeit. Wäre das gesamte Rechtsgeschäft nichtig, wäre der schützenswerte D durch Verlust seiner Gewährleistungsrechte bestraft.

D und E verabreden die Reparatur „ohne Rechnung“. E repariert den Wagen mangelhaft.

Hier ist D nicht mehr schützenswert, weil ihm der Verstoß gegen das Schwarzarbeitsgesetz bewusst war. Das Rechtsgeschäft ist nichtig. D hat keine Gewährleistungsansprüche gegen E.

---

b) Sittenwidrigkeit und Wucher, § 138 BGB

65 Nach § 138 Abs. 1 BGB ist ein Rechtsgeschäft, das gegen die **guten Sitten** verstößt, als von Anfang an nichtig anzusehen. In Abs. 2 wird ein Rechtsgeschäft insbesondere dann für nichtig erklärt, wenn jemand **sich** oder einem **Dritten** unter **Ausbeutung** der Zwangslage, der Unerfahrenheit, des Mangels an Urteilsvermögen oder der erheblichen Willensschwäche eines anderen für eine Leistung **Vermögensvorteile** versprechen oder gewähren lässt, die in einem **auffälligen Missverhältnis** zu der Leistung stehen.

66 § 138 BGB dient als **Auffangtatbestand** für all solche Rechtsgeschäfte, die zwar nicht gegen ein gesetzliches Verbot verstoßen, vgl. § 134 BGB, aber dennoch in einem solchen Ausmaß die Unterlegenheit des Vertragspartners ausnutzen, dass deren Wirksamkeit nicht mit dem **Minimum gemeinsamer Werte** unserer Gesellschaft vereinbar ist. Die Norm gebietet nicht, dass Verträge altruistisch geschlossen werden sollen. Jeder darf und soll in der Marktwirtschaft versuchen, in Verhandlungen einen Vorteil zu erlangen. Aber dies soll nicht um jeden Preis geschehen.

67 Die „guten Sitten“ werden als unbestimmter Rechtsbegriff von der Rechtsprechung ausgelegt und konkretisiert. Man versteht darunter „das **Anstandsgefühl**

aller billig und gerecht Denkenden". Möchte man nun untersuchen, ob ein Sachverhalt unter diese Regelung fällt, ist diese Beschreibung genauso wenig hilfreich wie der Ausgangsbegriff. Sittenwidrigkeit soll vorliegen in Fällen eines **objektiven** Sittenverstoßes und einer dabei verwerflichen Gesinnung, einem **subjektiven** Sittenverstoß. Ein Plus in einen Bereich, kann ein Minus im anderen ausgleichen.

Ein Verstoß gegen die guten Sitten und eine damit einhergehende Nichtigkeit 68
nach § 138 BGB ist allerdings nicht bei jedem zweifelhaften Rechtsgeschäft, sondern nur bei **besonders krassen Missverhältnissen** anzunehmen.

Beispiel

Die Bank lässt sich eine Forderung in Höhe von 10.000 € durch eine Sicherungsübereignung von Sicherungsgut im Wert von 50.000 € sichern.

Die Sicherungsübereignung ist als sog. Übersicherung sittenwidrig wegen Gefährdung der Sicherungsmöglichkeiten anderer Gläubiger.

A vermietet an den illegalen Einwanderer B eine winzige Wohnung für 2.000 € im Monat.

Dies ist sittenwidrig wegen Ausnutzung der Zwangslage des B.

Die Bank hat eine Forderung in Höhe von 50.000 € gegen C. Cs arbeitsloser Vater soll dafür eine selbstschuldnerische Bürgschaft unterschreiben.

Die Sittenwidrigkeit kann sich hier aus der Ausnutzung der familiären Verbundenheit und dem notwendigen Schutz des mittellosen Bürgen ergeben.

---

3. Formerfordernisse

Grundsätzlich gilt im deutschen Zivilrecht die **Formfreiheit** von Verträgen. Es 69
steht den Parteien frei, eine besondere Form für den Abschluss ihrer Verträge zu wählen.

Der Gesetzgeber sieht nur in wenigen wichtigen Ausnahmefällen ein Form- 70
erfordernis für die Wirksamkeit eines Rechtsgeschäfts vor, beispielsweise bei der Eigentumsübertragung von Grundstücken gemäß § 311b Abs. 1 BGB. Formerfordernisse können dazu dienen, den Vertragsbeteiligten bewusst zu machen, dass das Rechtsgeschäft möglicherweise negative Folgen haben könnte (**Warnfunktion**), der Fixierung der vertraglichen Vereinbarungen (**Beweisfunktion**), der Nachvollziehbarkeit des Vertrages durch Dritte (**Kontrollfunktion**) und einer eventuellen Beratung durch einen Notar (**Beratungsfunktion**).[9]

Praxistipp

Unabhängig von bestehenden (gesetzlichen oder vertraglichen) Formerfordernissen ist es zu empfehlen, bei Verträgen mit hohen Geldsummen oder bei längeren Geschäftsbeziehungen einen schriftlichen Vertrag aufzusetzen. So kann man im Streitfall sein Gegenüber an der Vereinbarung

---

9 Vertiefende Ausführungen ab Rn 40 Kap. 6.

festhalten und hat die Sicherheit, dass sich niemand durch einfaches Leugnen des mündlichen Vertrages herauswindet. Es sagte auch schon Goethe: „Was man schwarz auf weiß besitzt, kann man getrost nach Hause tragen."

4. Verbraucherverträge

71 Verträge zwischen Unternehmern und Verbrauchern werden als Verbraucherverträge bezeichnet, vgl. § 310 Abs. 3 BGB. Für sie gelten in einigen Konstellationen zusätzliche **verbraucherschützende** gesetzliche **Regelungen.**

72 **Verbraucher** ist dabei nach § 13 BGB jede natürliche Person, die ein Rechtsgeschäft zu einem Zwecke abschließt, der weder ihrer gewerblichen noch ihrer selbständigen beruflichen Tätigkeit zugerechnet werden kann.

73 **Unternehmer** ist gemäß § 14 BGB eine natürliche oder juristische Person oder eine rechtsfähige Personengesellschaft, die bei Abschluss eines Rechtsgeschäfts in Ausübung ihrer gewerblichen oder selbständigen beruflichen Tätigkeit handelt.

74 Durch den ergänzenden Schutz soll dem **wirtschaftlichen Ungleichgewicht** von Verbrauchern und Unternehmern **entgegengewirkt** werden. Es zeigt sich beispielsweise in verstärkten Widerrufsmöglichkeiten, §§ 355 ff. BGB, oder stärkeren Gewährleistungsrechten im Verbrauchsgüterkauf, §§ 474 ff. BGB.

5. Kontrahierungszwang

75 Sogar die Freiheit, selbst entscheiden zu können, mit wem man Verträge abschließt, kann in wenigen Einzelfällen beschnitten werden. Fälle in denen ein solcher Kontrahierungszwang herrscht, man also zum Abschluss des Vertrages gezwungen wird, sind typischerweise solche von Monopolen.

76 **Monopolstellungen** haben zumeist öffentlich-rechtliche Versorgungsunternehmen. Sie stellen wichtige Güter und Dienstleistungen des täglichen Bedarfs bereit. Der Einzelne kann sich diesen Leistungen nicht entziehen oder auf einen Konkurrenten ausweichen. Der Kontrahierungszwang ergibt sich hier meist aus spezialgesetzlichen Vorschriften.

77 Er kann sich jedoch auch **mittelbar** aus einer **Schadensersatzpflicht** aus § 826 BGB ergeben. Hat der Kläger einen Anspruch auf Schadensersatz aus dieser Norm, ist er nach §§ 249 ff. BGB so zu stellen, als wäre das schädigende Ereignis nicht eingetreten, sprich es ist ein Vertrag abzuschließen.

78 Zur Begründung dieses Anspruches bedarf es einer **sittenwidrigen Schädigung**. Diese kann zum Beispiel durch **Monopolmissbrauch** vorliegen. Gemeint sind dabei nicht nur die zuvor genannten öffentlich-rechtlichen Monopolbetriebe, sondern auch wichtige private Geschäfte und Dienstleister zur Deckung des Lebensbedarfs oder kultureller und sozialer Bedürfnisse. Ob ein Monopol tatsächlich vorliegt, zum Beispiel in Form des einzigen Supermarktes im Dorf oder des einzigen Stadttheaters im großen Umkreis, hängt dabei vom **Einzelfall** ab.

6. Antidiskriminierungsvorschriften

Die freie Auswahl des Vertragspartners wird insbesondere im Arbeitsrecht durch 79
das Allgemeine Gleichbehandlungsgesetz (AGG) und die Umsetzung von EU-Richtlinien eingeschränkt.[10] Ziel ist es nach § 1 AGG, **Benachteiligungen** aus Gründen der Rasse oder wegen der ethnischen Herkunft, des Geschlechts, der Religion oder Weltanschauung, einer Behinderung, des Alters oder der sexuellen Identität zu verhindern oder zu beseitigen.

Zu einem Kontrahierungszwang führen diese Regelungen zwar nicht, allerdings 80
kann man sich durch Verstoß dieser Vorschriften bezüglich eines eventuellen materiellen Schadens nach §§ 15 Abs. 1 und 2, 21 Abs. 2 AGG **schadensersatzpflichtig** machen.

7. Spezialgesetzliche Regelungen

Nur erwähnt seien an dieser Stelle weiterer spezialgesetzliche Regelungen in Bezug 81
auf bestimmte Vertragsausgestaltungen, zum Beispiel bei Heranziehung von **Allgemeinen Geschäftsbedingungen**, und auf einigen Rechtgebieten, wie dem **Kartell- und Wettbewerbsrecht**. Eine vertiefte Auseinandersetzung mit diesen Themen finden Sie ab S. 121 in Kapitel 6 Rn 68, 276, 315.

IV. Überblick Vertragsgestaltung

So unterschiedlich einzelne Verträge sind, so haben die meisten doch einige Punkte 82
gemein, an die bei Vertragsgestaltung stets gedacht werden sollte. Einige von den nun folgenden Aspekten werden im Verlauf des Buches noch im Detail beleuchtet und sollen hier nur zum besseren Überblick aufgezählt werden.

Checkliste

- Essentialia Negotii
- Leistungszeitpunkte (Erfüllbarkeit/Fälligkeit)
- Aufschiebende/Aufhebende Bedingungen und Befristungen
- Verjährung
- Fairnessgebot
- Sprachliche Gestaltung
- Salvatorische Klausel
- Vertragstypische Merkmale

10 Vgl. Richtlinie 2000/43/EG; Richtlinie 2000/78/EG; Richtlinie 2002/73/EG; Richtlinie 2004/113/EG.

1. Essentialia Negotii

83 Der Begriff der „essentialia negotii“ (lat. „Notwendigkeiten des Geschäfts“) umschreibt die Kernpunkte eines jeden Vertrages, über die sich die Kontrahierenden geeinigt haben müssen. Es muss hervorgehen, wer von wem was für welche Gegenleistung erhält. Andernfalls kommt kein Vertrag zustande.

Praxistipp

Die Vertragsparteien sollten zu Beginn eines schriftlichen Vertrages klar erkennbar mit Name und Anschrift genannt werden. Die Hauptleistungen beider Parteien sollten im Anschluss daran beschrieben werden.

---

84 Alle darüber hinausgehenden Fragen bezüglich Gewährleistung, Haftung, Fälligkeit etc. können im Vertrag selbst oder durch Auslegung bestimmt werden.

2. Leistungszeitpunkte

85 Ist im Vertrag kein Leistungszeitpunkt bestimmt oder den Umständen zu entnehmen, kann der Gläubiger die Leistung **sofort** verlangen und der Schuldner sie sofort bewirken, vgl. § 271 Abs. 1 BGB. Je nach Art der Leistung kann es sich allerdings anbieten, den Zeitpunkt der Fälligkeit und/oder Erfüllbarkeit im Vertrag zu bestimmen.

a) Erfüllbarkeit

86 Erfüllbarkeit ist der Zeitpunkt, zu dem der Schuldner an den Gläubiger leisten **darf**. Leistet er dennoch schon vor Erfüllbarkeit, muss der Gläubiger die Leistung nicht gegen sich gelten lassen.

Beispiel

Die Bank gewährt A ein Darlehen über 10.000 €. Es soll frühestens nach fünf Jahren zurückgezahlt werden. A gewinnt währenddessen im Lotto und ist empört, als die Bank eine vorzeitige Rückzahlung nicht annehmen will.

Die Rückzahlungspflicht des A ist nicht vor Ablauf der fünf Jahre erfüllbar. Ob er dazu in der Lage ist oder nicht, ist nicht wichtig. Die Bank darf zu Recht darauf bestehen, die Rückzahlung des A erst nach Ablauf anzunehmen.

---

87 Die Bestimmung der Erfüllbarkeit ist zudem wichtig für einen eventuellen **Gläubigerverzug**. Für diesen muss zunächst Erfüllbarkeit eingetreten sein, der Schuldner muss die Leistung anschließend ordnungsgemäß angeboten haben und der Gläubiger muss die Annahme verweigert oder verzögert haben, vgl. §§ 293ff. BGB.

88 Der Schuldner hat die Leistung **ordnungsgemäß angeboten**, wenn er zur rechten Zeit, am rechten Ort als richtiger Schuldner an den richtigen Gläubiger vollstän-

dig und mangelfrei die geschuldete Leistung erbracht hat. Nimmt der Gläubiger eine solche Leistung nicht oder nur verspätet an, befindet er sich ab diesen Zeitpunkt im Gläubigerverzug. Der Schuldner kann vom Gläubiger Ersatz der durch den Verzug entstandenen **Mehraufwendungen** verlangen, zum Beispiel Transport- und Lagerkosten. Zudem genießt er eine **Haftungsprivilegierung** und hat nur noch Vorsatz und grobe Fahrlässigkeit zu vertreten. Zu einer **Befreiung** des Schuldners von der Hauptleistungspflicht kommt es dadurch selbstverständlich nicht.

Praxistipp

Eine Vereinbarung zur Erfüllbarkeit sollte aus dem Vertrag deutlich hervorgehen. Ist nämlich ein Zeitpunkt zur Leistung bestimmt, so ist im Zweifel davon auszugehen, dass der Gläubiger die Leistung zwar nicht vor diesem Zeitpunkt verlangen, der Schuldner sie aber schon erbringen darf, vgl. § 271 Abs. 2 BGB. Es sollte kein Raum für solche Zweifel gelassen werden.

Der Verzug endet mit Annahme der Leistung durch den Gläubiger oder mit dem 89
Untergang der Forderung. Vertiefende Ausführungen dazu finden sich ab Rn 153 Kap. 8 „Verzug“.

b) Fälligkeit

Fälligkeit ist der Zeitpunkt, zu dem der Gläubiger die Leistung **verlangen** kann. 90
Durch die Fälligkeit tritt **stets gleichzeitig Erfüllbarkeit** ein. Erfüllbarkeit kann jedoch, wie oben gesagt, schon vor Fälligkeit eintreten.

Beispiel

Nach Ablauf der fünf Jahre verlangt die Bank von A die Rückzahlung des Darlehens. A muss nun zahlen.

Eine Leistungspflicht ist grundsätzlich sofort fällig, vgl. § 271 Abs. 1 BGB, sofern die 91
Parteien nichts Abweichendes vereinbart haben. Leistet der Schuldner dennoch nicht, kann er in den **Schuldnerverzug** versetzt werden. Dafür muss die fällige, noch mögliche und einredefreie Leistung des Schuldners nicht erbracht und der Schuldner gemahnt worden sein. Außerdem muss der Schuldner die nicht rechtzeitige Leistung zu vertreten haben.

Einredefrei ist ein Anspruch dann, wenn der Schuldner die Leistung **nicht ver-** 92
weigern kann. Dies könnte er beispielsweise wegen Verjährung des Anspruchs oder Nichterbringung der ihm wiederum geschuldeten Gegenleistung.

Zudem muss der Schuldner vom Gläubiger **gemahnt** worden sein. Eine Mah- 93
nung ist die ernstliche und ausdrückliche Aufforderung an den Schuldner, die Leistung zu erbringen. Was genau im Rahmen eines Schuldnerverzuges zu beachten ist und wie eine wirksame Mahnung gestaltet wird, wird ab Rn 184 Kap. 8 „Verzug“ erläutert.

3. Bedingungen und Befristungen

94 Eine weitere Möglichkeit, derer man sich bei Vertragsgestaltung bedienen kann, ist das Setzen von Bedingungen und Befristungen. Sie dienen dazu, den Eintritt oder den Wegfall der vertraglichen **Rechtswirkungen von dem Eintritt bestimmter Umstände oder von Terminen abhängig** zu machen. Sie können ein wichtiges Instrument der Vertragsgestaltung sein und dafür sorgen, dass Regelungslücken im Vertragswerk gar nicht erst entstehen.

a) Definition und Wirksamkeit

95 Unter **Bedingung** im Sinne von § 158 BGB ist ein objektiv **ungewisses** Ereignis zu verstehen. Die beiden Absätze des Paragraphen unterscheiden dabei zwischen aufschiebenden und auflösenden Bedingungen. Eine **aufschiebend** bedingte Vereinbarung entfaltet ihre Rechtswirkung erst mit Eintritt der Bedingung. Bei einer **auflösenden** Bedingung tritt die Rechtswirkung sofort ein, entfällt aber mit Bedingungseintritt. Bedingt wird können der gesamte Vertrag oder einzelne vertragliche Rechtswirkungen.

96 Soll die Rechtswirksamkeit dagegen von einem Ereignis abhängen, dessen Eintritt **gewiss** ist, so handelt es sich um eine **Befristung** nach § 163 BGB. Sie kann ebenfalls aufschiebende oder auflösende Wirkung haben. Um eine Befristung handelt es sich auch, wenn der Eintritt eines Ereignisses sicher ist, der genaue Zeitpunkt aber ungewiss (beispielsweise der Tod eines Menschen). Die Regelungen zur Bedingung gelten für die Befristung entsprechend.

97 Als ausschlaggebendes Ereignis kommt grundsätzlich **jedes künftige Ereignis** in Betracht, auch eine Handlung der Parteien (sogenannte Potestativbedingung) oder Dritter.[11] Die Vereinbarung einer Bedingung oder Befristung kann ausdrücklich oder auch konkludent erfolgen.

98 Einige Rechtgeschäfte wurden vom Gesetzgeber für **bedingungsfeindlich** erklärt. So ist beispielsweise eine Bedingung oder Befristung bei der für die Übereignung eines Grundstückes erforderlichen Auflassung, vgl. § 925 Abs. 2 BGB, oder der Annahme oder dem Ausschlagen einer Erbschaft, vgl. § 1947 BGB, aus Gründen der Rechtssicherheit unwirksam.

99 Für die allgemeinen Wirksamkeitsvoraussetzungen des Rechtsgeschäftes, wie zum Beispiel Geschäftsfähigkeit, Willensmängel, Gutgläubigkeit oder insolvenzrechtliche Verfügungsbeschränkungen, kommt es auf den **Zeitpunkt des Vertragsschlusses** an.

11 OLG Frankfurt NJW-RR 1998, 1130, 1131.

Beispiel
A verkauft an B ein Motorrad. Sie vereinbaren, dass B die Maschine zwar schon nutzen darf, aber erst Eigentümer wird, wenn B an A den vollen Kaufpreis gezahlt hat. Die Einigung zur Eigentumsübertragung erfolgt somit unter einer aufschiebenden Bedingung (Eigentumsvorbehalt).

b) Schwebezeit

Die Zeit bis zum Bedingungseintritt, bis also eine Rechtswirkung der Vereinbarung 100
eintritt oder entfällt, wird als **Schwebezeit** bezeichnet. **Vorläufig** ist die eine Partei noch nicht vollberechtigt oder nicht mehr vollberechtigt, während die andere bei Bedingungseintritt ein Recht erwirbt oder eine Verpflichtung erlischt. Die Parteien können sich nicht mehr **einseitig** von der Bedingung lösen.[12] Möglich ist es aber, dass die Partei, die bei Bedingungseintritt einen Vorteil erhalten würde, auf die Bedingung verzichtet.[13] Die Einigung über die Bedingung wirkt dabei bis zum Eintritt des Ereignisses fort. Zwar begründet die Vereinbarung einer Bedingung keine Pflicht zur Herbeiführung oder Förderung des Bedingungseintrittes, jedoch entstehen **Schutz- und Treupflichten**. Zu nennen sind insoweit vor allem die §§ 160–162 BGB. Durch sie soll derjenige, der durch Bedingungseintritt ein Recht erwerben würde, vor Leistungsstörungen und der Vereitelung des Bedingungseintritts durch den Vertragspartner geschützt werden.

Beispiel
Obwohl B das Motorrad gerne nutzt, hat er den Kaufpreis noch nicht bezahlt. A ist noch Eigentümer. C tritt an ihn heran und will A das Motorrad abkaufen. Sie einigen sich und A tritt alle Herausgabeansprüche gegen B an C ab. B, der davon nichts weiß, zahlt den Kaufpreis an A und ist erstaunt, als C plötzlich die Aushändigung des Motorrades verlangt.
A ist war zwar als Eigentümer verfügungsbefugt, jedoch wurde ihm seine Verfügungsbefugnis nach § 162 Abs. 1 BGB nachträglich wegen Bedingungseintritt entzogen. B wurde durch Kaufpreiszahlung und Herbeiführung der Bedingung Eigentümer des Motorrades. Er muss es nicht an C herausgeben. C kann sich seinerseits zwecks Rückabwicklung und Schadensersatz an A halten.

Dieses Beispiel zeigt zugleich die Kehrseite von aufschiebend bedingten Rechts- 101
übertragungen. Zum Schutz des durch Bedingungseintritt Begünstigten kann dem bisherigen Rechtsinhaber im Nachhinein **rückwirkend** die **Verfügungsbefugnis entzogen** werden. Obwohl er noch Inhaber des Rechts ist, kann er aus Rücksicht auf den Vertragspartner nicht mehr frei darüber verfügen.

12 BGH NJW 1994, 3227, 3228.
13 BGH NJW 1998, 2360, 2362.

Praxistipp
Bedingungen, gerade in Form eines Eigentumsvorbehalts, können außerordentlich nützlich sein. Allerdings sollten sie nicht inflationär, sondern mit Bedacht gewählt werden und auch nur dann, wenn man bereit ist, die Sache oder die Summe, die bedingt übereignet werden soll, zu „reservieren".

102 Die **Verjährungsfrist** für einen auflösend bedingten Anspruch beginnt mit Vertragsschluss. Bei einem aufschiebend bedingten Anspruch aus einem Vertrag fängt die Verjährungsfrist erst mit Eintritt der Bedingung an.[14]

c) Abgrenzung

103 Zu beachten ist, dass bei Eintritt der Bedingung oder der Befristung die damit verbundene Rechtsfolge **automatisch**, also ohne weiteres Zutun der Parteien bewirkt wird. Dies ist nicht immer gewünscht. Insofern sind Bedingungen und Befristungen von anderen Mitteln der Vertragsgestaltung **abzugrenzen**, die eine Alternative bieten könnten.

104 In einigen Verträgen wird von den Parteien der Vertragszweck erläutert, ohne dass dabei klargestellt wird, ob es sich bei diesem Vertragsbestandteil um eine **Motiverklärung** zur leichteren Auslegung bzw. zur Darstellung der Geschäftsgrundlage handelt, oder aber ob die **Rechtswirkung** einer Vertragsvereinbarung vom Eintritt des Zwecks abhängig gemacht werden soll, es sich also um eine Bedingung handelt. Die Unterschiede zwischen diesen Möglichkeiten zeigen sich in der ausgelösten Rechtsfolge. Während bei der Auslegung eines Vertrages auf den **hypothetischen Parteiwillen** geschlossen wird und bei einer Störung der Geschäftsgrundlage eine **Anpassung** erfolgt, führt eine Bedingung dazu, dass ohne Mitwirkung der Parteien automatisch eine **Rechtswirkung** entsteht bzw. entfällt. Worum es sich nun handelt, ist bei Vertragsgestaltung durch **verständliche Formulierung** klar zu stellen.

105 Häufig sind in der Praxis auflösende Bedingungen und **Rücktritts- oder Widerrufsvorbehalte** schwer zu unterscheiden. Auch hier liegt der wesentliche Unterschied im Automatismus der Bedingungsfolge. Tritt die auflösende Bedingung ein, entfällt die Rechtswirkung für den unter die Bedingung gestellten Vertragsbestandteil. Behält sich dagegen eine Partei einen Rücktritt oder einen Widerruf vor und tritt der Umstand ein, unter dem der Partei ein solches Recht eingeräumt wird, so liegt die Ausübung des Rücktritts- oder Widerrufsrechts im **Ermessen** der Vertragspartei. Sie kann den Rücktritt oder Widerruf **erklären** oder davon **abzusehen** und damit den Vertrag fortbestehen lassen.

14 OLG Düsseldorf NJW-RR 1997, 1174.

4. Verjährung

Insbesondere bei auf längere Zeit angelegten Verträgen sollte kurz an **Verjährungsfristen** verschiedener Ansprüche aus dem Vertrag gedacht werden. Ansprüche verjähren nach Ablauf bestimmter Fristen. Beruft sich der Schuldner in diesem Fall auf die Verjährung, ist der Anspruch im Regelfall juristisch nicht mehr durchsetzbar. Allgemeine Verjährungsfristen sind in §§ 194 ff. BGB geregelt. Regelmäßig verjähren Ansprüche innerhalb von **drei Jahren**. Diese regelmäßige Verjährungsfrist beginnt am **Ende des Jahres**, in dem der Anspruch entstanden ist und der Gläubiger von den anspruchsbegründenden Umständen und der Person des Schuldners Kenntnis erlangt hat oder ohne grobe Fahrlässigkeit hätte erlangen müssen (§ 199 Abs. 1 BGB). Bei einigen Vertragsarten hat der Gesetzgeber abweichende Verjährungsfristen vorgesehen, zum Beispiel nach § 438 Abs. 1 Nr. 3 BGB für Mängelansprüche aus einem Kaufvertrag. 106

Die Verjährungsfrist kann auf unterschiedliche Art und Weise **gehemmt** werden. Häufig tritt Verjährungshemmung durch **Verhandlungen** der Parteien über den Anspruch ein, vgl. § 203 BGB. Die Hemmung führt dazu, dass die Beteiligten in aller Ruhe und **selbstständig** eine Lösung der Streitigkeit finden können, ohne dass es dazu zwingend der Einschaltung des Gerichts bedarf. Es ist nicht möglich, durch langes Aufschieben und Vertrösten absichtlich eine Verjährung des Anspruchs herbeizuführen. 107

Eine **Verlängerung** oder **Verkürzung** der gesetzlich geregelten Verjährungsfristen steht den Beteiligten als Ausdruck der Vertragsfreiheit grundsätzlich **frei**. Auch davon gibt es allerdings **Ausnahmen**. So ist eine Fristverkürzung bei Haftung aus Vorsatz nicht möglich und eine Verlängerung der Verjährungsfrist darf den Zeitraum von 30 Jahren nicht überschreiten (§ 202 BGB). 108

5. Sprachliche Gestaltung

Das Wort ist das Werkzeug eines jeden Juristen. Die Kunst der Vertragsgestaltung liegt zu einem großen Teil auch in einer klaren, verständlichen Sprache. Das A und O ist dabei eine **einheitliche Formulierung** und **klare Gliederung**. Ein Vertrag hat nicht den Anspruch, sich durch variable Wortwahl und sprachliche Bilder wie ein Erlebnisaufsatz lesen zu lassen. Zweck des Vertrages ist es **schnell**, **übersichtlich** und in **klaren Worten** zu vermitteln, wer welche Pflichten und Rechte aus der parteilichen Vereinbarung hat. 109

Praxistipp !

Wird beispielsweise zu Beginn des Vertrages der Gläubiger mit Name und Geschäftsanschrift genannt, schreibt man dahinter: „nachfolgend ‚der Gläubiger' genannt". Die Bezeichnung sollte auch nicht durch Umschreibungen und Synonyme wie „dem die Leistung geschuldeten" oder „dem Leistungsempfänger" variiert werden. Bei einer durchgehend gleichbleibenden Bezeichnung bleibt klar wer gemeint ist.

---

110 Nicht zuletzt muss ein Vertrag auch dem **Bestimmtheitserfordernis** genügen. Ist eine Passage zu unbestimmt und ungenau, kann es sein, dass dieser Teil nicht Vertragsbestandteil wird. Bei allgemeinen Geschäftsbedingungen ist in § 305c Abs. 2 BGB explizit geregelt, dass Zweifel bei der Auslegung von Klauseln **zu Lasten des Verwenders** gehen.

111 Eine systematische Gliederung und ein **logischer Aufbau** sind ebenso essentiell. Im Falle von Allgemeinen Geschäftsbedingungen können sogar Klauseln, die unter einer unpassenden Überschrift stehen, als **überraschend** im Sinne von § 305c Abs. 1 BGB gelten. Im diesem Fall entfalten sie **keine Rechtswirkung**.

! **Praxistipp**

Lieber ein langweilig zu lesender wirksamer Vertrag, als ein unwirksames literarisches Meisterwerk.

---

112 Weitere Hinweise zur übersichtlichen Vertragsgestaltung sind ab S. 111 Kapitel 6A „Äußere Gestaltung des Vertragswerkes“ zu finden.

6. Salvatorische Klausel

113 Auch bei sorgsamer Vertragsaufsetzung kann es passieren, dass sich Fehler einschleichen oder dass sich tatsächliche Umstände oder die Rechtslage ändern (z.B. durch eine Änderung der Rechtsprechung oder der des anwendbaren Gesetzesrechts) und **einzelne Vertragsklauseln nichtig** werden. Gemäß § 139 BGB wird das **gesamte Rechtsgeschäft** nichtig, wenn ein Teil nichtig ist und nicht anzunehmen ist, dass es auch ohne den nichtigen Teil vorgenommen worden wäre.

114 Häufig ist es aber von den Parteien nicht gewollt, dass sich die Unwirksamkeit einzelner Klauseln auf die Wirksamkeit des gesamten Vertrags auswirkt. Vielmehr soll sich im Falle der Nichtigkeit einzelner Klauseln der Vertrag im Übrigen bestehen bleiben. Eine solche **Teilunwirksamkeit** setzt voraus, dass die nichtige Vereinbarung vom restlichen Rechtsgeschäft **teilbar**, der Vertrag also auch ohne sie durchführbar bleibt und die Vertragsdurchführung auch in Anbetracht des unwirksamen Teils von den Parteien **gewollt** ist. Es ist zu fragen, ob die Vertragsparteien den Vertrag auch ohne den nichtigen Teil geschlossen hätten. Kann dies nicht dargelegt werden oder bestehen **Zweifel**, ist der **ganze** Vertrag nach § 139 BGB nichtig.

115 Um diese Nichtigkeitsfolge zu verhindern, enthalten Verträge standardmäßig eine sogenannte **salvatorische Klausel** (lat. salvatorius „erhaltend“).

Klauselmuster

Sollten einzelne Bestimmungen dieses Vertrages unwirksam sein, wird die Wirksamkeit der übrigen Bestimmungen davon nicht berührt. Die Parteien verpflichten sich, anstelle der unwirksamen Bestimmung eine dieser Bestimmung möglichst nahekommende wirksame Regelung zu treffen. Die vorstehenden Bestimmungen gelten entsprechend für den Fall, dass sich der Vertrag als lückenhaft erweist.

Durch diese Klausel verdeutlichen die Beteiligten, dass es ihrem **Willen** entspricht, auch bei Teilnichtigkeit am übrigen Vertrag **festzuhalten**. Eine Nichtigkeit nach § 139 BGB wird dadurch verhindert. 116

Praxistipp !
Eine salvatorische Klausel befindet sich meist am Ende des Vertrages, zum Beispiel unter der Überschrift „Schlussbestimmungen".

Das Einfügen einer solchen Klausel bei der Verwendung allgemeiner Geschäftsbedingungen **erübrigt** sich wegen § 306 Abs. 1 BGB. Nach dieser Norm bleiben die AGB auch bei Nichtigkeit einzelner Klauseln wirksam. § 139 BGB ist auf sie nicht anwendbar. Es hat sich dennoch etabliert und ist in der Regel unschädlich, eine salvatorische Klausel als „Textbaustein" in jeden Vertrag einzufügen. Umgekehrt mag es Bestimmungen geben, bei deren Unwirksamkeit die Parteien den Vertrag insgesamt nicht geltend lassen wollen. Insoweit steht es den Parteien frei, diese Bestimmungen von der Wirkung der salvatorischen Klausel auszunehmen. 117

7. Gerichtsstandsvereinbarung

Für den Fall, dass es wegen dem Vertrag zu Rechtsstreitigkeiten kommt, besteht für die Parteien schon im Vorfeld die grundsätzliche Möglichkeit, ein bestimmtes Gericht für örtlich zuständig zu erklären, sogenannte Prorogation oder Gerichtsstandsvereinbarung. Voraussetzung dafür ist, dass sich die Vereinbarung auf ein **bestimmtes Rechtsverhältnis**, wie etwa den Vertrag bezieht, der Rechtsstreit **vermögensrechtliche Ansprüche** betrifft und der Gerichtsstand per Gesetz **nicht ausschließlich** geregelt ist, vgl. § 40 ZPO. 118

Klauselmuster
Die Parteien vereinbaren, dass für Ansprüche aus dem vorliegenden Vertrag Gerichtsstand Düsseldorf sein soll.

Finanz-, Verwaltungs- und Sozialstreitverfahren lassen grundsätzlich keine Prorogation zu. Unter **Kaufleuten** im Sinne der §§ 1ff. HGB ist eine Gerichtsstandsvereinbarung **grundsätzlich zulässig**, wenn keine der oben genannten Voraussetzungen fehlt. 119

Eine Gerichtsstandvereinbarung unter Privatleuten ist dagegen nur wirksam, wenn sie **ausdrücklich und schriftlich nach Entstehen der Streitigkeit** oder für 120 den Fall geschlossen wird, dass die Beklagte ihren Wohnsitz oder gewöhnlichen Aufenthaltsort ins Ausland verlegt oder der gewöhnliche Aufenthalt im Zeitpunkt der Klageerhebung unbekannt ist.

Praxistipp
Wer vor ein örtlich unzuständiges Gericht geladen ist, sollte dessen Zuständigkeit sofort rügen. Andernfalls kann das örtlich unzuständige Gericht dadurch zuständig werden, dass sich die beklagte Partei in der mündlichen Verhandlung rügelos zur Sache einlässt, vgl. § 39 ZPO.

121 Vertiefte Informationen zur Gerichtsstandsklausel sind ab Rn 266 Kap. 8 „Gerichtsstand" zu finden.

8. Fairnessgebot

122 Wer von der Gegenseite einen fertig ausformulierten Vertrag ausgehändigt bekommt, fragt sich oftmals (leider zu Recht), wo der „Haken an der Sache" ist. Zeiten, in denen noch das Wort eines Ehrenmannes galt, Verträge mit Handschlag besiegelt wurden und es grundsätzlich nicht zu Unstimmigkeiten kam, gab es wohl noch nie. Doch auch wenn man bei Zeiten im Rechtsverkehr wie ein Luchs aufpassen muss, sollte man selbst stets ein **Mindestmaß an Fairness** an den Tag legen.

123 Deswegen ist es auch für den Verfasser eines Vertrages wichtig, nicht nur eigene Vorteile zu bedenken, sondern auch auf die **berechtigten Interessen** des Vertragspartners einzugehen. Ausprägung dieses Fairnessgebotes ist neben einem transparenten Vertragsaufbau auch eine gerechte Risikoverteilung.

124 Wer schon vor Vertragsschluss Schutz- und Rücksichtsinteressen des Verhandlungspartners missachtet, kann sich schadensersatzpflichtig machen, obwohl noch kein Vertrag geschlossen wurde.

Praxistipp
Fairness im geschäftlichen Leben führt nicht nur zu einem reinen Gewissen, sondern wird oftmals auch von Vertragspartnern respektiert und geschätzt. Gute Geschäftsbeziehungen erleichtern eine außergerichtliche Einigung und schonen die Nerven.

9. Vertragstypische Merkmale

125 Abhängig von der Vertragsart ergeben sich weitere Fragen und Anforderungen an den Inhalt eines Vertrages. Die gilt insbesondere für gemischte Verträgen, also solche, die sich durch die Art und Kombination der ausgetauschten Leistungen mehreren Vertragsarten zuordnen lassen.

126 Worauf man bei den häufigsten Vertragsarten achten sollte, wird ab S. 179 in Kapitel 7 vertiefend behandelt.

B. Abgrenzung einzelner Vertragsstrukturen

Einzelverträge sind das klassische Mittel, um **einzelne** Rechtgeschäfte zwischen zwei Vertragspartnern zu regeln. Sie stellen jedoch nicht immer das ideale Mittel da, um die Bedürfnisse der Vertragsparteien im Rechtsverkehr zu erfüllen. Schon vor Abschluss eines Einzelvertrages kann man sich bestimmter Vertragsstrukturen bedienen, um sich Rechte zu **sichern** und/oder zukünftige Vertragsabschlüsse oder -bedingungen zu **gewährleisten**. Sich seiner Möglichkeiten bewusst zu sein, kann der Vereinfachung künftiger Vertragsbeziehungen dienen. 127

Im Folgenden werden solche Vertragsstrukturen mit Anwendungsbeispielen erklärt und erläutert, in welchen Situationen man auf welche Vertragsstruktur zurückgreifen sollte. 128

I. Vorrechtsverträge

Bei Vorrechtsverträgen verpflichtet sich der Vorrechtsgeber, **für den Fall** dass er über einen bestimmtes Recht oder einen Gegenstand verfügen möchte, **zunächst** den Vorberechtigten über die Verfügungsabsicht oder Angebote Dritter **zu informieren** oder es dem Vorberechtigten **vorrangig anzubieten.**[15] Die Einräumung eines Vorrechtes bietet sich also in all jenen Fällen an, in dem ein Vertragsschluss **vorerst nicht zustande** kommen kann, man aber **vorrangig** als Vertragspartner in Erwägung gezogen werden möchte, wenn es soweit ist. Ein Beispiel sind die in der Praxis verbreiteten Vorkaufsrechte an Grundstücken 129

Beispiel

A will das Grundstück des Nachbarn B kaufen, um sein eigenes zu erweitern. Dieser möchte es zurzeit jedoch nicht verkaufen. Damit A aufhört das Thema immer wieder zur Sprache zu bringen, vereinbart B mit A einen Vorrechtsvertrag. Sollte B sich nun in Zukunft entschließen, sein Grundstück zu veräußern, ist er aus dem Vertrag verpflichtet, es zunächst A anzubieten.

Ob sich das Vorrecht nun auf **Informationspflichten** beschränkt oder aber ein **Angebot zum Vertragsschluss** enthalten soll, ist im Vertrag festzuhalten. 130

Checkliste

- Gegenstand des Vorrechtsvertrages ist Einräumung eines Vorrechts
- Genaue Bezeichnung des Rechts oder des Gegenstandes an dem das Vorrecht eingeräumt werden soll
- Intensität des Vorrechts (Informationspflicht? Pflicht zum vorrangigen Vertragsangebot?)

15 BGH NJW 1988, 1261.

II. Vorvertrag

131 Die Parteien können sich bereits vor Abschluss eines Vertrages durch Vereinbarung eines Vorvertrages verpflichten, einen **Hauptvertrag** mit einem bestimmten Inhalt **in Zukunft** zu schließen. Ein solcher Vorvertrag bietet sich insbesondere in Fällen an, in denen dem Abschluss des Hauptvertrages noch **rechtliche oder tatsächliche Hindernisse** entgegenstehen. Der Vorvertrag ist nicht normiert, wird aber als Ausdruck der Vertragsfreiheit anerkannt.

Beispiel
Der Grundstückseigentümer A möchte den Bauherrn B damit beauftragen sein Grundstück zu bebauen. Zurzeit fehlt jedoch noch die Baugenehmigung der Stadt. A und B vereinbaren in einem Vorvertrag, einen Vertrag zum Hausbau abzuschließen, sobald die Genehmigung erteilt wurde.

132 In Konstellationen wie im obigen Beispiel ist es auch möglich, den Vorvertrag durch eine **Bedingung** (z.B. Erteilung einer Genehmigung) **zu einem Hauptvertrag erstarken** zu lassen.

133 Wichtig ist bei der Gestaltung eines Vorvertrages die **Abgrenzung** zu einer bloßen **Absichtserklärung**, denn wesentliches Merkmal des Vorvertrages ist seine Verbindlichkeit. Vor Gericht kann mittels einer Erfüllungsklage darauf geklagt werden, dass der im Vorvertrag **beschriebene Hauptvertrag geschlossen** wird. Ist unklar, ob ein Vorvertrag geschlossen wurde oder nicht, wird das Bestehen eines Vertrages nur sehr **restriktiv** angenommen. Es müssen schon besondere Umstände darauf schließen lassen, dass die Parteien sich **ausnahmsweise** schon binden wollten, **bevor** sie alle Vertragspunkte abschließend geregelt hatten.[16]

134 Der Vorvertrag muss hinsichtlich der Frage, was im Hauptvertrag vereinbart werden soll, **möglichst bestimmt** sein. Dies ist aufgrund der rechtlichen oder tatsächlichen Hindernisse, die den Abschluss des Hauptvertrages zurzeit verhindern, manchmal nicht möglich. Dann ist zumindest klar zu stellen, wie diese Lücken ausgefüllt werden sollen, also **unter welchen Voraussetzungen** der Hauptvertrag zustande kommen soll.

135 Wenn für den Hauptvertrag eine besondere **Form** vorgesehen ist, muss diese auch beim Vorvertrag beachtet werden. Da die Parteien bereits aufgrund des Vorvertrags zum Abschluss des Hauptvertrages verpflichtet sein können, können die gesetzlichen Formerfordernisse nur dann ihre **Funktionen** (Warn-, Kontroll-, Beweis-, Beratungsfunktion) erfüllen, wenn sie bereits auf den Vorvertrag Anwendung finden.

16 BGH NJW 1980, 1577, 1578.

Checkliste

- Festlegung des Gegenstands des Vorvertrages (Pflicht zum Abschluss des Hauptvertrages)
- Festlegung der wesentlichen Bestandteile des zu schließenden Hauptvertrages
- Festlegung der Voraussetzungen, unter denen der Hauptvertrag geschlossen werden soll
- Eventuelle Formerfordernisse beachten

III. Optionsvertrag

Durch einen Optionsvertrag soll dem Optionsnehmer die Möglichkeit gegeben werden, **einseitig** das Zustandekommen des Vertrages herbeizuführen, **ohne** dass es einer **weiteren Mitwirkung** des anderen Vertragsteiles bedarf. Die rechtliche Möglichkeit ist anerkannt, die Einordnung jedoch umstritten. 136

Kein eigentlicher Optionsvertrag, aber die Einräumung **einer Art Optionsrecht**, ist ein **befristetes Angebot** zum Vertragsschluss. Indem man dem Vertragspartner eine längere Zeit zum Vertragsangebot einräumt, erhält dieser die Möglichkeit innerhalb dieser verlängerten Zeit den Vertrag anzunehmen und ihn somit zustande kommen zu lassen. 137

Der Optionsvertrag wird von vielen als eine besondere Art **des bedingten Hauptvertrages** angesehen. Besondere Bedingung ist hier die **Erklärung eines Vertragspartners**, dass der Vertrag zustande kommen soll. 138

Beispiel

A bietet dem B seinen Wagen für 10.000 € zum Kauf an und räumt ihm dafür eine Woche Bedenkzeit ein. Nach fünf Tagen nimmt B das Angebot an.
Hier handelt es sich nicht um einen Optionsvertrag, sondern eine verlängerte Annahmefrist, von der B Gebrauch gemacht hat.
C will sein Motorrad für 5.000 € an D verkaufen, der es sich zurzeit nicht leisten kann. Sie vereinbaren, dass C noch wartet und D innerhalb eines Jahres Bescheid sagen soll, wenn er die Maschine zum vereinbarten Preis kaufen will. Nach neun Monaten erklärt D, die Maschine zu kaufen und zu bezahlen.
Durch die einseitige Erklärung des D ist der im Optionsvertrag beschlossene Hauptvertrag zustande gekommen.

Durch den Optionsvertrag entsteht für den Optionsgeber die **Pflicht** sich für die Zeit, in der der Optionsnehmer von seinem Recht Gebrauch machen kann, **leistungsfähig** zu halten. Im obigen Beispiel wäre C zwar befugt das Motorrad anderweitig zu verkaufen, würde sich jedoch dann schadensersatzpflichtig gegenüber D machen. 139

Checkliste

- Gegenstand des Optionsvertrages ist die einseitige Berechtigung, den Hauptvertrag wirksam entstehen zu lassen
- Festlegung aller wesentlichen Bestandteile des zu schließenden Hauptvertrages

- Festlegung, wer die Option inne hat, wie lange sie gelten soll, wie sie ausgeübt wird und unter welchen Umständen sie verlängert werden kann
- Eventuell Vertragsstrafe für den Fall, dass Erfüllung des Optionsvertrages nicht möglich sein sollte

IV. Rahmenvertrag

140 Ein Vertrag beschränkt sich normalerweise auf die Vornahme eines ganz bestimmten Rechtsgeschäfts. Wer allerdings mit einem langjährigen Geschäftspartner **regelmäßig ähnliche Verträge** abschließt, verliert viel Zeit mit der immer neuen Regelung grundlegender Fragen. Für solche Situationen gibt es die Möglichkeit, auf Rahmenverträge zurückzugreifen.

141 Ein Rahmenvertrag soll eine auf Dauer angelegte Geschäftsbeziehung typischerweise erst **eröffnen** und dabei **nur bestimmte Einzelheiten** der zukünftigen Verträge festlegen.[17] Die Möglichkeit, solche Rahmenverträge zu schließen, ist zwar ebenfalls nicht gesetzlich normiert, aber anerkannt.

Klauselmuster
Die Regelungen dieses Vertrages finden Anwendung auf alle Einkäufe, die die A-GmbH beim Lieferanten B-GmbH tätigt, ohne dass es jeweils ihrer nochmaligen gesonderten Vereinbarung bedarf.

142 Der Rahmenvertrag unterscheidet sich vom Vorvertrag in der Hinsicht, dass letzterer nur auf Abschluss eines **ganz bestimmten Hauptvertrages** gerichtet ist und der Abschluss dieses Hauptvertrages auch **einklagbar** ist. Aus einem Rahmenvertrag hingegen entstehen keine unmittelbaren Leistungs- oder Zahlungspflichten. Er regelt nur bestimmte (Rahmen-)Vertragsbedingungen im Hinblick auf zukünftig zwischen den Parteien abzuschließende (Einzel-)Verträge. Ob der Rahmenvertrag bereits die Pflicht begründet, zukünftige Verträge abzuschließen, also zugleich ein Vorvertrag ist, hängt von seinem Inhalt ab. Die **genaue Anzahl** der abzuschließenden Verträge kann ebenfalls vereinbart werden.

143 Ist ein Rahmenvertrag vereinbart, brauchen einzelne Verträge nicht mehr im **Detail** ausgehandelt zu werden. Es reicht insofern ein **Verweis** auf den Rahmenvertrag. Dies kann zu **beschleunigten Prozessen** und **Reduzierung der Verwaltungsarbeit** führen.

17 OLG Köln CR 1994, 737.

Klauselmuster
Für den folgenden Geschäftsabschluss gelten die Vertragsbedingungen des zwischen den Parteien geschlossenen Rahmenvertrags vom 10. Januar 2014.
Bestellung von: X; Menge: X; Lieferung voraussichtlich am: X.X.2014
Unterschrift der Vertragsparteien

Welche Punkte genau **im Rahmenvertrag** vereinbart werden sollen und welche wiederum **einzelfallabhängig** bei jedem neuen Vertrag vereinbart werden sollen, obliegt der Vertragsfreiheit der Verhandlungspartner. Näheres dazu findet sich ab Rn 164 Kap. 7 „Rahmenvertrag". 144

Checkliste ?
- Gegenstand des Rahmenvertrages ist die grundsätzliche Regelung künftiger Verträge zwischen zwei Parteien
- Regelungen zur Beendigung, Vertragsdauer, Kündigungsfrist
- Regelungen zur Haftung, Leistungsstörungen, Vertragsstrafen
- Eventuell Interessenlagen der Parteien in einer Präambel
- Eventuell Qualitätsanforderungen an geschuldete Leistungen
- Eventuell Formbedürftigkeit und Inhaltsanforderungen der Einzelverträge
- Eventuell grundsätzliche Liefer-, Leistungs-, Abnahmepflichten und Zahlungsbedingungen
- Gerichtsstand und salvatorische Klausel
- Eventuell Preise oder Preisberechnungen

V. AGB

Wer häufig ähnliche Geschäfte abschließt, aber immer mit **unterschiedlichen** Vertragspartnern, müsste ebenfalls stetig von neuem Verträge ausarbeiten und verhandeln. Um dies zu vereinfachen, gibt es die Möglichkeit, allgemeine Geschäftsbedingungen, AGB, zu formulieren. 145

AGB sind für eine **Vielzahl** von Vertragsabschlüssen vorgesehene **Formularverträge**, die eine Seite der anderen bei Abschluss des Vertrags stellt, vgl. §§ 305ff. BGB. Sie bieten die Möglichkeit, grundsätzliche Vertragsfragen für zahlreiche Fälle zu klären, sodass sich eine immer neue Vertragsausarbeitung bei wechselnden Vertragspartnern erübrigt. Zudem ermöglichen vereinheitlichte Verträge es dem Unternehmen, Verwaltungsaufwand bei Problemen in der Auftragsdurchführung zu reduzieren. 146

AGB zeichnen sich häufig dadurch aus, dass die Vertragspartei, die ihre Einbeziehung verlangt (sog. Verwender), dem Gegenüber wirtschaftlich überlegen ist. Denn meist wird es nur dem stärkeren Vertragspartner gelingen, Vertragsbedingungen einseitig zu diktieren. Gerade dieses einseitige Stellen ohne die Möglichkeit des Gegenübers, die jeweiligen Vertragsbedingungen individuell auszuhandeln, ist aber ein Charakteristikum von AGB. Das Gegenüber hat da- 147 her oft **kaum Einflussmöglichkeiten** auf die durch die AGB vorgegebenen Punkte. Aus diesem Grunde gelten für AGB besonders **strenge gesetzliche Regelungen**, die eine Überrumpelung oder Übervorteilung des Vertragspartners verhindern soll. Welche gesetzlichen Vorgaben beim Vorlegen und Erstellen von AGB beachtet werden müssen, wird auf Rn 130 Kap. 3 „Richtige Einbeziehung von Allgemeinen Geschäftsbedingungen" und Rn 68 Kap. 6 „AGB-Recht" erläutert.

C. Stolperfalle AGB (Abgrenzung AGB/Individualvereinbarung)[18]

148 Der Gesetzgeber hat mit dem AGB-Recht der §§ 305ff. BGB zum Schutz vor einer überlegenen Gestaltungsmacht des Klauselverwenders von Wirtschaftsverträgen **auch für den B2B-Verkehr** unmittelbar gesetzlich normierte **Schranken für die Vertragsgestaltung** eingezogen.

149 Wie weit die Schranken des AGB-Rechts für die Wirtschaftsvertragsgestaltung reichen, wird allerdings **oft unterschätzt**. Hintergrund ist die vorstehende Annahme, das AGB-Recht gelte für einfach zu treffende Individualvereinbarungen des § 305 Abs. 1 S. 3 BGB.[19]

150 Die Rechtsprechung hat aber den Anwendungsbereich des AGB-Rechts gemäß §§ 305ff. BGB zum Schutz vor überlegener Gestaltungsmacht nachhaltig ausgedehnt. Dabei geht die Rechtsprechung mittlerweile so weit, den **AGB-Charakter** einer Klausel schon dann **vermutungshalber** anzunehmen, wenn es sich um eine **allgemein gebräuchliche Klausel** handelt, wie sie regelmäßig in allgemeinen Geschäftsbedingungen benutzt wird und dieser Umstand einem Berufungsgericht (und damit regelmäßig einem OLG-Senat) bekannt ist, **ohne** dass es darauf ankommt, dass der Verwender im Einzelfall die **Absicht der Mehrfachverwendung** hat.[20]

151 Typischerweise werden sich dabei eine Vielzahl von Klauseln in Wirtschaftsverträgen, wie Haftungsausschluss- und Haftungsbegrenzungsklauseln, Gewährleistungsklauseln, Vertragsstrafenklauseln, Zahlungsklauseln, etc., oder klassischen allgemeinen Einkaufs- und Verkaufsbedingungen in einer einem Berufungsgericht bekannten Weise wiederfinden lassen.

152 Des Weiteren wird ein **AGB-Charakter einer Wirtschaftsvertragsklausel** bereits darin angenommen, wenn ein nach dem **äußeren Erscheinungsbild** gedruck-

---

18 Vgl. im Einzelnen zu den Anforderungen an die vertragsrechtliche AGB-Gestaltung Rn 117 Kap. 6 Abschnitt B II.
19 Vgl. im Einzelnen zur Abgrenzung Individualvertrag/AGB-Klausel Rn 117 Kap. 6 Abschnitt B II.
20 BGH, 24.3.2006 – V ZR 173/05 (= NJW 2006, 19).

tes oder **sonst vervielfältigtes Klauselwerk** vorliegt, welches inhaltlich weitgehend die Interessen seines Verwenders widerspiegelt.[21]

Mittlerweile geht die höchstrichterliche Rechtsprechung so weit, das AGB-Recht 153
als dem grundgesetzlich implementierten **Sozialstaatsprinzip** immanent zu bezeichnen.[22]

Aber nicht nur die Regelungen der an sich vom Gesetzgeber für den B2B- 154
Verkehr gedachten Bestimmungen der §§ 307, 305c, 306a BGB stellen den Verfasser von Wirtschaftsverträgen vor hohe Herausforderungen. Hinzu kommt, dass die Rechtsprechung mittlerweile davon ausgeht, **der Unternehmer sei gleich schutzwürdig wie der Verbraucher.**[23] So sehr die vorgenannte Wertung der Rechtsprechung mit Hinblick auf die Notwendigkeit der Vertragsfreiheit im B2B-Verkehr auch in der Literatur zahlreich angegriffen wurde, lässt es sich doch in der Praxis feststellen, dass auch im unternehmerischen Verkehr der Professionalisierungsgrad von Unternehmen und ihren Beratern, was die Rechtslage und das Durchdringen umfangreicher Vertragsgestaltung angeht, bei Weitem nicht so ausgebildet ist, wie es eine völlige Autonomie der Vertragsgestaltung im Wirtschaftsverkehr vielleicht erfordern würde. Dies spricht nach hiesiger Auffassung dafür, dass der Unternehmer dogmatisch den gleichen Schutz bei einer überlegenen Gestaltungsmacht des anderen Vertragspartners, Vetragsklauseln betreffend, auch im B2B-Verkehr erwarten darf. Da die Inhalte des AGB-Rechts letztlich auch dem **Gebot des fairen Miteinanders** im Wirtschaftsverkehr entsprechen, tritt zudem bei Ausnutzung der möglichen Gestaltungsbreite auch unter Anwendung des AGB-Rechts keine allzu große Einschränkung für die Parteien ein.

Nach der vorgenannten Rechtsprechung des BGH ergibt sich, dass die Verbrau- 155
chervorschriften der §§ 309 und 308 BGB mit ihren zahlreichen Verbotstatbeständen letztlich als **indizielle Parameter** im Rahmen dessen anzusetzen sind, was nach der Generalklausel des § 307 BGB im B2B-Verkehr eine unzulässige Benachteiligung des Vertragspartners darstellt.

Bei der Gestaltung von wirtschaftsvertraglichen Klauseln ist daher nicht nur 156
stets die **Anwendbarkeit des AGB-Rechts zu prüfen**, sondern bei der Frage, was eine unzulässige Benachteiligung des Vertragspartners nach § 307 BGB darstellt, **indiziell auch die Regelung des Verbraucherverkehrs** nach §§ 308, 309 BGB und die dazu gehörigen zahlreichen Rechtsprechungen ins Kalkül zu ziehen.

Wegen der vorgenannten „AGB-Stolperfalle" muss eine **Warnung** vor der Be- 157
nutzung von **Standard-Vertragsformularbüchern** an dieser Stelle ausgesprochen werden. Zum einen ist es nämlich so, dass bei der Verwendung derartiger per se für

---

21 BGH, 14.5.1992 – VII ZR 204/90 (= BGHZ 118, 229); BAG, 26.1.2005 – 10 AZR 215/04 (= NZA 2005, 655).

22 BGH, 20.3.2014 – VII ZR 248/13 (= VersR 2014, 960).

23 BGH, 19.9.2007 – VIII ZR 141/06 (= NJW 2007, 3774).

eine Vielzahl von Verwendungen vorformulierter Vertragsmustern ein AGB-Charakter der verwandten Klauseln nicht mehr in Rede stehen kann, andererseits lässt sich bedauerlicher Weise feststellen, dass die dort abgedruckten Verträge **in der Regel nicht unter Reflektion des AGB-Rechts** verfasst sind.

D. Risiken unwirksamer Vertragsklauseln

I. Ausgangsproblematik

158 Gerade bei der Formulierung von Allgemeinen Geschäftsbedingungen wird das **Risiko** der Unwirksamkeit einzelner Klauseln nicht selten **unterschätzt.**

159 Oft wird die **Unwirksamkeit** sogar **sehenden Auges in Kauf** genommen, in der Hoffnung, dass die Klausel gleichwohl ihren Zweck erfüllt, da der Vertragspartner die Unwirksamkeit möglicherweise nicht entdeckt. Oft wird entsprechenden Bedenken entgegengehalten, dass im Prinzip ja nichts passieren könne, denn im Zweifel gelte das Gesetz.

160 Diese vermeintliche „Rechtfertigung“ trägt einer ganzen Reihe von Risiken, die nachfolgend dargestellt werden, keine Rechnung.

II. Abmahnung durch Wettbewerber nach UWG

161 Die Verwendung unwirksamer AGB-Klauseln kann eine **unlautere Wettbewerbshandlung** im Sinne des § 4 Nr. 11 UWG darstellen, damit von einem Wettbewerber **abgemahnt** und im Falle der Nichtabgabe einer Unterlassungserklärung im Wege der einstweiligen Verfügung durchgesetzt werden.

162 Soweit es den Gebrauch unwirksamer AGB gegenüber Verbrauchern geht, ist dies bereits abschließend durch den BGH entscheiden worden, für die B2B-Konstellation gibt es bereits die ersten Instanzgerichtsentscheidungen. Einzelheiten dazu sind auf Rn 315 Kap. 6 „Wettbewerbsrecht“ zu finden.

III. Unwirksame Vertragsklauseln als Wettbewerbsnachteil

163 Ein weiterer Nachteil der Verwendung unwirksamer Vertragsklauseln und AGB zeigt sich bei der Beantwortung einer vergleichsweise simplen Fragestellung: Warum verwenden Unternehmen AGB bzw. zu welchem Zweck schließen sie Verträge?

164 Die Antwort liegt auf der Hand. Sich aus dem **Gesetz** ergebende Rechtsfolgen sollen **zugunsten des Klauselverwenders geändert** werden. Gesetzliche Pflichten sollen beschränkt, Rechte indes erweitert werden.

Damit verschafft sich der Klauselverwender einen **Wettbewerbsvorteil**. Dieser Vorteil entfällt, bzw. es bedeutet sogar einen Nachteil im Wettbewerb, wenn die insoweit verwendeten Vertragsklauseln nicht wirksam ausgestaltet sind. Denn **Rechtsfolge** ist die **Geltung** des oft **nachteiligen Gesetzes**. 165

Exemplarisch bezogen auf den Fall der **Haftungsbeschränkung** bedeutet dies, dass der Klauselverwender im Falle einer unwirksamen Haftungsbeschränkungsklausel **unbeschränkt** nach dem Gesetz haftet und damit – möglicherweise anders als sein eine wirksame Haftungsbeschränkungsklausel verwendender Wettbewerber – ein hohes wirtschaftliches Risiko im Schadensfall trägt. Auch haftet er für Mängel, die beispielsweise mit Hilfe einer Haftungsausschluss- und -begrenzungsklausel gerade der Haftung entzogen werden sollten, da insoweit beispielsweise eine besondere Anfälligkeit der Ware besteht. 166

Ein weiteres praxisrelevantes **Beispiel** ist die Verwendung einer **unwirksamen Preisänderungsklausel** in langfristigen Lieferverträgen. Konsequenz ist, dass die Erhöhung eigener Kosten (insbesondere Beschaffungs- bzw. Herstellungskosten) im Wege der Preiserhöhung nicht an den Vertragspartner weitergegeben werden und damit angesichts der langfristigen Vertragsbindung ein ganz erheblicher finanzieller Schaden entstehen kann. Auch das stellt – natürlich – einen **Wettbewerbsnachteil** gegenüber einem Konkurrenten dar, der sein Vertriebsnetz mittels Gestaltung wirksamer Verträge, einschließlich wirksamer Preisänderungsklauseln, rechtlich sicher und wirtschaftlich effektiv gestaltet. 167

IV. Verwendung unwirksamer Klauseln und Organhaftung

Insbesondere auf der **Ebene der Unternehmensleitung** kann die Verwendung unwirksamer Vertragsklauseln unter bestimmten Voraussetzungen zur persönlichen Haftung führen. So gilt beispielsweise für den GmbH-Geschäftsführer gemäß § 43 GmbHG Folgendes: 168

> *„**(1)** Die Geschäftsführer haben in den Angelegenheiten der Gesellschaft die Sorgfalt eines ordentlichen Geschäftsmannes anzuwenden.*
> ***(2)** Geschäftsführer, welche ihre Obliegenheiten verletzen, haften der Gesellschaft solidarisch für den entstandenen Schaden.*
> ***(3)** [...].“,*

und für den Vorstand einer AG gemäß § 93 AktG:

> *„**(1)** Die Vorstandsmitglieder haben bei ihrer Geschäftsführung die Sorgfalt eines ordentlichen und gewissenhaften Geschäftsleiters anzuwenden. [...].*
> ***(2)** Vorstandsmitglieder, die ihre Pflichten verletzten, sind der Gesellschaft zum Ersatz des daraus entstehenden Schadens als Gesamtschuldner verpflichtet. [...].“*

169 Dass es eine **potentielle Pflichtverletzung** darstellen kann, wenn die Geschäftsleitung unwirksame Verträge/AGB erstellt, erstellen lässt oder verwendet, beispielsweise weil sie sich insoweit – ob nun intern oder extern – nicht rechtlich beraten lässt und/oder Entwicklungen in Gesetzgebung und Rechtsprechung außer Acht lässt, ist sicherlich kein fernliegender Schluss.

170 Die potentiell hieraus resultierenden **Schäden der Gesellschaft**, die dann unter Heranziehung der vorgenannten Regelungen bei dem jeweiligen Organ **Regress** nehmen will, liegen auf der Hand:

171 Praxisrelevant sind insoweit sicherlich die vorstehend unter Rn 163 Kap. 2 bereits herangezogenen Beispiele der unwirksamen Haftungsbeschränkungsklausel oder der unwirksamen Preisänderungsklausel. Im letztgenannten Fall liegt dann ein ganz erhebliches **Schadenspotential**, wenn eine Vielzahl von Kunden über einen längeren Zeitraum im Vertrauen auf die Wirksamkeit einer entsprechenden Klausel Preiserhöhungen „mitgemacht" haben, die Klausel sich sodann als unwirksam herausstellt und **massive Rückforderungsansprüche** ins Haus stehen.

172 Ein weiterer Anwendungsbereich ergibt sich für den Fall, dass die Gesellschaft gegen sich gerichtete Schadensersatzansprüche Dritter, welchen durch Vertrauen auf die Wirksamkeit der AGB ein Schaden und damit ein Ersatzanspruch gegen die Gesellschaft gemäß § 280 BGB entstanden ist, an das Organ „weiterreicht".

173 Letztlich bringt auch die vorstehend unter Rn 161 Kap. 2 dargestellte Entwicklung in der Rechtsprechung zur Verwendung unwirksamer AGB-Klauseln als Verstoß gegen das UWG die unschöne Konsequenz mit sich, dass auch hierüber die **Geschäftsleitung in die Haftung** – und zwar unmittelbar gegenüber Dritten – geraten kann. Wie ausgeführt, stellt die Verwendung unwirksamer AGB einen Verstoß gegen § 4 Nr. 11 UWG dar. Wettbewerbsverstöße können gemäß § 9 UWG zu einer **Schadenersatzpflicht der Gesellschaft** führen. Zumindest nach bisheriger Rechtsprechung des BGH kann diese Schadenersatzpflicht wegen wettbewerbswidrigen Verhaltens der Gesellschaft auch unmittelbar den Geschäftsführer treffen, nämlich dann, wenn er von dem Wettbewerbsverstoß wenigstens Kenntnis hatte und die Möglichkeit, ihn zu verhindern.[24]

174 Allerdings hat der BGH diese sehr geringe, an die bloße Kenntnis anknüpfende **Haftungsschwelle** im Rahmen einer aktuellen Entscheidung vom 18. Juni 2014 – I ZR 242/12 –, wieder **erheblich angehoben**. Die bisherige Rechtsprechung habe ihre Grundlage in der Störerhaftung gehabt, welche jedoch im Lauterkeitsrecht aufgegeben worden sei. Aus diesem Grund könne an ihr nicht festgehalten werden.[25] Das Unterlassen eines Geschäftsführers sei einem positiven Tun nur dann gleichzusetzen, wenn eine entsprechende **Garantenstellung** des Geschäftsführers besteht. Die der Gesellschaft gegenüber bestehende Verpflichtung reiche dafür allerdings nicht

24 BGH NJW 1987, 127, 129.
25 BGH BB 2014, 2126, 2127.

aus. Vielmehr müsse sie gerade zugunsten desjenigen Dritten bestehen, der aus der Pflichtverletzung Ansprüche herleitet, so der BGH.

An das Bestehen einer solchen Garantenstellung stellt der BGH sodann entspre- 175
chend hohe Anforderungen: Allein die schlichte Kenntnis des Geschäftsführers, wie nach bisheriger Rechtsprechung, oder dessen Organstellung begründen eine solche Verpflichtung gerade nicht. Die diesbezügliche **Pflichtenstellung** bestehe **lediglich gegenüber der Gesellschaft**, anderenfalls würde dem Geschäftsführer ein kaum kalkulierbares Risiko auferlegt, so der BGH.

Zu erwägen sei eine Dritten gegenüber bestehende Verkehrspflicht des Ge- 176
schäftsführers im Sinne eines **Organisationsverschuldens** allerdings dann, wenn sich dieser **bewusst der Möglichkeit entzieht**, von Wettbewerbsverstößen **Kenntnis zu erlangen**. Ein solcher Fall sei beispielsweise dann gegeben, wenn der Geschäftsführer sich dauerhaft im Ausland aufhält.[26]

Natürlich begründet nicht jeder Fall der Verwendung unwirksamer AGB einen 177
haftungsrelevanten Fall einer Pflichtverletzung des Organs der Gesellschaft. Das **Risiko** ist jedoch greifbar und sollte der Geschäftsleitung im Rahmen der Vertragsgestaltung **immer bewusst** sein.

26 BGH BB 2014, 2126, 2128.

Kapitel 3
Vorvertraglicher Bereich und Vertragsschluss

A. Vorvertraglicher Bereich und Vertragsschluss

Grundsätzlich haben die auf einen Vertragsabschluss zielenden Parteien zu berücksichtigen, dass das Schuldverhältnis sich nach § 241 Abs. 2 BGB nicht nur in der Herbeiführung des geschuldeten Leistungserfolges erschöpft. Vielmehr folgen aus § 241 Abs. 2 BGB Schutzpflichten bzw. weitere Verhaltenspflichten, deren Verletzung über § 311, 280 BGB zu Schadensersatzansprüchen der jeweils anderen Partei führen kann. Es ist daher geboten, **bereits im vorvertraglichen Bereich die notwendige Sorgfalt** gegenüber dem anderen Vertragspartner walten zu lassen, um rechtliche Nachteile, insbesondere Schadensersatzansprüche, zu vermeiden. 1

Die vorgenannten **Schutzpflichten** bzw. weiteren Verhaltenspflichten **entstehen** nach der gesetzlichen Systematik **bereits mit der Vertragsanbahnung**. Insoweit ist Anknüpfungspunkt für die Haftung nach § 311 Abs. 2 Nr. 1 BGB auch die Aufnahme von Vertragsverhandlungen. Das nach § 241 Abs. 2 BGB für die Annahme der vorgenannten Schutz- und Verhaltenspflichten erforderliche Schuldverhältnis entsteht bereits vor der Aufnahme von Vertragsverhandlungen, nämlich bereits dann, wenn eine Partei der anderen Partei in Vorbereitung eines Vertragsschlusses ermöglicht, **auf ihre Rechtsgüter und Interessen einzuwirken** oder ihr diese anvertraut.[1] Insoweit entsteht das vorgenannte Rechtsverhältnis bereits mit dem Beginn der Vertragsverhandlung. Aber auch Vorgespräche sind bereits ausreichend, um die besondere Rechtsverbindung im Sinne des § 242 Abs. 2, 311 BGB zu begründen. 2

Beendet ist der Korridor des vorvertraglichen Verhältnisses erst mit der **Beendigung des geschäftlichen Kontaktes**, d.h. mit einem **Abbruch** der Verhandlungen oder mit dem **Abschluss** des verhandlungsgegenständlichen Vertrages. Etwaige Rechte und Pflichten der Parteien richten sich dann nach dem abgeschlossenen Vertrag. Zu beachten ist jedoch, dass bereits entstandene Schadensersatzansprüche nach § 241 Abs. 2, 311 BGB in Verbindung mit § 280 BGB bestehen bleiben. Nach dem Zustandekommen des Vertrages werden die vorgenannten „vorvertraglichen" Pflichten der Parteien zu vertraglichen Nebenpflichten.[2] 3

Eine in der Wirtschaft besonders relevante Fallkonstellation der Verletzung der vorgenannten vorvertraglichen Schutz- und/oder Verhaltenspflichten kann die Situation des Abbruchs von Vertragsverhandlungen darstellen. 4

---

1 BGH, 14.3.2013 – III ZR 296/11 (= WM 2013, 692).

2 BGH, 10.6.1964 – VIII ZR 294/62 (= JZ 1964, 654).

5 Grundsätzlich steht die höchstrichterliche Rechtsprechung allerdings auf dem Standpunkt, dass die **Parteien** bis zum endgültigen Vertragsschluss und ihrer Entschließung, **den Vertrag abzuschließen oder nicht abzuschließen, grundsätzlich frei sind**. Dies gilt selbst dann, wenn die andere Verhandlungspartei in Erwartung, der Vertrag werde abgeschlossen, bereits Aufwendungen getätigt hat.[3] Bedauerlicherweise wird in der Wirtschaft jedoch beim Abbruch von Vertragsverhandlungen immer wieder der Umstand missachtet, dass die höchstrichterliche Rechtsprechung von dem vorgenannten Grundsatz im Wirtschaftsleben **real relevante Ausnahmen** entschieden hat.

6 So hat die höchstrichterliche Rechtsprechung den Leitsatz gebildet, dass eine Ersatzpflicht für die vorgenannten Aufwendungen dann entsteht, wenn eine Partei die Vertragsverhandlungen **ohne triftigen Grund** abbricht, nachdem sie in zurechenbarer Weise **Vertrauen auf das Zustandekommen des Vertrages** erweckt hat.[4] Zu beachten ist allerdings, dass die Rechtsprechung aus dem vorgenannten Leitsatz keinerlei Verpflichtung zum Abschluss des in Rede stehenden Vertrages ableitet,[5] sondern die Pflicht der ohne triftigen Sachgrund die Verhandlung abgebrechenden Vertragspartei beschränkt auf die nach dem Entstehen des Vertrauenstatbestandes gemachten Aufwendungen.[6]

7 An das Vorliegen eines **triftigen Grundes** stellt die Rechtsprechung allerdings keine allzu hohen Anforderungen. Letztlich dürfte jeder bei objektiver Betrachtungsweise **„sachliche Grund"** ausreichend sein. Bereits ein günstigeres Angebot für die angestrebte Leistung eines Dritten, etwaige Compliance-Verstöße oder der dahingehende Verdacht (zum Beispiel hinsichtlich des Vorliegens eines Korruptionsfalles) oder gar die Verschlechterung der persönlichen oder marktbedingten Absatzsituation können insoweit ausreichend sein.

8 Das Vorliegen eines **triftigen Grundes** läuft jedoch für eine **Enthaftung** ins Leere, wenn der vorgenannte, qualifizierte Vertrauenstatbestand dahingehend, dass das **Vertrauen auf das Zustandekommen des Vertrages bei der anderen Verhandlungspartei geweckt wurde**, gegeben ist. Aus höchstrichterlichen Rechtsprechungen lassen sich hier insbesondere folgende Fallgruppen extrahieren:
- Die Parteien haben bereits mit der Durchführung des Vertrages begonnen;[7]
- Wenn die die Vertragsverhandlung abbrechende Partei den Vertragsschluss als sicher hingestellt hat;[8]

---

3 BGH NJW 2013, 928; BGH NJW-RR 2001, 381.
4 BGH NJW 2013, 928; BGH NJW 1996, 1848 ff.
5 KG Berlin WM 2005, 1118.
6 BGH NJW 1996, 1884 ff.
7 BGH NJW 1952, 1130.
8 BGH NJW-RR 1989, 627.

– Wenn die die Vertragsverhandlung abbrechende Partei die andere Verhandlungspartei zu relevanten Vorleistungen veranlasst hat.[9]

Höhere Anforderungen stellt die Rechtsprechung dagegen **bei formbedürftigen Verträgen**. Da die Rechtsprechung hier einen Zwang zum Abschluss derartiger formbedürftiger Verträge (insbesondere ohne Schutzfunktion der notariellen Hinweispflichten) vermeiden möchte, kann eine zum Schadensersatz führende relevante Pflichtverletzung der die Verhandlung abbrechenden Partei nur bei einer schweren vorsätzlichen Verletzung einer Pflicht zum wesentlichen Verhalten angenommen werden.[10] 9

Auch die **Verzögerung des vertraglichen Verhandlungsprozesses/des Abschluss des Vertrages** kann im Ausnahmefall als Pflichtverletzung im Sinne von § 241 Abs. 2 BGB in Verbindung mit § 311 Abs. 2 BGB angenommen werden. Zwar hat sich die Rechtsprechung grundsätzlich dafür entschieden, dass die Verzögerung bei der Annahme eines Vertragsangebotes oder auch der Ablehnung eines Vertragsangebotes nicht zu einer Haftung führt.[11] Ausnahmsweise kann die Verzögerung des Vertragsschlusses jedoch unter §§ 241 Abs. 2, 311 Abs. 2 BGB in Verbindung mit § 280 BGB zum Schadensersatz führen, wenn der andere Verhandlungspartner **durch beruhigende Erklärungen** im Hinblick auf ein doch noch zustande kommenden Vertrag **von der Wahrnehmung einer anderen Vertragsabschlusschance abgehalten wird**.[12] Letztlich fällt diese Fallgruppe jedoch zusammen mit der vorgenannten Fallgruppe, in dem ein Verhandlungspartner in zurechenbarer Weise Vertrauen auf den Abschluss eines Vertrages geweckt hat. 10

Eine **Verletzung der Schutzpflicht bzw. weiteren Verhaltenspflicht** setzt jedoch stets voraus, dass die Rechtsgutsverletzung im Zusammenhang mit der durch die vorvertragliche Sonderverbindung begründeten, erhöhten Einwirkungsmöglichkeiten des Schuldners auf die Rechtsgüter der anderen Verhandlungspartei bestehen.[13] Zu den vorgenannten Schutzgütern gehören dabei nicht nur **Körper, Leben** und **Eigentum**, sondern auch das **Vermögen**. 11

Für den wirtschaftsrechtlichen Bereich relevant ist insbesondere die Verletzung von **drei Kategorien** der genannten Schutzpflichten. 12

Zunächst kann die Verletzung einer ausdrücklich oder konkludent vereinbarten Geheimhaltungspflicht eine Verletzung der vorgenannten Schutzpflicht darstellen. 13

Besonders relevant dürfte der Fall der **Verletzung einer Aufklärungspflicht** in der wirtschaftsrechtlichen Praxis sein. Im Übrigen ergibt sich aus § 242 BGB (Treu 14

9 BGH NJW 1985, 1778 ff.
10 BGH NJW 2013, 928; BGH NJW 2009, 2713 ff.
11 BGH NJW 1966, 1407.
12 BGH NJW 1984, 867.
13 OLG Saarbrücken NJW-RR 1995, 23.

und Glauben) für jede Verhandlungspartei im Rahmen der Vertragsanbahnung die Verpflichtung, die jeweils andere Partei unaufgefordert über entscheidungserhebliche Umstände zu informieren. Dies, wenn der andere Verhandlungsteil nach Treu und Glauben und den im Verkehr herrschenden Anschauungen Aufklärung erwarten darf.[14]

15 Die Aufklärungspflicht bezieht sich dabei auf alle Umstände, die für den Vertragsschluss von wesentlicher Bedeutung sind.[15] Praxisrelevant sind hier insbesondere Fälle, in denen der nach dem geplanten Vertrag Lieferverpflichtete nicht über bereits bekannte Lieferschwierigkeiten aufklärt, oder der Verkäufer einer Ware den Käufer über das Nichtvorhandensein wesentlicher wertbildender Faktoren, die nicht mit den geschuldeten Eigenschaften des veräußerten Produktes einhergehen, im Unklaren lässt. Darüber hinaus wird man fordern müssen, dass die leistungsverpflichtete Partei die andere Partei über absehbare Vertragsabwicklungsstörungen, die für die andere Verhandlungspartei nicht ohne weiteres erkennbar sind, in Kenntnis setzt. Darüber hinaus trifft alle Vertragsparteien **die Verpflichtung zur Mitwirkung**, so zusammen zu wirken, dass die Voraussetzung für die Durchführung des Vertrages geschaffen wird und etwaige Erfüllungshindernisse beseitigt werden können. Hierunter fallen zum Beispiel die notwendige Stellung von Vormaterialien für die Weiterbearbeitung, die Zurverfügungstellung von Daten und Zeichnungen aus dem Bereich der anderen Partei oder die Einholung von Genehmigungen.

16 Auch im Bereich der **Anbahnung von Wirtschaftsverträgen** führt die Verletzung der vorgenannten Schutzpflichten bzw. weiteren Verhaltenspflichten jedoch nur zu einer Schadensersatzpflicht gegenüber dem anderen potentiellen Vertragsteil, wenn die Partei mit dem **Haftungsmaßstab des § 276 BGB die Pflichtverletzung zu vertreten** hat.

17 Oft wird dabei missachtet, dass im Rahmen der Vertragsanbahnung jede Verhandlungspartei auch **für etwaige Pflichtverletzungen seiner Erfüllungsgehilfen einzustehen** hat.[16] Relevant sind dabei insbesondere im Hinblick auf die vorgenannten Aufklärungspflichten die Zurechnung von Wissen über vertragsrelevante Umstände solcher Erfüllungsgehilfen. Auch hier muss erwartet werden, dass solche Erfüllungsgehilfen (zum Beispiel Berater oder eingeschaltete Verhandlungsführer), welche in die Vertragsverhandlungen eingebunden sind, über vertragsrelevante Umstände im vorgenannten Sinne aufklären.[17] Entsprechendes gilt dann, wenn eine Partei **fachlich spezialisierte Erfüllungsgehilfen** (zum Beispiel Gutachter, Rechtsanwälte, Steuerberater, etc.) einschaltet, die gegenüber der anderen

14 BGH NJW 1989, 763.
15 BGH DB 2008, 861.
16 BGH NJW 1993, 2556 ff.
17 BGH NJW 1990, 1662.

Verhandlungspartei auftreten und entweder für den Vertragsabschluss relevante Sachverhaltsinformationen unterlassen, oder besonderes Vertrauen in Anspruch nehmen. Insbesondere stellt stets eine arglistige Täuschung der vorgenannten Erfüllungsgehilfen über § 278 BGB eine vorvertragliche Pflichtverletzung im Sinne von §§ 241 Abs. 2, 311 Abs. 2 BGB derjenigen Partei dar, welche die Erfüllungsgehilfen eingeschaltet hat.[18] Die **Grenze** wird allerdings da zu ziehen sein, wo für eine Verhandlungspartei Personen **ohne Wissen und gegen den Willen der Verhandlungspartei handeln.**

Eine Verletzung vorvertraglicher Verpflichtungen kann insbesondere auch 18
durch Verwendung von Klauseln, die gegen die in §§ 307 bis 309 festgelegten Vertragsbedingungen verstoßen (soweit diese Allgemeine Geschäftsbedingungen im Sinne von § 305 BGB darstellen), gegeben sein (siehe hierzu Rn 68 Kap. 6).

Nicht selten lassen sich in der Wirtschaft aber auch Situationen feststellen, in 19
denen eine **Vertragspartei zum Abschluss eines rechtswirksamen, wirtschaftlich jedoch nachteiligen, Vertrages bewegt wurde**. Eine so benachteiligte Partei kann Ansprüche aus § 341 Abs. 2 in Verbindung mit § 311 BGB nach höchstrichterlicher Rechtsprechung jedoch nur dann geltend machen, wenn der wirtschaftlich nachteilige Vertrag gerade durch eine pflichtwidrige Einwirkung auf die Willensbildung der Partei, die durch den Vertrag benachteiligt wird, zustande gekommen ist und die verletzte vorvertragliche Schutzpflicht gerade vor dem wirtschaftlichen Nachteil bewahren soll.[19] Regelmäßig wird dies nur bei der Verletzung von Aufklärungspflichten der Fall sei. Eine **vorvertragliche Schutzverletzung** ist insoweit **regelmäßig gegeben**, wenn der Handelnde der anderen Verhandlungspartei **unrichtige Informationen**, zum Beispiel auch durch Übergabe von Daten oder Unterlagen, gegeben hat. Dabei ist zu beachten, dass Ansprüche aus Verschulden bei Vertragsschluss auf Basis unrichtig übermittelter Tatsacheninformationen auch dann begründet werden können, wenn keine besondere Offenbarungspflicht bestand.[20]

Nicht immer ist aber die vorsätzliche Täuschung des Verhandlungspartners hin- 20
sichtlich der Rechtsfolgen relevant. Auch eine **fahrlässige Täuschung** kann nämlich einen Anspruch auf Rückgängigmachung des Vertrages bzw. auf Vertragsanpassung begründen.

Für die **Relevanz der Unterlassung der Übermittlung** von Informationen im 21
Verhandlungsprozess wird man allerdings dagegen stets eine Garantenpflicht zur Aufklärung fordern müssen (s.o.).

18 BGH NJW 1974, 1505; BGH NJW-RR 2001, 358.
19 BGH NJW-RR 2007, 32.
20 BGH NJW-RR 1997, 144.

B. Letter of Intent, Memorandum of Understanding, Vorvertrag und Option, Geheimhaltungsvereinbarungen, Vertragsstrafen

22 Im Rahmen wirtschaftsvertraglicher Verhandlungen ist oft die Situation anzutreffen, in der die Parteien einen endgültigen Vertragsschluss aus diversifizierten Gründen scheuen, oder die Voraussetzung für einen endgültigen Vertragsschluss aus Sicht aller Parteien oder einer Partei nicht gegeben ist. Darüber hinaus entspricht es gängigem Handelsbrauch, in der Frühphase insbesondere vor umfänglicherer, geplanter Zusammenarbeit, eine atmosphärische Erklärung niederzulegen, die zu einer eher „faktischen Bindung" der Vertragsparteien führen soll. Für die wirtschaftsvertraglichen Bereiche als relevant haben sich dabei die Konstellationen eines **Letter of Intent, Memorandum of Understanding, einer Optionsvereinbarung** oder **eines Vorvertrages** herausgebildet.

23 Stets im Mittelpunkt der Überlegungen bei der Vertragsgestaltung muss dabei stehen, **ob** bereits eine **rechtliche Bindungswirkung** hinsichtlich der abgegebenen Erklärungen **eintreten soll oder nicht** und/oder ob bereits eine **Verpflichtung zum Abschluss** eines Hauptvertrages übernommen werden soll. Dabei ist stets die Rechtsnatur der vorgenannten Instrumentarien zu beachten und gegeneinander abzugrenzen.

I. Letter of Intent und Memorandum of Understanding

24 Der **Letter of Intent**, aber auch das sog. **Memorandum of Understanding**, stellt dabei grundsätzlich **noch nicht** eine **rechtsverbindliche** Niederlegung der Verhandlungspositionen des Klauselverwenders dar. Zu beachten ist allerdings, dass auch die Instrumentarien des Letter of Intent oder des Memorandum of Understanding sehr wohl – insbesondere bei fehlerhafter Gestaltung – rechtsverbindliche Regelungen über einzelne Vereinbarungen im Vorfeld eines Vertragsabschlusses enthalten können. Zudem sind hier insbesondere die **Übernahme von Geheimhaltungsverpflichtungen, etwaige Vorleistungen** einer oder beider Parteien oder **Kostentragungsregelungen** festgelegt.

II. Vorvertrag und Option

25 Dem gegenüber obliegt dem **echten Vorvertrag** der Inhalt, bereits zum Zeitpunkt seines Abschlusses eine Verpflichtung zum späteren Abschluss eines Hauptvertrages zu begründen.[21]

---

21 BGHZ 102, 384 ff.

In seiner Rechtsnatur ist der **echte Vorvertrag** dabei von dem lediglich nur mit einer Bedingung versehenen Hauptvertrag abzugrenzen. Dabei setzt ein echter Vorvertrag zumindest voraus, **dass sich die Verhandlungsparteien über alle wesentlichen Punkte des Hauptvertrages geeinigt haben**, sodass der Inhalt des abzuschließenden Hauptvertrages bestimmbar ist.[22] 26

Problematisch ist dies insbesondere, wenn die Parteien sich zum Zeitpunkt des Abschlusses einer vorvertraglichen Vereinbarung noch nicht auf den späteren Preis/die Vergütung für eine Leistung einigen können. Zwar kann ein Vorvertrag auch ohne Preisabrede wirksam sein, zumindest müssen sich die Parteien aber über Art und Weise der Preiskalkulation geeinigt haben und die einzelnen Faktoren der Preiskalkulation müssen zumindest bestimmbar sein. Zu beachten ist ggf. eine gegebene **Formbedürftigkeit** des echten Vorvertrages. Diese ist gegeben, wenn die Form des Hauptvertrages vor einer übereilten Bindung warnen soll. 27

Der **Optionsvertrag** differenziert sich von dem vorgenannten Vorvertrag durch den **fehlenden Anspruch auf Abschluss des Hauptvertrages**. Vielmehr beinhaltet der Optionsvertrag rechtlich gesehen ein einseitiges Gestaltungsrecht, nämlich auf Annahme einer bereits abgegebenen Vertragsabschlusserklärung der anderen Partei. Es geht also um den Eintritt einer Bedingung im Rahmen eines bereits bedingten (Haupt-)Vertragsverhältnisses. Auch beim Optionsvertrag sind im wirtschaftsrechtlichen Bereich etwaige **Formvorschriften** zu beachten. Regelmäßig gelten diese nur für den bedingten Vertragsabschluss (nicht jedoch für die Optionserklärung). Dies kann jedoch anders sein, wenn die verpflichtete Partei ein langfristig bindendes Vertragsangebot gemacht hat.[23] 28

Die bei der Vertragsgestaltung zu beachtende Frage hinsichtlich vorvertraglicher Vereinbarungen in Form eines Letter of Intent, eines Memorandum of Understanding, eines Vorvertrages oder einer Option lautet also stets, ob bereits eine **rechtliche Bindungswirkung** hinsichtlich der enthaltenen Erklärungen angenommen werden kann. Dies ist eine Frage der Auslegung im Sinne von §§ 133, 157 BGB. Gemäß dem römisch-rechtlichen Grundsatz „falsa demonstratio non nocet" kann daher das Auslegungsergebnis regelmäßig nicht von der Überschrift der Erklärung abgeleitet werden. Relevant ist nach der Rechtsprechung vielmehr allein, ob nach dem Empfängerhorizont der jeweiligen Erklärung von einer vertraglich gewollten Bindungswirkung ausgegangen werden kann. 29

Dabei ist zu beachten, dass die Rechtsprechung nach den von ihr vertretenen Auslegungsgrundsätzen regelmäßig **nur auf den Inhalt der vertraglichen Urkunde abstellt** (Andeutungstheorie) und im Bereich vorvertraglicher Erklärungen davon abweicht. Hier bezieht sie auch die außerhalb der vertraglichen Urkunde liegenden Umstände (zum Beispiel Art und Inhalt der Vertragsverhandlung) in den 30

22 BGH NJW-RR1993, 139; OLG Karlsruhe NJW-RR 1996, 997.

23 BGH LM § 433 Nr. 16.

Auslegungsprozess ein. Dabei findet insbesondere auch die wechselseitige Interessenlage der Parteien in diesem Stadium Berücksichtigung.

31 Des Weiteren ist für die Abgrenzung zwischen einem echten Vorvertrag und einem Optionsrecht entscheidend, ob gerade nur einer Partei (oder bei einem erweiterten Optionsrecht mehreren Parteien) gegenüber einer oder mehreren Parteien ein einseitiges Gestaltungsrecht im Hinblick auf den Vertragsabschluss eingeräumt wird.

Praxistipp
Es gilt daher bei der Konstruktion vorvertraglicher Erklärungen stets im Auge zu behalten, ob eine bereits rechtsverbindliche und Bindungswirkung entfaltende vorvertragliche Vereinbarung vorliegt und gewünscht ist, da sich die Parteien in diesem Fall der **Gefahr von Erfüllungs- bzw. Schadensersatzansprüchen** entweder aus der vorvertraglichen Vereinbarung selbst oder aus Verschulden bei Vertragsschluss (§ 241 Abs. 2 in Verbindung mit §§ 311 Abs. 2 Nr. 1, 280 BGB) aussetzen. Stets sollten die Gestalter vorvertraglicher Erklärungen dabei für sich reflektieren, ob in diesem frühen Stadium die Vorstellungen und Interessen der Parteien **schon so genau konkretisiert werden können,** da sich nur im ausdrücklich gewünschten Fall rechtlich nachteilige Bindungswirkungen vermeiden lassen. Dabei ist die atmosphärische Wirkung derartiger vorvertraglicher Erklärungen ausgewogen gegen die rechtlichen Risiken abzuwägen.

32 Zu reflektieren sein wird auch, ob mit derartigen vorvertraglichen Erklärungen nicht eine **rechtliche Geschäftsgrundlage für das Leistungsverhältnis** im Sinne des § 313 BGB geschaffen wird, oder sogar geschaffen werden soll. Insoweit ist diesbezüglich deutlichen Erklärungen der Vorzug zu geben, damit langwierige Auslegungsstreitigkeiten vermieden werden. Auch kann es geboten sein, die gesetzlichen Rechtsfolgen des § 313 BGB (Lösung vom Vertrag nur als Sekundärrechtsfolge) zu modifizieren.

33 Beachtet werden sollte auch der regelmäßig vorliegende **AGB-Charakter vorvertraglicher Erklärungen.** Während sich langsam im Bereich hauptvertraglicher Regelungen die Existenz und Anwendbarkeit des AGB-Rechts reflektorisch durchsetzt, scheint diese Erkenntnis bei vorvertraglichen Vereinbarungen oft nicht vorhanden oder ausgeblendet zu werden. Dabei gelten für vorvertragliche Erklärungen selbstverständlich dieselben Rechtsprechungsanforderungen für ein individualvertragliches „Aushandeln" von Verträgen im Sinne von § 305 Abs. 1 Satz 3 BGB wie im hauptvertraglichen Bereich. Relevant wird der AGB-Charakter von vorvertraglichen Klauseln insbesondere bei der Aufnahme von Geheimhaltungsklauseln, Vertragsstrafen und Haftungsausschluss- und Beschränkungsklauseln. Hier ist dem Gestalter dieselbe Sorgfalt wie bei hauptvertraglichen Vereinbarungen oder bei der AGB-Gestaltung im Allgemeinen anzuraten.

34 Gestalterisch zu regeln ist auch das **Schicksal der vorvertraglichen Erklärung im Falle des Abschlusses eines Hauptvertrages.** Wird die vorvertragliche Erklärung im Hauptvertrag nicht „kassiert", stehen sich nach der Rechtsprechung regelmäßig zwei gleichwertige vertragliche Absprachen und Schuldverhältnisse gegenüber. Dabei kann ein prioritärer Vorrang des zeitlich nachfolgend abgeschlossenen

Hauptvertrages gegenüber der vorvertraglichen Erklärung regelmäßig nicht angenommen werden. Es ist daher in der vorvertraglichen Erklärung, spätestens aber im Hauptvertrag, das Schicksal der vorvertraglichen Erklärung (Aufhebung oder Fortbestand) zu regeln.

Selbstverständlich können die **Regelungsfelder einer vorvertraglichen Vereinbarung** vielfältig und umfassend sein. Regelmäßig sollten aber zumindest die folgenden Gesichtspunkte bei der Gestaltung einer vorvertraglichen Regelung im vorgenannten Sinne berücksichtigt werden: 35

Checkliste ?

1. Zunächst ist zu klären, ob wirklich eine vorvertragliche und damit rechtlich verpflichtende **Bindung überhaupt gewollt ist**. Ist dies der Fall, muss die Entscheidung zwischen einem bloßen Vorvertrag (mit der Verpflichtung, einen Hauptvertrag erst abzuschließen), einem Optionsvertrag (mit einem einseitigen Gestaltungsrecht der anderen Partei) und einem bedingten Hauptvertrag getroffen werden. Regelmäßig wird es allerdings so sein, dass bereits in einer unverbindlichen Absichtserklärung, wie dem Letter of Intent oder dem Memorandum of Intent, auch rechtsverbindliche Bestandteile enthalten sein müssen. So ist es zum Beispiel hinsichtlich einer Kostentragung, bereits für die Durchführung des Vertrages vorzuziehender Projektteile, sowie Haftungsausschlüssen für den Fall des Vertragsabbruches und Regelungen über die Unverbindlichkeit des gesamten Vertragsinhaltes. Hier ist der Gestalter gut beraten, diese verbindlichen Teile eines Letter of Intent oder Memorandum of Understanding **ausreichend gekennzeichnet** von den übrigen Vertragsteilen abzugrenzen.
2. Nicht nur üblich, sondern auch rechtlich sinnvoll, sind unter **Reflektion** des nicht unerheblichen **Gefahrenpotentiales von Präambeln** auch derartige Vorbemerkungen in vorvertraglichen Erklärungen wie dem Letter of Intent, Memorandum of Understanding, dem echten Vorvertrag oder der Optionsvereinbarung. Dies ist deshalb so, weil eine saubere Beschreibung der Interessenlage der Parteien und des verfolgten Ziels einerseits die juristische Auslegung des Vertrages im Sinne der §§ 133, 157 BGB erleichtert, andererseits der Rahmen beispielsweise für eine vertragsimmanente Geheimhaltungsverpflichtung abgesteckt wird.
3. Jedenfalls im Vorfeld umfangreicher Dauerschuldverhältnisse oder projektgegenständlicher, vertiefter Zusammenarbeit bietet es sich weiterhin an, eine Klarstellung in die Präambel aufzunehmen, dass eine **Bindung im Sinne einer Gelegenheitsgesellschaft** nach §§ 705 ff. BGB wegen der **oft** unpassenden Rechtsfolgen **nicht gewollt ist**.
4. Mit Hinblick auf das doch nicht unerhebliche Gefahrenpotential beim Abbruch von Vertragsverhandlungen (vgl. Rn 3 Kap. 3) bieten sich darüber hinaus Regelungen über den Ausschluss oder das Vorhandensein etwaiger Ansprüche beim **Abbruch von Vertragsverhandlungen** und über die Formalitäten des Abbruchs selbst an.
5. Bei Fehlen einer gesonderten Geheimhaltungsvereinbarung zwischen den Parteien dürfte es in den meisten Fällen einer vorvertraglichen Zusammenarbeit zwischen den Parteien auf dem Weg zum Vertragsschluss bereits sinnvoll sein, eine **ausführliche Geheimhaltungsvereinbarung** in die vorvertragliche Regelung aufzunehmen. Dabei ist allerdings zu beachten, dass regelmäßig auch eine derartige Geheimhaltungsklausel der Kontrolle des AGB-Rechts nach §§ 305 ff. BGB unterliegen würde. Die Verwendung undefinierter Begrifflichkeiten, die der Geheimhaltung unterliegen sollen, wie „Geschäfts- und Betriebsgeheimnisse", „geheimes Know-How", und ähnliches, verbieten sich insoweit und sind nach dem AGB-rechtlichen Transparenzgebot des § 307 Abs. 1 Satz 2 BGB unwirksam (vgl. im Einzelnen Rn 141 Kap. 6 „Transparenzgebot" und Rn 118 Kap. 7 „Geheimhaltungsvereinbarung (NDA)".

36 Für den Fall des **begründeten Leistungsaustausches** sollten darüber hinaus Regelungen über die Vergütung, die Fälligkeit der Vergütung und die hierauf entfallende Steuerlast sowie bei Leistungsaustausch cross-border auch das Schicksal der dabei anfallenden Außensteuern und Zölle geregelt werden.

37 Um eine Entwertung des mit den Vertragsverhandlungen verbundenen Aufwandes im Falle von **Parallelverhandlungen** zu vermeiden, kann es geboten sein, unter Berücksichtigung der kartellrechtlichen Grenzen, eine rechtliche Einschränkung von Parallelverhandlungen über denselben Sachverhalt bzw. Vertragsgegenstand zu vereinbaren.

38 Regelungsbedürftig ist auch das Schicksal des im Rahmen der Vertragsanbahnung entstehenden **schutzrechtfähigen Know-Hows** und dessen Nutzung. In diesem Zusammenhang sollten auch die Rechte zur Schutzrechtsanmeldung bereits ausführlich geregelt werden. In diesem Zusammenhang sollte auch das Schicksal nicht-schutzfähiger Arbeitsergebnisse einschließlich der Inanspruchnahme von Arbeitnehmererfindungen mit geregelt werden.

39 Da regelmäßig mit der Vertragsanbahnung Aufwendungen der Parteien entstehen bzw. Kosten anfallen, sollte die **Kostentragung** und deren Schicksal in einer vorvertraglichen Vereinbarung entsprechend geregelt werden. Zu denken ist hier nicht nur an Personalkosten, sondern auch Kosten für Berater, Gutachten und weitere vorbereitende Maßnahmen.

40 Ein zentraler Bestandteil einer vorvertraglichen Regelung ist darüber hinaus auch in einer Regelung über **Gewährleistungsausschlüsse** sowie **Haftungsausschlüsse** und **Haftungsbegrenzungen** zu sehen. Auch hierbei sollte ein besonderer Fokus auf die Einhaltung des AGB-Rechts gemäß §§ 305ff. BGB gelegt werden. Dies deshalb, weil derartige Regelungen regelmäßig nicht im Sinne der Rechtsprechung des BGH individuell ausgehandelt sein werden (vgl. hierzu Rn 148 Kap. 2). Zur Vermeidung unwirksamer gewährleistungs- oder haftungsbeschränkter und/oder ausschließender Regelungen ist daher eine vergleichbare Sorgfalt wie im Hauptvertrag anzuwenden.

41 Anders als im hauptvertraglichen Bereich scheint es im vorvertraglichen Bereich oft von Bearbeitern als wirksam angesehen, wenn Gewährleistungen und/oder Haftungen (zum Beispiel für ausgetauschte Informationen oder die Eigenschaften überlassener Produkte und/oder erbrachter Leistungen) vollkommen ausgeschlossen werden. Erkennbar ist dies insbesondere schon deshalb nicht der Fall, weil nach Gesetz und höchstrichterlicher Rechtsprechung **Haftungsausschlüsse für vorsätzliches Verhalten** und bei der Verletzung von Leben, Körper und Gesundheit **unwirksam** sind. Die Lösung kann nur darin liegen, eine Enthaftung auf der Ebene der Beschreibung der Leistungsverpflichtung zu legen. Wer beispielsweise **nicht verpflichtet** ist, sachlich zutreffende Informationen zu liefern, braucht **für deren Richtigkeit die Haftung nicht ausschließen**.

Checkliste

- Regelmäßig sinnvoll ist es auch, bereits in der vorvertraglichen Vereinbarung die **Eckpunkte des Hauptvertrages (Head of Terms)** festzulegen. Damit wird das Arbeitsprogramm für die weiteren Vertragsverhandlungen festgelegt. Vertragsgestaltenden Überraschungen im Rahmen des Hauptvertrages kann insoweit mit Verweisen auf die vorvertraglichen Regelungen begegnet werden. Dies auch unter dem Fokus der Vorschrift des § 305c BGB (Überraschende Klauseln).
- Da nicht selten Vertragsverhandlungen scheitern werden, müssen auch qualifizierte Regelungen zur **Rückgabe von ausgetauschten Unterlagen, Datenträgern und Kopien** hiervon in die vorvertragliche Urkunde aufgenommen werden. Insbesondere wegen dem modernen Informationsaustausch durch Datenübermittelung, dürfte die oft lediglich aufgenommene Verpflichtung des Vertragspartners, überlassene Daten und Kopien hiervon zu löschen und/oder deren Löschung oder Vernichtung zu bestätigen, untauglich sein. Es muss dem Vertragsgestalter bewusst sein, dass sich selbst mit billigsten Software-Programmen aus dem Internet regelmäßig auch gelöschte Daten wiederherstellen lassen. Dabei sei bedacht, dass die Erklärung des Vertragspartners die Daten gelöscht zu haben, in diesen Fällen nicht unrichtig ist. Als Korrektiv bietet sich hier das aus dem Wettbewerbsrecht bekannte Instrument einer strafbewehrten Unterlassungs- und Verpflichtungserklärung für die weitere Datenverwendung an.
- Zur Vermeidung sich wiederholender regelmäßig vertragsrechtlich gleichrangiger Regeln in Form der vorvertraglichen Vereinbarung des Hauptvertrages sollte darüber hinaus in der vorvertraglichen Regelung eindeutig das Schicksal derselben für den Fall des Abschlusses des Hauptvertrages bereits angesprochen sein. Werden derartige Regelungen vergessen, drohen langwierige gerichtliche oder schiedsgerichtliche Auslegungsstreitigkeiten.

Last but not least sollten in einer vorvertraglichen Regelung auch die im Hauptvertrag genannten **Schlussbestimmungen**, wie Schriftformklausel, Salvatorische Klausel, Rechtswahlklausel, Gerichtsstandsklausel und/oder Schiedsgerichtsklausel sowie die Regelung über Zurückbehaltungsrechte und Aufrechnungsrechte (für den Fall, dass bereits Leistungsverpflichtungen enthalten sind) nicht fehlen. 42

III. Geheimhaltungsvereinbarung

Regelmäßig sind Geheimhaltungsvereinbarungen im vorvertraglichen Bereich die einzige Möglichkeit, das betriebliche und geschäftliche Know-How des Verwenders außerhalb vorliegender und bestandskräftiger Schutzrechte angemessen zu schützen. Bei der Gestaltung von Geheimhaltungsvereinbarungen sind eine Vielzahl von Aspekten zu berücksichtigen, soll dieser Know-How-Schutz sowie der Schutz von vertraulichen Informationen und von Betriebs- und Geschäftsgeheimnissen im Sinne des § 17 UWG gelingen.[24] 43

24 Vertiefende Ausführungen hierzu ab Rn 118 Kap. 7 „Geheimhaltungsvereinbarung (NDA)“.

Praxistipp
Bei Geheimhaltungsvereinbarungen wird es sich wegen der Verwendung standardisierter Klauseln regelmäßig um Allgemeine Geschäftsbedingungen im Sinne von § 305 Abs. 1 BGB handeln. Dem AGB-Recht der §§ 305 bis 310 BGB und der zu den maßgeblichen Elementen der typischerweise mit der Geheimhaltungsvereinbarung verwandten Vertragsklauseln ergangenen AGB-Rechtsprechung ist auch daher besondere Beachtung zu schenken!

44 Bereits die Frage, ob eine **einseitige oder zweiseitige Geheimhaltungsvereinbarung** abgeschlossen wird, ist sorgfältig zu entscheiden. Oft werden vorschnell im Wirtschaftsverkehr trotz einseitigen Leistungsaustausches zweiseitige Geheimhaltungsvereinbarungen (zumal in vertragsstrafenbewährter Form) abgeschlossen. Dabei ist oft dem Leistungsgläubiger nicht bewusst, dass er und seine Mitarbeiter und Erfüllungsgehilfen dieselbe Sorgfalt beim Umgang mit vertraulichen Informationen trifft, wie den Leistungsschuldner.

Praxistipp
Eine wechselseitige Geheimhaltungsvereinbarung sollte tatsächlich nur dann abgeschlossen werden, wenn zu ermessen ist, dass im Rahmen der Interaktion zwischen den Parteien auch tatsächlich wechselseitig vertrauliche Informationen ausgetauscht werden. Dies gilt umso mehr, wenn der Gegenstand der geheim zu haltenden Informationen weit gefasst ist.

45 Obacht ist auch auf diejenige Definition zu geben, mit der der Umfang dessen, was geheim zu halten ist, bestimmt wird. Letztlich muss dem Vertragsgestalter insoweit klar sein, dass von der Weite dieser Definition auch der Umfang der ein- oder wechselseitigen Haftung bei pflichtwidrigem Umgang mit den überlassenen Informationen/Daten abhängt.

Praxistipp
Generell ist der Umfang der der Geheimhaltungsverpflichtung unterliegenden Informationen/Daten eng und unter Beachtung der Regelungsschranken des AGB-Rechts zu fassen![25] Undefinierte Generalbegriffe, wie das Abstellen auf „geheimes Know-How" oder „Betriebs- und Geschäftsgeheimnisse" des Offenbarenden sind zu vermeiden.

46 Zu beachten ist weiterhin, dass die **Geheimhaltungsverpflichtung** ohne die von der Rechtsprechung anerkannten Ausnahmen entweder nach § 138 BGB der **Wertung der Sittenwidrigkeit** bei Individualvereinbarungen unterliegt oder als AGB nach § 307 BGB wegen **unangemessener Benachteiligung** des Vertragspartners unwirksam ist.

25 Hierzu Näheres ab Rn 121 Kap. 7 „Geheimhaltungsvereinbarung (NDA)".

Praxistipp
Sieht der Vorgang, wegen dem die Geheimhaltungsvereinbarung abgeschlossen wird, zwingend oder potentiell die Weitergabe der Informationen an einen Dritten vor (z.B. Einschaltung eines Entwicklungspartners oder Subunternehmers), muss die Weitergabe der vertraulichen Informationen an den Dritten möglich sein!

Ganz besonders streitanfällig erweisen sich zudem Regelungen, nach denen auch mündlich übermittelte Informationen geheim zu halten sind, zumal wenn die Geheimhaltungsverpflichtung mit einer Vertragsstrafenbewährung versehen ist. Hiervor ist deshalb zu warnen, weil regelmäßig Beweise für mündlich übermittelte Informationen (z.B. aufgrund des Ausscheidens der involvierten Mitarbeiter oder schlichtweg aufgrund entfallener Erinnerungen durch Zeitablauf) nicht mehr zur Verfügung stehen. 47

Praxistipp
Sollen auch mündlich übermittelte Informationen an der Geheimhaltungsverpflichtung teilnehmen, so ist es sinnvoll, diese dem Vertraulichkeitsschutz nur dann unterfallen zu lassen, wenn sie bei der mündlichen Übermittlung als vertraulich gekennzeichnet werden und nachgängig binnen einer kurzen Frist schriftlich dem Informationsempfänger noch einmal als vertraulich benannt werden!

Bei der notwenigen Einbeziehung von Mitarbeitern in den Kreis der Informationsempfänger werden regelmäßig vertragliche Bestimmungen aufgenommen, nach denen der **Mitarbeiter entsprechend der Geheimhaltungsvereinbarung** im B2B-Verkehr zwischen den Parteien zur Geheimhaltung zu verpflichten ist. Dies ist **aufgrund arbeitsrechtlicher Bestimmungen regelmäßig nicht umsetzbar**. 48

Praxistipp
Sollen Mitarbeiter in den Geheimhaltungsschutz einbezogen werden, darf die Verpflichtung des Informationsempfängers, eine gleichartige Geheimhaltungsverpflichtung mit dem Arbeitnehmern zu vereinbaren, nur so weit gehen, wie es arbeitsrechtlich zulässig ist!

Besonderer Beachtung bedürfen auch Regelungen über die **Einbeziehung Dritter in den Geheimhaltungsschutz**, da es ansonsten an einer Durchsetzbarkeit mangelt. Diese müssen regelmäßig als Vertrag zu Gunsten des die Information Offenbarenden gestaltet werden, um durchsetzbar zu sein.[26] 49

Was die Laufzeit von Geheimhaltungsvereinbarungen angeht, ist insbesondere die **Zumutbarkeit** der in einer Geheimhaltungsverpflichtung regelmäßig liegenden 50

26 Hierzu Näheres ab Rn 135 Kap. 7 „Geheimhaltungsvereinbarung (NDA)“.

Beweislastumkehr hinsichtlich der Ausnahmen von der Vertraulichkeitsverpflichtung zu beachten.

! **Praxistipp**
Vermeiden Sie unbestimmte Laufzeiten oder unendliche Laufzeiten von Geheimhaltungsvereinbarungen. Die Laufzeit und der Nachwirkungszeitraum (nach Beendigung des Vertragsverhältnisses) sollte regelmäßig an den Nuancen des AGB-Rechts (zwei bis vier Jahre und in existenzbedrohenden Fällen vier bis zehn Jahre) ausgerichtet werden. Besondere Beachtung ist im Rahmen von Geheimhaltungsvereinbarungen auch dem Thema Gewährleistung für die offenbarten Informationen sowie einem regelmäßig sinnhaften Haftungsausschluss zu schenken.

---

51 Bei der **Vermittlung unzutreffender Informationen** haftet die offenbare Partei regelmäßig gemäß § 311, 280 BGB auf **Schadensersatz**. Dieser Schadensersatzhaftung lässt sich nicht durch den weit verbreiteten Haftungsausschluss für übermittelte Informationen entgegnen. Dieser ist **im Rahmen von Individualvereinbarungen** schon wegen der Missachtung der zwingenden Haftung für Vorsatztaten sowie im AGB-rechtlichen Bereich gemäß § 307 BGB **regelmäßig unwirksam.**

! **Praxistipp**
Gewährleistungs- und Haftungsproblemen bei Geheimhaltungsvereinbarungen sollte dadurch begegnet werden, dass im Leistungsgegenstand in transparenter Weise klargestellt wird, dass zutreffende Informationen nicht geschuldet sind, sondern lediglich Informationen in der Form, wie sie beim Offenbarenden vorliegen. Geschieht dies nicht, sind die Gewährleistungs- und Haftungsausschlussregelungen wegen des regelmäßigen AGB-Charakters von Geheimhaltungsvereinbarungen nur im Rahmen der Regelungsfreiheit des AGB-Rechts zu gestalten.

---

52 Soweit Geheimhaltungsvereinbarungen **Vertragsstrafenabreden** enthalten, sind diese regelmäßig wegen der ansonsten bestehenden Problematik der Darlegungs- und Beweislast im Zivilprozess nach der ZPO sinnvoll. Vertragsstrafenregelungen werden allerdings regelmäßig ebenfalls den Charakter von Allgemeinen Geschäftsbedingungen nach § 307 Abs. 1 BGB aufweisen.

53 Nach der Rechtsprechung des BGH kann sich dabei die **Unwirksamkeit** der Vertragsstrafenregelung allein schon **aus deren überzogenen Höhe** ergeben. Regelmäßig wird dabei die Vertragsstrafe überzogen hoch sein, wenn die **Schwere des Pflichtverstoßes** und der **daraus resultierende Schaden** nicht in **Relation zu der Höhe der Vertragsstrafe** stehen.

! **Praxistipp**
Bei der Regulierung der Höhe einer Vertragsstrafe muss reflektiert werden, dass es regelmäßig Fälle gibt, in denen der Geheimnisverrat zu keinem Schaden führt. Es ist deshalb auf die Durchschnittshöhe **aller** etwaig denkbaren Schäden durch den Geheimnisverrat abzustellen!

IV. Vertragsstrafenabreden[27]

Die Vertragsstrafe ist zunächst systematisch **von pauschalierten Schadensersatzansprüchen abzugrenzen.** Hier kann nach der vom BGH oft bewährt eingesetzten Schwerpunkttheorie verfahren werden. Lässt die Vertragsklausel erkennen, dass es dem Vertragspartner darum geht, Schadensersatzansprüche regeln zu wollen, wird in der Regel ein pauschalierter Schadensersatz vorliegen. Ist jedoch Ziel der vertraglichen Vereinbarung vorrangig ein Zwangsmittel zulasten des Schuldners, gepaart mit der Möglichkeit mit einer leichteren Schadloshaltung für den Gläubiger, wird man die Klausel als **Vertragsstrafenregelung** einordnen müssen. 54

Nach § 339 BGB versteht der Gesetzgeber unter einer Vertragsstrafe die Verpflichtung zur Zahlung einer Geldsumme als Strafe für den Fall der Nichterfüllung oder nicht pflichtgemäßen Erfüllung eines Vertrages. 55

Nach der gesetzlichen Systematik enthält die Vertragsstrafe daher sowohl eine **Druckfunktion** (psychologische Komponente) als auch eine **Kompensationsfunktion** (Schadenspauschalierung). Aus der dualen Funktion der Vertragsstrafe folgt, dass sie einerseits ein **Druckmittel zur gehörigen Erfüllung des Vertrages** darstellt, andererseits bei Nichterfüllung oder nicht wie geschuldeter Erfüllung die entsprechenden Nachteile ausgleichen soll. Im Leistungsverkehr zwischen Wirtschaftsunternehmen stellt dabei die als Pönalisierung von Verzögerungen folgende Verzugsstrafe den wohl verbreitetsten Anwendungsfall einer Vertragsstrafe dar. 56

Systematisch wird man die inhaltliche Reichweite einer Vertragsstrafe unterscheiden müssen. Einerseits bildet sie den Fall der **Nichterfüllung eines Vertrages** ab (§ 340 BGB). Andererseits wird systematisch auch die **nicht pflichtgemäße Erfüllung eines Vertrages** erfasst (§ 341 BGB). 57

Im **Falle der Nichterfüllung eines Vertrages** tritt die Vertragsstrafe quasi an die Stelle der Erfüllung. Dies bedeutet, dass der Vertragsstrafengläubiger die erwirkte **Vertragsstrafe statt der Erfüllung** des Vertrages verlangen kann. Spricht er dieses Verlangen aus, verliert er dagegen den vertraglichen Erfüllungsanspruch. Pönalisiert die Vertragsstrafe dagegen die nicht vertragsgerechte Erfüllung, bleibt der Vertragsstrafengläubiger berechtigt, eine vom Vertragsstrafenschuldner erwirkte Vertragsstrafe neben der vertraglichen Erfüllung zu verlangen. Der Vertragserfüllungsanspruch bleibt in dieser Variante also bestehen. 58

Der in der Wirtschaft relevanteste Fall der **Verzugsvertragsstrafe** wird in aller Regel der Norm des § 341 BGB mit der Folge unterfallen, dass der **vertragliche Er-** 59

27 Vgl. insgesamt auch zur Regelung von Vertragsstrafen Schmitt/Ulmer, Allgemeine Geschäftsbedingungen und Verträge für Unternehmen, 1. Auflage 2010, S. 127 ff.

füllungsanspruch erhalten bleibt. Ist eine Verzugsvertragsstrafe vereinbart, bleiben daneben allgemeine Schadensersatzansprüche wegen des Verzuges erhalten und können geltend gemacht werden, wenn der konkret geltend zu machende Schaden den der Vertragsstrafe immanenten pauschalen Schadensersatz übersteigt (§§ 340 Abs. 2, 341 Abs. 2 BGB). Das Gesetz sieht damit eine Anrechnung der Vertragsstrafe auf einen gesetzlichen oder vertraglichen Schadensersatzanspruch vor.

60 Handelt es sich bei der Vertragsstrafenklausel um AGB im Sinne von § 305 BGB, stellt die Klausel nach § 307 BGB in Form eine **unzulässige Benachteiligung** des Vertragspartners dar, **wenn** die **Anrechnung**, die die gesetzliche Systematik vorgibt, **ausgeschlossen** wird. Dies ist deshalb so, weil der BGH es stets als unzulässige Benachteiligung des Vertragspartners angesehen hat, wenn der Vertragsstrafengläubiger über seinen eigentlichen Schaden hinaus eine Gewinnposition erwirtschaftet.

61 Vertraglich kann allerdings die Geltendmachung weitergehender gesetzlicher und/oder vertraglicher Schadensersatzansprüche im **Rahmen eines Individualvertrages** gemäß § 305 Abs. 1 Satz 3 BGB durchaus auch ausgeschlossen werden. Ein **entsprechender Ausschluss** weitergehender vertraglicher und/oder gesetzlicher Schadensersatzansprüche **durch eine AGB-Klausel** dürfte allerdings an § 307 BGB (unzulässige Benachteiligung des Vertragspartners) **scheitern**, da regelmäßig die Vertragsstrafe wegen ihrer Höhenbegrenzung (siehe hierzu nachfolgend) nicht den tatsächlich beim Vertragsstrafengläubiger eintretenden Schaden durch die Nichterfüllung und/oder vertragliche Pflichtverletzung abdecken wird. Mit einer derartigen, auf den Ausschluss weitergehender Schadensersatzansprüche gerichteten Klausel würde daher der Klauselverwender versuchen, seine Interessen unangemessen einseitig auf Kosten des Vertragspartners ohne entsprechenden Interessenausgleich durchzusetzen.

62 Verschiedentlich wird versucht, dass für die Vertragsstrafe gesetzlich immanente **Verschuldenserfordernis** zu unterlaufen. Aus § 339 BGB folgt jedoch, dass die Vertragsstrafe Verschulden voraussetzt. § 339 BGB lautet:

> *„Verspricht der Schuldner dem Gläubiger für den Fall, dass er seine Verbindlichkeit nicht oder nicht in gehöriger Weise erfüllt, die Zahlung einer Geldsumme als Strafe, so ist die Strafe verwirkt, wenn er in Verzug kommt. Besteht die geschuldete Leistung in einem Unterlassen, so tritt die Verwirkung mit der Zuwiderhandlung ein."*

63 Mit der Bezugnahme auf den Verzug stellt der Gesetzgeber klar, dass der Vertragsstrafe ein Verschuldenserfordernis immanent ist, denn nach § 286 Abs. 4 BGB kommt der Schuldner nicht in Verzug, solange die Leistung in Folge eines Umstandes unterbleibt, den er nicht zu vertreten hat.

64 Der BGH hat deshalb entschieden, dass **verschuldensunabhängige Vertragsstrafen nur in ungewöhnlichen Einzelfällen** zuzulassen sind, wenn die verschul-

densunabhängige Komponente durch übergeordnete Interessen des Vertragsstrafengläubigers initiiert ist.[28]

Praxistipp
Als Ergebnis lässt sich damit festhalten, dass eine Vertragsstrafe, insbesondere eine AGB-Klausel, regelmäßig nach § 307 BGB als unangemessene Benachteiligung des Vertragspartners unwirksam ist, wenn sie verschuldensunabhängig ausgestaltet ist.[29]

Soweit eine Vertragsstrafenklausel eine **Individualvereinbarung** im Sinne von § 305 Abs. 1 Satz 3 BGB darstellt, muss ebenfalls davor **gewarnt** werden, das **Verschuldenserfordernis abzubedingen**. Die Rechtsprechung sieht auch hier grundsätzlich die im AGB-Recht verankerten Rechtsgedanken als maßgebend an.[30] 65

Bei **Vertragsstrafen für die Nichteinhaltung von Leistungsterminen** ist sowohl systematisch als auch unter dem AGB-rechtlichen Transparenzgebot gemäß § 307 Abs. 1 Satz 2 BGB große Sorgfalt auf die Ausgestaltung der Kriterien der Terminüberschreitung wert zu legen. 66

Zunächst ist in der Regel zu empfehlen, dass auf einen kalendermäßig bestimmten oder bestimmbaren Termin Bezug genommen wird, damit nach der gesetzlichen Regelung automatisch die Rechtsfolgen des Verzuges eintreten und damit das notwendige Schulderfordernis gegeben ist. 67

Praxistipp
Achtsamkeit ist auch geboten, soweit bei Verzugsvertragsstrafen der pönalisierte Leistungstermin (wie zum Beispiel eine Abnahme) Mitwirkungshandlungen des Vertragsstrafengläubigers voraussetzt. Hier ist zwingend darauf zu achten, diese Mitwirkungshandlungen ausführlich zu regeln. Andernfalls setzt sich der Vertragsstrafengläubiger der Argumentation des Vertragsstrafenschuldners aus, er habe die Terminüberschreitung nicht zu vertreten. Alternativ kann empfohlen werden, einen vorverlagerten Termin zu wählen.

Bei der Fixierung pönalisierter Termine ist zudem auf die Auswirkung etwaiger Terminänderungen (zum Beispiel durch Leistungsänderungswünsche des Vertragsstrafengläubigers) zu achten. Wird hier der pönalisierte Termin nicht gleichzeitig von einer vertraglichen Gleitregelung erfasst, wird dies regelmäßig zum Wegfall der Pflicht zur Zahlung der Vertragsstrafe führen.[31] 68

28 BGHZ 141, 391.
29 Vgl. hierzu auch *Schmitt/Ulmer* Allgemeine Geschäftsbedingungen und Verträge für Unternehmen, 1. Auflage 2010, S. 130; *Krügler/Schmitt* Projektverträge, 1. Auflage 2010, S. 79; BGH NJW-RR 2000, 615.
30 Zur Zulässigkeit verschuldensunabhängiger individualvertraglicher Vertragsstrafen vgl. BGH NJW-RR 1997, 688.
31 BGH NJW 1999, 1109 f.

69 In jedem Fall muss daher für den Fall, dass **Terminänderungen** (zum Beispiel bei Projekten) denkbar und/oder vertraglich geregelt sind, eine **Gleitregelung** ebenso wie die Vertragsstrafe eingebaut werden.

70 Eine **Konkretisierung** ist auch erforderlich, soweit für die **Berechnung der Vertragsstrafe an Zeitabschnitte** angeknüpft wird. Hier ist zu regeln, ob die Vertragsstrafe für den **angefangenen** oder erst den **vollendeten** Zeitraum (vollendete oder angefangene Woche) anfällt. In der Regel sollte hier auf die vollendete Zeiteinheit (zum Beispiel Woche) abgestellt werden. Andererseits könnte die Regelung eine unzulässige Benachteiligung des Vertragspartners nach § 307 BGB darstellen, denn sie führt dazu, dass bereits mit dem ersten Tag der Terminüberschreitung eine Vertragsstrafe für den gesamten Zeitabschnitt anfallen würde.

71 Unter dem AGB-rechtlichen Transparenzgebot des § 307 Abs. 1 Satz 2 BGB ist darüber hinaus darauf zu achten, dass die Vertragsstrafe – soweit eine variable Vergütung vorgesehen ist – eine **eindeutige Berechnungsgrundlage** erhält (zum Beispiel wenn der Auftragnehmer eine Bonuszahlung für verfrühte Fertigstellung oder verbesserte Performance erhält). In diesem Fall ist zu empfehlen, einen entsprechenden Festbetrag für die Vertragsstrafe aufzunehmen.

72 Es ist zudem stets bei der **Anknüpfung für die Vertragsstrafe** im AGB-rechtlichen Transparenzgebot klarzustellen, ob ein **Brutto**- oder ein **Nettobetrag** gemeint ist. Zu achten ist auch auf die richtige Bemessung der **Höhe der Vertragsstrafe.**

73 Im Bereich von Verzugsvertragsstrafen hat sich jedenfalls für die **Baubranche** eine **feste Übung** gebildet. Hiernach dürfte für eine angemessene Obergrenze insbesondere für Klauseln, die Allgemeine Geschäftsbedingungen darstellen, von **5% der Nettoauftragssumme** auszugehen sein.[32] Soweit neuerdings versucht wird, Vertragsstrafen mit Liefer- und Leistungsverzug in Bauverträgen insgesamt mit einer über 5% liegenden Höchstgrenze anzusetzen, hat die aktuelle obergerichtliche Rechtsprechung dem eine Absage erteilt.[33]

74 Im Lichte der vorgenannten baurechtlichen Rechtsprechung kann eine Teilpönalisierung von 0,3% der Nettoauftragssumme pro Arbeitstag[34] bzw. 0,2% pro Kalendertag[35] noch als zulässig angesehen werden.

75 Vereinzelt werden in der juristischen Literatur für eine Regelung **außerhalb der Baubranche Höchstgrenzen** von bis zu **10% der Nettoauftragssumme** für zulässig angesehen, ohne dass eine unzulässige Benachteiligung des Vertragspartners im Sinne von § 307 BGB vorliegen soll. Dies wird mit gegenüber der Baubranche erhöhten durchschnittlichen Gewinnen begründet. In der Vertragsgestaltungspraxis darf

32 BGH NJW 2003, 1808.
33 OLG Brandenburg, 4. Juli 2012 – Az 13 U 63/08.
34 BGH NJW 1976, 2259.
35 BGH NJW-RR 2001, 738.

mangels entsprechender Referenzrechtsprechungen von solchen Tendenzen eher abgeraten werden.

76 Aber auch ganz allgemein muss die **Höhe der Vertragsstrafe** in einem angemessenen Verhältnis zur Bedeutung der vertraglichen Pflichtverletzung für den Klauselverwender stehen[36] Als **Leitlinie** kann dabei gelten, dass die **Vertragsstrafenhöhe so bestimmt** sein muss, dass sie u.a. dem **entspricht**, was der **Leistungsschuldner ohne Vertragsverstoß zu erbringen** gehabt hätte.[37] Stets wird es dabei als unangemessene Benachteiligung im Sinne von § 307 BGB anzusehen sein, wenn eine Vertragsstrafe zur Bereicherung des Klauselverwenders führt.

77 Die Vertragsstrafe muss zudem in einem **wirtschaftlichen Verhältnis** zum **Gesamtvolumen des Vertrages**, in den sie implementiert ist, stehen.[38] Die Verwender von Vertragsstrafenklauseln werden im Hinblick auf die zulässige Höhe einer Vertragsstrafe daher zu vergegenwärtigen haben, dass die Entscheidung zwischen einer optischen, psychologisch hohen oder niedrigen, juristisch durchsetzbaren Vertragsstrafe zu treffen ist. Regelmäßig wird man sagen können, dass die Vertragsstrafe durchschnittlich schadenstypisch sein muss. Laut der Rechtsprechung des BGH ist dabei maßgeblich der sogenannte **branchentypische Durchschnittsschaden.**[39]

78 Besondere Vorsicht ist hinsichtlich der **Höhe der Vertragsstrafe auch bei Geheimhaltungsvereinbarungen** angezeigt. Hier wird regelmäßig zu vergegenwärtigen sein, dass die Vertragsstrafe ggf. nur durchschnittlich schadenstypisch ausgestaltet sein darf. Es ist daher ein Querschnitt zwischen dem Schaden aus derjenigen Informationsweitergabe, bei der ggf. überhaupt kein Schaden entsteht, und dem denkbaren Höchstschaden zu bilden.

79 **Fraglich** ist, ob eine Vertragsstrafenregelung im B2B-Verkehr unter dem Diktat des § 307 BGB dem Vertragsstrafenschuldner auch den **Nachweis offen** lassen muss, dass kein oder ein wesentlich niedrigerer Schaden entstanden ist.

80 **Hintergrund einer derartigen Überlegung** ist die Vorschrift des § 309 Nr. 5 BGB. Hiernach ist es sinngemäß in Allgemeinen Geschäftsbedingungen unwirksam, eine Schadenspauschale zu regeln, wenn dem anderen Vertragsteil nicht ausdrücklich der Nachweis gestattet wird, ein Schaden sei überhaupt nicht entstanden oder wesentlich niedriger als die geregelte Schadenspauschale.

81 Geht man rechtssystematisch (wie vorstehend dargelegt) davon aus, dass der Vertragsstrafe auch ein gewisses **Schadenspauschalierungselement** immanent ist (auch wenn dies nicht im Vordergrund steht), wird man zutreffend fordern müssen,

---

36 BGH NJW 2003, 1808; OLG Celle, 28. November 2012 – Az 9 O 77/12; LAG Hamm, 3. November 2006 – 7 S a 1232/06.

37 BGH NJW 1998, 2602.

38 OLG Celle, 28. November 2012 – Az 9 O 77/12.

39 BGH NJW 1996, 1210.

dass der Vorschrift des § 309 Nr. 5b BGB auch für Vertragsstrafen analog Rechnung zu tragen ist. Dies im B2B-Verkehr vor dem Hintergrund, dass der BGH auf Basis der sogenannten Gleichschritt-Entscheidung (der Unternehmer ist gleich schutzwürdig wie der Verbraucher) indiziell den Inhalt der Regelung des § 309 Nr. 5b BGB in die Generalklausel des § 307 BGB über die Bewertung einer unangemessenen Benachteiligung des Vertragspartners hineinliest.

82 Vereinzelt wird jedoch vertreten, der Ausschluss der gerichtlichen Herabsetzung der Vertragsstrafe im Sinne von § 343 BGB sei unwirksam. So richtig diese Wertung für den Verbraucherverkehr ist, so wenig scheint sie auf dem ersten Blick für Kaufleute sinnvoll zu sein, da § 343 BGB für Kaufleute auch in Form von Scheinkaufleuten keine Anwendung findet.[40] Eine solche Überlegung würde allerdings übersehen, dass auch bei Kaufleuten eine Herabsetzung der Vertragsstrafe gemäß den Grundsätzen von Treu und Glauben über § 241 BGB,[41] über § 315 BGB oder den Grundsätzen der Störung der Geschäftsgrundlage (§ 313 BGB) denkbar ist.[42]

83 **Regelungsbedarf** existiert im Zusammenhang mit Vertragsstrafen auch in den Fällen, in denen die **Vertragsstrafe mehrfach anfallen kann.**

84 Zunächst ist zu vergegenwärtigen, dass der uneingeschränkte Verzicht auf die Einrede des Fortsetzungszusammenhangs zwar im Rahmen einer **Individualvereinbarung** nach § 305 Abs. 1 Satz 3 BGB **grundsätzlich zulässig** ist. Stellt die Klausel dagegen eine allgemeine Geschäftsbedingung dar, ist der Verzicht auf die Einrede des Fortsetzungszusammenhangs mit wesentlichen Grundgedanken des Vertragsstrafenrechts nicht zu vereinbaren. Dieser Verzicht würde zu unkalkulierbar hohen Vertragsstrafen und damit zu einer unangemessenen Benachteiligung des Vertragspartners führen.[43]

85 Darüber hinaus ist darauf zu achten, dass jede **Vertragsstrafe**, die **rechtstheoretisch mehrfach anfallen kann**, nach oben hin **begrenzt** sein muss.[44] In der Regel wird dies **auch** für eine **individualvertragliche** Vertragsstrafenregelung gelten. Dies gilt jedenfalls unter dem Verdikt des § 138 BGB (Sittenwidrigkeit) zumindest dann, wenn durch die erneute, der Vertragsstrafe zugrunde liegende, Pflichtverletzung nicht ein neuer Schaden des Klauselverwenders begründet wird.

86 Zu beachten sein wird auch, dass die **Kumulation von Vertragsstrafe** und **pauschaliertem Schadensersatzanspruch** regelmäßig nach § 307 BGB eine **unangemessene Benachteiligung** des Vertragspartners ist, da beiden Instrumenten ein pauschalierender Ansatz des Schadens immanent ist, sodass der Vertragsstrafengläubiger „doppelt Kasse macht".

40 OLG Stuttgart MDR 2005, 518.

41 BGH NJW 1998, 1147; BGH NJW 2009, 1882.

42 BGH NJW-RR 2010, 1127; BGH NJW 1954, 998.

43 BGHZ 121, 19.

44 BGH NJW 1994, 1064.

Das Instrument der Vertragsstrafe kann auch zur **Haftungsbegrenzung** eingesetzt werden. Hierfür ist es erforderlich, den Höchstbetrag der Vertragsstrafe zu deckeln und damit weitergehenden Schadensersatz auszuschließen. 87

Praxistipp !
Bei einer derartigen Vertragskonstruktion ist auf der Klauselverwenderseite zu berücksichtigen, dass eine solche Vertragsstrafe, die wie eine Haftungsausschlussklausel wirkt, auch demgemäß gestaltet sein muss. In jedem Fall müssen daher Ausnahmen für Ansprüche aus der Verletzung von Leben, Körper oder Gesundheit, Arglist, Vorsatz, grober Fahrlässigkeit sowie für Ansprüche, die auf einer Garantie oder der Übernahme eines Beschaffungsrisikos und auf sonstigen gesetzlich zwingenden Haftungstatbeständen beruhen, ausgenommen werden.

---

1. Pönalisierung von Zwischenterminen

In der Wirtschaft ergibt sich häufig das Bedürfnis, den Leistungsschuldner dazu 88
anzuhalten, nicht nur **vereinbarte Schlusstermine** (zum Beispiel Abnahmetermine oder Montageende bzw. Inbetriebnahme) termingerecht zu vollziehen, sondern bereits **vereinbarte Meilensteine** einzuhalten. Dies geschieht regelmäßig vor dem Hintergrund, dass sich Terminrückstände im Laufe eines Projektes nicht mehr aufholen lassen. Allerdings ist die **Pönalisierung von Zwischenterminen** nach aktueller Rechtsprechung **als kritisch anzusehen.**[45]

Bedenken der Rechtsprechung begründen sich insbesondere auf der in diesem 89
Bereich zu vergegenwärtigenden Kumulation von Vertragsstrafen. Führt nämlich eine eingetretene Verzögerung während der Abwicklungsphase dazu, dass sich diese nicht mehr aufheben lässt, schlägt diese auch auf folgende Meilensteine, die pönalisiert sind, durch. Ein und **dieselbe Verzögerungsursache** löst dann **mehrfach die Verpflichtung zur Zahlung** einer Vertragsstrafe aus. Soweit es sich um Allgemeine Geschäftsbedingungen handelt, werden entsprechende Vereinbarungen von der Rechtsprechung nach § 307 BGB als unwirksam angesehen.[46]

Die Bedenken der Rechtsprechung gründen auch darauf, dass es häufig an ei- 90
nem **isolierten Schaden fehlt**, wenn Zwischentermine eingehalten werden, die den Anfall einer erneuten Vertragsstrafe rechtfertigen würden. Dies insbesondere vor dem Hintergrund, dass die Verzögerung bis zu einem pönalisierten Endtermin wiederum aufgeholt werden kann und daher nicht einen isolierten Schadenseintritt bewirkt.

Stets hat die Rechtsprechung es daher als bedenklich angesehen, wenn Zwi- 91
schentermine nur geringfügig überschritten werden und durch die **Kumulierung**

---

45 Vgl. zur Pönalisierung von Zwischenterminen auch *Krügler/Schmitt* Projektverträge, 1. Auflage 2010, S. 80 ff.
46 BGH BauR 2001, 949 ff.; OLG Jena BauR 2003, 1416 ff.

der Einzelstrafen innerhalb eines kurzen Zeitraums **trotz Einhaltung des Endtermins** die gesamte Vertragsstrafe verwirkt wird.[47]

? **Checkliste**

Mit Hinblick auf die bisherige Rechtsprechung ist in jedem Fall bei der Vertragsgestaltung zu empfehlen:

- den **Wert** der tatsächlich rückständigen Leistung als Bezugsgröße für die Vertragsstrafe vorzusehen;
- die Vertragsstrafe **entfallen** zu lassen oder **erheblich zu reduzieren**, wenn der Endtermin trotz Nichteinhaltung von Zwischenterminen (Milestones) dennoch durch den Leistungsschuldner eingehalten wird;
- eine **Obergrenze** festzulegen, die für alle Vertragsstrafen – einschließlich derjenigen für die Nichteinhaltung des Endtermins – des Vertrages gilt und als Gesamtobergrenze 5% der Auftragssumme nicht übersteigt.
- Mit Hinblick auf neue Rechtsprechungen des BGH sind darüber hinaus weitere Anforderungen an die Pönalisierung von Zwischenterminen zu berücksichtigen:[48] Die Pönalisierung von Zwischenterminen (Meilensteine) kommt nur noch dann in Betracht, wenn ein **berechtigtes Interesse** des Vertragsstrafengläubigers an der Pönalisierung **gerade des Zwischentermins** besteht.

---

92 Ein **berechtigtes Interesse** wird regelmäßig nur dann anzunehmen sein, wenn ein **isolierter Schaden** aus der **Versäumnis des Zwischentermins** oder ein hierauf sich gründender, besonders hoher Schaden droht. Dies kann der Fall sein, wenn Zwischentermine Bedeutung für die Koordination unterschiedlicher Leistungen und Gewerken oder für die Abstimmung von Schnittstellen zwischen verschiedenen Leistungssphären haben, wenn diese von unterschiedlichen Unternehmern oder vom Vertragsstrafengläubiger selbst erbracht werden, mit der Folge, dass der Vertragsstrafengläubiger oder von ihm beauftragte Unternehmer durch derartige Verzögerungen behindert werden. In diesem Fall kann aufgrund der eintretenden Behinderung im Einzelfall eine Pönalisierung von Zwischenterminen gerechtfertigt sein.

93 Eine **Unwirksamkeit** wird sich in diesem Fall auch **vermeiden** lassen, wenn der Kombination von Vertragsstrafen, die auf derselben Ursache beruhen, durch eine **Anrechnungsregelung** Rechnung getragen wird. Hiernach sind Vertragsstrafen für die Nichteinhaltung von Zwischenterminen bei weiteren Vertragsstrafen für die Nichteinhaltung von Folgeterminen anzurechnen.

94 Darüber hinaus muss eine Vertragsstrafe des Klauselverwenders auch die **Interessen des Vertragsstrafenschuldners** ausreichend **berücksichtigen**. Dabei führt eine unangemessene Höhe der Vertragsstrafe auch für die Pönalisierung von Zwi-

---

47 BGH NJW-RR 2001, 738.

48 BGH, 6.12.2012 – VII ZR 133/11.

schenterminen zur Nichtigkeit der Vertragsstrafenklausel nach § 307 Abs. 1 BGB, wenn diese eine allgemeine Geschäftsbedingung darstellt.

Man wird zudem eine **Relation** zwischen der **Intensität des berechtigten Interesses** des Vertragsstrafengläubigers an der Pönalisierung von Zwischenterminen und der **Höhe der Vertragsstrafe** annehmen müssen. Insoweit ist im Interesse des Vertragsstrafenschuldners bei der Höhe der Vertragsstrafe im Rahmen der hierdurch eintretenden Druck- und Kompensationsfunktion der Vertragsstrafe Rechnung zu tragen. 95

Die Folge hiervon ist, dass die Vertragsstrafe in einem angemessenen Verhältnis zu der Vergütung des Vertragsstrafenschuldners stehen muss. Mit der Rechtsprechung[49] wird man daher von einer **Unangemessenheit** der Vertragsstrafe für die Pönalisierung eines Zwischentermins ausgehen, **wenn die Vertragsstrafe an die Gesamtvergütung des Vertragsstrafenschuldners anknüpft**, das heißt an eine Vergütung, die erst durch Leistung erwirtschaftet wird, die vertraglich nach dem Zwischentermin vorgesehen ist. 96

2. Vertragsstrafen in der Lieferkette

Oft stellt sich auch die **Synchronisation von Vertragsstrafen** in der Lieferkette als problematisch dar. Hier lassen sich insbesondere zwei Hauptgruppen identifizieren: 97
- Lückenlose, sogenannte **„back-to-back"-Vereinbarung**, das heißt die Weiterreihung der Pflichten und Risiken aus dem Hauptvertrag, die AGB-rechtlich gegenüber dem Subunternehmer oft dann nicht möglich ist, wenn die individualvertraglich mit dem Hauptauftraggeber vereinbarte Vertragsstrafenregelung (zum Beispiel wegen Ausschluss des Verschuldenserfordernisses) an § 307 BGB scheitern würde oder
- eine Vertragsstrafe im Subunternehmerverhältnis wegen der Obergrenze der Vertragsstrafe in Relation zu der dort geringeren Auftragssumme im Vergleich zum Hauptvertrag ebenfalls an § 307 BGB scheitern dürfte, was als Regelfall bezeichnet werden muss.

Lösungsansatz für die beiden vorgenannten Problematiken dürfte hier keine Vertragsstrafenregelung sondern ein genereller **Schadensersatzanspruch** gegen den Subunternehmer sein. Dabei kann als geklärt angesehen werden, dass der im Hauptauftragsverhältnis verwirkte Vertragsstrafenanspruch grundsätzlich „ins Subunternehmerverhältnis durchgereicht" werden kann, wenn der Nachweis einer adäquaten Kausalpflichtverletzung des Subunternehmers/Zulieferers erbracht werden kann.[50] 98

---

49 BGH, 6.12.2012 – 12 ZR 133/11.
50 BGH NJW-RR 2000, 684.

99 Es ist jedoch **zwingend darauf zu achten**, dass in diesen Fällen bei der Gestaltung des Subunternehmervertrages ein **Hinweis** darauf erfolgt, dass bei einer Pflichtverletzung aus dem Subunternehmervertrag im Hauptvertragsverhältnis **Schaden drohen** kann, der ein Vielfaches höher ist als die mit dem Subunternehmer vereinbarte Vertragsstrafe. Hintergrund ist die Vorschrift des **§ 254 Abs. 2 BGB**, nach der ein Mitverschulden auch darin liegen kann, dass ein Hinweis an den Schuldner unterlassen wird, dass aus einem Vertragsverhältnis ein ungewöhnlich hoher Anspruch oder untypischer Schaden drohen kann. So hat der BGH entschieden, dass ein **Mitverschulden möglich** ist, wenn kein Hinweis daraufhin erfolgt, dass eine im Verhältnis Auftraggeber/Auftragnehmer vereinbarte Vertragsstrafe ausgelöst werden kann, die um ein Vielfaches höher ist als die mit dem Subunternehmer vereinbarte Vertragsstrafe.[51]

C. Präambeln und ihre Risiken

100 Die Verwendung von Präambeln ist im Wirtschaftsrecht im Rahmen der Vertragsgestaltung weit verbreitet. Weitgehend ist allerdings festzustellen, dass sich oftmals Vertragsbearbeiter relativ wenig Gedanken über die rechtlichen Auswirkungen von Präambeln machen.

101 Allgemein wird bei der Gestaltung von Präambeln oftmals lediglich davon ausgegangen, dass derartige Präambeln den sogenannten Basiskonsens der Parteien darstellen. Dabei wird oft nicht reflektiert, dass ein derartiger **Basiskonsens** eine **rechtliche Geschäftsgrundlage** im Sinne von § 313 BGB **sein kann**, keinesfalls jedoch sein muss. Auch wird oft unreflektiert gelassen, dass sich aus der üblichen sehr positiven Darstellung der Leistungsfähigkeit einer Partei und/oder beider Parteien regelmäßig **Auswirkungen** im Hinblick **auf** den **Haftungsmaßstab ergeben**.

1. Die Präambel als Auslegungshilfe

102 Weitläufig bekannt ist, dass im Rahmen der juristischen Auslegung eines Vertrages nach §§ 133, 157 BGB im Falle der Auslegungsbedürftigkeit von Vertragspassagen der **wirkliche Wille der Parteien zu erforschen** ist. Besteht insoweit ein übereinstimmender Wille der Parteien, so ist dieser rechtlich auch dann alleine maßgeblich, wenn er im Inhalt der Erklärung keinen oder nur einen unvollkommenen Ausdruck gefunden hat.[52] Der in der Präambel festgelegte Basiskonsens kann eine Beschreibung des so festzustellenden übereinstimmenden Parteiwillens sein. Anzu-

51 BGH NJW 1998, 1493.

52 BGH NJW 2002, 1038; Palandt/*Ellenberg* § 133 Rn 8.

raten ist insoweit, dass nicht nur der übereinstimmende Wille der Parteien, sondern auch die Motive der Leistungsaustauschbeziehung in der Präambel festgelegt werden.

Enthält der Vertrag eine Geheimhaltungsklausel, ist darüber hinaus zu beachten, dass die geheimhaltungsbedürftigen Informationen von der informierten Partei regelmäßig nur im Rahmen des **Vertragszweckes** verwendet werden dürfen. Eine konkrete Beschreibung des Vertragszweckes in der Präambel ist daher auch aus diesem Grund sinnvoll. 103

2. Präambeln als Haftungsverschärfung

Dass derjenige, der sich als besonders kompetent darstellt auch in besonderem Maße Pflichten zu tragen hat, liegt nicht nur auf der Hand, sondern lässt sich auch von der gesetzlichen Haftungssystematik ableiten. 104

Seit der Neufassung des § 276 BGB durch die Schuldrechtsreform hat der Schuldner nach § 276 Abs. 1 BGB nicht nur Vorsatz und Fahrlässigkeit zu vertreten. Vielmehr kann sich eine strenge oder mildere **Haftung auch aus sonstigem Inhalt des Schuldverhältnisses** ergeben. 105

Offensichtlich wird dies oft bei der Gestaltung bei Präambeln nicht bedacht, denn nicht selten stellen sich Vertragsparteien als besonders kompetent dar, weil sie sich hiervon eine abschlussfördernde oder auswahlfördernde Wirkung erwünschen. Es soll ein Interesse an dem Unternehmen der Vertragspartei, seinen Produkten und Leistungen regelmäßig durch derartige Formulierungen gemacht und das Unternehmen für den Vertragspartner besonders attraktiv gemacht werden. 106

Die so geschaffenen Erwartungen beeinflussen jedoch auch den Inhalt des Schuldverhältnisses, denn in diesen Fällen ergibt sich im Sinne des § 276 BGB eben aus den sonstigen Regelungen des Schuldverhältnisses etwas anderes in Form einer **Haftungsverschärfung.** Wer deshalb seine Produkte als **„marktführend, besonders geeignet, innovativ und/oder mängelfrei“** darstellt, verschärft nach der neuen Regelung des § 276 BGB erkennbar seinen Haftungsmaßstab und muss sich hieran messen lassen. 107

Regelungsfalle !

Wenn das Vertrauen in die Selbstdarstellung in der Präambel aufgenommen wird und die darstellende, leistungsverpflichtende Partei getäuscht wird, können sich insoweit Schadensersatzansprüche nach §§ 280, 241 Abs. 2, 311 Abs. 2 BGB ergeben.

Dem Vertragsgestalter ist insoweit anzuraten für den Fall, dass er auf der Seite des Leistungsverpflichteten tätig wird, Zurückhaltung hinsichtlich der Eigendarstellung zu üben. Ist der Vertragsgestalter dagegen auf der Seite des Leistungsgläubigers tätig, kann es im Sinne der gewünschten Haftungsverschärfung durchaus sinnvoll sein, Leistungen und Produkte des Leistungsschuldners äußerst positiv darzustellen. 108

3. Präambeln als Geschäftsgrundlage im Sinne von § 313 BGB

109 **Präambeln** erzielen darüber hinaus oft gewünscht, teilweise aber auch unreflektiert, die **Wirkung einer rechtlichen Geschäftsgrundlage** im Sinne von § 313 BGB.

110 Haben sich Umstände im Sinne von § 313 BGB, die zur Grundlage des Vertrages geworden sind, nach Vertragsschluss schwerwiegend verändert und hätten die Parteien den Vertrag nicht oder mit anderem Inhalt geschlossen, wenn sie diese Veränderungen vorausgesehen hätten, so kann die Anpassung des Vertrages verlangt werden, soweit einem Teil unter der Berücksichtigung der Umstände des Einzelfalles, insbesondere der vertraglichen oder gesetzlichen Risikoverteilung, das Festhalten am unveränderten Vertrag nicht zugemutet werden kann. Der Umstandsveränderung steht es dabei nach § 313 Abs. 2 BGB gleich, wenn **wesentliche Vorstellungen**, die zur **Grundlage des Vertrages** geworden sind, **sich als falsch herausstellen**. Ist eine Anpassung des Vertrages nicht möglich oder einem Teil nicht zumutbar, so kann der anpassungsberechtigte Teil vom Vertrag gemäß § 313 Abs. 3 BGB zurücktreten und bei Dauerschuldverhältnissen den Vertrag regelmäßig fristlos kündigen.

111 Voraussetzung ist allerdings stets, dass der Inhalt der Präambel geeignet ist, eine subjektive oder objektive Geschäftsgrundlage des Vertrages zu bilden.

112 Als sogenannte **subjektive Geschäftsgrundlage** sind dabei die bei Abschluss des Vertrages zutage getretenen, dem anderen Teil erkennbar gewordenen und von ihm nicht beanstandeten, Vorstellungen der einen Partei oder die gemeinsamen Vorstellungen beider Parteien von dem Vorhandensein oder dem künftigen Eintritt bestimmter Umstände zu verstehen, sofern der Geschäftswille der Parteien auf diesen Vorstellungen aufbaut.[53]

113 Dem gegenüber werden als **objektive Geschäftsgrundlage** diejenigen Umstände der allgemeinen Verhältnisse bezeichnet, deren Vorhandensein oder Fortdauer objektiv erforderlich ist, damit der Vertrag im Sinn der Intention beider Parteien nach als sinnvolle Regelung bestehen kann.

114 Wie die vorstehenden Definitionen zeigen, ist es im Rahmen der Gestaltung von Präambeln geboten, die genannten Voraussetzungen von den Motiven für den Abschluss des Vertrages sachlich und eindeutig zu unterscheiden.

! **Praxistipp**

Bei der Vertragsgestaltung ist daher anzuraten, die genannten Vorstellungen, Umstände und/oder Verhältnisse entweder eindeutig zur rechtlichen Geschäftsgrundlage im Sinne des § 313 BGB zu erklären, oder aber sie gerade nicht als rechtliche Geschäftsgrundlage des Vertrages zu qualifizieren.

---

53 BGH NJW 2001, 1204; BGH NJW 2012, 178.

Da es nach der Vorschrift des § 313 BGB für den vertraglichen Anpassungsanspruch oder bei Unzumutbarkeit für das Rücktritts- oder Kündigungsrecht hinsichtlich des Vertrages auch auf die vertragliche Risikoverteilung ankommt, ist es zudem durchaus sinnvoll, in der Präambel bereits **wesentliche Risikoverteilungen** hinsichtlich des Vertragsgefüges anzusprechen. 115

Des Weiteren ist auch darauf zu achten, dass sich Regelungen in einer Präambel – soweit die Fixierung einer rechtlichen Geschäftsgrundlage gewünscht ist –, **nicht im Gegensatz zu vertraglichen Regelungen** setzen. So wird die Voraussetzung der Störung der Geschäftsgrundlage nur dann gegeben sein, wenn sich nicht ein Risiko verwirklicht hat, das der Partei, die sich auf die Störung der Geschäftsgrundlage beruft, nicht ausdrücklich zugewiesen ist.[54] Demgegenüber fehlt es an einer wesentlichen, schwerwiegenden Änderung als Voraussetzung für die Inanspruchnahme des Instruments der Störung der Geschäftsgrundlage nach § 313 BGB, wenn sich entgegen den Beschreibungen in der Präambel ein in den Vertragsregularien manifestiertes Risiko verwirklicht hat, zum Beispiel durch Übernahme eines Fixpreises oder der Übernahme eines Beschaffungsrisikos. Derartige, derjenigen Partei, welche sich auf die Störung der Geschäftsgrundlage beruft, zugewiesene Risiken im Vertrag selbst werden regelmäßig entgegenstehende Erklärungen zur Geschäftsgrundlage in der Präambel inhaltlich entwerten. 116

4. Sinnhaftigkeit von Präambeln

Der Verfasser eines Wirtschaftsvertrages sollte daher genau überlegen, ob die Aufnahme einer Präambel nicht mehr von Risiken als von Nutzen ist. Beispielsweise bei einem einfachen Liefervertrag ist eindeutig, dass der Leistungsgläubiger die Ware entweder selbst benötigt oder aber weiterveräußern möchte. Eine Beschreibung des Vertragszweckes bedarf es regelmäßig nicht. Demgegenüber muss das Risiko, welches vorgeschrieben wurde, zur Erhöhung des Haftungsmaßstabes und zur Implementierung einer rechtlich relevanten Geschäftsgrundlage abgewogen werden. Klarheit bringt hier in diesem Fall eine Formulierung, mit der der Verfasser des Vertrages deutlich macht, welchen **Zweck die vorgeschaltete Präambel** überhaupt erfüllen soll. 117

D. Kollision von AGB-Klauseln national/international

Vielfach lassen sich Teilnehmer im Wirtschaftsleben davon leiten, dass der Vertragsschluss selbst das zu priorisierende Ziel ist. Der Inhalt des Vertrages tritt nicht selten in der Priorisierung der Parteien dahinter zurück. In diesem Zuge wird oft 118

54 BGH NJW 2012, 2733.

versucht, die „leidige“ Diskussion über die Einbeziehung von Allgemeinen Geschäftsbedingungen der einen Seite, zum Beispiel in Form von Allgemeinen Verkaufs- und Lieferbedingungen, oder der anderen Seite, zum Beispiel in Form von Allgemeinen Einkaufsbedingungen, zu vermeiden. Dies kann jedoch für die Parteien fatale, zum Teil wegen der sich hieraus ergebenden Gewährleistungs- und Haftungssystematik sogar existenzbedrohende, Folgen haben.

I. Kollision von AGB-Klauseln im nationalen Bereich

119 Vormals ging die Rechtsprechung insoweit von der sogenannten **Theorie des letzten Wortes** aus. Dies bedeutete, dass die AGB derjenigen Partei Vertragsbestandteil wurden, die zuletzt auf diese verwiesen hat. Diese vormalige Wertung auf der höchstrichterlichen Rechtsprechung beruhte auf der Annahme, dass derjenige, der trotz entgegenstehender AGB die Leistungen des anderen Teils entgegennimmt, durch schlüssiges Verhalten auf seinen Einwand gegen diese AGB verzichtet habe. Verfechter dieser Theorie haben jedoch übersehen, dass im Wirtschaftsverkehr regelmäßig mit AGB-Abwehrklauseln seitens der Parteien gearbeitet wird. Diese führen regelmäßig dazu, dass selbst solche Regelungen in den AGB der anderen Partei nicht Vertragsbestandteil werden, denen keine unmittelbare eigene, entgegenstehende AGB-Regelung entspricht.[55]

120 Zutreffend ist heute daher im nationalen Bereich dem sogenannten **Prinzip der Kongruenzregelung** zu folgen.[56] Ausfluss des Prinzips der Kongruenzgeltung ist dabei, dass die AGB nur insoweit Vertragsbestandteil werden, als dass sie sich decken.

121 Als Folge hieraus ergibt sich im Hinblick auf widersprechende AGB, dass grundsätzlich (soweit die AGB sich nicht decken) ein **Dissens** im Sinne von §§ 154, 155 BGB vorliegt. Die Folge hiervon wäre an sich, dass der Vertrag nicht zustande gekommen ist.

122 In Anlehnung an die Rechtsgedanken von § 306 Abs. 2 BGB geht jedoch die höchstrichterliche Rechtsprechung zutreffend davon aus, dass trotz des vorgenannten Dissens der **Vertrag wirksam zustande gekommen** ist, wenn die Parteien mit der **Durchführung** des Vertrages **begonnen** haben.[57]

123 Folgen der Theorie der Kongruenzgeltung ist daher, dass nach Beginn der Vertragsdurchführung der Vertrag unter Ausschluss der jeweiligen AGB (soweit sich diese nicht inhaltlich decken – was regelmäßig durch die gegenseitige Interessenlage vermieden wird) zu **gesetzlichen Regelungen** zustande kommt. Der Sinn und

55 BGH NJW-RR 2001, 484.

56 BGH NJW 1991, 1696; Palandt/*Grüneberg* § 305 Rn 54 m.w.N.

57 OLG Karlsruhe VersR 1990, 1283.

Zweck der AGB, insbesondere im Verkäuferbereich wegen der käuferfreundlichen Gesetzeslage notwendige Gewährleistungen und Haftungsbeschränkungen, aber auch auf Einkäuferseite zur Stärkung der eigenen Rechtsposition, beizubringen, wird daher verfehlt.

Regelungsfalle

!

Besonderheiten ergeben sich im Kollisionsfall bezüglich des Eigentumsvorbehaltes. Ein solcher Eigentumsvorbehalt kann sich regelmäßig als einfacher Eigentumsvorbehalt ergeben, wenn ein solcher kraft Handelsbrauch regelmäßig vereinbart wird.[58] Bei der Annahme derartiger Handelsbräuche wird jedoch wegen des Ausnahmecharakters ein enger Maßstab anzulegen sein.

Ansonsten wird man regelmäßig im Rahmen der Auslegung der verkäuferseitigen Erklärungen unter Einbeziehung seiner AGB auch im Kollisionsfall zumindest einen einfachen Eigentumsvorbehalt annehmen können, wenn die verkäuferseitigen AGB einen solchen Eigentumsvorbehalt beinhalten.[59] Dagegen wird regelmäßig nicht von der Geltung eines erweiterten Eigentumsvorbehaltes auszugehen sein, wenn die andere Vertragspartei eine AGB-Abwehrklausel verwendet.[60]

Da AGB-Abwehrklauseln im Wirtschaftsverkehr weitgehend verbreitet sind, hat der 124
Käufer einer Ware insoweit zu vergegenwärtigen, dass er **zum Weiterverkauf im Kollisionsfall** nicht berechtigt ist.

In jedem Fall ist daher die Geltung der jeweiligen AGB final im Rahmen der Ver- 125
tragsverhandlungen zu klären. Anbieten können sich auch **Kompromisslösungen über einen Rahmenvertrag** mit den jeweils wichtigsten Regelungen, die die Interessenlagen der jeweiligen Partei auf Leistungsschuldner- und Leistungsgläubigerseite abdecken.

Dabei wird insbesondere die Leistungsschuldnerseite für den Kollisionsfall zu 126
vergegenwärtigen haben, dass sie wegen der gesetzlichen Haftungssystematik des §280 BGB ohne weitere Regelungen bei vermutetem Verschulden im Rahmen einer Pflichtverletzung bei der leichter Fahrlässigkeit der Höhe nach unbeschränkt auch für mittelbare Schäden haftet. Mit Hinblick auf die Entwicklung der Compliance-Rechtsprechung dahingehend, dass derjenige Unternehmensleiter, der sein Unternehmen einem existenzgefährdenden Risiko aussetzt, persönlich haftungsverpflichtet sein kann, kann daher der Kollisionsfall als solcher nicht alleine stehen gelassen werden.

II. Kollision sich widersprechender AGB im internationalen B2B-Verkehr

Hier ist grundsätzlich entscheidend, **welches Recht** Anwendung findet. Häufig 127
wird man davon ausgehen können, dass im internationalen Bereich nur die AGB

58 BGH NJW-RR 2004, 555.
59 BGHZ 104, 137.
60 BGH NJW-RR 1991, 357; Palandt/*Grüneberg* § 305 Rn 55.

Vertragsbestandteile werden, die zuletzt durch eine Einbeziehungserklärung eingebracht werden sollten (analog der Theorie des letzten Wortes).

128 Dies **„last shot rules"-Prinzip** sollte dazu führen, dass im Bereich des internationalen Rechts bzw. des internationalen B2B-Verkehrs nur eindeutige Vereinbarungen darüber, welche AGB nunmehr gelten sollten (die des Leistungsschuldners oder des Leistungsgläubigers), die erforderliche Rechtssicherheit vermitteln können.

129 Besonderheiten gelten, wenn das **UN-Kaufrecht** (CISG) zur Anwendung kommt. Denn dies enthält keinerlei Regelungen für die Einbeziehung von Allgemeinen Geschäftsbedingungen.[61]

E. Richtige Einbeziehung von Allgemeinen Geschäftsbedingungen

130 Im Wirtschaftsleben besteht die sinnvolle Tendenz, den Inhalt von Wirtschaftsverträgen nicht nur durch gewechselte Vertragsmuster (deren Inhalt im Regelfall auch AGB nach § 305 Abs. 1 BGB darstellen) zu prägen, sondern übliche oder regelmäßig wiederkehrende Sachverhalte in klassischen Allgemeinen Geschäftsbedingungen zu regeln. In erster Linie sind die Allgemeinen Verkaufs- und die Allgemeinen Einkaufsbedingungen zu nennen. Aber auch Allgemeine Lizenzbedingungen, Allgemeine Montagebedingungen und vergleichbare Werke, die **typisierte und standardisierte rechtliche Regelungen** aufweisen, sollen von der Intention der Parteien her oft Vertragsbestandteil werden. Landläufige Intention ist dabei auch, das eigentliche Vertragswerk „so kurz wie möglich" zu halten.

131 Im Wirtschaftsverkehr lässt sich allerdings sowohl bei Verträgen gegenüber dem Verbraucher (B2C), als auch bei Verträgen gegenüber Unternehmern (B2B) feststellen, dass die **Einbeziehung** in das Vertragsverhältnis oftmals an der **Nichtbeachtung der gesetzgeberischen Vorgaben** und der hierzu maßgeblichen Rechtsprechung **scheitert.**

132 Die Nichteinbeziehung dieser in klassischen AGB zusammengefasster vertraglicher Ablaufregelungen kann allerdings gerade im unternehmerischen Verkehr (B2B) bereits deshalb maßgebliche Folgen haben, weil die gesetzgeberischen Regelungen (nicht nur im Bereich von Gewährleistungs- und Haftungsregelungen) teilweise **weder den Intentionen der Parteien** entsprechen, **noch die Anforderungen des modernen Wirtschaftsverkehrs** wiederspiegeln. Umso dramatischer ist dies dort, wo durch Allgemeine Geschäftsbedingungen in klassischer Form (zum Beispiel bei Franchise-Verträgen oder Leasingverträgen) der Gesetzgeber es bisher versäumt

---

61 Siehe hierzu *Schmitt/Ulmer* Wirtschaftsverträge rechtssicher gestalten, 1. Auflage 2010, S. 60.

hat, gesetzliche Regularien für gebräuchliche Vertragssysteme im Wirtschaftsverkehr zu schaffen.

Für den B2C-Verkehr hat der Gesetzgeber eindeutige, jedoch nicht immer leicht zu erfüllende, Anforderungen an den Unternehmer formuliert, möchte er klassische AGB zum Inhalt des mit dem Verbraucher geschlossenen Vertrages werden lassen. 133

Checkliste

?

Nach § 305 Abs. 2 werden Allgemeine Geschäftsbedingungen nur dann Bestandteil eines Vertrages, wenn der Verwender beim Vertragsabschluss

1. die andere Vertragspartei **ausdrücklich** oder, wenn ein ausdrücklicher Hinweis wegen der Art des Vertragsabschlusses nur unter unverhältnismäßiger Schwierigkeit möglich ist, durch **deutlich sichtbaren Aushang** am Ort des Vertragsschlusses auf sie hinweist und
2. der anderen Vertragspartei die Möglichkeit verschafft wird, in zurechenbarer Weise, die auch eine für den Verwender erkennbare körperliche Behinderung einer Vertragspartei angemessen berücksichtigt, **von ihrem Inhalt Kenntnis zu nehmen**,
3. und wenn die andere Vertragspartei **mit ihrer Geltung einverstanden** ist.

Erforderlich ist daher – wie auch im B2B-Verkehr – zunächst ein **ausdrücklicher Einbeziehungshinweis**. Dieser Hinweis ist selbstverständlich dann erforderlich, wenn das Vertragsangebot von dem potentiellen Vertragspartner des AGB-Verwenders ausgeht.[62]

Voraussetzung der Einbeziehung nach § 305 Abs. 2 BGB ist ein **ausdrücklicher Hinweis** auf die Manifestation des Einbeziehungswillens. Selbst bei verwenderfeindlicher Auslegung darf kein Zweifel mehr daran bestehen, dass der Einbeziehende AGB verwendet und diese zum Inhalt des Vertragsabschlusses machen möchte.[63] 134

Ist der Hinweis auf die Einbeziehung der AGB in einem vom Verwender vorformulierten Vertragsformular enthalten, muss der **Hinweis so gestaltet** sein, dass er von einem Durchschnittsvertragspartner **auch bei flüchtiger Betrachtung nicht übersehen** werden kann.[64] Der bloße Hinweis auf der Rückseite eines Antragsformulars oder der Vertragsrückseite ist ebenso wenig ausreichend, wie ein versteckter oder missverständlicher Hinweis.[65] 135

Problematisch kann auch die Situation sein, in der ein Wirtschaftsunternehmen dem Verbraucher **via Katalog** einen Vertragsschluss intendiert. Insoweit dürfte geklärt sein, dass der Abdruck in einem Katalog nicht ausreichend ist, auch wenn diesbezüglich in dem vom Vertragspartner unterzeichneten Vertragsformular Bezug genommen wird.[66] 136

---

62 BGH NJW 1988, 2108.
63 *Niebling* AnwaltKommentar AGB-Recht, 2. Auflage 2014, § 305, Rn 79.
64 BGH NJW-RR 1987, 113.
65 LG Münster VersR 1980, 100; OLG Nürnberg BB 1990, 1999; BGHZ 1986, 1126.
66 Palandt/*Grüneberg* § 305, Rn 27 m.w.N.; *Niebling* AnwaltKommentar AGB-Recht, 2. Auflage 2014, § 305, Rn 81 m.w.N.

137 Auch im Wirtschaftsleben ist nicht zu vernachlässigen, dass der ausdrückliche Hinweis **auch bei mündlichen Vertragsschlüssen** in **ausdrücklicher** Form erfolgen muss.

138 Unter dem AGB-rechtlichen Transparenzgebot des § 307 Abs. 1 Satz 2 BGB problematisch sind sogenannte **„Kettenverweisungen"** von AGB. Hierbei wird in einem standardisierten AGB-Klauselwerk wiederum auf andere standardisierte AGB in klassischer Form verwiesen. Zwar sind theoretisch solche Gestaltungen möglich, regelmäßig werden sie jedoch am AGB-rechtlichen Transparenzgebot des § 307 Abs. 1 Satz 2 BGB schon deshalb scheitern, weil das **Rangverhältnis** zwischen den vertraglichen Regelungen mangels ausdrücklicher Regelung **nicht geklärt** ist. Ansonsten dürfte häufig die gesetzliche Unklarheitenregelung des § 305c Abs. 2 BGB eingreifen.

I. Einbeziehung der AGB im Internet

139 Besondere Anforderungen im B2C- und B2B-Verkehr an den ausdrücklichen Einbeziehungshinweis sind beim **Vertragsschluss im Internet** zu berücksichtigen. Hier wird man für die ausreichende Deutlichkeit einen Hinweis auf der Webseite in unmittelbarem Zusammenhang mit dem Vertragsschluss fordern müssen.[67] Dabei muss der Hinweis zudem dergestalt angeordnet sein, dass er **auch bei flüchtiger Betrachtung** nicht übersehen werden kann.[68]

Beispiel
Im modernen Wirtschaftsverkehr hat es sich eingebürgert, auf AGB über Einbeziehungshinweise wie: „es gelten unsere Allgemeinen Verkaufs- und Lieferbedingungen, die Sie unter www.mustermanngmbh.de/agb im Internet finden" hinzuweisen. Derartige Einbeziehungsversuche sind kritisch zu sehen.

140 Sowohl im B2C- als auch im B2B-Verkehr bedarf es für die Einbeziehung klassischer AGB im Internet einer zumutbaren Kenntnisnahmemöglichkeit des Vertragspartners. Bezogen auf die **Verwendung von Internet-AGB** ist hier **Vorsicht** geboten.[69] Dies deshalb, weil das Merkmal der zumutbaren Kenntnisnahme voraussetzt, dass der Vertragspartner des AGB-Verwenders **auf seiner EDV** in der Lage sein muss, die jeweiligen AGB des Verwenders zum Zeitpunkt des Abrufes in lesbarer Form voll-

67 OLG Köln ZUM 2002, 833.
68 LG Essen NJW-RR 2003, 1207.
69 Vgl. auch *Schmitt/Ulmer* Allgemeine Geschäftsbedingungen und Verträge für Unternehmen, S. 16.

ständig darzustellen. Dies zu beweisen wird für den AGB-Verwender regelmäßig kaum möglich sein.

Klauselmuster
Um die Einbeziehung von klassischen AGB im Wirtschaftsleben auch unter Einstellung der AGB im Internet zu realisieren, sollte daher **in jedem Fall auch ein klassischer Einbeziehungshinweis erfolgen**. Dieser könnte beispielsweise lauten: „Ergänzend gelten unsere Allgemeinen Auftrags- und Lieferbedingungen, die Sie unter www.mustermanngmbh.de/agb einsehen und ausdrucken können, oder die wir Ihnen auf erste Anforderung jederzeit unentgeltlich zur Verfügung stellen."

Problematisch kann zudem die Einstellung von AGB im Internet außerhalb von geschlossenen Benutzergruppen sein. Dies führt häufig dazu, dass Suchmaschinen von Abmahnwilligen etwaige rechtswidrige AGB identifizieren, sodass es zu **Abmahnungen** nach dem UWG oder dem UK kommt. Insoweit ist zu empfehlen, AGB im Internet nur in geschlossenen Benutzergruppen einzustellen.[70] 141

Ausreichende Präzision im Bereich von **e-Commerce-Lösungen** ist insoweit auch bei einer Verlinkung zu AGB geboten. Hier genügt ein Link auf die AGB nicht, wenn unklar ist, welche der vom Verwender im Rahmen der e-Commerce-Lösung eingestellten verschiedenen Standardbedingungen auf den Vertrag anwendbar sein sollen[71] oder die AGB nur über einen intransparenten Link einbezogen werden sollen.[72] 142

Streitig ist, ob im Bereich von e-Commerce-Lösungen zum Vertragsschluss bei einer Verlinkung auf AGB die Möglichkeit des Ausdruckes der AGB vom Verwender geboten werden muss.[73] 143

Sowohl im B2C- als auch im B2B-Verkehr muss der Vertragspartner **in zumutbarer Weise vom Inhalt der AGB Kenntnis nehmen können**. Im B2C-Verkehr setzt dies voraus, dass (soweit keine der gesetzlich in § 305 Abs. 2 BGB genannten Ausnahmen eingreift) regelmäßig dem Vertragspartner die AGB vor Vertragsschluss übergeben werden müssen oder ihm in sonst wie zumutbarer Weise Kenntnis hiervon verschafft wird. 144

Anders ist dies im B2B-Verkehr. Innerhalb des nationalen Geschäftsverkehrs reicht es hier insoweit im Wirtschaftsleben aus, wenn sich der Vertragspartner in zumutbarer Weise Kenntnis von dem Inhalt der Allgemeinen Geschäftsbedingungen verschaffen kann. Eine **Aushändigung** der AGB **bedarf es insoweit im B2B-** 145

---

70 Siehe hierzu auch *Schmitt/Ulmer* a.a.O.

71 AG Frankfurt am Main NJW-RR 2006, 3010.

72 OLG Hamm NJW 2005, 2319.

73 AG Charlottenburg, Urteil vom 13. November 2009 – Az 238 C 171/09 (bloße Einwendung bei nicht übermäßiger Textlänge ausreichend); LG Köln in NJW-RR 1998, 1277.

Verkehr nicht. Bei Kaufverträgen, auf die das UN-Kaufrecht (CISG) anwendbar ist, setzt jedoch die Einbeziehung der AGB voraus, dass der Verwender dem anderen Vertragsteil die AGB körperlich zugänglich macht.[74]

146 Für das Merkmal der Möglichkeit zumutbarer Kenntnisnahme spielt zudem eine wesentliche Rolle, dass der durchschnittliche Vertragspartner die AGB mühelos lesen kann.[75] Eine Schriftgröße von Arial 6 Pkt. dürfte hier die Grenze dessen darstellen, was die Rechtsprechung noch akzeptiert.[76]

147 Zu beachten ist hinsichtlich des Merkmals zumutbarer Kenntnisnahme allerdings auch die **sprachliche Einbeziehungssystematik** beim Geschäftsverkehr mit Ausländern. Wird der Vertrag deutschem Recht unterstellt und die Vertragsverhandlungen in deutscher Sprache geführt, so reicht sowohl der Einbeziehungshinweis als auch die sprachliche Gestaltung der einzubeziehenden AGB in deutscher Sprache aus. In diesem Fall ist der AGB-Verwender nicht gehalten, für Ausländer entsprechende Übersetzungen der AGB bereitzuhalten.[77] **Zu beachten ist aber**, dass sich aus vertraglichen Nebenpflichten bei Verträgen mit ausländischen Vertragspartnern jedenfalls dann, wenn der Vertrag erhebliche wirtschaftliche Tragweite hat, hier eine Verpflichtung zu erläuternden Hinweisen ergeben kann.[78] Hierfür spricht, dass nach § 241 Abs. 2 das Schuldverhältnis nach seinem Inhalt jede Partei verpflichten kann, auch auf die Interessen der anderen Partei Rücksicht zu nehmen.

148 Ist die Verhandlungssprache dagegen nicht Deutsch, so wird man sowohl den Hinweis auf die Einbeziehung von AGB als auch die Gestaltung der klassischen AGB selber in Englisch oder der gewählten **Verhandlungssprache** verlangen müssen.[79]

149 Des Weiteren wird man fordern müssen, dass bei der Beteiligung ausländischer Vertragspartner, mit denen die Vertragsverhandlungen nicht in deutscher Sprache gestaltet werden, für das Merkmal der zumutbaren Kenntnisnahme der einzubeziehenden AGB bei der Verwendung von Rechtswahl- und Gerichtsstandsklauseln ein **ausdrücklicher Hinweis** auf diese **elementaren Vertragsklauseln in der Verhandlungssprache** oder in der Weltsprache Englisch erfolgt. Mangels eines derart sprachlich gestalteten Hinweises muss davon ausgegangen werden, dass ansonsten derartige Rechtswahl- und/oder Gerichtsstandsklauseln nicht Vertragsbestandteil werden, weil es treuwidrig im Sinne von § 242 BGB sein wird, sich gegenüber dem sprachlich benachteiligten Vertragspartner auf deren Geltung zu berufen.

---

74 BGH NJW 2002, 370.

75 BGH NJW-RR 1986, 1311; OLG Saarbrücken NJW-RR 2009, 989.

76 BGH NJW-RR 1986, 1311.

77 BGHZ 87, 115; *Niebling* Anwalt-Kommentar AGB-Recht, 2. Auflage 2014, § 305, Rn 85 m.w.N.

78 Palandt/*Grüneberg* § 305, Rn 40; *Niebling* a.a.O.

79 OLG Frankfurt am Main NJW-RR 2003, 704.

Der Einbeziehungshinweis für klassische AGB muss vor Vertragsschluss erfolgen. Im Bereich des Wirtschaftslebens lassen sich dabei grundsätzlich nur zwei relevante Fallgestaltungen herausarbeiten. 150

Einerseits reichen Einbeziehungshinweise auf Rechnungen und Lieferscheinen nach Vertragsschluss erkennbar nicht aus, um die AGB zum Vertragsbestandteil zu machen. Darüber hinaus lassen sich auch jedwede, insbesondere EDV-technische, Erklärungen hinsichtlich der Einbeziehung nach Vertragsschluss als grundsätzlich problematisch bezeichnen. 151

Auch klassische AGB werden nur dann Vertragsbestandteil, wenn das **Einverständnis der anderen Partei** mit der **Einbeziehung der AGB** erfolgt ist. 152

AGB gelten insoweit auch im B2B-Verkehr nur, wenn sie durch rechtsgeschäftliche Einbeziehung Vertragsinhalt geworden sind.[80] Die **Einbeziehung durch schlüssiges Verhalten** setzt dabei voraus, dass diejenige Partei, die die AGB einbeziehen möchte, erkennbar auf ihre AGB verweist und der Vertragspartner ihrer Geltung nicht widerspricht.[81] Entscheidend ist im Zweifel, ob die vertragliche Einigung der Parteien sich auf die Einbeziehung der AGB erstreckt, was im Zweifel gemäß §§ 133, 157 BGB in Verbindung mit § 346 HGB durch vertragliche Auslegung zu ermitteln ist. 153

II. Besondere Formen der Einbeziehung klassischer AGB im Wirtschaftsverkehr

Nach § 305 Abs. 3 BGB können die Vertragsparteien für eine bestimmte Art von Rechtsgeschäften die Geltung bestimmter Allgemeiner Geschäftsbedingungen unter Beachtung der in § 305 Abs. 2 BGB bezeichneten Erfordernisse vereinbaren. 154

Diesbezüglich hat sich im Wirtschaftsleben eingebürgert, auch zur Vermeidung der Kollisionsproblematik von Allgemeinen Geschäftsbedingungen (vgl. hierzu Rn 118 Kap. 3) **rahmenvertragliche Vereinbarungen** über die Einbeziehung von AGB abzuschließen. 155

Bei der Gestaltung von Rahmenvereinbarungen ist in jedem Fall mit Hinblick auf das AGB-rechtliche Transparenzgebot des § 307 Abs. 1 Satz 2 BGB zu empfehlen, dass die Rahmenvereinbarung **genau beschreibt, welche AGB** zukünftig **Vertragsbestandteil** werden sollen und wie das **Rangverhältnis** zu den übrigen vertraglichen Vereinbarungen ist. Des Weiteren ist zu beachten, dass derartige Rahmenvereinbarungen auch abweichend von § 305 Abs. 3 BGB auf die jeweilige Fassung des AGB-Verwenders abstellen können. Dabei muss wegen des Verweises von § 305 Abs. 3 BGB auf § 305 Abs. 2 BGB jedoch gefordert werden, dass der AGB- 156

---

80 BGHZ 117, 194.
81 BGH NJW-RR 2003, 754.

Verwender den anderen Vertragsteil unverzüglich über eine neue Fassung seiner AGB informiert.[82]

III. Einbeziehung kraft nachfolgender Rechtsgeschäfte bei vorausgehender AGB-Einbeziehung

157 Alleine aus der bloßen Tatsache, dass ein Vertrag ohne Bezugnahme auf AGB im engen zeitlichen Zusammenhang zu einem anderen Vertrag geschlossen wird, der auf der Grundlage der AGB zustande gekommen ist, lässt sich nicht der zweifelsfrei erkennbare Wille des AGB-Verwenders herleiten, seine AGB auch in den zeitlich nachfolgenden Vertrag einzubeziehen.[83] Hierfür sind vielmehr sonstige aussagekräftige Anhaltspunkte, insbesondere Handlungen und Erklärungen der Parteien, erforderlich.

158 Der **Hinweis bei früheren Geschäften** oder auf frühere Rechnungen genügt insoweit auch dann nicht, wenn die beim früheren Geschäft in Bezug genommenen AGB durch eine weitgehende Einbeziehungsklausel formularmäßig Geltung auch für künftige Vertragsgestaltungen beanspruchen.[84]

159 Eine **Ausnahme** hat der BGH entschieden für den **Fall ständiger Geschäftsverbindungen**, die eine gewisse Häufigkeit von Verträgen voraussetzen.[85] Teilweise wird diese Ansicht von der obergerichtlichen Rechtsprechung geteilt.[86] In diesem Fall können – nicht müssen – AGB durch wiederholte, auch für den flüchtigen Leser ohne weitere erkennbare, Hinweise in Rechnungen oder vergleichbaren Schriftstücken zum Vertragsbestandteil werden, wenn der Hinweis ausdrücklich gestaltet ist.[87]

! **Praxistipp**
Für den Wirtschaftsverkehr zu beachten ist allerdings, dass in keinem Fall der Hinweis in Lieferscheinen für die zukünftige Einbeziehung von AGB ausreichend ist, da diese nach Ansicht der Rechtsprechung den für die Vertretung des anderen Vertragspartners zuständigen Personen typischerweise nicht bekannt werde.[88]

---

82 Palandt/*Grüneberg* § 305 Rn 50.
83 BGHZ 117, 197.
84 BGHZ 117, 190.
85 BGH DB 1973, 1393.
86 OLG Hamburg NJW 1980, 1233.
87 BGH NJW-RR 1991, 571 – streitig.
88 BGH NJW 1978, 2243; OLG Hamburg WM 2003, 581.

IV. Einbeziehung für AGB durch Auftragsbestätigung

Der Einbeziehungsversuch klassischer AGB durch erstmaligen Hinweis auf der Auftragsbestätigung auf die Geltung der AGB ist problematisch.[89] Die **Auftragsbestätigung mit der erstmaligen AGB-Inbezugnahme** ist eine Annahmeerklärung des kundenseitigen Angebots unter Erweiterung und/oder Änderung. Dogmatisch stellt sie ein **neues Angebot** nach § 150 Abs. 2 BGB dar. 160

Da auch im kaufmännischen Verkehr Schweigen grundsätzlich nicht als Zustimmung gilt,[90] kommt es darauf an, ob der Vertragspartner das Vertragsangebot des AGB-Verwenders unter Einbeziehung seiner AGB ausdrücklich annimmt. 161

Nimmt insoweit der Vertragspartner die Leistung entgegen, kann darin aber ein stillschweigendes Einverständnis mit den AGB des Verwenders gesehen werden, wenn der AGB-Verwender in der Auftragsbestätigung **deutlich** zum Ausdruck gebracht hat, dass er nur unter Einbeziehung seiner AGB zum Vertragsschluss und zur Leistung bereit ist.[91] 162

Zutreffend wird allerdings vertreten, dass ein derartig schlüssiges Verhalten durch die Entgegennahme von Lieferung und Leistung im Hinblick auf die AGB-Einbeziehung nicht angenommen werden kann, wenn der andere Vertragsteil eine AGB-Abwehrklausel verwendet. Diese dürfte als konkludenter Wiederspruch gegen das geänderte Angebot zur AGB-Einbeziehung zu werten sein.[92] 163

V. Einbeziehung durch kaufmännisches Bestätigungsschreiben

In der Wirtschaft wird oftmals die Diskussion über die Einbeziehung von Allgemeinen Geschäftsbedingungen mit Hinblick auf die Kollisionsproblematik zwischen Allgemeinen Verkaufsbedingungen und Allgemeinen Einkaufsbedingungen vermieden. Im Nachgang zur entsprechenden Vertragsverhandlung wird dann über das sogenannte kaufmännische Bestätigungsschreiben versucht, die eigenen AGB „doch noch ins Rennen zu schicken" und damit einzubeziehen. 164

Auch wenn im kaufmännischen Bestätigungsschreiben die AGB nicht beigefügt worden sind, bildet dies jedoch einen **ausreichenden Einbeziehungstatbestand**, wenn die andere Partei nicht widerspricht.[93] 165

Allerdings wird man fordern müssen, dass der Einbeziehungshinweis in dem kaufmännischen Bestätigungsschreiben **ausdrücklich** aufgenommen ist. Nicht aus- 166

---

89 Vgl. hierzu auch *Schmitt/Ulmer* a.a.O. S. 17.
90 BGHZ 1, 355.
91 BGH NJW-RR 2000, 1154.
92 So auch Palandt/*Grüneberg* § 305, Rn 52.
93 BGH NJW 1978, 2244; BGHZ 18, 216.

reichend wird beispielsweise die kommentarlose Beifügung der AGB oder der Abdruck auf der Rückseite des kaufmännischen Bestätigungsschreibens und/oder einer beigefügten Rechnung sein.

167 Problematisch ist weiterhin, dass die Einbeziehung durch ein kaufmännisches Bestätigungsschreiben voraussetzt, dass der Inhalt der AGB vom mündlich Vereinbarten nicht so erheblich abweicht, dass AGB-Verwender und Absender des kaufmännischen Bestätigungsschreibens in redlicher Weise nicht mehr mit einer Billigung des Vertragspartners rechnen konnte.[94] Dies wird insbesondere der Fall sein, wenn der Versender des kaufmännischen Bestätigungsschreibens weiß oder nach Treu und Glauben wissen müsste, dass die andere Partei eine AGB-Abwehrklausel verwendet.

VI. Einbeziehung von Allgemeinen Geschäftsbeziehungen im internationalen Rechtsverkehr

168 Hier gelten einige Besonderheiten, die häufig dazu führen, dass eine Einbeziehung klassischer Allgemeiner Geschäftsbedingungen im internationalen Rechtsverkehr scheitert.[95]

169 Zunächst ist bei der Vertragsgestaltung unter Einbeziehung von klassischen AGB im internationalen Rechtsverkehr sogfältig zu prüfen, ob überhaupt die **Regelungen des deutschen Rechts** von Allgemeinen Geschäftsbedingungen gelten. Dabei ist darauf zu achten, dass für Regelungen der sogenannten Rom I-Verordnung[96] grundsätzlich der **Vorrang der freien Rechtswahl** gilt. Problematisch ist insoweit, dass bei einer Vereinbarung deutschen Rechts automatisch das ins deutsche Recht transferierte UN-Kaufrecht (CISG) Geltung erhält. Dieses enthält jedoch keinerlei Regelungen über die Einbeziehung der Allgemeinen Geschäftsbedingungen, sodass diese Frage sodann wieder nach internationalem Privatrecht zu klären ist.

170 Ist die Geltung des deutschen Rechts auch für die Einbeziehung von Allgemeinen Geschäftsbedingungen festgestellt, ergibt sich für die Einbeziehung klassischer AGB im internationalen Geschäftsverkehr (cross-border) ein anderer Leitsatz als im nationalen B2B-Verkehr.

171 Im internationalen Geschäftsverkehr müssen nämlich dem Vertragspartner vor Vertragsschluss die **AGB zwingend körperlich zugänglich** gemacht werden.[97] Zur

---

94 BGH NJW 1982, 1751.

95 Vgl. im Einzelnen hierzu *Schmitt/Ulmer*, Wirtschaftsverträge rechtssicher gestalten, 1. Auflage 2010, S. 49 ff.

96 VO (EG) Nr. 593/2008 vom 17. Juni 2008.

97 BGH NJW 2002, 371.

Begründung führt der Bundesgerichtshof und die Folgeentscheidung[98] an, dass bei cross-border Geschäften auch im unternehmerischen Verkehr nicht in gleichem Maße vorausgesetzt werden könne, dass sich der ausländische Unternehmer Kenntnis von den fremden AGB verschaffen könne oder deren Zugänglichmachung verlange.

Es darf ausdrücklich bezweifelt werden, ob dieser Wertung der Rechtsprechung 172 in Anbetracht der massiven Erfahrungen ausländischer Kaufleute mit dem Umgang auch dort weit verbreiteter Allgemeiner Geschäftsbedingungen tatsächlich diese Eignung abzusprechen ist. In Anbetracht der höchstrichterlichen Rechtsprechung wird jedoch dem körperlichen Vorlageerfordernis vor Vertragsschluss Rechnung getragen werden müssen.

Problematisch in diesem Zusammenhang ist nicht einmal das von der BGH- 173 Rechtsprechung geforderte körperliche Vorlageerfordernis vor Vertragsschluss selbst, sondern die **damit einhergehende Beweisproblematik**. So wird es nicht jeder Unternehmer als angemessen empfinden, seine AGB dem potentiellen Vertragspartner im Ausland per Gerichtsvollzieher oder Registered Letter zustellen zu lassen, oder diese per Boten zu Beweiszwecken zum Vertragspartner zu bringen.

Bekanntermaßen helfen mit Hinblick auf die einschlägige Rechtsprechung, dass 174 Telefaxempfangsprotokolle oder inhaltlich gleichwirkende technische Zugangsprotokolle, zum Beispiel in Form von E-Mail-Zugangsprotokollen, weder die Absendung, noch den Inhalt und erst recht nicht den Zugang beweisen, derartige technische Hilfsmittel nicht weiter.

Praxistipp

!

Zu empfehlen ist daher, im internationalen Geschäftsverkehr vor Absendung des Angebotes auf Vertragsschluss dem Vertragspartner eine **Telefaxempfangsquittung**, welche den vollständigen Empfang der AGB in ihrer benannten Version und deren vollständige Lesbarkeit bescheinigt, zu übersenden und diese durch eine vertretungsberechtigte Person des potentiellen Vertragspartners **unterzeichnet zurücksenden** zu lassen. Demgegenüber zu warnen ist vor entsprechenden E-Mail-Protokollen. Dies schon wegen der Problematik der Integrität und Authentizität von E-Mail-Erklärungen.

---

98 Vgl. beispielsweise OLG Köln, 21.12.2005 – Az 16 U 47/05.

Kapitel 4
Vertragsdurchführung und Konfliktpotential

A. Abgrenzung Gewährleistung – Garantie

I. Abgrenzung der Rechtsbegriffe

Die Rechtsbegriffe **Gewährleistung und Garantie** stellen wohl die am häufigsten miteinander verwechselten bzw. falsch betitelten Wörter im Rahmen der Wirtschaftsvertragsgestaltung dar. 1

Die Begrifflichkeiten werden häufig nicht nur von Nichtjuristen synonym eingesetzt und verwechselt. Oft wird in der Vertragsformulierung nicht exakt genug darauf geachtet, dass durch die Formulierung einer Klausel bzw. der Beschreibung von bestimmten Eigenschaften und/oder Funktionen einer Ware oder Dienstleistung missverständlich ist, ob der jeweils anderen Vertragspartei Gewährleistungsrechte im Sinne der §§ 434f. BGB eingeräumt werden sollen oder aber eine **(selbstständige) Garantie**. 2

Aufgrund der **drastisch unterschiedlichen Rechtsfolgen**, die sich an die Feststellung knüpfen, ob dem Vertragspartner für bestimmte Eigenschaften eine Garantie eingeräumt oder ob lediglich auf Gewährleistungsrechte Bezug genommen werden soll, ist jedoch von überragender Bedeutung, genau zwischen den Termini zu unterscheiden und in einem Vertrag jegliche Formulierung zu vermeiden, die zu **Missverständnissen und/oder unterschiedlichen Auslegungsmöglichkeiten im Streitfall** führen können. 3

II. Unterschiedliche Rechtsfolgen

1. Gewährleistung

Entscheidender Unterschied zwischen den beiden Rechtsbegriffen ist zunächst, dass die **Gewährleistung** bereits als weitgehend gesetzlich vorgegebenes Rechtsinstitut in den §§ 434ff. BGB geregelt ist. 4

Inhalt der gesetzlichen Gewährleistung sind sog. **Mängelgewährleistungsrechte** des Käufers, die an das Vorliegen eines Mangels am Kaufgegenstand anknüpfen. Das kaufrechtliche Gewährleistungsrecht unterscheidet zwischen Sach- und Rechtsmängeln (vgl. §§ 434f. BGB). Die größere praktische Bedeutung hat der Sachmangel. Ein solcher ist gegeben, wenn die Kaufsache in negativer Hinsicht von der vertraglich vereinbarten Beschaffenheit abweicht. Liegt ein Sachmangel vor, was in der Regel vom Käufer bewiesen werden muss (beachte Unterschiede beim Verbrauchsgüterkauf nach § 476 BGB), kann dieser nach § 439 BGB Nacherfüllung verlangen, nach §§ 440, 323 und 326 Abs. 5 BGB vom Vertrag zurücktreten, 5 nach § 441 den Kaufpreis mindern und nach den §§ 440, 280, 281, 283, 284 und 311a Schadensersatz verlangen (zu Einzelheiten vgl. Rn 23 Kap. 7 „Kaufvertrag“). Nach § 438 BGB stehen diese Gewährleistungsrechte jedem Käufer in der Regel zwei Jahre zu.

6 Als gesetzlich verankerte Rechte sind die Gewährleistungsrechte insbesondere im Rahmen von Allgemeinen Geschäftsbedingungen nur in sehr engen Grenzen einschränkbar. So ist zum Beispiel das Wahlrecht des Käufers zwischen Nachbesserung und Ersatzlieferung (§ 439 Abs. 1 BGB) in Verbrauchsgüterkaufverträgen nicht abdingbar. Die Gewährleistungsfristen können durch vertragliche Regelungen nur in bestimmten Grenzen verkürzt werden (beachte z.B. § 309 Nr. 8bff. BGB). Für **Details zur Gestaltung von Gewährleistungsklauseln** verweisen wir auf Rn 34 Kap. 8 „Gewährleistung“.

2. Garantie

7 Gegenüber den gesetzlichen Gewährleistungsregelungen ergeben sich maßgebliche Unterschiede, wenn eine Vertragsklausel als **Garantie** ausgestaltet ist.

8 Bei Garantien handelt es sich um selbstständig zwischen Käufer und Garantiegeber abgeschlossene Verträge, der in der Regel eine umfangreiche und **verschuldensunabhängige Haftung** des Verkäufers zur Folge haben. Die §§ 276 und 443 BGB statuieren, dass der Verkäufer bei Übernahme einer Garantie ohne Verschulden bzw. selbst bei leichtester Fahrlässigkeit haftet.

! **Praxistipp**
Ein **Garantieversprechen** ist immer eine freiwillige, gesetzlich nicht geschuldete Leistung des Verkäufers, die neben die gesetzlichen Gewährleistungsrechte tritt und diese niemals ersetzen, einschränken oder gar ausschließen kann.

---

9 Ein weiterer entscheidender Unterschied zum Mängelgewährleistungsrecht ist, dass bei der Garantie der Zustand der Ware zum Zeitpunkt der Übergabe an den Käufer keine Rolle spielt. Die Garantie sichert eine bestimmte Eigenschaft bzw. Nutzungsmöglichkeit der Ware immer **für den gesamten Garantiezeitraum** zu. Entfällt die zugesagte Eigenschaft bzw. Nutzungsmöglichkeit während der Garantiedauer, löst dies die Rechte aus der Garantie aus.

10 Die gesetzlichen Gewährleistungsrechte beziehen sich hingegen immer auf den **Zeitpunkt der Übergabe der Kaufsache** (sog. **Gefahrübergang**). Nur wenn die Kaufsache bereits zum Zeitpunkt der Übergabe mangelhaft ist, werden die Mängelgewährleistungsrechte ausgelöst. Tritt ein Sachmangel nachträglich zutage, so bestehen Gewährleistungsrechte nur, wenn er bereits bei der Übergabe vorhanden (gewissermaßen „in der Sache angelegt“) war. War die Sache bei Übergabe mangelfrei, so kann ein nachträglich eintretender Sachmangel allenfalls die Vermutung begründen, dass die Rechte aus einer übernommenen Garantie ausgelöst werden (§ 443 Abs. 2 BGB).

Anders als die gesetzlichen Gewährleistungsrechte richten sich Garantien nicht zwingend gegen den Verkäufer. Häufig übernimmt der eigentliche Hersteller der Ware die Garantie (sog. **Herstellergarantie**), zum Beispiel als besondere Dienstleistung oder als Marketing-Tool, um das Vertrauen in die Funktionsfähigkeit seiner Produkte nach außen hin zu dokumentieren. 11

III. Probleme bei der Vertragsformulierung vermeiden

Werden bestimmte Eigenschaften in einem Vertrag salopp „zugesichert", „garantiert" oder „verbindlich zugesagt", besteht das Risiko, dass im Zweifel eine Vertragsklausel nicht als Ausfluss der bereits gesetzlich bestehenden Gewährleistungsrechte zu verstehen ist, sondern dem Vertragspartner weitergehende, selbstständige Rechte im Rahmen einer Garantie einräumen soll. 12

Auch wenn aufgrund der weitreichenden Folgen der Garantie gewisse Anhaltspunkte dafür gegeben seien müssen, dass eine solche tatsächlich eingeräumt werden sollte, kommt es bei Zweifeln im Rahmen der **Auslegung** auf einen vom „objektiven Empfängerhorizont aus erkennbaren Garantiewillen des Verkäufers an".[1] 13

Wird daher zum Beispiel in einem Vertrag dem Vertragspartner eine bestmögliche Eignung des Geräts für die Verwendung innerhalb der ersten 36 Monate zugesichert oder eine vergleichbare **Formulierung** gewählt, besteht das Risiko, dass sich der Vertragspartner im Ernstfall darauf beruft, ihm sei eine Garantie für die Mangelfreiheit bzw. Eignung der Sache gegeben worden. Häufig passiert es insbesondere in Präambeln oder Leistungsbeschreibungen, dass in Vertragsmustern zu Marketingzwecken eine besonders anpreisende bzw. weitreichende Beschreibung sowie eine Zusicherung von Eigenschaften, etc. aufgenommen wird, die im Zweifel als Garantie ausgelegt werden kann. 14

Ein weiterer Fehlerkreis ist in einer Vielzahl **englischsprachiger Verträge** zu finden, insbesondere wenn diese nicht von Muttersprachlern geschrieben werden oder gar deutsche Vertragsmuster ins Englische übernommen werden. Auch hier werden aufgrund der unterschiedlichen Rechtsbegriffe sowie der im englischen bzw. US-amerikanischen Rechtsraum teilweise synonym verwendeten Begriffe *guaranty* und *warranty* häufig Fehler gemacht, die durch eine klare vertragliche Regelung vorab ausgeschlossen werden können. 15

Praxistipp
Definieren Sie in englischsprachigen Verträgen, was mit „*guaranty*" und „*warranty*" gemeint ist! **!**

1 *Dauner-Lieb*/Langen, BGB/Schuldrecht, 2. Aufl. 2012, § 276 Rn 24.

16 Durch eine möglichst deutliche Vertragsformulierung kann bereits im Ansatz verhindert werden, dass im Ernstfall Auslegungsfragen auftreten, die, selbst wenn sich eine solche Auslegung im Ergebnis nicht bestätigt, zu langwierigen (Rechts-)Streitigkeiten führen können.

B. Übernahme des Beschaffungsrisikos

17 Unbemerkt von mancherlei Vertragsverfassern hat der Gesetzgeber mit der Schuldrechtsmodernisierung zum 1.1.2002 den Maßstab der Verantwortlichkeit eines Schuldners aus einem Vertragsverhältnis verändert. Während der Schuldner früher nur für Vorsatz und/oder Fahrlässigkeit haftete, ist die Verantwortlichkeit des Schuldners durch die Neufassung des § 276 BGB nunmehr erweitert.

18 Der Schuldner hat nach § 276 Abs. 1 BGB nunmehr Vorsatz und Fahrlässigkeit zu vertreten, wenn eine strengere oder mildere Haftung weder bestimmt noch aus dem sonstigen Inhalt des Schuldverhältnisses, insbesondere aus der Übernahme einer Garantie oder eines **Beschaffungsrisikos** zu entnehmen ist.

19 Problematisch ist dies nunmehr, weil ein derartiges Beschaffungsrisiko grundsätzlich zu einer verschuldensunabhängigen (garantiegleichen) Haftung führt, die dem Ansatz einer Haftungsausschluss- und Begrenzungsklausel entgegensteht.

20 Die eigentliche Problematik ergibt sich dabei daraus, dass die **Übernahme des Beschaffungsrisikos** einerseits nicht ausdrücklich unter Verwendung des Begriffs „Beschaffungsrisiko" von statten gehen muss. Vielmehr muss im Rahmen der Vertragsauslegung nach §§133, 157 BGB aus der vertraglichen Formulierung herausgelesen werden, ob der Leistungsschuldner das Beschaffungsrisiko übernimmt oder nicht.

Beispiel

Dabei können Formulierungen wie „dieser Vertrag dient der störungsfreien Zulieferung des Produkts xy an ....", oder „mit diesem Vertrag soll die uneingeschränkte Verfügbarkeit von .... über das Produkt xy gesichert werden" durchaus geeignet sein, den Leistungsschuldner das Beschaffungsrisiko übernehmen zu lassen.

---

21 Erkennbar bieten sich hier bei der Vertragsgestaltung formulierungstechnisch weite Spielräume für den Leistungsgläubiger, um den Haftungsmaßstab des Leistungsschuldners zu erhöhen.

22 Nach maßgeblicher Meinung soll darüber hinaus der Leistungsschuldner schon dann das Beschaffungsrisiko übernehmen, wenn er eine sogenannte **marktbezogene Gattungsschuld** übernimmt.[2] Im Rahmen der Gattungsschuld übernehme

2 Palandt/*Grüneberg* § 276, Rn 31.

insoweit der Leistungsschuldner nicht die Verpflichtung, ein bestimmtes Stück zu beschaffen, sondern verpflichtet sich, solange zu leisten, wie die geschuldete Leistung erbracht werden könne, sodass seine Schuld fortbestehe. Anders soll dies nur dann sein, wenn die vertragliche Auslegung ergibt, dass der Schuldner nach dem Inhalt des Vertrages lediglich aus seinem Vorrat zu liefern habe, d.h. eine **Vorratsschuld** vereinbart sei.[3] Lediglich ebenfalls bei gesetzlichen Gattungsschulden entfalle auch eine entsprechende Risikonahme des Leistungsschuldners, sodass dieser nur für Verschulden zu haften habe.

Folge der Übernahme des Beschaffungsrisikos ist grundsätzlich eine **verschuldensunabhängige, garantiegleiche Haftung**, die sich aus dem Rechtsgedanken des bis zur Schuldrechtsreform im Jahre 2002 bestehenden § 279 ergibt. Stets ist allerdings im Wege der vertraglichen Auslegung nach §§ 133, 157 BGB der Inhalt der Risikoübernahme durch Auslegung dahingehend zu extrahieren, wie weit die Risikoübernahme reicht. So wird man in aller Regel davon ausgehen können, dass der Schuldner verschuldensunabhängig dafür verantwortlich ist, die finanziellen Mittel und die Geschäftserfahrung sowie die rechtzeitige Eindeckung für das entsprechende Geschäft mitzubringen hat. Entsprechendes gilt für andere Umstände, die in seinen Geschäftskreis fallen.[4] 23

Anders ist dies nur dann (verschuldensabhängige Haftung), wenn sich die **Einstandspflicht** auf die **Qualität** des zu beschaffenden Gegenstandes bezieht. Entgegenstehende Auffassungen überzeugen nicht, da der Rechtsgedanke des vormaligen § 279 BGB daran anknüpft, dass bis zur Schuldrechtsreform im Jahre 2002 ein Kaufvertrag auch mit einer mangelhaften Leistung erfüllt werden konnte. 24

Beruht die Nichterfüllung dagegen auf Gründen, die nicht mit dem übernommenen Risiko für die Beschaffung zusammenhängen, ist ebenfalls die Annahme einer verschuldensunabhängigen, garantiegleichen Haftung zu weitgehend (zum Beispiel bei Streik, Krankheit des Leistungsschuldners oder sonstigen Risiken, die nicht unmittelbar mit der Beschaffung zusammenhängen). Entsprechendes gilt, wenn sich Risiken verwirklichen, die dem Leistungsschuldner im Hinblick auf die Beschaffung nicht mehr zugemutet werden können.[5] 25

Wie bereits ausgeführt, wird man es vertragsgestaltend als **unzulässig** ansehen müssen, wenn der Leistungsschuldner im Rahmen einer verschuldensunabhängigen Übernahme des Beschaffungsrisikos **einerseits** die **Beschaffung „verspricht"**, **andererseits** diese mit einer **klassischen Haftungsausschluss- und Begrenzungsklausel** wiederum zu begrenzen versucht. Dies bedeutet allerdings nicht, dass nicht risikoeingrenzende Abreden möglich sind. Allerdings wird man hier insbesondere unter dem AGB-rechtlichen Fokus einen strengen Maßstab ansetzen müs- 26

3 BGHZ 108, 420; Palandt/*Grüneberg* a.a.O.
4 Palandt/*Grüneberg* a.a.O., Rn 32.
5 BGH NJW 1994, 515.

sen. Die Begrenzung wird insoweit nur innerhalb des Tatbestandes der garantiegleichen Risikoübernahme selbst enthalten sein. Dies gilt zum Beispiel für die im B2B-Verkehr weit verbreitete **Selbstbelieferungsklausel**,[6] nicht jedoch für die ebenfalls im kaufmännischen Geschäftsverkehr weit verbreitete Klausel „Liefermöglichkeit vorbehalten".[7]

27 Wie die vorstehenden Ausführungen zeigen, bietet die Neufassung des § 276 BGB im Hinblick auf die Implementierung der Übernahme eines Beschaffungsrisikos als weitgehend garantiegleiche Haftung erhebliche Ansätze für eine vertragliche Gestaltung. So sollte der Leistungsschuldner stets bemüht sein, vertraglich eindeutig **klarzustellen**, dass er nur zur Leistung aus seinem Warenvorrat verpflichtet ist, während der Leistungsgläubiger ein umgekehrtes Gestaltungsinteresse wahrzunehmen hat. Auslegungsfähige Formulierungen, bei denen insbesondere unter Berücksichtigung beidseits interessengerechter Auslegung, aber auch unter Berücksichtigung eines besonderen Leistungsinteresse des Gläubigers, eine besondere Risikoübernahme für das Gelingen der Leistung auf Seiten des Leistungsschuldners angenommen werden, sollten aus Sicht des Leistungsschuldners zwingend vermieden, aus Sicht des Leistungsgläubigers jedoch gewählt werden.

C. „Haftungsbeschränkung" durch richtige Leistungsbeschreibung als moderner Weg der Haftungsbegrenzung

28 Leistungsschuldner sehen sich nach dem Haftungssystem des BGB nach der Schuldrechtsreform einem strengem Haftungssystem ausgesetzt. Dies gilt insbesondere für Lieferanten von Produkten.

29 Konnte der Produktlieferant bis zur Schuldrechtsreform im Jahre 2002 den Anfall von Schadensersatzansprüchen noch dadurch steuern, dass er auf zusätzliche Erklärungen gegenüber dem Käufer in Form einer Garantie oder des Zusicherns einer Eigenschaft verzichtet hat, sieht das Gesetz nunmehr bei Produktlieferungen nach §§ 280, 281 BGB gesetzlich eine Schadensersatzhaftung bei vermutetem Verschulden vor. Infolge des neuen Haftungssystems ist bei der Verletzung einer Vertragserfüllungs- oder Rücksichtnahmepflicht und damit auch bei Lieferung einer mangelhaften Ware eine Haftung auf **Schadensersatz bereits bei einfachster Fahrlässigkeit** der Höhe nach unbeschränkt immanent, die auch mittelbare Schäden, insbesondere Produktionsausfall- und Stillstandsschäden sowie entgangenen Gewinn, umfasst.

---

6 BGH NJW-RR 1992, 611; BGH DB 1995, 1557.

7 BGH NJW 1994, 515.

Leistungsschuldner, insbesondere produktveräußernde Unternehmen, sehen sich damit mit einem völlig neuen Bedürfnis nach Haftungsausschluss und -begrenzungen konfrontiert. 30

I. Problematik etablierter Haftungsausschluss- und Begrenzungsklauseln

Fraglich erscheint aber, ob bislang jahrzehntelang etablierte Lösungen in Form von reinen Haftungsausschluss- und Begrenzungsklauseln noch geeignet sind, den angestrebten Zweck der Haftungsvermeidung oder Schadensbegrenzung in angemessener Form zu erreichen. Dies oft vor dem Hintergrund, dass sich viele Unternehmen nach dem altbewährten System auch weiterhin dergestalt aufstellen, im Rahmen von Produktbeschreibungen und Leistungsbeschreibungen weitgehende Eigenschaften von Produkten und/oder Leistungen darzustellen, nicht Zutreffendes versprechen, um sich gegenüber dem Leistungsgläubiger auf Haftungsausschluss- und Begrenzungsklauseln berufen zu wollen. 31

Entsprechende **Haftungsausschluss- und Beschränkungsklauseln** werden dabei bereits regelmäßig **scheitern**, wenn sie **die zwingend notwendigen Ausnahmen** ihrer Geltung, namentlich bei Ansprüchen wegen der Verletzung von Leben, Körper oder Gesundheit, im Falle von Ansprüchen, die auf Garantien beruhen, bei arglistigem, vorsätzlichem, grob fahrlässigem Handeln sowie bei gesetzlich zwingenden Haftungstatbeständen (und damit nicht nur bei dem stets bemühten Produkthaftungsgesetz) **nicht vollständig** vorsehen. Bereits in den vorgenannten Fällen versagen daher etablierte Haftungsvermeidungssysteme. 32

Oft wird im Rahmen dieser Ausnahmen auch bereits übersehen, dass der Gesetzgeber im neu gefassten § 276 BGB neben der Haftung für Vorsatz und Fahrlässigkeit sowie der Garantieübernahme einen der Garantieübernahme gleichzusetzenden Tatbestand geschaffen hat. Es handelt sich um die Übernahme des Beschaffungsrisikos im Sinne von § 276 BGB. 33

Problematisch ist dabei **einerseits**, dass die Übernahme eines **Beschaffungsrisikos** eine **verschuldensunabhängige Haftung** begründet und selbst bei Übernahme einer Stückschuld übernommen werden kann. Problematisch ist zudem **andererseits**, dass weitgehend vertreten wird, dass der Schuldner einer Gattungsschuld ein Beschaffungsrisiko und damit eine **garantiegleiche Haftung** übernehme, und sich aus dem Inhalt seiner Leistungspflicht ergebe, dass diese fortbestehe, so lange die geschuldete Leistung beschafft werden könne. Dies solle auch für sogenannte marktbezogene Gattungsschulden, nicht jedoch dann gelten, wenn der Schuldner nach dem Inhalt des Vertrages nur aus seinem Vorrat zu liefern verpflichtet ist. 34

Bereits hier zeigt sich, dass **Anknüpfungspunkt moderner, geeigneter Haftungsausschlusssysteme** nicht nur die klassische Haftungsausschluss- und Begrenzungsklausel sein kann, sondern ein Ansatz insbesondere **bereits bei der Be-** 35

schreibung der Leistungsschuld/des Leistungsgegenstandes erforderlich ist. Lieferanten ist mit Hinblick auf die vorgenannte Entwicklung insoweit stets anzuraten, bereits innerhalb ihrer Leistungspflicht klarzustellen, dass ein Beschaffungsrisiko nicht übernommen wird und sich die Leistungspflicht stets nur auf einen begrenzten Warenvorrat des Lieferanten (Vorratsschuld) bezieht.

36 Als geklärt dürfte darüber hinaus gelten, dass auch eine **Haftungsbeschränkung** außerhalb des vorgenannten Ausnahmekorridors in Fällen leichter Fahrlässigkeit sowie auf den **vertragstypischen und vorhersehbaren Schaden** zulässig ist. Dabei muss allerdings beachtet werden, dass die Rechtsprechung des BGH einerseits stets gefordert hat, dass die **Verletzung sogenannter Kardinalpflichten** im Rahmen des Haftungsausschlusses für leichte Fahrlässigkeit ausgenommen wird, und andererseits neuerdings fordert, dass zumindest eine abstrakte Beschreibung dessen, was denn die Kardinalpflichten des Leistungsverhältnisses sein sollen, in die Haftungsausschlussklausel aufgenommen wird.

37 Im Rahmen des **Haftungsausschlusses** für leichte Fahrlässigkeit muss zudem beachtet werden, dass ein solcher **nicht für Verzugsschäden** greifen kann, die auf der Nichteinhaltung einer fixen Terminvereinbarung beruhen. Hintergrund der Wertung ist dabei der Gedanke, dass derjenige, der ein festes Leistungsversprechen für einen bestimmten Zeitpunkt abgibt, wie beim Beschaffungsrisiko das Versprechen der Leistung nicht durch einen Haftungsausschluss wird entwerten können.

38 Je mehr die Rechtsprechung somit den Korridor für tatsächliche Haftungsausschlüsse „dicht gemacht" hat, desto mehr rücken haftungsbeschränkende Klauseln in den Fokus der Wirtschaft. Auf der Beliebtheitsskala ganz oben stehen dabei Haftungsbegrenzungsklauseln, welche eine **Relation zum „Auftragswert"** oder eines Vielfachen hiervon darstellen.

39 Derartigen Klauseln hat die Rechtsprechung, soweit es sich um Allgemeine Geschäftsbedingungen (wie regelmäßig aufgrund der aktuellen Abgrenzungsrechtsprechung zum Individualvertrag im Sinne von § 305 Abs. 1 Satz 3 BGB) handelt, nach § 307 BGB die Gefolgschaft versagt, weil der viel bemühte „Auftragswert" oder ein Vielfaches hiervon **nicht dem sogenannten branchentypischen Durchschnittsschaden entspreche**. Dabei wird stets vom BGH gefordert, dass die Höhe einer Haftungshöchstsummenregelung diesem sogenannten branchentypischen Durchschnittsschaden entsprechen müsse. Darüber hinaus scheitern derartige Haftungsbegrenzungsklauseln am AGB-rechtlichen Transparenzgebot nach § 307 Abs. 1 Satz 2 BGB, weil bereits unklar bleibt, ob regelmäßig die Netto- oder Bruttoauftragssumme (gemeint sein dürfte regelmäßig die Nettovergütung) gemeint ist. So hat der BGH bereits in der zum Verbraucherrecht ergangenen Reinigungsentscheidung aus dem Jahre 1993 (insoweit übertragbar auf den B2B-Verkehr) derartigen Haftungsbegrenzungsklauseln eine Absage erteilt. Aktuell ist dies durch eine Entscheidung des OLG Köln zu den Haftungsbedingungen des Textilreinigungsgewerbes bestätigt worden.

In der Wirtschaft ebenso beliebt sind haftungsbegrenzende Klauseln, welche einer **Relation zum Deckungsumfang** der Betriebshaftpflichtversicherung herzustellen versuchen. 40

Zwar hat der BGH grundsätzlich anerkannt, dass eine **angemessene Versicherungslösung** für den Leistungsgläubiger ein zumutbarer Ersatz für eine Primärhaftung des Leistungsschuldners sein kann. Oft verstoßen derartige Klauseln jedoch gegen das AGB-rechtliche Transparenzgebot, da sie weder die Versicherungspolice für den Leistungsgläubiger in Kopie anbieten, und/oder die wesentlichen Versicherungssummen in die Klauseln integriert sind. Darüber hinaus wird man auch hier fordern müssen, dass die Versicherungssumme dem branchentypischen Durchschnittsschaden (der entsprechend schwer festzustellen sein wird) entspricht und dessen Abdeckung Conditio-sine-qua-non nach der BGH-Rechtsprechung ist. Letztlich ist auch eine eigene Leistungspflicht des Schuldners im Falle von Pflichtverletzungen bezüglich des Versicherungsvertrages oder etwaiger Leistungsausschlüsse aus dem Versicherungsvertrag zu fordern. 41

II. Moderner Haftungsausschluss durch Leistungsbeschreibung

Schon die vorstehenden Ausführungen zeigen, dass das alleinige Abstellen auf Haftungsausschluss- und Begrenzungsklauseln insbesondere unter AGB-rechtlichem Fokus nicht geeignet sein kann, die insoweitigen wirtschaftlichen Interessen von Wirtschaftsunternehmen abzudecken. 42

Im Sinne eines modernen Weges des Haftungsausschlusses und der Haftungsbegrenzung muss daher – zumindest auch – einer anderen Gestaltungsrichtung gefolgt werden. 43

Wirtschaftsunternehmen sind insoweit gut beraten, neben dem Einsatz von AGB-rechtlich zulässig gestalteten Haftungsausschluss- und Begrenzungsklauseln den Weg über eine **sorgfältigere, juristisch begleitete Leistungsbeschreibung** zu suchen. Dies deshalb, weil bei einer reduzierten Leistungsschuld vielfach eine entsprechende Haftung bereits im Ansatz vermieden werden kann, ohne dass es auf die oft nicht eindeutige Wirksamkeit einer Haftungsausschluss- und Begrenzungsklausel ankommt. 44

Checkliste ?

Allerdings ist im Rahmen der Leistungsbeschreibung auf Folgendes zu achten:

- Das AGB-rechtliche Transparenzgebot greift (anders als die übliche AGB-Inhaltskontrolle) auch im Rahmen der Leistungsbeschreibung Platz, sodass diese stets **klar und bestimmt formuliert** sein muss.
- **Öffentliche Äußerungen** des Herstellers und seiner Gehilfen erweitern die geschuldete SOLL-Beschaffenheit und die Eignung zur gewöhnlichen Verwendung zu den Eigenschaften, die an sich nicht zu einer derartigen Beschaffenheit gehören müssen (§ 434 Abs. 1 Satz 3 BGB).

- Darüber hinaus wird teilweise angenommen, dass selbst bei Vereinbarung geschuldeter Eigenschaften im Sinne einer Spezifikation oder Mitteilung der käuferseits vorausgesetzten Verwendung eine Eignung zur gewöhnlichen Verwendung einer Kaufsache (§ 434 Abs. 1 Abs. 2 Nr. 2 BGB) gegeben sein muss. Es ist daher anzuraten, in jedem Fall eine **Spezifikation** als **vertraglich abschließend** zu vereinbaren, soweit der Vertragsgestalter auf der Verkäuferseite tätig ist.

45 Abschließend ist zu berücksichtigen, dass der BGH mit der sogenannten Blockheizkraftwerk-Entscheidung klargestellt hat, dass eben trotz vereinbarter Spezifikation ein dem Werklieferervertragsrecht unterliegender Gegenstand diejenigen Funktionen aufweisen muss, die ihm üblicherweise anhaften (im entscheidenden Fall ist dies, dass trotz Erreichen aller Spezifikationen der Verkäufer dafür haftete, dass die gelieferte Heizung nicht heizte). Auch insoweit ist Lieferantenunternehmen dringend anzuraten, darauf zu achten, dass **Spezifikationen als abschließend vertraglich vereinbart** werden und die Haftung für gewöhnlicher Weise anhaftende Funktionen ausdrücklich ausgeschlossen wird.

46 **Zusammenfassend** lässt sich feststellen, dass die jahrelange Tendenz, sich allein auf Haftungsausschluss- und Begrenzungsklauseln zu verlassen, um eine juristisch sinnvolle Beschreibung des Leistungsgegenstandes in eingrenzender Form zu fokussieren, nicht mehr zielführend ist. Vertretbare Haftungsverhältnisse lassen sich vielmehr nur dann noch erreichen, wenn Haftungsausschluss- und Begrenzungstendenzen bereits bei der insoweit transparenten Leistungsbeschreibung in sorgfältiger Form berücksichtigt werden.

D. Rügepflicht, Warenein- und -ausgangskontrolle

I. Pflicht zur Untersuchung nach § 377 HGB

47 Gemäß § 377 Abs. 1 HGB hat der Besteller im Rahmen eines Handelskaufs, also eines Kaufvertrags zwischen Unternehmen, zum Erhalt der Mängel- und Gewährleistungsrechte seine Ware unverzüglich nach ihrer Ablieferung zu untersuchen und, wenn sich ein Mangel zeigt, dem Verkäufer unverzüglich Anzeige zu machen.

48 Mängel, die bei der Untersuchung nicht erkennbar waren und die sich erst später zeigen (sog. **verdeckte Mängel**), muss der Käufer gemäß § 377 Abs. 2 HGB unverzüglich nach ihrer Entdeckung anzeigen.

! **Regelungsfalle**
Kommt ein Unternehmen seiner Pflicht zur unverzüglichen Mängelrüge gemäß § 377 HGB nicht nach, **verliert** es im Grundsatz seine **Mangelgewährleistungsrechte** und die Ware gilt als ordnungsgemäß, § 377 Abs. 2, 3 HGB. Dies gilt allerdings nicht, wenn der Verkäufer den Mangel kannte und ihn arglistig verschwiegen hat, § 377 Abs. 5 HGB.

1. Unverzügliche Kontrolle

Der Käufer hat im Rahmen der Kontrolle mit der erforderlichen fachmännischen Sorgfalt im Rahmen von zumindest Stichproben zu **untersuchen, ob die Ware ordnungsgemäß ist**, was teilweise auch erfordern kann, dass die Ware stichprobenartig bestimmungsgemäß zu verbrauchen bzw. einzusetzen ist. Der Besteller darf sich dabei nicht mit bloßen Vermutungen zufrieden geben und hat jeden festgestellten Mangel einzeln gegenüber seinem Vertragspartner zu rügen. 49

Die Kontrolle hat **unverzüglich** stattzufinden. Das bedeutet, dass der Käufer die Ware ohne schuldhaftes Zögern (§ 121 BGB) zu untersuchen hat. 50

Nach der Rechtsprechung des Bundesgerichtshofs erfordert die **Unverzüglichkeit** abhängig vom Gegenstand der Ware teilweise schon, dass die Rüge innerhalb von 24 Stunden nach Erhalt der Ware ausgesprochen wird.[8] Demgegenüber hält die Literatur teilweise auch noch Rügefristen von zwei bis drei Tagen grundsätzlich für vertretbar. 51

Bei einer Ausweitung der Rügeverpflichtung auf fünf Tage, zum Beispiel in einer vertraglichen Regelung, die AGB-Charakter besitzt, ist nach der Rechtsprechung des Bundesgerichtshofs[9] wegen § 307 Abs. 2 Nr. 1 BGB (Unvereinbarkeit mit gesetzlichen Grundgedanken der Regelung) bereits die Grenze der Wirksamkeit erreicht. 52

2. Ausschluss oder Beschränkung der Untersuchungspflicht

Die unverzügliche Untersuchung bzw. Übermittlung von Mängelrügen stellt Unternehmen vor erhebliche logistische Schwierigkeiten. Die strengen Vorgaben der Rechtsprechung sind im modernen Wirtschaftsverkehr vor allem bei just-in-time-Zulieferungen äußerst problematisch, da dem Käufer oft das Know-how, das Personal und die Zeit fehlen, um eine ordnungsgemäße Wareneingangskontrolle durchzuführen. 53

Daher wird häufig versucht, die **Pflichten zur Wareneingangskontrolle** gemäß § 377 HGB durch vertragliche Regelungen **einzuschränken**, ganz auszuschließen oder auf den Vertragspartner zu übertragen. 54

Praxistipp !
Solche **vertraglichen Einschränkungen der Rügepflicht** sind jedoch nur in sehr engen Grenzen möglich.

Nach ständiger Rechtsprechung des Bundesgerichtshofs[10] ist beim Handelskauf die **Abbedingung der unverzüglichen Untersuchungs- und Rügepflicht** auch bei 55

8 BGH LM Nr. 10 zu § 377 HGB; OLG München NJW 1955, 1560.
9 MüKo-HGB/*Grunewald* § 377, Rn 125.
10 BGH NJW 1991, 2633.

offenen Mängeln mit wesentlichen Grundgedanken der gesetzlichen Regelung (§ 377 HGB) unvereinbar und daher in Allgemeinen Geschäftsbedingungen gemäß § 307 BGB **unwirksam**. Auch ein Handelsbrauch kann die Pflichten allenfalls modifizieren und marginal umgestalten, nicht aber ausschließen.[11]

56 Häufig versuchen Käufer, die Wareneingangskontrolle nach § 377 HGB auf eine **Warenausgangskontrolle beim Lieferanten** zu verlagern. Auf eine Warenausgangskontrolle laufen insbesondere Vereinbarungen hinaus, nach denen die Ablieferung im Werk des Verkäufers stattfinden soll. Solche Regelungen kommen einer Abbedingung der Rügeobliegenheiten gleich und sind daher in Allgemeinen Geschäftsbedingungen regelmäßig unwirksam.[12] Anders kann es sich darstellen, wenn durch die Klausel die gesetzlichen Rechte und Pflichten der Parteien in Bezug auf Mängel insgesamt modifiziert werden. In diesem Fall spricht sich ein Großteil der Literatur dafür aus, die Klausel bei angemessener Risikoverteilung zwischen den Parteien für wirksam zu erachten. Zielt die Klausel jedoch ergänzend darauf ab, auch die deliktischen Kontrollpflichten des Bestellers (z.B. nach dem Produkthaftungsgesetz) auf den Lieferanten zu verlagern, scheitert sie nach herrschender Literaturmeinung an § 307 BGB.[13] Auch hat in diesem Fall der Lieferant dafür Sorge zu tragen, dass zur Erhaltung des Versicherungsschutzes der Betriebs- und Produkthaftpflichtversicherung der Ausschlusstatbestand des § 4 Abs. 1 Nr. 1 AHB abbedungen wird.

57 Im Rahmen der Änderung bzw. Übertragung von Wareneingangs- und -ausgangskontrollen ist daher sehr genau auf eine ordnungsgemäße vertragliche Regelung zu achten.

II. Ausdehnung der Rügepflicht

58 Ebenso wie die Verkürzung von Rügepflichten ist auch ihre Ausweitung zugunsten des Verkäufers AGB-rechtlich problematisch.

59 So hat der Bundesgerichtshof 1992[14] entschieden, dass eine Vertragsklausel, nach der **bei verdeckten Mängeln** im Gegensatz zu § 377 Abs. 3 HGB eine **unverzügliche Mängelrüge** erforderlich ist, unwirksam ist, da das Gesetz insoweit eindeutig festhält, dass eine Rügepflicht erst bei Entdeckung des Mangels besteht. Zu Lasten des Käufers von dieser Vorgabe abzuweichen, stellt nach Ansicht des Bundesgerichtshofs eine unverhältnismäßige Belastung des Käufers dar.

---

11 LG Gera von 8.7.2004 – I HK 226/04.

12 Oetker/*Koch* Handelsgesetzbuch, 3. Aufl. 2013, § 377 HGB Rn 150.

13 Ebenroth/Boujong/Joost/Strohn/*Müller* Handelsgesetzbuch, Band 2, 2. Aufl. 2009, § 377 HGB Rn 237.

14 BGH NJW 1992, 575.

Praxistipp

!

Häufig empfiehlt es sich daher, es bei den gesetzlichen Regelungen des § 377 HGB zu belassen, wenn nicht sichergesellt werden kann, dass die abweichende Regelung rechtssicher und vor allem AGB-rechtlich wirksam ist. Aufgrund des AGB-rechtlichen Verbots der geltungserhaltenden Reduktion gelten nämlich bei Unwirksamkeit der Klausel die gesetzlichen Regelungen, was im Ernstfall dazu führen kann, dass eklatante Mängel nicht rechtzeitig gerügt werden und daher nicht mehr geltend gemacht werden können.

Kapitel 5
Vertragsverhandlungen: Grundlagen der Verhandlungstechnik

A. Einleitung

Dieses Buch beschäftigt sich mit der rechtlich wirksamen und taktisch vorteilhaften Gestaltung von Wirtschaftsverträgen. Bekanntermaßen nutzen die noch so ausgefeilten und rechtssicheren Regelungen in einem Vertragsentwurf jedoch nichts, wenn dessen Inhalte und damit die durch die Vertragsformulierung vorteilhaft gestalteten Rechtspositionen nicht im Wege der Vertragsverhandlung so an den Vertragspartner transportiert werden können, dass sie dort auf Akzeptanz stoßen. 1

In der Praxis stellt man sodann auch immer wieder fest, dass selbst namhafte und hoch professionelle Vertragsgestalter es nicht schaffen, die von ihnen gewünschten und im Vertragsentwurf niedergelegten Inhalte im Zuge der Vertragsverhandlung durchzusetzen. Umgekehrt gelingt es oft auf die Vertragsverhandlung gut vorbereiteten und psychologisch/taktisch agierenden Parteien, trotz nicht allzu profunder Kenntnisse von der Rechtslage oder deren Gestaltungsmöglichkeiten „am Verhandlungstisch" bemerkenswerte Erfolge zu erzielen. 2

Die vorstehende Realität lässt sich relativ einfach erklären. Es genügt nicht, sich ausschließlich in der Gestaltung von Vertragswerken zu schulen und trainieren, sondern nachhaltiger Erfolg bei der Durchsetzung von mit Verträgen verfolgten Zielen lässt sich nur dadurch erreichen, dass man sich **sorgfältig auf die Vertragsverhandlungen vorbereitet** und sich zumindest die **Grundzüge psychologischer Verhandlungstechniken** aneignet. 3

B. Vorbereitungen auf Vertragsverhandlungen

Weit verbreitet glauben die Gestalter wirtschaftsrechtlicher Vertragswerke, sie seien geistig flexibel und schlagfertig genug, um grundsätzlich auf komplexe Verhandlungsszenarien und/oder bei der Involvierung schwieriger Parteien oder deren Berater sachgerecht agieren zu können. Nicht nur die Erfahrung, sondern auch psychologische Studien zeigen, dass dies nicht der Fall ist. 4

Die Erfahrung aus vielen tausenden Vertragsverhandlungen des Autors und Herausgebers zeigt, dass sich wesentlich bessere Verhandlungsergebnisse erzielen lassen, wenn bereits eine **sorgfältige Vorbereitung** auf die Verhandlungssituation und die beteiligten Parteien, insbesondere die potenziellen Vertragspartner, erfolgt. 5

6 Erfahrungsgemäß sollten dabei von den Verhandlungsführern der jeweiligen Verhandlungsparteien die Antworten auf folgende Fragen sorgfältig eruiert werden:

Checkliste
- Was interessiert ihn besonders?
- Was weiß er bereits, was könnte er fragen?
- Was ist aus Prestigegründen für ihn wichtig?
- Welche Befürchtungen hat er?
- Welche Verhandlungsergebnisse strebt er an?
- Welche Mindestergebnisse muss er erzielen?
- Wie fair, anständig, ehrlich ist er?
- In welcher Lage befindet er sich?
- Was ist er für ein Typ Mensch und Typ Verhandlungspartner?
- Welche Lebensentwicklung hat er hinter sich?
- Welche Kompetenzen besitzt er?
- Wie ist seine Machtposition in seinem Unternehmen?
- Von wem ist er im Unternehmen abhängig?
- Was würde ich an seiner Stelle tun und/oder anstreben?

7 Nicht unterschätzt werden darf auch, wie wichtig die Vorbereitung des Verhandlungsablaufes selber ist, um ein optimales Verhandlungsergebnis zu erzielen. Spätestens wer die Verhandlungstaktiken asiatischer und/oder amerikanischer Verhandlungsprofis erlebt hat, weiß wie positiv sich die Strukturierung des Verhandlungsgeschehens auf das Ergebnis auswirken kann.

8 Folgende Fragen sollten mindesten im Zuge der Vorbereitung der Verhandlungsstrategie – angepasst an die jeweils individuelle Verhandlungssituation – beantwortet und die Ergebnisse fest-gelegt werden:

Checkliste
- Wann ist der **günstigste Termin**? (Datum, Uhrzeit)
  Beim frühen und/oder späteren Verhandlungsbeginn lassen sich erfahrungsgemäß wegen der Entstehung psychologischer Drucksituationen, die sich oft aus der Müdigkeit der Beteiligten und/oder dem Zwang, nachfolgende – auch private Termine – wahrnehmen zu müssen, ableiten.
- Wie **lange** wollen wir verhandeln?
- Welcher **Raum** ist am besten geeignet?
- Wie soll die **Sitzordnung** aussehen?
  Wird eine Sitzordnung über Eck gewählt, so bildet dies regelmäßig einen partnerschaftlichen Ansatz ab. Wird dagegen eine „face to face"-Sitzordnung gewählt, bildet dies eher eine konfrontative Verhandlungsatmosphäre.
- Wie kann – soweit überhaupt angestrebt – eine möglichst angenehme – oder soweit andererseits angestrebt – eine möglichst unangenehme **Verhandlungsatmosphäre** geschaffen werden? (Pausen/keine Pausen; Bewirtung/keine Bewirtung)
  Oft ist die Herstellung einer zumindest grundlegend harmonischen Verhandlungsatmosphäre zwingend, um angemessene Verhandlungsergebnisse erreichen zu können. Es gilt, psychologisch die andere Partei „aufzuschließen". Dies gilt umso mehr in den Fällen, in denen der Ver-

tragsverhandlung ein harter Schlagabtausch über bestimmte Positionen bereits vorausgegangen ist. Hierzu bieten sich folgende taktische Bausteine an:

- Fragen Sie nach **persönlichen Interessen** des Verhandlungspartners. Dieses wertet den Verhandlungspartner und sein Reptilienhirn (hierzu nachfolgend) auf und öffnet seine Bereitschaft, sich Sachargumenten Ihrerseits zu stellen.
- **Loben** Sie den Verhandlungspartner wegen Eigenschaften, die ihn **stolz** machen und damit sein Reptilienhirn in eine positive Grundstimmung bringen, z.B. indem Sie darauf hinweisen, das Auto, mit der er gekommen sei, sei ein tolles Fahrzeug, er trage eine interessante Armbanduhr, die von Geschmack und professioneller Uhrenkenntnis zeuge, oder stellen Sie einfach die Frage, wo er die geschmackvolle Krawatte erworben habe.
- Wer soll auf Seiten der eigenen Vertragspartei an den Verhandlungen **teilnehmen**?
  Durch die Teilnahme höherrangiger Geschäftsmitglieder der eigenen Partei wird der Vertragspartner aufgewertet. Allerdings muss darauf geachtet werden, hierdurch dem anderen Verhandlungspartner keine übermäßige Bühne zu bieten. Oft bietet sich daher an, zwar auf Augenhöhe zu verhandeln, jedoch die Geschäftsleitung als „Rückfallebene" zurückzuhalten oder zur Aufwertung des Vertragspartners in den Vertragsverhandlungen nur kurz mit der Botschaft beiwohnen zu lassen, „man setze volles Vertrauen in die beiden Gesprächspartner, dass man sich einigen werde". Insbesondere Letzteres erzeugt einen unterbewussten, aber durchaus realen Druck, ein gemeinsames Verhandlungsergebnis zu erzielen.
- Wer übernimmt welchen **Gesprächspart**?
- Welches sind die **Maximalziele** der eigenen Partei?
- Welche **Positionen** dürfen **aufgegeben** und welche Positionen dürfen **nicht aufgegeben** werden?
  Hilfreich ist es insoweit nach der sog. Rot-Gelb-Grün-Gruppe zu verfahren. Die dabei in dem Vertragsentwurf rot markierten Klauseln und/oder als Rot gekennzeichneten Verhandlungspositionen dürfen nicht aufgegeben werden. Über gelbe Positionen und/oder Klauseln kann nur bei einer Gegenleistung verhandelt werden, während grüne Positionen auch ohne Gegenleistung aufgegeben werden können.)
- Welche **Themen** sollen in welcher **Reihenfolge** behandelt werden?
  Es empfiehlt sich insbesondere bei unbekannten Vertrags-/Verhandlungspartnern, die Verhandlung nur mit eigentlichen Kernthemen zu beginnen. Dies bietet die Chance, den Verhandlungspartner erst einmal kennenzulernen und bei einer entsprechenden Fehleinschätzung Boden lediglich auf untergeordneten Themenfeldern zu verlieren.
- Welche Themen sind **Tabuthemen** und müssen aus der Verhandlung zwingend exkludiert werden?
- Wie sollen die Forderungen **präsentiert** werden?
- Welche **Lösung** für die eigene Vertragspartei vorschlagen?
- Mit **welchen Tatsachen** sollen Meinungen und/oder Argumente unterlegt werden?
- Wie sollen von der eigenen Partei vorgeschlagene **Lösungen anschaulich dargestellt** werden?
  In der Praxis hat es sich insoweit bewährt, vorgeschlagene Lösungen zunächst nicht aus eigener Perspektive vorzutragen. Dies gilt insbesondere, wenn die Lösung sich konfrontativ zu Vorschlägen des anderen Verhandlungs-/Vertragspartners verhält. Besser ist es, die Darstellung einer Lösung aus Sicht des Verhandlungspartners oder zumindest aus gemeinsamer Sicht zu entwickeln. Psychologisch bietet dies den Vorteil, dass das Reptilienhirn des Verhandlungsgegners nicht unmittelbar in einen Ablehnungszustand versetzt wird, der zur Folge hat, dass hierdurch die Aufnahmefähigkeit des Denkhirns für Sachargumente der eigenen Partei zu der vorgeschlagenen Lösung beim Verhandlungsgegner erhalten bleibt.

- Welche **Optionen** besitzt die eigene Partei?
- Welches ist die **optimale Alternative** zu den selbst vorgeschlagenen Lösungen und angestrebten Zielen?
- Mit welchen **Forderungen der Gegenseite** muss gerechnet werden?
- Wie verhält man sich bei einer **„Minus-Situation"**, in der die angestrebten Ziele nicht mehr zu erreichen sind?
  Insbesondere bei komplexen Verhandlungssituationen und Vertragsszenarien wird insoweit von vielen Verhandlungsführern der Fehler gemacht, die Alternative sekundenschnell und situativ entscheiden und verlautbaren zu wollen. Psychologische Studien zeigen aber, dass das menschliche Hirn in derart komplexen Situationen mit situativen Entscheidungen selten optimale Argumente findet bzw. eine optimale Alternativsituation für die eigene Partei entwickelt. Insbesondere die Vorbereitung einer „Minus-Situation" gehört daher stets zu einer sorgfältigen Verhandlungsvorbereitung. Ist dies aus welchen Gründen auch immer nicht möglich, ist stets anzuraten, in einer „Minus-Situation" zunächst eine **Verhandlungspause** zu erzwingen, um in einem „geordneten" Denkprozess eine optimale Alternative zu entwickeln und dem Verhandlungsgegner vorzuschlagen.
- Wie soll reagiert werden, wenn der Verhandlungspartner mit **Verhandlungsabbruch droht**?
  Über Verhandlungsabbrüche sollte Folgendes beachtet werden:
  Statistiken zeigen, dass Verhandlungsabbrüche in einer signifikanten Zahl von Fällen gerade **nicht zum endgültigen Scheitern der Vertragsverhandlung** führen, sondern lediglich dazu dienen, dass die Parteien ihre Positionen noch einmal geordnet überdenken können, später jedoch den Verhandlungsprozess fortführen;
- Verhandlungsabbrüche aus sachlichem Grund führen regelmäßig nicht zu den oft von der anderen Verhandlungspartei angedrohten Schadensersatzansprüchen. Dies ist vielmehr nur dann der Fall, wenn bei dieser das uneingeschränkte Vertrauen auf den Vertragsschluss gesetzt wurde, die andere Partei zu Vorleistungen veranlasst wurde, oder bereits faktisch mit dem Vertragsvollzug begonnen wurde.

I. Psychologische Selbstmotivation

9 Die psychologische **Grundhaltung** beim Eintritt in eine Verhandlungssituation ist oft entscheidend für den jeweiligen Zielerreichungsgrad des betroffenen Verhandlungsführers.

10 Maßgeblich ist daher, sich im Wege einer zumindest grundsätzlichen psychologischen Autosuggestion positiv auf die Verhandlungssituation einzustimmen und durch positive Gedanken dem Druck im Vorfeld einer Verhandlungssituation, der z.B. durch einen unangenehmen Verhandlungsgegner oder eine komplexe Verhandlungssituation oder ein ungewöhnliches oder ungewohntes Umfeld entsteht, zu verringern.

11 Positiv motivierend können folgende **Suggestionen** sein:
- Vorhalten der eigenen Liste an Verhandlungserfolgen oder positiv gemeisterten Lebenssituationen;
- Voraugenhalten, dass man sich gut auf die Verhandlungssituation vorbereitet hat;
- Reflektion des Gedankens, dass man einfach sein Bestes geben werde;

- Reflektion des Gedankens, dass man sich voll auf seine Aufgabe konzentriere;
- Reflektion des Gedankens, dass man sich als Erfolgsmensch auf die Aufgabe freue und Spaß daran habe, schwere Situationen zu bestehen;
- Reflektion des Gedankens, man werde als Mensch weiter akzeptiert, auch wenn man in dieser konkreten Situation als Verhandlungsführer kein optimales Ergebnis erziele;
- Reflektion, dass man Druck nur empfindet, wenn man ihn sich selbst auferlegt.

Praxistipp !
Halten Sie sich als Verhandlungsführer stets den Satz eines bekannten Sozialpsychologen vor Auge:

> *„Alles, was einen Menschen gelingt, und alles, was ihm misslingt, ist das unmittelbare Ergebnis seines Denkens."*

II. Im Vorfeld Sicherheit gewinnen

Neben der optimalen Vorbereitung sollte man sich – soweit möglich – mit den Örtlichkeiten der Verhandlung vorher bekannt machen, um im Vorfeld der Verhandlung weitere Sicherheiten zu erlangen. 12

Besonders bewährt hat sich auch, den **Einstieg** in das Gesprächsszenario mit Dritten (soweit nicht verfügbar, mit sich selber) zu **trainieren**. 13

Wichtig ist auch, die richtigen **psychologischen/optischen Zeichen zu Beginn der Verhandlungsrunde** zu setzen. Der Verhandlungsführer sollte am Verhandlungstisch stets aufrecht, jedoch mit ausgebreiteten Armen sitzen. Dies signalisiert dem Verhandlungsgegner, dass man aufgeschlossen für seine Sicht der Dinge ist, jedoch notfalls eigene Interessen und eigenes Territorium verteidigen werde. 14

Hilfreich kann es auch sein, eine gewisse Anzahl von Unterlagen vor sich auszubreiten. Dies insbesondere, wenn die Verhandlungen in einer Räumlichkeit des Verhandlungsgegners stattfinden. Hiermit wird signalisiert, dass man durch die Inanspruchnahme von Platz am Tisch einen gewissen Machtanspruch verfolgt. 15

III. Biologische Grundüberlegungen zur Verhandlungsführung

Ein oft beobachtetes Missverständnis im Rahmen von Vertragsverhandlungen auf Seiten der Verhandlungsführer ist der Umstand, dass diese davon ausgehen, in Zeiten modernster Kommunikationstechnik und einer immer weiter fortschreitenden Technologisierung der Menschheit habe der Mensch sich gleichlaufend fortentwickelt. Vielmehr ist das Gegenteil der Fall. 16

17 Evolutionsgeschichtlich (d.h. auf die Dauer seit dem Zeitpunkt der Entstehung der Erde abgestellt) befindet sich der Mensch noch am Anfang seines Daseins. Ein Verhandlungsführer sollte daher nicht den Fehler begehen, davon auszugehen, das Gehirn seines Verhandlungsgegners habe dieselbe fortschrittliche Entwicklung wie die allgemein der Menschheit zur Verfügung stehende Technik mitgemacht. Das Gegenteil ist der Fall. Obwohl Verhandlungsparteien heutzutage regelmäßig im Anzug beziehungsweise Kostüm am Verhandlungstisch sitzen, arbeiten ihre Gehirnstrukturen immer noch nach dem Muster eines Uhrzeitmenschen.

18 So ist zu vergegenwärtigen, dass das menschliche Gehirn lediglich zu einem Drittel aus dem sog. „**Denkhirn**“ besteht, während es zu zwei Dritteln aus dem sog. „**Reptilienhirn**“ besteht, welches ausschließlich darauf gerichtet ist, Bedürfnisse zu befriedigen und Gefühle abzubilden.

19 Steuerungspsychologisch trifft daher der in vielen Verhandlungsseminaren vermittelte Leitsatz zu:

„Das Denkhirn denkt – das Reptilienhirn lenkt.“

20 Was aber bedeutet nun dieser „Hard- und Software-Stand“ des menschlichen Gehirns für die konkrete Verhandlungssituation:

21 **Bei akuter Gefahr** für Leib, Leben und Gesundheit und/oder Beeinträchtigung des Wohlbefindens löst das Reptilienhirn eine totale **Blockade** des Denkhirns aus. Zur Sicherung der eigenen Überlebensfähigkeit oder dem Erhalt einer positiven Mindestgrundstimmung handelt der Mensch sodann instinktiv und automatisch.

22 Im Zweifel werden Ziele des Denkhirns geopfert, wenn das Reptilienhirn ein eigenes Ziel verfolgt, insbesondere, weil es zu einer emotionalen Beeinträchtigung oder einer Situation des Empfindens eines „Unwohlseins“ gekommen ist.

23 Daher muss man sich stets als Verhandlungsführer vergegenwärtigen, dass das Reptilienhirn des Verhandlungsgegners letztlich nur eine einzige Funktion innehat, nämlich **Lust zu suchen** und **Unlust zu vermeiden.**

! **Praxistipp**

Aus den vorgenannten biologischen Tatsachen lassen sich für die Verhandlungsführungen folgende **vier wichtige Grundthesen** ableiten:

1. Versuchen Sie, soweit wie möglich ihr **eigenes Reptilienhirn** (bei dessen überlagernder Aktivierung Sie nicht mehr durch Sachargumente steuerungsfähig sind) an der Leine zu halten;
2. Vermeiden Sie, wenn möglich, das Reptilienhirn des Verhandlungsführers der anderen Vertragspartei zu reizen, da durch die damit einhergehende Blockade des Denkhirns dieses Verhandlungsführers Ihre noch so guten Sachargumente ins Leere gehen;
3. Haben Sie gleichwohl das Reptilienhirn des Verhandlungsführers der anderen Vertragspartei gereizt, so versuchen Sie den Verhandlungsführer nicht mit Sachargumenten zu beruhigen. Durch die ausgelöste Blockade ist sein Denkhirn hierfür verschlossen. Wichtiger ist vielmehr, zunächst dem Reptilienhirn des Verhandlungsführers der Gegenseite einen „Lustgewinn“ zu verschaffen. Hierfür reichen oft kleinste Belobigungen aus (z.B. „Jetzt haben Sie mich ganz schön in die Bredouille gebracht.“/„Jetzt betätigt sich Ihr Ruf als ausgewiesener Verhand-

lungsfuchs."/„In diesem Punkt gebe ich mich geschlagen."/„In diesem Punkt haben Sie einfach die besseren Karten.").

4. Trennen Sie sich von der illusionären Vorstellung, Sie hätten es bei dem Verhandlungsführer der Gegenseite mit einem rational analytisch denkenden Menschen zu tun.

Die Welt, auch die am Verhandlungstisch ist nicht so, wie wir sie wirklich sehen, sondern so, wie unsere Gefühllage sie uns subjektiv empfinden lässt. Wird unser Reptilienhirn „gestreichelt", werden Glückshormone produziert, die uns (wie in der Situation der Verliebtheit) die vom Verhandlungsführer der Gegenseite dargestellte Situation zu positiv sehen lässt. Wird unser Reptilienhirn gereizt, befinden sich viele Kampfhormone in uns. Eine objektive Abschichtung von Sachargumenten ist uns nicht mehr möglich. Sachargumente werden entweder nicht mehr oder nur mit einem negativen Aspekt wahrgenommen. 24

C. Am Verhandlungstisch

I. Selbsttäuschung von der einen Wirklichkeit am Verhandlungstisch

Immer wieder erlebt man am Verhandlungstisch das Beharren auf einer Meinung auf Basis der fälschlichen Annahme, es gäbe nur eine Wirklichkeit. Der Glaube allerdings, es gäbe nur eine Wirklichkeit, ist eine der Gefährlichsten aller Selbsttäuschungen, denen ein Verhandlungsführer am Verhandlungstisch unterliegen kann. Er führt oft dazu, dass eine Einigung schon deshalb nicht gelingt, weil durch das immer wiederkehrende Wiederholen des Beharrens auf dieser (einen) Wirklichkeit das Reptilienhirn des Verhandlungsführers der anderen Vertragspartei eine Blockade des Denkhirns und damit der Abschottung von Sachargumenten veranlasst. Der Streit am Verhandlungstisch über die Wahrheit ist daher oft müßig. 25

Die Verhandlungsführer sollten daher stets realisieren, dass es nicht eine, sondern tatsächlich **zwei Arten von Wirklichkeiten** gibt. Diese lassen sich wie folgt unterscheiden: 26

– Solche Wirklichkeiten, die durch **messbare**, **feststellbare** und **beweisbare Tatsachen** zu unterlegen sind (**Wirklichkeiten 1. Ordnung**); und
– **Meinungen**, **Werte** und **Standpunkte**, die sich auch bei einer Partei selbst verändern können und letztlich dem subjektiven Bereich zuzuordnen sind (**Wirklichkeiten 2. Ordnung**).

Die **Konsequenzen für die Verhandlungspraxis**: Jeder Verhandlungsführer sollte in dem Moment, in dem er mit einer abweichenden Meinung oder einem abweichenden Standpunkt eines anderen Verhandlungsführers im Zuge der Verhandlung konfrontiert wird, sich folgende Fragen stellen: 27

- Gilt es bei diesem Streitpunkt um eine Wirklichkeit erster oder zweiter Ordnung?
- Was nutzt es mir, wenn ich versuche, in einem Streitpunkt, der eine Wirklichkeit 2. Ordnung betrifft, der anderen Partei meine Meinung aufzudrängen?
- Ist es nicht sinnvoller, bei einem Streitpunkt, der einen Fall einer Wirklichkeit 2. Ordnung umfasst, dem anderen Verhandlungsführer gegenüber deutlich zu machen, dass man seine abweichende Meinung für durchaus vertretbar hält und damit sein Reptilienhirn positiv zu stimulieren?

II. Harte oder weiche Verhandlungstechnik?

28 In langjähriger Verhandlungspraxis stellt man immer wieder fest, dass einem am Verhandlungstisch zwei Verhandlungsstrategien begegnen. Es handelt sich einerseits um die „**weiche Art**" der Verhandlungsführung oder andererseits um die „**harte Art**" der Verhandlungsführung.

29 Regelmäßig lässt sich dabei feststellen, dass derjenige, der die „weiche" Verhandlungsmethode wählt, als **konfliktscheuer** Charakter ebensolche Konflikte vermeiden will und daher eher zu **Zugeständnissen** am Verhandlungstisch bereit ist. Stets ist der „weiche Verhandler" auf schnelle Kompromisse und friedliche Lösungen aus, verhält sich freundlich und möchte auf der **persönlichen Beziehungsebene** die emotionale Bindung zu seinem Verhandlungspartner nicht beeinträchtigen.

30 Ebenso regelmäßig führt allerdings die „weiche" Verhandlungstaktik dazu, dass ein so agierender Verhandlungsführer insbesondere von einem professionellen Verhandlungsführer auf der Gegenseite ausgenutzt wird, indem er zu **unvorteilhaften Kompromissen** und zur vorschnellen Akzeptanz ungünstiger Rechtspositionen gedrängt wird.

31 Demgegenüber betrachtet derjenige Verhandlungsführer, der die „harte" Verhandlungsmethode bevorzugt, oft jede Verhandlung als einen **Kampf des Willens**, in dem nur derjenige als Sieger hervorgeht, der eine extreme Position einnimmt und diese länger durchhält. Daher will der „harte" Verhandlungsführer am Verhandlungstisch auf Biegen und Brechen siegen.

32 Als Konsequenz der rein „harten" Verhandlungstaktik erhält allerdings ein solcher Verhandlungsführer eine ebenso harte Reaktion. Auch werden seine **Beziehungen** auf der emotionalen Ebene zur anderen Verhandlungspartei **erheblich in Mitleidenschaft** gezogen. Regelmäßig lässt sich daher feststellen, dass die Anwendung der rein „harten" Verhandlungstaktik dazu führt, dass der Verhandlungsführer sein **Ziel nicht erreichen** wird, durch die emotionalen Belastungen der Druck auf ihn sich erheblich steigert und er emotional so viel Energie verbraucht, dass eine Verhandlungsführung über einen längeren Zeitraum ihm kaum möglich sein wird.

33 Es lässt sich daher festhalten, dass **weder die „weiche", noch die „harte"** Verhandlungsmethode geeignet ist, dem Verhandlungsführer ein optimales Ziel zu bescheren.

Lösungsorientiert bietet sich daher vielmehr eine **Kombination** aus der „harten“ und der „weichen“ Verhandlungsführung, allerdings getrennt in Bezug auf die personale (emotionale) und die sachliche Ebene, an. Dabei spielt es für die Anwendung keine Rolle, ob eine solche Methode als „Harvard-Konzept“ oder Methode „des sachbezogenen Verhandelns“ bezeichnet wird. Maßgeblich ist vielmehr einzig und allein die richtige Anwendung dieser gemischt „harten/weichen“ Verhandlungsmethode. 34

Kernausrichtung dieser zu empfehlenden Verhandlungsmethode ist die Trennung zwischen der emotionalen Ebene zum anderen Verhandlungspartner und der Sachebene. Diese zu bevorzugende Verhandlungsmethode ist **„hart in der Sache“**, aber **„weich gegenüber dem Verhandlungspartner als Menschen“**. 35

Im Rahmen dieser Verhandlungsmethode werden Streitfragen stets nach ihrem Sachgehalt entschieden und an falschen Positionen vermieden. Die empfohlene Verhandlungsmethode nutzt dabei den Umstand aus, dass im Rahmen eines Gespräches stets zwei Gesprächsebenen vorliegen, nämlich die **emotionale** Ebene zwischen den Parteien und die **Sachebene**. 36

Die vorgenannte Verhandlungsmethode ermöglicht dem Verhandlungsführer ein faires Verhalten, schützt aber auch davor, dass die andere Partei diese Fairness ausnutzen will. Dabei nutzt die empfohlene Verhandlungsmethode des kombinierten „harten“ und „weichen“ Verhandelns dergestalt, dass auf der emotionalen Ebene zum Verhandlungspartner als Menschen „weich“ und auf der Sachebene, wo es um die Erledigung der Streitfragen geht, „hart“ gegenüber dem Verhandlungspartner agiert wird, eine erstaunliche, psychologische Erkenntnis aus. 37

Psychologische Untersuchungen haben insoweit ergeben, dass der Mensch, dem gegenüber auf der emotionalen Ebene „weich“ und freundlich, auf der Sachebene jedoch deutlich und „hart“ gegenüber agiert wird, in einem Dissonanz-Konflikt gerät. Entsprechende psychologische Untersuchungen zeigen dabei, dass das Reptilienhirn (welches, wie bereits ausgeführt, das Denken eines Menschen überlagert) bei Signalen, die auf ein freundschaftliches Verhalten deuten, deutlich eher geneigt ist, auf der Sachebene nachzugeben, um den freundschaftlichen Zuspruch nicht zu verlieren. Dies gilt es, verhandlungstaktisch auszunutzen. 38

Jeder, der sich mit asiatischer Kampfsporttechnik beschäftigt hat, weiß, dass man den Feind durch Umarmung bewegungsunfähig machen kann. Nichts anderes bewirkt der freundliche Zuspruch auf der persönlichen Beziehungsebene bei gleichzeitiger Unnachgiebigkeit auf der gleichzeitig vorliegenden Sachebene. 39

III. Unterschiedliche Problemlösungsansätze

Verhandlungen scheitern oft, weil sich die Verhandlungsführer und/oder Parteien zu früh auf eine Ergebnisoption festgelegt haben und dabei aus dem Blick verlieren, 40 dass im Falle der Nichteinigung auf diese Ergebnisoption oft weitere Problemlösungsszenarien zur Verfügung stehen.

41 So kann es häufig sinnvoll sein, statt einer Einigung in der Sache zunächst eine Verfahrenseinigung anzustreben. Gegenüber einer dauerhaften Einigung stellt sich zudem die Option als zunächst **vorläufige Einigung**. Dem Endziel der umfassenden Einigung kann eine partielle Einigung vorgelagert werden. Statt eine endgültige Einigung am Verhandlungstisch zu erzielen, macht es zudem oft Sinn, eine „prinzipielle Einigung" anzustreben, wenn sich die endgültige Einigung nicht erreichen lässt.

IV. Die Kontrastmethode

42 Bei Vertragsverhandlungen bewährt es sich zudem oft bewusst „starke Kontraste" zu setzen, um sich materiell gegenüber dem Vertragspartner zu positionieren. Hierbei bieten sich insbesondere zwei Szenarien an:

- Als Verhandlungsszenario stellt man eine extrem unangenehme Alternative voran, um dann eine etwas angenehmere Alternative zu präsentieren. Beispiele:
  - außerordentliche Kündigung/ordentliche Kündigung
  - Vertragskündigung/Vertragsanpassung
  - sofortige Preiserhöhung/zeitlich verzögerte Preiserhöhung
  - Schadensersatzanspruch/Kompensationsgeschäft
- Ausmalung eines düsteren Szenarios in Kombination mit annehmbarer Lösung. Beispiele:
  - Kündigung des Vertrages/moderate Preiserhöhung
  - Rücktritt vom Vertrag/Vertragsanpassung
  - Ziehung einer Vertragsstrafe/Vereinbarung einer Preisstabilität
  - Beantragung von Insolvenz/ratenweise Abtragung eines Zahlungsanspruches

V. Kompromisslösung erreichen

43 Viele Verhandlungsführer gehen mit der zutreffenden Sichtweise in eine Verhandlung, dass ihre Erfolgsaussichten einen Vertrag mit dem potentiellen Vertragspartner zu schließen und eine Geschäftschance zu erhalten steigt, wenn man nicht mit Extremforderungen aufwartet, sondern einen **angemessenen Kompromissvorschlag** unterbreitet.

44 Regelmäßig als falsch stellt sich dabei die Vorgehensweise heraus, diesen Kompromissvorschlag unmittelbar als eigene Position einzubringen. Dies deshalb, weil oft der andere Verhandlungspartner nicht unmittelbar erkennen kann, dass es sich

um einen Kompromissvorschlag handelt. Dies gilt erst recht in emotional aufgeheizten Verhandlungsszenarien.

Psychologisch und verhandlungstaktisch sinnvoller ist es insoweit, den **Verhandlungspartner** auf der anderen Seite des Verhandlungstisches erst **zu der Kompromisslösung hinzuführen**. 45

Praxistipp

!

Der Weg zum Kompromiss kann sinnvollverweise folgendermaßen aufgebaut werden:

- Um dem anderen Verhandlungspartner das Gefühl zu geben, er vertrete eine wertvolle und wichtige Meinung, wird zunächst die **Bedeutung der Meinung des Verhandlungspartners** dergestalt unterstrichen, dass man für diese Meinung **Verständnis** zeigt. Hiermit wird gleichzeitig das Reptilienhirn des Verhandlungspartners „gestreichelt", sodass das Denkhirn für nachgeschobene Sachargumente aufgeschlossen bleibt.
- Sodann wird von einem beliebigen Dritten (Betriebshaftpflichtversicherung/Betriebsrat/Gesellschafter/weiterer Geschäftsführer/der finanzierenden Bank) eine extrem von der Meinung des Verhandlungspartners abweichende, entgegengesetzte Meinung/entgegengesetzter Standpunkt in den Raum gestellt.
- Wichtig ist es, sich sodann **von der dargestellten Extremposition zu distanzieren.** Dies „streichelt" wieder das Reptilienhirn des Verhandlungspartners und macht ihn aufgeschlossen für den nun folgenden Kompromissstandpunkt. Man sitzt am Verhandlungstisch mit dem Verhandlungspartner nunmehr im selben Boot, denn zum Gegner hat man nun den Dritten mit seiner Extremmeinung gemacht, sodass sich jeder Standpunkt, der sich von dem Extremstandpunkt weg auf die Meinung des Verhandlungspartners hin bewegt, von diesem als freundschaftlicher Akt psychologisch empfunden werden muss.
- Sodann wird ein Kompromiss in der Mitte zwischen der dargestellten Extremposition des Dritten und dem Standpunkt des Verhandlungspartners dargestellt. Hierbei handelt es sich um den ursprünglich bereits als Kompromissvorschlag vorbereiteten, mit in die Verhandlung gebrachten **Kompromissstandpunkt.**

Hilfreich sind hierbei folgende Formulierungen, die im vierten Schritt des vorgenannten Verhandlungsszenarios eingesetzt werden: 46

„Wollen wir nicht eine sachliche Lösung finden, die allen Beteiligten entgegenkommt?"

„Ich denke, wir sollten versuchen, gemeinsam den Dritten durch eine vernünftige Lösung zu überzeugen." Welcher Verhandlungspartner möchte sich schon am Verhandlungstisch als unvernünftig generieren?

„Wie wäre es, wenn wir uns auf eine Lösung einigen, die auch den Dritten überzeugen muss?"

VI. Die Suche nach dem gemeinsamen Standpunkt

Viele Verhandlungssituationen sind dadurch geprägt, dass die Parteien **zunächst weit auseinander liegende, unterschiedliche Standpunkte** vertreten. Der eine Verhandlungspartner wünscht sich einen niedrigen Preis, der andere möchte einen 47 hohen Preis erzielen. Der eine Vertragspartner möchte eine umfassende Gewährleistung für ein Produkt oder eine Leistung erzielen, der andere ein möglichst risikoloses Geschäft abschließen, usw. Vielen Verhandlungspartnern fällt es schwer, solch extreme Gegensätze lösungsorientiert zu verhandeln, da sie es nicht schaffen, den Verhandlungspartner „in ihr Boot" zu bekommen. Oft ist allerdings die Lösung hierfür relativ einfach.

48 Ansatzpunkt für diese Lösung ist es, den Verhandlungspartner in Form seines Reptilienhirns bei seinem **Selbstverständnis** „zu packen". Regelmäßig wird sich auch der oppositionelle Verhandlungspartner als solcher empfinden, der „vernünftige" Lösungen anstrebt, **„sachlich" verhandelt** und eine **„faire" Lösung anstrebt.** Das vorstehende Moment gilt es verhandlungstaktisch auszunutzen, um den Vertragspartner „in sein Boot" zu ziehen.

49 Dies geschieht dadurch, dass man genau das verbalisiert, was dem Reptilienhirnempfinden des Verhandlungspartners entspricht. Dies dadurch, dass man die **Frage** stellt:

„Sie wollen doch auch eine sachliche und faire Verhandlungslösung, oder?"

50 Nur der sich seinem absoluten Vorteil bzw. seiner absoluten Monopolstellung bewusst seiende, abgebrühte Verhandlungspartner wird diese Frage verneinen. Hieraus ergibt sich nunmehr die Chance, gemeinsam nach objektiven Kriterien zu suchen, welche Lösung für den offenen Verhandlungspunkt nunmehr „sachlich" und/oder „fair" ist.

51 Sodann lässt man in aller Regel den Verhandlungspartner die **Suche nach solchen Kriterien eröffnen**. Hierbei wird ausgenutzt, dass der Verhandlungspartner psychologisch gegenüber einem selbst wohl nicht unfreundlich oder die potentielle Vertragsbeziehung stark gefährdend auftreten möchte. Aus diesem Grund besteht eine erhebliche Chance, dass er – zumindest auch – Kriterien nennt, die von seiner zunächst formulierten Extremposition abweichen werden.

52 Sehr bewährt hat sich dabei auch diejenige Methode, mit der Frage nach sachlichen und fairen Lösungen das Voranschicken der eigenen Interessenlage, kombiniert mit der **Aufforderung** an den anderen Verhandlungsführer, **seine Interessenlage darzulegen**, zu verbinden.

VII. Feilschen um Positionen vermeiden

53 Nicht nur auf orientalischen Basaren, sondern auch an weltweiten Verhandlungstischen hat sich das Feilschen um Positionen, insbesondere um Vergütungen, etabliert. Verhandlungspartner, die dem Feilschen „frönen" empfinden dies oft entweder als Sport, haben zu wenig Budget, betrachten ein Produkt als austauschbar oder haben schlichtweg Angst, übervorteilt zu werden.

Weiterer Grund für ein Feilschen kann insbesondere sein, dass das Reptilienhirn des Vertragspartners einen entsprechenden Nachlass auf eine Vergütung im Rahmen der Vertragsverhandlung als besondere Wertschätzung empfindet. 54

Der „feilschende" Verhandlungspartner übersieht jedoch oft am Verhandlungstisch, dass das **„Feilschen" massive Nachteile** für den Ausgang der Vertragsverhandlungen **haben kann** und selbst bei einer Einigung die Abwicklung der Vertragsbeziehung nachhaltig belasten kann. 55

Warum ist dies so? Das Feilschen um Positionen führt zu einem nachhaltigen **Zeitverlust im Verhandlungsprozess**, insbesondere dann, wenn die Ausgangspositionen extrem gewählt werden. 56

Oft ist ein durch das Feilschen um Positionen erzielter Verhandlungskompromiss ein „fauler" Kompromiss, denn mit dem Verhandlungsergebnis werden sich beide Parteien oft nicht richtig identifizieren können. Je mehr dabei eine Partei auf ihre Position beharrt, desto weniger wird es ihr möglich sein, zu den wahren Interessen des Verhandlungspartners vorzudringen. Werden diese allerdings nicht erfasst, so fehlt es schon verhandlungstaktisch an maßgeblichen Sachargumenten. Im Übrigen steigt die Gefahr, dass der Verhandlungspartner sich „missverstanden" fühlt und sein Reptilienhirn am Verhandlungstisch gereizt wird. 57

Nicht nur im asiatischen Raum bedeutsam ist auch der Gesichtspunkt des **„Gesichtsverlustes"**. Überzeugt man seinen Verhandlungspartner nämlich davon, dass man seine eigens ausgearbeitete Position nicht ändern kann, so wird es für einen selbst, aber im umgekehrten Fall auch für den Verhandlungspartner, immer schwerer, eine Verhandlungsposition dann doch aufzugeben, ohne sein Gesicht jeweils zu verlieren. Nicht nur wie landläufig angenommen im asiatischen Verhandlungskreis führt dieser Gesichtsverlust beim Vertragspartner dazu, dass die wichtige Vertrauensbeziehung gestört und das Reptilienhirn erheblich gereizt wird, sondern im umgekehrten Fall des eigenen erheblichen Nachgebens auch dazu, dass man als Verhandlungspartner nicht mehr ernst genommen wird. Die Folge hiervon ist, dass auch bei der Präsentation harter Verhandlungspositionen der Verhandlungspartner sich wegen der fehlenden eigenen „Verhandlungsauthentizität" die Möglichkeit ausrechnet, auch bei einer harten Verhandlungsposition diese wieder aufzuweichen. 58

VIII. Das „Nein" am Verhandlungstisch vermeiden

Allzu leicht lehnen Verhandlungsführer am Verhandlungstisch von ihnen nicht als sachgerecht oder fair empfundene Positionen mit einem „Nein" ab. Dies oft ohne das Bewusstsein, welche Wirkung das **scharfe Wort „Nein"** am Verhandlungstisch auslösen kann. 59

Durch das „Nein" fühlt sich das Reptilienhirn des anderen Verhandlungspartners isoliert gereizt. Die **krasse Ablehnung** der eigenen Position wird als Unwert- 60

Urteil über die eigene Persönlichkeit und als massive Unfreundlichkeit empfunden. Wenn überhaupt ein „Nein“ zu einer Verhandlungsposition am Verhandlungstisch entäußert wird, sollte dieses **„Nein“ auf der Sachebene** mit einem ebenso starken **Zuspruch auf der persönlichen Ebene** verbunden werden.

Beispiel
„Ich würde wirklich gerne dieses Geschäft mit Ihnen abschließen, da ich Sie für einen sehr fairen und innovativen Vertragspartner halte. Aber auf Ihre Preisvorstellung können wir nicht einsteigen, weil ...“

---

61 Oft ist es allerdings gar nicht nötig, das gefährliche „Nein“ am Verhandlungstisch zu verwenden. Als optimale **Alternative** hierzu biete sich die sog. **bedingte Zustimmung** an. Gegenüber der absoluten Ablehnung durch ein „Nein“ bietet die bedingte Zustimmung zu einer von der anderen Verhandlungsseite geäußerten Vorstellung den Vorteil, dass Sie ihrem Einwand durch die bedingte Zustimmung die gefährliche Schärfe nehmen und das Reptilienhirn des Verhandlungspartners gleichzeitig aufgewertet wird. Entscheidend ist allerdings, dass man nach dem Signal der Zustimmung eine **einschränkende oder klarstellende Bemerkung** hinterher schiebt.

Beispiel
Folgende Formulierungen haben sich in der Praxis bewährt:

„Im Prinzip haben Sie völlig recht, bitte bedenken Sie aber, dass aus unserer Interessenlage heraus...“

„In den soeben von Ihnen genannten Punkten muss ich Ihnen Recht geben. In den anderen Punkten, aber bin ich der Auffassung, dass...“

„Grundsätzlich stimme ich Ihnen weitgehend zu. Bitte bedenken Sie aber noch, dass...“

---

62 Bewährt hat sich auch die Taktik, den **Einwand der anderen Verhandlungspartei zu wiederholen** und dabei **in eine Frage zu transformieren**. Hiermit wird der Vertragspartner aufgewertet und ihm eine erleichterte Antwortmöglichkeit gegeben.

Beispiel
Einwand: „Das ist viel zu aufwändig!“
„Sie fragen Sich, ob wir mit dieser Lösung zu viel Aufwand betreiben?“

---

63 Als weitere Verhandlungsmethode bietet es sich an, dem Einwand nicht ein krasses „Nein“ entgegenzusetzen, sondern ihn **zunächst sinngemäß mit eigenen Worten zu wiederholen**. Dies hilft einerseits, **Missverständnisse zu vermeiden** und verschafft andererseits für die Suche nach Sachargumenten einen **Zeitpuffer**. Im Übri-

gen wird hierdurch das Reptilienhirn des anderen Verhandlungsführers „gestreichelt“, indem man ihm signalisiert, dass man zugehört hat.

Beispiel
„Sie wollen von mir wissen, ob eine Rundlauf-Prüfung vor Einbau der Getriebewellen zu aufwändig wäre?“
„Wenn ich Sie richtig verstanden habe, dann meinen Sie eine Rundlauf-Prüfung vor Einbau der Getriebewellen sei zu aufwändig?“

Auch **Gegenfragen** können an dieser Stelle weiterhelfen. Sie schaffen zudem einen **Zeitvorteil** und zwingen den Verhandlungspartner nicht nur, mit „Textbausteinen“ am Verhandlungstisch zu agieren, sondern Sachargumente liefern zu müssen. 64

Beispiel
„Was verstehen Sie unter zu aufwändig?“
„Wie meinen Sie das, zu aufwändig?“

In diesem Zusammenhang hat es sich auch bewährt, eine **rhetorische Frage** zu dem Einwand hinterher zu schieben, die wie folgt lautet: 65

Beispiel
„Gesetz dem Fall, wir würden für Ihren Einwand eine Lösung finden, würden Sie dann den Vertrag abschließen?“

Die Frage **zwingt** letztlich den **Verhandlungspartner** entweder einen **Kompromiss** einzugehen, oder aber **offenzulegen**, wo er weitere **Vorbehalte** gegen den Vertragsschluss sieht, auch wenn er zu diesem Zeitpunkt noch nicht beabsichtigte, diese zu offenbaren. Mit der vorgenannten taktischen Frage wird der Verhandlungspartner **von einer aktiven Rolle in eine reaktive Rolle** gedrängt. Sie eignet sich zudem dazu, realistisch die Chancen für einen Vertragsschluss zu einem bestimmten Zeitpunkt der Verhandlung einschätzen zu können. 66

Kapitel 6
Anforderungen an die Vertragsgestaltung

A. Äußere Gestaltung des Vertragswerkes

Nicht nur der materielle Inhalt, sondern auch der **Gestaltung eines Vertragswerks** einschließlich seiner Gliederung, Absatzbildung und Formatierung ist bei der Vertragsgestaltung von Bedeutung; auch die äußere Form kann von Relevanz sein. 1

In den meisten Fällen wird der Fokus auf den Inhalt eines Vertrages gelegt und die äußere Gestaltung vernachlässigt. Selbstverständlich gilt auch bei der Vertragsgestaltung der Grundsatz „Inhalt vor Form": Die Vertragsinhalte und deren Wirksamkeit stehen im Streitfall im Zentrum. 2

Dennoch kommt einem ordentlichen, übersichtlichen und nachvollziehbaren Vertragsaufbau eine wichtige Rolle zu. Nicht selten führt ein unklarer und unübersichtlicher Aufbau zu **unerwünschten Auslegungsergebnissen** oder sogar zur **Unwirksamkeit** von Vertragsbestimmungen in Teilen oder im Ganzen. Letzteres ist insbesondere dann der Fall, wenn **gesetzliche Formerfordernisse** nicht eingehalten werden. 3

Besonderer Wert ist auf Fragen der richtigen Formatierung und äußeren Gestaltung des Vertrages im Anwendungsbereich des **AGB-Rechts** zu legen. Bestimmungen in Allgemeinen Geschäftsbedingungen, mit denen der Vertragspartner nach dem äußeren Erscheinungsbild des Vertrages nicht zu rechnen braucht (**überraschende Klauseln**), werden nicht Vertragsbestandteil (§ 305c Abs. 1 BGB). Zudem bestimmt das AGB-rechtliche **Transparenzgebot** (§ 307 Abs. 1 Satz 2 BGB), dass Allgemeine Geschäftsbedingungen allein deshalb unwirksam sein können, weil sie nicht klar und verständlich sind (siehe Rn 141 Kap. 6 „Transparenzgebot"). Eine ordnungsgemäße Vertragsgestaltung bzw. der ordnungsgemäße Umgang mit Vertragsversionen, Anlagen und Vertragsverhandlungsprotokollen kann auch dem Nachweis dienen, dass **Klauseln zwischen den Vertragsparteien ausgehandelt** worden und damit den strengen Anforderungen des AGB-Rechts entzogen sind (siehe Rn 117 Kap. 6 „Abgrenzung AGB und Individualvereinbarung"). 4

Darüber hinaus existieren heute in vielen Unternehmen und Konzernen Vorgaben zur Verhandlung, Gestaltung und zum Abschluss von Verträgen. Sie dienen zur Einhaltung der gesetzlichen bzw. unternehmensinternen **Compliance-Vorgaben**, sollen ein ordnungsgemäßes Vertragsmanagement ermöglichen und/oder rechtliche Risiken bei der Vertragsgestaltung minimieren. 5

Einige **Basics der äußeren Vertragsgestaltung**, die bei jedem (schriftlichen) Vertragsschluss berücksichtigt werden sollten, haben wir nachfolgend zusammengefasst. 6

I. Formatierung

7 Die einheitliche, logische und konsistente Formatierung des Vertrages dient zunächst dazu, den **Vertrag klar und deutlich zu gliedern** und sicherzustellen, dass keine relevanten Punkte übersehen werden.

8 Dazu bietet es sich an, den Vertrag in **einzelne Absätze** zu unterteilen und diese mit Vertragsüberschriften zu versehen, die den Inhalt der Regelungen zutreffend beschreiben. Der Leser des Vertrages muss anhand der **Überschriften** in die Lage versetzt werden, die gesuchte Regelung ohne weiteres zu finden. Regelungen zur Vertragslaufzeit und zur Kündigung des Vertrages können beispielsweise unter der Überschrift „Beendigung des Vertrages" zusammengefasst werden. Regelungen, die unter einer unzutreffenden oder irreführenden Überschrift in den Vertrag aufgenommen werden, können allein deshalb unwirksam sein!

9 Damit die einzelnen Regelungen des Vertrags gegebenenfalls zitiert werden können, sollten sie nummeriert werden. Ob die **Nummerierung** durch Paragraphen, römische/arabische Ziffern oder auch Buchstaben geschieht, ist nebensächlich. Möglich ist beispielsweise eine am Gesetz orientierte Nummerierung, bei der jeder durch eine Überschrift zusammengefasste Themenkomplex mit einem Paragraphen bezeichnet wird und die einzelnen Absätze des Themenkomplexes ihrerseits untergliedert werden. Bei umfangreichen und komplexen Vertragswerken kann die Gliederung auch durch das Voranstellen eines **Inhaltsverzeichnisses** unterstützt werden.

! **Praxistipp**

Im Zweifelsfall sollten Sie lieber mehrere Gliederungspunkte aufnehmen und auch einzelne Absätze bzw. isoliert zu betrachtende Regelungen in gesonderten Überschriften und/oder Absätzen zusammenfassen. Umgekehrt sollten thematisch zusammengehörende Regelungen auch aufbautechnisch zusammengefasst werden. Dies dient der Übersichtlichkeit und Verständlichkeit und erleichtert im Streitfall das Zitieren der maßgeblichen Bestimmungen.

---

10 Von besonderer Bedeutung ist die Gliederung und Überschriftenbildung mit Blick auf die **AGB-rechtlichen Vorgaben**. Bestimmungen in Allgemeinen Geschäftsbedingungen, die nach dem äußeren Erscheinungsbild des Vertrages so ungewöhnlich sind, dass der Vertragspartner nicht mit ihnen zu rechnen braucht (**überraschende Klauseln**), werden gemäß § 305c Abs. 1 BGB nicht Vertragsbestandteil. Das **Transparenzgebot** gemäß § 307 Abs. 1 Satz 2 BGB (vgl. dazu auch Rn 141 Kap. 6) bestimmt zudem, dass eine unangemessene Benachteiligung des Vertragspartners, die zur Unwirksamkeit der entsprechenden Vertragsklausel führt, sich allein daraus ergeben kann, dass die Bestimmung nicht klar und verständlich ist. Auch falsche Bezugnahme auf voranstehende oder nachfolgende Absätze, die sich aus falschen Bezifferungen bzw. unzutreffenden Unterteilungen ergeben, können zur Unwirksamkeit einer Klausel führen.

Formularvertragliche Klauseln können also **unabhängig von ihrem materiellen Gehalt** allein aufgrund eines unklaren und nicht nachvollziehbaren Vertragsaufbaus **unwirksam** sein.[1] Darüber hinaus gehen auslegungsbedürftige bzw. unklare AGB-Formulierungen gemäß § 305c Abs. 2 BGB zu Lasten des Vertragsverwenders. Solche Unklarheiten können sich auch aus einer falschen Nummerierung oder einer unzutreffenden Überschrift ergeben. 11

Regelungsfalle
Eine fehlende bzw. unklare Gliederung allein kann zur AGB-rechtlichen Unwirksamkeit führen. !

Eine unklare Gliederung kann sich beispielsweise daraus ergeben, dass **Haftungsregelungen an mehreren Stellen und unter unterschiedlichen Überschriften** des Vertrages geregelt werden. 12

Auch das „**Verstecken**" einer nachteiligen Klausel, zum Beispiel in einem unscheinbaren Halb- oder Nebensatz, kann zu ihrer Unwirksamkeit führen. 13

Die ordnungsgemäße Formatierung dient daher nicht nur der Übersichtlichkeit. Sie kann im Extremfall zum **Wirksamkeitshindernis** werden, und zwar selbst dann, wenn der Vertrag inhaltlich ausgewogen und – an sich – rechtlich wirksam ist. 14

II. Präambel

Die **Präambel eines Vertrages** wird von den Vertragsparteien nicht selten „stiefmütterlich" behandelt, doch dabei verkennen die Vertragsparteien oftmals, dass es sich bei ihr nicht um ein vom Vertrag losgelöstes Textstück ohne jegliche rechtliche Bedeutung handelt. Welche Vorteile und Risiken sie bergen und was bei der Formulierung zu beachten ist, wird ab Rn 100 Kap. 3 „Präambel und ihre Risiken" erläutert. 15

III. Definitionen

In deutschen Verträgen sind Klauseln, die bestimmte Vertragsbegriffe einheitlich definieren, bislang weitgehend unüblich. 16

Solche **Definitionsklauseln** finden sich zumeist in britischen oder US-amerikanischen Verträgen. Dort ist es üblich, zu Beginn des Vertrages sehr ausführliche Definitionen der Kernbegriffe des Vertrages aufzunehmen. Auch der Gesetzgeber 17

1 BGH NJW-RR 2005, 1496; MüKO-BGB/*Wurmnest* § 307 Rn 54 ff.; Palandt/*Grüneberg* § 307 Rn 20 ff.

verwendet diese Technik in vielen Gesetzeswerken, indem er den gesetzlichen Vorschriften Kataloge mit Begriffsbestimmungen voranstellt (vgl. etwa § 1 WEG).

Praxistipp
Auch wenn Definitionen im Streitfall bei der Auslegung des Vertrages helfen können, ist die Aufnahme von Definitionsklauseln in einen (deutschen) Vertrag unseres Erachtens nicht ratsam.

18 Dies liegt zunächst daran, dass Definitionskataloge im deutschen Rechtsverkehr nach wie vor sehr **unüblich** sind und damit bei vielen Vertragspartnern auf Abweisung bzw. Argwohn stoßen werden.

19 Darüber hinaus ist es nach unserer praktischen Erfahrung gerade bei umfangreichen Verträgen äußerst schwierig, bestimmte Begrifflichkeiten abstrakt für alle Vertragszwecke zu definieren. Es besteht das Risiko, dass eine Definition entweder zu weitreichend oder zu eng gefasst wird und damit eher **Missverständnisse bzw. Auslegungsschwierigkeiten** hervorruft als dass sie Klarheit schafft.

Praxistipp
Zur Klarstellung: Selbstverständlich sollten unklare Begrifflichkeiten vermieden und vertragliche Pflichten so präzise wie möglich umschrieben werden. Das gilt allen voran für die Hauptleistungspflichten (z.B. Beschreibung der zu liefernden Ware). Nicht ratsam ist aus unserer Sicht lediglich die Schaffung eines vertragsübergreifenden Definitionskatalogs, der den Vertrag unnötig verkompliziert.

20 Im Vertragstext selbst bietet es sich dagegen aus Gründen der Vereinfachung bzw. Klarstellung häufig an, einmal eingeführte **Begrifflichkeiten konsistent und durchgehend zu benutzen**. Dies beginnt bereits mit der Bezeichnung der beteiligten Vertragsparteien. Wird zum Beispiel am Anfang des Vertrages für eine Partei eine bestimmte Bezeichnung eingeführt (z.B.: „nachfolgend XY-Firma“), sollte diese Bezeichnung auch beibehalten und dieselbe Partei nicht z.B. später als „Lieferant“, „Auftraggeber“ oder „Vertragspartner“ bezeichnet werden.

Regelungsfalle
Uneinheitliche Terminologien ergeben sich häufig daraus, dass Vertragsmuster „blind“ übernommen oder Klauseln aus Altverträgen übertragen werden. Das ist nicht nur „unschön“, sondern kann auch zu Auslegungsschwierigkeiten und Streitigkeiten führen.

IV. Unterschriften

21 Ein schriftlicher Vertrag wird in aller Regel erst dann **wirksam**, wenn er von den Parteien unterschrieben worden ist.

Weil juristische Personen und Personengesellschaften (z.B. GmbH, AG, KG) als Rechtskonstrukte nicht selbständig handlungsfähig sind, müssen **vertretungsberechtigte Personen** die Unterschrift in ihrem Namen leisten. Es versteht sich eigentlich von selbst, dass Verträge nur von vertretungsberechtigten Personen wirksam unterschrieben werden können. 22

Dennoch ist die Vertretungsberechtigung der Unterzeichnenden in der Praxis häufig nicht gegeben oder zumindest zweifelhaft. Vertretungsberechtigt ist nur, wem für das Unternehmen vertragliche oder gesetzliche Vertretungsmacht eingeräumt ist. Vertretungsmacht hat der Unterzeichner nicht allein deshalb, weil er (als Arbeitnehmer oder Selbständiger) Mitarbeiter des Unternehmens ist. 23

Praxistipp !
Um sich einer wirksamen Stellvertretung auf der Gegenseite zu vergewissern, empfiehlt es sich, von dem/den Unterzeichner/n die **Vorlage einer** entsprechenden **Vollmacht** zu verlangen. Bei Geschäftsführern und Prokuristen verschafft ein **Blick in das Handelsregister** Gewissheit über deren Vertretungsmacht. Auf die Angaben im Handelsregister kann sich die Gegenseite in aller Regel berufen, selbst wenn sie nicht den Tatsachen entsprechen.

Auch wenn im Einzelfall durch **Duldungs- oder Anscheinsvollmachten** – also durch die Setzung eines Rechtscheins der ordnungsgemäßen Bevollmächtigung oder durch nachträgliche Genehmigung des Vertrages zum Beispiel durch den Geschäftsführer – die Wirksamkeit des Vertrages „gerettet“ werden kann, empfiehlt es sich nicht, auf solche Aushilfs- bzw. Ausweichtatbestände zurückzugreifen. 24

Vor allem bei Geschäftsführern und Prokuristen ist Vorsicht geboten: Weit verbreitet ist der Irrglaube, dass insbesondere Geschäftsführer stets zur alleinigen Unterzeichnung von Verträgen für das Unternehmen berechtigt sind. Dies ist jedoch nur der Fall, wenn diese **nach dem Handelsregister** auch **einzelvertretungsberechtigt** sind. Hat das Unternehmen mehrere Geschäftsführer, ist der gesetzliche Normalfall gemäß § 35 GmbHG die gemeinschaftliche Vertretung. 25

Ist also keine entsprechende Regelung getroffen bzw. keine ausdrückliche Befugnis zur Einzelvertretung geregelt, können im Zweifel nur **alle Geschäftsführer einer GmbH gemeinsam** das Unternehmen vertreten und mithin auch Verträge abschließen. 26

Regelungsfalle !
Sind für ein Unternehmen mehrere Geschäftsführer und/oder Prokuristen bestellt und hält das Handelsregister fest, dass der betreffende Geschäftsführer nur gemeinsam mit dem anderen Geschäftsführer Verträge unterschreiben kann, er also **nicht einzelvertretungsberechtigt** ist, ist ein Vertrag im Zweifel unwirksam, auch wenn er von einem (von mehreren) Geschäftsführer(n) unterschrieben worden ist.

---

27 Darüber hinaus müssen Unterschriften natürlich im Zweifel entsprechend deutlich gemacht werden, um nachvollziehen zu können, wer den Vertrag unterschrieben hat. Das Hinzufügen eines ausgeschriebenen Namens, eines Firmenstempels sowie des Unterschriftsdatums können dabei helfen, Wirksamkeitsbedenken und Beweisprobleme auszuräumen.

28 „Worst Case“ ist die unleserliche Paraphe unter dem Vertragstext, die nachträglich keinem Urheber mehr zugeordnet werden kann.

V. Vertragsversionen

29 Insbesondere bei der Verhandlung komplexer Verträge empfiehlt es sich, Vertragsversionen aufzuheben und im Rahmen eines Vertragsmanagementsystems abzulegen bzw. zu **dokumentieren.**

30 Zum einen kann mit einer solchen Dokumentation von Vertragsversionen im Streitfall gegebenenfalls nachgewiesen werden, wie einzelne Klauseln verhandelt und im Wortlaut angepasst worden sind. Lässt sich die Anpassung des Vertrages beweisen, können damit Auslegungszweifel behoben oder auch Argumente für die **Vertragsauslegung** gewonnen werden.

31 Im Idealfall ergibt sich aus der Dokumentation oder dem während der Vertragsverhandlungen gewechselten Schriftverkehr sogar ausdrücklich, warum eine Regelung einen bestimmten Wortlaut erhalten hat oder welchen Zweck sie verfolgt. Im Streitfall kann dies von großer Bedeutung sein.

32 Wichtig kann die Dokumentation einzelner Vertragsversionen auch für die **Abgrenzung zwischen Allgemeinen Geschäftsbedingungen und Individualvereinbarungen** sein (vgl. nachfolgende Rn 117 Kap. 6).

33 Diese Unterscheidung ist deshalb so wichtig, weil nur Allgemeine Geschäftsbedingungen den strengen Einbeziehungs- und Wirksamkeitsanforderungen des AGB-Rechts standhalten müssen. Die von der Rechtsprechung für die Abgrenzung herangezogenen Kriterien machen den Nachweis, dass Vertragsbedingungen zwischen Unternehmern tatsächlich individuell ausgehandelt wurden und damit Individualvereinbarungen darstellen (vgl. § 305 Abs. 1 Satz 3 BGB), ausgesprochen schwer.

34 Beruft sich im Streitfall eine Partei auf ein individuelles Aushandeln der Vertragsbedingung, gelingt ihr der Beweis häufig nur, wenn sie unterschiedliche Vertragsversionen und Verhandlungsprotokolle vorlegen kann.

! **Praxistipp**
Aus diesen Gründen sollten verschiedene Vertragsversionen immer mit Versionsdatum hinterlegt und aufbewahrt werden. Änderungen sollten im Änderungsmodus festgehalten werden, wobei sich eine Kenntlichmachung empfiehlt, welche Vertragspartei sie vorgeschlagen hat.

VI. Umgang mit Anlagen

Auch der korrekte Umgang mit Anlagen trägt zur Übersichtlichkeit und Verständlichkeit des Vertrages bei und kann damit zugleich **Auswirkungen auf die Auslegung oder sogar die Wirksamkeit des Vertrages** (Stichwort: Transparenzgebot) haben. 35

Ein pauschaler Verweis auf sämtliche Anlagen zum Vertrag ist nicht zu empfehlen. Vielmehr sollten den einzelnen Anlagen **Ziffern** (zum Beispiel Anlagen 1 bis 10) zugeordnet werden. Vor allem bei zahlreichen Anlagen bietet sich die Aufnahme eines Anlagenverzeichnisses am Ende des Vertragsdokuments an. Diese Maßnahmen dienen nicht nur der besseren Übersicht, sondern ermöglichen im Streitfall auch eine eindeutige Bezugnahme auf einzelne Anlagen. 36

Damit die Anlagen wirksamer Vertragsbestandteil werden und ihre Identität im Bestreitensfalle bewiesen werden kann, müssen sämtliche Anlagen bei Vertragsschluss den Vertragspartnern zur **Unterzeichnung** vorgelegt werden. Zu empfehlen ist die Aufnahme einer Paraphe auf jeder Seite der Anlagen. 37

Unabdingbar ist die Mitunterzeichnung der Anlagen, wenn der Vertrag **gesetzlichen Formerfordernissen** (vgl. dazu Rn 42 Kap. 6) wie etwa der Schriftform unterliegt. 38

Es ist dann zwingend erforderlich, dass alle Anlagen **exakt bezeichnet**, in das Vertragswerk eingebunden und von der Unterschrift erfasst sind. Die Aufnahme von Blanko-Anlagen oder das nachträgliche Beifügen von Anlagen führt gegebenenfalls zur Unwirksamkeit der Einbeziehung. 39

VII. Formerfordernisse

Im Grundsatz unterliegt der Abschluss von Verträgen in Deutschland keinen besonderen Formerfordernissen. 40

Nur in besonderen Fällen ordnet das Gesetz bestimmte Formen an. Von diesem Fällen abgesehen können Verträge **mündlich** oder sogar ohne ausdrückliche Abrede **durch schlüssiges Verhalten („konkludent“)** geschlossen werden.

Auch ohne Formerfordernisse sollten Verträge im Wirtschaftsverkehr (sofern sie nicht wirtschaftlich völlig unbedeutend sind) aber unbedingt in einer Form abgeschlossen werden, die einen späteren **Nachweis** des Vertrags ermöglicht. Daher bietet sich ein schriftlicher Vertragsschluss an. Auch ein Vertragsschluss per E-Mail lässt sich aber in der Regel nachweisen. Das setzt natürlich voraus, dass die gewechselten E-Mails gespeichert werden und dem Gericht im Streitfall als Ausdruck vorgelegt werden können. 41

Als wichtigste **gesetzliche Formvorschriften** kennt das Bürgerlichen Gesetzbuch 42
- die Schriftform (§ 126 BGB),
- die elektronische Form (§ 126a BGB),

- die Textform (§ 126b BGB),
- die notarielle Beurkundung (§ 128 BGB),
- die öffentliche Beglaubigung durch einen Notar (§ 129 BGB).

43 Diese Formvorschriften finden Anwendung, wenn das **Gesetz dies vorschreibt**. Beispielsweise ist eine Bürgschaft gemäß § 766 BGB nur wirksam, wenn der Bürge seine Bürgschaftserklärung schriftlich abgibt. Darüber hinaus steht es den Parteien frei, Formerfordernisse **vertraglich** zu vereinbaren. Verbreitet sind z.B. Schriftformklauseln[2] in Verträgen, nach denen Vertragsänderungen der Schriftform bedürfen.

44 Rechtsgeschäfte (Verträge und einseitige Geschäfte wie z.B. Kündigungen), die nicht den gesetzlichen Formerfordernissen genügen, sind gemäß § 125 Satz 1 BGB **unwirksam**. Gleiches gilt in der Regel, wenn ein vertragliche vereinbarte Formvorschrift nicht eingehalten wird (§ 125 Satz 2 BGB). Dabei gilt die Regel, dass die „strengere" Form die weniger starken Formerfordernisse miterfüllt. Zum Beispiel wird die schriftliche Form auch durch eine notarielle Beurkundung eingehalten (§ 126 Abs. 4 BGB). Gleiches gilt für einen gerichtlichen Vergleich.[3]

45 Formerfordernisse können auch dann eingreifen, wenn eine Erklärung zwar für sich betrachtet noch kein beurkundungsbedürftiges Rechtsgeschäft enthält, der Erklärende durch sie jedoch bereits eine so weit reichende Verpflichtung eingeht oder ermöglicht, dass die **Abgabe der Erklärung der Vornahme des formbedürftigen Rechtsgeschäfts gleichkommt**.

46 Unter diesem Gesichtspunkt formbedürftig sein können zum Beispiel Vorverträge oder Mietverträge, die einseitige Kaufoptionen enthalten.[4]

47 Auch die unwiderrufliche Erteilung einer Vollmacht zur Vornahme eines formbedürftigen Rechtsgeschäfts kann – obwohl die Vollmachtserteilung grundsätzlich nicht formbedürftig ist (§ 167 Abs. 2 BGB) – dem Formzwang unterliegen.[5]

48 Auf die einzelnen Anwendungsbereiche und Anforderungen unterschiedlicher Formerfordernisse einzugehen, würde den Umfang dieses Werkes sprengen. Im Rahmen der Wirtschaftsvertragsgestaltung wird der Anforderungen der Text- bzw. der Schriftform in der Regel genüge getan (zu Anforderungen an die Unterschrift beim Schriftformerfordernis vgl. bereits Rn 21 Kap. 6).

49 Daher soll nachfolgend nur kurz auf die wichtigsten Fälle der **öffentlichen Beglaubigung** und der **notariellen Beurkundung** eingegangen werden.

---

2 Vgl. Rn 236 Kap. 8 „Schriftform".
3 Palandt/*Ellenberger* § 126 Rn 15.
4 Palandt/*Grüneberg* § 311b Rn 13; BGH NJW-RR 2008, 824.
5 Palandt/*Grüneberg* § 311b Rn 19 ff.

1. Öffentliche Beglaubigung

Die **öffentliche Beglaubigung** im Sinne von § 129 BGB erfordert, dass die Unterschrift unter einer schriftlich abgefassten Erklärung von einem Notar beglaubigt wird. 50

Der Notar prüft die Echtheit der Unterschrift und bestätigt durch seinen Beglaubigungsvermerk, dass sie tatsächlich von der Person stammt, der sie dem äußeren Anschein nach zuzuordnen ist. Einzelheiten zur Durchführung der öffentlichen Beglaubigung regelt das Beurkundungsgesetz. 51

Praktisch häufigster Anwendungsfall sind **Eintragungen ins Handelsregister**. 52
Nach § 12 Abs. 1 HGB sind Anmeldungen zur Eintragung in das Handelsregister in öffentlich beglaubigter Form einzureichen. Gleiches gilt gemäß § 29 Abs. 1 GBO für Erklärungen, die für **Eintragungen ins Grundbuch** erforderlich sind, etwa Erklärungen über die Bestellung einer Hypothek, Grundschuld oder Vormerkung.

2. Notarielle Beurkundung

Ist die **notarielle Beurkundung** (§ 128 BGB) eines Vertrages vorgeschrieben, muss 53
der Vertragsschluss vor einem Notar vollzogen werden.

Der Notar hat die Vertragsparteien zu beraten und zu belehren und die Abgabe ih- 54
rer Erklärungen zu beurkunden (Einzelheiten regelt das Beurkundungsgesetz). Es handelt sich um die strengste Formvorschrift des Bürgerlichen Gesetzbuchs. Ihr wichtigster Anwendungsfall sind **Grundstückskaufverträge** (vgl. § 311b Abs. 1 BGB).

Diese müssen zu ihrer Wirksamkeit vollständig, also einschließlich sämtlicher 55
Anlagen sowie der mit ihnen verbundenen Verträge (zum Beispiel Darlehensverträge), beurkundet werden.

Auch Verpflichtungen zur Vermögensübertragung, Schenkungsversprechen, 56
Eheverträge, Erbverträge, Testamente, gesellschaftsrechtliche Verträge über die Gründung einer GmbH oder einer Aktiengesellschaft sowie die Übertragung von Gesellschaftsanteilen (vgl. § 15 Abs. 4 GmbHG) können der notariellen Beurkundung bedürfen.[6]

VIII. Aufhebungsvereinbarungen und Vertragsänderungen

Häufig entscheiden sich die Vertragsparteien, einmal geschlossene Verträge einver- 57
nehmlich aufzuheben oder abzuändern. Eine solche Aufhebung oder Änderung bedarf wiederum einer vertraglichen Vereinbarung zwischen den Vertragsparteien (vgl. § 311 Abs. 1 BGB).

---

6 Palandt/*Ellenberger* § 128 Rn 2.

58 Bei Aufhebungs- und Änderungsvereinbarungen ist darauf zu achten, dass sie die vertraglichen Pflichten, auf die sie sich beziehen sollen, **genau bezeichnen**.

59 Das gilt vor allem dann, wenn zwischen den Vertragsparteien umfangreiche vertragliche Beziehungen bestehen. Soll ein bestimmter Vertrag aufgehoben/geändert werden, wird bei dessen Benennung üblicherweise das Datum des Vertragsschlusses angegeben. Wurde der Vertrag bereits zuvor, abgeändert, sollte auch das (letzte) Änderungsdatum genannt werden.

! **Praxistipp**
Zur Klarstellung kann der in Bezug genommene Vertrag als Anlage beigefügt werden.

! **Praxistipp**
Sollen nur einzelne Vertragsbestandteile abgeändert oder aufgehoben werden, sollte diese möglichst genau bezeichnet werden, gegebenenfalls mit Ziffer, Absatz, Unterziffer, Satz oder Halbsatz.

60 Die Änderung sollte dann im exakten Wortlaut an der bezeichneten Stelle eingefügt werden (z.B.: „In § 2 Ziff. 4 Satz 2 des Vertrages vom 1.1.2014 wird das Wort „oder" durch das Wort „und" ersetzt.").

61 Bei umfangreicheren Änderungen können auch komplette Klauseln ausgetauscht werden (z.B.: Der bisherige § 1 Abs. 2 des Vertrages vom 1.1.2014 wird aufgehoben und durch folgende Regelung ersetzt: [...]").

62 Zur Klarstellung empfiehlt sich eine Klausel an, die ausdrücklich festhält, dass alle sonstigen Regelungen unverändert bestehen bleiben sollen.

63 Nicht immer kann sich eine Aufhebungsvereinbarung auf die Feststellung beschränken, dass der Vertrag beendet werden soll. Häufig ergeben sich **(Rück-)Abwicklungsschwierigkeiten**, die unter Umständen einer ausdrücklichen Regelung bedürfen.

64 So können beispielsweise Vereinbarungen darüber erforderlich sein, wie mit offenen Bestellungen, noch nicht ausgelieferten Waren oder zur Vertragsdurchführung bereitgestellten Gegenständen bzw. Unterlagen verfahren werden soll oder wie die Beendigung der vertraglichen Beziehung nach außen hin kommuniziert werden soll.

65 Auch kann unter Umständen geregelt werden, dass eine weitere Haftung zum Beispiel für bereits ausgelieferte Ware erfolgen soll.

66 Eventuell bedarf es auch einer Regelung von Haftungsfragen oder einer Vereinbarung nachvertraglicher Pflichten (zum Beispiel Wettbewerbsverbote oder Geheimhaltungsvereinbarungen).

67 Zu beachten ist, dass auch Aufhebungs- und Änderungsvereinbarungen den gesetzlichen oder vertraglichen **Formerfordernissen** unterliegen können (vgl. bereits Rn 40 Kap. 6).

Regelungsfalle
Vorsicht: Aufhebungs- und Änderungsvereinbarungen können den gesetzlichen **Formerfordernissen** des in Bezug genommenen Vertrags unterliegen oder in dem Vertrag selbst einer bestimmten Form unterworfen worden sein (vgl. bereits Rn 45 Kap. 6).

B. AGB-Recht

I. Überblick

Es ist noch immer ein **weit verbreiteter Irrtum**, dass Allgemeine Geschäftsbedingungen (AGB) nur vorliegen, wenn Vertragsbedingungen in einem gesonderten Dokument festgehalten und einem schriftlichen Vertrag beigefügt werden. 68

Man begegnet zwar dieser Form der „klassischen" AGB und auch Sätzen wie „Es gelten unsere Allgemeinen Geschäftsbedingungen.", jedoch stellen sie nur einen **kleinen Teil** der im Rechtsverkehr genutzten AGB dar. Oftmals ist den Beteiligten nicht klar, dass neben diesem „Kleingedruckten" auch grundsätzlich ganze **Verträge** oder **einzelne abstrakt-generelle Klauseln** in sonst individualisierten Verträgen[7] zu den AGB zählen. 69

Der Gesetzgeber definiert den Begriff der AGB in § 305 Abs. 1 Satz 1 BGB wie folgt: 70

> *„Allgemeine Geschäftsbedingungen sind alle **für eine Vielzahl** von Verträgen **vorformulierten Vertragsbedingungen**, die eine Vertragspartei (**Verwender**) der anderen Vertragspartei bei Abschluss eines Vertrages **stellt**."*

AGB sind daher: 71
- vorformulierte Vertragsbedingungen,
- die für eine Vielzahl von Verträgen gedacht sind und
- die dem Vertragspartner vom Verwender einseitig gestellt werden

Als Ausschlusskriterium folgt daraus, dass **AGB nicht** vorliegen, wenn oder soweit die Parteien den Vertrag oder die Klausel **individuell vereinbart** haben. Diese Hürde ist allerdings **sehr hoch**, vgl. Rn 117 Kap. 6 „Abgrenzung AGB und Individualvereinbarung". 72

Wer als Vertragspartner vom Verwender AGB gestellt bekommt, findet sich meist in einer **unterlegenen Position** wieder. Es bleiben **kaum Einflussnahmemöglichkeiten** und Verhandlungsspielraum für Veränderungen der gestellten Vertragsbedingungen. Einen Vorteil bieten sie meist nur dem Verwender. Oft erlaubt es 73

7 BGH NJW 1997, 135.

die **Marktposition** dem Verwender, an den gestellten AGB festzuhalten und einen Vertrag nur unter der Bedingung ihrer Einbeziehung abzuschließen.

74 Aus diesem Grunde hat der Gesetzgeber die **Vertragsfreiheit** der Parteien zum Schutz des Vertragspartners schrittweise **eingeschränkt**. Der Inhalt von AGB unterliegt **strengen gesetzlichen Voraussetzungen**, um eine Überrumpelung oder Übervorteilung des Vertragspartners durch einseitige Vertragsgestaltungen zu verhindern. Diese Wertung hat der Bundesgerichtshof in einem aktuellen Urteil[8] noch einmal bestätigt und ausgeführt:

> *„Wo es an einem annähernden Kräftegleichgewicht der Beteiligten fehlt, ist mit dem Mittel des Vertragsrechts allein kein sachgerechter Ausgleich der Interessen zu gewährleisten. Gesetzliche Vorschriften, die sozialem und wirtschaftlichem Ungleichgewicht entgegenwirken, verwirklichen die objektiven Grundentscheidungen der Grundrechte, und damit zugleich das grundgesetzliche Sozialstaatsprinzip. Diese verfassungsrechtlichen Vorgaben hat der Gesetzgeber mit den Regelungen der §§ 305ff. BGB umgesetzt“.*

75 Mit dieser Entscheidung treibt der BGH seine seit Jahren zu verzeichnende **Tendenz der Verschärfung** der AGB-rechtlichen Rechtsprechung auf die Spitze und deutet an, dass die §§ 305ff. BGB grundrechtswahrenden Charakter haben, also grundlegende, auf alle Vertragsbeziehungen – auch zwischen Unternehmern – anzuwendende Vorgaben enthalten. Es muss davon ausgegangen werden, dass diese Tendenz in der Rechtsprechung sich in den nächsten Jahren weiter verstärken und fortsetzen wird. Die §§ 305ff. BGB werden damit immer mehr zum unumstößlichen Leitbild bei der Vertragsgestaltung, auch im B2B-Verkehr.

76 Dabei hat diese Entwicklung in den vergangenen Jahren ein solches **Ausmaß und Tempo** angenommen, dass es unerlässlich scheint, bei der Gestaltung und Verwendung von AGB regelmäßig auf die Unterstützung von Fachjuristen zurückzugreifen. Denn AGB entfalten ihre Wirkung nur, wenn sie **wirksam** gestaltet wurden. Daher ist es für die Erstellung und Verwendung von AGB wichtig zu wissen, in welchen **Bereichen** sie gelten, wann ein Vertrag oder eine Klausel **als AGB zu qualifizieren** ist und wie die **Inhaltskontrolle** abläuft.

1. Geltungsbereich AGB-Recht

77 Schon die **systematische Positionierung** der AGB-Regelungen im Bereich des „Allgemeinen Schuldrechts“ des BGB lässt erkennen, dass dem AGB-Recht eine **hohe Bedeutung** beigemessen wird. Die Normen sind sachlich anwendbar auf Rechtsgeschäfte **der meisten Bereiche des Zivilrechts**. Gemäß § 310 Abs. 4 BGB findet das AGB-Recht **keine Anwendung bei** Verträgen auf dem Gebiet des Erb-,

8 BGH, 20.3.2014 – VII ZR 248/13 (= NJW 2014, 1725).

Familien- und Gesellschaftsrechts sowie auf Tarifverträge, Betriebs- und Dienstvereinbarungen. Bei der Anwendung auf Arbeitsverträge sind die im Arbeitsrecht geltenden Besonderheiten angemessen zu berücksichtigen.

In allen anderen Bereichen gilt das AGB-Recht **uneingeschränkt gegenüber** 78
Nicht-Unternehmern. Bei der Verwendung von AGB **gegenüber Unternehmern** werden die Klauseln zwar auch einer **Inhaltskontrolle** unterzogen, allerdings (zumindest theoretisch) **nicht in einem solchen Maße** wie gegenüber Verbrauchern.

2. Merkmale AGB

Bisweilen kann es in **Einzelfällen** schwer sein zu bestimmen, ob ein Vertrag als 79
AGB zu qualifizieren ist und somit AGB-Recht unterfällt. Dass ein Vertrag alle Merkmale von AGB erfüllt, kommt in der Praxis **häufiger** vor als vermutet.

a) Vorformulierte Vertragsbedingungen

Vorformulierte Vertragsbedingungen sind Erklärungen, die den **Inhalt des Vertra-** 80
ges regeln sollen und schriftlich oder **auf irgendeine Weise** vom Verwender selbst oder Dritten **fixiert** sind. Ob sie dabei als AGB oder anders bezeichnet werden, ist **irrelevant.** Der Gesetzgeber klärt in § 305 Abs. 1 Satz 2 BGB:

> *„Gleichgültig ist, ob die Bestimmungen einen äußerlich gesonderten Bestandteil des Vertrages bilden oder in die Vertragsurkunde selbst aufgenommen werden, welchen Umfang sie haben, in welcher Schriftart sie verfasst sind und welche Form der Vertrag hat."*

Für die Bestimmung, ob es sich bei einer Klausel oder einem Vertrag um AGB han- 81
delt, wurde somit **formalen Kriterien eine klare Absage** erteilt. Hinsichtlich des Schutzzweckes des AGB-Rechts macht es keinen Unterschied, ob die Vertragsbedingungen schriftlich festgehalten oder sogar nur als Textbaustein „im Kopf" des Verwenders existieren und von diesem immer neu einbezogen werden.[9]

Auch wenn dem Vertragspartner vom Verwender eine **Wahlmöglichkeit** zwi- 82
schen mehreren vorformulierten Optionen geboten wird, gilt die gewählte Option als vorformulierte Vertragsbedingung, zum Beispiel bei der Wahl, ob der Vertrag ein Jahr, drei Jahre oder fünf Jahre laufen soll. Gleiches gilt für maschinelle oder handschriftliche **Ergänzungen** zum Vertrag, sofern sie dem Vertragspartner keine Einfluss- und Gestaltungsmöglichkeiten boten, sondern einseitig vom Verwender eingefügt wurden.[10]

---

9 BGH NJW 1999, 2180, 2181.
10 BGH NJW 1992, 746.

b) Vielzahl von Verträgen

83 AGB liegen grundsätzlich nur vor, wenn sie für eine **Mehrzahl** von Verträgen gestaltet wurden. Dabei kommt es nicht darauf an, wie oft Klausel oder Vertrag tatsächlich schon genutzt wurden. Auch **ab dem ersten Mal** gelten vorformulierte Vertragsregelungen als AGB, wenn der Verwender dabei die **Absicht** hat, sie in Zukunft für weitere Verträge zu verwenden.[11]

84 Das AGB-Recht findet demnach keine Anwendung für **individuell** auf einen Vertragspartner gemünzte und für die **einmalige Verwendung** gedachte Vertragsbedingungen.

! **Regelungsfalle**
Hiervon regelt § 310 Abs. 3 Nr. 2 BGB eine Ausnahme: Werden bei einem Rechtsgeschäft zwischen einem **Verbraucher** und einem **Unternehmer** von letzterem vorformulierte AGB gestellt, so unterfallen sie **auch bei einmaliger Verwendungsabsicht** der AGB-Kontrolle. Dies gilt in solchen Fällen, in denen der Verbraucher durch die Vorformulierung keine Möglichkeit zur Einflussnahme auf die Regelungen hat.

---

c) Vom Verwender gestellt

85 Als „gestellt" gelten vorformulierte Vertragsbedingungen schon dann, wenn der Verwender **die Einbeziehung verlangt**.[12] Auf ein Erzwingen oder die Ausübung von Druck kommt es nicht an. Die Anforderungen an das Merkmal des Stellens sind äußerst **gering**.

86 Bei Verträgen zwischen Verbrauchern und Unternehmern gilt zudem gemäß § 310 Abs. 3 Nr. 1 BGB die **Vermutung**, dass der Unternehmer die AGB gestellt hat.

87 Auch wenn **Dritte** die AGB stellen, beispielsweise ein Hausnotar, kann dies dem Verwender **zugerechnet** werden.[13] Sogar wenn der Vertragspartner weiß, dass der Verwender üblicherweise nur unter Einbeziehung der AGB Verträge abschließt und dieser im vorauseilendem Gehorsam von der Einbeziehung der AGB ausgeht, gelten sie als vom Verwender gestellt.[14] Diese weite Auslegung ist insofern problematisch, als dass die Inhaltskontrolle nach § 307 BGB stets **zu Lasten des Verwenders** vorgenommen wird, nie zu dessen Vorteil.[15] Wenn nun zwei Unternehmen sich auf branchengeläufige AGB beziehen, ist es im Einzelfall schwer zu sagen, wer Verwender der AGB ist und wer nicht.

---

11 BGH ZIP 2001, 1921.
12 BGH NJW 1982, 1035.
13 BGH NJW 1992, 2160.
14 BGH NJW 1997, 2043.
15 BGH NJW 1998, 2280.

3. Inhaltskontrolle

Soweit der sachliche und personelle Anwendungsbereich des AGB-Rechts eröffnet ist (Rn 77 Kap. 6), tatsächlich auch AGB vorliegen (Rn 79 Kap. 6), sie wirksam in den Vertrag einbezogen worden sind (Rn 130 Kap. 3) und weder überraschend (Rn 170 Kap. 6) noch nachrangig zu einer Individualabrede sind (Rn 117 Kap. 6), ist die Inhaltskontrolle der AGB eröffnet. 88

Überprüft werden stets **einzelne vertragliche Regelungen** und nicht der Vertrag in seiner Gesamtheit (auch wenn die Unausgewogenheit des Vertrages im Ganzen für die Wirksamkeit einzelner Klauseln eine Rolle spielen kann). So ist es beispielsweise nicht möglich, eine unangemessene Benachteiligung durch eine Vorteilseinräumung an anderer Stelle auszugleichen. Es kommt auch nicht darauf an, ob die Regelung sprachlich zusammenhängend im Vertrag genannt wird. Ausschlaggebend ist der **thematische Zusammenhang**. 89

Es wird überprüft, ob bei Abwägung der Interessen beider Vertragsparteien eine unangemessene Übervorteilung des AGB-Verwenders gegenüber dem Vertragspartner vorliegt. Halten die AGB-Regelungen dieser Kontrolle stand, entfalten sie **rechtliche Wirkung**. Tun sie es nicht, so sind sie **unwirksam**. Der restliche **Vertrag bleibt** als solcher wirksam und die entstandene **Lücke** wird durch die **gesetzliche Regelung** oder **Vertragsauslegung** geschlossen, vgl. § 306 Abs. 1 und 2 BGB. Nur wenn das weitere Festhalten am Vertrag für die Parteien eine **unzumutbare Härte** darstellt, ist der gesamte Vertrag unwirksam, vgl. § 306 Abs. 3 BGB. 90

a) Vorprüfung

Vor der Kontrolle einer Regelung ist zunächst zu klären, **was genau die Regelung aussagt** und ob sie eine **Abweichung vom dispositiven Recht** darstellt. Ist die zu untersuchende Regelung **mehrdeutig**, gehen **Zweifel zu Lasten des Verwenders**, vgl. § 305c Abs. 3 BGB. Dies ist nicht zwingend so zu verstehen, dass man die für den Vertragspartner günstigste Auslegung heranzieht, sondern möglicherweise die schlechteste, wenn diese Auslegung der Inhaltskontrolle nicht Stand halten würde. Denn das für das Gegenüber in der Regel günstigste Ergebnis ist die Unwirksamkeit der Regelung mit der Folge, dass die günstigere gesetzliche Regelung greift (diese Auslegungsregel wird allerdings in der Rechtsprechung nicht konsequent gehandhabt). Würde aber die ungünstigere Auslegung trotz Inhaltskontrolle wirksam bleiben, gilt die vorteilhaftere Auslegung. Welche nun gewählt wird, ist also **ergebnisorientiert**. 91

Beispiel

A und B haben einen Gewerberaummietvertrag abgeschlossen. Als in der Nachbarschaft massive Bauarbeiten durchgeführt wurden, minderte der Mieter B die monatliche Mietzahlung wegen des Baulärms und der Erschütterungen. Der Vermieter A dagegen verlangte Zahlung der vollen Miete und verwies auf § 16 des Mietvertrages:

„Eine Minderung der Miete ist ausgeschlossen, wenn durch Umstände, die der Vermieter nicht zu vertreten hat (z.B. Verkehrsumleitung, Straßensperrungen, Bauarbeiten in der Nachbarschaft usw.), die gewerbliche Nutzung der Räume beeinträchtigt wird (z.B. Umsatz- und Geschäftsrückgang).“

Das Gericht entschied zu Gunsten des Mieters. Eine vom Vermieter in einem Gewerberaummietvertrag verwendete formularmäßige Klausel, wonach eine Minderung der Miete ausgeschlossen ist, wenn die Nutzung der Räume durch Umstände beeinträchtigt wird, die der Vermieter nicht zu vertreten hat, ist im Zweifel dahin auszulegen, dass sie die Minderung insoweit vollständig ausschließt und dem Mieter nicht die Möglichkeit der Rückforderung der Miete nach § 812 BGB belässt. Eine solche Klausel benachteiligt den Mieter unangemessen und ist deswegen unwirksam.[16]

92 Anschließend wird verglichen, ob die Regelung in ihrer anzuwendenden Auslegung eine **Abweichung oder Ergänzung von Rechtsvorschriften** darstellt, vgl. § 307 Abs. 3 BGB. Vertragsklauseln, die bloß das Gesetz wiedergeben, also deklaratorischer Natur sind, unterfallen der Inhaltskontrolle nicht. Gleiches gilt für Vereinbarungen, die lediglich die von den Parteien zu erbringenden **Hauptleistungen beschreiben** (z.B. hinsichtlich Art, Form, Qualität oder Höhe des Kaufpreises).

93 Dies macht auch Sinn, denn der Gesetzgeber geht zum einen davon aus, dass die gesetzlichen Regelungen fair gestaltet sind und es innerhalb der AGB-Kontrolle **keiner Gesetzeskontrolle bedarf.** Zum anderen wäre es ein zu großer Einschnitt in die Privatautonomie, wenn **Hauptleistungspflichten** wie etwa ein überzogener Kaufpreis unter die Inhaltskontrolle fallen würden. Es ist (abgesehen von Sonderfällen, wie z.B. nach § 138 BGB) nicht die Aufgabe der Gerichte, den Einzelnen vor **wirtschaftlich nachteiligen Abmachungen** zu schützen. Ob sich der Vertragsschluss wirtschaftlich lohnt, muss letztlich jede Vertragspartei für sich entscheiden und gegebenenfalls vom Abschluss des Vertrags absehen. Durch das AGB-Recht kontrolliert werden hingegen die Modalitäten der Vertragsdurchführung, wie sie in den Vertragsbestimmungen geregelt sind.

94 Es versteht sich von selbst, dass sich der Verwender der Inhaltskontrolle von AGB nicht durch eine Vereinbarung entziehen kann, nach der die AGB keiner Kontrolle unterzogen werden sollen. Eine solche **Aushebelung des AGB-Rechts** hat der Gesetzgeber in § 306a BGB explizit **ausgeschlossen.**

b) Inhaltskontrolle bei AGB gegenüber Nicht-Unternehmern

95 Liegen AGB vor, so werden einzelne Klauseln einer Inhaltskontrolle unterzogen. Unterfällt eine Vertragsklausel einem Klauselverbot nach §§ 309, 308 oder 307 Abs. 1, 2 BGB, ist sie unwirksam.

16 BGH NJW 2008, 2497.

Praxistipp

Für die Ausfertigung von Formularverträgen für mehrmalige Verwendung oder von klassischen AGB für den eigenen Betrieb, ist es essentiell, zu wissen, an welchem Maßstab sie gemessen werden.

Der juristische Laie wird unwirksame Klauseln zwar nicht direkt erkennen. Wenn es aber zu einem Rechtsstreit kommt, drohen möglicherweise Schadensersatzforderungen, vgl. Rn 158 Kap. 2.

Verbraucher werden im AGB-Recht **stärker geschützt als Unternehmer**. Letztere 96 sieht der Gesetzgeber als Profis, die wissen, was sie tun und ihre Risiken kennen. Verbraucher sind dagegen häufig mangels Fachkenntnis und Erfahrung unterlegen. Damit sie nicht sprichwörtlich „über den Tisch gezogen" werden, wurde im AGB-Recht für die Inhaltskontrolle einzelner Klauseln eine **abgestufte Prüfung** normiert.

Praxistipp

Auch wer beruflich Unternehmer im Sinne des § 14 BGB ist, kann als Verbraucher im Sinne des § 13 BGB handeln und entsprechend geschützt sein. Maßgeblich kommt es darauf an, in welcher Eigenschaft er dem Vertragspartner gegenüber auftritt, ob also der Vertrag für das eigene Unternehmen oder zu privaten Zwecken abgeschlossen wird.

§ 309 BGB enthält **Klauselverbote ohne Wertungsmöglichkeit**. Kommen Ver- 97 tragsvereinbarungen mit diesem Inhalt im Vertrag vor, sind sie pauschal unwirksam. Es wird davon ausgegangen, dass die normierten Regelungen eine **so starke Übervorteilung** des Vertragspartners darstellen, dass sie auch ohne Interessenabwägung nicht gelten dürfen. Dem Richter ist es auch nicht gestattet, in Einzelfällen von den Verboten abzuweichen.[17]

Hält die Vertragsklausel einer Prüfung nach § 309 BGB stand, wird § 308 BGB 98 als nächste Hürde herangezogen. Die hier festgehaltenen **Klauselverbote mit Wertungsmöglichkeit** zeichnen sich vor allem durch die Nutzung von unbestimmten Rechtsbegriffen aus. Dadurch soll eine **Einzelfallbewertung** möglich sein.

Beispiel

Nach § 308 Nr. 1 BGB ist eine unangemessen lange Frist des AGB-Verwenders zur Annahme des Vertrages unwirksam. Der Vertragspartner wird dadurch einseitig zu lange an sein Angebot gebunden und benachteiligt. Was aber nun unangemessen ist oder nicht, hängt von den Umständen ab. Während ein Monat für Alltagsgeschäfte sicherlich eine zu lange Annahmefrist darstellt, kann sie für die Annahme von Kreditgeschäften angemessen sein.[18]

17 BGH NJW 2007, 213.
18 BGH NJW 1988, 2107.

99 Fällt der strittige Vertragspassus unter keine der Klauselverbote aus §§ 309 und 308 BGB, ist zum Schluss der Maßstab des § 307 Abs. 1 Satz 1 BGB anzulegen: das **Verbot der unangemessenen Benachteiligung**. Diese Generalklausel dient als Auffangtatbestand für alle nicht speziell geregelten Fälle, in denen der Verwender **missbräuchlich** eigene Interessen auf Kosten des Vertragspartners durchzusetzen versucht, ohne die Interessen seines Partners hinreichend zu berücksichtigen.[19]

Regelungsfalle
Nur weil eine bestimmte Klausel branchenüblich ist, heißt das nicht, dass sie nicht wegen unangemessener Benachteiligung unwirksam sein kann.[20]

100 Bei der Inhaltskontrolle wird die Situation des Vertragspartners bei Wirksamkeit der Klausel und bei Unwirksamkeit (also bei Eingreifen gesetzlicher Regelungen) verglichen. Zu fragen ist, ob der Vertragspartner durch die Klausel unter **Berücksichtigung des gesamten Vertragsinhalts** im Hinblick auf die sich **gegenüberstehenden gegenseitigen Rechte und Pflichten** im **Einzelfall** entgegen den Geboten von Treu und Glauben unangemessen benachteiligt wird.

Regelungsfalle
Bei Verträgen zwischen einem Unternehmer und einem Verbraucher sind bei Prüfung der unangemessenen Benachteiligung auch die den Vertragsschluss begleitenden Umstände zu berücksichtigen, vgl. § 310 Abs. 3 Nr. 3 BGB.

101 Bei Berücksichtigung des gesamten Vertragsinhaltes kann es auch dazu kommen, dass zwei für sich genommen wirksame Klauseln durch ihr **Zusammenwirken** unwirksam werden, sogenannter **Summierungseffekt.**[21]

Beispiel
In einem Wohnraummietvertrag befindet sich folgende Klausel:

> *„Der Mieter hat insbesondere die Verpflichtung, auf seine Kosten alle Schönheitsreparaturen ... auszuführen bzw. ausführen zu lassen. ... Schönheitsreparaturen umfassen das Tapezieren, Streichen der Wände und Decken, das Streichen der Heizkörper. ... Diese Arbeiten sind ab Mietbeginn in der Regel in Küchen, Bädern und Toiletten spätestens nach drei Jahren, in Wohnräumen, Schlafräumen, Dielen ... spätestens nach fünf Jahren und in sonstigen Räumlichkeiten ... spätestens nach sieben Jahren zu tätigen."*

19 BGH NJW 2003, 886.
20 BGH NJW 1991, 1677.
21 BGH NJW 2007, 997.

Durch die Formulierung „in der Regel“ wird hervorgehoben, dass es sich bei den Fristen um Richtlinien und nicht um starre Renovierungsfristen handelt. Der Mieter ist nicht unangemessen benachteiligt und die **Klausel ist zulässig**.
Handschriftlich als Individualvereinbarung wurde am Ende des Vertrages hinzugefügt:

> *„Die Mieträume sind zum Vertragsablauf geräumt, sauber zu verlassen. Außerdem sind die Tapeten zu entfernen und die Decken/Wände zu streichen.“*

Diese Individualvereinbarung ist nicht an den Maßstäben des AGB-Rechts zu messen und deswegen ebenso **zulässig**.
Das Gericht erklärte dennoch beide Klauseln gemeinsam aufgrund des Summierungseffektes für unzulässig. Dieser gelte nämlich auch dann, wenn die zu prüfende Formularklausel mit einer Individualvereinbarung zusammentrifft; denn bei der Prüfung einer Klausel nach § 307 BGB sei der gesamte Vertragsinhalt einschließlich seiner Individualteile zu würdigen.[22]
Eine flexible Regelung für Schönheitsreperaturen **in Kombination** mit einer starren, individuell vereinbarten Endrenovierung, ist also **unzulässig**.

Eine unangemessene Benachteiligung kann sich des Weiteren daraus ergeben, dass die **Klausel nicht klar und verständlich** ist, vgl. Rn 141 Kap. 6 „Transparenzgebot“. 102

Im Zweifel ist eine unangemessene Benachteiligung in solchen Fällen anzunehmen, in denen die Bestimmung mit den **wesentlichen Grundgedanken der gesetzlichen Regelung**, von der sie abweicht, nicht zu vereinbaren ist, § 307 Abs. 2 Nr. 1 BGB. Auch bei Einschränkung wesentlicher Rechte und Pflichten aus dem Vertrag, sogenannten Kardinalspflichten, kann von einer unangemessenen Benachteiligung ausgegangen werden, § 307 Abs. 2 Nr. 2 BGB. **Wesentliche Pflichten** sind solche, die für die Erreichung des Vertragszweckes oder für die ordnungsgemäße Erfüllung notwendig sind.[23] 103

Praxistipp !
Die Darlegungs- und Beweislast für die Unangemessenheit liegt beim Vertragspartner, der sich auf die Unwirksamkeit der Klausel beruft.[24] Der Verwender muss allerdings die sein Angebot bestimmenden und für eine Qualifikation der unangemessenen Benachteiligung relevanten Daten offen legen und deren Marktkonformität darstellen.[25]

Nähere Ausführungen und Beispiele sind ab Rn 257 Kap. 6 „Unangemessene Benachteiligung“ zu finden. 104

22 BGH NJW 2006, 2116.
23 BGH NJW 1993, 335.
24 BGH NJW 1996, 388.
25 BGH BeckRS 2003, 01332.

c) Inhaltskontrolle bei AGB gegenüber Unternehmern

105 Im **unternehmerischen Rechtsverkehr** wird dagegen **theoretisch** gemäß § 310 Abs. 1 BGB die Überprüfung von AGB **eingeschränkt**:

> *„**(1)** […] § 305 Absatz 2 und 3, § 308 Nummer 1, 2 bis 8 und § 309 finden keine Anwendung auf Allgemeine Geschäftsbedingungen, die gegenüber einem Unternehmer […] verwendet werden. § 307 Abs. 1 und 2 findet in den Fällen des Satzes 1 auch insoweit Anwendung, als dies zur Unwirksamkeit von in den § 308 Nummer 1, 2 bis 8 und § 309 genannten Vertragsbestimmungen führt; auf die im Handelsverkehr geltenden Gewohnheiten und Gebräuche ist angemessen Rücksicht zu nehmen.“*

106 Die 23 in §§ 308 und 309 BGB aufgelisteten **Klauselverbote** gelten für AGB gegenüber Unternehmern **nicht**, mit Ausnahme der § 308 Nr. 1a und 1b BGB. Sie sind im Grundsatz nur anhand der „Generalklausel“ gemäß § 307 BGB zu überprüfen, die von einer Unwirksamkeit einer Vertragsklausel ausgeht, soweit der Vertragspartner entgegen den Geboten von Treu und Glauben **unangemessen benachteiligt** wird. Zu Bewertung, wann dies der Fall ist, hat der Gesetzgeber festgehalten, dass nach § 307 BGB **auch Klauseln unwirksam sein können**, die sonst nach den §§ 308 und 309 BGB unwirksam wären. Bei der Prüfung ist jedoch auf die im Handelsverkehr geltenden **Gewohnheiten** und **Gebräuche angemessen Rücksicht** zu nehmen.

107 Nach dem Willen des **Gesetzgebers** wird also **zwischen Verbrauchern und Unternehmern differenziert** und anerkannt, dass es bei B2B-Verträgen (business to business) flexiblerer Prüfungskriterien bedarf als bei Verbrauchergeschäften.[26]

108 Die **Rechtsprechung** hat die AGB-rechtliche Unterscheidung zwischen Verbrauchern und Unternehmern in den vergangenen Jahren immer weiter aufgeweicht. Der Bundesgerichtshof ging in einer Entscheidung aus dem Jahr 2007 davon aus, dass, wenn eine Klausel in Allgemeinen Geschäftsbedingungen bei ihrer Verwendung gegenüber einem Verbraucher unter ein Klauselverbot des § 309 BGB falle, dies ein **Indiz** dafür sei, dass sie auch im Falle der Verwendung gegenüber einem Unternehmer zu einer **unangemessenen Benachteiligung** führt. Dies sei nur dann nicht der Fall, wenn sie wegen der besonderen Interessen und Bedürfnisse des unternehmerischen Geschäftsverkehrs als angemessen angesehen werden könne.[27] Die auch im Gesetz genannten „im Handelsverkehr geltenden Gewohnheiten und Gebräuche“ haben in der Praxis **kaum zu einer spürbaren Auswirkung** auf die Inhaltskontrolle von AGB geführt. Die Rechtsprechung kommt folglich durch den Rückgriff auf die Indizwirkung der Klauselverbote im Rahmen einer Prüfung der unangemessenen Benachteiligung nach § 307 BGB vielfach zu im B2B- und im B2C-Verkehr **gleichen Ergebnissen**.

---

26 BT-Drucks. 14/6857, S. 17.
27 BGH NJW 2007, 3774.

Im Ergebnis kann auch im Rechtsverkehr zwischen Unternehmern von einer **nahezu vollumfänglichen Wirkung des AGB-Rechts** gesprochen werden. Eine vertiefende Darstellung dieser Problematik und ihrer Auswirkungen ist ab Rn 182 Kap. 6 „Verbotskataloge der §§ 308 und 309 BGB unter besonderer Berücksichtigung des B2B-Verkehrs" zu finden. 109

Praxistipp

Bei der Formulierung von AGB sollte man sich die Frage stellen, worauf der Vertragspartner nach der Natur des Vertrages im Kern vertrauen darf. Es empfiehlt sich, die Klauselverbote aus §§ 309, 308 BGB auch im B2B-Verkehr als Orientierungshilfen zu nutzen, da sie laut BGH Indizwirkung für die AGB-Kontrolle entfalten. Dadurch kann das Unwirksamkeitsrisiko verringert werden.

4. Auswirkungen der Inhaltskontrolle

Sind bei Verträgen, die nicht dem AGB-Recht unterliegen, Teile des Vertrages nichtig, ist im Zweifel davon auszugehen, dass das ganze Rechtsgeschäft nichtig ist, vgl. § 139 BGB. Anders verhält es sich bei AGB. Nach § 306 Abs. 1 BGB bleibt bei Unwirksamkeit von AGB-Klauseln der **übrige Vertrag wirksam**. Die entstandene Lücke wird durch die Anwendung der **gesetzlichen Regelungen** gefüllt, vgl. § 306 Abs. 2 BGB. Der gesamte Vertrag ist nur dann unwirksam, wenn das Festhalten daran für die Vertragsparteien eine **unzumutbare Härte** darstellen würde, vgl. § 306. Abs. 3 BGB. 110

Unwirksam kann eine Vertragsregelung dadurch werden, dass sie der **Inhaltskontrolle nicht standhält** oder **nach anderen Normen nichtig** wird, beispielsweise wegen Verstoßes gegen ein gesetzliches Verbot (§ 134 BGB), Sittenwidrigkeit (§ 138 BGB) oder Anfechtung (§§ 119 ff., 142 BGB). 111

Wie bedeutend dieser unwirksame Vertragsbestandteil ist und wie viel vom Vertrag mit „in die Unwirksamkeit gerissen" wird, ist dabei, wie so häufig, einzelfallabhängig. Abgestellt wird auf die **sprachliche und inhaltliche Trennbarkeit** des unwirksamen Vertragsbestandteils.[28] 112

Zur Überprüfung der sprachlichen Trennbarkeit wird der sogenannte **„Blue Pencil Test"** vorgenommen: Lässt sich der unwirksame Bestandteil der Regelung **wegstreichen** und bleibt der **übrige Teil verständlich**, so bleibt letzterer wirksam.[29] Er darf nach Streichung also **nicht im Sinn verändert oder sinnlos** werden. 113

Ähnliches gilt für Regelungen, die an anderer Stelle des Vertrages stehen, **inhaltlich aber stark verbunden** mit der unwirksamen Regelung sind, so wie im 114

28 BGH NJW 2007, 674.
29 BAG NZA 2005, 1053.

Falle eines Summierungseffekts. Ergeben Teile des Vertrages ohne die unwirksame Regelung keinen Sinn, sind auch diese von der Unwirksamkeit erfasst.

115 **Nicht zulässig** ist allerdings eine sogenannte **geltungserhaltende Reduktion**. Darunter versteht man die teilweise Aufrechterhaltung der unwirksamen Klausel mit einem reduzierten, wirksamen Inhalt. Eine solche **Neuauslegung der unwirksamen Klausel** wäre mit dem Gedanken des AGB-Rechts nicht vereinbar. Jeder Verwender von AGB könnte ungefährdet bis zur Grenze dessen gehen, was zu seinen Gunsten grade noch vertretbar in die Klausel interpretiert werden kann. Der Vertragspartner würde nicht durch das Lesen des Vertrages, sondern erst bei einer gerichtlichen Auslegung erfahren, welche Rechte und Pflichten er tatsächlich hat. Dies kann nur verhindert werden, wenn die geltungserhaltende Reduktion unwirksamer Klauseln verboten wird. AGB-Verwender werden deswegen lieber von vornherein wirksame, verständliche Klauseln nutzen, um keine vollständige Unwirksamkeit zu riskieren.[30]

116 Auch eine **salvatorische Klausel**, die im Falle der Unwirksamkeit einer Regelung eingreifen soll, ist insoweit **unwirksam**. Sie würde zum einen bewirken, dass der Vertragspartner nicht weiß, welche Regelung nun gelten soll und welche Rechte und Pflichten er nun genau hat, und zum anderen die Rechtsfolgen des § 306 BGB umgehen.[31]

Checkliste

Relevant für die Wirksamkeit von AGB

- Keine Anwendbarkeit im Erb-, Familien- und Gesellschaftsrecht, sowie Tarifverträge, Betriebs- und Dienstvereinbarungen; beschränkte Anwendbarkeit auf Arbeitsverträge.
- Einbeziehung in den Vertrag, vgl. Rn 130 Kap. 3
  - Keine Einbeziehung bei überraschender Klausel, vgl. Rn 170 Kap. 6 „Überraschende Klauseln“
- Vorrang der Individualabrede, vgl. Rn 117 Kap. 6
- Inhaltskontrolle
- Nicht bei rein deklaratorischen und leistungsbeschreibenden Regelungen, vgl. Rn 77 Kap. 6
- Bei AGB gegenüber Verbrauchern: Klauselverbote, §§ 309, 308 BGB, und Generalklausel, § 307 BGB, beachten, vgl. Rn 95 Kap. 6
- Bei AGB zwischen Unternehmern: Generalklausel, § 307 BGB, und Indizwirkung der Katalogverbote beachten, vgl. Rn 105 Kap. 6

Zu Rechtsfolgen und Risiken der Unwirksamkeit, vgl. Rn 110 Kap. 2 „Risiken unwirksamer Vertragsklauseln“.

---

30 BGH NJW 1982, 2309.

31 BAG BeckRS 2013, 71140, Rn 20.

II. Abgrenzung AGB und Individualvereinbarung

Jahrzehnte lang waren Verfasser von Wirtschaftsverträgen regelmäßig daran gewöhnt, ihren Gestaltungs- und Formulierungsspielraum bis zur Grenze der Sittenwidrigkeit (§ 138 BGB) innerhalb des Korridors von Treu und Glauben (§ 242 BGB) auszuüben. Die aktuelle, auch im B2B-Verkehr vertretene Rechtsprechung zur Geltung des AGB Rechts (§§ 305–310 BGB) zwingt mit ihrer ausufernden Reichweite hier allerdings zum Umdenken. 117

1. Darstellung der Problematik

Ist bei den Verfassern von Wirtschaftsverträgen häufig ein allgemeines Verständnis darüber gegeben, dass rein standardisierte Texte am AGB-Recht zu messen sind, missachtet das Verständnis von der Anwendbarkeit des AGB-Rechts offensichtlich bei Texten, die nicht als klassische AGB (z.B. Allgemeine Ein- und Verkaufsbedingungen, Allgemeine Lieferbedingungen, Allgemeine Lizenzbedingungen) bezeichnet sind, oder bei der die Parteien in irgendeiner Form über den Vertrag und/oder über den Vertragsinhalt gesprochen haben, fälschlicher Weise oft die Anwendbarkeit des AGB-Rechtes. 118

Tatsächlich erstreckt sich jedoch mittlerweile der Anwendungsbereich des AGB-Rechts, welches vor **der überlegenden Gestaltungsmacht** des Verwenders der jeweiligen Klausel **schützen** soll, auf nahezu alle Wirtschaftsverträge. 119

Ausgangspunkt der eigenen Überlegung des Gestalters zur Anwendbarkeit der AGB Kontrolle muss dabei auch in Ansehen der Ausuferungen der Rechtsprechung zunächst die Gesetzesdefinition **selbst sein**: 120

Nach § 305 Abs. 1 Satz 1 BGB sind Allgemeine Geschäftsbedingungen dabei alle **für eine Vielzahl von Verträgen vorformulierten** Vertragsbedingungen, die eine Vertragspartei (der sogenannte Verwender) der anderen Vertragspartei **bei Abschluss eines Vertrages** stellt. 121

Dagegen unterfallen nicht dem AGB-Recht sogenannte Individualverträge beziehungsweise **individualvertragliche Vereinbarungen**. Diese liegen aber nach § 305 Abs. 1 Satz 3 BGB nur vor, soweit die Vertragsverbindungen zwischen den Parteien **im Einzelnen ausgehandelt** sind. 122

Erfasst vom AGB-Recht werden daher nahezu alle in der Wirtschaft gebräuchlichen schuldrechtlichen Verträge, wie etwa Verkaufs- und Einkaufsverträge, Kooperationsverträge, Geheimhaltungsvereinbarungen, Vertriebsverträge, aber auch Lizenzbedingungen[32] oder Vertragsbedingungen im Rahmen von PPP-Projekten.[33] 123

32 BGH NJW 2002 17,13.
33 OLG Düsseldorf NZBau 2008, 180.

124 Voraussetzung ist zunächst, dass es sich um **Vertragsbedingungen** handelt, also alle Erklärungen, die Vertragsinhalte gestalten sollen, unabhängig davon, ob sie in der Vertragsurkunde selbst oder in einer Anlage vorgesehen sind. Auch Klauseln über den Vertragsabschluss selbst werden vom Anwendungsbereich erfasst.[34] Auch einseitige Erklärungen des Vertragspartners, wie etwa Quittungen oder Bestätigungen, fallen unter das gesamte Merkmal, soweit sie vom Verwender vorformuliert sind und damit quasi eine Erklärungsfiktion enthalten. Entsprechendes gilt für die Ermächtigung zur Vornahme einer Handlung. Einseitige Erklärungen des Verwenders fallen dagegen nicht unter die AGB-Dispositionen, da der Verwender hiermit ausschließlich eigene rechtsgeschäftliche Gestaltungsmaßnahmen in Anspruch nimmt.

125 Weitere zwingende Bedingungen für die Anwendbarkeit des AGB-Rechts ist die Eigenschaft der Vertragsbedingungen als **„vorformuliert"**. „Vorformuliert" sind dabei alle Vertragsbedingungen, soweit sie für eine mehrfache Verwendung schriftlich oder in sonstiger Weise aufgeführt, fixiert oder gespeichert sind und vom Verwender selbst oder von Dritten entworfen sind, gleich ob die Vertragsbedingung als AGB bezeichnet wird oder ob es sich um eine wirtschaftsvertragliche Einzelklausel handelt.[35] Selbst nicht schriftlich fixierte, jedoch mit Wiederholungsabsicht in den Vertrag **eingefügte Klauseln unterfallen dabei regelmäßig dem Merkmal „vorformuliert"**.[36]

2. Abgrenzung in der Rechtsprechung

126 In der Praxis bereiten hier immer wieder Vertragsgestaltungen, die **ausfüllungsbedürftige Leerräume** enthalten, in der Abgrenzung Probleme. Sie dienen in aller Regel dazu, den AGB-Charakter eines Vertragswerkes zu verschleiern. Absichtlich in die Klausel eingeführte ausfüllungsbedürftige Leerräume, bei denen unselbstständige Ergänzungen ohne Substanz getätigt werden können, führen allerdings dazu, dass der AGB-Charakter erhalten bleibt. Anders ist dies, wenn der Vertragspartner freie Stellen nach seiner freien Entscheidung ausfüllt und damit den Vertragsinhalt substanziell mitgestalten kann.[37] Eine derartige gleichrangige Gestaltungsmacht des Ausführenden wird man zum Beispiel nicht in dem Fall annehmen können, indem dem Partner des Verwenders eine Vertragsstrafenklausel ohne bloße Eintragung einer Höhe der Vertragsstrafe gestellt wird, die der Partner dann ergänzen kann. Dies deshalb, weil die maßgebliche Frage, ob eine Vertragsstrafe überhaupt vereinbart werden soll, der Gestaltungsmacht des Klauselverwenders entzogen ist.

---

34 BGHZ 104, 99.
35 BGH WM 2005, 13317.
36 OLG Karlsruhe NJW-RR 2008, 1015.
37 Vgl. WM 1998, 1066.

Ist eine Kombination von mehreren vorformulierten Regelungsalternativen mit entsprechenden Leerräumen im Vertrag vorgesehen, die noch vom Vertragspartner ausgefüllt werden können, handelt es sich regelmäßig um AGB, es sei denn, die vorformulierten Alternativen stehen nicht im Vordergrund, sondern werden durch individuelle Wahlmöglichkeiten überlagert.[38] 127

Jede Vertragsbedingung muss zudem für eine **„Vielzahl von Verträgen"** aufgestellt worden sein. Die Absicht, eine bestimmte wirtschaftsvertragliche Klausel dabei gegenüber verschiedenen Partnern zu verwenden, ist nicht erforderlich. 128

War bisher klar, dass eine für einen bestimmten Wirtschaftsvertrag ausgearbeitete Vertragsklausel nicht dem Anwendungsbereich des § 305 Abs. 1 BGB unterfällt[39] und eine Mindestanzahl von mindestens drei Verwendungen intendiert sein musste,[40] hat die Rechtsprechung das Merkmal der Intention für eine „Vielzahl von Verträgen" über den Wortlaut des § 305 Abs. 1 BGB hinaus zwischenzeitlich extensiv auslegt. **Der BGH geht davon aus, dass bei Benutzung einer allgemeinen vorformulierten Klausel, die laut einem Berufungsgericht inhaltlich einer typischen AGB-Klausel entspricht, es nicht mehr drauf ankomme, dass der Verwender im Einzelfall die Absicht der Mehrfachverwendung hat.**[41] Dabei zu berücksichtigen sei, dass eine Vielzahl von Klauseln in Wirtschaftsverträgen, wie Haftungsausschluss- und Begrenzungsklauseln, Gewährleistungsklauseln, Vertragsstrafenklauseln, Zahlungsklauseln etc., sich typischer Weise auch in klassischen allgemeinen Einkaufs- und Verkaufsbedingungen im Berufungsgericht bekannter Weise wiederfinden lassen. 129

In dogmatisch zutreffender, jedoch für den Wirtschaftsverkehr maßgeblich beschränkender Weise geht die Rechtsprechung des BGH in Einklang mit der Rechtsprechung anderer Oberlandesgerichte zum Schutz des Vertragspartners von der überlegenden Gestaltungshoheit des die Vertragsklausel einführenden Verhandlungspartners sogar noch weiter. So wird mittlerweile von der höchstrichterlichen Rechtsprechung angenommen, dass es sich **schon dann um einen AGB-Charakter einer Vertragsklausel handelt, wenn ein nach dem äußeren Erscheinungsbild gedrucktes oder sonst vervielfältigtes Klauselwerk vorliegt, welches Inhaltlich weitgehend die Interessen seines Verwenders wiederspielgelt.** Zwar wird in der Instanzgerichtbarkeit[42] versucht, in begründeten Einzelfällen eine Korrektur dieser Rechtsprechung herbeizuführen, indem der Prima-Facie-Beweis bei einer namentlichen Nennung der Parteien im Vertrag selbst eine individuelle Vertragsgestaltung und zumindest auch nachhaltig den Verwender der Klausel benachteiligende Ver- 130

38 BGH NJW-RR 97, 1000.
39 BGH NJW-RR 2002, 13.
40 BGH NJW 2002, 138.
41 BGH NJW 2006, 19.
42 OLG Hamburg BauR 2010, 12–27.

tragsregelungen enthalten soll. Diese dürfte jedoch bei der Wirtschaftsvertragsgestaltung außerhalb von hochkomplexen Projektverträgen faktisch kaum eine Rolle spielen.

131 Erforderlich ist weiterhin, dass die für die Vielzahl von Verträgen vorformulierte Vertragsbedingung vom Vertragsgestalter **„gestellt“** wird. Dieses Merkmal setzt stets ein konkretes Einbeziehungsangebot voraus und wird trotz extensiver Versuche in der Literatur die Auslegung das Merkmal einzuschätzen von der höchstrichterlichen Rechtsprechung als alleinige, realextensiver Messlatte für die rechtliche Gestaltung von Wirtschaftsverträgen ausgelegt. „Gestaltet“ wird eine Vertragsklausel von demjenigen, auf dessen Veranlassung die Einbeziehung der AGB in den Vertrag zurückgeht.[43] Auf ein wirtschaftliches Ungleichgewicht kommt es dabei nicht an.

132 Bei verschiedenen Regelungsalternativen oder vorgesehenen Leerräumen entfällt das **„Stellen“** von Vertragsbedingungen nicht unmittelbar, sondern erst dann, wenn die andere Partei eigene Vorschläge nicht nur einbringen, sondern aufgrund freier Entscheidung auch durchsetzen kann. Dieser Dispositionsfreiheit des Ausfüllens einer Lücke oder etwa einer Regelungsalternative sind daher gleich hohe Anforderungen zu stellen, wie an das Aushandeln im Sinne von § 305 Abs. 1 Satz 3 BGB. Ein **Stellen von Vertragsbedingungen** liegt auch beim Einbezug von dritten Seiten gestellter Texte (zu Beispiel von einem Rechtsanwalt und/oder Notar) vor, soweit diese im Auftrag des Verwenders entworfen wurden.

133 Nur wenn der Vertragspartner völlig frei zwischen verschiedenen Vertragsentwürfen wählen kann, wird das Merkmal „gestellt“ „entfallen“. Dies gilt auch dann, wenn beide Vertragsparteien die Einbeziehung derselben AGB (zum Beispiel der VOB sowie bestimmter Schutzregelungen) verlangen. Übernimmt eine Partei einseitig Vertragsmuster oder **Vertragsklauseln aus dem Internet** wird man nach neuer Rechtsprechung ebenfalls von einem „Stellen“ von Vertragsbedingungen ausgehen müssen.[44]

3. Erfolgreiche Individualvereinbarung

134 Die vorgenannte AGB-Problematik bei der Gestaltung von Wirtschaftsverträgen entfällt in aller Regel nur dann, wenn die **einzelne Klausel „ausgehandelt“** im Sinne von § 305 Abs. 1 Satz 3 BGB ist.

135 Die Anforderungen an ein „Aushandeln“ seitens der Rechtsprechung sind allerdings gemeinhin wesentlich höher als von Gestaltern von Wirtschaftsverträgen häufig angenommen. Ein derartiges „Aushandeln“ kann nur unter engen Voraussetzungen angenommen werden. Tatsächlich muss ein Sachverhalt gegeben sein, bei

43 BGH NJW-RR 2010, 39.
44 OLG Hamm MMR 2012, 94.

dem das Gegenteil des „Stellens“ der „Vertragsbedingungen“ festgestellt werden kann. Wertet man die maßgeblichen Entscheidungen des BGH zum „Aushandeln“ aus, so lassen sich als Extrakt **drei Kernanforderungen an ein „Aushandeln“** feststellen:

- Die vertragsgegenständliche Klausel muss vom Verwender, insoweit die Regelung vom Gesetz abweicht, dergestalt **ernsthaft** zur **Disposition gestellt** werden, als der anderen Partei die **reale Gestaltungsmacht** zur Wahrung ihrer eigenen Interessen eingeräumt wird;[45]
- Weiterhin muss **über die** so zur Disposition gestellte **Klausel im Einzelnen verhandelt werden**, was bei umfangreicheren Klauseln mit mehreren Gestaltungselementen (zum Beispiel Vertragsstrafenklauseln) die Verhandlung über die einzelnen Elemente der Klausel (zum Beispiel Anrechenbarkeit etc.) voraussetzt;
- Soweit nicht erkennbar geworden ist, dass die andere Vertragspartei Tragweite und Sinn der gestellten Vertragsklausel wirklich erkannt hat, muss der Verwender die andere Vertragspartei über Inhalt und Tragweite der Klausel belehrt haben (sog. Belehrungsrechtsprechung).[46] Letzteres gilt jedenfalls dann, wenn die Klausel in ihrer Gestaltung (zum Beispiel Umfang) und ihren Auswirkungen nicht ohne weiteres leicht verständlich ist.

Mit Hinblick auf die Schutzwirkung des AGB-Rechts kann die Rechtsprechung davon ausgehen, dass die vorgenommene Anforderung selbst bei anwaltlicher Begleitung einer Vertragspartei platzgreifen muss und wird. Damit zeigt sich gleichzeitig, dass sich momentan im Rechtsvertrag zwischen Unternehmen und den dortigen Gestaltern von Wirtschaftsverträgen regelmäßig die Anforderung an ein „Aushandeln“ und damit ein individualvertraglicher Charakter einer Klausel nicht erreichen lassen wird. Die Folge hiervon ist, dass für die Gestaltung moderner und rechtssicherer Wirtschaftsverträge die Hinzuziehung eines mit dem AGB-Recht vertrauten Beraters unumgänglich sein wird. 136

Praxistipp

Klarstellend sei festgehalten, dass das Aushandeln einzelner Klauseln nicht dazu führt, dass der AGB-Charakter des übrigen Vertrages entfällt.[47]

Im Hinblick auf die Anforderung des „Aushandelns“ von Wirtschaftsvertragsklauseln und dem Ausschluss der Anwendbarkeit des AGB-Rechts kommt es immer wieder zu Missverständnissen. Klargestellt sei daher Folgendes: 137

45 BGH NJW 2004, 1454.
46 BGH NJW-RR 2005 1040 ff.
47 BGHZ 1997, 215.

138 Das „Aushandeln“ muss sich nach höchstrichterlicher Rechtsprechung grundsätzlich in einer Änderung des vorformulierten Textes niederschlagen. Bei umformulierten Texten kann **nur ausnahmsweise** eine Individualvereinbarung vorliegen, wenn der andere Teil nach gründlicher Erörterung der Sachkräftigkeit von der Sachgerechtigkeit der Regelung überzeugt wird und hier zustimmt. **Eine** hierzu **allgemein geäußerte Bereitschaft, belastende Klauseln abzuändern, genügt allerdings nicht**, ebenso wenig ein ausdrückliches Einverständnis des von der Klausel belastenden Vertragsteils ohne dass die vorgenannte Erörterung erfolgt ist.

139 Auch die nachträgliche Änderung der Vertragsklausel führt nicht zu einer Individualvereinbarung, wenn diese lediglich ein wenig abgeschwächt wird, ohne dass die Klausel in ihrem **Kerninhalt ernsthaft zur Disposition** gestellt wird.

Des Weiteren können in der Wirtschaft gebräuchliche **Erklärungsfiktionen**, nach denen der Vertragspartner bestätigt, der Vertrag sei in seinen Einzelheiten ausgehandelt, ein **wirkliches Aushandeln nicht ersetzten**. Derartige Klauseln sind vielmehr selbst nach § 309 Abs. 12b BGB (§ 307 BGB entsprechend Unternehmerverkehr) unwirksam.

140 Zwar wird man grundsätzlich davon ausgehen müssen, dass der bei Wirtschaftsvertragsverhandlungen übliche Schlagabtausch, bei dem die einzelnen Parteien keine wirkliche Verhandlungsbereitschaft über bestimmte Kernklauseln demonstrieren, nicht ein „Aushandeln“ im Sinne von § 305 Abs. 1 Satz 3 BGB darstellt. Nach Ansicht des BGH kann jedoch unter Umständen ein „Aushandeln“ im Unternehmerverkehr im Ausnahmefall dann bejaht werden, wenn der Verwender eine bestimmte Klausel zur „conditio sine qua non“ für den Vertragsabschluss selbst erklärt hat und die Parteien die Sachgerechtigkeit dieses Umstandes erörtert haben.[48] Hieran sind allerdings strenge Anforderungen zu stellen.

III. Transparenzgebot

1. Das AGB-rechtliche Transparenzgebot als Leitbild der Gestaltung

141 Nach § 307 Abs. 1 Satz 2 BGB kann eine unangemessene Benachteiligung des Vertragspartners im Sinne des § 307 Abs. 1 BGB sich auch daraus ergeben, dass ein Klauseltext nicht klar und verständlich ist. Dies ist an sich nichts Neues, da bereits schon vor Einführung des § 307 Abs. 1 Satz 2 BGB (und damit des AGB-rechtlichen Transparenzgebots ins Gesetz) eine langjährliche Rechtsprechungstradition dahingehend bestand, Klauseln zu „kassieren“, die nicht klar und verständlich verfasst sind.[49]

48 BGH NJW 92, 2285.
49 BGHZ, 106, 47; BGH NJW 2000, 651.

Auch wenn inhaltlich daher zutreffend darauf hingewiesen wird, dass für die vertragliche Klauselgestaltung das nunmehr gesetzlich verankerte AGB-rechtliche Transparenzgebot nichts Neues bringt,[50] so muss auch in Anbetracht der Anzahl derjenigen Klauseln, die von der höchstrichterlichen Rechtsprechung auf Basis des AGB-rechtlichen Transparenzgebotes „gekippt" werden, von einer neuen Dimension der Transparenzkontrolle gesprochen werden. 142

2. Reichweite des AGB-rechtlichen Transparenzgebots

Bei der Gestaltung von Wirtschaftsverträgen ist darauf zu achten, dass das AGB-rechtliche Transparenzgebot des § 307 Abs. 1 Satz 2 BGB nicht nur im Rahmen der klassischen AGB-rechtlichen Inhaltskontrolle Platz greift, sondern auch dort zu beachten ist, wo diese selber nicht Platz greift, namentlich im Bereich der **Leistungsbeschreibung** und der **Preisbestimmung**. Gerade im Bereich der Leistungsbeschreibung, die sich bei richtiger Abfassung als modernes Haftungsbegrenzungsmittel erfassen lässt, ist daher wichtig, darauf zu achten, dass auf Basis des nachfolgend dargestellten Maßstabes von angesprochenen Vertragspartnern der Inhalt der Leistung, die vertraglich geschuldet ist, klar und bestimmt zu erfassen ist. 143

3. Beurteilungsmaßstab für das AGB-rechtliche Transparenzgebot

Nach der für die vertragsgestaltenden Praktika allein maßgeblichen höchstrichterlichen Rechtsprechung kommt es für den Horizont, auf den bezüglich der einzuhaltenden Parametern „klar" und „verständlich" abgestellt wird, auf den **rechtlich nicht vorgebildeten** Durchschnittsvertragspartner an, der nicht darüber informiert ist, welche Rechte ihm zustehen. Dies gilt auch im B2B-Verkehr.[51] Demgegenüber wird in der Literatur in Anlehnung an den aufgeklärten Verbraucher im Wettbewerbsrecht teilweise gefordert, dass für die Beurteilung, ob eine Regelung dem Transparenzgebot genügt, nicht auf den flüchtigen Betrachter und Rechtsempfinden abgestellt werde, sondern auf den aufmerksamen und sorgfältigen Teilnehmer im Wirtschaftsverkehr abzustellen sei.[52] 144

Um wegen der Funktion des AGB-rechtlichen Transparenzgebotes die Folgen überlegener Gestaltungsmacht des Klauselverwenders in Wirtschaftsverträgen in klassischen AGB abzumildern, von denen stets die andere Vertragspartei (nicht deren Berater) betroffen ist, wird man auch dann auf den jeweiligen Vertragspartner (auch im B2B-Verkehr) abstellen müssen, selbst wenn dieser rechtsberatend vertreten und/oder begleitet wird. 145

---

50 Palandt/*Grüneberg* § 307 Rn 20.

51 BGH NJW 2013, 291.

52 Palandt/*Grüneberg* § 307 Rn 27.

146 So ist auch in der Rechtsprechung anerkannt, dass eine weitergehende Kenntnisnahme und Verständnismöglichkeit des Vertragspartners im konkreten Fall an der Verletzung des Transparenzgebots und der Unwirksamkeit einer Klausel nichts ändert.[53] Im hier maßgeblichen B2B-Verkehr spielt daher der Umstand, dass bei den im Verbraucherverkehr zu berücksichtigen Begleitumständen auch die Know How-Prägung des Vertragspartners im Hinblick auf das Transparenzgebot eine Rolle spielen kann, keine Rolle.

4. Anforderungen an das AGB-rechtliche Transparenzgebot

147 Das AGB-rechtliche Transparenzgebot des §307 Abs.1 Satz 2 BGB verpflichtet den Gestalter eines Wirtschaftsvertrages, die Rechtsposition des anderen Vertragsteils so **verständlich und klar zu regeln**, dass dieser **ohne weiteres** in die Lage versetzt wird, eine ihn benachteiligende Wirkung einer Klausel **ohne die Einholung von Rechtsrat** zu erkennen.[54] Man kann also sagen, dass das AGB-rechtliche Transparenzgebot den Klauselverwender verpflichtet, die Pflichten und Rechte seines Vertragspartners in den Vertragsklauseln (die wie dargelegt regelmäßig AGB darstellen) der Möglichkeit nach einfach, präzise und klar darzustellen.[55]

148 Eine vertragliche Formulierung verstößt daher gegen das AGB-rechtliche Transparenzgebot, wenn die Vertragsklausel „**vermeidbare Unklarheiten und Spielräume**" enthält.[56] Lässt sich daher eine Vertragsklausel unschwer so formulieren, dass das vom Autor Gewollte klar zu erkennen wäre, führt eine Formulierung, bei der das vom Autor Gewollte allenfalls durch eine umfassende Auslegung ermittelbar ist, zu vermeidbaren Unklarheiten und damit zur Intransparenz.

149 Dabei ist nach der aktuellen Rechtsprechung des BGH unter der Auslegung nach dem Transparenzgebot Folgendes zu beachten:

- AGB-Vertragsklauseln und klassische AGB sind „nach ihrem objektiven Inhalt und typischen Sinn so auszulegen, wie sie von verständigen und redlichen Vertragspartnern mit der Abwägung der Interessen der normalerweise beteiligten Verkehrskreise verstanden werden".
- Hinsichtlich der so maßgeblichen Verständnismöglichkeiten wird lediglich auf den durchschnittlichen Vertragspartner des Klauselverwenders abgestellt.
- Zweifel gehen immer zu Lasten des Klauselverwenders! Eine Vertragsklausel in einem Wirtschaftsvertrag muss daher wirtschaftliche Nachteile und Belastun-

53 BGHZ 116, 4; BGH NJW-RR 2011, 1144.
54 BGH NJW 2007, 2176 ff.
55 BGH NJW 2011, 1801; BGH VersR 2003, 46.
56 BAG NJW 2012, 552.

gen für einen durchschnittlichen Vertragspartner soweit erkennen lassen, wie dies nach den Umständen gefordert werden kann.[57]

Von besonderer Relevanz für die wirtschaftsrechtliche Vertragsgestaltung ist **die Abfassung korrekter Überschriften.** Insoweit verlangt das AGB-rechtliche Transparenzgebot nämlich, dass eigeneständige Regelungsbereiche nicht unter fremden Überschriften „versteckt“ werden, sondern mit einer eigenen, ausreichenden und aussagekräftigen Überschrift versehen werden.[58] 150

Bei der wirtschaftsrechtlichen Vertragsgestaltung ist daher ein Ausfluss des Transparenzgebotes darauf zu achten, dass 151

- **einheitliche Regelungskreise** unter einheitlichen, **aussagekräftigen Überschriften** zusammengefasst werden (keine Aufsplittung von Regelung, z.B. in Form diversifizierter Haftungsausschlussklauseln an verschiedenen Stellen des Vertrages, z.B. bei Verzug, Gewährleistung und sonstigen Regelungen);
- eine Inkludierung aller geltenden klassischen AGB in der Inbezugnahmeklausel des Vertrages selbst vermieden wird, d.h. **Vermeidung von Kettenverweisungen** von einem in Bezug genommenen Standard-AGB-Werk auf ein anderes;
- eine **klare Gliederung** der Regelungen nach dem Ablauf der vertraglichen Beziehung gewählt wird;
- vermieden wird, sich nur aus dem Zusammenhang erschließende oder im Wege der Auslegung zu ermittelnde Regelungen zu nutzen;
- vermieden wird, versteckte Regelungsinhalte zu nutzen;
- Formulierungen wie „soweit gesetzlich möglich“/„soweit gesetzlich zulässig“/„soweit sich aus zwingendem Recht nicht etwas anderes ergibt“ vermieden werden, da diese regelmäßig die Kenntnis des Vertragspartners von der Rechtslage (welche er nach der Referenzrechtsprechung des BGH nicht haben darf) voraussetzt.

5. Verwendung unbestimmter Rechtsbegriffe und/oder Fachbegriffe

Spätestens seit der Entscheidung des Bundesgerichtshofs für Nichterfüllung der Anforderung des Transparenzgebotes durch Verwendung des Begriffs „Kardinalpflichten“ in Haftungsbeschränkungen,[59] dürfte klar sein, dass die Verwendung unbestimmter Rechtsbegriffe und/oder Fachbegriffe unter dem AGB-rechtlichen Transparenzgebot bedenklich ist. 152

Generell wird man sagen können, dass der Gestalter von Wirtschaftsverträgen (soweit die Vertragsklauseln AGB darstellen) grundsätzlich **unbestimmte Rechts-** 153

57 BGH VersR 2013, 46; Palandt/*Grüneberg* § 307 Rn 21.
58 LAG Hamm, 10.9.2004 – 7 Sa 918/04.
59 BGH NJW-RR 2005, 1496.

begriffe aus dem Gesetzeswortlaut im Einzelfall übernehmen können.[60] Im Einzelfall wird allerdings zu beachten sein, dass das Privileg unklar oder ungenau zu formulieren bei gesetzgeberischen Akten geduldet wird, bei der freien Gestaltung von Wirtschaftsverträgen allerdings nicht. Der Gestalter von Wirtschaftsverträgen ist deshalb gut beraten, nur dann unbestimmte Rechtsbegriffe aus der Gesetzessprache zu übernehmen, wenn für deren Verwendung und im Transparenzgebot eine Referenzrechtsprechung gegeben ist. Diese existiert beispielsweise für die Verwendung des Begriffes „wichtiger Grund" oder „fehlschlagende Nacherfüllung."[61]

154 Mit kritischer Sorgfalt sollte der Gestalter von Wirtschaftsverträgen mit der Verwendung von **Fachbegriffen** umgehen. Die Toleranzschwelle der höchstrichterlichen Rechtsprechung ist hier gegenüber der Verwendung unbestimmter Rechtsbegriffe aus der Gesetzessprache herabgesetzt. Demgemäß hat der BGH entschieden, dass Fachbegriffe, die nicht einem fest umrissenen Begriff der Rechtssprache entsprechen, mit dem AGB-rechtlichen Transparenzgebot nach § 307 Abs. 1 Satz 2 BGB unvereinbar sind.[62] Neben dem nunmehr zumindest abstrakt zu formulierenden Begriff „Kardinalpflichten" bei Haftungsausschluss- und Haftungsbegrenzungsklauseln gilt dies u.a. für die Verwendung des Zumutbarkeitskriteriums in Änderungsvorbehalten.[63] Entsprechendes dürfte auch für die Verwendung des Begriffes „angemessen" gelten. Hier kann nur empfohlen werden, sinnhafterweise eher auf billiges Ermessen nach § 315 BGB abzustellen.

155 Häufig wird die wirtschaftsvertragliche Gestaltung auch mit **Anlagen** arbeiten. Wird im Rahmen des Hauptvertrages dabei wegen Einzelheiten auf eine Anlage verwiesen, muss die Gesamtregelung für den durchschnittlichen Betrachter klar und verständlich bleiben, ansonsten ist das AGB-rechtliche Transparenzgebot verletzt.[64]

6. Grenzen des AGB-rechtlichen Transparenzgebotes

156 Wie bereits ausgeführt, führen die Anforderungen der höchstrichterlichen Rechtsprechung an das AGB-rechtliche Transparenzgebot des § 307 Abs. 1 Satz 2 BGB zu einer völlig neuen Herausforderung an den Gestalter von Wirtschaftsverträgen. Auf der einen Seite ist damit nach den maßgeblichen Leitlinien der höchstrichterlichen Rechtsprechung sicherlich das Ende verklausulierter, mit abstrakten Regelungen angereicherter und mit nicht definierten Fachbegriffen gespickter Vertragswerke

60 BGH NJW 1994, 1004; Palandt/*Grüneberg* § 307 Rn 22.
61 BGH NJW 1994, 1004.
62 BGH NJW 2013, 2739.
63 BGHZ 86, 295.
64 BGH NJW 1996, 2374.

erreicht. Auf der anderen Seite dürfen die Anforderungen an das AGB-rechtliche Transparenzgebot aber auch nicht überspannt werden.[65]

Anders als im Rahmen der Abgrenzung zwischen einer Individualvereinbarung nach § 305 Abs. 1 Satz 3 BGB und Allgemeinen Geschäftsbedingungen im Sinne des § 305 Abs. 1 Satz 1 BGB verlangen die Anforderungen des AGB-rechtlichen Transparenzgebotes zunächst **keine Belehrungspflicht** gegenüber dem Vertragspartner.[66] 157

Die Verpflichtung, Vertragsklauseln in Wirtschaftsverträgen klar und verständlich im Sinne des § 307 Abs. 1 Satz 2 BGB zu formulieren besteht demgemäß auch **nur im Rahmen des Möglichen.**[67] Letzteres wird z.B. dann virulent, wenn es um die Rückausnahmen bei Haftungsausschluss- und Haftungsbegrenzungsklauseln geht. Wegen der Vielzahl zwingender Haftungstatbestände unter deutschem Recht ist es demgemäß z.B. unter der Haltung einer Transparenz der Vertragsgestaltung nicht möglich und auch nicht zumutbar, im Rahmen von Haftungsausschluss- und Begrenzungsklauseln sämtliche gesetzlich zwingenden Haftungstatbestände und/ oder Haftungshöchstsummen zu benennen. In diesen vergleichbaren Fällen muss vielmehr der abstrakte Verweis, dass die Vertragsklausel für derartige, zwingend gesetzlichen Fälle nicht gilt, ausreichen sein. 158

Der Gestalter von Wirtschaftsverträgen ist unter dem AGB-rechtlichen Transparenzgebot auch nicht gezwungen, jede Vertragsregelung so umfassend zu gestalten, dass diese eine Kommentierungsfunktion der inhaltlichen Regelungen enthält.[68] Als Rückausnahme gilt allerdings zu beachten, dass – wie zum Teil bereits oben dargestellt – es durchaus sinnvoll sein kann, unbestimmte Rechtsbegriffe sowie insbesondere Fachbegriffe zu definieren und bei einseitigen Leistungsbestimmungsrechten beispielsweise Angaben dahingehend aufzunehmen, wann deren Ausübung gestattet ist. 159

Zutreffend wird auch darauf hingewiesen, dass das AGB-rechtliche Transparenzgebot **keine Verpflichtung** enthält, quasi die **gesetzlich vorgesehenen Rechte und Pflichten** in ausdrücklicher Regelungsweise zu **wiederholen.**[69] 160

Eine Grenze für den Anwendungsbereich des AGB-rechtlichen Transparenzgebotes ergibt sich auch aus dessen Funktion. Das AGB-rechtliche Transparenzgebot des § 307 Abs. 1 Satz 2 BGB **enthält ein Verständlichkeitsgebot**. Wird dieses verletzt, wird der andere Vertragsteil im Rahmen des Vertragsschlusses und der Vertragsabwicklung daran gehindert, Marktchancen oder eine Verhandlungsoption wahrzunehmen. Demgegenüber wird bei der Verletzung des im AGB-rechtlichen Transparenzgebots immanenten **Bestimmtheitsgebots** die Gefahr unangemessener 161

65 BGH NJW 1993, 2054.
66 BGH NJW 1996, 2093.
67 BGH NJW 1998, 3116.
68 BGHZ 112, S. 119.
69 Palandt/*Grüneberg* § 307 Rn 22.

Ausübung der vertraglichen Gestaltungsmacht begründet. Haben zudem Vertragsklauseln einen täuschenden Charakter und verletzen damit das AGB-rechtliche Transparenzgebot, so folgt die Möglichkeit des Vertragsgestalters eben die Ansprüche des anderen Vertragsteils abzuwirken oder ihm gar nicht bestehende Pflichten aufzuerlegen.

162 Zu Recht sei daher darauf hingewiesen, dass die Grenze des Anwendungsbereiches des AGB-rechtlichen Transparenzgebots bei Vertragsklauseln erreicht ist, die die Rechtsstellung des anderen Vertragspartners lediglich verbessern sollen.[70]

163 Aus den vorstehenden Ausführungen folgt auch, dass das AGB-rechtliche Transparenzgebot selbst dann nicht verletzt ist, wenn in dem Vertragstext eine unnötige Klausel immanent ist, sich gleichwohl für den durchschnittlichen Betrachter der Inhalt der Vertragsklausel bei gebotener Aufmerksamkeit erschließen lässt.[71]

164 Allerdings sind auch **umgekehrte Beispiele denkbar**. So dürfte eine Regelung gegen den Tatbestand des Täuschungsverbots als Unterfall des AGB-rechtliche Transparenzgebots verstoßen, wenn letztlich der Vertragspartner von der Rechtsausübung abgehalten wird, wenn obwohl an sich klare und eindeutige Begriffe verwandt werden.

Beispiel
Dies ist beispielsweise der Fall bei der Verwendung folgender Formulierungen:
„Wir übernehmen keine Garantie für die verkaufte Sache."

165 Bei einer derartigen Formulierung gibt die Vertragsklausel zunächst regelmäßig den gesetzlichen „Ist-Zustand" wieder. Nach Gesetz übernimmt der Verkäufer gerade keine verschuldensunabhängige Haftung, sondern lediglich eine verschuldensabhängige Gewährleistung. Wegen der weitgehend sprachgebräuchlich inhaltsgleichen Verwendung der Begriffe „Gewährleistung" und „Garantie" im B2B- und B2C-Verkehr, dürfte gleichwohl unter der Wertung des AGB-rechtlichen Transparenzgebots eine unangemessene Benachteiligung im Sinne des § 307 BGB vorliegen.

7. Teil- oder Vollunwirksamkeit der Vertragsklausel?

166 Ob eine Vertragsklausel in einem Wirtschaftsvertrag komplett oder nur teilweise am AGB-rechtlichen Transparenzgebot des § 307 Abs. 1 Satz 2 BGB scheitert, entscheidet die Rechtsprechung nach dem aus dem amerikanischen Rechtskreis übernomme-

70 Graf von Westphalen NJW 2002, 17.
71 BGH NJW-RR 1995, 749.

nen **sog. Blue Pencil Test**. Bei dieser Methode wird die Trennbarkeit von AGB-Vertragsklauseln in einen wirksamen und unwirksamen Teil festgestellt. „Trennbarkeit" soll nach der Blue Pencil Test-Methode der Rechtsprechung[72] dann vorkommen, wenn nach Streichung des unwirksamen Teils einer Vertragsklausel wegen Verstoß gegen das AGB-rechtliche Transparenzgebot der verbleibende Klauselbestandteil verständlich sowie klar formuliert und dabei wirksam bleibt. Mit der vorgenannten Leitentscheidung hat der BGH klargestellt, dass dann, wenn ein Teil einer Vertragsklausel rechtlich und wirtschaftlich sinnvoll abteilbar und transparent ist, die Intransparenz nur zur unangemessenen Benachteiligung des Vertragspartners durch den abtrennbaren, unklar und unbestimmt formulierten Vertragsklauselteil führt.[73]

Beim „Blue Pencil Test" kommt es daher insbesondere auf eine **sprachliche** 167
und inhaltliche Teilung der Regelungsbestandteile an. Sind diese Regelungsbestandteile in unterschiedlichen Sätzen mit unterschiedlichen Inhalten geregelt, spricht dies für eine Teilbarkeit der Klausel.

Praxistipp
Bei der Gestaltung von Wirtschaftsvertragsklauseln ist daher darauf zu achten, dass diese sachlich und sprachlich möglichst trennbar formuliert werden.

Im Folgenden sollen einige beispielhafte Klauseln konkret oder abstrakt dargestellt 168
werden, die der Gestalter von Wirtschaftsverträgen „im Auge" haben sollte, da ihre Verwendung regelmäßig gegen das AGB-rechtliche Transparenzgebot des § 307 Abs. 1 BGB verstößt.

Beispiel
- Klauseln, die zu einer „gleichwertigen" Leistung des Klauselverwenders bevollmächtigen, ohne dass die „Gleichwertigkeit" inhaltlich näher konkretisiert wird (Verstoß gegen das Bestimmtheitsgebot);
- Leistungsbestimmungsrechte, die Anlass, Ausübungsgrundsätze und Grenzen der Ausübung nicht konkret festlegen (Verstoß gegen das Bestimmtheitsgebot);[74]
- einseitige Befugnis, Vertragsbedingungen, Vergütungen und/oder Konditionen innerhalb des Vertragsgefüges zu ändern, ohne dass die Situation, in der das Aufschiebungsrecht entsteht, genannt wird und der Nachteilsausgleich zulasten des Vertragspartners vorgesehen wird;[75]
- Klauseln, bei denen es dem Vertragspartner nicht ohne Schwierigkeiten und/oder Beratung möglich ist, das Ende einer durch die Klausel vorgegebenen Lieferfrist zu erkennen und zu berechnen (Verstoß gegen das Bestimmtheitsgebot);[76]

72 BGH NJW-RR 2007, 1286 ff.
73 BGH, a.a.O.
74 BGH NJW 2000, 651.
75 BGH NJW-RR 2008, 34.
76 BGH NJW 1985, 855.

- Klauseln, nach denen angegebene Lieferfristen nur einen Richtwert darstellen oder nur annähernd vereinbart sind – ca. Fristen – (Verstoß gegen das Bestimmtheitsgebot);[77]
- Vertragsverlängerungsklauseln ohne Obergrenze;[78]
- Vorbehalt des Herstellers, im Vertragshändlervertrag einseitig das Vertragsgebiet ohne nähere Konkretisierung ändern zu können (Verstoß gegen das Bestimmtheitsgebot);[79]
- vertragliche Gestaltungen, die offen lassen, in welcher Rangreihenfolge bei Widersprüchen der Vertragskorpus selbst und seine Anlagen sowie etwaige dispositive, gesetzliche Regelungen zueinander stehen;
- Vertragsklauseln, die einen Haftungsausschluss für einen durch eine nicht näher genannte, inhaltlich konkretisierte Betriebshaftpflichtversicherung gedeckten Schaden ausschließen (Verstoß gegen das Verständlichkeitsgebot);[80]
- unverständliche Abrechnungsklauseln (Verstoß gegen das Verständlichkeitsgebot);[81]
- unklare Skontoregelungen (Verstoß gegen das Verständlichkeitsgebot);[82]
- Verweis auf Haftungsausschlüsse in den gesetzlich zulässigen Grenzen oder „soweit gesetzlich zulässig" (Verstoß gegen das Verständlichkeitsgebot);[83]
- vermeidbare Unklarheit, ob bei Abtretungsverboten die gesetzlich zwingende Vorschrift des § 354a HGB inkludiert ist oder nicht (Verstoß gegen das Bestimmtheitsgebot);
- Klauseln, die den Eindruck erwecken, als dass ein vertragliches oder gesetzliches Rücktrittsrecht erst nach einer bestimmten, aber nicht gegebenen, Fristigkeit bestünde (Verstoß gegen das Täuschungsverbot);[84]
- Vertragsklauseln, welche eine nicht gegebene, umfassende oder verschuldensunabhängige Haftung des Vertragspartners vortäuschen (Verstoß gegen das Täuschungsverbot);[85]

8. Fazit

169 Die Einhaltung der Leitlinien und die nach höchstrichterlicher Rechtsprechung zu beachtenden Nuancen unter dem AGB-rechtlichen Transparenzgebot stellen hohe Anforderungen an den Gestalter von Wirtschaftsverträgen. Insbesondere sollte darauf geachtet werden, dass Vertragsklauseln vom Empfängerhorizont her eindeutig sind, wozu auch zählt, nicht allgemein gültige/allgemein bekannte Begriffe zu definieren. Insbesondere muss beachtet werden, dass jede vermeidbare Unklarheit oder die Notwendigkeit einer Vertragsauslegung vermieden werden sollte. Im Hinblick auf die Blue-Pencil-Test-Rechtsprechung des BGH sollten darüber hinaus Schachtelsätze und ungegliederte Vertragsgestaltungen der Vergangenheit angehören.

---

77 OLG Hamm MMR 2013, 100.
78 OLG Düsseldorf NJW-RR 2007, 1710.
79 BGHZ 93, 51.
80 BGH NJW 1996, 1407.
81 BGH NJW 1996, 454.
82 BGHZ 131, 392.
83 BGH NJW 1996, 1407; Palandt/*Grüneberg* § 307 Rn 25.
84 BGH NJW 2001, 296.
85 BGHZ 119, 168.

IV. Überraschende Klauseln

1. Allgemeines, gesetzliche Vorgaben

Die Rechtsprechung zu den Anforderungen und einzelnen Ausprägungen des § 305c Abs. 1 BGB ist – wie auch zum Transparenzgebot – nahezu unüberschaubar. In der Folge sollen daher nur die **wichtigsten Grundsätze** und Kriterien zusammengefasst und die hieraus resultierenden Praxisvorgaben dargestellt werden. 170

Neben dem Transparenzgebot stellt § 305c BGB, das **Verbot überraschender und mehrdeutiger Klauseln**, sicherlich ein in der Rechtsprechung des BGH mit am häufigsten herangezogenes Unwirksamkeitskriterium bei der Formulierung von AGB-Klauseln dar und zwar nicht nur gegenüber Verbrauchern, sondern **auch zwischen kaufmännischen Unternehmen** verwendeten AGB.[86] Gemäß § 305c Abs. 1 BGB werden 171

> *„Bestimmungen in Allgemeinen Geschäftsbedingungen, die nach den Umständen, insbesondere nach dem äußeren Erscheinungsbild des Vertrages, so ungewöhnlich sind, dass der Vertragspartner des Verwenders mit ihnen nicht zu rechnen braucht,"*

nicht Vertragsbestandteil.

Sinn und Zweck der Vorschrift ist die **Vermeidung einer Überrumpelung** des Vertragspartners mit versteckten bzw. ungewöhnlichen Regelungen in AGB. Sie trägt dem Umstand Rechnung, dass der Vertragspartner bei **Vertragsschluss oftmals nicht in der Lage** ist, die vom Verwender vorformulierten, meist umfangreichen, abstrakt gefassten und eine Fülle von Einzelpunkten unterschiedlichen Gewichts regelnden Geschäftsbedingungen sorgfältig durchzulesen, ihren Zusammenhang zu erfassen und ihre **möglichen Auswirkungen** gerade für das konkret abzuschließende Geschäft **sachgerecht einzuschätzen.**[87] Abstrahiert kann der damit geregelte Grundsatz systematisch durchaus auch als ein weiteres Kriterium des Transparenzgebots eingeordnet werden. 172

Darüber hinaus ist § 305c Abs. 1 BGB letztlich eine **Ausnahme von dem Grundsatz**, dass jede Partei an ihre Unterschrift unter einen **Vertrag gebunden** ist. Unter dieser Prämisse muss die Vertragspartei darauf vertrauen dürfen, dass die Klausel 173

- nicht allzu weit von den bei Rechtsgeschäften gleicher Art üblichen
- und für sie vorstellbaren Bedingungen abweicht.[88]

---

86 BGH NJW 1990, 576, 577.
87 BGH NJW 1977, 195, 196.
88 BGH NJW 1978, 1519.

2. Voraussetzungen

174 Nach der Rechtsprechung ist hinsichtlich der Voraussetzungen einer überraschenden Klausel im Sinne des § 305c Abs. 1 BGB zwischen **objektiven** und **subjektiven** Kriterien zu unterscheiden. Die **Beweislast** für das Vorliegen dieser Voraussetzungen trägt derjenige, der sich auf den überraschenden Charakter der Klausel beruft.[89]

a) Objektiv ungewöhnliche Klausel

175 Es muss sich zunächst um eine **objektiv ungewöhnliche Klausel** handeln. Sie muss also eine Regelung enthalten, die **von den Erwartungen** des Vertragspartners **deutlich abweicht**.

176 Was unter den **Erwartungen** zu verstehen ist, wird von den **allgemeinen** und **besonderen Begleitumständen des Vertragsschlusses** bestimmt.[90] Unter **allgemeinen** Begleitumständen versteht man den **Grad der Abweichung** vom dispositiven Gesetzesrecht und der für den Geschäftskreis **üblichen Vertragsgestaltung**.

Beispiel
Nach den Reparaturbedingungen einer Werkstatt wurde mit der Erteilung eines Kostenvoranschlages bereits ein Entgelt für diesen fällig.
Diese AGB sind überraschend und wurden nicht Vertragsbestandteil, da eine solche vorvertragliche Leistung für gewöhnlich kostenfrei für den Kunden erfolgt und dieser mit einer werkvertraglichen Bindung nicht zu rechnen brauchte.[91]

---

177 **Besondere** Begleitumstände sind der Gang und Inhalt der konkreten **Vertragsverhandlungen** sowie der **äußere Zuschnitt** des Vertrages.

Praxistipp
Um nachweisen zu können, welche Vorstellungen und Absichten bei den Verhandlungen zum Ausdruck gebracht wurden und ob diesen eventuell widersprochen wurde, empfiehlt es sich, den Verhandlungsverlauf zu protokollieren.

---

b) Subjektive Vorhersehbarkeit

178 Die objektive Ungewöhnlichkeit der Klausel allein reicht nicht aus. Der Vertragspartner muss zusätzlich den Umständen nach vernünftigerweise **nicht** mit einer solchen Klausel **zu rechnen** brauchen.[92]

---

89 *Ring* Arbeitsbuch AGB, 1. Auflage 2007, S. 59 Rn 5.
90 BGH NJW 1992, 1234, 1235.
91 OLG Karlsruhe NJW-RR 2006, 419; BGH NJW 1982, 765, 766 f.
92 BGH NJW 1995, 2637, 2638.

Auch die **Positionierung** einer Regelung unter einer ungewöhnlichen Überschrift oder die **drucktechnische Aufmachung** können zu einem solchen Überrumpelungseffekt führen. 179

Beispiel

Auf der Vorderseite eines Vertrages zu Wiederholungsaufträgen von Werbeanzeigen wurde eine Vertragsdauer von „jeweils einem Jahr" bestimmt, wohingegen in den rückseitig abgedruckten AGB eine automatische Vertragsverlängerung bei nicht rechtzeitiger Kündigung geregelt war.

Eine automatische Vertragsverlängerung ist zwar für solche Geschäfte nicht unüblich, jedoch braucht der Vertragspartner nicht mit ihr zu rechnen, wenn sie nicht hinreichend zum Ausdruck gebracht, sondern in der Vertragsaufmachung versteckt wird.[93]

---

c) Keine positive Kenntnis

Denknotwendig kann nur eine solche Klausel überraschend sein, von der der Vertragspartner keine oder nicht genügende Kenntnis hat. **Einmaliges Durchlesen** einer Klausel allein **reicht** wegen Zweckes des § 305c Abs. 1 BGB **nicht aus**, da es nicht gewährleistet, dass ein juristisch nicht gebildeter Leser ihre Tragweite sofort erfasst.[94] 180

Ein **konkreter Hinweis** vor oder bei Vertragsschluss lässt dagegen den **überraschenden Charakter** der Klausel **entfallen.**[95] Wie intensiv dieser Hinweis sein muss, ist davon abhängig, ob die Klausel generell ungewöhnlich ist, oder ob sie sogar die Erwartungen des Vertragspartners aus den Vertragsverhandlungen enttäuscht.[96] Der Überraschungscharakter einer allgemein ungewöhnlichen Klausel **kann** dadurch **entfallen**, dass sie **inhaltlich** ohne weiteres **verständlich** und **drucktechnisch** so **hervorgehoben** wird, dass mit ihrer Kenntnisnahme zu rechnen ist. Braucht der Vertragspartner aufgrund der vorhergegangenen Vertragsumstände **nicht mit der Klausel zu rechnen, reicht** ein **„Fettdruck"** der entsprechenden Klausel als Hervorhebung **nicht aus.** Vielmehr ist in solchen Situationen der individuelle Hinweis notwendig. 181

Praxistipp

Bei einer notariellen Beurkundung eines Vertrages fehlt es regelmäßig an einem Überraschungseffekt für den Vertragspartner, da der Notar den Vertrag den Beteiligten vorlesen, erläutern und über die rechtliche Tragweite belehren muss, vgl. §§ 13, 17 BeurkG.

---

93 BGH NJW 1989, 2255, 2256.
94 BGH NJW 1978, 1519, 1520.
95 BGH NJW 1997, 2677.
96 BGH NJW-RR 2002, 485, 487.

V. Verbotskataloge der §§ 308 und 309 BGB unter besonderer Berücksichtigung des B2B-Verkehrs

182 Das AGB-Recht enthält zahlreiche Regelungen, für die es maßgeblich auf Wertungsfragen ankommt. In besonderer Weise gilt dies für das in § 307 BGB normierte Verbot der **unangemessenen Benachteiligung**. Zwar liefert das Gesetz in § 307 Abs. 2 BGB Hilfestellung und legt Anhaltspunkte fest, bei deren Vorliegen im Zweifel eine unangemessene Benachteiligung angenommen werden kann. Diese Anhaltspunkte sind aber kaum weniger **auslegungsbedürftig** als das Verbot selbst. Allein aus dem Wortlaut des § 307 BGB lassen sich eindeutige Auslegungsergebnisse daher nicht gewinnen. Anders gesagt: Ob eine Bestimmung als unangemessene Benachteiligung anzusehen ist oder nicht, liegt regelmäßig im Ermessen des Gerichts.

183 Einigermaßen verlässliche Anhaltspunkte liefert daher nur die zu einzelnen AGB-Klauseln ergangene Rechtsprechung bzw. Literatur. Die rechtlichen Unsicherheiten werden dadurch verschärft, dass die AGB-Rechtsprechung einem ständigen Wandel unterworfen ist. Klauseln, die von der Rechtsprechung jahrelang bestätigt wurden, können im Lichte veränderter Umstände oder neuer Überzeugungen plötzlich für unwirksam gehalten werden. Nicht selten entscheiden unterschiedliche Gerichte abweichend über die Wirksamkeit vergleichbarer Bestimmungen.

184 Durch die Schaffung der **Verbotskataloge gemäß §§ 308 und 309 BGB** hat der Gesetzgeber versucht, diese Wertungsunsicherheiten ein Stück weit zu reduzieren. Dazu hat er einzelne Regelungssachverhalte aufgegriffen und festgelegt, welcher Regelungsinhalt zur Unwirksamkeit der Bestimmung führt. Der Gesetzgeber hat also eine **negative Herangehensweise** gewählt und gerade nicht festgelegt, welche Bestimmungen wirksam bzw. zumindest nicht unwirksam sind. Anhaltspunkte für die Wirksamkeit bestimmter Regelungen müssen daher im Umkehrschluss aus den Verbotstatbeständen gewonnen werden.

185 § 308 BGB regelt **„Klauselverbote mit Wertungsmöglichkeit“**, § 309 BGB **„Klauselverbote ohne Wertungsmöglichkeit“**. Der Unterschied besteht darin, dass die in **§ 308 BGB** geregelten Klauselverbote ihrerseits noch auslegungsbedürftige Rechtsbegriffe enthalten und damit einer gerichtlichen Auslegung zugänglich sind. Beispielsweise bestimmt § 308 Nr. 2 BGB, dass eine Bestimmung unwirksam ist, durch die sich der Verwender für die von ihm zu bewirkende Leistung eine „unangemessen lange Nachfrist“ vorbehält. Wann eine Nachfrist „unangemessen lang“ ist, obliegt hier der gerichtlichen Beurteilung.

186 Die Klauselverbote in **§ 309 BGB** sehen derartige Auslegungsspielräume hingegen nicht vor. § 309 Nr. 6 BGB beispielsweise verbietet unter anderem Bestimmungen, durch die dem Verwender für den Fall der Nichtabnahme einer Leistung eine Vertragsstrafe versprochen wird. Hier wird (zumindest vordergründig) kein auslegungsbedürftiger Rechtsbegriff verwendet: Entweder liegt eine Vertragsstrafe vor, die an die Nichtabnahme einer Leistung anknüpft, dann ist sie unzulässig, oder das ist nicht der Fall, dann ist das Klauselverbot nicht einschlägig.

Für die AGB-Kontrolle **im unternehmerischen Verkehr** gilt aber auch hier eine wesentliche Besonderheit: Gemäß § 310 Abs. 1 Satz 1 BGB finden die **§§ 308, 309 BGB** auf Allgemeine Geschäftsbedingungen, die gegenüber einem Unternehmer verwendet werden, **keine Anwendung**. Dadurch wird dem Umstand Rechnung getragen, dass die Klauselverbote auf den B2C-Verkehr zugeschnitten sind, also auf Verträge zwischen Unternehmern und Verbrauchern. 187

Angesichts dieser Feststellung ist die Frage berechtigt, warum dann die Klauselverbote in einem Werk zur Wirtschaftsvertragsgestaltung wie dem vorliegenden behandelt werden. Den Grund hierfür bildet die sogenannte **Gleichschrittrechtsprechung** des Bundesgerichtshofes. Danach sind die Klauselverbote grundsätzlich auch im B2B-Verkehr zu berücksichtigen.[97] Die Konsequenzen dieser Rechtsprechung sind unterschiedlich: Manche Klauselverbote finden im unternehmerischen Verkehr 1:1 Anwendung, andere wendet der BGH überhaupt nicht an. Zumindest aber bieten die §§ 308 und 309 BGB auch für den unternehmerischen Verkehr in den meisten Fällen ein wichtiges Indiz bei der Inhaltskontrolle. 188

Es empfiehlt sich daher auch im B2B-Verkehr, die §§ 308 und 309 BGB als Ausgangspunkt für die AGB-rechtliche Inhaltsprüfung von Vertragsklauseln zu wählen. Hier wiederum sollte der gegenüber § 308 BGB speziellere § 309 BGB zuerst geprüft werden. 189

Praxistipp
Daraus ergibt sich eine absteigende **Prüfungsreihenfolge** im B2B-Verkehr für die Inhaltskontrolle, die der Regel „Vom Speziellen zum Allgemeinen" folgt: **!**
§ 309 BGB → § 308 BGB → § 307 BGB

1. Klauselverbote ohne Wertungsmöglichkeit, § 309 BGB

§ 309 BGB erklärt die folgenden Klauseln für unwirksam: 190

a) Kurzfristige Preiserhöhungen

Gemäß § 309 Nr. 1 BGB ist unwirksam: 191

> *„Eine Bestimmung, welche die Erhöhung des Entgelts für Waren oder Leistungen vorsieht, die innerhalb von 4 Monaten nach Vertragsschluss geliefert oder erbracht werden sollen; dies gilt nicht bei Waren oder Leistungen, die im Rahmen von Dauerschuldverhältnissen geliefert oder erbracht werden".*

97 BGH NJW 2007, 3774.

192 § 309 Nr. 1 BGB verbietet **kurzfristige Preiserhöhungen** in entgeltlichen Verträgen jeglicher Art. Kurzfristig sind demnach Preiserhöhungen, die innerhalb von 4 Monaten nach Vertragsschluss vorgesehen sind.[98] Die Vorschrift dient dazu, das vertragliche Äquivalenzinteresse zu erhalten und nicht durch Allgemeine Geschäftsbedingungen einer Vertragspartei zu ermöglichen, bereits kurz nach Vertragsschluss Entgelte einseitig zu erhöhen oder anzupassen. Die Vorschrift ist auf Dauerschuldverhältnisse,[99] also zum Beispiel Sukzessivlieferungsverträge etc. nicht anzuwenden.[100]

193 Im **unternehmerischen Verkehr**[101] findet die starre Frist keine Anwendung. Da die Schutzbedürftigkeit des Vertragspartners im B2B-Verkehr nicht so hoch ist, wie die des Verbrauchers, können auch Preisanpassungsklauseln, die kurzfristigere Preiserhöhungen vorsehen, unter Umständen zulässig sein. Voraussetzung dafür ist, dass der Verwender an der Klausel ein **berechtigtes Interesse** hat, welches in der Klausel zum Ausdruck gebracht wird, und dass die Interessen des Gegenübers in dem Vertrag ebenfalls angemessenen berücksichtigt werden.[102]

b) Leistungsverweigerungsrechte

194 Gemäß § 309 Nr. 2 BGB ist unwirksam:

> *„Eine Bestimmung, durch die*
> ***a)*** *das Leistungsverweigerungsrecht, das dem Vertragspartner des Verwenders nach § 320 BGB zusteht, ausgeschlossen oder eingeschränkt wird, oder*
> ***b)*** *ein dem Vertragspartner des Verwenders zustehendes Zurückbehaltungsrecht, soweit es auf demselben Vertragsverhältnis beruht, ausgeschlossen oder eingeschränkt wird, insbesondere von der Anerkennung von Mängeln durch den Verwender abhängig gemacht wird*".

195 § 309 Nr. 2 BGB verbietet es, Leistungsverweigerungsrechte des Vertragspartners unangemessen einzuschränken. Die im Gesetz verankerten **Leistungsverweigerungs-, bzw. Zurückbehaltungsrechte** dienen insbesondere dazu, eine Partei von einer (Vor-)Leistungspflicht zu befreien, wenn es Zweifel an der Leistungsfähigkeit bzw. Leistungsbereitschaft des Vertragspartners gibt oder die erbrachte Leistung mangelhaft ist.[103]

---

98 Palandt/*Grüneberg* § 309, Rn 4.
99 Zum Begriff vgl. Rn 89 Kap. 8 „Vertragslaufzeit".
100 Palandt/*Grüneberg* § 309, Rn 6.
101 Palandt/*Grüneberg* § 309, Rn 7.
102 BGH NJW 1985, 426.
103 Palandt/*Grüneberg* § 309, Rn 12.

Im unternehmerischen Verkehr ist die formularmäßige Abbedingung der §§ 273, 320 BGB zumindest im Grundsatz zulässig, sofern ein berechtigter Grund für sie vorliegt.[104] 196

c) Aufrechnungsverbote

Gemäß § 309 Nr. 3 BGB ist unwirksam: 197

> *„Eine Bestimmung, durch die dem Vertragspartner des Verwenders die Befugnis genommen wird, mit einer unbestrittenen oder rechtskräftig festgestellten Forderung aufzurechnen".*

§ 309 Nr. 3 BGB statuiert, dass dem Gegenüber nicht durch eine AGB-Klausel das Recht genommen werden kann, die **Aufrechnung mit unbestrittenen oder rechtskräftig festgestellten Gegenforderungen** zu erklären. Die Aufrechnung ist – vereinfacht gesagt – ein Rechtsgeschäft, durch das gegenseitige, gleichartige Forderungen zwischen zwei Personen durch einseitige Erklärung zum Erlöschen gebracht werden können (vgl. §§ 387, 389 BGB). 198

Das Verbot des § 309 Nr. 3 BGB gilt – über § 307 Abs. 2 Nr. 1 BGB – nach herrschender Meinung 1:1 auch im Rechtsverkehr zwischen Unternehmern.[105] 199

d) Mahnung, Fristsetzung

Gemäß § 309 Nr. 4 BGB ist unwirksam: 200

> *„Eine Bestimmung, durch die der Verwender von der gesetzlichen Obliegenheit freigestellt wird, den anderen Vertragsteil zu mahnen oder ihm eine Frist für die Leistung oder Nacherfüllung zu setzen".*

Erbringt eine Vertragspartei eine geschuldete Leistung nicht rechtzeitig oder nicht ordnungsgemäß, so können dem Gläubiger hieraus Ansprüche (z.B. Anspruch auf Verzugszinsen) oder Rechte (z.B. Recht zur Minderung des Kaufpreises) erwachsen. Gesetzliche Voraussetzung für das Eingreifen dieser Ansprüche und Rechte ist aber in vielen Fällen, dass der Gläubiger seinen Vertragspartner zunächst **zur Leistung auffordert** und ihm gegebenenfalls auch eine **Frist zur Erfüllung** setzt (Mahnung). In Verzug kommt der Schuldner in der Regel nur aufgrund einer Mahnung des Gläubigers (§ 286 Abs. 1 BGB). 201

§ 309 Nr. 4 BGB soll formularvertragliche Bestimmungen ausschließen, nach denen die nachteiligen Rechtsfolgen einer nicht rechtzeitigen oder nicht ordnungs- 202

104 BGH NJW 1992, 575; Palandt/*Grüneberg* § 309, Rn 16.
105 Palandt/*Grüneberg* § 309, Rn 21.

gemäßen Leistung den Vertragspartner des Verwenders treffen, ohne dass er zunächst vom Verwender zur ordnungsgemäßen Erfüllung seiner Leistungspflicht aufgefordert wurde. Ein Abbedingen des Mahnungserfordernisses ist daher unwirksam.[106] Die Vereinbarung einer Pflicht zur Zahlung banküblicher Zinsen ist hingegen zulässig.[107]

203 Dieses Klauselverbot gilt im Grundsatz auch im Geschäftsverkehr.[108]

e) Pauschalierung von Schadensersatzansprüchen

204 Gemäß § 309 Nr. 5 BGB ist unwirksam:

> *„Die Vereinbarung eines pauschalierten Anspruchs des Verwenders auf Schadensersatz oder Ersatz einer Wertminderung, wenn*
> ***a)*** *die Pauschale den in den geregelten Fällen nach dem gewöhnlichen Lauf der Dinge zu erwartenden Schaden oder die gewöhnlich eintretende Wertminderung übersteigt oder*
> ***b)*** *dem anderen Vertragsteil nicht ausdrücklich der Nachweis gestattet wird, ein Schaden oder eine Wertminderung sei überhaupt nicht entstanden oder wesentlich niedriger als die Pauschale".*

205 § 309 Nr. 5 BGB hält fest, dass **feste Pauschalen für Schadensersatzansprüche** zugunsten des Verwenders in AGB nur so vereinbart werden dürfen, dass die angegebene Summe dem Schaden entspricht, die nach dem gewöhnlichen Lauf der Dinge zu erwarten ist. Hier liegt meist das größte praktische Problem, da es den meisten Unternehmen schwerfällt, festzulegen, was „gewöhnlich" bzw. „branchenüblich" ist. Zudem muss dem Gegenüber ausdrücklich der Nachweis gestattet werden, dass der Schaden geringer oder gar nicht eingetreten ist.[109]

206 Nach herrschender Meinung ist das Verbot überhöhter Schadensersatzpauschalen im unternehmerischen Verkehr 1:1 anzuwenden. Das Erfordernis einer ausdrücklichen Zulassung des Gegenbeweises gemäß § 309 Nr. 5b BGB muss dort hingegen nicht eingehalten werden. Es reicht aus, dass der Gegenbeweis nicht ausdrücklich ausgeschlossen wird.[110]

---

106 Palandt/*Grüneberg* § 309, Rn 23.
107 BGH NJW-RR 1991, 997.
108 BGH NJW 1986, 843.
109 BGH NJW 2006, 1056; Palandt/*Grüneberg* § 309, Rn 30.
110 BGH NJW 1994, 1060; Palandt/*Grüneberg* § 309, Rn 32.

f) Vertragsstrafe

Gemäß § 309 Nr. 6 BGB ist unwirksam: 207

> *„Eine Bestimmung, durch die dem Verwender für den Fall der Nichtabnahme oder verspäteten Abnahme der Leistung, des Zahlungsverzugs oder für den Fall, dass der andere Vertragsteil sich vom Vertrag löst, Zahlung einer Vertragsstrafe versprochen wird“.*

Das **Verbot formularvertraglicher Vertragsstrafen** gemäß § 309 Nr. 6 BGB kann auf den Verkehr zwischen Unternehmen nicht übertragen werden.[111] Die Rechtsprechung erkennt das besondere praktische Bedürfnis von Unternehmern an der Vereinbarung von Vertragsstrafen untereinander an. Vertragsstrafen, beispielsweise solche, die an den Verzug mit der Leistungserbringung anknüpfen, sind im Geschäftsverkehr an der Tagesordnung. 208

Unzulässig sind jedoch auch dort Vertragsstrafenklauseln, die den Vertragspartner unangemessen benachteiligen, indem sie zum Beispiel überhöhte Vertragsstrafen festlegen oder eine verschuldensunabhängige Verwirkung der Vertragsstrafe vorsehen.[112] Einzelheiten hierzu finden sich ab S. 370 in Kapitel 8F „Vertragsstrafe“. 209

g) Haftungsausschluss bei Verletzung von Leben, Körper, Gesundheit und bei grobem Verschulden

Gemäß § 309 Nr. 7 BGB ist unwirksam: 210

> *„**a)** ein Ausschluss oder eine Begrenzung der Haftung für Schäden aus der Verletzung des Lebens, des Körpers oder der Gesundheit, die auf einer fahrlässigen Pflichtverletzung des Verwenders oder einer vorsätzlichen oder fahrlässigen Pflichtverletzung eines gesetzlichen Vertreters oder Erfüllungsgehilfen des Verwenders beruhen;*
> ***b)** ein Ausschluss oder eine Begrenzung der Haftung für sonstige Schäden, die auf einer grob fahrlässigen Pflichtverletzung des Verwenders oder auf einer vorsätzlichen oder grob fahrlässigen Pflichtverletzung eines gesetzlichen Vertreters oder Erfüllungsgehilfen des Verwenders beruhen“.*[113]

§ 309 Nr. 7 BGB hält fest, dass **Haftungsausschlussklauseln** grundsätzlich unwirksam sind, wenn sie Schadensersatzansprüche des Gegenübers für den Fall der schuldhaften Verletzung von **Leben, Körper oder Gesundheit** begrenzen oder ausschließen. 211

Gleiches gilt für Klauseln, die die Haftung für sonstige Schäden begrenzen oder ausschließen, die auf **Vorsatz oder grobem Verschulden** des Verwenders, seines 212

111 Palandt/*Grüneberg* § 309, Rn 38.
112 BGH NJW 1997, 3233.
113 Auf die gesetzlichen Ausnahmen vom Anwendungsbereich für die Bereiche Personenbeförderung und staatlich genehmigtes Glückspiel wird hier nicht näher eingegangen.

gesetzlichen Vertreters (z.B. Geschäftsführer einer GmbH) oder eines Erfüllungsgehilfen (z.B. Mitarbeiter eines Bauunternehmers) beruhen. Unzulässig sind nicht nur vollständige Haftungsausschlüsse, sondern auch summenmäßige Haftungsbegrenzungen oder Ausschlüsse für bestimmte Arten von Schäden (z.B. unvorhersehbare Schäden oder Verdienstausfallschäden).

213 Die Verbote sind im **unternehmerischen Verkehr** grundsätzlich uneingeschränkt anwendbar.[114]

! **Regelungsfalle**
Es ist daher zwingend erforderlich, dass in einer formularvertraglichen **Haftungsausschlussklausel** ausdrücklich klargestellt wird, dass sich der Haftungsausschluss **nicht** auf die Verletzung von Leib, Leben oder Gesundheit oder auf Fälle groben Verschuldens bzw. Vorsatz bezieht. Andernfalls ist die Klausel in der Regel insgesamt unwirksam!

---

h) Sonstige Haftungsausschlüsse bei Pflichtverletzungen

214 Gemäß § 309 Nr. 8 BGB ist unwirksam:

> *„**a)** (Ausschluss des Rechts, sich vom Vertrag zu lösen)*
> *eine Bestimmung, die bei einer vom Verwender zu vertretenden, nicht in einem Mangel der Kaufsache oder des Werkes bestehenden Pflichtverletzung das Recht des anderen Vertragsteils, sich vom Vertrag zu lösen, ausschließt oder einschränkt; [...]*
> ***b)** (Mängel)*
> *eine Bestimmung, durch die bei Verträgen über Lieferungen neu hergestellter Sachen und über Werkleistungen*
> *aa) die Ansprüche gegen den Verwender wegen eines Mangels insgesamt oder bezüglich einzelner Teile ausgeschlossen, auf die Einräumung von Ansprüchen gegen Dritte beschränkt oder von der vorherigen gerichtlichen Inanspruchnahme Dritter abhängig gemacht werden;*
> *bb) die Ansprüche gegen den Verwender insgesamt oder bezüglich einzelner Teile auf ein Recht auf Nacherfüllung beschränkt werden, sofern dem anderen Vertragsteil nicht ausdrücklich das Recht vorbehalten wird, bei Fehlschlagen der Nacherfüllung zu mindern oder, wenn nicht eine Bauleistung Gegenstand der Mängelhaftung ist, nach seiner Wahl vom Vertrag zurückzutreten;*
> *cc) die Verpflichtung des Verwenders ausgeschlossen oder beschränkt wird, die zum Zwecke der Nacherfüllung erforderlichen Aufwendungen, insbesondere Transport-, Wege-, Arbeits- und Materialkosten, zu tragen;*
> *dd) der Verwender die Nacherfüllung von der vorherigen Zahlung des vollständigen Entgelts oder eines unter Berücksichtigung des Mangels unverhältnismäßig hohen Teils des Entgelts abhängig macht;*
> *ee) der Verwender dem anderen Vertragsteil für die Anzeige nicht offensichtlicher Mängel eine Ausschlussfrist setzt, die kürzer ist als die nach dem Doppelbuchstaben ff zulässige Frist;*

---

114 BGH NJW 2007, 3774.

ff) die Verjährung von Ansprüchen gegen den Verwender wegen eines Mangels in den Fällen des § 438 Abs. 1 Nr. 2 und des § 634a Abs. 1 Nr. 2 erleichtert oder in den sonstigen Fällen eine weniger als ein Jahr betragende Verjährungsfrist ab dem gesetzlichen Verjährungsbeginn erreicht wird."

§ 309 Nr. 8 BGB enthält einen umfangreichen Katalog von Regelungen, durch die **Ansprüche und Rechte** beschränkt werden, **die dem Kunden bei Pflichtverletzungen des Verwenders** zustehen. Unwirksam sind danach insbesondere die Einschränkung von Rücktrittsrechten oder gesetzlichen Mängelgewährleistungsrechten. 215

Die Verbote des § 309 Nr. 8 BGB finden ganz überwiegend im unternehmerischen Verkehr unverändert Anwendung.[115] Nur in einzelnen Fällen werden geringfügige Abweichungen zugunsten des Unternehmers akzeptiert. 216

i) Laufzeit bei Dauerschuldverhältnissen

Gemäß § 309 Nr. 9 BGB ist unwirksam: 217

„Bei einem Vertragsverhältnis, das die regelmäßige Lieferung von Waren oder die regelmäßige Erbringung von Dienst- oder Werkleistungen durch den Verwender zum Gegenstand hat,
***a)** eine den anderen Vertragsteil länger als zwei Jahre bindende Laufzeit des Vertrags,*
***b)** eine den anderen Vertragsteil bindende stillschweigende Verlängerung des Vertragsverhältnisses um jeweils mehr als ein Jahr oder*
***c)** zu Lasten des anderen Vertragsteils eine längere Kündigungsfrist als drei Monate vor Ablauf der zunächst vorgesehenen oder stillschweigend verlängerten Vertragsdauer.*
Dies gilt nicht für Verträge über die Lieferung als zusammengehörig verkaufter Sachen, für Versicherungsverträge sowie für Verträge zwischen den Inhabern urheberrechtlicher Rechte und Ansprüche und Verwertungsgesellschaften im Sinne des Gesetzes über die Wahrnehmung von Urheberrechten und verwandten Schutzrechten".

§ 309 Nr. 9 BGB regelt **Höchstbindungsfristen für** bestimmte **Dauerschuldverhältnissen** (zum Begriff Rn 89 Kap. 8 „Vertragslaufzeit"), nämlich solche, die die regelmäßige Lieferung von Waren oder Dienstleistungen zum Gegenstand haben. 218

Im **unternehmerischen Verkehr** finden diese auf Verbraucher zugeschnittenen Vorgaben **keine direkte** Anwendung. Auch hier dürfen formularmäßige Laufzeitregelungen den Vertragspartner aber nicht unangemessen benachteiligen.[116] Bei der Frage der angemessenen Bindungsdauer sind die Interessen der Vertragsparteien an der Langfristigkeit des Vertrages zu berücksichtigen. Je höher die vom Verwender und vom Vertragspartner mit Blick auf den Vertrag getätigten Investitionen sind, desto länger ist in der Regel die zulässigen Bindungsdauer (zu Einzelheiten vgl. Rn 88 Kap. 8 „Vertragslaufzeit").[117] 219

---

115 BGH NJW 2009, 575; BGH NJW 1993, 2438; BGH NJW 1991, 2632.
116 BGH NJW 2000, 1110.
117 Palandt/*Grüneberg* § 309, Rn 86.

j) Wechsel des Vertragspartners

220 Gemäß § 309 Nr. 10 BGB ist unwirksam:

> *„Eine Bestimmung, wonach bei Kauf-, Darlehens-, Dienst- oder Werkverträgen ein Dritter anstelle des Verwenders in die sich aus dem Vertrag ergebenden Rechte und Pflichten eintritt oder eintreten kann, es sei denn, in der Bestimmung wird*
> ***a)*** *der Dritte namentlich bezeichnet oder*
> ***b)*** *dem anderen Vertragsteil das Recht eingeräumt, sich vom Vertrag zu lösen."*

221 § 309 Nr. 10 BGB soll verhindern, dass der Verwender durch formularvertragliche Regelung **einseitig** aus den näher bezeichneten Verträgen **aussteigen und einen Dritten an seine Stelle treten lassen** kann. Ein solches Recht zur Auswechslung des Vertragspartners soll nur dann möglich sein, wenn der Dritte entweder bereits im Vertrag namentlich benannt wird oder dem Gegenüber für den Fall des Eintritts eines Dritten zumindest ein Kündigungsrecht eingeräumt wird.

222 Die Vorschrift findet im unternehmerischen Verkehr im Grundsatz 1:1 Anwendung.[118] Ausnahmen können gelten, wenn die Zuverlässigkeit und Solvenz des Vertragspartners für den Vertrag keine Rolle spielen.[119] Das wird aber nur selten der Fall sein. In aller Regel wird es im Wirtschaftsverkehr den Vertragschließenden auf die Person des Vertragspartners ankommen.

k) Haftung des Abschlussvertreters

223 Gemäß § 309 Nr. 11 BGB ist unwirksam:

> *„Eine Bestimmung, durch die der Verwender einem Vertreter, der den Vertrag für den anderen Vertragsteil abschließt,*
> ***a)*** *ohne hierauf gerichtete ausdrückliche und gesonderte Erklärung eine eigene Haftung oder Einstandspflicht oder*
> ***b)*** *im Falle vollmachtsloser Vertretung eine über § 179 hinausgehende Haftung auferlegt."*

224 Die Vorschrift soll verhindern, dass der **Stellvertreter**, der den Vertrag auf Seiten des Vertragspartners abschließt, durch AGB des Verwenders **in die vertragliche Haftung einbezogen** wird. Nach der gesetzlichen Grundkonzeption ist der Stellvertreter in die vertragliche Haftung grundsätzlich nicht mit einbezogen.

225 Im Grundsatz haftet er nur, wenn er den Vertrag ohne Vertretungsmacht abschließt. Dann hat er gemäß § 179 BGB nach Wahl des Vertragspartners persönlich für die Erfüllung der Vertragspflichten einzustehen oder Schadensersatz zu leisten.[120] Eine darüber hinausgehende Haftung soll ihm in AGB nicht bzw. nicht ohne

---

118 Palandt/*Grüneberg* § 309, Rn 97.
119 BGH NJW 1985, 54.
120 Palandt/*Grüneberg* § 309, Rn 101.

ausdrückliche und gesonderte Erklärung auferlegt werden können. Dies gilt auch im B2B-Verkehr.[121]

l) Beweislast

Gemäß § 309 Nr. 12 BGB ist unwirksam: 226

> *„Eine Bestimmung, durch die der Verwender die Beweislast zum Nachteil des anderen Vertragsteils ändert, insbesondere indem er*
> ***a)*** *diesem die Beweislast für Umstände auferlegt, die im Verantwortungsbereich des Verwenders liegen, oder*
> ***b)*** *den anderen Vertragsteil bestimmte Tatsachen bestätigen lässt."*[122]

§ 309 Nr. 12 BGB soll AGB-Klauseln verhindern, die Beweislastregeln einseitig zu Lasten des Gegenübers verschieben. Im Zivilrecht gilt der Grundsatz, dass Tatsachen von demjenigen darzulegen und im Bestreitensfall zu beweisen sind, der aus diesen Tatsachen Rechte für sich ableitet. 227

Beispiel
Wer Schadensersatzansprüche wegen der Verletzung vertraglicher Pflichten geltend macht, muss vor Gericht darlegen und bei Bestreiten auch beweisen können, dass das Gegenüber tatsächlich eine Pflichtverletzung begangen hat (§ 280 Abs. 1 Satz 1 BGB). Gelingt ihm das nicht, muss das Gericht die Klage abweisen. Eine AGB-Regelung, die stattdessen dem Gegenüber auferlegt, sich von einem Pflichtverletzungsvorwurf umfassend zu entlasten, stellt eine gemäß § 309 Nr. 12a) BGB unzulässige Beweislastumkehr dar.

§ 309 Nr. 12b) BGB untersagt Regelungen, die den Vertragspartner des Verwenders bestimmte Tatsachen bestätigen lassen. Denn die Bestätigung von Tatsachen würde die Beweislast zu seinen Lasten ändern. 228

Die gesetzlichen bzw. richterrechtlichen Beweislastregeln sind von so überragender Bedeutung und allgemeiner „Gerechtigkeitsausdruck", dass sie auch im Rechtsverkehr zwischen Unternehmern in aller Regel nicht abbedungen werden können.[123] 229

---

121 Palandt/*Grüneberg* § 309, Rn 105.

122 Nach § 309 Nr. 12 2. Hs. BGB gilt Buchstabe b) nicht für Empfangsbekenntnisse, die gesondert unterschrieben oder mit einer gesonderten qualifizierten elektronischen Signatur versehen sind.

123 Palandt/*Grüneberg* § 309, Rn 107.

m) Form von Anzeigen und Erklärungen

230 Gemäß § 309 Nr. 13 BGB ist unwirksam:

> *„Eine Bestimmung, durch die Anzeigen oder Erklärungen, die dem Verwender oder einem Dritten gegenüber abzugeben sind, an eine strengere Form als die Schriftform oder an besondere Zugangserfordernisse gebunden werden."*

231 Das Verbot der Vereinbarung strengerer Formvorschriften oder besonderer Zugangserfordernisse ist auf Rechtsgeschäfte zwischen Unternehmern **nicht anwendbar**.[124]

2. Klauselverbote mit Wertungsmöglichkeit, § 308 BGB

232 Wie § 309 BGB enthält auch § 308 BGB einen Katalog mit Klauselverboten. Anders als die „starren" Verbote des § 309 BGB enthalten diese Verbote jeweils einen **unbestimmten Rechtsbegriff** (z.B. „angemessen", „zumutbar") und bieten dem Gericht damit einen Spielraum bei der Beurteilung, ob eine AGB-rechtliche Bestimmung vom Verbot erfasst ist oder nicht.

233 Aufgrund dieses Spielraums führt die Anwendung des § 308 BGB seltener zu eindeutigen Ergebnissen als diejenige des § 309 BGB, bietet dafür aber ein größeres **Maß an Flexibilität** und ermöglicht Ergebnisse, die dem Einzelfall Rechnung tragen.

234 Auch die Klauselverbote des § 308 BGB finden im unternehmerischen Verkehr gemäß § 310 Abs. 1 Satz 1 BGB keine direkte Anwendung, sind aber aufgrund der **Gleichschrittrechtsprechung** des Bundesgerichtshofes[125] in vielen Fällen entsprechend anwendbar. Sie bieten daher auch für den Wirtschaftsverkehr eine unverzichtbare Orientierungshilfe.

a) Annahme- und Leistungsfrist

235 Gemäß § 308 Nr. 1 BGB ist unwirksam:

> *„Eine Bestimmung, durch die sich der Verwender unangemessen lange oder nicht hinreichend bestimmte Fristen für die Annahme oder Ablehnung eines Angebots oder die Erbringung einer Leistung vorbehält; ausgenommen hiervon ist der Vorbehalt, erst nach Ablauf der Widerrufs- oder Rückgabefrist nach § 355 Abs. 1 bis 3 und § 356 zu leisten."*

---

124 Palandt/*Grüneberg* § 309, Rn 114.
125 BGH NJW 2007, 3774.

§ 308 Nr. 1 BGB verbietet **unangemessen lange oder zu unbestimmte Fristen** für die Annahme von Vertragsangeboten oder der Erbringung von Leistungen. 236

Die Vorschrift gilt im Grundsatz auch für den **B2B-Verkehr**, in dem ebenfalls zeitlich angemessene und – aus Gründen der Rechtssicherheit – möglichst eindeutige Fristen gesetzt werden sollen.[126] Im unternehmerischen Verkehr übliche Handelsklauseln können aber zulässig bleiben, auch wenn sie dem Kunden die Berechnung der Leistungszeit erschweren. Das gilt etwa für die Aufnahme eines Vorbehaltes der rechtzeitigen Belieferung durch eigene Händler.[127] 237

Schädlich sind in der Regel Klauseln, die dem Verwender einen unangemessenen Spielraum ermöglichen, wie zum Beispiel die Angabe von „ca."-Fristen, oder auch das völlige Freihalten der Angebotsannahme oder Liefererbringung.[128] 238

b) Nachfrist

Gemäß § 308 Nr. 2 BGB ist unwirksam: 239

> *„Eine Bestimmung, durch die sich der Verwender für die von ihm zu bewirkende Leistung abweichend von Rechtsvorschriften eine unangemessen lange oder nicht hinreichend bestimmte Nachfrist vorbehält."*

§ 308 Nr. 2 BGB, der im B2B-Verkehr unverändert Anwendung findet, verbietet **unangemessene Nachfristen**, also Fristen zur Nachbesserung/Nacherfüllung einer nicht ordnungsgemäß erbrachten Leistung (vgl. etwa § 281 Abs. 1 Satz 1 BGB). 240

Die **Unangemessenheit** der Nachfrist hängt in erster Linie vom **Vertragsgegenstand** ab. Bei üblichen Verbrauchergeschäften wird die Höchstgrenze bereits bei zwei Wochen gesehen.[129] Bei komplexeren Leistungen (z.B. im Baubereich) können unter Umständen 4 bis 6 Wochen noch angemessen sein.[130] 241

c) Rücktrittsvorbehalt

Gemäß § 308 Nr. 3 BGB ist unwirksam: 242

> *„Die Vereinbarung eines Rechts des Verwenders, sich ohne sachlich gerechtfertigten und im Vertrag angegebenen Grund von seiner Leistungspflicht zu lösen; dies gilt nicht für Dauerschuldverhältnisse."*

---

126 Palandt/*Grüneberg* § 308 Rn 10.
127 Palandt/*Grüneberg* § 308 Rn 10.
128 BGH NJW-RR 2013, 1028.
129 BGH NJW 1985, 323.
130 Palandt/*Grüneberg* § 308 Rn 13.

243 § 308 Nr. 3 BGB verbietet sowohl im B2C- als auch im B2B-Verkehr die Vereinbarung von einseitigen, **nicht an einen sachlichen Grund gebundenen Lösungsrechten.**[131] Einseitige Lösungsmöglichkeiten vom einmal geschlossenen Vertrag sollen hierdurch so weit wie möglich zurückgedrängt werden. In der Regel werden solche Lösungsrechte in Form von Rücktrittsvorbehalten ausgestaltet.

244 Eine Loslösung vom Vertrag soll nur zulässig sein, wenn sie an einen sachlichen Grund gekoppelt ist, was **im B2B-Verkehr** teilweise großzügiger beurteilt wird.[132] Als sachliche Gründe anerkannt sind z.B. grob **vertragswidrige Verhaltensweisen** oder die **Kreditunwürdigkeiten** des Vertragspartners.

d) Änderungsvorbehalt

245 Gemäß § 308 Nr. 4 BGB ist unwirksam:

> *„Die Vereinbarung eines Rechts des Verwenders, die versprochene Leistung zu ändern oder von ihr abzuweichen, wenn nicht die Vereinbarung der Änderung oder Abweichung unter Berücksichtigung der Interessen des Verwenders für den anderen Vertragsteil zumutbar ist."*

246 Ebenso wie § 308 Nr. 3 BGB verwirklicht auch § 308 Nr. 4 BGB den Grundsatz: Verträge sind einzuhalten („pacta sunt servanda"). **Einseitige Änderungsvorbehalte** bedeuten insoweit einen Eingriff, weil sie ein nachträgliches Abweichen von den vereinbarten Vertragspflichten ermöglichen und damit in das Gleichgewicht zwischen Leistung und Gegenleistung (**sog. Äquivalenz**) eingreifen.

247 Einseitige Änderungen der vertraglichen Leistungspflichten sind auch im B2B-Verkehr nur ausnahmsweise zulässig.[133] Der Gesetzgeber gesteht Unternehmern **einseitige Änderungen** lediglich zu, **soweit** es hierfür **wichtige Gründe** gibt und die Regelung die Interessen des Vertragspartners angemessen berücksichtigt. Einen wichtigen Grund darstellen kann z.B. eine dramatische Änderung von Beschaffungskosten.[134] Ein Änderungsvorbehalt ist aber auch dann nur zulässig, wenn die Preissteigerung nicht auf andere Art und Weise ausgeglichen werden kann und sichergestellt ist, dass nur tatsächliche Kostensteigerungen weitergegeben werden. Keinesfalls darf eine Änderungsklausel allein der Gewinnmaximierung dienen.[135]

---

131 Palandt/*Grüneberg* § 308 Rn 16.
132 Palandt/*Grüneberg*, § 308 Rn 23.
133 Palandt/*Grüneberg* § 308 Rn 26.
134 Palandt/*Grüneberg* § 308 Rn 25.
135 BGH NJW 2004, 1588.

e) Fingierte Erklärungen

Gemäß § 308 Nr. 5 BGB ist unwirksam: 248

„Eine Bestimmung, wonach eine Erklärung des Vertragspartners des Verwenders bei Vornahme oder Unterlassung einer bestimmten Handlung als von ihm abgegeben oder nicht abgegeben gilt, es sei denn, dass
a) *dem Vertragspartner eine angemessene Frist zur Abgabe einer ausdrücklichen Erklärung eingeräumt ist und*
b) *der Verwender sich verpflichtet, den Vertragspartner bei Beginn der Frist auf die vorgesehene Bedeutung seines Verhaltens besonders hinzuweisen.“*

§ 308 Nr. 5 BGB untersagt es dem Verwender, dem Gegenüber **Erklärungen „in den Mund zu legen“**, die er (so) nicht abgegeben hat. Davon erfasst sind grundsätzlich auch Bestimmungen, die dem **Schweigen des Vertragspartners** in bestimmten Fällen einen bestimmten Erklärungsgehalt (z.B. Annahme eines Angebots oder Verzicht auf die Ausübung von Rechten) beimessen. 249

Solche Erklärungsfiktionen sind in der Regel auch im unternehmerischen Verkehr unwirksam.[136] Im unternehmerischen Verkehr gelten aber besondere Gepflogenheiten, aus denen sich der Erklärungsgehalt von Verhaltensweisen ergeben kann und die von § 308 Nr. 5 BGB nicht betroffen sind.[137] Typisches Beispiel ist das **Schweigen auf ein kaufmännisches Bestätigungsschreiben**, das dazu führt, dass der Vertrag so zustande kommt, wie er im Bestätigungsschreiben dokumentiert ist. 250

f) Fiktion des Zugangs

Gemäß § 308 Nr. 6 BGB ist unwirksam: 251

„Eine Bestimmung, die vorsieht, dass eine Erklärung des Verwenders von besonderer Bedeutung dem anderen Vertragsteil als zugegangen gilt.“

Die Regelung, die auch im unternehmerischen Verkehr[138] gilt, soll verhindern, dass wichtige Erklärungen als zugegangen gelten, obwohl ein solcher **Zugang tatsächlich nicht erfolgt** ist. 252

g) Abwicklung von Verträgen

Gemäß § 308 Nr. 7 BGB ist unwirksam: 253

---

136 Palandt/*Grüneberg* § 308 Rn 34.
137 BGHZ 101, 365.
138 Palandt/*Grüneberg* § 308 Rn 38.

> *„Eine Bestimmung, nach der der Verwender für den Fall, dass eine Vertragspartei vom Vertrag zurücktritt oder den Vertrag kündigt,*
> ***a)*** *eine unangemessen hohe Vergütung für die Nutzung oder den Gebrauch einer Sache oder eines Rechts oder für erbrachte Leistungen oder*
> ***b)*** *einen unangemessen hohen Ersatz von Aufwendungen verlangen kann."*

254 § 308 Nr. 7 BGB untersagt es, dem Gegenüber im Falle eines berechtigten Rücktritts eine **unangemessene Vergütung oder einen unangemessenen Aufwendungsersatz für die Nutzung der vertraglichen Leistung** – welche im Falle des Rücktritts zurück zu gewähren ist – aufzuerlegen. Eine solche Regelung wäre dazu geeignet, das Gegenüber von der berechtigten Ausübung seines Rücktrittsrechts abzuhalten und könnte zur Aushöhlung der vertraglichen bzw. gesetzlichen Rechte führen.[139] Daher ist § 308 Nr. 7 BGB, ebenso wie die Parallelvorschrift des § 309 Nr. 5 BGB, auf den unternehmerischen Verkehr 1:1 anzuwenden.[140]

h) Nichtverfügbarkeit der Leistung

255 Gemäß § 308 Nr. 8 BGB ist unwirksam:

> *„Die nach Nummer 3 zulässige Vereinbarung eines Vorbehalts des Verwenders, sich von der Verpflichtung zur Erfüllung des Vertrags bei Nichtverfügbarkeit der Leistung zu lösen, wenn sich der Verwender nicht verpflichtet,*
> ***a)*** *den Vertragspartner unverzüglich über die Nichtverfügbarkeit zu informieren und*
> ***b)*** *Gegenleistungen des Vertragspartners unverzüglich zu erstatten."*

256 § 308 Nr. 8 BGB ist im Zusammenhang mit § 308 Nr. 3 BGB zu sehen. Ein nach § 308 Nr. 3 BGB zulässiger **Rücktrittsvorbehalt**, der an die **Nichtverfügbarkeit der Leistung** als sachlich gerechtfertigten Grund anknüpft, ist nur unter den ergänzenden Voraussetzungen des § 308 Nr. 8 BGB wirksam. Der Verwender muss sich also dazu verpflichten, den Vertragspartner unverzüglich über die Nichtverfügbarkeit zu informieren und etwaig erbrachte Gegenleistungen unverzüglich zu erstatten. Diese Vorgabe sollten auch im unternehmerischen Verkehr berücksichtigt werden.[141]

---

139 Palandt/*Grüneberg* § 308 Rn 39.
140 BGH ZIP 2005, 492; Palandt/*Grüneberg* § 308 Rn 45.
141 Palandt/*Grüneberg* § 308 Rn 46.

VI. Unangemessene Benachteiligung

Gemäß § 307 Abs. 1 Satz 1 BGB sind Bestimmungen in Allgemeinen Geschäftsbedingungen unwirksam, wenn sie den Vertragspartner der Verwenders entgegen den Geboten von Treu und Glauben **unangemessen Benachteiligungen**. 257

1. Allgemeines

§ 307 BGB definiert die grundlegenden Wertmaßstäbe für die Prüfung der Wirksamkeit von Allgemeinen Geschäftsbedingungen. Der in § 307 Abs. 1 Satz 1 der Vorschrift verwendete Begriff der **unangemessenen Benachteiligung** ist das **zentrale Kriterium bei der Inhaltskontrolle**. 258

Auch die Klauselverbote in den §§ 308, 309 BGB regeln nichts anderes als spezielle Fälle unangemessener Benachteiligung.[142] Wegen dieser Spezialität sollten bei der Inhaltskontrolle von Allgemeinen Geschäftsbedingungen zunächst die §§ 308, 309 BGB herangezogen werden (vgl. bereits Rn 182 Kap. 6). 259

§ 307 BGB eröffnet dem Gericht eine hohe **Flexibilität** bei der Inhaltskontrolle. Bei der Auslegung des Begriffs der unangemessenen Benachteiligung besitzt es einen weiten Spielraum. Da bei der Prüfung die vertragliche Regelung insgesamt gewürdigt wird, kommt es für das Ergebnis weniger auf die formale Gestaltung einzelner Klauseln an, sondern auf die von der Gesamtregelung ausgehende Wirkung. Mit anderen Worten: Die Vorgaben des § 307 BGB können kaum durch formale Tricks oder Kniffe „umgangen" werden. 260

Praxistipp !

Daher muss in AGB-Verträgen darauf geachtet werden, dass dem Vertragspartner keine „faulen Eier" ins Nest gelegt werden.

Da der Begriff der unangemessenen Benachteiligung stark wertungsabhängig ist, bietet das Gesetz in § 307 Abs. 2 BGB **Hilfestellungen**: Eine unangemessene Benachteiligung ist danach im Zweifel anzunehmen, wenn eine Bestimmung mit wesentlichen Grundgedanken der gesetzlichen Regelung, von der abgewichen wird, nicht zu vereinbaren ist (Nr. 1) oder wesentliche Rechte oder Pflichten, die sich aus der Natur des Vertrages ergeben, so einschränkt, dass die Erreichung des Vertragszwecks gefährdet ist (Nr. 2). 261

Eine spezielle Ausprägung der unangemessenen Benachteiligung stellt das sogenannte **Transparenzgebot** gemäß § 307 Abs. 1 Satz 2 BGB dar. Nach dieser Vorschrift kann sich eine unangemessene Benachteiligung auch daraus ergeben, dass 262

---

142 MüKo-BGB/*Wurmnest* § 308 BGB Rn 1ff.; MüKo-BGB/*Wurmnest* § 309 BGB Rn 1ff.

eine Bestimmung nicht klar und verständlich ist. Die Anforderungen des Transparenzgebots werden ab S. 138 unter Kapitel 6B.III gesondert dargestellt.

2. Prüfungsmaßstab

263 Die Prüfung, ob eine Bestimmung den Vertragspartner des Verwenders unangemessen benachteiligt, stellt im Kern eine **Abwägung der gegenseitigen Interessen der Vertragsparteien** dar. Den anzulegenden Maßstab hat das Bundesarbeitsgericht in einem Urteil vom 18.11.2008 (Az 3 AZR 192/07) anschaulich zusammengefasst:

> *„Eine Klausel ist unangemessen, wenn der Verwender durch einseitige Vertragsgestaltung missbräuchlich eigene Interessen auf Kosten seines Vertragspartners durchzusetzen versucht, ohne von Vornherein auch dessen Belange hinreichend zu berücksichtigen und ihm einen angemessenen Ausgleich zu gewähren. Die Feststellung einer unangemessenen Benachteiligung setzt eine wechselseitige Berücksichtigung und Bewertung anzuerkennender Interessen der Vertragspartner voraus. Dabei sind auch grundrechtlich geschützte Positionen zu beachten. Es ist ein genereller, typisierender, vom Einzelfall losgelöster Maßstab anzulegen. Art, Gegenstand, Zweck und besondere Eigenarten des jeweiligen Geschäfts sind zu berücksichtigen".*[143]

264 Die Prüfung vollzieht sich in der Regel in drei Schritten.
- Zunächst muss anhand der gesetzlichen Vorgaben festgestellt werden, ob und inwieweit die vertragliche Regelung von dem **Gesetzesrecht** (bzw. von dem gesetzlichen Leitbild) **abweicht**, das sie überlagert. Probleme ergeben sich häufig bei Verträgen, die nicht eindeutig einem oder mehreren gesetzlichen Leitbildern zugeordnet werden können.
- In einem zweiten Schritt sind die gegenseitigen **Interessen der Parteien** herauszuarbeiten, für die die Vertragsbestimmung von Bedeutung ist.
- In einem dritten Schritt ist zu beurteilen, ob die aufgrund der vertraglichen Regelung eintretende Benachteiligung des Vertragspartners des Verwenders **unangemessen** ist, also ob einseitig und missbräuchlich eigene Interessen auf Kosten des Vertragspartners durchgesetzt werden, ohne dass dessen Belange hinreichend berücksichtigt werden.

! **Praxistipp**
Sofern es sachliche Gründe gibt, die für Abweichung vom Gesetzeszweck sprechen, ist zu empfehlen, diese im Vertrag ausdrücklich festzuhalten. Das erleichtert die Argumentation, sollte die Klausel zur Überprüfung durch ein Gericht gestellt werden.

---

143 BAG NJW 2009, 1532.

3. Auslegungshilfen

a) Unvereinbarkeit mit wesentlichen Grundgedanken der gesetzlichen Regelung

Einen wichtigen Anhaltspunkt für das Vorliegen einer unangemessenen Benachteiligung bietet § 307 Abs. 2 Nr. 1 BGB, der darauf abstellt, ob die AGB-Bestimmung mit wesentlichen Grundgedanken der gesetzlichen Regelung, von der abgewichen wird, vereinbar ist. Dadurch statuiert die Vorschrift ein Leitbild der gesetzlichen Vorgaben (**gesetzliches Leitbild**) als Beurteilungsmaßstab. Grundsätzlich wird als Beurteilungskriterium also das dispositive (d.h. vertragliche abdingbare) Recht zugrunde gelegt, das auf das Vertragsverhältnis anzuwenden wäre, wenn keine abweichenden vertraglichen Regelungen vereinbart worden wären.[144] 265

Das setzt natürlich voraus, dass überhaupt eine gesetzliche Regelung existiert, die gegebenenfalls anwendbar wäre. Auch wenn dispositive Regelungen existieren, ist es nicht immer problemlos möglich, die richtige, als Vergleichsmaßstab anzulegende Norm herauszufinden. Gerade bei typengemischten Verträgen, z.B. Dienstleistungsverträgen, die auch werkvertragliche Elemente enthalten, sind die einschlägigen gesetzlichen Vorschriften oft nicht ohne weiteres bestimmbar. 266

Ist eine Norm gefunden, die als gesetzliches Leitbild zugrunde gelegt werden kann, kann sie als **Orientierungspunkt** bei der Frage dienen, ob die AGB-rechtliche Abweichung mit den Grundgedanken der gesetzlichen Bestimmung vereinbar ist. 267

Praxistipp **!**
Je eklatanter die Abweichung zu Lasten des Vertragspartners im Vergleich zur gesetzlichen Regelung ausfällt, umso eher ist eine unangemessene Benachteiligung anzunehmen.

---

b) Unvereinbarkeit wegen Gefährdung des Vertragszweckes

Einen **weitere Orientierungshilfe** für die Prüfung einer unangemessenen Benachteiligung bietet § 307 Abs. 2 Nr. 2 BGB. Danach ist eine unangemessene Benachteiligung im Zweifel anzunehmen, wenn eine Bestimmung **wesentliche Rechte oder Pflichten**, die sich **aus der Natur des Vertrages** ergeben, so einschränkt, dass die Erreichung des Vertragszwecks gefährdet ist. Diese Auslegungshilfe ist auf den Fall zugeschnitten, dass sich ein gesetzliches Leitbild im Sinne von § 307 Abs. 2 Nr. 1 BGB nicht oder nicht hinreichend bestimmen lässt. Sie ist aber nicht auf diesen Fall beschränkt und kann auch ergänzend zum gesetzlichen Leitbild herangezogen werden. 268

Wesentliche Rechte und Pflichten des Vertrags sind in erster Linie die in einem Gegenseitigkeitsverhältnis zueinander stehenden Pflichten (z.B. Übereignung der Kaufsache und Kaufpreiszahlung, aber auch Schadensersatzansprüche wegen 269

---

144 BGH NJW 1994, 1070; Palandt/*Grüneberg* § 307 Rn 12.

der Verletzung von Vertragspflichten) sowie diejenigen Pflichten, ohne die die Durchführung des Vertrags überhaupt nicht möglich ist.

270 Ob sie sich aus der **Natur des Vertrags** ergeben, bestimmt sich nach dessen Zweck und Inhalt. Bei gesetzlich geregelten Vertragstypen ist auch hier auf die gesetzlichen Regelungen abzustellen, bei anderen (sog. atypischen) Verträgen auf die üblichen Erwartungen im Geschäftsverkehr. Häufigster Anwendungsfall des § 307 Abs. 2 Nr. 2 BGB sind **Haftungsbeschränkungen**. Bei diesen sind auch die Klauselverbote des § 309 Nr. 7 BGB zu berücksichtigen, vgl. Rn 210 Kap. 6 S. 155.

Beispiel
Mit sich aus der Vertragsnatur ergebenden wesentlichen Rechten und Pflichten für nicht vereinbar gehalten hat der BGH beispielsweise die in den Beförderungsbedingungen eines Busreiseunternehmens enthaltene Klausel, dass für verloren gegangene oder gestohlene Fahrausweise kein Ersatz gewährt wird und keine Erstattung erfolgt. Durch eine solche Bestimmung werde dem Kunden das Risiko eines – gegebenenfalls unverschuldeten – Verlusts aufgebürdet, selbst wenn er den Kauf eines Fahrausweises durch einen Zahlungsbeleg nachweisen könne. Der Kunde müsse daher seine Leistung gegebenenfalls doppelt erbringen, obwohl er durch den Kauf eines Fahrscheins entgegen der gesetzlichen Bestimmung in Vorleistung gehe.[145]

4. Beispielsfälle

271 Auch die Auslegungshilfen gemäß § 307 Abs. 2 BGB ändern nichts daran, dass die Beurteilung einer unangemessene Benachteiligung in hohem Maße von **Wertungsfragen** und den **Umständen im Einzelfall** abhängt. Dementsprechend häufig war sie in den letzten Jahren Gegenstand gerichtlicher Auseinandersetzungen, so dass sich eine Vielzahl von Gerichtsentscheidungen zur unangemessenen Benachteiligung angehäuft hat. Einige Beispiele haben wir hier zusammengetragen.

272 Eine Vielzahl von Urteilen existiert zur Wirksamkeit von **Preisanpassungsklauseln**,[146] die häufig für unangemessene benachteiligend gehalten werden. So hat der BGH z.B. eine Preisanpassungsklausel in einem Erdgassondervertrag[147] für unwirksam erachtet, die vorsah, dass Kostensteigerungen beim Heizöl bei der Preisanpassung berücksichtigt wurden, nicht aber gleichzeitig die Kostenentwicklung bei anderen Herstellungskosten. Preisanpassungsklauseln dürfen grundsätzlich nur dazu dienen, das **Äquivalenzinteresse** zwischen Leistung und Gegenleistung aufrecht zu erhalten und angemessen nach oben oder nach unten anzupassen, sofern sich Bezugsgrößen der Preisgestaltung ändern. Sie dürfen nicht dazu dienen, die Vergütung zu steigern. Das aber ist nicht ausgeschlossen, wenn die beanstandete

145 BGH NJW 2005, 1774.
146 Zusätzlich zum AGB-Recht findet auf Preisanpassungsklauseln das Preisklauselgesetz Anwendung.
147 Auf einen solchen Vertrag finden die §§ 308, 309 BGB keine Anwendung, vgl. § 310 Abs. 2 BGB.

Klausel auch dann zu einer Erhöhung des Preises gegenüber Kunden führt, wenn die Bezugskosten nicht im vergleichbaren Maß gestiegen sind, weil bestimmte Preisfaktoren keine Berücksichtigung finden.[148]

Unzulässig ist z.B. eine Klausel in den Teilnahmebedingungen für das Flugprämienprogramm eines Luftverkehrsunternehmens, nach der bei Kündigung des Vertrages durch das Luftverkehrsunternehmen oder bei Beendigung des Prämienprogramms erworbene **Bonuspunkte** ihre Gültigkeit innerhalb von sechs Monaten nach Zugang der Kündigung verlieren. Hier nahm der BGH angesichts der kurzen Frist eine missbräuchliche Durchsetzung eigener Interessen auf Kosten des Vertragspartners an.[149] 273

Auch von **Haftungsklauseln** geht nicht selten eine unangemessene Benachteiligung aus. Unwirksam ist eine Haftungsklausel in einem Textilreinigungsvertrag mit einem Verbraucher, die die Haftung des Reinigungsunternehmens auf das 15-fache des Bearbeitungspreises begrenzt. Die Klausel benachteiligt den Kunden unangemessen, weil der Bearbeitungspreis ein untauglicher Maßstab für die Beschränkung der Haftung ist. Die mögliche Schadenshöhe steht in keiner Relation zum Bearbeitungspreis.[150] 274

Eine unangemessene Benachteiligung geht auch von zu hoch angesetzten **Vertragsstrafen** aus (zu Einzelheiten vgl. Rn 111 Kap. 8 „Vertragsstrafe"). 275

C. Kartellrecht

I. Allgemeines

Das Thema Kartellrecht und seine Anforderungen an die Formulierung vertraglicher Regelungen werden im Zuge der Vertragsgestaltung leider noch oft genug sträflich vernachlässigt. 276

„Kartellrecht" ruft bei vielen Unternehmen das Bild von großen Stahl- und Ölkonzernen hervor, die den Markt unter sich aufteilen oder Preisabsprachen treffen. Gerade der Mittelstand sieht sich hier oft außerhalb des Fokus der Kartellwächter. Dass es auch in diesem Segment insbesondere in den letzten Jahren immer wieder **schwergewichtige Bußgeldverfahren** gab und gibt, wird von vielen nicht realisiert. Verkannt wird hierbei zudem nicht selten, dass es bei den sogenannten Kernbeschränkungen grundsätzlich **keine Bagatellgrenzen** gibt. 277

Das Bundeskartellamt hat sich zuletzt vermehrt sehr deutlich dazu geäußert, dass es **keine Branche** gebe, die bei der Beobachtung und Verfolgung von Kartell- 278

148 BGH NJW 2010, 2789.
149 BGH NJW 2010, 2046.
150 BGH NJW 2013, 2502.

rechtsverstößen **ausgelassen** und man künftig insbesondere der Überwachung **vertriebskartellrechtlicher Vorgaben mehr Gewicht** beimessen werde.

279 Gerade **Vertriebsverträge** bergen insoweit ein ganz **erhebliches Gefahrpotential**. Letztlich muss etwa bei der Erstellung von Vertragshändlerverträgen (zur kartellrechtlichen Sonderthematik bei Handelsvertreterverträgen siehe nachfolgend, Rn 286 Kap. 6) auf vertriebskartellrechtliche Vorgaben mindestens genauso viel Gewicht gelegt werden wie auf das Einhalten der AGB-rechtlichen Anforderungen.

280 Neben dem **Risiko der Verhängung eines Bußgeldes** gemäß den §§ 81ff. GWB (für Unternehmen bis zu 10% des Konzernumsatzes im vorangegangenen Geschäftsjahr, für natürliche Personen immerhin bis zu 1,0 Mio. Euro, bei Fahrlässigkeit bis zu 0,5 Mio. Euro) sind insbesondere die **zivilrechtlichen Folgen** der Unwirksamkeit gemäß § 134 BGB, des Schadensersatzes gemäß § 33 Abs. 3 GWB und des Anspruchs auf Unterlassung gemäß § 33 Abs. 1 GWB zu beachten.

281 In der Folge soll insbesondere aus den letztgenannten Gründen ein kurzer Überblick über die kartellrechtlichen Vorgaben und Fallstricke bei der Gestaltung von Verträgen gegeben werden, wobei schwerpunktmäßig die Thematik der (bußgeldrelevanten) Kernbeschränkungen behandelt wird.

282 Angesichts der nahezu uferlosen Fallgestaltungen und Problemfelder im kartellrechtlichen Bereich beschränkt sich die Darstellung auf die **wesentlichen Grundsätze**, die insbesondere bei der Gestaltung von Vertriebsverträgen zu berücksichtigen sind.

II. Gesetzliche Ausgangssituation

283 Was die rechtlichen Grundlagen und gesetzlichen Vorgaben angeht, ist zunächst **zwischen** der **europäischen und der nationalen Ebene** zu **unterscheiden**.

284 Im Hinblick auf die diesbezügliche Abgrenzung kommt es weniger auf den Sitz der an dem potentiellen Kartellrechtsverstoß beteiligten Unternehmen an, als vielmehr darauf, ob die in Rede stehende Vereinbarung bzw. Abrede geeignet ist, **Auswirkungen** auf den europäischen Markt zu haben.

285 Was die rechtlichen Vorgaben angeht, macht dies im Ergebnis allerdings kaum einen Unterschied. Denn Art. 101 Abs. 1 AEUV (europäische Ebene) und § 1 GWB (Deutschland) sind im Hinblick auf die Definition der kartellrechtlich relevanten wettbewerbsbeschränkenden Vereinbarung nahezu identisch. Hiernach verboten sind

> *„alle Vereinbarungen zwischen Unternehmen, Beschlüsse von Unternehmensvereinigungen und aufeinander abgestimmte Verhaltensweisen, welche den Handel zwischen Mitgliedsstaaten zu beeinträchtigen geeignet sind oder eine Verhinderung, Einschränkung oder Verfälschung des Wettbewerbs innerhalb des Binnenmarkts bezwecken oder bewirken.“*

1. Tatbestandsvoraussetzung „Vereinbarung oder abgestimmte Verhaltensweisen zwischen Unternehmen“

Hier sind insbesondere folgende Merkposten von Relevanz: 286

Der Begriff der „**Vereinbarung**“ bzw. der „**abgestimmten Verhaltensweisen**“ 287 im kartellrechtlichen Sinne ist sehr weit zu verstehen. Insoweit kommt es weder auf die Form an, noch auf die Frage der rechtlichen Verbindlichkeit.[151] Auch sog. „Gentlemen's Agreements“ werden von der Rechtsprechung unter den Vereinbarungsbegriff im Sinne des § 101 Abs. 1 AEUV bzw. § 1 GWB subsumiert.[152]

Was die Tatbestandsvoraussetzung „zwischen Unternehmen“ in diesem Zu- 288 sammenhang angeht, ist sicherlich die kartellrechtliche Einordnung des Handelsvertreters eines der praxisrelevantesten Themen. In einem vergleichbaren Zusammenhang zu sehen ist das sog. **Konzernprivileg**.

Zusammengefasst sind **Handelsvertreter** zwar – als selbstständige Kaufleute 289 im Sinne der §§ 1, 84 Abs. 1 HGB – zweifelsfrei als Unternehmer einzustufen, gleichwohl werden sie unter bestimmten Voraussetzungen **kartellrechtlich nicht** als **„eigene Wirtschafts- bzw. Unternehmensstufe“** anerkannt, was unter dem Stichwort „Handelsvertreterprivileg“ zu einer allenfalls eingeschränkten Anwendbarkeit des Art. 101 Abs. 1 AEUV bzw. § 1 GWB führt.

Ausschlaggebend ist insoweit die Differenzierung zwischen **„echtem** Handels- 290 vertreter“ (dann Handelsvertreterprivileg) und **„unechtem Handelsvertreter“**. Maßgebliches **Unterscheidungskriterium** für die Frage, ob Art. 101 Abs. 1 AEUV bzw. § 1 GWB anwendbar ist, ist das ***„finanzielle oder geschäftliche Risiko****, das der Handelsvertreter bezüglich der ihm vom Auftraggeber übertragenen Tätigkeiten trägt“*.[153] Liegt dieses Risiko – in Konsequenz entsprechender vertraglicher Regelungen – bei dem Handelsvertreter, fällt er als „unechter Handelsvertreter“ grundsätzlich **nicht** unter das **Handelsvertreterprivileg.**

Ähnlich ist es bei Abreden zwischen Konzernunternehmen, denen es an der für 291 die Anwendbarkeit des Unternehmensbegriffs gemäß Art. 101 Abs. 1 AEUV erforderlichen Unabhängigkeit in ihrem Marktverhalten fehlt. Hiervon ist – zumindest im Regelfall – beispielsweise dann auszugehen, wenn eine Gesellschaft eine 100%ige Tochter ist.[154] Dann spricht man von dem sog. **Konzernprivileg** im kartellrechtlichen Sinne.

Zu beachten ist, dass es sowohl im Zusammenhang mit dem Handelsvertreter- 292 privileg als auch dem Konzernprivileg noch eine ganze **Vielzahl von Differenzierungen** gibt, die in der Spruchpraxis der Kartellbehörden und Gerichte teilweise

---

151 EuG, Rs T-347/94, Slg. 1998, II-1751, Rn 65.
152 EuG, Rs T-141/89, Slg. 1995, II-791, Rn 96.
153 Vgl. zu den Einzelheiten Leitlinien zur Vertikal-GVO, Rn 13ff.
154 EuGH, Rs 107/82, Slg. 1983, 3151, Rn 50.

auch unterschiedlich bewertet werden, deren Darstellung den Rahmen an hiesiger Stelle jedoch sicherlich sprengen würde.

2. Tatbestandsvoraussetzung: Eignung für Beeinträchtigung des zwischenstaatlichen Handels

293 Merkposten ist auch hier, dass der **Handelsbegriff im kartellrechtlichen Sinne** ebenfalls sehr weit gezogen ist. Er umfasst nicht nur die **Herstellung** und den **Vertrieb von Waren**, sondern auch **alle Arten von Dienstleistungen**.

294 Was die Frage der Eignung angeht, ist **primär** die Tatbestandsvoraussetzung der „**Spürbarkeit**" von Relevanz. Maßgeblich bestimmt wird die Spürbarkeit durch die **Marktanteile** der beteiligten Unternehmen. Zwar existiert **keine gesetzlich festgelegte Marktanteilsgrenze**, ab welcher von einer Spürbarkeit im kartellrechtlichen Sinne ausgegangen wird. Allerdings haben sich sowohl auf nationaler als auch europäischer Ebene in der Spruchpraxis der Behörden und Gerichte Werte herausgebildet, die zumindest als grobe, jedoch nicht verbindliche Richtlinien herangezogen werden können.

295 Das Bundeskartellamt hat im Jahr 2007 im Rahmen einer „**Bagatellbekanntmachung**" für Vertikalvereinbarungen die **Marktanteilsgrenze bei 15%** angesetzt.[155] Das entspricht im Wesentlichen der Bagatellbekanntmachung der EU-Kommission (2001). Nur in der **Spruchpraxis** des EuGH liegt die Schwelle teilweise **nicht unerheblich niedriger** (ca. 5%). Der BGH hat sich in dieser Hinsicht noch nicht eindeutig positioniert.

296 Zu beachten ist jedoch, dass sich je nach Einzelfallgestaltung Abweichungen ergeben können. So gilt der Grundsatz, dass **je schwerwiegender die Wettbewerbsbeschränkung, desto niedriger** die **Marktanteilsgrenze**.

297 Die genannten Grenzen gelten insbesondere dann nicht, wenn der Wettbewerb durch kumulative Auswirkungen nebeneinander bestehender Netze gleichartiger Vereinbarungen beschränkt wird (sog. „**Bündeltheorie**").[156]

298 Zudem muss berücksichtigt werden, dass bei den sog. Kernbeschränkungen (dazu unten, Rn 299 und Rn 302 Kap. 6) die Anknüpfung an die Marktanteilsschwelle im Sinne der Bagatellbekanntmachung im Regelfall sogar gänzlich entfällt.[157]

---

155 BKartA, Bekanntmachung Nr. 18/2007 vom 13.3.2007.

156 Vgl. zu den Details *Weiß* in: Calliess/Ruffert, EUV/AEUV, 4. Auflage 2011, Art. 101 AEUV, Rn 86.

157 BKartA, Bagatellbekanntmachung a.a.O., Rn 15.

III. Praxisrelevante Risikofelder des Vertriebskartellrechts

1. „Preisbindung der zweiten Hand"

Nach der für Vertriebsverträge im Wesentlichen relevanten Vertikal-Gruppenfreistellungsverordnung der Europäischen Kommission (Verordnung (EU) Nr. 330/210 vom 20. April 2010, nachfolgend Vertikal-GVO) stellt es eine **Kernbeschränkung** dar, wenn von **Seiten des „Anbieters"**, also des Herstellers bzw. Lieferanten, die **Möglichkeit des Abnehmers**, bspw. des Vertragshändlers, einen **Verkaufspreis selbst festzusetzen, beschränkt** wird.[158] 299

Zu beachten ist, dass **nicht nur die unmittelbare Vorgabe eines Wiederverkaufspreises** eine Kernbeschränkung darstellt, sondern **auch mittelbare bzw. konkludente Vorgaben** (bspw. durch Benennung von Wiederverkaufspreisen in Bestellvordrucken), die Vorgabe sonstiger preisbildender Faktoren und die **Festlegung einzelner Preisbestandteile** (Vorgabe von Mindestmargen, Nachlässen/Rabatten). Die Kernbeschränkung bezieht sich sowohl auf die Vorgabe eines **festen Wiederverkaufspreises** als auch die eines **Mindest-Wiederverkaufspreises.** 300

Explizit ausgenommen und damit **grundsätzlich zulässig** sind die **Festsetzung eines Höchstverkaufspreises** und **Unverbindliche Preisempfehlungen.**[159] Insoweit ist jedoch zu beachten, dass sich diese nicht in Folge der Ausübung von Druck (z.B. Kündigung, Liefersperre, etc.) oder der Gewährung von Anreizen (z.B. „Preispflegerabatte", Sonderkonditionen) tatsächlich wie Fest- oder Mindestverkaufspreise auswirken dürfen.[160] 301

2. Exklusivität

Im Rahmen von Vertriebsverträgen erfolgt regelmäßig die **Vergabe von exklusiven Vertriebsrechten**, etwa für ein bestimmtes Gebiet oder eine bestimmte Kundengruppe. Oft übersehen wird hierbei, dass die Verteilung solcher Exklusivrechte regelmäßig eine potentiell **kartellrechtlich relevante Gebiets- und/oder Kundenkreisbeschränkung** mit sich bringt. 302

Insbesondere dann, wenn der Vertrieb unter mehreren Vertriebsmittlern (z.B. Vertragshändler) jeweils für ein bestimmtes Gebiet oder eine bestimmte Kundengruppe aufgeteilt wird, entsteht der Bedarf, das Exklusivrecht des einzelnen Händlers durch entsprechende Vertriebsverbote gegenüber den anderen Händlern (die Vertragsprodukte in das jeweilige Gebiet oder an die jeweilige Kundengruppe zu vertreiben) zu schützen. 303

158 Vgl. Art. 4 lit. a Vertikal-GVO.
159 Vgl. Art. 4 lit. a S. 1, 2. HS Vertikal-GVO.
160 Vgl. Art. 4 lit. a a.E. Vertikal-GVO.

304 Sofern dies nicht den gesetzlichen Vorgaben entsprechend formuliert (und in der Praxis auch gelebt) wird, stellt ein solches **Vertriebsverbot** als Kehrseite des Exklusivrechts ebenfalls eine **kartellrechtswidrige Kernbeschränkung** in dem oben dargestellten Sinne dar. Denn Art. 4 lit. b der Vertikal-GVO **untersagt die Beschränkung des Gebiets oder der Kundengruppe**, in das oder an die der Abnehmer (z.B. Vertragshändler) Vertragswaren oder -dienstleistungen verkaufen darf.

305 Auf der anderen Seite gibt jedoch die Vertikal-GVO auch explizit vor, unter welchen Voraussetzungen eine solche Gebiets- oder Kundenkreisbeschränkung ausnahmsweise zulässig sein kann, nämlich im Falle

> *„der Beschränkung des **aktiven** Verkaufs in Gebiete oder an Kundengruppen, die der Anbieter **sich selbst vorbehalten oder ausschließlich einem anderen Abnehmer zugewiesen hat,** sofern der Verkauf durch die Kunden des Abnehmers nicht beschränkt wird."*

306 Im Hinblick auf die erforderlichen Zulässigkeitskriterien bedeutet dies zweierlei. **Zum einen** muss der sogenannte **passive Vertrieb immer möglich** sein, das Verbot muss sich also auf den aktiven Vertrieb beschränken. Eine entsprechende Abgrenzung zwischen aktivem und passivem Vertrieb findet sich in den Leitlinien der Europäischen Kommission (Leitlinien für vertikale Beschränkungen, Mitteilungen der Europäischen Kommission, 2010/C 130/01, nachfolgend LL Vertikal-GVO).[161] Zusammengefasst bedeutet **passiver Vertrieb** im Wesentlichen die **Erledigung unaufgeforderter Bestellungen einzelner Kunden oder allgemeine Werbe-/Verkaufsförderungsmaßnahmen**. Zu beachten ist in diesem Zusammenhang, dass der Vertrieb über eine eigene Webseite regelmäßig als passiver Vertrieb angesehen wird.

307 **Zum anderen** ist Voraussetzung, dass das andere **Gebiet** bzw. die andere Kundengruppe, in das bzw. an die nicht aktiv vertrieben werden darf, entweder einem **anderen Händler als Exklusivgebiet zugewiesen** oder dem Anbieter/Lieferanten/Hersteller **zum Zwecke der Direktbelieferung selbst vorbehalten** ist.

308 Wichtiger Merkposten ist in diesem Zusammenhang, dass für eine **„saubere" Abgrenzung** der **exklusiv vergebenen Gebiete** Sorge getragen wird. Insoweit muss insbesondere darauf geachtet werden, dass hinsichtlich des jeweils exklusiv vergebenen Gebietes, auf welches sich das Vertriebsverbot bezieht, **keine Mehrfachvertretung** (Zuteilung nicht nur eines Händlers) gegeben ist, da dann nicht mehr von einer exklusiven Zuweisung, wie es die Ausnahmeregelung der Vertikal-GVO fordert, gesprochen werden kann. Entsprechendes gilt für die Variante der exklusiven Zuteilung einer Kundengruppe.

161 Vgl. Tz. 51 der LL Vertikal-GVO.

3. Wettbewerbsverbote

Auch die **Formulierung von Wettbewerbsverboten** in Vertriebsverträgen kann **kartellrechtliche Risiken** bergen. Zwar stellt ein nicht den kartellrechtlichen Anforderungen entsprechendes Wettbewerbsverbot keine Kernbeschränkung (wie die Preisbindung der zweiten Hand oder die Gebiets-/Kundenkreisbeschränkung, s.o.) dar, was im Wesentlichen jedoch nur die Konsequenz hat, dass ein Kartellrechtsverstoß erst ab einer entsprechenden Marktanteilsschwelle gegeben ist (s.o. Spürbarkeit). 309

Die **Definition eines Wettbewerbsverbots** im kartellrechtlichen Sinne findet sich in Art. 1 Abs. 1 lit. d Vertikal-GVO. Neben dem „klassischen" Wettbewerbsverbot fällt unter die kartellrechtlich relevante Wettbewerbsbeschränkung in diesem Sinne auch die Vereinbarung einer Pflicht des Abnehmers, mehr als 80% seines Gesamtbezugs an Vertragswaren von dem Anbieter oder von einem anderen vom Anbieter benannten Unternehmen zu beziehen. Kartellrechtlich relevant können auch **mittelbare Wettbewerbsverbote** sein (beispielsweise die Vereinbarung eines Kündigungsrechtes im Hinblick auf ein Darlehen für den Fall der Hereinnahme von über 20% konkurrierender Ware). 310

Die Frage, unter welchen **Voraussetzungen** ein **Wettbewerbsverbot kartellrechtskonform** vereinbart werden kann, beantwortet Art. 5 Vertikal-GVO. Hiernach kommt es zum einen darauf an, dass das Wettbewerbsverbot eine **Laufzeit von fünf Jahren nicht überschreiten** darf. Ist der Vertrag unbefristet oder hat er eine längere Laufzeit als fünf Jahre, muss das Wettbewerbsverbot **gesondert auf fünf Jahre beschränkt** werden. 311

Praxistipp !

Enthält ein Vertrag eine automatische Laufzeitverlängerung (etwa *„der Vertrag verlängert sich jeweils um weitere x Jahre, wenn er nicht mit einer Frist von x gekündigt wird"*), wirkt dies im Hinblick auf die kartellrechtliche Bewertung wie ein unbefristeter Vertrag. Auch in einem solchen Fall ist das Wettbewerbsverbot isoliert auf 5 Jahre zu begrenzen.

Weitere Voraussetzung ist, dass der **Marktanteil** der Vertragsparteien 30% nicht übersteigt.[162] 312

Ein **nachvertragliches Wettbewerbsverbot** ist nur in dem engen Rahmen des Art. 5 Abs. 3 Vertikal-GVO zulässig, nämlich dann, wenn es 313

- sich auf Wettbewerbsprodukte bezieht,
- auf Räumlichkeiten/Grundstücke beschränkt ist, von denen aus der Abnehmer während der Vertragsdauer Geschäfte betrieben hat,
- unerlässlich ist, um ein vom Anbieter übertragenes Know-how zu schützen und

---

162 Vgl. Art. 3 Abs. 1 Vertikal-GVO.

– für einen Zeitraum von maximal einem Jahr nach Vertragsbeendigung vereinbart ist.

314 Auch hier ist zusätzlich die **Marktanteilsgrenze** von 30% gemäß Art. 3 Abs. 1 Vertikal-GVO zu beachten.

D. Wettbewerbsrecht

315 Wie eingangs in Kapitel 2D „Risiken unwirksamer Vertragsklauseln" angesprochen, kann die Thematik der Klauselformulierung, insbesondere im AGB-Bereich, auch im Zusammenhang mit wettbewerbsrechtlichen Fragen eine gewichtige Rolle spielen.

316 Gemäß § 4 Nr. 11 UWG **handelt unlauter**, wer einer gesetzlichen Vorschrift zuwider handelt, die auch dazu bestimmt ist, im Interesse der Marktteilnehmer das Marktverhalten zu regeln.

317 In der obergerichtlichen Rechtsprechung war zunächst **hoch umstritten**, welche der §§ 308 ff. BGB das Kriterium der **„Marktverhaltensregelung"** erfüllen. Von einem Teil der Rechtsprechung wurde dies zunächst bei Klauseln zu Leistungsstörungen verneint und zwar mit der Begründung, dass sich diese erst bei Durchführung des Vertrages auswirken. Der Begriff „Marktverhaltensregelungen" im Sinne von § 4 Nr. 11 UWG meine jedoch die **Phase der „Nachfrageentscheidung"** des Verbrauchers, also die Ebene des Vertragsschlusses.[163] Die **Gegenauffassung** sah die Voraussetzungen des § 4 Nr. 11 UWG auch bei der Unwirksamkeit solcher AGB, die sich erst nach Vertragsschluss zu Lasten des Verbrauchers auswirken, insbesondere also auch bei **Klauseln zu Leistungsverweigerungs- und Rücktrittsrechten wegen Verzugs**, als gegeben an.[164]

318 Zumindest für den **B2C-Verkehr** ist dieser Streit zwischenzeitlich durch Entscheidungen des BGH geklärt. Mit Urteil vom 31.3.2010 (– I ZR 34/08 –) hat der BGH ausdrücklich eine **unwirksame AGB-Gewährleistungsklausel** als **Verstoß** gegen § 4 Nr. 11 UWG gewertet. In seiner Entscheidung vom 31.5.2012 (– I ZR 45/11 –) ist der BGH noch einen Schritt weiter gegangen und hat den Anwendungsbereich des § 4 Nr. 11 UWG explizit auch auf den § 307 BGB erstreckt:

> *„Der Senat hat bislang nicht entschieden, ob auch die Vorschriften der §§ 307 bis 309 BGB als Marktverhaltensregelungen anzusehen sind. Diese Frage ist jedenfalls im Hinblick auf die Anwendung der Klauselverbote der §§ 307, 308 Nr. 1, 309 Nr. 7a BGB auf die im Streitfall verwendeten Geschäftsbedingungen zu bejahen."*

163 OLG Hamburg NJW 2007, 2264; OLG Köln NJW 2007, 3647.
164 KG Berlin BeckRS 2008, 04033.

Damit hat der BGH, wenn auch bisher nicht ausdrücklich festgestellt, die **Anwendung** der zunächst ausschließlich zum B2C ergangenen Rechtsprechung im Hinblick auf § 4 Nr. 11 UWG **auf den B2B-Verkehr** Tür und Tor geöffnet. Denn Anknüpfungspunkt ist dort regelmäßig § 307 BGB. 319

Es dürfte nur eine Frage der Zeit sein, bis der BGH dies auch für den B2B-Verkehr ausdrücklich so entscheidet. Die ersten instanzgerichtlichen Entscheidungen hierzu gibt es bereits. So hat das Landgericht Freiburg mit Urteil vom 31.3.2014 (– 12 O 12/14 –) für den B2B-Verkehr zur Anwendbarkeit des § 4 Nr. 11 UWG Folgendes festgestellt: 320

> *„Zu diesen das Marktverhalten regelnden Normen gehören auch die Bestimmungen, die die Wirksamkeit Allgemeiner Geschäftsbedingungen, die unter Kaufleuten vereinbart sind, regeln. Nach Auffassung der Kammer besteht hinsichtlich der Frage, ob es sich insoweit um eine Marktverhaltensregelung handelt, zwischen der Rechtslage bei der Verwendung Allgemeiner Geschäftsbedingungen gegenüber Verbrauchern und gegenüber Unternehmern kein rechtserheblicher Unterschied. [...]. Der vorrangige Zweck des Verbraucherschutzes im nichtunternehmerischen Geschäftsverkehr rechtfertigt es nicht, den Regelungen über die Wirksamkeitskontrolle von Allgemeinen Geschäftsbedingungen im unternehmerischen Geschäftsverkehr den Charakter als Marktverhaltensregelung abzusprechen.“*

Auch für die **Nutzung unwirksamer AGB** bei **„Fernabsatzgeschäften“**, insbesondere also im Online-Verkehr, liegen bereits Entscheidungen zur Konsequenz des Verstoßes gegen § 4 Nr. 11 UWG und damit der **Abmahnfähigkeit** durch Wettbewerber vor. So hat das OLG Brandenburg in einer jüngeren Entscheidung[165] eine fehlerhafte Widerrufsbelehrung in B2C-AGB entsprechend „geahndet“. Damit birgt der bisherige Hauptangriffspunkt der Verbraucherverbände nunmehr auch **Abmahnpotential für Wettbewerber**. 321

In der Praxis wird die Abmahnung unwirksamer AGB auf Basis dieser Rechtsprechung zum immer häufiger genutzten Mittel, unliebsamen Wettbewerbern das Leben schwer zu machen. Das gilt insbesondere – jedoch nicht nur – für die Nutzung von AGB im Online-Verkehr, erleichtert durch die Nutzung von Suchmaschinen im Internet. 322

165 OLG Brandenburg, 8.10.2013, 6 U 97/13.

Kapitel 7
Typische Vertragsarten und deren wichtigste Regelungsinhalte

A. Kaufvertrag

I. Einleitung

Sicherlich gehört der Kaufvertrag zu den praxisrelevantesten Vertragstypen, jeder schließt, sei es im privaten oder geschäftlichen Umfeld, am Tag meist mehrere davon ab. Auch im **unternehmerischen Umfeld** sind Kaufverträge, vom Anlagenkauf bis zu Bestellung von Büromaterial, an der Tagesordnung. 1

Um Sicherheit im Rechtsverkehr zu schaffen, wird der Kaufvertrag nachfolgend in Bezug auf seine typischen **Regelungsinhalte** beleuchtet, wobei auch ein kurzer Überblick über die **gesetzlichen Regelungen** gegeben werden soll. Es werden zudem die mit einem Kauf verbundenen typischen Problemfelder behandelt. 2

Charakteristisch für den Kaufvertrag im Sinne eines **wesentlichen Vertragsbestandteils**[1] ist in erster Linie der Austausch zwischen der Kaufsache und der Zahlung von Geld. Demnach sollte ein Kaufvertrag, neben den allgemein üblichen Klauseln, folgenden **Inhalt** typischerweise aufweisen: 3

Checkliste

- Bezeichnung der Parteien und **eventuell** Präambel, vgl. Rn 100 Kap. 3 „Präambeln und ihre Risiken"
- Pflichten des Verkäufers
  - Vertragsgegenstand/genauen Eigenschaften der Sache, vgl. Rn 6 Kap. 7 und Rn 1 Kap. 8 „Leistungsbeschreibung"
  - Termin der Übergabe/Gefahrübergang/Erfüllungsort für Ablieferung z.B. inklusive Entladen, vgl. Rn 205 Kap. 8 „Lieferung, Transport, Gefahrübergang"
  - Verzugsregelungen, vgl. Rn 153 Kap. 8 „Verzug"
- Pflichten des Käufers
  - Kaufpreis/Zahlungsbedingungen, vgl. Rn 15 Kap. 7
  - Verzugsregelungen, vgl. Rn 153 Kap. 8 „Verzug"
  - **Eventuell** Vereinbarung von Mitwirkungspflichten, vgl. Rn 295 Kap. 8 „Kooperation und Abwicklung"
- Regelungen zu Pflichtverletzungen/Gewährleistung/Mängelrüge, vgl. Rn 23 Kap. 7
- **Eventuell** Eigentumsvorbehalt, vgl. Rn 278 Kap. 8 „Eigentumsvorbehalt"
- Aussage zur Geltung von UN-Kaufrecht, vgl. Rn 39 Kap. 7
- **Eventuell** Salvatorische Klausel, vgl. Rn 113 Kap. 2

---

1 Auch Essentialia negotii genannt.

- **Eventuell** Nebenabreden, Änderungen des Vertrages nur in Schriftform wirksam, vgl. Rn 237 Kap. 8 „Schriftform“
- **Eventuell** Gerichtsstandsvereinbarung, vgl. Rn 266 Kap. 8 „Gerichtsstand“
- **Eventuell** Rechtswahl, vgl. Rn 255 Kap. 8 „Rechtswahl“
- **Eventuell** Schiedsgerichtsvereinbarung, vgl. Rn 21 Kap. 10 „Schiedsverfahren“

4 Hinsichtlich der Frage der **wirksamen Formulierung einzelner kaufvertraglicher Regelungen** kann weitestgehend auf die allgemeinen Vorschriften ab S. 111 im Kapitel 6A „Äußere Gestaltung des Vertragswerkes“ und die Beispielsklauseln nebst Praxistipps ab S. 339 in Kapitel 8 verwiesen werden. In der Folge werden daher nur einzelne kaufvertragsspezifische Besonderheiten aufgegriffen.

5 Bei den kaufvertraglichen Pflichten wird zwischen **Primär**- und **Sekundärleistungspflichten** unterschieden. Primärleistungspflichten beschreiben die typischen im Zuge eines Vertragsschlusses entstehenden Pflichten. Diese werden nochmals unterteilt in **Haupt**- und **Nebenleistungspflichten.** Sekundärleistungspflichten werden immer dann relevant, wenn die Primärleistungspflicht nicht erfüllt wird und das nachrangige Leistungsstörungsrecht des § 437 BGB zum Tragen kommt. Ziel des Vertragsgestalters sollte es immer sein, potentielle Probleme auf der Sekundärleistungsebene zu antizipieren und schon durch Formulierung entsprechender Klauseln weitest möglich zu vermeiden. Deshalb sollte der Kaufvertrag so ausgestaltet sein, dass die Hauptleistungspflichten klar bestimmt sind und erfüllbar sind.

II. Vertragsgegenstand

1. Festlegung des Vertragsgegenstands

6 Nach § 433 Abs. 1 Satz 1 BGB ist der Verkäufer verpflichtet, dem Käufer die Sache zu übergeben und ihm das Eigentum an dieser zu verschaffen. Dies soll nach § 433 Abs. 1 Satz 2 BGB frei von Sach- und Rechtsmängeln geschehen, anderenfalls kommt das Leistungsstörungsrecht zur Anwendung.

7 Unter **Übergabe** versteht man die **Verschaffung des unmittelbaren Besitzes** gemäß § 854 BGB, also die Übertragung der tatsächlichen Sachherrschaft auf den Käufer.

8 Zudem ist der Verkäufer, dem Käufer das **Eigentum zu verschaffen.** Aufgrund des Trennungsprinzips in der deutschen Rechtsordnung erwirbt der Käufer nicht bereits mit Abschluss des Kaufvertrages das Eigentum. Vielmehr ist nach den §§ 929 ff. BGB notwendig, dass dem Erwerber die Sache übergeben wird und Veräußerer und Erwerber sich über den Eigentumsübergang einig sind. Je nach Fallgestaltung kann die Aufnahme einer Klausel, die eine klare Aussage zu den Eigentumsverhältnissen macht, sinnvoll sein, etwa im Hinblick auf die Möglichkeit des gutgläubigen Erwerbs (vgl. § 932 BGB).

Beispiel
In der Praxis erfolgt die Einigung über die Eigentumsübertragung regelmäßig konkludent, indem die Sache übergeben wird und die Willenserklärungen des Kaufvertrages auch als Einigung über den Eigentumsübergang ausgelegt werden.

Es kann auch eine entsprechende Klausel in den Kaufvertrag aufgenommen werden. 9

Klauselmuster
Die Übergabe und der Eigentumsübergang erfolgen am ...
Verkäufer und Käufer sind sich einig, dass das Eigentum am Kaufgegenstand mit Ablauf des ... übergehen soll.
Die Sache wird am ... übergeben. Das Eigentum an der Sache soll jedoch erst zum ... übergehen.

Um wirksam das Eigentum übertragen zu können, muss der Verkäufer hierzu be- 10
rechtigt sein, also entweder selbst Eigentümer oder vom Eigentümer entsprechend berechtigt worden sein.

Beispiel
Im Handelsverkehr ist der Angestellte oftmals durch den Geschäftsführer gemäß § 185 Abs. 1 BGB ermächtigt, Sachen des Unternehmens zu veräußern. Somit kann der Angestellte wirksam das Eigentum für das Unternehmen an den Kunden übertragen und den Kaufvertrag erfüllen.

2. Eigenschaften der Sache

Die genaue Eigenschaft der Sache kann im Kaufvertrag gesondert, beispielsweise unter einem Abschnitt „Beschreibung der Sache" festgehalten werden.

Praxistipp
Hierbei sollte die Sache, ihr Zustand und ihre Eigenschaften möglichst umfassend und präzise beschrieben werden.

Dies empfiehlt sich in der Vertragsgestaltung insbesondere, um auf der Sekundär- 11
ebene im **Gewährleistungsrecht** genau bestimmen zu können, wann ein Mangel vorliegt.[2] Bei komplexeren Kaufgegenständen ist es oft sinnvoll, eine nähere Beschreibung oder ein Muster als Anlage zum Vertrag zu nehmen, wodurch die diesbezügliche **Vereinbarung** ebenfalls Teil des Vertrages wird.[3]

2 Genauer hierzu Rn 28 Kap. 4 „Haftungsbeschränkung" durch richtige Leistungsbeschreibung als moderner Weg der Haftungsbegrenzung.
3 *Büdenbender* in: Dauner-Lieb/Langen, BGB/Schuldrecht, 2. Auflage 2012, § 434 Rn 17.

Regelungsfalle
Die Beschaffenheitsvereinbarung unterliegt der gleichen Form wie der Kaufvertrag (beachte etwa beim Grundstückskaufvertrag die Form des § 311b BGB[4]).

12 Sofern keine **Beschaffenheitsvereinbarung** von den Parteien gewünscht ist, kann immer noch auf die Regelung des § 434 Abs. 1 Satz 2 Nr. 1 BGB zurückgegriffen werden. insoweit kann auch vertraglich festgelegt werden, welche genaue Verwendung der Sache zu Grunde liegen soll.

13 Letztlich empfiehlt es sich jedoch insbesondere für die **Käuferseite**, die Beschaffenheit der Kaufsache möglichst dezidiert im Vertrag zu regeln, um **Beweisschwierigkeiten** zu vermeiden. Spiegelbildlich ist der **Verkäufer** natürlich regelmäßig daran interessiert, die Beschaffenheit vertraglich nicht zu konkret zuzusagen. Denn damit entlastet er den Käufer für den Fall eines späteren Mangelprozesses im Hinblick auf dessen Beweislast.

Regelungsfalle
Ein weiterer **Nachteil** der Beschaffenheitsvereinbarung für den Verkäufer besteht darin, dass dies die Möglichkeit der Haftungsbeschränkung erheblich erschwert bzw. sogar ausschließt.[5] Hinsichtlich der Einzelheiten kann auf die Ausführungen ab Rn 7 Kap. 8 „Haftung" verwiesen werden.

14 Zu beachten ist zudem, dass bei der **Übernahme einer Beschaffenheitsgarantie** eine Haftung auch ohne Verschulden gemäß § 276 Abs. 1 BGB besteht. Um all dies zu vermeiden, bietet sich für den Verkäufer folgende Regelung an:

Klauselmuster
„Eine Beschaffenheitsgarantie im Sinne der §§ 434 Abs. 1 Satz 1 BGB, 276 BGB übernehmen wir nur kraft schriftlicher, ausdrücklicher, gesonderter Vereinbarung unter der ausdrücklichen Verwendung „Beschaffenheitsvereinbarung/-garantie."

III. Kaufpreis/Zahlungsbedingungen

15 Der Käufer ist gemäß § 433 Abs. 2 BGB verpflichtet, den vereinbarten **Kaufpreis** zu zahlen und die Sache abzunehmen. Der Preis kann entweder fix vereinbart werden oder anhand entsprechender Kriterien bzw. durch Auslegung gemäß §§ 133, 157 BGB bestimmbar sein.[6]

4 *Büdenbender* in: Dauner-Lieb/Langen, BGB/Schuldrecht, 2. Auflage 2012, § 434 Rn 19.
5 BGH NJW 2007, 1346, 1349.
6 BGH VIII ZR 168/88 (= NJW 90, 1903); OLG Hamm NJW 1976, 1212.

Beispiel
- Verkäufer und Käufer vereinbaren, dass der Kaufpreis für ein Unternehmen anhand dessen Marktwerts an der Börse bestimmt werden soll am Tag X. Der genaue Preis ist noch nicht im Kaufvertrag bestimmt, ist aber durch feste Kriterien bestimmbar.
- Verkäufer und Käufer vereinbaren, dass der Kaufpreis für bestimmte Rohstoffe anhand derer Marktpreise am Tag X bestimmt werden soll.

Neben der Zahlung des Kaufpreises, schuldet der Käufer die **Abnahme** der Sache. 16
Der Verkäufer kann ein besonderes Interesse an der Abnahme haben.

Beispiel
Der Verkäufer benötigt Platz in seinem Lager, er erleidet aufgrund öffentlich-rechtlicher Pflichten Nachteile durch den weiteren Besitz der Sache oder es handelt sich um besonders aufwendig zu lagernde Sachen.

Je nach Fallgestaltung und Interessenlage bietet sich eine entsprechende Regelung 17
im Kaufvertrag an.

Klauselmuster
Die Sache ist spätestens bis zum .... abzunehmen.

Sinnvoll ist es zudem, **Zahlungsklauseln** in den Vertrag aufzunehmen. Wesentli- 18
cher Bestandteil sind Regelungen zur **Fälligkeit der Kaufpreiszahlung**. Regelmäßig hat der Verkäufer ein Interesse daran, den Betrag spätestens bei der Übergabe, verbunden mit der Rechnungsstellung, oder binnen kurzer Frist fällig zu stellen. Grundlage hierfür ist die gesetzliche Regelung des § 271 Abs. 1 BGB. Danach ist der Betrag sofort **fällig**, wovon jedoch vertraglich abgewichen werden kann.

IV. Übergabe/Gefahrübergang/Erfüllungsort

Der Verkäufer schuldet gemäß § 433 Abs. 1 Satz 1 BGB die **Übergabe** an den Käufer. 19
Zu den gesetzlichen Einzelheiten bezüglich des **Gefahrübergangs**, des **Erfüllungsorts** und zu möglichen Abweichungen kann auf Rn 205 Kap. 8 „Lieferung, Transport, Gefahrübergang" verwiesen werden.

Nach § 448 Abs. 1 BGB ist der Verkäufer verpflichtet, die Kosten für die Überga- 20
be der Sache zu übernehmen. Die Regelung ist jedoch dispositiv, vertragliche Abweichungen, grundsätzlich auch mittels AGB, sind also möglich.

Klauselmuster
So kann beispielsweise in AGB folgendes vereinbart werden, um die Kosten für die Übergabe dem Käufer aufzuerlegen.

- „Der Käufer trägt die Kosten der Übergabe ab Flughafen ....“
- „ Der Käufer trägt die Kosten der Übergabe ab Werk/Lager.“

21 Gemäß § 453 Abs. 2 BGB muss der Verkäufer bei einem Rechtskauf nach § 453 BGB die Kosten für Begründung und Übertragung eines Rechts tragen.

Beispiel
Dies können etwa Notarkosten beim Kauf eines GmbH-Anteils sein. Die Übertragung, welche in Form einer Abtretung erfolgt, muss nach § 15 Abs. 3 GmbHG durch einen in notarieller Form geschlossenen Vertrag erfolgen. Die Kosten hierfür müsste nach der gesetzlichen Regelung dann der Verkäufer tragen.

22 Hiervon kann jedoch ebenfalls durch vertragliche Regelung abgewichen werden.[7]

V. Pflichtverletzung/Gewährleistung/Mängelrüge

23 Sofern der Kaufvertrag von einer Seite nicht erfüllt wird oder die Sache mangelhaft ist, ergeben sich Sekundärleistungspflichten bzw. – spiegelbildlich – entsprechende Rechte für Käufer oder Verkäufer. In der Folge soll zunächst ein kurzer Überblick über die wesentlichen (Sekundär-)Rechte gegeben werden.

1. Rechte des Verkäufers

24 Leistet der Käufer nicht, kann der Verkäufer insbesondere folgende Rechte geltend machen:

Checkliste
- Der Verkäufer kann nach § 280 Abs. 1 BGB Schadensersatz neben der Leistung verlangen.
- Zudem ist ein Anspruch aus §§ 280 Abs. 1 und Abs. 3, 281 BGB auf Schadensersatz statt der Leistung möglich.
- Er kann gemäß §§ 280 Abs. 1 und Abs. 2, 286 BGB den Verzugsschaden geltend machen.
- Weiterhin kann er gemäß §§ 346 Abs. 1, 323 Abs. 1, 349 BGB zurücktreten.

2. Rechte des Käufers

25 Die Rechte des Käufers lassen sich in zwei Kategorien gliedern. Zum einen hat der Käufer Rechte wegen **Nichtleistung**, zum anderen bestehen Ansprüche des Käufers bei **Schlechtleistung**.

7 *Büdenbender* in: Dauner-Lieb/Langen, BGB/Schuldrecht, 2. Auflage 2012, § 453, Rn 16.

a) Nichtleistung

Leistet der Verkäufer nicht, hat der Käufer folgende Rechte: 26

Checkliste ?

- Der Käufer kann Erfüllung verlangen
- Der Käufer kann unter Berücksichtigung der gesonderten Voraussetzungen vom Vertrag zurücktreten
  - Rücktritt wegen Nichterfüllung nach § 323 Abs. 1 BGB
  - Rücktritt wegen Unmöglichkeit nach §§ 326 Abs. 5, 323 BGB
- Weiterhin kann der Käufer Schadensersatz geltend machen
  - Schadensersatz statt der Leistung wegen Nichtleistung nach §§ 280 Abs. 1, Abs. 3, 281 BGB
  - Schadensersatz statt der Leistung wegen nachträglicher Unmöglichkeit nach §§ 280 Abs. 1, Abs. 3, 283 BGB
  - Schadensersatz wegen Verzögerung nach §§ 280 Abs. 1, Abs. 2, 286 BGB
  - Schadensersatz wegen anfänglicher Unmöglichkeit nach § 311a BGB
- Herausgabe des Surrogates nach § 285 BGB

b) Schlechtleistung

Hat der Verkäufer die Sache geliefert, ist diese aber bei Gefahrübergang mangelhaft, 27
hat der Käufer folgende Rechte:

Checkliste ?

- Nacherfüllung nach § 439 BGB
- Rücktritt wegen Nichterbringung der Nacherfüllung nach § 323 BGB
- Rücktritt wegen Unmöglichkeit der Nacherfüllung nach §§ 323 BGB und 326 Abs. 5 BGB
- Minderung nach § 441 BGB
- Schadensersatz nach §§ 280 Abs. 1, Abs. 3, 281 BGB wegen Nichterbringung der Nacherfüllung
- Schadensersatz nach §§ 280 Abs. 1, Abs. 3, 283 BGB wegen nachträglicher Unmöglichkeit der Nacherfüllung
- Schadensersatz nach §§ 280 Abs. 1 BGB neben der Nacherfüllung
- Schadensersatz nach §§ 280 Abs. 1, Abs. 2, 286 BGB wegen Verzögerung der Nacherfüllung
- Schadensersatz nach § 311a BGB wegen anfänglicher Unmöglichkeit der Nacherfüllung
- Aufwendungsersatz nach § 284 BGB

3. Abweichende Vereinbarungen

Hinsichtlich der Frage, inwieweit vertraglich, insbesondere im Rahmen von AGB, 28
von den gesetzlichen Regelungen abweichende Abreden getroffen werden können, verweisen wir auf Rn 7 Kap. 8 „Haftung“ und Rn 34 Kap. 8 „Gewährleistung“. Lediglich als Merkposten werden die wesentlichen Positionen, die bei einer haftungsbeschränkenden Regelung ausgenommen werden müssen, nochmals wie folgt zusammengefasst:

Checkliste
- vorsätzliche oder grob fahrlässige Pflichtverletzung
- Verletzung von wesentlichen Vertragspflichten
- Verletzung von Leben, Körper und Gesundheit
- im Falle des Verzuges, soweit ein fixer Liefertermin vereinbart
- im Falle der Übernahme einer Garantie für die Beschaffenheit oder Vorhandensein eines Leistungserfolges oder Übernahme eines Beschaffungsrisikos
- Haftung nach dem Produkthaftungsgesetz

4. Unternehmerregress

29 Die §§ 478, 479 BGB regeln den Regress in der **Lieferantenkette** (Verbraucher macht Ansprüche gegen Unternehmer geltend, dieser hält sich bei seinem Lieferanten schadlos, welcher wiederum auf den Sublieferanten zurückgreift, etc.). In diesem Zusammenhang ist zunächst darauf hinzuweisen, dass gemäß § 478 Absatz 4 BGB gleichlaufend mit der Regelung in § 475 Abs. 1 BGB eine **vertragliche Abweichung** von den in den §§ 433–435, 437, 439–443, 439 Abs. 1–3 BGB getroffenen Regelungen **grundsätzlich nicht zulässig ist**. Eine Ausnahme liegt jedoch dann vor, wenn dem anderen Vertragsteil ein **angemessener Ausgleich** zugebilligt wird.

30 Zu beachten ist insoweit insbesondere, dass der „gleichwertige Ausgleich" in jedem Fall keine Verschlechterung in der Lieferantenkette darstellen darf. Als Faustformel lässt sich der **Durchschnitt der Höhe der Ansprüche**, die ausgeschlossen werden sollen, heranziehen. Auf dieser Basis können nur Prozentsätze vom Umsatz, die kalkulatorisch dem zu erwartenden Aufwand entsprechen, einen gleichwertigen Ausgleich darstellen.

Beispiel
Als angemessener Ausgleich sind Gutschriften,[8] pauschale Ausgleichssysteme[9] wie Mehrlieferungen möglich.

Bei der genauen Bezifferung ist jedoch Vorsicht geboten. Die Praxis hat sich in der Regel für **Nachlässe** in der Größenordnung von 2 bis 3% des Warenwertes entschieden.

Praxistipp
- Der Ausschluss des Lieferantenregresses vermeidet den Streit über Zweifelsfragen zum Inhalt des § 478 BGB, die noch nicht von der Rechtsprechung beantwortet sind:

8 *Matthes* NJW 2002, 2505, 2509.

9 *Schmidt* in: Dauner-Lieb/Konzen/Schmidt, Das neue Schuldrecht in der Praxis, 1. Auflage 2002, § 427 Rn 443ff.

  - Was geschieht, wenn die „Regresskette" durch Insolvenz eines Lieferanten unterbrochen ist?
  - Was geschieht, wenn der Verkäufer im Vertrauen auf den Rückgriff dem Verbraucher zu viel leistet?
  - Wer haftet für Werbeaussagen eines einzelnen Lieferanten in der Kette?
- Auch schwierige tatsächliche Unklarheiten werden vermieden. Es muss nicht aufgeklärt werden, ob möglicherweise der Unternehmer durch unsachgemäße Behandlung der Sache oder der Ansprüche des Verbrauchers wegen Mängeln den Schaden erhöht hat.
- Ein möglicher Schadensersatzanspruch wegen eines untypisch hohen Schadens wird vermieden. So wird die Schutzlücke in § 254 Abs. 2 BGB für den Lieferanten unerheblich. Der § 254 Abs. 2 BGB, wonach der Verbraucher den Verkäufer auf die Gefahr des ungewöhnlich hohen Schadens aufmerksam machen muss, wirkt nämlich nicht zugunsten des zweiten oder späteren Lieferanten in der Kette.
- Sofern eine feste Pauschale vereinbart wurde, lassen sich aufwendige Rechtsstreitigkeiten vermeiden, wenn bei jeder Lieferung pauschal 2 bis 3% abgeschlagen werden. Das Risiko des Lieferantenregresses bleibt fest kalkulierbar.

Eine Besonderheit gilt jedoch nach § 478 Abs. 4 Satz 2 BGB für den **Ausschluss oder** 32
die Beschränkung des Anspruchs auf Schadensersatz.

5. Mängelrüge

Gemäß § 377 HGB muss bei einem Handelskauf der Käufer unverzüglich nach der 33
Ablieferung durch den Verkäufer den Kaufgegenstand untersuchen und eventuelle Mängel anzeigen. Unterlässt er dies, können sich Nachteile bei späterer Geltendmachung von Gewährleistungsrechten ergeben.

In der Vertragsgestaltung sollte zwischen Unternehmen deshalb die Mängelrü- 34
ge besondere Beachtung finden. In sogenannten **Qualitätssicherungsvereinbarungen** werden oftmals Regelungen hierzu getroffen.[10] Grundsätzlich ist § 377 HGB dispositiv,[11] Grenzen liegen insbesondere in den §§ 138, 242, 307ff. BGB.

a) Regelungen für Verkäufer

Für den Verkäufer können sich beispielsweise folgende Regelungen anbieten: 35

Beispiel
- Festlegung der Frist für die Rüge; hierbei ist allerdings zu beachten, dass diese nicht so kurz sein darf, dass die Rügemöglichkeit des Käufers quasi ausgeschlossen wird[12]

10 *Schmidt* Qualitätssicherungsvereinbarungen und ihr rechtlicher Rahmen, NJW 1991, 144, 148ff.
11 MüKo-HGB/*Grunewald* § 377 HGB, Rn 119.
12 Oetker/*Koch* Handelsgesetzbuch, 3. Auflage 2013, § 377, Rn 145.

- Vereinbarung einer bestimmten Form für die Rüge (z.B. elektronische Form[13])
- Generell kann auch eine Untersuchungs**pflicht** bestimmt werden[14]
- Eine bestimmte Untersuchungsmethode kann ebenfalls vereinbart werden[15]

b) Regelungen für Käufer

36 Zugunsten des Käufers kann beispielsweise folgendes geregelt werden:

Beispiel
- Es kann festgelegt werden, dass der Käufer trotz unterlassener Rüge seine Rechte behält[16]
- Auch für den Käufer können Untersuchungsmethoden vereinbart werden[17]

37 Ein gänzlicher Ausschluss der Rügepflicht für den Käufer widerspricht der gesetzlichen Wertentscheidung und ist damit unwirksam.[18]

VI. Eigentumsvorbehalt

38 Die Regelung des Eigentumsvorbehalts ist oft genutztes Sicherungsmittel zugunsten des Verkäufers bei der Gestaltung von Kaufverträgen. Hinsichtlich der Einzelheiten wird an dieser Stelle auf Rn 278 Kap. 8 „Eigentumsvorbehalt" auf S. 417 verwiesen.

VII. UN-Kaufrecht

39 Das UN-Kaufrecht findet im Regelfall Anwendung auf den Kauf von Waren zwischen gewerblichen Verkäufern aus Vertragsstaaten. Ist die Geltung von UN-Kaufrecht nicht explizit ausgeschlossen, müssen dessen Regelungen bei internationalen Verträgen beachtet werden.

Praxistipp
Eine aktuelle Liste der Vertragsstaaten findet sich hier:
http://www.cisg.law.pace.edu/cisg/countries/cntries.html

---

13 Baumbach/*Hopt* § 377, Rn 57.
14 Oetker/*Koch* § 377, Rn 145.
15 MüKo-HGB/*Grunewald* § 377, Rn 122.
16 *Ensthaler* NJW 1994, 817, 820; *Kreifels* ZIP 1990, 489, 492; *Lehmann* BB 1990, 1849, 1852.
17 MüKo-HGB/*Grunewald* § 377, Rn 131.
18 MüKo-HGB/*Grunewald* § 377, Rn 139.

Nachteil des UN-Kaufrechts ist, dass dieses für Unternehmen erhebliche Risiken und Unsicherheiten bringt, da dessen Regelungen oft nicht im Detail bekannt sind. Unsicherheiten ergeben sich vor allem in Anwendung und Interpretation der Regelungen. **Vorteile** ergeben sich vor allem in der Gestaltungsfreiheit. Es kann somit ein quasi eigenes Recht zwischen den Vertragsparteien geschaffen werden. Der Vertrag sollte damit möglichst detailliert ausgestaltet werden. 40

Praxistipp !
Grundsätzlich enthält das UN-Kaufrecht zahlreiche Regelungen, die je nach Fallgestaltung und Interessenlage eine erhebliche Besserstellung in Relation zum deutschen BGB/HGB zur Folge haben können. Daher lohnt es sich durchaus, sich im Rahmen der Vertragsgestaltung hiermit im Einzelnen auseinanderzusetzen und nicht vorschnell die Geltung des UN-Kaufrechts im Rahmen der Rechtswahl auszuschließen.

B. Werkvertrag

I. Einleitung

Durch den Werkvertrag wird der **Unternehmer** zur Herstellung des **versprochenen Werkes**, der **Besteller** zur Entrichtung der **vereinbarten Vergütung** verpflichtet, § 631 Abs. 1 BGB. Die Tatsache, dass auf der einen Seite ein ganz **bestimmter Arbeitserfolg geschuldet** wird, führt dazu, dass ein Rechtsverhältnis häufiger als Werkvertrag zu typisieren ist, als der juristische Laie annehmen würde. So liegt der Reparatur einer Maschine, der Übersetzung von Texten, insbesondere aber dem Bau eines Gebäudes ein Werkvertrag zugrunde. Dass letztere auch als **Bauverträge** bezeichnet werden, ändert nichts an ihrem werkvertraglichen Charakter. Dabei muss der Werkunternehmer nicht zwingend Unternehmer im Sinne des § 14 BGB sein. Der Werkvertrag ist in §§ 631 bis 650 BGB gesetzlich normiert. Ein **besonderes Formerfordernis** gibt es grundsätzlich nicht. 41

Checkliste ?
Potentielle Inhalte eines Werkvertrages:
- Bezeichnung der Parteien, **eventuell** Präambel, vgl. Rn 100 Kap. 3 „Präambeln und ihre Risiken"
- Pflichten des Werkunternehmers, S. 190
  - Herbeiführung des Werkerfolges, möglichst genaue Beschreibung oder Bezugnahme auf ein bestimmtes Leistungsverzeichnis (Anlage zum Vertrag), vgl. Rn 1 Kap. 8 „Leistungsbeschreibung"
  - Datum Arbeitsbeginn, Datum der Fertigstellung
  - Vertraulichkeitsregelung (insbesondere Stillschweigen des Werkunternehmers über Geschäftsgeheimnisse des Bestellers während des Vertrages und auch nach Beendigung), vgl. Rn 302 Kap. 8 „Geheimhaltung"

  - Stellung von Arbeitsmitteln, Werkzeugen und ähnlichem durch Werkunternehmer oder Besteller, vgl. Rn 295 Kap. 8 „Kooperation und Abwicklung"
  - Regelung zu Gewährleistung und Garantien, insbesondere bei verspäteter oder mangelhafter Werkherbeiführung, vgl. Rn 34 Kap. 8 „Gewährleistung" und Rn 111 Kap. 8 „Vertragsstrafe"
  - **Falls** Abschlagszahlungen oder Stundensätze vereinbart werden, Pflicht des Werkunternehmers Zwischenabrechnungen für Besteller anzufertigen, Zeitpunkt der Abrechnungen, Form der Abrechnungen (E-Mail, Schriftform)
  - Vereinbarung über Lieferort, Erfüllungsort für Ablieferung, vgl. Rn 205 Kap. 8 „Lieferung, Transport, Gefahrübergang"
  - Eigentumsvorbehalt, vgl. Rn 278 Kap. 8 „Eigentumsvorbehalt"
- Pflichten des Bestellers, S. 194
  - Höhe bzw. Berechnung, Fälligkeit des Werklohns; **ggf.** verbindlicher Pauschalpreis; **ggf.** Vereinbarung von Vergütung über Stundensätzen, **ggf.** Kostenvoranschlag, Maximalabweichung, verbindliche Preisobergrenze
  - Vereinbarung über Vorauszahlungen oder Abschlagszahlungen; Berechnung und Fälligkeit der Zahlungen
  - Vereinbarung von Mitwirkungspflichten, vgl. Rn 295 Kap. 8 „Kooperation und Abwicklung"
  - Ausschluss der Haftung gegenüber Subunternehmern für die Benutzung zur Verfügung gestellter Hilfsmittel und Arbeitsgeräte, vgl. Rn 223 Kap. 8 „Subunternehmerklausel"
  - Verzugsregelungen, vgl. Rn 153 Kap. 8 „Verzug" und Rn 111 Kap. 8 „Vertragsstrafe"
- Vertragsbeendigung, Rn 77 Kap. 7 und vgl. Rn 88 Kap. 8 „Vertragslaufzeit"
  - besondere Kündigungsgründe
  - Ausschluss des Kündigungsrechts des Bestellers aus § 649 BGB. Recht zur Kündigung aus wichtigem Grund muss dadurch unberührt bleiben.
  - Form, Frist und Wirkung der Kündigung hinsichtlich Vergütung
- **Eventuell** Salvatorische Klausel, vgl. Rn 113 Kap. 2
- **Eventuell** Nebenabreden, Änderungen des Vertrages nur in Schriftform wirksam, vgl. Rn 237 Kap. 8 „Schriftform"
- **Eventuell** Gerichtsstandsvereinbarung, vgl. Rn 266 Kap. 8 „Gerichtsstand"
- **Eventuell** Rechtswahl, vgl. Rn 255 Kap. 8 „Rechtswahl"
- **Eventuell** Schiedsgerichtsvereinbarung, vgl. Rn 21 Kap. 10 „Schiedsverfahren"

42 Zur Erfüllung des Werkvertrages müssen die Parteien ihren jeweiligen Primärleistungspflichten aus § 631 BGB nachkommen. In diesem Austauschvertrag ist – im gesetzlichen Regelfall – zunächst die Herstellung des Werkes, dann dessen Abnahme und anschließend die Vergütung geschuldet.

II. Pflichten des Werkunternehmers

1. Erfolgsherbeiführung

43 Diese **Hauptleistungspflicht des Werkunternehmers** stellt ein wesentliches Abgrenzungskriterium des Werkvertrages zu sonstigen Vertragstypen dar. Gegenstand des Werkvertrags kann sowohl die Herstellung oder Veränderung einer Sache als

auch ein anderer durch Arbeit oder Dienstleistung herbeizuführender Erfolg sein, § 631 Abs. 2 BGB. Der Werkunternehmer hat also einen **erfolgsbezogenen Beitrag** zur Verwirklichung seines Werks zu leisten[19] und muss grundsätzlich für die Herbeiführung dieses **bestimmten Erfolges** einstehen. Ein bloßes Bemühen wie bei einem Dienstvertrag ist zur Vertragserfüllung nicht ausreichend. Die geschuldete Leistung muss hinreichend bestimmt sein. Ist die Leistung des Werkunternehmers mangelhaft, der Erfolg also nicht oder so nicht eingetreten, ist der Besteller grundsätzlich nicht zur Abnahme des Werks oder dessen Vergütung verpflichtet, § 640 Abs. 1 BGB. Der Werkunternehmer hat seine Hauptleistungspflicht erfüllt, sofern er zur **richtigen Zeit**, am **richtigen Ort**, das **richtige Werk** dem Besteller **mangelfrei** zur Abnahme anbietet.

Diese **Pflicht zum Einstehen** für den Werkerfolg birgt denknotwendig ein hohes Risiko für den **in Vorleistung tretenden** Werkunternehmer. Bei einem Kaufvertrag kann schon die Leistungspflicht des Verkäufers, Übergabe und Eigentumsverschaffung an der Sache, untergehen, noch bevor der Käufer die Sache zu Gesicht bekommen hat. Der Verkäufer macht sich dann zwar schadensersatzpflichtig, muss aber im Falle einer Stückschuld nicht nochmals an den Käufer liefern. Wird dagegen während der Herstellung eines Werkes das fast fertige Werk zerstört, hat der Unternehmer trotzdem noch die Herstellung des Werkes zu leisten. Für den Werkunternehmer tritt Unmöglichkeit im Sinne des § 275 Abs. 1 BGB im Gegensatz zum Kaufvertrag nicht dann ein, wenn die Lieferung der Sache unmöglich ist, sondern erst dann, wenn ihm die **Herstellung der Sache unmöglich** ist. 44

Regelungsfalle !

Nach § 651 BGB findet auf Verträge über Lieferung herzustellender oder zu erzeugender beweglicher Sachen **Kaufrecht** Anwendung. Dies gilt sowohl für Verträge zwischen Unternehmern als auch solche gegenüber Verbrauchern.[20] Näheres dazu unten Rn 90 Kap. 7.

Es ist regelmäßig angezeigt, bei der vertraglichen Formulierung der **Erfolgsdefinition** besondere Sorgfalt walten zu lassen. Dies gilt hinsichtlich des Umfangs der Arbeit, der Beschaffenheit des zu erstellenden Werkes wie auch der Fälligkeit der Fertigstellung. Dabei ist es zulässig, auf Leistungsverzeichnisse oder Wartungspläne (Anlagen zum Vertrag) zu verweisen, welche somit Vertragsbestandteil werden.[21] Der Wortlaut dieses Leistungsverzeichnisses ist damit zwar maßgeblich für die Er- 45

19 BGH NJW 2002, 749.

20 BT-Drucks. 14/6040 S. 268; BGH NJW 2009, 2877, 2879.

21 *Voit* in: Bamberger/Roth, Beck'scher Online-Kommentar BGB, Edition 32 Stand 1.2.2013, § 631 Rn 32; *Raab* in: Dauner-Lieb/Langen, BGB Schuldrecht, 2. Auflage 2012, § 631 Rn 12.

folgsbeschreibung,[22] die konkrete Auslegung hat jedoch stets unter Berücksichtigung der Einzelfallumstände zu erfolgen.[23]

Klauselmuster
„Die Wartung der Maschine AB hat gemäß den Anforderungen des Instandhaltungsplanes XY zu erfolgen."

46 In anderen Fällen kann es je nach Interessenlage angezeigt sein, nur **grob zu bestimmen, wie** der herbeizuführende Erfolg auszusehen hat, oder sogar das Ziel der Tätigkeit des Unternehmers ganz offen zu lassen und nur mit Wünschen, Bedürfnissen und ähnlichem zu umschreiben. Sinnvoll kann dies beispielsweise bei geistigen oder künstlerischen Werken sein oder dann, wenn der Besteller auf die Fachkenntnis des Werkunternehmers vertraut (z.B. „Problemlösungsfähigkeit" von Ingenieuren oder Architekten).[24] Allerdings liegt es dann im **Risikobereich des Bestellers**, das Werk abzunehmen, beispielsweise bei einem Kunstwerk, welches nicht seinem Geschmack entspricht. Eine vertragliche Einschränkung der Gestaltungsfreiheit ist dennoch zulässig.[25]

47 Sofern die Parteien keine persönliche Erfüllung vereinbart haben oder diese nicht nach Art des Erfolges höchstpersönlich ist,[26] kann der Werkunternehmer die **Erfolgsherbeiführung auch Dritten übertragen (Subunternehmerkonstellation).**[27] Dies ist in der Praxis der Regelfall. Insbesondere was die Frage der Abdingbarkeit angeht, wird auf Rn 223 Kap. 8 „Subunternehmerklausel" verwiesen.

Praxistipp
Der Werkunternehmer kann sich vertraglich dazu verpflichten, die Tätigkeit des Subunternehmers zu überwachen.[28] Dies ist dann jedoch den Umständen nach nur gegen eine zusätzliche Vergütung zu erwarten, vgl. § 632 Abs. 1 BGB.[29]

48 Wichtig ist, dass **nur der Werkunternehmer** seinen Arbeitnehmern gegenüber **weisungsbefugt** ist, nicht aber der Besteller. Sie sind organisatorisch nicht in die Arbeitsabläufe des Bestellerunternehmens eingegliedert.

22 Für öffentliche Ausschreibung BGH NJW-RR 1993, 1109.
23 BGH NJW-RR 2002, 1096.
24 Staudinger/*Peters*/*Jacoby* § 631 Rn 7.
25 BGH NJW 1956, 627.
26 Wie ein angekündigter Dirigent, vgl. AG Mannheim NJW 1991, 1490.
27 BGH NJW 1984, 1175, 1176.
28 BGH NJW 2002, 749, 750.
29 Staudinger/*Peters*/*Jacoby* § 631 Rn 31.

Praxistipp

Die Leistungsbeschreibung sollte mindestens so bestimmt sein, dass ein konkreter Werkerfolg als vereinbart gilt und Weisungsbefugnisse klar sind. Unklare Beschreibungen des Erfolgs wie „Montagearbeiten", „Instandhaltung" oder „Schweißarbeiten" können ein Indiz dafür begründen, dass kein Werkvertrag, sondern ein unzulässiger Arbeitnehmerüberlassungsvertrag vereinbart wurde.

Ein Recht des Werkunternehmers auf Herstellung des Werkes besteht nicht.[30] 49

2. Ablieferung des Werks

Weitere Hauptleistungspflicht des Werkunternehmers ist die Ablieferung der Sache, 50
die **Verschaffung von Eigentum und Besitz** sowie Einweisung des Bestellers über Gebrauch und Pflege des Werkes.[31] Bei unkörperlichen Werken wird die Pflicht durch die **Vornahme der geschuldeten Handlungen** erfüllt, beispielsweise die Veranstaltung des Theaterstücks vor den Augen des Bestellers.[32] Sie ist nicht zu verwechseln mit der Fertigstellung des Werkes oder der Abnahme der Werkleistung. Letztere obliegt dem Besteller und ist mit einer Billigung des Werkes durch den Besteller verbunden.

Praxistipp

Je nach Art des Werkes kann sich eine Vereinbarung über den Ort der Ablieferung empfehlen, beispielsweise dahingehend, dass der Besteller das Werk in den Räumlichkeiten des Unternehmers abzuholen hat oder der Unternehmer die Lieferung bis zum Sitz des Bestellers und die Entladung vom Transportfahrzeug schuldet. Weitere Ausführungen finden sich ab Rn 205 Kap. 8 „Lieferung, Transport, Gefahrübergang".

3. Nebenleistungspflichten

Neben den vorstehend dargestellten Primärleistungspflichten obliegen dem Werk- 51
unternehmer noch diverse Nebenleistungspflichten, deren Verletzung zwar nicht zwingend einer Erfüllungswirkung entgegenstehen, aber dennoch Gewährleistungs- oder Schadensersatzansprüche auslösen kann.

30 Staudinger/*Peters/Jacoby* Eckpfeiler des Zivilrechts, Neubearbeitung 2014/2015, S. 1121 Rn 59 ff.; *Voit* in: Bamberger/Roth, Beck'scher Online-Kommentar BGB, Edition 33, Stand 1.11.2014, § 631 Rn 44; *Raab* in: Dauner-Lieb/Langen, BGB/Schuldrecht, 2. Auflage 2012, § 631 Rn 22.

31 Staudinger/*Peters/Jacoby* § 631 Rn 17 ff., § 633 Rn 147 ff.; *Voit* in: Bamberger/Roth, Beck'scher Online-Kommentar BGB, Edition 33 Stand 1.11.2014, § 631 Rn 46; MüKo-BGB/*Busche* § 631 Rn 59; *Raab* in: Dauner-Lieb/Langen, BGB/Schuldrecht, 2. Auflage 2012, § 631 Rn 23 f.

32 Staudinger/*Peters/Jacoby* § 633 Rn 150 ff.

52 Dazu zählt etwa die **Pflicht zur Aufklärung und Beratung** des Bestellers. Dieser soll durch Erläuterungen und Entscheidungshilfen des Werkunternehmers im Rahmen von Treu und Glauben zwecks Schadensvermeidung über vertragswesentliche Umstände aufgeklärt werden. Auch hat der Unternehmer grundsätzlich eine **Hinweispflicht im Hinblick auf Bedienung**, **Wartung** und etwaige **Gefährdung** des erstellten Werkes.[33] Die eigene Sachkunde des Bestellers entbindet dabei den Werkunternehmer nicht von diesen Pflichten.[34]

53 Gewisse **Obhuts- und Verwahrungspflichten** ergeben sich für den Werkunternehmer auch im eigenen Interesse wegen der Regelungen zur Gefahrtragung aus § 644 BGB. Hiernach hat er bis zur Abnahme oder bis zum Gläubigerverzug das Risiko der zufälligen Verschlechterung oder des zufälligen Untergangs des Werkes zu tragen. Darüber hinaus trifft ihn die Pflicht, sich an in seinem Bereich geltende Sicherheitsvorschriften zu halten,[35] ihm überlassenes Eigentum des Bestellers nicht missbräuchlich zu verwenden oder zu verlieren.[36] In diesem Rahmen spricht man auch von grundsätzlichen **Sicherungs- und Fürsorgepflichten**, also der Pflicht, Schäden an Rechtsgütern der anderen Partei zu vermeiden.[37]

Praxistipp
Durch besondere Hervorhebung im Vertragstext können Nebenleistungspflichten zur Hauptpflicht erstarken. Dafür müssen sie nach der vertraglichen Formulierung so wesentlich sein, dass eine Partei bei Pflichtverletzung die Leistung des anderen nicht mit erfüllender Wirkung gegen sich gelten lassen will.

III. Pflichten des Bestellers

54 Zu den Hauptpflichten des Bestellers zählen die Abnahme des Werkes, die Zahlung des Werklohns und eventuell die Mitwirkung bei der Herbeiführung des Erfolges.

1. Abnahme

55 Der Besteller hat die Sache von dem Werkunternehmer abzunehmen. Unter Abnahme versteht man gemäß § 640 BGB die **körperliche Entgegennahme** und konkludente Erklärung, dass das Werk als **im Wesentlichen vertragsgemäß** anerkannt

33 MüKo-BGB/*Busche* § 631 Rn 78.
34 OLG München BB 1960, 574.
35 BGH VersR 1976, 166; OLG Düsseldorf NJW-RR 1997, 975.
36 BGH NJW 1983, 113; MüKo-BGB/*Busche* § 631 Rn 81.
37 OLG Düsseldorf NJW-RR 1992, 1236, 1237; MüKo-BGB/*Busche* § 631 Rn 83.

wird. Voraussetzung dafür ist allerdings die Abnahmereife des Werkes, also die **Fertigstellung und Mangelfreiheit.** Nimmt der Besteller ein mangelhaftes Werk ab, obwohl er den Mangel kennt, stehen ihm die Gewährleistungsrechte aus § 634 BGB nur zu, wenn er sich seine Rechte wegen Mangels bei Abnahme vorbehält, § 640 Abs. 2 BGB.

Es steht nach § 640 Abs. 1 Satz 3 der Abnahme gleich, wenn der Besteller das Werk nicht innerhalb einer bestimmten vom Werkunternehmer gesetzten **Frist** abnimmt, obwohl er hierzu verpflichtet ist. Durch diese Norm soll verhindert werden, dass der Besteller die Abnahme unnötig hinauszögert und so den in Vorleistung tretenden Werkunternehmer zusätzlich belastet.[38] Der Besteller kann die Abnahme nicht wegen unwesentlicher Mängel verweigern, § 640 Abs. 1 Satz 2 BGB. Im Umkehrschluss ergibt sich daraus, dass er sie jedoch **bei wesentlichen Mängeln verweigern darf**, da das Werk dann nicht zur Vertragserfüllung ausreicht, vgl. § 320 BGB. 56

Denknotwendig muss der Werkerfolg auch eine verkörperte, übergabe- und abnahmefähige Sache sein. Geistige Leistungen, wie etwa Übersetzungstexte, werden regelmäßig in übergabefähiger Form verkörpert. Ist nach der **Beschaffenheit** des Werkes eine **Abnahme ausgeschlossen**, so tritt an deren Stelle die Vollendung des Werkes, § 646 BGB. Es geht in diesen Fällen schon bei Fertigstellung die Gefahr auf den Besteller über und der Werklohn wird ebenfalls schon mit Vollendung fällig. Das ist regelmäßig bei Beförderungsleistungen wie einer Taxifahrt, bei Arbeitsleistungen mit geschuldetem Erfolg wie einem Haarschnitt oder bei künstlerischen oder sportlichen Darbietungen der Fall.[39] 57

Als Folge der Abnahme kommt es zum einen zum **Gefahrübergang** gemäß § 644 BGB. Zudem wird der **Werklohn fällig**, § 641 BGB. 58

Praxistipp
Vertraglich kann die schriftliche Quittierung der Abnahme vorausgesetzt werden. In einigen Fällen kann dies zur genauen Feststellung des Gefahrüberganges und zum Vorbehalt auffallender Mängel ratsam sein. Vertiefende Ausführungen dazu finden sich ab Rn 65 Kap. 8 „Abnahme". !

2. Zahlung der Vergütung

Die **Entgeltlichkeit** des Werkvertrages ist **konstitutives Merkmal**. Handelt der Unternehmer unentgeltlich, liegt kein Werkvertrag, sondern ein Auftrag im Sinne des § 662 BGB oder eine Gefälligkeit vor. Die Normen über den Werkvertrag sind auf diese Rechtsverhältnisse nicht anwendbar. 59

38 Staudinger/*Peters*/*Jacoby* Eckpfeiler des Zivilrechts, Neubearbeitung 2014/2015, S. 1131 Rn 110.
39 Staudinger/*Peters*/*Jacoby* § 640 Rn 17.

60 Wurde keine explizite Vergütungsvereinbarung getroffen, obwohl den Umständen nach die Herstellung des Werkes nur gegen eine Entlohnung zu erwarten ist, gilt eine **Vergütung** als **stillschweigend vereinbart**. Es ist nach § 632 Abs. 2 BGB eine taxmäßige oder die übliche Vergütung zu entrichten. Unter **Taxen** versteht man dabei eine unter hoheitlicher Mitarbeit oder Genehmigung festgesetzte Vergütungsordnung, also ein nach Bundes- oder Landesrecht festgelegter Preis.[40] Liegt eine solche Taxe für den jeweiligen Berufszweig nicht vor, gilt die übliche Vergütung als vereinbart. Im Sinne dieser Norm gilt **jene Vergütung üblich**, die man zur Zeit des Vertragsschlusses nach allgemeiner Auffassung der beteiligten Kreise am Ort der Werkleistung zu gewähren pflegt.[41] Gibt es weder eine Taxe, noch eine übliche Vergütung im vorstehend dargestellten Sinne, hat der Werkunternehmer seinen Werklohn gemäß § 315 BGB nach **billigem Ermessen** zu bestimmen.[42] Ist der Besteller hiermit nicht einverstanden, kann er die Bestimmung der Vergütung durch Urteil einklagen, § 315 Abs. 3 Satz 2 BGB.

! **Praxistipp**

Es liegt auf der Hand, dass eine derart wesentliche Vertragskomponente wie die Vergütung des Werkunternehmers in aller Regel einer expliziten Vereinbarung bedarf. Ansonsten drohen kostenintensive Gerichtsverfahren und lange Prozesse bis zur endgültigen Klärung. Wollen die Parteien keinen Werkvertrag schließen bzw. einen Vergütungsanspruch bewusst nicht entstehen lassen, so sollte genau dies auch ausdrücklich im Vertrag festgehalten werden.

61 Obwohl weit überwiegend Werkleistungen gegen Geldzahlung erbracht werden, ist grundsätzlich **jede Art der Vergütung** zulässig, beispielsweise der Austausch von Werkleistungen oder die Nutzungsüberlassung von Räumlichkeiten.[43] Der Anspruch auf Vergütung **entsteht bei Abschluss** des Werkvertrages. Die Fälligkeit tritt jedoch erst mit Abnahme nach § 641 BGB ein, sofern die Parteien nichts Abweichendes vereinbart haben. Ausnahmsweise kann der Werkunternehmer seine Vergütung sofort verlangen, sofern der Besteller die Abnahme grundlos und endgültig verweigert.[44] Gemäß § 641 Abs. 4 BGB ist die Geldforderung des Werkunternehmers ab Fälligkeit zu verzinsen. Welche Bemessungsgrundlage für die Vergütung gewählt wird, ist letztlich entscheidend für die Zuteilung von Kostenrisiken.

---

40 Staudinger/*Peters/Jacoby* § 632 Rn 48; Palandt/*Sprau* § 632 Rn 14; MüKo-BGB/*Busche* § 632 Rn 21.

41 BGH NJW 2006, 2472, 2473; BGH NZBau 2001, 17.

42 BGH BB 1969, 1413; BGH NJW 1966, 539, 540.

43 MüKo-BGB/*Busche* § 631 Rn 87.

44 BGH NJW 1996, 1280, 1281.

a) Pauschalpreis

Besonderheit beim Zustandekommen des Werkvertrages ist, dass die Vergütung in ihrer Höhe nicht bestimmt sein muss. Es steht den Parteien zwar frei, einen **Pauschalpreis**, also eine Vergütung für den Werkerfolg unabhängig von den tatsächlich anfallenden Kosten und Aufwendungen, zu vereinbaren. Jedoch ist in der Praxis häufig bei Vertragsschluss unbekannt, wie hoch die tatsächlich anfallenden Kosten für den Werkunternehmer sein werden. Hat er sich bei Vertragsschluss verkalkuliert, kann er die anfallenden **Mehrkosten nicht** auf den Besteller **abwälzen**. Er geht somit das Risiko ein, ein Negativgeschäft zu tätigen. Eine Anpassung des Pauschalpreises wird nur dann vorgenommen, wenn die Abweichung im Verhältnis zur Gesamtleistung in einem unzumutbaren Missverhältnis steht. Die Rechtsprechung hat dies angenommen, wenn die Abweichung 20% des Gesamtpreises ausmacht.[45] Halten sich aber die Mehrkosten im Rahmen des vertraglichen Leistungsumfanges, muss der Besteller sie nicht ausgleichen.[46] Auf der anderen Seite besteht für den Besteller das Risiko, einen zu hohen Preis gezahlt zu haben, falls sich die Erfolgsherbeiführung als kostengünstig und wenig aufwendig herausstellt. Aus diesen Gründen ist es beim Werkvertrag allgemein anerkannt, nicht einen feststehenden Preis bei Vertragsschluss vereinbaren zu müssen. Stattdessen ist es zulässig und vielfach auch üblich, vertraglich lediglich die **Berechnungsgrundlage** der endgültigen Vergütung **festzuhalten** und den tatsächlich anfallenden Preis erst bei Abnahme des Werkes zu errechnen.[47] 62

Regelungsfalle !

Der Begriff des „Festpreises“ ist nicht zwingend mit einer Pauschalvergütung gleichzusetzen. Was darunter von den Parteien verstanden wird, ist im Einzelfall im Wege der Vertragsauslegung zu ermitteln. Darunter kann zwar eine Pauschalvergütung verstanden werden, aber auch die Festlegung von Einheitspreisen oder der Ausschluss von Preisvorbehalten.[48]

---

b) Einheitsvergütung

Die häufigste Form der Werkvertragsvergütung ist die Vereinbarung eines **Einheitspreises**. Es wird kein pauschaler Endbetrag vereinbart, sondern einzelne Vergütungen für **tatsächlich und wirtschaftlich einheitliche Teilleistungen** des Werkunternehmers. Je nach Art und Umfang einer Teilleistung berechnet sich nach 63

---

45 OLG Düsseldorf NJW-RR 2007, 901, 902.

46 OLG Koblenz NZBau 2010, 562, 564.

47 Staudinger/*Peters/Jacoby* Eckpfeiler des Zivilrechts, Neubearbeitung 2014/2015, S. 1121 Rn 62, S. 1126 Rn 87.

48 MüKo-BGB/*Busche* § 631 Rn 97; *Raab* in: Dauner-Lieb/Langen, BGB/Schuldrecht, 2. Auflage 2012, § 631 Rn 60.

Maß, Gewicht und Stückzahl ihr Einheitspreis,[49] beispielsweise pro bearbeitete m^2, verwendete Kilo Material oder pro eingebauten Fenster. Der Werkunternehmer rechnet bei Beendigung seiner Arbeiten die Summe der Teilleistungen ab, die sodann die Gesamtvergütung darstellt.[50] Das Risiko von Mehraufwendungen liegt dabei beim Besteller, der die entsprechend höhere Vergütung zu zahlen hat. Dagegen kann er sich mittels Vereinbarung einer Höchstpreisklausel wehren oder der Ausbedingung der Genehmigungsbedürftigkeit bei Überschreitung einer vertraglich definierten Kostengrenze.

c) Stundenlohn

64 Auch die Vereinbarung eines konkreten **Stundenlohnes** ist den Parteien möglich. Hierbei besteht für den Unternehmer in der Praxis jedoch die Versuchung, umständlich und weniger zielstrebig zu arbeiten. Nach Treu und Glauben trifft ihn allerdings eine vertragliche **Nebenpflicht zur wirtschaftlichen Betriebsführung**. Die Verletzung dieser Pflicht wirkt sich nicht vergütungsmindernd aus, sondern zieht Schadensersatzforderungen nach sich. Daher hat der **Besteller die Unwirtschaftlichkeit** von abgerechneten Stunden **nachzuweisen**,[51] was sich mitunter als schwierig herausstellen kann. Einerseits sollen an den Besteller, der kaum Einblick in die Betriebsführung des Werkunternehmers hat, keine hohen Darlegungsanforderungen gestellt werden. Andererseits sind sie immerhin so hoch, dass von ihm Tatsachen vorgetragen werden müssen, die den Anspruch auf Freistellung von den überhöhten Stundenlöhnen rechtfertigen. In Konstellationen, in denen der Besteller nicht nachvollziehen kann, welche Leistungen der Werkunternehmer erbracht hat und daher die Wirtschaftlichkeit nicht beurteilen kann, trifft den **Werkunternehmer** eine **sekundäre Darlegungspflicht**.[52] Er hat dem Besteller gegenüber zu Art und Inhalt der nach Zeitaufwand abgerechneten Leistungen so viel vorzutragen, dass diesem eine sachgerechte Rechtswahrung möglich ist.

Praxistipp

In der Praxis ergeben sich für den Nachweis der Wirtschaftlichkeit abgerechneter Stunden erhebliche Beweisprobleme und eine Art Generalverdacht gegen den Unternehmer. Eine Vergütung in Form eines Stundenlohnes sollte daher mit Bedacht gewählt werden. Je nach Fallkonstellation kann es sich empfehlen, die Überschreitung einer gewissen Stundenanzahl bzw. Kostengrenze von der Genehmigung des Bestellers abhängig zu machen.

49 MüKo-BGB/*Busche* § 631 Rn 89; *Raab* in: Dauner-Lieb/Langen, BGB/Schuldrecht, 2. Auflage 2012, § 631 Rn 51.

50 BGH NJW 1996, 1282.

51 BGH NJW 2009, 2199, 2202 f.; BGH NJW 2000, 1107, 1108.

52 BGH NJW 2009, 2199, 2203.

Da der Werkunternehmer regelmäßig in Vorleistung treten muss und dies je nach Art des Werkes mit erheblichen Kosten verbunden sein kann, können die Parteien den Unternehmer entlasten und **Vorauszahlungen oder Abschlagzahlungen** von der Gesamtvergütung vereinbaren, beispielsweise beim Hausbau. 65

Vorauszahlungen knüpfen für ihre Fälligkeit nur an die vertraglich vereinbarten Intervalle bzw. Zahlungstermine an und sind **unabhängig vom Fortschritt der Erfolgsherbeiführung** zu entrichten. Sie können von den Parteien nach Belieben hinsichtlich Häufigkeit, Höhe und Maximalsumme vereinbart werden. Eine Vereinbarung über Vorauszahlungen **in AGB** im Baurecht ist **unzulässig**. Sie sind nur in Form von Abschlagszahlungen möglich[53] oder als Individualvereinbarung. Außerhalb des Baurechtes können AGB-rechtliche Vereinbarungen hierzu allerdings je nach Fallgestaltung üblich und angebracht sein. Dies soll beispielsweise für Verträge über die Veränderung oder Reinigung von Kleidungsstücken gelten, da in diesen Fällen die Abholung durch den Besteller nicht sicher ist.[54] 66

Praxistipp !

Für gewöhnlich werden Vorauszahlungen nur vereinbart, wenn für die Erbringung des vertragsgemäßen Erfolges eine Sicherheit geleistet wird, beispielsweise eine Erfüllungsbürgschaft einer Bank. In den AGB eines Werkunternehmers werden Vorauszahlungen nur dann als wirksam vereinbart anzusehen sein, wenn sie angemessene Sicherheiten vorsehen. Andernfalls ist eine unangemessene Benachteiligung des Bestellers zu befürchten.[55]

Abschlagszahlungen sind im Gegensatz zu Vorauszahlungen abhängig vom Fortschritt des Werkes. Soweit sie nicht schon vertraglich vereinbart worden sind, kann ein Anspruch des Werkunternehmers auf Abschlagszahlungen auch gesetzlich durch § 632a BGB entstehen. Nach dieser Norm kann der Werkunternehmer vom Besteller für eine vertragsgemäß erbrachte Leistung eine Abschlagszahlung in der Höhe verlangen, in der der Besteller durch die Leistung einen **Wertzuwachs** erhalten hat. Dies hat er durch eine Aufstellung nachzuweisen, die eine rasche und sichere Beurteilung seiner Leistungen ermöglicht. Dem Werkunternehmer entsteht also aus dieser Vereinbarung die vertragliche **Pflicht zur Erstellung von Abrechnungen**.[56] 67

---

53 BGH NJW 1986, 3199, 3200; bestätigend BGH NJW 1992, 1107.

54 *Voit* in: Bamberger/Roth, Beck'scher Online-Kommentar BGB, Edition 33, Stand 1.11.2014, § 632a Rn 36.

55 Staudinger/*Peters*/*Jacoby* Eckpfeiler des Zivilrechts, Neubearbeitung 2014/2015, S. 1128 Rn 97.

56 BGH NJW 2002, 1567.

! **Praxistipp**
Es sollten die Häufigkeit und die Formerfordernisse dieser Abrechnungen vereinbart werden. Ebenso ist festzuhalten, innerhalb welcher Frist die Zahlungen zu leisten sind, beispielsweise am 15ten des dem Abrechnungseingang folgenden Monats.

68 Der Besteller kann zwar Abschlagszahlungen bei Mängeln des Werkes verweigern, nicht jedoch, wenn diese unwesentlich sind, vgl. § 632a Abs. 1 BGB. Die Abschlagszahlung als solche ist im Verzugsfall zu **verzinsen.**[57]

69 Solche Abschlagszahlungen sind **nicht** mit einer **Teilabnahme** des Werkes gleichzustellen, weshalb die Gefahr des zufälligen Unterganges bis zur Abnahme weiterhin beim Werkunternehmer liegt.[58] Ergibt sich aus der endgültigen Rechnung bei Werkabnahme, dass die Summe der Vorauszahlungen die vereinbarte Abschlussvergütung übersteigt, ist der Werkunternehmer verpflichtet dem Besteller den **Überschuss zurück** zu gewähren.[59]

70 Hat der Werkunternehmer einen fälligen Anspruch auf Abschlagszahlungen und **weigert** sich der Besteller beharrlich diese **zu leisten**, hat der Unternehmer einen Schadensersatzanspruch wegen Verzugs nach §§ 280 Abs. 1, 2, 286 BGB sowie das Recht zur Kündigung aus wichtigem Grund im Sinne des § 643 BGB.

! **Praxistipp**
Zu beachten sind Sonderregelungen zur Vergütung, welche vor allem in Bauverträgen, sowie Werkverträgen für Architekten und Ingenieure auftreten.

71 Zulässig ist die **Kombination verschiedener Vergütungsmodelle** im Vertrag. Haben die Parteien beispielsweise eine Einheitspreisvergütung in Verbindung mit einer Kostenhöchstgrenze vereinbart und hat der Besteller die besondere Bedeutung dieser Preisobergrenze hervorgehoben, ist eine Überschreitung dieser Grenze unzulässig. Darüber hinausgehende Leistungen des Werkunternehmers führen nicht zu einer Erhöhung der Vergütung. Die Preisobergrenze wirkt bei Erreichung daher wie eine Pauschalvergütung.[60] Wird die Wichtigkeit der Preisobergrenze nicht hinreichend betont, ist in ihr nur eine gemeinsame Vorstellung der Parteien über die maximalen Kosten zu sehen. Sie wird nicht Vertragsbestandteil und die Parteien können aufgrund des Wegfalls der Geschäftsgrundlage Vertragsanpassung verlangen, vgl. § 313 BGB.[61]

---

57 Staudinger/*Peters/Jacoby* § 632a Rn 6.
58 BT-Drucks. 16/511 S. 15; *Voit* in: Bamberger/Roth, Beck'scher Online-Kommentar BGB, Edition 33, Stand 1.11.2014, § 631 Rn 63.
59 BGH NJW 2002, 1567, 1568.
60 OLG Frankfurt BauR 2009, 1440, 1441.
61 BGH NJW-RR 2000, 1219.

Haben die Parteien nichts abweichendes vereinbart, ist davon auszugehen, dass die **Mehrwertsteuer** in der Vergütungsberechnung enthalten ist.[62] Auch unter Kaufleuten ist ein anderslautender Handelsbrauch nicht feststellbar.[63] 72

Verlangt der Besteller berechtigterweise Behebung eines wesentlichen Mangels und hat er das Werk gleichwohl mit dieser Einschränkung abgenommen, kann er nach § 641 Abs. 3 BGB einen Teil der Vergütung vorenthalten. Angemessen ist dabei in der Regel eine Summe in Höhe der doppelten Kosten der Mangelbeseitigung. Dieser verweigerte Teil, auch als **Druckzuschlag** bekannt, ist erst bei Aufhebung des Mangels an den Werkunternehmer zu entrichten. 73

3. Nebenleistungspflichten

Auch der Besteller hat, neben den für die Vertragserfüllung wesentlichen Pflichten, weitere Nebenleistungspflichten zu beachten. Ihn trifft die **grundsätzliche Pflicht zur Rücksichtnahme**[64] auf die Rechtsgüter des Unternehmers, aber auch eine, für den Werkvertrag typische **Mitwirkungsobliegenheit**. Die Parteien können spezielle Mitwirkungshandlungen vertraglich festhalten, zum Beispiel Zugangsverschaffung zur wartungsbedürftigen Anlage im Betrieb des Bestellers. Ist die Mitwirkungshandlung vertraglich vereinbart, hat der Werkunternehmer einen Anspruch auf Vornahme dieser Handlung. Ist sie es nicht und ist die Handlung gleichwohl erforderlich zur Erfüllung seiner Herstellungspflicht, hat der Unternehmer nur die ihm aus §§ 642, 643 BGB zustehenden Rechte.[65] Nach diesen Normen kann er den Besteller in Annahmeverzug versetzen und nach Ablauf einer angemessen gesetzten Frist den Werkvertrag kündigen. 74

Den Besteller treffen zudem **Aufklärungs- und Beratungspflichten** falls er gegenüber dem Besteller einen Informationsvorsprung hat, der sich auf die Herstellung des Werkes auswirken kann. Eine Prüfungspflicht zum Vorliegen von Gefahren und Risiken trifft ihn jedoch nicht, da dies im Aufgabenbereich des Unternehmers liegt.[66] 75

Werden **Dritte in den Vertrag mit einbezogen** (etwa Mitarbeiter des Unternehmers oder Subunternehmer), erstrecken sich **Schutzpflichten** auch auf sie. Die Pflicht aus § 618 BGB, Räume, Vorrichtungen und Gerätschaften so einzurichten, 76

62 So im Falle des Pauschalpreises OLG Düsseldorf NJW-RR 2007, 901, 902.

63 OLG München NJW-RR 1993, 415.

64 MüKo-BGB/*Busche* § 631 Rn 109 f.

65 *Voit* in: Bamberger/Roth, Beck'scher Online-Kommentar BGB, Edition 33, Stand 1.11.2014, § 631 Rn 89 ff.

66 *Voit* in: Bamberger/Roth, Beck'scher Online-Kommentar BGB, Edition 33, Stand 1.11.2014, § 631 Rn 94; MüKo-BGB/*Busche* § 631 Rn 108; *Raab* in: Dauner-Lieb/Langen, BGB/Schuldrecht, 2. Auflage 2012, § 631 Rn 65.

dass von ihnen keine Gefahren für die darin Arbeitenden ausgeht, erstreckt sich auch auf den Werkvertrag und ist von Seiten des Bestellers auch **nicht abdingbar.**[67] Er haftet jedoch nicht, soweit der Werkunternehmer oder die Arbeiter sich selbst in Gefahr begeben haben.[68]

IV. Beendigung des Vertrages

77 Der Werkvertrag kann vorzeitig durch den Besteller nach § 649 BGB gekündigt werden oder aber von beiden Parteien aus wichtigem Grund.[69]

1. Freies Kündigungsrecht des Bestellers

78 Gemäß § 649 BGB kann der **Besteller** den Werkvertrag jederzeit und **ohne Angabe von Gründen kündigen**. Der Unternehmer ist in diesem Fall berechtigt, die **vereinbarte Vergütung** zu verlangen. Er muss sich jedoch dasjenige anrechnen lassen, was er infolge der Aufhebung des Vertrages an Aufwendungen erspart oder durch anderweitige Verwendung seiner Arbeitskraft erwirbt oder zu erwerben böswillig unterlässt. Es wird gesetzlich **vermutet**, dass nach diesen Einsparungen dem Werkunternehmer **5%** der auf den **noch nicht erbrachten Teil** der Werkleistung entfallenden vereinbarten Vergütung zustehen.

79 Daraus ergibt sich eine **zweiteilige Berechnung** der zu zahlenden Vergütung. Zunächst hat der Unternehmer den bereits erbrachten Teil von dem noch nicht erbrachten Teil abzugrenzen und die entsprechende Vergütungshöhe für die erbrachte Leistung anzusetzen.[70] Für diesen ersten Teil ist vom Werkunternehmer das Verhältnis der bewirkten Leistungen zu der vereinbarten Gesamtleistung darzulegen. Entsprechend bemisst sich die Vergütungshöhe für den gefertigten Teil.[71]

! **Regelungsfalle**
Der Werkunternehmer kann sich die Verhältnisberechnung nicht dadurch ersparen, dass er die laut Vertrag geschuldeten Abschlagszahlungen für den erbrachten Baustand verlangt. Denn die darin enthaltene Verknüpfung von Teilleistung und Teilzahlung ist nicht zwingend aussagekräftig hinsichtlich des Wertes der erbrachten Leistung.[72]

---

67 BGH NJW 1958, 710, 711.
68 *Foerste* „Zur Schutzpflicht des Bauherrn für tollkühne Handwerker", NJW 2005, 3182, 3183.
69 Vgl. auch zu Vertragslaufzeitklauseln Rn 88 Kap. 8 „Vertragslaufzeit".
70 BGH NJW 1996, 3270, 3271.
71 BGH NJW 1995, 2712, 2713.
72 BGH NJW 1996, 3270, 3271; BGH NJW 2000, 1257.

Nur der **noch nicht vollendete zweite Teil** der Leistung wird nach der vereinbarten Vergütung unter Abzug der Ersparnisse usw. berechnet. Von der Vergütung für die noch nicht erbrachte Leistung wird vermutet, dass dem Werkunternehmer 5% zustehen. 80

Dieses Kündigungsrecht ist **Ausdruck der Zukunftsausrichtung** des Werkvertrages. Da beide Parteien bei Vertragsschluss den Zeitpunkt der Vertragserfüllung oftmals nur grob abschätzen können und sich Interessenslagen verändern können, kann der Besteller durch diese Kündigungsmöglichkeit **flexibel** darauf reagieren, zum Beispiel wenn sich herausstellt, dass sich die Reparatur einer Anlage nicht rentieren wird oder ähnliches. Solange der Werkunternehmer nach Maßgabe des Gesetzes **schadlos** gehalten wird, ist für ihn eine solche Kündigung nicht zwingend nachteilig. Dennoch steht es den Parteien frei, für solche Fälle Vertragsstrafen zu vereinbaren, vgl. Rn 111 Kap. 8 „Vertragsstrafe". Die reduzierte Werklohnforderung des Unternehmers wird nach Kündigung **erst mit Abnahme** des bisherigen Werkes **fällig.**[73] 81

Die Parteien können das Kündigungsrecht aus § 649 BGB ausdrücklich oder durch Hervorheben des besonderen Interesses des Werkunternehmers an der Fertigstellung vertraglich **abbedingen.**[74] Das **besondere Interesse** an der Vertragsfortführung muss hinreichend deutlich sein. Die Vereinbarung einer verbindlichen Vertragslaufzeit von 36 Monaten und die Einräumung eines außerordentlichen Kündigungsrechtes, schließen beispielsweise ein jederzeitiges Kündigungsrecht nach § 649 Satz 1 BGB nicht aus.[75] Der Werkunternehmer müsste ein Interesse an der Ausführung der Vertragsleistung deutlich gemacht haben, das über die bloße Realisierung seines Vergütungsanspruches hinausgeht. Er müsste in einer solchen Weise **durch die Kündigung beeinträchtigt** werden, dass man ihm eine vorzeitige Beendigung **nicht zumuten** könne. Ein solches besonderes Interesse liegt nicht schon darin, den Vertragspartner in einer Referenzliste zu Werbezwecken anführen zu können.[76] Die Vertragsparteien sollten folglich auch an dieser Stelle ihren Willen deutlich zum Ausdruck bringen. 82

2. Kündigungsrechte des Werkunternehmers

Auch wenn dem Werkunternehmer kein jederzeitiges grundloses Kündigungsrecht 83
wie dem Besteller zusteht, hat der Gesetzgeber besondere, wichtige Gründe nor-

---

73 BGH NJW 2006, 2475, 2476; andere Ansicht Staudinger/*Peters*/*Jacoby* Eckpfeiler des Zivilrechts, Neubearbeitung 2014/2015, S. 1142 Rn 165.

74 BGH NJW 2011, 915, 917; *Voit* in: Bamberger/Roth, Beck'scher Online-Kommentar BGB, Edition 33, Stand 1.11.2014, § 649 Rn 29; *Raab* in: Dauner-Lieb/Langen, BGB/Schuldrecht, 2. Auflage 2012, § 649 Rn 41.

75 BGH NJW 2011, 915.

76 LG Düsseldorf BeckRS 2011, 08034.

miert, die eine Kündigung von Unternehmerseite rechtfertigen. So kann er **bei mangelnder Mitwirkung des Bestellers** gemäß § 643 BGB den Vertrag kündigen.

84 Dafür müsste sich zunächst der Besteller im **Annahmeverzug** im Sinne von § 642 BGB befinden, also eine ihm obliegende Mitwirkungspflicht verweigern. Diese Voraussetzung liegt auch bei nur teilweiser oder sachwidriger Mitwirkung vor. Die mangelnde Mitwirkung muss sich so gravierend auswirken, dass eine Herstellung des Werkes für den Unternehmer stark erschwert oder sogar unmöglich wird, folglich ihm ein Festhalten am Vertrag nicht mehr zumutbar ist.[77]

! **Regelungsfalle**

Die Nichtleistung von Abschlagszahlungen ist kein wichtiger Grund zur Kündigung nach § 643 BGB. Die ausbleibende Mitwirkungshandlung des § 642 BGB knüpft an das Verhalten des Bestellers als Gläubiger an. In Bezug auf die Abschlagszahlung ist der Besteller jedoch Schuldner. Daher kann der Unternehmer bei ausbleibender Zahlung vielmehr sein Kündigungsrecht aus § 323 Abs. 2 Nr. 1, Abs. 4 BGB geltend machen.[78]

85 Zudem müsste der Unternehmer dem Besteller eine angemessene **Frist** zur Nachholung dieser Mitwirkung gesetzt haben, **verbunden** mit einer **Vertragskündigung unter der aufschiebenden Bedingung**, dass die konkret beschriebene Handlung nicht bis Ablauf der Frist nachgeholt werde. Die Fristsetzung allein genügt nicht. Der Wille, das Bestehen des Vertrages ausschließlich von der Nachholung der Mitwirkungshandlung abhängig zu machen, muss deutlich hervorgehoben werden. Das bloße Vorbehalten „entsprechender weiterer Schritte" ist dafür nicht ausreichend.[79] Es kann aber auch nur die Kündigungserklärung ohne Fristsetzung in solchen Fällen ausreichend sein, in denen die Fristsetzung bloße Förmelei wäre, der Besteller die Mitwirkung endgültig verweigert oder eine Nachholung weder innerhalb einer angemessenen Frist noch überhaupt gar nicht mehr möglich wäre.[80]

86 Der **Vertrag** wird **mit erfolglosem Fristablauf beendet**. Eine erneute Kündigungserklärung ist insofern nicht erforderlich, als dass die Kündigung mit Eintritt der aufschiebenden Bedingung wirksam wird. Dafür ist es unerheblich, ob den Besteller für den erfolglosen Fristablauf auch ein Verschulden trifft.[81] Auch unerheblich ist, ob der Unternehmer nach Fristablauf doch noch am Vertrag festhalten

77 Staudinger/*Peters*/*Jacoby* § 643 Rn 5 ff.; MüKo-BGB/*Busche* § 643 Rn 3.

78 BGH NJW-RR 1989, 1248, 1249; **78** Staudinger/*Peters*/*Jacoby* § 643 Rn 8a.

79 OLG Brandenburg NJW-RR 2010, 1670, 1671.

80 BGH NJW 2004, 2373, 2374 zu § 6 Abs. 7 VOB/B; *Voit* in: Bamberger/Roth, Beck'scher Online-Kommentar BGB, Edition 33, Stand 1.11.2014, § 643 Rn 4.

81 *Voit* in: Bamberger/Roth, Beck'scher Online-Kommentar BGB, Edition 33, Stand 1.11.2014, § 642 Rn 12.

möchte. Eine **Rücknahme** seiner Erklärung wäre **nur vor Fristablauf** möglich.[82] Nach Fristablauf können die Parteien allerdings ohne weiteres einen inhaltgleichen Vertrag – auch konkludent durch Fortführung – neu abschließen.[83] Rechtsfolge der Vertragsbeendigung ist ein Anspruch des Unternehmers auf **Entschädigung** nach § 642 BGB und eine **Teilvergütung** nach § 645 Abs. 1 Satz 2 BGB. Die **Höhe der Entschädigung** bestimmt sich dabei einerseits nach der Dauer des Verzugs und der Höhe der vereinbarten Vergütung, andererseits nach demjenigen, was der Unternehmer infolge des Verzugs an Aufwendungen erspart oder durch anderweitige Verwendung seiner Arbeitskraft erwerben kann. Dabei handelt es sich nicht um einen Schadensersatzanspruch, sondern einen **Vergütungsanspruch eigener Art** für die fruchtlose Bereitstellung von Kapazitäten.[84]

Praxistipp !

Jede notwendige Mitwirkungshandlung des Bestellers ist zunächst nur eine Obliegenheit, die bei Verletzung die beschriebenen Sanktionen gemäß §§ 643, 642 BGB nach sich ziehen kann. Ist sie aber von besonderer Wichtigkeit, können die Parteien sie von vornherein als Vertragspflicht ausgestalten. Sie wäre somit einklagbar und kann bei Nicht- oder Schlechtvornahme weitere Schadensersatzforderungen nach sich ziehen.[85]

---

3. Kündigung aus wichtigem Grund

Wenn einer Partei das Festhalten am Vertrag unter Berücksichtigung aller Umstände des Einzelfalles und Abwägung der Interessen beider Parteien nicht mehr zugemutet werden kann, kann ein wichtiger Grund und somit ein Kündigungsrecht aus § 314 BGB vorliegen. Zwar heißt es in § 314 Abs. 1 BGB, dass bei **Dauerschuldverhältnissen** von jedem Vertragsteil fristlos von jedem Vertragsteil gekündigt werden kann, jedoch ist die Anwendung auf den Werkvertrag, der in der Regel kein Dauerschuldverhältnis ist, weithin anerkannt.[86] 87

---

82 Kritisch aber im Ergebnis bejahend Staudinger/*Peters/Jacoby* § 643 Rn 15.

83 *Voit* in: Bamberger/Roth, Beck'scher Online-Kommentar BGB, Edition 33, Stand 1.11.2014, § 643 Rn 6.

84 Staudinger/*Peters/Jacoby* BGB, Neubearbeitung 2014, § 642 Rn 24 ff.

85 MüKo-BGB/*Busche* § 642 Rn 21 ff.

86 OLG Nürnberg NZBau 2006, 320; *Voit* in: Bamberger/Roth, Beck'scher Online-Kommentar BGB, Edition 33, Stand 1.11.2014, § 649 Rn 21; MüKo-BGB/*Busche* § 649 Rn 31; Palandt/Sprau § 649 Rn 13; Anwendung des § 314 analog auf Bauverträge *Sienz* BauR 2002, 181, 195; andere Ansicht zunächst Staudinger/*Peters/Jacoby* § 649 Rn 55; jedoch nun ebenfalls zustimmend Staudinger/*Peters/Jacoby* Eckpfeiler des Zivilrechts, Neubearbeitung 2014/2015, S. 1143 Rn 168.

Praxistipp
Soweit gesetzliche Kündigungsrechte unberührt bleiben, kann es sich für die Parteien anbieten, objektiv wichtige Kündigungsgründe im Vertrag zu verankern und so ihre Vertragslösungsmöglichkeiten in angemessenem Rahmen zu erweitern. Unbegründete oder willkürliche Kündigungs- oder Rücktrittsgründe in AGB können dagegen auch im B2B-Verkehr indirekt über § 308 Nr. 3 BGB oder unmittelbar aus § 307 Abs. 1 Satz 1 BGB wegen unangemessener Benachteiligung unwirksam sein.

88 Grundsätzlich sind beide Parteien gehalten, bei Meinungsverschiedenheiten zur Vertragsdurchführung, bei Änderung der dem Vertrag zugrunde liegenden Umstände und der Notwendigkeit einer Vertragsanpassung eine einvernehmliche Lösung für diese Probleme zu suchen. Verweigert eine Partei beharrlich, diese **Kooperationspflicht** zu erfüllen, ist die andere zur Kündigung aus wichtigem Grund berechtigt.[87] Darüber hinaus bietet der Gesetzgeber weitere Kündigungsmöglichkeiten.

89 Die sofortige fristlose Kündigung aus wichtigem Grund beschränkt ihre **Wirkung auf die Zukunft**. Bereits erbrachte Leistungen des Werkunternehmers sind entsprechend zu vergüten, ein weiterer Vergütungsanspruch wie in § 649 Satz 2 BGB für noch nicht erbrachte Leistungen, besteht grundsätzlich nicht.[88]

V. Abgrenzung zu anderen Vertragstypen

90 Welcher Vertragstyp vorliegt, ist abhängig von Inhalt, Bedeutung und Zweck der vertraglichen Regelungen, nicht aber von der Vertragsbezeichnung, die allenfalls als Indiz herangezogen werden kann. So kann es durchaus passieren, dass man einen vermeintlichen Werkvertrag abschließt, ihn auch so betitelt und dennoch juristisch ein anderer Vertragstyp vorliegt, demnach andere Gewährleistungsrechte, Vertragslösungsmöglichkeiten und gesetzlichen Pflichten einschlägig sind. Daher sollte man sich bei Vertragsgestaltung der Abgrenzung bewusst sein.

1. Kaufvertrag

91 Der seit der Schuldrechtsreform geltende „neue" § 651 BGB hat die Abgrenzung des Werkvertrages zum Kaufvertrag wesentlich verändert. Kaufrecht ist nun auf sämtliche Verträge mit einer **Verpflichtung zur Lieferung herzustellender** oder **zu erzeugender beweglicher Sachen** anzuwenden.[89] Nach der Begründung zum Ent-

87 BGH NJW 2000, 807, 808.
88 BGH BauR 2003, 880, 881.
89 BT-Drucks. 14/6040, S. 268; OLG Düsseldorf NJW-RR 2013, 460, 461.

wurf des Gesetzes zur Modernisierung des Schuldrechts bleiben von dem Anwendungsbereich des Werkvertrages somit vor allem die Herstellung von Bauwerken, reine Reparaturarbeiten und die Herstellung nicht-körperlicher Werke erfasst, beispielsweise die Planung von Architekten oder die Erstellung von Gutachten.

Entscheidend ist welche Leistung aus Sicht der Parteien **im Vordergrund** steht 92
und worauf der **Schwerpunkt der Leistung** liegt. Dies ist in einer Gesamtbetrachtung je nach Art des Gegenstandes, Wertverhältnis von Lieferung und Montage und Besonderheiten des geschuldeten Ergebnisses zu bewerten.[90] Obwohl beispielsweise die Herstellung von Bauwerken als unbewegliche Sachen dem Werkvertragsrecht zuzuordnen sind, ist die Lieferung von herzustellenden beweglichen Bau- und Anlageteilen nach Maßgabe des § 651 BGB dem Kaufrecht zuzuordnen.[91] Anders liegt die Bewertung, wenn auch der **Einbau** bzw. die **Verbindung einer Sache mit anderen** geschuldet ist. Je nach Einzelfall, kann dann ein Werkvertrag vorliegen oder ein Kaufvertrag mit Montageverpflichtung.

Beispiel
Bei Bestellung und Einbau eines Austauschmotors wird zwar auch die Lieferung des Motors geschuldet. Da jedoch der neue Motor nur mit erheblichem Aufwand und Fachkenntnis eingebaut werden kann, handelt es sich in diesem Fall um einen Werkvertrag.[92]
Bei der Bestellung und der Montierung einer Solaranlage bleibt dagegen – zumindest im Regelfall – der Wert der Montage hinter dem der Sache zurück. Auch erfordert die Montage dabei keine Anpassung typisierter Einzelteile an die individuellen Wünsche des Bestellers. Die Anlage hätte somit jederzeit demontiert und anderweitig verwertet werden können. Daher ist dies ein Kaufvertrag mit Montageverpflichtung.[93]

Die unterschiedliche Einordnung wirkt sich auf zahlreiche Punkte aus. So kann bei 93
einem Kaufvertrag der **Kaufpreis grundsätzlich sofort** verlangt werden, vgl. §§ 271, 320 BGB, während der **Werklohn** für den vorleistungspflichtigen Werkunternehmer **erst bei Abnahme** fällig wird, vgl. §§ 641 Abs. 1, 646 BGB. Bei Werkverträgen zwischen Kaufleuten besteht zudem keine **Untersuchungs- und Rügepflicht** nach § 377 HGB. Im Bereich der Gewährleistung hat der Besteller bei Mängeln ein **Selbstvornahmerecht**, der Käufer dagegen nicht. Dafür hat letzterer bei einem Mangel die **Wahl** zwischen **Nachbesserung und Nachlieferung**. Im Werkvertragsrecht liegt dieses Wahlrecht dagegen bei dem Werkunternehmer. Die

90 BGH NJW-RR 2004, 850; Staudinger/*Peters*/*Jacoby* Eckpfeiler des Zivilrechts, Neubearbeitung 2014/2015, S. 1115 Rn 33.
91 BGH NJW 2009, 2877.
92 OLG Karlsruhe NJW-RR 1992, 1014.
93 BGH NJW-RR 2004, 850.

Länge und der Beginn der **Fristen für die Mängelhaftung** unterscheiden sich ebenfalls zwischen den Vertragstypen. Zudem hat der Besteller im Werkvertragsrecht ein **jederzeitiges Kündigungsrecht** nach § 649 BGB, welches dem Käufer einer Sache nicht zusteht.

Praxistipp
In der wirtschaftlichen Praxis, etwa beim Einkauf von Bauunternehmen, sind die Unterschiede der Vertragstypen nicht deutlich erkennbar. Gerade in Zweifelsfällen und angesichts erheblicher finanzieller Risiken ist bei Vertragsgestaltung besondere Aufmerksamkeit geboten.

2. Dienstvertrag

94 Der Dienstvertrag nach §§ 613ff. BGB ist ein **Dauerschuldverhältnis**, das auf die **weisungsgebundene** Ausübung einer **bestimmten Tätigkeit** gegen entsprechende Entlohnung gerichtet ist. Im Vergleich mit dem Werkvertrag ergeben sich verschiedene Vor- und Nachteile. **Vorteil** für den Besteller eines Werkes ist, dass die Verantwortung für die Erfolgsherbeiführung gänzlich auf den Werkunternehmer übertragen werden kann. Anders als beim Dienstvertrag, der nur ein „Bemühen" des Dienstleisters fordert, **haftet** der **Werkunternehmer für verschuldete Verzögerungen** der Erfolgsherbeiführung. Leistet ein Werkunternehmer nicht zum vereinbarten Zeitpunkt und verspätet sich deswegen die Leistung des Bestellers an einen Kunden, der dann Schadensersatz verlangen kann, kann der Besteller seinerseits diese **Schadensersatzforderung** vom Werkunternehmer **erstattet** bekommen. Zudem trägt der Werkunternehmer das **Risiko für personelle Ausfälle** seiner Erfüllungsgehilfen, beispielsweise Urlaub oder Krankheit, und haftet auch für deren Pflichtverletzungen. Hierin liegt zugleich auch ein Vorteil des Werkunternehmers. Er ist nicht nur für seine Mitarbeiter verantwortlich, sondern kann diese auch eigenständig und erfolgsorientiert einteilen. Der Besteller hat ihnen gegenüber **keine Weisungsbefugnis**. Darin kann auch ein **Nachteil** des Werkvertrages gegenüber dem Dienstvertrag gesehen werden. Dienstvertraglich eingestellte Arbeiter könnte der Dienstherr auch kurzfristig zur Überwindung eigener Engpässe an anderer Stelle in der Belegschaft heranziehen. Mangels Weisungsbefugnis ist dies mit Mitarbeitern des Werkunternehmers nicht möglich. Sämtliche Änderungen, Ergänzungen und Erweiterungen der Werkleistungen müssen mit dem Unternehmer vereinbart werden.

VI. Verjährung

95 Für Primär- und Sekundäranspruche gibt es auch im Werkvertragsrecht unterschiedliche Verjährungsfristen. Der **Primäranspruch** des Bestellers auf Herstellung und der des Werkunternehmers auf Vergütung aus einem Werkvertrag unterliegen

der gewöhnlichen Verjährungsfrist von **drei Jahren**, §§ 214 Abs. 1, 195 BGB. Die Frist beginnt nach § 199 Abs. 1 BGB am Ende des Jahres in dem der Anspruch entstanden ist und der Gläubiger von den anspruchsbegründenden Tatsachen Kenntnis erlangt hat bzw. erlangen musste.

Die **Sekundäransprüche** aus § 634 BGB, mit Ausnahme der Rücktritts- und Minderungsrechte, unterliegen jener Verjährungsfrist aus § 634a BGB. Nach §§ 634a Abs. 2, 187 Abs. 1 BGB beginnt die Frist ab dem Tag nach der Abnahme zu laufen. 96

Bezüglich der **Abdingbarkeit** von Verjährungsansprüchen im Werkvertragsrecht gelten ähnliche Regelungen wie im Kaufrecht. So können auch hier Verjährungsfristen für den Primäranspruch innerhalb der gesetzlichen Schranken vertraglich verändert werden. Für einen Überblick über reguläre vertragliche Verjährungsfristen wird auf Rn 106 Kap. 2 verwiesen. 97

C. Liefervertrag

I. Einleitung

Als Liefervertrag bezeichnet man regelmäßig einen **Rahmenvertrag**, der im Wesentlichen festlegt, welche Güter der Lieferant dem Kunden zu welchen (Rahmen-)Bedingungen liefern soll. Der **Liefervertrag** wird zwischen zwei Unternehmen vereinbart, wenn eine laufende längere Vertragsbeziehung angestrebt ist, die grundlegend geregelt werden soll. 98

Ziel von Lieferverträgen ist es, wirtschaftliche Sicherheit zu schaffen, bedeutet aber auf der anderen Seite auch eine gewisse Bindung für beide Parteien. So kann Planungssicherheit geschaffen werden. Der Käufer erhält die Sicherheit, die Ware zu festen Konditionen zu erhalten, der Verkäufer kann den Abnahmepreis fest einplanen und über einen längeren Zeitraum damit wirtschaften. 99

Je nach konkreter Ausgestaltung handelt es sich bei dem Liefervertrag um **Kauf- und/oder Werklieferungsverträge.** Der Liefervertrag ist somit ein gemischt-typischer Vertrag. Sofern im Rahmenvertrag festgelegt ist, dass der Lieferant nur bereits fertig hergestellte Sachen, die er möglicherweise anderweitig beschafft, liefern soll, liegt im Schwerpunkt ein **Kaufvertrag** vor, auf welchen die Vorschriften der §§ 433 BGB Anwendung finden. Stellt der Lieferant die Sachen selbst erst her, bevor er sie liefert, liegt schwerpunktmäßig ein **Werklieferungsvertrag** vor. Dieser ist in § 651 BGB im Abschnitt des Werkrechts geregelt. Jedoch finden gemäß § 651 Satz 1 BGB die Regeln des Kaufrechts Anwendung. 100

Grundsätzliche Hinweise zur Erstellung eines Rahmenvertrages sind ab Rn 164 Kap. 7 „Rahmenvertrag“ zu finden. Typischerweise sollte ein Liefervertrag, neben den allgemein empfehlenswerten Klauseln, folgenden **Inhalt** aufweisen: 101

Checkliste
- Bezeichnung der Parteien und **eventuell** Präambel, vgl. Rn 100 Kap. 3 „Präambeln und ihre Risiken"
- Pflichten des Lieferanten
  - Bezeichnung und genaue Spezifikation der zu liefernden Güter, vgl. S. 210 und Rn 1 Kap. 8 „Leistungsbeschreibung"
  - Lieferkondiktionen/Lieferzeit/Wareneingangskontrolle, vgl. Rn 47 Kap. 4 „Rügepflicht, Warenein- und ausgangskontrolle" und vgl. Rn 205 Kap. 8 „Lieferung, Transport, Gefahrübergang"
  - Verzugsregelungen, vgl. Rn 153 Kap. 8 „Verzug"
  - Gewährleistung, vgl. Rn 34 Kap. 8 „Gewährleistung"
  - **Eventuell** Eigentumsvorbehalt, vgl. Rn 278 Kap. 8 „Eigentumsvorbehalt"
- Pflichten des Abnehmers
  - Preis/Zahlungskondiktionen
  - Verzugsregelungen, vgl. Rn 153 Kap. 8 „Verzug"
  - **Eventuell** Vereinbarung von Mitwirkungspflichten, vgl. Rn 295 Kap. 8 „Kooperation und Abwicklung"
  - Höhere Gewalt/Selbstbelieferung, vgl. Rn 115 Kap. 7
- Regelungen bei grenzüberschreitenden Lieferungen/Exportverbote
- Aussage zur Geltung von UN-Kaufrecht, vgl. Rn 39 Kap. 7
- **Eventuell** Salvatorische Klausel, vgl. Rn 113 Kap. 2
- **Eventuell** Nebenabreden, Änderungen des Vertrages nur in Schriftform wirksam, vgl. Rn 237 Kap. 8 „Schriftform"
- **Eventuell** Gerichtsstandsvereinbarung, vgl. Rn 266 Kap. 8 „Gerichtsstand"
- **Eventuell** Rechtswahl, vgl. Rn 255 Kap. 8 „Rechtswahl"
- **Eventuell** Schiedsgerichtsvereinbarung, vgl. Rn 21 Kap. 10 „Schiedsverfahren"

II. Bezeichnung und genaue Spezifikation der zu liefernden Güter

102 Als ersten spezifischen Punkt bietet sich im Liefervertrag an, die Waren genau zu bezeichnen. Hier gilt das gleiche wie im Kaufvertrag, eine genaue Festlegung der Güter erleichtert im Streitfall eine Lösung für beide Parteien. Sofern eine **Soll-Beschaffenheit** im Sinne des § 434 Abs. 1 S. 1 BGB vereinbart wird, kann hier auf die Ausführungen zum Kaufvertrag verwiesen werden. Diese stellt sich wie bereits dargestellt gerade positiv für den Käufer dar, allerdings ist seitens des Verkäufers dort Vorsicht geboten. Für die **Lieferantenseite** kann sich folgende Klausel anbieten, um die eben angesprochene Beschaffenheitsvereinbarung zu umgehen.

Klauselmuster
„Alle Angaben über die Produkte, insbesondere aus [...] sind annähernd zu betrachtende Durchschnittswerte. Diese stellen weder eine Garantie dar, noch wird hiermit eine Beschaffenheitsvereinbarung übernommen, es sei denn, dies ist ausdrücklich schriftlich mit „rechtlich garantiert" bzw. „Übernahme einer Beschaffenheitsvereinbarung" gekennzeichnet."

Für den **Käufer** empfiehlt sich es jedoch, eine Beschaffenheitsvereinbarung auszuhandeln. Grundsätzlich bieten sich die folgenden Kriterien bei der Bezeichnung und der genauen Spezifikation der zu liefernden Güter an: 103

Checkliste
- Art der zu liefernden Sachen
- Menge
- Zustand, Beschaffenheit, besondere Eigenschaften
- Gattungsschuld/Vorratsschuld
- Muster, Abbildungen, Zeichnungen, Daten, Proben

So kann man exemplarisch für den Unterpunkt Gattungsschuld/Vorratsschuld folgende Regelung aufnehmen: 104

Klauselmuster
„Der Lieferant ist lediglich verpflichtet, aus dem eigenen Warenvorrat zu leisten (Vorratsschuld). Die Übernahme eines Beschaffungsrisikos oder einer Beschaffungsgarantie liegt auch nicht allein in der Verpflichtung des Lieferanten zur Lieferung einer nur der Gattung nach bestimmten Sache."

Es kann Sinn machen **Muster, Abbildungen, Zeichnungen und Proben** als Anhang zum Vertrag aufzunehmen. Sollte dies gewünscht sein, empfiehlt sich eine Regelung im Vertrag, in der hierauf Bezug genommen wird. 105

III. Preis/Zahlungskondiktionen

Der **Preis** für die erhaltenen Waren ist wesentlicher Vertragsbestandteil des Liefervertrages. Es ist möglich die Umsatzsteuer aus dem Preis auszuklammern, da diese im B2B-Bereich im Zweifel zum Preis gehört.[94] 106

Üblich sind auch sogenannte **Preisanpassungsklauseln**. Sinn und Zweck ist es, damit bei langfristigen Lieferverträgen Schwankungen bei den sogenannten „Gestehungskosten" (insbesondere Lohn- und Materialkosten) begegnen zu können. Wichtig ist für deren Formulierung nach der Rechtsprechung des BGH in erster Linie, dass die Preisanpassung nicht zu einer Steigerung des Gewinns führen darf. Das bedeutet, dass nach der Formulierung der Klausel grundsätzlich auch Kostensenkungen Berücksichtigung finden müssen.[95] 107

Weiterhin finden sich in einem Liefervertrag regelmäßig Regelungen zur **Fälligkeit**. In der Praxis wird oft von der gesetzlichen Regelung des § 271 BGB abgewi- 108

94 BGH NJW 2002, 2312.
95 BGH, 27.6.2012, XII ZR 93/10.

chen, die Zahlung wird dann nicht sofort, sondern binnen einer bestimmten Frist nach Rechnungszugang fällig gestellt.

Klauselmuster

- „Zahlungen sind innerhalb von [...] Tagen nach Zugang einer von der Lieferantin ausgestellten Rechnung ohne Abzug fällig. Der Betrag ist auf unser Konto zu überweisen."
- „Unsere Rechnungen sind mangels abweichender Vereinbarungen ohne Abzug sofort nach Zugang fällig."

IV. Lieferkondiktionen/Lieferzeit/Wareneingangskontrolle

109 Als Pendant zu den Zahlungsbedingungen, sollten die **Lieferkondiktionen** klar umschrieben und definiert sein. Insbesondere sollte die jeweilige **Lieferzeit** möglichst genau festgelegt und auch Regelungen zur **Wareneingangskontrolle** gemäß § 377 HGB getroffen werden.

110 Bei der **Lieferzeit** empfiehlt es sich, je nach Interessenlage, feste Termine zu vereinbaren, um gegebenenfalls den Schutz des § 376 HGB (Fixhandelskauf) für sich in Anspruch nehmen zu können. Oft bietet es sich in diesem Zusammenhang an, eine entsprechende Anzeigepflicht des Lieferanten zu regeln, um die Schäden möglichst gering zu halten.

Klauselmuster

„Der Lieferant ist verpflichtet, dem Abnehmer unverzüglich schriftlich – und vorab mündlich – in Kenntnis zu setzen, wenn Umstände eintreten oder ihm erkennbar werden, aus denen sich ergibt, dass vereinbarte Liefer- oder Leistungstermine nicht eingehalten werden können. Dies gilt auch, wenn der Lieferant die Leistungsverzögerungen nicht zu vertreten hat. Bei schuldhafter Verletzung dieser Pflicht steht dem Abnehmer gegen den Lieferanten der Ersatz des daraus entstandenen Schadens zu."

111 Die vorstehende Klausel umfasst nur den Fall einer verspäteten Lieferung. Spiegelbildlich kann auch eine Klausel, die eine verfrühte Lieferung regelt, aufgenommen werden.

Klauselmuster

„Bei früherer Anlieferung oder Leistung als vereinbart, behält sich der Abnehmer vor, die Rücksendung auf Kosten des Lieferanten oder Ablehnung der Leistungsausführung vorzunehmen oder die Anlieferung abzulehnen. Erfolgt bei gleichzeitiger Lieferung keine Rücksendung, lagert die Ware bis zum Liefertermin auf Kosten und Gefahr des Lieferanten."

112 Hinsichtlich der **Wareneingangskontrolle** gemäß § 377 HGB kann auf die Ausführungen im Kaufvertrag, Rn 33 Kap. 7 „Mängelrüge im Kaufvertrag" und auf die Rn 47 Kap. 4 „Rügepflicht, Warenein- und ausgangskontrolle", verwiesen werden.

V. Gewährleistung

Da der Liefervertrag, wie eingangs bereits erläutert, im Regelfall entweder ein Kauf- oder ein Werklieferungsvertrag, auf den Kaufrecht anwendbar ist, darstellt, kann hinsichtlich der Thematik der Gewährleistung auf die diesbezüglichen Ausführungen in Rn 23 Kap. 7 und ab Rn 34 Kap. 8 „Gewährleistung" verwiesen werden. Insbesondere sei an dieser Stelle auf den **Unternehmerregress** der §§ 478 f. BGB verwiesen, welcher ebenfalls unter Rn 29 Kap. 7 dargestellt wird. 113

VI. Eigentumsvorbehalt

Der Eigentumsvorbehalt ist auch im Liefervertrag ein geeignetes und durchaus praxisrelevantes **Sicherungsmittel**. Hinsichtlich der Einzelheiten wird an dieser Stelle auf Rn 278 Kap. 8 verwiesen. 114

VII. Höhere Gewalt/Selbstbelieferung

Lieferverträge enthalten oft sogenannte **Selbstbelieferungsvorbehaltsklauseln** zugunsten des Lieferanten. Zweck ist die Absicherung gegen etwaige eigene Beschaffungsrisiken. Ein sachlicher Grund für diese Klausel besteht im Regelfall nur, wenn die Parteien nicht individualvertraglich eine unbeschränkte Gattungsschuld vereinbart haben und die Beschränkung der Schuld auf eine Stückschuld oder sogenannte beschränkte Gattungsschuld nicht ungewöhnlich ist.[96] 115

Die Klausel muss zudem klarstellen, dass ein unverschuldetes Verhalten des Lieferanten vorliegt.[97] Zu beachten ist hier insbesondere § 308 Nr. 3 BGB, der zwar gemäß § 310 Abs. 1 Satz 1 BGB nicht (unmittelbar) im B2B-Verkehr gilt, jedoch als Auslegungshilfe im Rahmen der **Inhaltskontrolle** gemäß § 307 Abs. 1 BGB herangezogen werden kann.[98] 116

VIII. Grenzüberschreitende Lieferungen/Exportverbote

Sofern **grenzüberschreitende Lieferverträge** geschlossen werden, gibt es einige Besonderheiten zu beachten. Dies sind insbesondere die sogenannten **Exportver-** 117

96 *Becker* in: Bamberger/Roth, Beck'scher Online Kommentar BGB, Edition 33, Stand 1.11.2014, § 308 Nr. 3, Rn 28.
97 BGH NJW 1983, 1320, 1321.
98 MüKo-BGB/*Basedow* § 310, Rn 7.

bote. Des Weiteren bietet es sich regelmäßig an, Regelungen zum **Erfüllungsort**, den **Gerichtsstand** (Rn 266 Kap. 8) und das **anwendbare Recht** zu treffen (Rn 255 Kap. 8).

D. Geheimhaltungsvereinbarung (NDA)

118 Betrieblich relevante Information und betrieblich relevantes Know-How zu schützen, muss ein Kernanliegen des Unternehmens sein. Der Gedanke zum Schutz solcher relevanter Information, des relevanten Know-Hows und relevanter Daten ist daher schon betriebswirtschaftlich fundiert und darf nicht erst aus rechtlichen Compliance-Gründen abgeleitet werden.

119 Zwar entspricht es der von der Rechtsprechung **grundsätzlich anerkannten vertraglichen Nebenpflicht** eines jeden Vertragspartners, auch auf die **berechtigten Interessen** der anderen Vertragspartei Acht zu geben und diese notfalls zu schützen. Im Einzelfall kann dies dabei auch bedeuten, entsprechend sensible, betriebsinterne Informationen gerade nicht an Dritte weiterzugeben. Gleichzeitig hat die höchstrichterliche Rechtsprechung jedoch den Leitsatz gebildet, dass keine Partei des Schuldverhältnisses verpflichtet ist, gleich- oder höherrangige Eigeninteressen gegenüber Belangen des anderen Teils zurückzustellen.[99] Da sich daher eine eindeutige Verpflichtung zur Geheimhaltung aus der Anbahnung eines Schuldverhältnisses oder aus dem Schuldverhältnis selbst nicht immer in der gebotenen Schärfe ableiten lassen wird, ist die Notwendigkeit gegeben, über **vertragliche Regelungen** den **notwendigen Geheimhaltungsschutz** vertraglich abzubilden.[100]

120 Bei der Gestaltung von **Geheimhaltungsvereinbarungen** ist zu beachten, dass es sich regelmäßig um standardisierte Vertragsbedingungen und damit um **AGB im Sinne von §§ 305 ff. BGB** handeln wird. Entlang der Leitlinien der gesetzlichen Vorgaben der höchstrichterlichen Rechtsprechung hierzu ist daher darauf zu achten, dass die vertragliche Gestaltung transparent erfolgt (§ 307 Abs. 1 Satz 2 BGB), keine unangemessene Benachteiligung des Vertragspartners beinhaltet und (wegen des nicht zwingenden Gebotes jedwede vom Vertragspartner im Rahmen des Schuldverhältnisses erhaltene Information geheim zu halten) auch keine überraschende Klausel im Sinne von § 305c BGB darstellt.

121 Problematisch kann bereits die **Definition** dessen sein, **was überhaupt geheim zu halten** ist. Häufig wird hier zu einer Universallösung gegriffen, indem alle ausgetauschten Informationen und/oder Unterlagen geheim zu halten sind, soweit

---

99 Vgl. BGH LM § 455 Nr. 21 BL 2.

100 Vgl. hierzu auch *Schmitt/Ulmer* Allgemeine Geschäftsbedingungen und Verträge für Unternehmen, 1. Auflage 2010, S. 142 ff.

nicht die weitläufig bekannten (nachstehend noch einmal erwähnten) Ausnahmen aufgeführt sind.

Dies begegnet zweierlei **Bedenken. Zum einen** stellt eine solche generalisierte Geheimhaltungsverpflichtung den Vertragspartner des Klauselverwenders vor das Problem einer **umfassenden Beweislastumkehr**. Der Klauselverwender einer solchen umfassenden Geheimhaltungsklausel versucht damit regelmäßig eigene Interessen auf Kosten des Vertragspartners ohne entsprechenden Interessenausgleich durchzusetzen. Eine solche Lösung wird regelmäßig gemäß der höchstrichterlichen Rechtsprechung eine **unangemessene Benachteiligung** des Vertragspartners im Sinne von § 307 BGB darstellen. 122

Des Weiteren wird es oftmals so sein, dass der Vertragspartner des Klauselverwenders einer derart umfassenden Geheimhaltungsverpflichtung zum Vertragsvollzug gezwungen sein wird, derartige Informationen an Dritte (zum Beispiel Behörden und/oder eingesetzte Subunternehmer) weiterzugeben. In diesem Fall wäre eine dahingehende Rechtsausübung im Sinne einer umfassenden Geheimhaltungsverpflichtung rechtsmissbräuchlich, da ihr schutzwürdige Eigeninteressen nicht entgegenstehen. 123

Darüber hinaus wird zu berücksichtigen sein, dass nach der höchstrichterlichen Rechtsprechung auch der Klauselverwender selbst regelmäßig im Rahmen des Schuldverhältnisses alles zu tun bzw. zu unterlassen hat, um den Leistungserfolg (und damit den Vertragsvollzug) herbeizuführen.[101] Derartige Klauseln werden daher in Situationen, in denen der Vertragsvollzug die Weitergabe der Informationen an Dritte voraussetzt, als unzulässige Benachteiligung des Vertragspartners nach § 307 BGB scheitern. 124

Generell wird man sagen können, dass die Verpflichtung zur Geheimhaltung ein anerkennenswertes und schutzwürdiges Interesse des Klauselverwenders stehen muss. Daraus ergibt sich, dass folgende Fälle bereits zwingend aus dem Geheimhaltungskorridor herausfallen müssen: 125

- Solche **Tatsachen**, die **bereits zum Wissen einer Partei vor Abschluss der Geheimhaltungsvereinbarung** gehört haben, dürfen berechtigterweise von ihr auch verwertet werden. Eine entgegenstehende Geheimhaltungsverpflichtung, die eine derartige Ausnahme nicht vorsieht, wird man als unzulässige Benachteiligung des Vertragspartners nach § 307 BGB, aber auch als überraschende Klausel nach § 305c BGB werten müssen.
- Darüber hinaus besteht kein anerkennenswertes Bedürfnis an einem Geheimhaltungsschutz für solche **Informationen**, die bereits zum **Zeitpunkt der Verlautbarung/Übermittlung öffentlich bekannt** waren oder zum **allgemeinen Stand der Technik** gehören.

---

101 BGH NJW 1983, 998.

Regelungsfalle
Zu beachten ist allerdings, dass nach der Rechtsprechung es durchaus ein Betriebs- und Geschäftsgeheimnis im Sinne von § 17 UWG darstellen kann, dass ein Unternehmen lediglich nach dem Stand der Technik produziert.

- Eine weitere Ausnahme von einer Geheimhaltungsverpflichtung wird man vorsehen müssen für den Fall, in dem die **Information** empfangende Partei diese **von einem Dritten** erhalten hat, der nicht gegen eine Geheimhaltungsverpflichtung mit dem anderen Vertragspartner der Partei verstoßen hat.
- Auch wenn eine Partei **selbstständig und unabhängig von der überlassenen Information die darin liegende Erkenntnis** bzw. das darin liegende Arbeitsergebnis bereits **erarbeitet** hatte, wird ein Geheimhaltungsschutz ausscheiden müssen. Das Problem liegt allerdings hier darin, eine klare Beweissituation zu schaffen. Es wird daher regelmäßig keine unangemessene Benachteiligung des Vertragspartners im Sinne von § 307 BGB sein, diesen zu verpflichten, innerhalb einer kurzen Frist nach Übermittlung der Informationen bekannt zu geben, dass diese bereits von ihm vorentwickelt waren.
- Letztlich wird auch kein schützenswertes Bedürfnis für die Geheimhaltung solcher Informationen bestehen, welche die empfangende Partei **aufgrund gesetzlicher oder behördlicher Offenbarungsverpflichtung zwingend offenbaren** muss. Dies ergibt sich schon daraus, dass nach allgemeinen leistungstreuen Erwägungen zumindest ein übergeordnetes Interesse an der Geheimhaltung von der die Informationen offenbarenden Partei gegeben sein muss.
- **Definitionen** der geheim zu haltenden Informationen müssen stets die strengen Anforderungen des AGB-rechtlichen **Transparenzgebots** nach § 307 Abs. 1 Satz 2 BGB erfüllen. Es muss für den Vertragspartner klar und bestimmt und ohne Wertungsspielräume feststellbar sein, welche Informationen, Unterlagen und/oder Daten der Geheimhaltungsverpflichtung unterliegen. Ein Abstellen bei der Geheimhaltungsverpflichtung auf Betriebs- und Geschäftsgeheimnisse dürfte im Sinne des Transparenzgebotes untauglich sein.

126 Selbst in der einschlägigen Vorschrift des § 17 UWG (Verrat von Betriebs- und Geschäftsgeheimnissen) findet sich – wie auch im Übrigen innerhalb des Rechtsraumes der Bundesrepublik Deutschland insgesamt – **keine gesetzliche Definition**, was denn den **Inhalt eines Betriebs- und Geschäftsgeheimnisses** ausmacht. So wird man unter Betriebs- und Geschäftsgeheimnissen im Sinne des § 17 UWG nur **Tatsachen** verstehen können, die im **Zusammenhang mit einem Geschäftsbetrieb** stehen, **nicht offenkundig**, sondern nur einem eng begrenzten Personenkreis bekannt sind und nach dem **bekundeten Willen** des Betriebsinhabers geheim

gehalten werden sollen, wenn dieser an der Geheimhaltung ein **objektivierbares berechtigtes wirtschaftliches Interesse** hat.[102]

Ebenso untauglich wird die Bezugnahme auf „geheimes Know-How" des Klau- 127
selverwenders in Bezug auf eine Geheimhaltungsverpflichtung der anderen Partei sein. So besteht innerhalb des Rechtsraums der Bundesrepublik Deutschland ebenfalls keine gesetzliche Definition, was denn „geheimes Know-How" sein soll. Lediglich in Art. 1 Ziff. 1der Gruppenfreistellungsverordnung für den Technologietransfer der EU-Kommission[103] findet sich eine klarstellende Beschreibung, was unter Know-How zu verstehen ist. Dabei können **geheime, identifizierbare, wesentliche und umfassend beschriebene Erkenntnisse**, die nur einem begrenzten Personenkreis zugänglich sind und einen **kommerziellen Wert** besitzen und hinsichtlich derer ein objektivierbarer Geheimhaltungswille besteht, als Know-How verstanden werden.

Wird daher bei der Geheimhaltungsverpflichtung auf Betriebs- und Geschäfts- 128
geheimnisse und/oder geheimes Know-How Bezug genommen, **scheitern derartige Klauseln am AGB-rechtlichen Transparenzgebot nach § 307 Abs. 1 Satz 2 BGB, wenn die entsprechenden Begrifflichkeiten nicht klar und bestimmt definiert werden.**

Des Weiteren wird zu berücksichtigen sein, dass mit Hinblick auf die vor- 129
stehend wiedergegebenen inhaltlichen Definitionsmerkmale der Begrifflichkeiten „Betriebs- und Geschäftsgeheimnisse" und/oder „geheimes Know-How" der gewünschte Geheimhaltungszweck oft nicht eintreten wird. Denn nach den vorgenannten Definitionsmerkmalen stellen gerade nicht alle betriebswirtschaftlich relevanten Faktoren eines Unternehmens ein Element dar, das am Geheimhaltungsschutz im Sinne der vorgenannten Vorschriften teilnimmt.

Als besonders gefährlich und regelungsbedürftig lassen sich im Rahmen der 130
Informationsübermittlung **„mündlich übermittelte" Informationen** identifizieren. Hier besteht regelmäßig die Problematik, dass das, was übermittelt worden sein soll, oft **später nicht mehr genau nachweisbar** ist und/oder Mitarbeiter, denen die mündlichen Informationen vom Klauselverwender übermittelt wurden, aus dem Empfängerunternehmen ausgeschieden sind und daher als Beweismittel nicht mehr unmittelbar zur Verfügung stehen.

Zur Lösung der vorstehenden Problematik kann es sinnvoll sein, dass solche In- 131
formationen, die mündlich oder visuell überlassen wurden, vor der Überlassung von der überlassenden Partei **als vertrauliche Information deklariert** werden müssen und nachfolgend gegenüber der die Information empfangenden Partei binnen einer gewissen Frist schriftlich oder in Textform zusammengefasst und übermit-

102 BAG in NZA 2010, 118.

103 Vgl. Verordnung (EG) Nr. 772/2004 der EU-Kommission vom 27.4.2004.

telt werden müssen. Nur dann sollten derartige Informationen am Vertraulichkeitsschutz teilnehmen.

132 Im Zusammenhang mit der Regelung der Geheimhaltungsverpflichtung ist es geboten, **weitere Regelungen zulasten des Informationsempfängers** aufzunehmen. Hierbei handelt es sich insbesondere um folgende Verpflichtungen:

Checkliste

- Zunächst sollte geregelt werden, dass der Informationsempfänger die jeweils übermittelten vertraulichen Informationen nicht nutzen darf, um sich im Wettbewerb gegenüber der die Informationen übermittelnden Partei zu setzen oder sich oder Dritten dieser gegenüber einen geschäftlichen Vorteil zu verschaffen.
- Soweit die Informationen zum Vertragsvollzug und/oder mit Zustimmung der überlassenden Partei an Dritte weiter gegeben wird, sollte der Informationsempfänger verpflichtet werden, auch den Dritten angemessen entsprechend der mit dem Offenbarenden geschlossenen Geheimhaltungsvereinbarung zur Geheimhaltung zu verpflichten und die Weitergabe und die Erfüllung der vorgenannten Verpflichtung dem Offenbarenden nachzuweisen. Problematisch kann dabei insbesondere die Weitergabe an Mitarbeiter sein (siehe hierzu nachfolgend).
- Im Interesse des Offenbarenden kann auch eine vertragliche Regelung dahingehend sein, dass der Informationsempfänger, der die Informationen mit Zustimmung oder zum zwingenden Vertragsvollzug an Dritte weitergibt, für eine entsprechende Einhaltung einer ebensolchen Geheimhaltungsverpflichtung durch den Dritten einsteht. Kann keine Einigung zwischen den Vertragsparteien erzielt werden, bietet sich oft eine analoge Vereinbarung gemäß § 831 BGB an. In diesem Fall muss der Informationsempfänger zumindest nachweisen, dass er dritten Informationsempfänger sorgfältig ausgesucht und allgemein überwacht hat.

I. Mitverpflichtung von Arbeitnehmern durch den Informationsempfänger

133 Oftmals wird in Geheimhaltungsvereinbarungen der Fehler gemacht, Regelungen aufzunehmen, die den Informationsempfänger dazu verpflichten, mit seinen Mitarbeitern (und damit auch mit Arbeitnehmern) eine inhaltsgleiche Geheimhaltungsvereinbarung abzuschließen.

134 Dabei wird zu beachten sein, dass im Rechtskreis der Bundesrepublik Deutschland eine quantitativ und qualitativ inhaltsgleiche Geheimhaltungsvereinbarung (beispielsweise hinsichtlich einer nachvertraglichen Nachwirkung und/oder den Inhalt einer Vertragsstrafe) wie zwischen Unternehmen im B2B-Verkehr rechtlich nicht möglich sein wird. Die Verpflichtung des Vertragspartners zu einer unmöglichen Leistung wird allerdings regelmäßig eine unangemessene Benachteiligung im Sinne von § 307 BGB darstellen und zur Unwirksamkeit einer solchen Klausel führen.

Praxistipp

Bei der Gestaltung von derartigen Geheimhaltungsklauseln ist daher strikt darauf zu achten, dass die Verpflichtung des Informationsempfängers nicht weiter geht, als dieser eine solche arbeitsrechtlich umsetzen kann.

II. Durchsetzungsprobleme bei der vertraglichen Geheimhaltungsbindung von Dritten

Im Wirtschaftsverkehr wird oft die Situation eintreten, in der der Informationsempfänger und Vertragspartner einer Geheimhaltungsvereinbarung **Informationen** entweder an Mitarbeiter und/oder Subunternehmer **weitergeben** muss. Regelmäßig wird er dabei durch die mit dem Offenbarenden geschlossene Geheimhaltungsvereinbarung verpflichtet, auch den Dritten zur Geheimhaltung zu verpflichten. 135

Verstößt der Dritte nunmehr gegen eine solche Verpflichtung, wird der Offenbarende den Informationsempfänger durch Vollzug der eigenen Geheimhaltungsvereinbarung auffordern, gegen den Dritten aus der mit diesem abgeschlossenen Geheimhaltungsvereinbarung vorzugehen. Ob eine dahingehende Verpflichtung besteht, ist allerdings problematisch. Zwar ergibt sich aus dem Schuldverhältnis eine Verpflichtung zur gegenseitigen Unterstützung.[104] Dies kann auch im Einzelfall ausnahmsweise die Verpflichtung umfassen, die Interessen der anderen Partei gegenüber einem Dritten aktiv wahrzunehmen.[105] Einschlägige Rechtsprechungen zu den vorgenannten Situationen bei Geheimhaltungsvereinbarungen liegen jedoch nicht vor. 136

Es sollte daher bei der vertraglichen Gestaltung darauf geachtet werden, dass der Empfänger der Informationen verpflichtet wird, die Geheimhaltungsvereinbarung mit demjenigen, der die Information weitergibt (Mitarbeiter und/oder Subunternehmer), **als echten Vertrag zugunsten des die Information Offenbarenden auszugestalten.** Aber auch eine dreiseitige Geheimhaltungsverpflichtung führt hier zu dem Ziel, für den Offenbarenden einen direkten Unterlassungsanspruch und Schadensersatzanspruch bei Pflichtverletzung durch vertragswidrige Weitergabe der Informationen und/oder deren Verwertung zu kreieren. 137

III. Pflicht zur Informationsverschaffung/Ablehnungsrecht

Effizienter Bestandteil einer jeden Geheimhaltungsvereinbarung sollte darüber hinaus eine **Regelung** darüber sein, **ob überhaupt Informationen überlassen werden müssen** oder nicht. Dabei sollte schon im Hinblick auf die mit einer Informationsvermittlung nach § 241 Abs. 2 in Verbindung mit § 311 BGB drohenden Schadensersatzansprüche bei schuldhaft falscher Informationsvermittlung darüber nachgedacht werden, Formulierungen aufzunehmen, welche eine Leistungsschuld nur für die Information als solche, nicht jedoch für deren Richtigkeit, begründen. 138

104 BGH DB 1968, 2210.
105 BGH NJW 2012, 2184.

139 Darüber hinaus sollte auch das **Recht** jeder für den Empfang einer **Information** vorgesehenen Partei diese **abzulehnen** vorgesehen werden. Dies beispielsweise, um einer Beweisproblematik, ob diese schon zum Zeitpunkt der Offenbarung in dieser Tiefe vorentwickelt waren oder nicht, aus dem Weg gehen zu können.

IV. Dauer der Geheimhaltung

140 Nicht nur von der Kartellrechtsprechung und den darin relevant behandelten Wettbewerbsverboten, sondern ganz allgemein ist bekannt, dass die Rechtsprechung großen Wert auf die Möglichkeit freier Marktentfaltung im unternehmerischen Verkehr legt.

141 Oftmals wird der **zeitlich unbefristet laufenden Geheimhaltungsverpflichtung** nach Beendigung der Laufzeit eine Geheimhaltungsvereinbarung entgegengesetzt. Hierin besteht allerdings regelmäßig **kein schützenswertes Interesse**, sodass derartige Klausel regelmäßig an § 307 BGB als unangemessene Benachteiligung des Vertragspartners scheitern werden. So dürfte es auch eine unzulässige, einseitige Interessendurchsetzung auf Kosten des Vertragspartners ohne Interessenausgleich darstellen, wenn der Vertragspartner seiner umgekehrten Beweislast durch die regelmäßig vorgesehenen Ausnahmen von der Geheimhaltungsverpflichtung quasi lebenslang nachkommen muss.

142 Hinsichtlich der **zulässigen zeitlichen Dauer** für den nachvertraglichen Geheimhaltungsschutz besteht erkennbar **keine höchstrichterliche Referenzrechtsprechung**. Ganz allgemein wird man allerdings sagen müssen oder sagen dürfen, dass ein nachwirkender Geheimhaltungsschutz bei transparenter Gestaltung (analog der Dauer von Wettbewerbsverboten) für **zwei Jahre unproblematisch** sein wird. Bei **existenzberührenden Informationen** wird bei ebenso transparenter Gestaltung auch ein Zeitraum von **vier bis sechs Jahren**, im Einzelfall möglicherweise auch bis zu zehn Jahren nachwirkend noch von einem besonderen Interesse gedeckt sein. Darüber hinausgehende Zeiträume dürften regelmäßig an dem notwendigen Interessenausgleich zwischen den Parteien scheitern.

V. Beendigung der Laufzeit von Geheimhaltungsvereinbarungen

143 Bei der Vertragsgestaltung wird insoweit oft auf das „**Ende der Zusammenarbeit**" zwischen den Parteien abgestellt. Für die Bestimmung der Laufzeit der Geheimhaltungsverpflichtung ist dies unter dem Diktat des AGB-rechtlichen Transparenzgebotes im Sinne von § 307 Abs. 1 Satz 2 BGB **nicht ausreichend klar und bestimmt** genug. Wann eine Zusammenarbeit beendet ist, wird nämlich regelmäßig von subjektiven Faktoren (soweit das Ende der Zusammenarbeit nicht von einer Partei der anderen mitgeteilt werden muss) abhängen.

Praxistipp
Besser ist es in diesem Zusammenhang entweder feste Laufzeiten für eine Geheimhaltungsvereinbarung und/oder deren Kündbarkeit vorzusehen.

Dies ist schon deshalb vorteilhaft und wichtig, weil ansonsten bei einer nachwir- 144
kenden Geheimhaltungsverpflichtung deren Startzeitpunkt für die Laufzeit nicht im Sinne der Transparenzrechtsprechung des BGH eindeutig bestimmbar ist. Danach dürften derartige Fristenklauseln den Vertragspartner des Klauselverwenders nicht darüber im Unklaren lassen, wann die Frist beginnt und wann deren Ende ist.

VI. Geistiges Eigentum/Verwertungsrechte

In jeder Geheimhaltungsvereinbarung sollte strikt geregelt werden, dass die ge- 145
heimhaltungsbedürftige Information **nur zu dem offenbarten Zweck** verwertet werden darf. Justiziabel ist dies allerdings nur, wenn der entsprechende Zweck der Offenbarung auch **eindeutig manifestiert** ist. Hierzu müssen oft Präambeln herhalten, deren Abfassung im juristischen Sinne mehr als zweifelhaft und/oder ungenügend ist. Formulierungen wie „die Parteien beabsichtigen, zusammen zu arbeiten", „– nachfolgend „das Projekt" genannt –" oder „die Parteien beabsichtigen, zur Vertragsanbahnung Gespräche zu führen" helfen hier erkennbar nicht weiter. Es ist an dieser Stelle Aufgabe des vertragsbearbeitenden Juristen, in Erfüllung seiner vertragsgestaltenden Holschuld bei den Vertragsparteien den exakten Zweck der Zusammenarbeit ausreichend aufzuklären und niederzulegen.

Erkennbar soll regelmäßig mit der **Überlassung einer Information** auch **kein** 146
gewerbliches Nutzungsrecht erteilt werden. Es ist daher eindeutig klarzustellen, dass mit der Informationsüberlassung als solcher – ohne weiteren vertraglichen Akt – eine Lizenzerteilung zur gewerblichen Verwertung in keiner Form erfolgt. Auch sollte klargestellt werden, dass mit der Informationsüberlassung keinerlei Berechtigung einhergeht, den Inhalt der Information durch die empfangende Partei in jedweder Form als Schutzrecht anzumelden.

Praxistipp
In diesem Zusammenhang sollte auch klargestellt werden, dass das Recht der die Information überlassenden Partei, diese noch schutzrechtlich zu verwerten, durch die Offenbarung unberührt bleibt, diese also nicht entgegen gehalten wird.

VII. Gewährleistung

Hier findet man regelmäßig in Geheimhaltungsvereinbarungen die Formulierung, 147
dass die Gewährleistung für die überlassene Information ausgeschlossen wird.

148 Stellt allerdings die Verpflichtung zur Überlassung einer inhaltlich richtigen Information eine Hauptleistungspflicht dar, so wird regelmäßig ein derartiger Gewährleistungsausschluss an § 307 BGB scheitern.

149 Es ist insoweit zu überlegen und vorteilhaft, im Rahmen der Beschreibung der Leistungsverpflichtung innerhalb der Geheimhaltungsvereinbarung bereits in transparenter Weise klarzustellen, dass **lediglich Informationsüberlassung als solche**, nicht jedoch die Richtigkeit der überlassenen Information, **geschuldet** ist. Nur dann wird ein Gewährleistungsausschluss (unter Berücksichtigung aller Ausnahmen wie arglistigem Verhalten, vorsätzlichem Verhalten, grob fahrlässigem Verhalten, Übernahme einer Garantie oder eines Beschaffungsrisikos sowie Ansprüche wegen Verletzung von Leib, Leben oder Gesundheit) chancenreich sein.

VIII. Haftungsausschluss für die Informationsüberlassung

150 Auch hier findet sich weitläufig in den verwandten Vertragsmustern ein AGB-rechtswidriger **vollständiger Haftungsausschluss.** Dieser ist erkennbar für Fälle der Arglist, des Vorsatzes, der groben Fahrlässigkeit, der Übernahme einer Garantie oder eines Beschaffungsrisikos oder bei den sogenannten Körperschäden **nach § 307 BGB unzulässig.**

151 Es bietet sich auch insoweit an, im Rahmen der vertraglichen Leistungsverpflichtung bereits Regelungen darüber aufzunehmen, inwieweit eine Information überhaupt und wenn als inhaltlich richtig geschuldet ist. Dies dürfte der einzige, unter der Geltung des AGB-Rechts vertretbare Weg sein, vertragsrechtlich zu einem angemessenen Haftungsausschluss zu gelangen.

IX. Rückgabe von vertraulichen Informationen

152 Selbstverständlich muss eine angemessene vertragliche Regelung auch einen Anspruch auf Rückgabe von überlassenen vertraulichen Informationen und/oder Datenträgern berücksichtigen. Problematisch ist insoweit, dass standardisierte Muster bei der Datenüberlassung lediglich eine **Verpflichtung, diese zu vernichten** enthalten. Bestenfalls findet sich noch die Verpflichtung, die Datenvernichtung/-löschung gegenüber der offenbarenden Partei schriftlich zu bestätigen. Derartige vertragliche Gestaltungen **schützen nicht davor**, mit bereits preiswerten Softwareprogrammen einmal gelöschte Daten wieder zu **restoren.** In diesem Fall ist die abgegebene Datenlöschungserklärung zunächst zutreffend, da die Daten tatsächlich gelöscht worden sind.

153 Abhilfe kann hier das aus dem Wettbewerbsrecht bekannte **Instrument einer strafbewehrten Unterlassungs- und Verpflichtungserklärung** geben. Der Datenempfänger sollte insoweit verpflichtet werden, mit Beendigung der Geheimhal-

tungsvereinbarung eine angemessene strafbewehrte Unterlassungs- und Verpflichtungserklärung abzugeben, wobei die Vertragsstrafe nach § 315 BGB (billigem Ermessen) durch den die Daten offenbarenden Vertragsklauselverwender vorgegeben werden kann. Eventuell kann bei der Vertragsstrafenformulierung insoweit auch auf den bekannten „Hamburger Brauch" abgestellt werden, nach dem die von dem die Daten offenbarenden Vertragspartner vorgegebene Vertragsstrafe zur Kontrolle durch ein Gericht gestellt werden kann.

X. Vertragsstrafen bei Geheimhaltungsvereinbarungen

Es dürfte sich herumgesprochen haben, dass unter der Darlegungs- und Beweislast- **154**
systematik der deutschen Zivilprozessordnung Schäden aus einer Verletzung von Geheimhaltungsverpflichtungen nur äußerst schwer gerichtlich durchgesetzt werden können.

Es ist daher von entscheidender Bedeutung, Geheimhaltungsverpflichtungen **155**
mit einer rechtswirksamen Vertragsstrafe abzudecken. Problematisch sind insoweit einerseits überhöhte Vertragsstrafen, andererseits verschuldensunabhängige Vertragsstrafen oder solche, bei denen die Einrede des Fortsetzungszusammenhangs ausgeschlossen ist und bei denen eine Höchstgrenze für alle denkbaren Fälle ihres Verstoßes nicht vorgesehen ist.[106]

E. Lizenzvertrag

Unter einem **Lizenzvertrag** versteht man einen Vertrag, mit dem in der Regel der **156**
Inhaber eines gewerblichen Schutzrechts, z.B. eines Urheberrechts, eines Patents, eines Gebrauchs- und Geschmacksmusters oder einer Marke (Lizenzgeber) seinem Vertragspartner (dem Lizenznehmer) die vollständige oder teilweise Nutzung bzw. Verwertung des Schutzrechts (gegen Zahlung einer Lizenzgebühr) überlässt. Inhaber des Schutzrechts bleibt der Lizenzgeber.

Beim Lizenzvertrag gibt es zahlreiche unterschiedliche Gestaltungsvarianten. **157**
Grob unterscheiden kann man zwischen **einfachen und ausschließlichen Lizenzverträgen. Einfache Lizenzverträge** räumen dem Lizenznehmer lediglich ein bestimmtes Nutzungsrecht ein. Nutzungsrechte des Inhabers oder anderer Lizenznehmer bleiben unberührt. **Ausschließliche Lizenzverträgen** gewähren dem Lizenznehmer umfassende Nutzungsrechte und schließen den Lizenzgeber sowie Dritte von einer eigenständigen Nutzung des Rechts aus.

---

106 Vgl. im Einzelnen zu Vertragsstrafen Rn 111 Kap. 8.

158 Lizenzen können **räumlich, zeitlich und inhaltlich beschränkt** eingeräumt werden. Häufig werden Lizenzen auf bestimmte Vertragsgebiete (z.B. Bundesrepublik Deutschland) beschränkt. **Inhaltliche Beschränkungen** beziehen sich auf die Arten zulässiger Verwertungshandlungen und Nutzungswege (z.B. Nutzung von Bildlizenzen nur in bestimmten Medien wie Print oder Fernsehen; Ausschluss der Nutzung von Software für den kommerziellen Gebrauch).

159 Der möglichst exakten Festlegung solcher Beschränkungen der Lizenz kommt im Rahmen der Vertragsgestaltung die wichtigste Aufgabe zu. Gelingt sie nicht, kommt es im Nachhinein nicht selten zu Streitigkeiten über den Umfang der Lizenz.

! **Praxistipp**
Wird die Lizenz einem konzernangehörigen Unternehmen eingeräumt, sollte klargestellt werden, ob sie sich auch auf Konzernunternehmen erstreckt.

160 Die **Lizenzgebühren** orientieren sich häufig daran, in welchem Umfang eine Verwertung tatsächlich erfolgt. Klauseln, die den Umfang einzelner Verwertungshandlungen in Bezug zur Lizenzgebühr setzen, sind nicht unüblich. In diesem Fall sollte genau geregelt werden, wie die Berechnung vorzunehmen ist. Die Vereinbarung von Buchführungs- und Dokumentationspflichten über den Nutzungsumfang kann den Nachweis erleichtern.

! **Praxistipp**
Um zu gewährleisten, dass der Lizenzgeber Einsicht in den Nutzungsumfang erhält, ohne dass der Lizenznehmer Geschäftsgeheimnisse offenlegen muss, haben sich Klauseln bewährt, nach denen einer unabhängigen und beruflich zur Verschwiegenheit verpflichteten Person (Rechtsanwalt, Steuerberater, Wirtschaftsprüfer) die Einsichtnahme in die Bücher des Lizenznehmers gestattet wird.

161 Mit der Einräumung einer Lizenz erhält der Lizenznehmer nicht selten Einblick in geheimhaltungsbedürftige Informationen und schützenswertes Knowhow des Lizenzgebers. Lizenzverträge enthalten daher oft detaillierte Vereinbarungen zum **Geheimnisschutz** (zu Einzelheiten vgl. nachfolgend unter Rn 302 Kap. 8 „Geheimhaltung" und auf Rn 118 Kap. 7 „Geheimhaltungsvereinbarung (NDA)".

162 Zum Schutz des Lizenzgebers vor Überschreitungen des Nutzungsrechts durch den Lizenznehmer und Verletzungen der Lizenz durch Dritte sollten Lizenzverträge Bestimmungen darüber enthalten, wie mit **Angriffen auf die Lizenz** umgegangen wird.

163 Geregelt werden sollte auch, wie verfahren werden soll, wenn das Nutzungsrecht **endet**. Für diesen Fall sollte der Lizenznehmer zur **Rückgabe von Unterlagen**

verpflichtet werden, die er im Zusammenhang mit der Lizenz erhalten oder erstellt hat. Auch sollte er verpflichtet werden, die Vollständigkeit der zurückgegebenen Unterlagen zu attestieren, notfalls im Wege der eidesstattlichen Versicherung. Nur so kann der Lizenzgeber sicherzustellen, dass nach dem Ende der Lizenz keine weitere Benutzung der Lizenzgegenstände erfolgt.

F. Rahmenvertrag

I. Grundsätzliches

Rahmenverträge dienen dazu, die rechtlichen Rahmenbedingungen für weitere Geschäftsbeziehungen zwischen den Vertragsparteien verbindlich festzulegen. Leistungspflichten entstehen in aller Regel erst aufgrund von Einzelverträgen oder durch die Ausübung von im Rahmenvertrag vorgesehenen einseitigen Abrufrechten. 164

Die Parteien legen im Rahmenvertrag für sie relevante Eckpunkte fest, um ihre weiteren Vertragsbeziehungen zu beschleunigen und zu vereinfachen. In der Regel müssen dann in den Einzelverträgen nur noch Art und Menge der angeforderten Leistung sowie ggf. deren Preis geregelt werden. 165

Der in der wirtschaftlichen Praxis am häufigsten auftauchende Fall des Rahmenvertrages ist der **Rahmenliefervertrag**. Darunter wird ein Vertrag verstanden, nach dem in einem bestimmten Zeitraum eine z.B. festgelegte Gesamtmenge eines bestimmten Produktes vom Abnehmer in festzulegenden Teilmengen abgerufen wird. Die Qualität der Ware sowie Liefer- und Zahlungsbedingungen werden meist bereits im Rahmenliefervertrag abschließend geregelt. 166

Ein Rahmenvertrag bietet beiden Vertragspartnern **Vorteile**. Der Abnehmer der Ware erreicht in Bezug auf deren Verfügbarkeit, Qualität und Preis ein hohes Maß an Sicherheit. Er erhält die Ware dann, wenn er sie benötigt, häufig in gleichbleibender Qualität und zu einem konstanten Preis. Außerdem kann er beim Abschluss eines Rahmenvertrags oft günstigere Konditionen aushandeln als beim Einzelvertrag. Auch dem Lieferanten gewährt der Rahmenliefervertrag Planungssicherheit. Er kann eine große Menge seines Produktes zu festgelegten Konditionen verkaufen. Dadurch kann er Beschaffung und Produktion auf die zu erbringende Leistungsmenge abstimmen und so meist günstigere Preise anbieten. Auf der anderen Seite gehen die Vertragsparteien durch die weitreichende und langfristige Bindung auch **Risiken** ein. 167

Anders als der Einzelvertrag ist der Rahmenliefervertrag ein **Dauerschuldverhältnis** (zum Begriff vgl. Rn 89 Kap. 8 „Vertragslaufzeit“). Je nach Inhalt der Vereinbarung kann ein Rahmenvertrag beispielsweise durch Zeitablauf enden, wenn das festgelegte Leistungskontingent abgerufen wurde oder wenn er von einer Partei gekündigt wird. 168

II. Leistungsaustauschpflichten in Rahmenverträgen

169 Der Rahmenvertrag konstituiert nicht bereits die Hauptleistungspflichten der Parteien (d.h. Lieferung und Zahlung). Er begründet lediglich die Verpflichtung oder – je nach Ausgestaltung – die Möglichkeit, Ausführungsverträge zu den im Rahmenliefervertrag festgeschriebenen Konditionen abzuschließen.

170 Rahmenvertraglich ausgestaltete Vertragsbeziehungen bestehen damit aus **zwei Stufen**. Auf rahmenvertraglicher Ebene werden allgemeine Vertragsbedingungen festgehalten, zum Beispiel Geheimhaltungspflichten, Lieferlogistik, Produkt- und Preislisten sowie Haftungs- und Gewährleistungsregelungen. Auf der einzelvertraglichen Ebene werden die Leistungen abgerufen.

171 Die Zweistufigkeit ist das charakteristische Element rahmenvertraglicher Beziehungen. Anders als bei Sukzessivlieferungsverträgen bzw. Kauf- und Werklieferungsverträgen bestehen allein aufgrund des Rahmenvertrags noch keine wechselseitigen Hauptleistungspflichten. Dazu bedarf es des Abschlusses von Einzelverträgen oder der Ausübung eines im Rahmenvertrag festgelegten einseitigen **Abrufsrechtes**.

! **Praxistipp**
Im Rahmenvertrag sollte ausdrücklich klargestellt werden, dass allein aufgrund des Rahmenvertrags keine Abnahme- oder Lieferverpflichtung entstehen soll, wenn dies nicht gewünscht ist. Nicht selten tendiert die Rechtsprechung sonst zu einer gegenteiligen Annahme.

---

172 Vorteil des Rahmenvertrages gegenüber einer unmittelbaren Bezugsverpflichtung ist ein mehr oder weniger großes Maß an **Flexibilität**. Oft können zum Zeitpunkt des Rahmenvertragsschlusses noch keine verbindlichen Aussagen hinsichtlich Bestellmenge und Lieferzeitpunkt getroffen werden können.

! **Praxistipp**
Ein Kompromiss zwischen dem Interesse des Bezugsberechtigten an Flexibilität bei der Abrufmenge und dem Interesse des Lieferanten an der Erzielung eines bestimmtes Mindestumsatzes ist die Vereinbarung von Mindest- oder Höchstabnahmemengen.

? **Checkliste**
Wichtige Regelungsinhalte von Rahmenlieferverträgen sind:
- Beschaffenheit und Qualität der Ware
- Lieferfristen
- Festlegung des Abnahmekontingents bzw. der Vertragslaufzeit
- Regelungen für Leistungsstörungen (z.B. Liefer- oder Annahmeverzug)
- Haftungsregelungen
- Preisänderungen
- Geheimhaltungsvereinbarungen
- Vertragsstrafen

III. Kündigung von Rahmenverträgen wegen Leistungsstörungen

1. Kündigung wegen Leistungsstörungen beim Einzelvertrag (untere Ebene)

Im Hinblick auf die Frage, ob Leistungsstörungen beim Einzelvertrag zur fristlosen 173
Kündigung berechtigen, also eine Pflichtverletzung aus dem Einzelvertrag auch regelmäßig eine Leistungsstörung beim Rahmenvertrag darstellt, existieren keine ausdrücklichen gesetzlichen Regelungen, so dass die Ausgestaltung des Rahmenvertrages entscheidend ist.

Grundsätzlich haben **Leistungsstörungen im Einzelvertrag keine Aus-** 174
wirkungen auf den **Rahmenvertrag**. Jedoch kann sich etwas anderes ergeben, wenn in einer Vielzahl von Einzelverträgen Leistungsstörungen auftreten. Erfüllt ein Vertragspartner seine Leistungspflicht beispielsweise durch häufige Lieferung einer mangelhaften Ware schlecht, oder gerät er wiederkehrend in Lieferverzug, kann dies zu einer fristlosen Kündigung berechtigen. Sinn und Zweck von Rahmenverträgen ist es gerade, dem anderen Vertragspartner eine Planungssicherheit zu gewähren. Dieser Zweck wird **durch mehrfach vorliegende Leistungsstörungen** in Einzelverträgen unterlaufen und die durch Rahmenverträge entstandene **Vertrauensgrundlage entfällt**. Unter diesen Umständen ist das Festhalten der betroffenen Vertragspartei an dem Rahmenvertrag nicht mehr zumutbar und berechtigt sie zur **fristlosen Kündigung** gemäß § 314 Abs. 1 BGB.

2. Kündigung wegen Leistungsstörungen beim Rahmenvertrag (höhere Ebene)

Auch für die Rahmenverträge gilt das Leistungsstörungsrecht des allgemeinen 175
Schuldrechts. Verletzungen von Pflichten, die im Rahmenvertrag selbst begründet sind, wie etwa Lagerhaltungs- Qualitätssicherungs- oder Informationspflichten, können demnach zu einer fristlosen Kündigung gemäß § 314 Abs. 1 BGB führen.

IV. Besonderheiten des AGB- Rechts im Rahmenvertrag

Im Falle der Anwendbarkeit deutschen Rechts unterfallen auch Rahmenverträge in 176
der Regel den §§ 305ff. BGB. Hierbei ist zu differenzieren, ob die Klauseln des Rahmenvertrages selbst und/oder die einzelvertraglichen Klauseln in den Anwendungsbereich der §§ 305ff. BGB fallen.

1. Klauseln des Rahmenvertrages

Ob eine Klausel als AGB zu qualifizieren ist, hängt vom jeweiligen **Einzelfall** ab. 177
Gemäß § 305 Abs. 1 S. 1 BGB sind „Allgemeine Geschäftsbedingungen alle für eine

Vielzahl von Verträgen vorformulierte Vertragsbedingungen, die eine Vertragspartei der anderen Vertragspartei bei Abschluss eines Vertrages stellt". Vertragsbedingungen sind Regelungen, die Vertragsinhalte gestalten. Vertiefende Ausführungen zur Abgrenzungsproblematik von AGB und Individualvereinbarungen finden sich auf Rn 118 Kap. 6. Im **Regelfall** wird es sich bei einem großen Teil der Vertragsklauseln um **Allgemeine Geschäftsbedingungen** handeln, deren Wirksamkeit von den rechtlichen Vorgaben gemäß §§ 305ff. BGB abhängig ist.

2. Einzelvertragliche Klauseln

178 Ob eine Klausel im Einzelvertrag als AGB anzusehen ist, muss ebenfalls anhand einer differenzierten Betrachtung beurteilt werden. Demnach bedürfen Vertragsbedingungen, die nicht bereits innerhalb des Rahmenvertrages festgelegt wurden, auch innerhalb des Einzelvertrages einer genauen Prüfung anhand der vorgenannten Maßstäbe der §§ 305ff. BGB. Zusätzlich gilt, dass eine Klausel des Rahmenvertrages, die den Inhalt der Einzelverträge festlegt und bereits als AGB qualifiziert, gemäß § 305 Abs. 3 BGB ebenfalls als AGB in dem jeweiligen Einzelvertrag einzustufen ist.

V. Klauselbeispiel (Preisänderungsklausel) im Rahmenvertrag

179 Bei Rahmenlieferverträgen ist in der Praxis die Verwendung von Preisänderungsklauseln von höchster Relevanz. Aufgrund der sich stetig wechselnden Wirtschaftslage wird dem Verwender hiermit das Recht eingeräumt, nachträglich den Preis für den Vertragsgegenstand zu ändern, um somit aktuelle Gegebenheiten zu berücksichtigen und einen konstanten Gewinn zu erzielen. Ist diese Klausel als AGB in den Vertrag aufgenommen worden, hängt Ihre Wirksamkeit von den Voraussetzungen gemäß §§ 305ff. BGB ab.

180 Da Rahmenlieferverträge Dauerschuldverhältnisse sind, fallen ihre Preisänderungsklauseln nicht unter § 309 Nr. 1 BGB, wonach kurzfristige Preiserhöhungen in AGB unwirksam sind. Grund hierfür ist, dass bei langfristigen Verträgen das Gleichgewicht von Preis und Leistung bewahrt werden soll und nachträgliche Kostensteigerungen berücksichtigt werden müssen. Daher gilt bei Preisanpassungsklauseln im Rahmen von Dauerschuldverhältnisses § 307 BGB. Bezüglich der Frage der Wirksamkeit dieser Klauseln bedarf es bei Rahmenlieferverträgen folglich einer **Inhaltskontrolle** gemäß § 307 Abs. 1 BGB, wonach „Bestimmungen in Allgemeinen Geschäftsbedingungen unwirksam sind, wenn sie den Vertragspartner des Verwenders entgegen den Geboten von Treu und Glauben unangemessen benachteiligen".

181 Besondere Beachtung hierbei verdient das in § 307 Abs. 1 S. 2 BGB formulierte **Transparenzgebot**, wonach die Preisänderungsklausel klar und verständlich sein

muss. Triftige Gründe und Umfang der Preisänderung müssen erkennbar und nachvollziehbar sein. Auch darf eine Preisänderungsklausel in der Regel nicht dazu führen, dass beim Verwender eine Erhöhung des Gewinnanteils eintritt, sondern lediglich das vertragliche Äquivalenzverhältnis gewahrt wird.

Darüber hinaus muss die Klausel vorsehen, dass auch die **Interessen des Vertragspartners angemessen berücksichtigt** werden, beispielsweise durch einen angemessenen Ausgleich. Nur unter diesen engen Voraussetzungen aus § 307 Abs. 1 BGB halten Preisänderungsklauseln der Inhaltskontrolle der §§ 305 ff. BGB stand. 182

VI. Fazit

Zusammenfassend sind daher bereits bei der Gestaltung von Rahmenverträgen eine Vielzahl wichtiger Regelungen zu beachten, die über die Wirtschaftlichkeit, Praktikabilität und rechtliche Wirksamkeit von solchen Verträgen entscheiden. Ein besonderer Schwerpunkt liegt dabei sicherlich auf der Einhaltung der strengen **Vorschriften des deutschen AGB-Rechts**. Darüber hinaus müssen aber auch bereits beim Abschluss des Rahmenvertrags eine Vielzahl praktischer Gegebenheiten berücksichtigt werden, um dem Ziel des Vertrags, der Gestaltung einer einfachen, effektiven und rechtlich sicheren vertraglichen Basis gerecht zu werden. 183

G. Kooperationsvertrag/Joint-Venture

I. Kooperationsvertrag

Der Trend in der Industrie und Wirtschaft geht weiterhin verstärkt hin zur Spezialisierung. Dies bedingt zwangsläufig, dass sich einzelne Unternehmen oder Personen zusammenschließen, um ein (größeres) Projekt, das sie aus Kapazitäts- oder Know-how-Gründen nicht allein verwirklichen können, gemeinsam mit einem Partner zu realisieren, um am Markt zu bestehen oder ihr Leistungsangebot zu vergrößern. Auch um die internationale Wettbewerbsfähigkeit einzelner Unternehmen im Hinblick auf die immer fortschreitende Globalisierung zu stärken, gehen viele deutsche, insbesondere kleine und mittlere Unternehmen, aktuell auch vermehrt internationale Kooperationen ein. 184

1. Bedeutung und Zweck

Der **Terminus der Kooperation** hat bis heute in Theorie und Praxis **keine einheitliche Interpretation** erfahren. In Wirtschaftskreisen wird der Begriff „Kooperation“ 185

benutzt, um eine denkbar große Anzahl von Zusammenarbeitsformen der Betriebe und Unternehmen zu kennzeichnen.[107] Allgemein sind die Kooperationen durch folgende Merkmale gekennzeichnet:
- Eine rechtliche, partiell wirtschaftliche Unabhängigkeit der beteiligten Partner (dies können Unternehmen, aber auch Einzelpersonen sein);
- Koordination der Vertragsparteien;
- Bessere Zielerreichung als bei individuellem Vorgehen.

186 Die mögliche Bandbreite bei der Kooperation ist groß. Kooperativ kann zusammengearbeitet werden:
- nur für ein einzelnes (Rechts-)Geschäft
- über einen längeren Zeitraum
- durch Zusammenschluss mit einem Unternehmen.

187 Unter den vielfältigen Gestaltungen können **zwei Grundformen** unterschieden werden. In der einen erfolgt eine lediglich schuldrechtlich vereinbarte Kooperation ohne die Gründung eines Gemeinschaftsunternehmens (sog. **„Contractual Joint Venture/Cooperation“**). In der zweiten Grundform wird auch ein Gemeinschaftsunternehmen gegründet (sog. **„Corporate Joint Venture“**).

188 In diesem Kapitel werden keine Kooperationsverträge zwecks gesellschaftlicher Zusammenschlüsse wie Fusionen, Betriebsübernahmen, M&A, oder der Gründung eines Corporate Joint Ventures behandelt. Vielmehr stehen die Kooperationsverträge schuldrechtlicher Art, also die **Zusammenarbeit auf der Basis eines Austauschvertrages** (wie Handelsvertreterverträge, Freihändlerverträge oder sonstige Vertriebsvermittlerverträge, Lieferungskooperationsverträge, Projektkooperationsverträge, Forschung- und Technikentwicklungsverträge) oder sonstige Kooperationen im Fokus nachstehender Ausführungen.

2. Vorteile und Nachteile einer Kooperation

a) Vorteile

189 Die kooperative Zusammenarbeit ermöglicht neben der Arbeits- und Aufgabenteilung auch eine oft gewünschte Haftungsaufteilung. Für viele kleine und mittlere Unternehmen ist die Auslandsaktivität überhaupt erst durch die grenzüberschreitende Zusammenarbeit möglich. Streben diese Unternehmen eine Markterweiterung durch Produktpräsenz im Ausland an, bietet eine internationale Kooperation die

107 Zum Kooperationsbegriff vgl. Kooperation – Das Wirtschaftslexikon online: www.daswirtschaftslexikon.com

Möglichkeit, die Risiken, die bei der Gründung einer Tochtergesellschaft bestehen, zu umgehen und die Flexibilität zu erhalten.[108]

b) Nachteile

Verpflichten sich die Vertragspartner zu den vereinbarten Leistungen, dann be- 190
gründen sie **potentielle Schadensersatzansprüche wegen Pflichtverletzung**, die einen erheblichen Umfang haben können, weil sie nicht nur die unmittelbaren Auswirkungen der fehlerhaften Teilleistung, sondern die mittelbaren Auswirkungen auf das gesamte Projekt betreffen. Dies wird in der Euphorie endlich einen vermeintlich geeigneten Kooperationspartner gefunden zu haben häufig übersehen. Das führt zu Haftungserweiterungen. Weitere Haftungserweiterungen können sich aus der oft unbewussten Übernahme von Garantien oder Beschaffungsrisiken ergeben.[109] Bei internationalen Kooperationen könnte eine eingeschränkte Kontrollmöglichkeit bestehen, die sich auf mehrere betriebliche Handlungsfelder auswirken könnte. Ein mangelnder Einfluss auf den Partner kann zudem zu Lücken im Know-how-Schutz führen.

3. Wichtige Kooperationsvertragsverträge, typische Risiken und deren rechtssichere Gestaltung

a) Wichtige Kooperationsverträge

Aus Sicht der Verfasser können die verschiedenen Kooperationsverträge je nach 191
Verhältnis der Kooperationspartner in vertikaler oder horizontaler Richtung (sog. **„Horizontale oder Vertikale Kooperationen“**) zugeordnet werden. Im Fall der horizontalen Kooperation erfolgt eine Zusammenarbeit zwischen Unternehmen auf der gleichen Wertschöpfungsstufe. Dagegen kooperieren Unternehmen vertikal, wenn sie unterschiedlichen Wertschöpfungsstufen angehören.

Als typische Beispiele für die vertikale Kooperation aus der Praxis sind 192
Handelsvertreterverträge, Freihändlerverträge, sonstige Vertriebsvermittlerverträge sowie Lieferungskooperationsverträge zu nennen. Dagegen handelt es sich bei Projekt- und Entwicklungskooperationsverträgen regelmäßig eher um horizontale Kooperationen.

---

108 Vgl. *Marhild von Behr* Chancen und Risiken internationaler Kooperationen von Klein- und Mittelbetrieben; Transfer Nr. 4, Juli 2001.

109 Hierzu *Schmitt/Ulmer* Wirtschaftsverträge rechtssicher gestalten, 1. Auflage 2010, S. 145.

b) Typische Risiken

aa) Kartellrechtliche Überlegung

193 Wie bereits im Vorstehenden dargestellt, ist die Koordination des Verhaltens der beteiligten Kooperationspartner eines der wichtigsten Merkmale einer Kooperation. Jedoch könnte die Verhaltensweise der Kooperationspartner in bestimmten Fällen kartellrechtlich unzulässig sein. Diese Gefahr besteht sowohl bei der vertikalen als auch bei der horizontalen Kooperation. Daher sollten die Vertragsparteien **möglichst in der frühen Phase**, – ggf. bevor sie sich überhaupt auf das erste Gespräch bzw. die Verhandlung zur Kooperation mit dem jeweiligen Kooperationspartner einlassen – eine **umfassende kartellrechtliche Überprüfung** hinsichtlich der Gegenstände der Zusammenarbeit und der geplanten Absprachen mit den Partnern im Rahmen der Kooperation von qualifizierten Kartellrechtsjuristen veranlassen. Damit könnte die potentielle Gefahr eines kartellrechtlichen Verstoßes von Anfang an ausgeschlossen werden. Spätestens aber im Rahmen der Vertragsgestaltung hat diese kartellrechtliche Kontrolle Platz zu greifen!

! **Praxistipp**

Besondere Vorsicht ist bei der Vereinbarung der konkurrenzeinschränkenden Klausel geboten. Zum Beispiel könnte eine vertraglich vereinbarte Best-Price-Garantie (z.B. zwischen kooperierenden Hotels) von der Rechtsprechung als unzulässige wettbewerbsbeschränkende Klausel erachtet werden.[110]

---

194 Ebenfalls liegt eine Erforderlichkeit der kartellrechtlichen Überprüfung bei der Gestaltung von Vertriebsverträgen vor. Denn in einem solchen Fall versuchen die betroffenen Hersteller/Prinzipale dem Vertriebspartner regelmäßig eine Reihe von wettbewerbsbeschränkenden Verpflichtungen aufzuerlegen. Dabei sind stets die einschlägigen Normen des deutschen und bei Überschreiten der sog. Spürbarkeitsgrenze ggf. des europäischen Kartellrechts[111] zu beachten.

bb) Standesrechtliche und wettbewerbsrechtliche Einschränkung

195 Bei einer Kooperation von bestimmten Berufsgruppen (z.B. Rechtsanwälten, Wirtschaftsprüfern, Ärzten, Apothekern, Ingenieuren oder Architekten) müssen die Par-

---

110 OLG Düsseldorf, Beschluss vom 15.2.2012 – VI-W (Kart) 1/12. Danach verstieße z.B. die im Kooperationsvertrag vereinbarte Verpflichtung von Hotels, einem Online-Vermittlungsportal von Hotelzimmern zumindest gleich günstige Preise einzuräumen wie anderen Online-Vermittlungsportalen, gegen das Kartellverbot und sei daher nichtig.

111 Vgl. herzu Rn 26 Kap. 6 „Kartellrecht", weiteres zu diesem Thema vgl. *Schmitt/Ulmer* Wirtschaftsverträge rechtssicher gestalten, 1. Auflage 2010, S. 131.

teien stets prüfen, ob die von ihr beabsichtigte Zusammenarbeit nach dem jeweiligen speziellen Standesrecht überhaupt zulässig ist.[112]

Praxistipp !

Darüber hinaus ist noch die Grenze des Wettbewerbsrechts bei solchen Kooperationen – insbesondere bei deren Kundgabe auf Briefbögen[113] und Schildern – zu beachten. Danach darf die kundgegebene Kooperation insbesondere nicht nur Werbezwecken oder der Kostenteilung der Geschäftsraummiete[114] dienen, sondern muss dauerhaft und durch tatsächliche Ausübung und Zusammenwirkung verfestigt sein, da sonst diese Kundgabe als eine irreführende geschäftliche Handlung im Sinne des § 5 UWG beachtet werden könnte und insofern unzulässig wäre.

cc) Know-How Schutz im Rahmen einer Kooperation

Nicht nur bei einer Projektkooperation oder gemeinsamen Forschungs- und Tech- 196 nikentwicklung wird das unternehmensrelevante Know-how der Kooperationsparteien zum Kooperationszweck regelmäßig gegenseitig zur Verfügung gestellt und genutzt. Insofern ist bei einer Kooperation erforderlich, umfassende Schutzmaßnahmen in Bezug auf das eigene Know-how im gesamten Prozess einzuführen. Dazu zählt eine gut vorbereitete Know-how-Schutzstrategie, die in jedem Fall zweigleisig erfolgen sollte, nämlich durch die Umsetzung faktischer bzw. praktischer Maßnahmen (z.B. Markt- bzw. Wettbewerberüberwachung durch Kontrolle von Messeständen, Prospekten; Maßnahmen gegen Spionage, Hacking etc.) einerseits und die Umsetzung rechtlicher Maßnahmen (z.B. Schutzerlangung im Hinblick auf gewerbliche Schutzrechte, eine auch AGB-rechtlich haltbare Geheimhaltungsvereinbarung, vgl. Rn 118 Kap. 7), sowie Rechtsdurchsetzung gegen Rechtsverletzungen andererseits.

Praxistipp !

Bei grenzüberschreitenden Kooperationen sollten die Parteien unbedingt vorab überprüfen, welchen rechtlichen Schutzstatus das betroffene Know-how, insbesondere die im Rahmen eines Kooperationsvertrags zur Verfügung gestellten gewerblichen Schutzrechte – wie Marken, Patente, Geschmacksmuster etc. – im Land des Kooperationspartner erlangt hat bzw. erlangen kann. Es ist dringend zu empfehlen, erst nach entsprechender Feststellung bzw. Einleitung der Sicherungsmaß-

112 Als Beispiel einer solchen standesrechtlichen Einschränkung vgl. § 59a der Bundesrechtsanwaltsordnung. Zu den Kooperationen von Ingenieuren und Architekten vgl. *Eusani* Projektübergreifende Kooperation bei Ingenieuren und Architekten, NZBau 2008, 551.

113 Zur Zulässigkeit der Angabe nicht sozietätsfähiger Kooperationspartner auf Anwaltsbriefbögen vgl. BGH, Beschluss vom 25.7.2005, NJW 2005, 2692.

114 Familienrecht und ein Rechtsanwalt für Arbeitsrecht unzulässige Werbung, wenn sie eine Zweigstelle zu ihren an verschiedenen Orten befindlichen Kanzleien errichten und dort ein Schild mit der Aufschrift „Fachanwaltszentrum S., Kooperation selbstständiger Rechtsanwälte“ anbringen.

nahmen (Registrierung oder Patentierung) solches Know-how dem Kooperationspartner freizugeben. Zu achten ist auch darauf, dass etwaig abgeschlossene Geheimhaltungsvereinbarungen im Land des Kooperationspartners (auch im Wege des einstweiligen Rechtsschutzes) durchsetzbar sind.
Für die Nutzung des zur Verfügung gestellten Know-hows im Rahmen einer Kooperation ist zu empfehlen, einen eigenständigen detaillierten Lizenzvertrag zu gestalten, der dem Kooperationsvertrag als Anlage hinzuzufügen ist. Entsprechend sollte ein ausdrücklicher Verweis diesbezüglich im Kooperationsvertrag vorgesehen werden.

4. Typenunabhängige Grundstruktur und allgemeiner Regelungsbedarf eines Kooperationsvertrages

197 Aufgrund der Vielfältigkeit von Kooperationsverträgen wird insofern nur die typenunabhängige Grundstruktur an dieser Stelle dargestellt und die allgemein wichtigen Punkte einer Kooperationsvereinbarung erläutert.

? **Checkliste**
- Name und Sitz der Kooperationspartner
- Präambel und Kooperationszweck
- Definition wichtigster Begriffe
- Gegenstände der Kooperation und Leistungsumfang
- Leistungszeit und Verzugsregelung
- Sanktionen bzw. Vertragsstrafen
- Haftungsbeschränkungen und Freistellung
- Finanzierung der Kooperation und Kostenregelungen
- Ergebnisregelungen
- Rechtsbeziehung zwischen den Kooperationspartnern und Dritten
- Geheimhaltungsregelung
- Wettbewerbsverbot
- Laufzeit, Kündigung/Beendigung der Kooperation
- Rechtswahl
- Gerichtsstandsvereinbarung und Schiedsgerichtklausel
- Schlussbestimmungen

a) Name und Sitz der Kooperationspartner

198 Zunächst sollten die sich an der Kooperation beteiligten Parteien im Vertrag manifestiert werden. Bei der Kooperation mit/zwischen international organisierten Unternehmen und/oder Instituten müssen die Parteien klar vor Augen haben, wer oder welche Organisation an der geplanten Kooperation genau mitwirken wird, und ob diese selbst Vertragspartei sein sollte, denn nur diese wird gebunden.

b) Präambel und Kooperationszweck

199 In einem Kooperationsvertrag wollen die beteiligten Unternehmen ihre gemeinsamen wirtschaftlichen Ziele oder ihre gemeinsamen Interessen fördern. Die Präambel

gibt gerade die verfolgten Ziele oder den beabsichtigten Zweck der Kooperationspartner wieder und stellt die Entstehungsgeschichte der Vereinbarung und die Motivation der Vertragsparteien dar. Zwar ist die Präambel nicht wie der Vertragstext bindend, jedoch kann sie zu dessen Auslegung herangezogen werden. Daher verdient ihre Formulierung die gleiche Sorgfalt wie der materielle Vertragsinhalt. Dabei ist darauf zu achten, dass „Selbstbeweihräucherungen" auch hier über § 276 BGB zu einer Haftungsverschärfung führen können und Darstellungen in einer Präambel ohne nähere Klarstellung schnell eine rechtliche Geschäftsgrundlage im Sinne des § 313 BGB darstellen können.[115]

c) Definition

Bei einer internationalen Kooperationsvereinbarung oder bei umfangreichem und komplexem Regelungsgehalt sowie im Fall einer mangelnden gesetzlichen Grundlage ist zu empfehlen, häufig vorkommende Begriffe oder ganze Begriffsgruppen für den Vertrag in Kurzform zu definieren und damit leichter benutzbar zu machen. Dies hilft auch der Vermeidung von Auslegungsschwierigkeiten. **200**

d) Gegenstände der Kooperation und Leistungsumfang

Hier sollte genau beschrieben werden, im welchem Umfang das Zusammenwirken der Kooperationsparteien erforderlich ist und welche spezifischen (abschließenden) Leistungspflichten den Parteien in dessen Rahmen auferlegt werden. Die Leistungsbeschreibung ist das Kernstück eines jeden Kooperationsvertrages. Sie ist die wesentliche Grundlage für die Bestimmung der vertraglichen Ansprüche und Haftung der Kooperationspartner. **201**

Praxistipp !

Falls die Parteien beabsichtigen, nicht nur an einem einzelnen Projekt sondern an mehreren und vor allem derzeit noch nicht konkret bestimmbaren Projekten zusammenzuarbeiten, ist hierzu zu empfehlen, vorab eine Rahmenvereinbarung für die gesamte Zusammenarbeit zu treffen und für spätere Projekte jeweils einen Einzelvertrag abzuschließen. Damit kann man eine gleiche Grundlage und Bindung der Parteien für die langfristige Zusammenarbeit bereits beim Pilotprojekt sicherstellen. Zu diesem Zweck sollte der Rahmenvertrag einerseits den maßgeblichen Inhalt der später abzuschließenden Einzelverträge und andererseits das Zustandekommen der Einzelverträge festlegen. Schließlich sollte das Verhältnis der Bestimmungen im Rahmenvertrag und Einzelvertrag zueinander (Rangverhältnis) festgelegt werden.

---

115 Näheres zum Thema „Präambel" siehe Rn 100 Kap. 3.

e) Leistungszeit und Verzugsregelung

202 Ebenfalls sollte hier geregelt werden, in welchem Zeitraum die Leistungen von den Parteien zu bringen sind, sowie wann die Parteien mit ihren Leistungen in Verzug geraten. Bei der Zusammenarbeit an großen Projekten bedarf es ggf. einer eigenständigen, detaillierten Zeitplanung und Aufgabenstellung, die als Anlage der Kooperationsvereinbarung beigefügt wird.

f) Sanktionen bzw. Vertragsstrafen

203 Aus den Pflichten der Partner zur termintreuen und einwandfreien Erledigung der Arbeit(en) ergibt sich die Frage, wie im Falle von Mängeln oder Leistungsverzug zu verfahren ist. Sollen diese Partner dann mit Sanktionen bzw. Vertragsstrafen belegt werden? Diese Sanktionsregelung sollte insbesondere für den Fall vorgesehen werden, dass schlechte Leistungen eines Partners zu Problemen führen, die das gesamte Kooperationsprojekt gefährden und sogar zu Schadensersatzpflichten in größeren Summen gegenüber Dritten führen können.

g) Haftungsbeschränkung und Freistellung

204 Andererseits bestehen häufig Wünsche der Parteien, eigene Haftungsrisiken gegenüber anderen Parteien bzw. Dritten zu beschränken. Jedoch müssen die Wünsche der Parteien hinsichtlich der gesetzlichen Zulässigkeitsgrenze mit besonderer Vorsicht formuliert werden und diese beachten. Bei der Verwendung einer standardisierten Haftungsklausel sollte diese insbesondere die Nuancen des AGB-Rechts berücksichtigen.

205 Gegebenenfalls kann eine vertragliche Freistellungsverpflichtung zur Haftungsbeschränkung vereinbart werden. Diese ermöglicht den Parteien eine vereinfachte Abwicklung im Falle von Ansprüchen Dritter gegen den jeweiligen Vertragspartner, insbesondere wenn die Rechtsverletzung von der anderen Partei zu verantworten ist. Eine vertragliche Freistellungsverpflichtung hat gegenüber den gesetzlichen Schadensersatzrechten[116] den Vorteil, dass sie im Umfang klar ausgestaltet ist und auch die Voraussetzungen für eine Kostenerstattung genau definiert werden können. Allerdings sollte bei deren Gestaltung die AGB-Rechtsüberprüfung ebenfalls sorgfältig durchgeführt werden.

116 Zum Beispiel Ansprüche nach §§ 280 ff. BGB.

h) Finanzierung der Kooperation und Kostenregelungen

Zur Realisierung der Kooperation sind in der Regel finanzielle Beiträge der Parteien vorausgesetzt, daher sollten die Parteien klar vereinbaren, wie und wann diese Beiträge geleistet werden. Ebenfalls sollte geregelt werden, wie die Kosten zu verteilen sind, falls ein über das geplante Budget hinausgehender Kostenaufwand entstanden ist. 206

i) Ergebnisregelungen

Darunter werden üblich Regelungen zur folgenden Fragen getroffen: 207
- Wie wird der Gewinn und Verlust aus der Kooperation berechnet?
- Nach welchem Maßstab erfolgt die Verteilung?
- Zugehörigkeit und Nutzungsrecht der aus der Kooperation gewonnenen materiellen und immateriellen Rechtsgüter und Forschungsergebnisse
- Wie werden diese verwertet?

j) Rechtsbeziehung zwischen den Kooperationspartnern und Dritten

Für eine erfolgreiche Zusammenarbeit sollten klare Innen- und Außenverhältnisregelungen getroffen werden, insbesondere: 208
- Wie ist die laufende Geschäftsführung zwischen den Partnern; haben sie ein gleichberechtigtes Stimmrecht für die wichtigen Regelungsfelder der Zusammenarbeit?
- Ist ein gemeinsamer Auftrifft gegenüber Dritten von den Parteien gewollt? Wer sollte im Rahmen der Kooperation der Geschäfts- bzw. Ansprechpartner gegenüber Dritten sein?

k) Geheimhaltungsregelung

In Bezug auf den Schutz des nicht sondergesetzlich geschützten Know-hows und/oder anderer geheimhaltungsbedürftiger Informationen mit technischem oder kommerziellem Wert sollten die Parteien daran denken, eine vertragliche Regelung hierfür zu vereinbaren. Allerdings ist darauf hinzuweisen, dass die übrigen Geheimhaltungsklauseln aus den Musterverträgen häufig nicht ausreichend sind, einen umfassenden Rechtsschutz anzubieten. Besser wäre, eine gesonderte Geheimhaltungsvereinbarung (sog. „Non-Disclosure-Agreements“, abgekürzt als „NDA“) abzuschließen.[117] 209

117 Einzelheiten dazu siehe Rn 118 Kap. 7 „Geheimhaltungsvereinbarung (NDA)“.

Praxistipp
In der Praxis erhält eine Partei häufig eine vorformulierte, standardisierte Geheimhaltungsvereinbarung von der anderen Partei zur Unterzeichnung. Diesbezüglich ist größte Vorsicht geboten und eine vorherige rechtliche Überprüfung und ein eventueller Entwurf einer eigenen Fassung zu empfehlen. Dabei ist insbesondere zu beachten, ob es sich beim vorformulierten Vertrag um eine einseitige oder zweiseitige Geheimhaltungsvereinbarung handelt. Bei der eigenen Stellung von Geheimhaltungserklärungen ist in jedem Fall die Restriktion durch das AGB-Recht zu beachten, um einen wirksamen Geheimhaltungsschutz zu statuieren. Bei entsprechenden Geheimhaltungsvereinbarungen ist auch darauf zu achten, dass etwaige Gesellschafter der Kooperationspartner als „Dritte" im Sinne der Geheimhaltungspflicht eingebunden werden.

210 Wenn es erforderlich ist, dass sensible Informationen bzw. Daten bei einer Geschäftsanbahnung ausgetauscht werden, sollten die Parteien sich zuvor über eine solche Geheimhaltungsvereinbarung einigen. In einem solchen Fall ist nicht zu vergessen, dass im später abgeschlossenen Kooperationsvertrag eine Regelung zur Fortgeltung dieser Geheimhaltungsvereinbarung aufgenommen werden sollte. Bei der Vertragsgestaltung ist noch zu beachten, zwischen der Laufzeit des Vertrages und der nachwirkenden Dauer der Geheimhaltungspflicht geheimhaltungsbedürftiger Information klar zu unterscheiden.

l) Wettbewerbsverbot

211 Eine Vereinbarung eines Wettbewerbsverbotes dient der Unterbindung der konkurrierenden geschäftlichen Handlungen des jeweiligen Kooperationspartners. Sie ist insbesondere sinnvoll, wenn der andere Partner aus der der Kooperation von den gewonnenen Kenntnissen oder Geschäftskontakten profitieren und sich damit einen wettbewerblichen Vorteil verschaffen könnte. Dabei ist zu beachten, dass die Rechtsprechung stets nur zeitlich und räumlich beschränkte Wettbewerbsverbote anerkannt hat.

m) Laufzeit, Kündigung/Beendigung der Kooperation

212 Ist die Kooperation von vornherein nur befristet angelegt, sollte deren Laufzeit im Vertrag eindeutig beschränkt geregelt werden.

n) Rechtswahl

213 Grundsätzlich steht den Parteien frei, beliebige Rechtsordnungen für das vertragliche Verhältnis auszuwählen. Bei der Kooperation mit ausländischen Partnern sollte in jedem Fall die Rechtswahl im Vertrag getroffen werden. Falls eine solche Regelung fehlt, wird die Bestimmung des anzuwendenden Rechts den allgemeinen Grundsätzen des internationalen Privatrechts beigemessen, in der Regel das Recht des Staates, in dem die Partei, welche die für den Vertrag charakteristische Leistung

zu erbringen hat, ihren Sitz hat. Für Kooperationsverträge über eine wechselseitig auszutauschende Leistung ist die Bestimmung der Rechtswahl diesbezüglich aber oft schwierig, wenn nicht sogar unmöglich.

o) Gerichtstandvereinbarung bzw. Schiedsgerichtklausel

Die Vertragsparteien können eine Gerichtstandvereinbarung treffen, in der das **zuständige Gericht festgelegt** wird, für den Fall, dass Rechte aus dem Vertrag gegen den ausländischen Kooperationspartner durchgesetzt werden soll. Mangels solcher Vereinbarungen könnte ein ausländisches Gericht für die Streitfrage zuständig sein, mit der Folge, dass die inländische Partei hohen Kosten für das Streitverfahren, sprachlichen Nachteilen und eventuell noch lokalem Protektionismus begegnen würde.[118] 214

Jedoch ergibt sich in der Regel eine große **Schwierigkeit**, das inländische Urteil in einem nicht-EU-Ausland **anzuerkennen** und zu **vollstrecken.** Hinsichtlich dieser Problematik wäre es sinnvoll, eine Schiedsgerichtsklausel statt der Gerichtstandvereinbarung im Vertrag einzufügen. Denn der Schiedsspruch ist – dank des New Yorker Übereinkommens über die Anerkennung und Vollstreckung ausländischer Schiedssprüche (Convention on the Recognition and Enforcement of Foreign Arbitral Awards, NYC) – in den meisten Ländern vollstreckbar. 215

Praxistipp !

Bei der Vereinbarung der Schiedsgerichtklausel sollte aber geprüft werden, ob eine Schiedsgerichtsvereinbarung in einer gesonderten Urkunde abzufassen ist! Beispielsweise bei der Beteiligung von Verbrauchern ist dies in Österreich erforderlich. Hinweise zum Verfassen einer wirksamen Schiedgerichtsklausel sind ab Rn 21 Kap. 10 „Schiedsverfahren" zu finden.

p) Schlussbestimmung

Ein Kooperationsvertrag enthält üblicherweise noch Schlussbestimmungen einschließlich einer Schriftformklausel, einer **salvatorischen Klausel** sowie ein **allgemeines Abtretungsverbot** im Sinne des § 399 BGB – soweit die Anwendung des deutschen Rechts vereinbart wird. Falls ein bilingualer Vertrag für eine internationale Kooperation erstellt wird, sollten die Parteien nicht vergessen, eine **Regelung für die gültige Sprache** zu treffen. Danach sollte klargestellt werden, welche sprachliche Fassung bindend ist, wenn sich ein inhaltlicher Konflikt oder eine Nichtübereinstimmung der beiden Fassung ergibt. 216

118 Vertiefend dazu ab Rn 266 Kap. 8 „Gerichtsstand".

Praxistipp
Leicht gerät eine Kooperationsvereinbarung wegen der **Verfolgung eines gemeinsamen Zwecks** auf das Feld des Gesellschaftsrechts, so dass im Fall von der vereinbarten Anwendbarkeit des deutschen Rechts die gesetzliche Bestimmung von §§ 705 f. BGB in Form der **Gelegenheitsgesellschaft** Anwendung finden.
Die GbR-Gesellschafter haften also danach kraft Gesetzes persönlich für alle Schulden der Gesellschaft, sie haben nur gemeinsame Vertretungsmacht und alle Ergebnisse der Kooperationen stehen (unabhängig von den Beiträgen) allen Kooperationspartnern zu gleichen Anteilen zu. **Soweit** das – wie oft – **nicht mit den Zielen des Geschäftes in Einklang** ist, muss dieser Parteiwille **eindeutig zum Ausdruck** gebracht werden. Zu diesem Zweck können die Parteien in der Schlussbestimmung eine ausdrückliche Ausschlussregelung einführen, z.B.:

> *„Eine gesellschaftsrechtliche Verbindung ist von den Parteien nicht intendiert. Die Vorschriften der §§ 705 ff. BGB finden auf die Zusammenarbeit keine Anwendung."*

II. Joint Venture

1. Grundsätzliches

217 Joint Venture (wörtlich: „Gemeinsames Wagnis") ist ein Anglizismus, unter dem im Handelsrecht verschiedene Formen der Unternehmenskooperation zwischen zwei oder mehr Partnerunternehmen und/oder Partnern verstanden werden. Somit ist ein Joint Venture ein **gemeinsames Vorhaben zwischen rechtlich und wirtschaftlich unabhängigen Unternehmen** und/oder Parteien, bei denen die Partner die **Führungsverantwortung** und das **finanzielle Risiko** gemeinsam tragen.[119]

218 Ein Joint Venture ist die riskanteste Kooperationsform. Dabei sind sicherlich rein vertragsrechtliche (contractual joint ventures) gegenüber gesellschaftsrechtlichen Joint Ventures (corporate joint ventures) als risikoärmer zu bewerten. In jedem Fall lässt sich festhalten, dass ein Joint Venture (ob nun als contractual oder corporate joint venture) sich für beide Parteien zu einem Wagnis entwickeln wird, wenn der Bearbeiter der zu gestaltenden Verträge nicht eine Vielzahl von Aspekten rechtlicher und tatsächlicher Art mit einbezieht und in der Wirtschaftsvertragsgestaltung und in der Gestaltung schuldrechtlicher Leistungsaustauschverträge, also auch auf der gesellschaftsrechtlichen Ebene, nicht geübt ist.

2. Arten von Joint Venture

219 Im Rahmen der Gestaltung von Joint Venture wird man zunächst zwei großen Gruppen unterscheiden müssen. **Auf der einen Seite** stehen dabei die **rein schuldrecht-**

119 Vgl. Definition unter www.wikipedia.de.

lichen Vereinbarungen (contractual joint venture), bei denen rein schuldrechtliche Leistungsbeziehungen in Form eines schuldrechtlichen Kooperationsvertrages und ebenfalls ergänzende Leistungsaustauschverträge zwischen den Parteien vorgesehen sind[120] und auf der **anderen Seite** stehen die **gesellschaftsrechtlichen Verbindungen** zwischen verschiedenen Parteien (corporate joint venture). Bei dem Letzteren ist weiter zu differenzieren, ob es sich um ein echtes, gleichberechtigtes Zusammenarbeiten (equity joint venture) mit paritätischer Beteiligung aller Parteien handelt oder ob es sich um einen eigentlich bloßen Beteiligungsvorgang einer Partei an einer Unternehmung einer anderen Partei mit gleicher strategischer Zielsetzung, wie bei einem equity joint venture, handelt (non-equity joint venture). Rechtssystematisch kann darüber hinaus zwischen sog. horizontalen, vertikalen, konzentrischen oder konglumeraten Joint Venture unterschieden werden. Im ersten Fall sind die Partner in derselben Branche tätig, im zweiten Fall sind die Parteien auf vor- und nachgelagerter Wertschöpfungsstufe tätig, während sie im dritten Fall aus verschiedenen, jedoch verwandten Branchen stammen und im letzteren Fall in völlig unterschiedlichen Wirtschaftszweigen tätig sind.

Im Folgenden sollen sich die Überlegungen im Wesentlichen auf corporate joint ventures beziehen, da die zu beachtenden Aspekte bei contractual joint ventures bereits ab Rn 184 Kap. 7 „Kooperationsvertrag" abgehandelt sind. 220

3. Grundüberlegungen zu und Beweggründe für Joint Venture

Im Falle eines Joint Venture-Projektes sollte dem Berater insbesondere hinsichtlich der Vertragsgestaltung klar sein, dass häufig ein Bündel von Motiven vorliegt, warum die Parteien ein Joint Venture eingehen wollen. In den überwiegenden Fällen verfolgen die jeweiligen Joint Venture-Parteien dabei nicht vollständig deckungsgleiche, sondern nur partiell identische Zielsetzungen. Dem muss durch die Vertragsgestaltung Rechnung getragen werden. 221

Im Vordergrund steht die **Expansion** zur Erschließung neuer räumlicher und sachlicher Märkte. Häufig werden auch Rationalisierungseffekte und technische, vertriebliche und auch betriebliche **Synergien** fokussiert. Ein häufig wichtiger Aspekt bei der Entscheidung für ein Joint Venture ist auch die **Risikoaufteilung** (insbesondere im Rahmen gemeinsamer Finanzierung), aber auch die **Überwindung von rechtlichen Schranken** (z.B. bei Auslandsinvestitionen in abgeschotteten Märkten) kann eine maßgebliche Rolle spielen. Zudem steht oft die Erschließung **zusätzlicher Ressourcen** (z.B. in Form des Zugangs zu Entwicklungskapazitäten oder zum Vertriebsnetz des Joint Venture-Partners) oder die **Erlangung des Part-** 222

120 Vgl. Rn 490 Kap. 7 „MoU/LoI – Absichtserklärungen".

ner-Know-Hows im Vordergrund. All diese Aspekte müssen von dem Bearbeiter in den im Rahmen des Joint Ventures abzuschließenden Verträgen zielführend umgesetzt werden.

4. Typische Problemfelder von Joint Venture

223 Joint Ventures können bei Konflikten zu langwierigen Verhandlungen und Streitigkeiten zwischen den Parteien führen oder gar instabil werden. Regelmäßig beruht dies darauf, dass die Partner innerhalb eines Joint Ventures auf abgestimmtes Handeln angewiesen sind und Entscheidungen daher einen höheren Koordinationsaufwand nach sich ziehen, als dies in den Einzelunternehmungen der Partner der Fall ist. Die maßgeblichen Verträge im Rahmen eines Joint Venture müssen daher darauf fokussiert sein, möglichst einfache und unter dem jeweiligen Landesrecht vollziehbare Entscheidungsfindungsprozesse abzubilden und dezente Konfliktlösungsmechanismen enthalten.

224 Gefährlich sind auch unklare Definitionen des eigentlichen Beteiligungsfeldes des Joint Ventures (sog. **joint venture scope**). Dies insbesondere wegen der notwendig abzugrenzenden Leistungsbeziehung zwischen den Joint Venture-Parteien und einer Joint Venture-Gesellschaft selbst. Typische Probleme ergeben sich auch aus der **mangelhaften Abgrenzung von Aktivitäten der Joint Venture-Partner** sowohl untereinander als auch im Verhältnis zu der Joint Venture-Gesellschaft.

! **Praxistipp**

Der Joint Venture-Vertrag und der Gesellschaftsvertrag der Joint Venture-Gesellschaft sind zu synchronisieren. Dabei wird es regelmäßig sinnvoll sein, den Joint Venture-Vertrag als rechtlich führend zu gestalten, sodass etwaige Abweichungen des Gesellschaftsvertrages an den Joint Venture-Vertrag anzupassen sind. Dabei ist bei einer Divergenz der Rechtswahl zwischen dem Joint Venture-Vertrag und dem Gesellschaftsvertrag der Joint Venture-Gesellschaft (bei internationalen Joint Venture) dafür Sorge zu tragen, dass die unter einem anderen Recht als dem Gesellschaftsrecht für die Joint Venture-Gesellschaft geregelten Bestimmungen im Joint Venture-Vertrag gesellschaftsrechtlich im Sitzland der Joint Venture-Gesellschaft umsetzbar sind. Darüber hinaus ist eine Regelung aufzunehmen, was geschehen soll, wenn dies nicht der Fall ist!

---

225 Ein typisches zu regelndes Problemfeld bei einem Joint Venture-Projekt stellt auch das **unterschiedliche Geschäfts- und Haftungsrisiko der beteiligten Joint Venture-Partner** dar. Besonderes Augenmerk ist auch auf den **wirksamen Schutz etwaig eingebrachter Technologie** eines Joint Venture-Partners in Form von wirksamer, unter der jeweiligen Rechtsordnung gültiger, und im Sitzland des Partners auch vollstreckbare Geheimhaltungsvereinbarungen zu legen.

226 Ein Problemfeld ergibt sich darüber hinaus immer wieder, wenn der Joint Venture-Vertrag nicht die **dynamische Entwicklung unterschiedlicher Interessen und Erwartungen der Joint Venture-Partner** abbildet.

Zu regeln ist auch, ob und inwieweit **Investitionsbereitschaft der Joint Venture-Partner** und eine Erweiterung des Joint Ventures unabhängig von dieser Investitionsbereitschaft gegeben sind. 227

Vertraglich ist zudem sauber der **Zugang zu den Ergebnissen** des Joint Ventures während der Laufzeit und nach Beendigung des Joint Venture-Vertrages zu regeln. 228

Steuerlich stets problematisch sind bei Joint Venture nicht eindeutig steuerlich belastbar geregelte Leistungsbeziehungen zwischen den Partner und der Joint Venture-Gesellschaft. Hierbei ist stets zu beachten, dass Joint Venture-Partner bestrebt sein werden, sich im Rahmen des Leistungsaustausches mit der Joint Venture-Gesellschaft unabhängig von der vereinbarten Gewinnverteilung Vorteile zu verschaffen. 229

Nicht nur statistisch, sondern auch tatsächlich stellen die Folgen des Abbruchs von Vertragsverhandlungen bei Joint Venture sowie ein Auseinandersetzungsszenario eine vertragsgestaltende Herausforderung dar. Diese muss sorgfältig angenommen werden. 230

Praxistipp

!

Es ist unerlässlich, so viele potentielle Streitthemen wie möglich im Rahmen der Vertragsverhandlung zu klären und zumindest einem Lösungsmechanismus zuzuführen. Um nicht im Rahmen komplexerer Vertragsgestaltung an nicht geklärten Sachverhaltsfragen zu scheitern, bietet es sich an, die Lösungen zu allen wesentlichen regelungsrelevanten Fragen zunächst in einem LoI oder MoU faktisch zwischen den Parteien „festzuzurren". Was dabei beachtet werden muss, wird ab Rn 490 in Kap. 7 „MoU/LoI-Absichtserklärungen" erläutert.

Bei der Vertragsgestaltung von Joint Venture-Verträgen ist stets darauf zu achten, dass **nicht nur der Hinweg** zum Joint Venture, **sondern auch der Rückweg** in Form der Auflösung des Joint Ventures mit gleicher Sorgfalt **geregelt wird**. Alle Lösungsmechanismen zielen bei der Vertragsgestaltung in letzter Konsequenz darauf ab, dass nur ein Joint Venture-Partner übrig bleibt oder das Joint Venture liquidiert wird. 231

Zwar ist stets gegenseitiges Vertrauen Basis für ein erfolgreiches Joint Venture. Dies kann jedoch eine detaillierte rechtliche Betriebsanleitung im Sinne eines umfassenden Joint Venture-Vertrages und Gesellschaftsvertrages sowie ggf. einer begleitenden Gesellschaftervereinbarung in aller Regel nicht ersetzen. Wegen der damit einhergehenden Gefahren sollten die Kernkompetenzen eines Joint Venture-Partners, dessen letztlich nicht zu vertretbaren wirtschaftlichen Konditionen die Joint Venture-Gesellschaft sicher übernehmen kann, niemals auf ein Joint Venture übertragen werden. 232

Praxistipp

!

Der **Start der Aktivität** einer Joint Venture-Gesellschaft **vor Eintragung ins Handelsregister** führt in aller Regel zu einer **persönlichen Haftung** der Joint Venture-Partner. Sie darf aus diesem Grund nur dann erfolgen, wenn dies zwingend geboten und im Joint Venture-Vertrag ausdrücklich vereinbart wurde.

5. Grundüberlegungen zur Gestaltung internationaler Joint Venture

233 Bei der vertragsrechtlichen Gestaltung internationaler Joint Venture sind u.a. insbesondere folgende Aspekte zusätzlich zu beachten:

- Die vertraglichen Regelungen zwischen den Parteien haben **zwingendes ausländisches Recht** zu beachten.
- Bei unterschiedlicher Rechtswahl für die Regelungen des Joint Venture-Vertrages und des Gesellschaftsvertrages oder einer Gesellschaftervereinbarung muss eine **rechtliche Synchronisationsfähigkeit** gegeben sein oder **Ersatzregelungen** für den Fall einer fehlenden Synchronisationsfähigkeit vereinbart werden.
- Bei grenzüberschreitenden Leistungsbeziehungen zwischen der Joint Venture-Gesellschaft und den Joint Venture-Partnern sind regelmäßig drittübliche Verträge zur Vermeidung steuerlicher Nachteile und zur Handhabung der auftretenden steuerlichen Verrechnungspreisproblematik erforderlich.
- Probleme können auch daraus erwachsen, dass das Sitzland der Joint Venture-Gesellschaft mehr oder weniger eine **Gewinnausschüttung** an die ausländisch domestizierten Joint Venture-Partner verbietet.
- Auch kann es aufgrund bestimmter Rechtsordnungen zu **Enteignungen** bei der Joint Venture-Gesellschaft kommen. Entsprechendes gilt für mehr oder weniger direkte oder indirekte staatliche Eingriffe.
- Im Rahmen der Leistungsbeziehung zwischen der Joint Venture-Gesellschaft und den ausländisch domestizierten Joint Venture-Partnern müssen zudem stets **Importbeschränkungen** beachtet und vertraglich abgebildet werden.

! **Praxistipp**
Bei internationalen Joint Venture muss die Möglichkeit der Synchronisierung zwischen gesellschaftsrechtlichen Regelungen im Sitzland der Joint Venture-Gesellschaft und auch die dortigen Beschränkungen für den Leistungsverkehr zwischen der Joint Venture-Gesellschaft und den Joint Venture-Partnern unter dem Recht des Sitzland der Joint Venture-Partner für die vertragsrechtliche Gestaltung des Joint Venture-Vertrages, des Gesellschafsvertrages, der Gesellschaftervereinbarung, etwaiger Leistungsaustauschverträge zwischen der Joint Venture-Gesellschaft und den Joint Venture-Partnern führend sein.

6. Struktur eines corporate joint ventures

234 Die rechtliche Struktur eines corporate joint ventures besteht typischerweise aus vier Vertragselementen:

1. **Memorandum of Understanding/Letter of Intent** in dem umfassend die Zielsetzung der Zusammenarbeit, die Organisation der Zusammenarbeit, die Aufga-

benverteilung innerhalb der Joint Venture-Gesellschaft, die Gewinnverteilung in der Joint Venture-Gesellschaft, der Art und Inhalt der Joint Venture-Partnern und der Joint Venture-Gesellschaft sowie die Dauer und Beendigung des Joint Ventures als Mindestinhalte festgehalten werden.

2. **Joint Venture-Vertrag** bildet die rechtliche Grundlage des Joint Ventures. Der Joint Venture-Vertrag sollte die Einzelheiten der Zusammenarbeit der Partner untereinander, die Struktur, Besetzung, Führung, Gewinnverteilung bei der Joint Venture-Gesellschaft sowie die Auflösung des Joint Ventures so detailliert wie möglich regeln.

Praxistipp !

Da die Joint Venture-Gesellschaft unter dem Fokus deutschen Rechts auf die Erzielung eines gemeinsamen Zweckes gerichtet ist, gelten ohne weitere Regelungen die regelmäßig unpassenden gesetzlichen Regelungen, wie bei der Gelegenheitsgesellschaft nach §§ 705 ff. BGB. Es ist daher zwingend bei der Vertragsgestaltung darauf zu achten, diese Regelungen abzubedingen bzw. für nicht anwendbar zu erklären.

Die verwandten, zentralen Begriffe des Joint Venture-Vertrages sollten zwingend inhaltlich definiert werden, um Auslegungszweifel zwischen den Parteien, aber auch im Hinblick unterschiedlicher Rechtsordnungen zwischen Gesellschaftsvertrag, der Joint Venture-Gesellschaft und dem Joint Venture-Vertrag selber zu vermeiden!

---

3. Gesellschaftsvertrag der eigentlichen Joint Venture-Gesellschaft sowie – regelmäßig aus Gründen mangelnder Handelsregistertransparenz – einer ergänzenden Gesellschaftervereinbarung.
4. Verträge über Lieferung und Leistung zwischen den Gesellschaftern der Joint Venture-Gesellschaft und der Joint Venture-Gesellschaft selbst, die aus steuerlichen Gründen regelmäßig in drittüblicher Form gestaltet werden müssen.

Praxistipp !

Die Leistungsverträge zwischen den Joint Venture-Partnern und der Joint Venture-Gesellschaft sollten bereits zur Anlage des Joint Venture-Vertrages gemacht werden, damit eine spätere einseitige Änderung durch einen als Geschäftsführer der Joint Venture-Gesellschaft fungierenden Joint Venture-Partner im Innenverhältnis zu den Joint Venture-Partnern unzulässig wird.

---

7. Vertragliche Regelungsfelder und -fragen

Folgende Aspekte sind regelmäßig im Rahmen der für ein Joint Venture erforderlichen Verträge (MoU/LoI), Joint Venture-Vertrag, Gesellschaftsvertrag/Gesellschaftervereinbarung und Leistungsverträge bei der Vertragsumsetzung zu durchdenken und zu beachten: 235

a) Gesellschaftsgründung

Checkliste

- Rechtsform
- Sitz der Gesellschaft
  Bei der Wahl des Sitzes der Joint Venture-Gesellschaft spielen nicht nur die **Nähe zu regionalen Märkten** sondern selbstverständlich auch **steuerliche** und **rechtliche Fragen** eine entscheidende Rolle. Dabei werden steuerliche Fragen mit Hinblick auf rechtlich nachteilige Regulierungen durch ein gewähltes Sitzlandrecht oft überbewertet! Auch die Möglichkeit des Zugriffs auf die Joint Venture-Gesellschaft in Form von gerichtlichen Verfügungen, tatsächlichen Einreisemöglichkeiten der Joint Venture-Partner und Vollstreckbarkeit von Regelungen des Joint Venture-Vertrages sollten zwingend beachtet werden.
- Geschäftsgegenstand der Gesellschaft
  Die genaue Formulierung des Geschäftsgegenstandes der Gesellschaft ist deshalb zwingend erforderlich, weil diese oft die **Basis für wettbewerbsrechtliche Abgrenzungen** der Joint Venture-Partner zu dem Scope der Joint Venture-Gesellschaft bildet.
- Festlaufzeit für die Joint Venture Gesellschaft vorgesehen?
- Name/Firmierung der Joint Venture Gesellschaft
  Hinsichtlich des Namens sollte bei den zuständigen Industrie- und Handelskammern und markenrechtlich eine **Vorabrecherche** erfolgen, um später teure und aufwendige Umfirmierungen und/oder Schadensersatzansprüche bzw. Unterlassungsansprüche Dritter zu vermeiden!
- Sind Genehmigungen für den Betrieb der Joint Venture Gesellschaft erforderlich und wer kümmert sich darum?
  Insbesondere bei internationalen Joint Ventures sollte der Erhalt der maßgeblichen Genehmigungen möglichst vorher geklärt sein, um unnötige, aufwendige Vertragsverhandlungen, Kosten für Vertragsgestaltung sowie Beurkundungen nicht umsonst anfallen zu lassen!
- Markenschutz für Gesellschafternamen und Produkte/Dienstleistungen der Joint Venture-Gesellschaft?
  Hinsichtlich der vorgenannten Markenschutzrechte sollte in jedem Fall auf den relevanten Märkten eine **Vorabrecherche ähnlicher oder verwechselungsfähiger Marken** durchgeführt werden, um Unterlassungs- und Schadensersatzansprüche dritter Schutzrechteinhaber zu vermeiden, um nicht den Erfolg des Joint Ventures zu gefährden!
- Höhe des Eigenkapitals?
- Einzahlungsvarianten für das Eigenkapital? (Voll- oder Teileinzahlung, Bar- oder Sacheinlagen)
  Insbesondere bei internationalen Joint Ventures ist auf abweichende Sacheinlagevorschriften gegenüber dem deutschen Recht hinsichtlich deren Zulässigkeit und Bewertungen zu achten!
- Gewähren die Geschäftsanteile gleiche **Stimmrechte** sowie gleiche Anteile am Gewinn- und Verlust oder sind abweichende, disquotale Regelungen gewollt und unter dem gewählten Landesrecht möglich?
  Insbesondere bei **internationalen** Joint Ventures ist zudem darauf zu achten, dass eine Mehrzahl an Rechtsordnungen disquotale Stimmrechte und/oder Gewinnverteilungen nicht zulässt!
- Können die Geschäftsanteile frei übertragen werden oder sind Beschränkungen (Vinkulierungen) vorgesehen?
- Sollen Vorkaufsrechte/Andienungsrechte bestehen und wie sieht bei Andienungsrechten die zu leistende Vergütung aus?
  Vorkaufsrechte machen regelmäßig die Verfügung über den Geschäftsanteil für andere Parteien des Joint Ventures unvorhersehbar und hinsichtlich der zu leistenden Vergütung manipulierbar. Es sollten daher regelmäßig Vorkaufsrechte und Andienungsrechte mit einer klaren Vergütungsregelung vorgeschaltet werden, um den Joint Venture-Partnern die Möglichkeit zu

geben, in einem gestuften Verfahren die Liqui-dität für den Anteilserwerb an der Joint Venture-Gesellschaft aufzubauen und Manipulationen im Rahmen von Vorkaufsrechten (durch Nebenvereinbarung) zu vermeiden!

- Sollen take-along- oder drag-along-Regelungen (Mitverkaufsrechte oder -pflichten) für den Fall einer Verkaufssituation an Geschäftsanteilen der Joint Venture-Gesellschaft getroffen werden?
  Mitverkaufsrechte und Mitverkaufspflichten sind nur insoweit sinnvoll, als sie in einem in sich geschlossenen, ausführlich und rechtlich nachvollziehbaren System geregelt sind. Nicht ablauffähige, auslegungsfähige oder verkürzte Regelungen über Mitverkaufsrechte oder -pflichten sind bei der Vertragsgestaltung schon wegen ihrer Streitanfälligkeit insoweit zwingend zu vermeiden!
- Wie soll eine Pattsituation bei einem Stimmpatt der Joint Venture-Gesellschaft aufgelöst werden?
  Bewährt hat sich insoweit ein mit Ausnahme eines wichtigen Grundes bindender Entscheidungsvorschlag von Dritten, die am Wohl der Gesellschaft (nicht der Joint Venture-Partner) interessiert sind, und gleichwohl mit den Verhältnissen der Joint Venture-Gesellschaft vertraut sind, namentlich von dem Rechts- und Steuerberater der Joint Venture-Gesellschaft!
- Die haftenden Joint Venture-Partner als Gesellschafter der Joint Venture-Gesellschaft?
  Gerade bei internationalen Joint Ventures ist die Haftungsfrage der Gesellschafter auch bei an sich haftungsbeschränkten Gesellschaften vorab eindeutig zu klären. Darüber hinaus ist vertraglich festzulegen, ob und in welchem Umfang die Gesellschafter Nachschusspflichten treffen!
- Sollen Geschäftsanteile an der Joint Venture-Gesellschaft eingezogen werden können und wenn ja, in welchen Fällen?
  Bei internationalen Joint Ventures ist zu beachten, dass in vielerlei Rechtsordnungen die Einziehung von Geschäftsanteilen nicht vorgesehen ist und durch den Ausschluss aus der Gesellschaft ersetzt werden muss!
- Soll der Gesellschaftsvertrag Kündigungsrechte vorsehen und wenn ja, wann und mit welcher Abfindungsregelung?
  Da ein Kündigungsrecht eines Joint Venture-Gesellschafters regelmäßig zu massivem Liquiditätsabfluss bei der Joint Venture-Gesellschaft führt, sollte eine reduzierte Abfindungsregelung für den Fall der Ausübung eines ordentlichen Kündigungsrechts vorgesehen werden, um die soziale Gemeinschaft der Joint Venture-Partner zu stärken und unnötigen Liquiditätsabfluss zu vermeiden. Um gerade am konfliktträchtigen Beginn der Tätigkeit einer Joint Venture-Gesellschaft Erpressungspotentiale zu vermeiden, sollten Kündigungsrechte erst zu einem später hinausgeschobenen Zeitpunkt ausgeübt werden können.
- Wie soll eine **Erbregelung** bei natürlichen Personen als Joint Venture-Gesellschafter aussehen?
  Bei natürlichen Personen ist in jedem Fall eine Erbregelung aufzunehmen, welche die Ausübung der Gesellschafterrechte nur dann zulässt, wenn die Erben durch einen einheitlichen Vertreter handeln. Darüber hinaus sollte eine Regelung aufgenommen werden, die es erlaubt, die Joint Venture-Gesellschaft auch ohne die (möglicherweise ungeeigneten) Erben fortzusetzen!
- Können Gesellschafterversammlungen fernmündlich oder schriftlich abgehalten werden?
  Insbesondere bei internationalen Joint Ventures muss zwingend ein Mitbestimmungsrecht der ausländischen Joint Venture-Gesellschafter für den Fall von Einreiseverboten (die auch von Mitgesellschaftern initiiert werden können) vorgesehen werden.
- Welche Organe hat die Gesellschaft?
- Welche Befugnisse haben diese Organe?
- Sind die Organe der Joint Venture-Gesellschaft vom Verbot des Insichgeschäfts befreit?

- Wie haften die Organe der Joint Venture-Gesellschaft, wenn sie mit Joint Venture-Partnern besetzt sind?
  Bei uneingeschränkter Haftung der Organe der Joint Venture-Gesellschaft für den Fall der Besetzung mit Joint Venture-Partnern, ergibt sich ein erhebliches Druck- und Erpressungspotential durch mitbeteiligte Joint Venture-Partner durch den auch unberechtigten Vorwurf von Pflichtverletzungen bei der Joint Venture-Gesellschaft!
- Wer ist der Joint Venture-Gesellschaft und den Joint Venture-Partnern gegenüber verantwortlich für das operative Tagesgeschäft?
- Soll der Dienstvertrag der Joint Venture-Gesellschaft zu Organen auch als Vertrag mit Schutzwirkung für die Joint Venture-Partner gestaltet werden?
- Soll ein Katalog zustimmungsbedürftiger Rechtsgeschäfte für die Organe der Joint Venture-Gesellschaft implementiert werden?
- Wie wird der Inhalt einer Geschäftsordnung der Joint Venture-Gesellschaft gestaltet? (Wer ist für welche Bereiche verantwortlich? Gibt es einen Vorsitzenden der Geschäftsführung und wenn ja mit welchen Rechten? Wie finden Geschäftsführungssitzungen statt?)
- Wie werden die Organe der Joint Venture Gesellschaft besetzt?
- Bestehen Entsendungsrechte in die Organe der Joint Venture-Gesellschaft?
- Sind die von der Gesellschaft bestimmten Organträger nur aus wichtigem Grund kündbar?
- Sind die Gesellschafter durch angemessene Organe repräsentiert und wie wird dies gewährleistet?
- Welche Mehrheiten gelten bei Organentscheidungen der Joint Venture-Gesellschaft?
- Bestehen Veto-Rechte einzelner Joint Venture-Partner in den Organen und Gremien der Joint Venture-Gesellschaft?
- Wie wird sichergestellt, dass Mitglieder der Organe der Joint Venture-Gesellschaft bei internationalem Joint Venture mit ausreichenden Fristen (mit Visum und Anreise) geladen werden und die Teilnahme gesichert ist?
- Wie erfolgen Ladungen zu den Sitzungen der Organe der Joint Venture-Gesellschaft?
- Wie erfolgen ausreichende Regelungen für die Tagesordnung von Entscheidungen der Gesellschafterversammlungen und Gremien der Joint Venture-Gesellschaft?
- Ist die Vertretung von Joint Venture-Gesellschaftern zulässig und wenn ja, wie?
- Was ist die Gesellschafts- und Kommunikationssprache?
  Gerade bei internationalen Joint Ventures sollte diesem Punkt große Aufmerksamkeit zugebilligt werden. Insbesondere ist auch zu klären, inwieweit (auf Kosten der Joint Venture-Gesellschaft) die Joint Venture-Partner ein Recht auf Abschriften und Übersetzungen von wesentlichen Geschäftsvorgängen bei der Joint Venture-Gesellschaft in einer für sie verständlichen Sprache haben.
- Werden Tagungs- und/oder Sitzungsgelder für die Organe der Joint Venture-Gesellschaft festgelegt?
- Gründungskosten
- Welche Kosten entstehen durch die Gründung der Gesellschaft? (Notarkosten, Anwaltskosten, Handelsregister, Markenrecherchen, etc.) und wer trägt diese?

b) Aufbau des Joint Ventures (Investitionen, Finanzierung)

aa) Anfangsinvestition

236 – Welche Gründungskosten fallen an und wer trägt diese?
- Wie hoch ist das Investitionsvolumen für das Anlagevermögen? Von wem wird es getragen?

- Wie hoch ist das geschätzte Umlaufvermögen bei Vollproduktion und wie wird dieses sichergestellt?
- Wie hoch sind die Anlaufverluste und wer trägt diese?
- Wie hoch sind die von der Gesellschaft zu tragenden Vorgründungskosten und wer trägt diese?
- Soll die Gesellschaft den Gesellschaftern Vorgründungskosten erstatten und ist dies rechtlich zulässig?
- Soll es nur gemeinsam gebilligte Berater geben bzw. von wem werden die Berater der Joint Venture-Gesellschaft bestimmt?

Praxistipp **!**

Die Wahl der Berater schafft nicht nur eine enge Vertrauensverknüpfung und Informationsverknüpfung zur Joint Venture-Gesellschaft sondern lässt regelmäßig einen erheblichen Einfluss auf die Joint Venture-Gesellschaft zu und sollte daher im Joint Venture-Vertrag eindeutig geregelt werden!

---

bb) Finanzierung

- Wie ist die Finanzierung vorgesehen? 237
- Sollen Gesellschafterdarlehen gegeben werden und wenn ja, wie werden diese verzinst und abgesichert?
- Sind Fremdkredite verfügbar? Wie sollen diese durch die Joint Venture-Partner abgesichert werden?
- Übernehmen die Joint Venture-Partner eine Nachschussverpflichtung auf ihre Einlagen und unter welchen Bedingungen?
- Geben die Joint Venture-Partner zusätzliche Kredite an die Joint Venture-Gesellschaft und unter welchen Bedingungen?

c) Aufbau der Organisation der Joint Venture Gesellschaft

- Welche Organisationsstruktur soll während der Aufbauphase eingerichtet werden? (z.B. Wer entscheidet bei der Auftragsvergabe?) 238
- Wer entscheidet über Personal- und Marketingmaßnahmen?
- Welche Startmarketingmaßnahmen sollen entfaltet werden und wer ist hierfür verantwortlich?
- In welchen Ländern soll die Gesellschaft am Anfang und später aktiv werden? Hier ist eine genaue Regelung erforderlich, da eine Rückkoppelung zu etwaig vereinbarten Wettbewerbsverboten besteht, ansonsten kann die Ausweitung der Geschäftstätigkeit der Joint Venture-Gesellschaft für einzelne Joint Venture-Partner, die auf diesen Märkten tätig werden wollen, zu einem faktischen und rechtlichen Tätigkeitsverbot führen.
- Wird vorhandenes Personal von den Joint Venture-Partnern übernommen?

- Bestehen für die Übernahme oder Abstellung von Personal besondere rechtliche Regelungen und müssen alle Lasten hinsichtlich des Personals übernommen werden?

d) Betriebsphase

239
- Soll ein Joint Venture-Partner Personal einstellen und wenn ja mit welcher Qualifikation?
- Soll ein Joint Venture-Partner für die Personalauswahl verantwortlich sein?
- Sollen Personalschulungen bei oder durch einen Joint Venture-Partner stattfinden?
- Soll eine Managementstruktur unterhalb der Organe der Joint Venture-Gesellschaft etabliert werden?
- Wie wird der notwendige Einkauf von Material und Leistungen durch die Joint Venture-Gesellschaft durchgeführt? Sollen Einkaufsquellen gemeinsam festgelegt werden müssen?

  Es hat sich stets bewährt, eine detaillierte Regelung über die Bezugsquellen der Joint Venture-Gesellschaft aufzunehmen. Ansonsten besteht die Möglichkeit für Joint Venture-Partner, welche die Organe der Joint Venture-Gesellschaft besetzen, finanzielle Vorteile durch eine vertragliche Verknüpfung der Joint Venture-Gesellschaft mit ihnen gehörenden und/oder nahestehenden Gesellschaften oder Gesellschaften, von denen sie eine Provision erhalten, zu erlangen.

e) Leistungs-, Technologie-, Know-how-Verträge

240
- Soll die Gesellschaft Know-how, Lizenz und technische Assistenz oder sonstige Beratungsleistungen durch oder von einem Joint Venture-Partner erhalten und zu welchen Konditionen?
- Wer entwirft die für den Leistungs-, Technologie- und Know-how-Austausch erforderlichen Verträge?
- Soll die Joint Venture-Gesellschaft gewerbliche Schutzrechte eines Joint Venture-Partners nutzen dürfen?
- Soll das Joint Venture an technischen Innovationen eines Joint Venture-Partners teilnehmen und zu welchen Bedingungen/Kosten?
- Soll die Joint Venture-Gesellschaft Marktschutz erhalten (z.B. durch eine Exklusivlizenz)?
- Ist der Marktschutz vereinbar mit wettbewerbs- und kartellrechtlichen Vorschriften?
- Wie sind die Entgelte für den Erhalt des Know-hows und der Lizenzen?
- Bedürfen die Technologieverträge der Genehmigung im Investitions- und/oder Sitzland?

- Herrscht Einigkeit zwischen den Joint Venture-Partnern, dass alle Leistungsaustauschverträge zwischen der Joint Venture-Gesellschaft und einzelnen Joint Venture-Partnern nur drittüblich abgeschlossen werden dürfen?

f) Vermarktung

- Welchen Zielmarkt soll das Joint Venture haben? 241
- Wie soll dieser Zielmarkt bearbeitet werden (eigenes Personal/Vertriebssysteme)?
- Wie werden Preise und wesentliche Vertragskonditionen festgelegt?
- Bestehen Zielkonflikte unter den Joint Venture-Partnern betreffend der Preisbildung und/oder dem Zielmarkt?
- Sind Wettbewerbsverbote im Joint Venture-Vertrag erforderlich und nach dem vereinbarten Recht oder zwingend anzuwendenden Drittlandrecht zulässig?

g) Budget/Planung/Rechnungswesen

- Weichen die lokalen Vorschriften für das Rechnungswesen von der internatio- 242
nal üblichen Handhabung oder der von den Joint Venture-Partnern gewünschten Handhabung ab?
- Besteht Veranlassung zu der Annahme, dass die lokalen Vorschriften bezüglich des Rechnungswesens nicht zu einem aus Sicht der Joint Venture-Partner für die Gesellschaft korrekten und realistischen Ausweis der Ertragslage der Joint Venture-Gesellschaft führen?
- Gibt es eine Wechselkursproblematik insbesondere auch im Hinblick auf den Leistungsaustausch zwischen Joint Venture-Partner und der Joint Venture-Gesellschaft?
- In welcher Frequenz oder Sprache sollen Berichte des Managements der Joint Venture-Gesellschaft an den Joint Venture-Partner abgefasst sein?
- Soll der Jahresabschluss der Joint Venture-Gesellschaft zwingend durch einen Wirtschaftsprüfer geprüft werden? Wer bestimmt diesen?
- Sollen die Joint Venture-Partner einen Anspruch auf jederzeitige Sonderprüfung durch einen Wirtschaftsprüfer/Steuerberater bei der Joint Venture-Gesellschaft haben und in welchem Umfang und wer trägt die Kosten hierfür?
  Das Recht, eine derartige Sonderprüfung zu verlangen, ist insbesondere bei Non-Equity-Joint Ventures für den Minderheitsgesellschafter insbesondere bei internationalen Joint Ventures die einzige Möglichkeit, den korrekten Ablauf bei der Joint Venture-Gesellschaft entgegen der Interessen und Handlungslage durch den Mehrheitsgesellschafter zu sichern oder zu erreichen.
- Sollen im Joint Venture-Vertrag weitergehende Informations-/Einsichtsrechte als die, die nach dem Gesetz zwischen den Joint Venture-Partnern bestehen, geregelt werden?

Nach ausländischen Rechtsordnungen bestehen teilweise weniger weitgehende Einsichts- und Prüfungsrechte für die Joint Venture-Partner bei der Joint Venture-Gesellschaft als nach deutschem Recht. Eine klare und eindeutige Regelung von Einsicht- und Prüfungsrechten der Joint Venture-Gesellschafter vermeidet darüber hinaus langwierige und kostspielige Streitigkeiten.
- Soll es im Vorfeld eines jeden Geschäftsjahres eine verbindliche Budget- bzw. eine verbindliche Jahresplanung geben?

h) Steuern

243 – Welche Steuern werden bei der Joint Venture-Gesellschaft erhoben?
- Welche Steuern auf Dividenden-/Gewinnausschüttungen erhoben?
- Gibt es Steuerfreiperioden?
- Wie werden die zusätzlichen vertraglichen Beziehungen (Beratungsverträge, Know-how-Gestellung, Lizenzen, etc.) versteuert?

i) Ausschüttungspolitik

244 Wie wird eine notwendige Ausschüttung oder Thesaurierung von Gewinnen im Gesellschaftsvertrag abgebildet?

j) Förderung

245 Können staatliche Förderungen für das Joint Venture (Gründungsphase oder Betriebsphase) in Anspruch genommen werden?

k) Genehmigung/Rechtslage

246 – Bedarf das Joint Venture einer Genehmigung?
- Besteht eine Genehmigungspflicht für
  - das Gewerbe der Joint Venture-Gesellschaft als solche?
  - die Gründung der Joint Venture-Gesellschaft?
  - die Beteiligung der Joint Venture-Partner an der Joint Venture-Gesellschaft?
  - der Leistungsaustauschverträge zwischen Joint Venture-Partner und Joint Venture-Gesellschaft?
  - für Aufenthalt und Arbeit ausländischen Personals und/oder der Joint Venture-Partner am Sitz der Joint Venture-Gesellschaft?
  - für Importlizenzen und Einfuhrgenehmigungen?
- Welche Auflagen und etwaige Genehmigungen?
- Welche devisenrechtlichen Genehmigungen sind etwa erforderlich, um spätere Retransferierung von Gewinnen zu gewährleisten für

  - Gesellschafterdarlehen
  - Kapital inklusive Gewinn- und Veräußerungserlöse
  - Technologielizenzen
  - Gehälter ausländischen Personals?
- Gibt es sonstige zu beachtende Sonderbedingungen für die Erteilung einer Joint Venture-Gesellschaft oder in deren Zusammenhang, die nach dem jeweiligen Recht zwingend sind?
- Kann nach dem jeweils gewählten Recht der Joint Venture-Gesellschaft ein unerwarteter Verlust der Beteiligung eintreten?

l) Auflösung des Joint Ventures

Wie soll der Auflösungsmechanismus für das Joint Venture aussehen? Hier stehen verschiedene Auflösungsmechanismen zur Verfügung: 247
- Konsensmodell
- einvernehmliche Auflösung des Joint Venture unter Aufteilung der Vermögenswerte (Liquidation)
- Auslösungsregelung
- Andienungs- und Vorkaufsrechte der Joint Venture-Partner
- Mitverkaufsrechte (pay back oder take along-Klauseln)
- Mitverkaufspflichten (drag along-Klauseln) auch gegenüber Dritten
- Call-Optionen oder Put-Optionen für Geschäftsanteile
- offene oder verdeckte Bieterverfahren zur Erlangung der Geschäftsanteile

Praxistipp !

Die vorgenannten vertraglichen Regelungen sind nur zielführend, wenn sie hinsichtlich ihrer Ablauffähigkeit durchdacht und ausführlich gestaltet sind. Bei einer Liquidationslösung sollte klar festgelegt werden, welcher Joint Venture-Partner berechtigt sein soll, welche Assets und/oder Rechte von der Joint Venture-Gesellschaft zu übernehmen.

m) Rechtliche Rahmenbedingungen

- Welches Recht soll für die Verträge vereinbart werden? 248
- Soll ein Schiedsgericht vereinbart werden?
  In aller Regel handelt es sich bei Streitigkeiten zwischen Joint Venture-Partnern um komplexe Vorgänge und/oder bei internationalen Joint Ventures um Vorgänge, die mehrere Rechtsordnungen berühren. Es sollte daher ein etabliertes Schiedsverfahren mit bewährten, einfachen, eine zügige Entscheidung herbeiführenden Regelungen gewählt werden. Dabei ist insbesondere auf einen neutralen Schiedsort und eine allseits verständliche Schiedssprache bei der Regelung Wert zu legen.
- Wer erstellt die ersten Vertragsentwürfe?

- Rangfolge der Verträge
  Der Joint Venture-Vertrag muss in jedem Fall eine Regelung über das Schicksal des vorausgehenden MoU/LoI enthalten und die Rangfolge der Verträge zur Vermeidung von Auslegungsstreitigkeiten bei Widersprüchen eindeutig regeln.

H. Handelsvertreter- und Vertragshändlervertrag

249 Das Wirtschaftsleben ist geprägt von Kooperation und Zusammenarbeit. Selten läuft der gesamte Produktionsprozess einer Ware vom Rohstoff bis zum fertigen Produkt sowie dessen Verkauf unter Regie eines einzigen Unternehmens ab. In der Realität werden verschiedenste Prozessschritte und Verwaltungsaufgaben an unterschiedliche Unternehmen verteilt, zum Beispiel der Vertrieb. Markenhersteller nutzen seltener den Direktvertrieb, sondern bedienen sich Groß- und Einzelhändlern oder vereinbaren Verträge mit ausgewählten Handelsvertretern und Vertragshändlern. Diese befinden sich häufig in einer wirtschaftlichen Abhängigkeit gegenüber ihrem Vertragspartner, der nicht selten ihr einziger Auftraggeber ist. Um einer Übervorteilung entgegenzuwirken, wurden im HGB Schutzbestimmungen zugunsten von Handelsvertretern und Vertragshändlern getroffen. Dennoch ist die Industrie bestrebt, „unternehmerfreundliche“ AGB-Vertragswerke zu schaffen und stößt mit einigen Klauseln an die Grenzen der Rechtswirksamkeit.

I. Handelsvertretervertrag

250 Nach der Legaldefinition in § 84 Abs. 1 HGB ist Handelsvertreter, wer als **selbstständiger** Gewerbetreibender **ständig** damit betraut ist, **für einen anderen** Unternehmer **Geschäfte zu vermitteln oder** in dessen Namen **abzuschließen**. Handelsvertreter kann jede natürliche oder juristische Person sein. Der Handelsvertreter arbeitet in seiner Funktion als Umsatzmittler selbstständig und ist somit vom Arbeitnehmer als unselbstständigen Umsatzmittler abzugrenzen.[121] Selbstständig ist, wer im Wesentlichen frei seine Tätigkeit gestalten und seine Arbeitszeit bestimmen kann. Für Angestellte gelten die Bestimmungen des Arbeitsrechts, für den Handelsvertreter jene aus dem Handelsvertreterrecht, §§ 84ff. HGB. Ein Vertrag zwischen einem Handelsvertreter und einem Unternehmen über die Vermittlung oder den Abschluss von Geschäften (Handelsvertretervertrag) stellt im Kern keinen eigenen Vertragstyp dar, sondern ist vielmehr eine **spezielle Ausgestaltung des Dienstvertrages**. Das zeigt sich auch darin, dass, sofern nicht durch vertragliche Bestimmun-

121 Abgrenzung zwischen Kauf und Handelsvertretertätigkeit OLG Köln VersR 1998, 760.

gen oder spezialgesetzliche Regelungen aus dem HGB verdrängt, für ihn § 675 BGB gilt, welcher wiederum auf zahlreiche Normen zum Dienstvertrag verweist.[122]

Regelungsfalle **!**
Der Begriff des Handelsvertreters ist keine gesetzlich geschützte Berufsbezeichnung. Er kann auch von solchen Personen geführt werden, die keine Handelsvertreter im Sinne dieses Gesetzes sind.[123]

Der Vertrag zwischen dem Unternehmen und dem Handelsvertreter kann **formfrei**, 251
also auch mündlich oder durch schlüssiges Verhalten, abgeschlossen werden.[124] Jeder Vertragspartner hat allerdings das Recht nach Vertragsschluss, die Niederschrift in eine unterzeichnete Urkunde zu verlangen, § 85 HGB.

Die Bezeichnung von Handelsvertretern ist im allgemeinen Sprachgebrauch ab- 252
hängig vom Tätigkeitsfeld, zum Beispiel Versicherungsvertreter, Anzeigenvertreter oder auch Warenvertreter. Da sich in der Praxis rechtliche Ausgestaltungen je nach Art und rechtlicher Stellung des Handelsvertreters ergeben, bedient man sich auch dort verschiedener Begriffe.[125]

- **Vermittlungsvertreter**, deren Aufgabe nur die Vermittlung von Geschäften zwischen Kunde und Unternehmen beinhaltet, und **Abschlussvertreter**, welche nach §§ 91 Abs. 1; 54 ff. HGB; 164 ff. BGB auch zum Abschluss dieser Geschäfte befugt sind
- Abhängig davon, ob nur ein Unternehmen oder mehrere Unternehmen mit gegenseitig ergänzenden Angeboten vertreten werden, unterscheidet man **Einfirmen-** und **Mehrfirmenvertreter**.
- **Bezirksvertreter** ist ein Handelsvertreter, dem ein räumlich begrenzter Bezirk oder Kundenkreis vertraglich zugewiesen ist und der sich um Vermittlungen zwischen diesem und dem Unternehmen zu bemühen hat. Nach § 87 Abs. 2 HGB entsteht für ihn auch ein Anspruch auf tätigkeitsunabhängige Provision für solche Verträge, die zwar ohne seine Mitwirkung, aber mit Personen seines Bezirkes bzw. Kundenkreises geschlossen wurden.
- Der **Alleinvertreter** ist ein spezieller Fall des Bezirksvertreters, dem für den ihm zugewiesenen Bezirk oder Kundenkreis auch ein Ausschließlichkeitsrecht hinsichtlich der Unternehmensvertretung zukommt. Wird durch Direktlieferungen des Unternehmers gegen dieses Recht verstoßen, kann der Alleinvertreter Ersatz des ihm hierdurch entstandenen Schadens verlangen.[126]

---

122 BGH BB 1993, 1105; MüKo-HGB/*von Hoyningen-Huene* § 84 Rn 5, 53 f.
123 Baumbach/*Hopt* § 84 Rn 6.
124 BGH NJW 1983, 1727, 1728.
125 MüKo-HGB/*von Hoyningen-Huene* § 84 Rn 13–17.
126 OLG Düsseldorf BeckRS 2013, 13370.

- **Untervertreter** sind solche, die von einem anderen Handelsvertreter zur Erfüllung seiner Vertragspflicht zum Abschluss von Verträgen betraut sind, vgl. § 84 Abs. 3 BGB.

Vertragsmuster

Notwendiger und abdingbarer Inhalt eines Handelsvertretervertrages[127]:

- Bezeichnung der Parteien und **eventuell** Präambel, vgl. Rn 100 Kap. 3 „Präambeln und ihre Risiken"
- Umfang der Vertretung
  - Bestellung des Handelsvertreters durch den Unternehmer **eventuell** als Bezirksvertreter für bestimmte Postleitzahlengebiete oder auch rot markierten Bereich einer beigefügten Karte (als Anlage beigefügte Karte wird Vertragsbestandteil)
  - Befugnis des Unternehmers, selbst Geschäfte in diesem Gebiet zu tätigen; ausdrücklicher Ausschluss von Gebietsschutz und Gebietsgrenzen **oder** Untersagung von Direktgeschäften des Unternehmers (Alleinvertretung)
  - Erstreckung der Handelsvertretung auf alle Produkte des Unternehmers **oder** ausgewählte und näher bezeichnete Produkte des Unternehmers
- Pflichten des Handelsvertreters
  - **Eventuell** der Pflicht des Handelsvertreters zur persönlichen Leistungserbringung (Abbedingung von § 87 Abs. 2 HGB) **oder** Befugnis des Handelsvertreters, sich zur Erfüllung seiner Aufgaben Dritter zu bedienen/Untervertreter zu beschäftigen/Untervertreter mit Einwilligung des Unternehmers zu beschäftigen
  - Pflicht des Handelsvertreters, dem Unternehmen Geschäfte zu vermitteln; zusätzlich Bevollmächtigung des Handelsvertreters zum Abschluss von Geschäften **oder** Erforderlichkeit einer gesondert erteilten Vollmacht zum Abschluss von Geschäften **oder** Pflicht des Handelsvertreters, bei Vertragsabschluss mit Kunden zu vereinbaren, dass die Wirksamkeit von der Zustimmung des Unternehmers abhängt
  - Pflicht des Handelsvertreters, Interessen des Unternehmers wahrzunehmen und die Geschäftsbeziehungen mit den potentiellen Kunden des Unternehmers zu pflegen
  - **Eventuell** Pflicht des Handelsvertreters, die seinem Gebiet/seinem Kundenkreis zugeordneten Kunden regelmäßig/monatlich/vierteljährlich/halbjährlich zu besuchen
  - Berechtigung/Nichtberechtigung des Handelsvertreters zum Inkasso
  - Geltungsbeschränkung der Erlaubnis bis auf Widerruf des Unternehmers, Widerrufsfristen entsprechend Kündigungsfrist (Verweis auf Vertragsabschnitt zur Kündigung)
  - Berechtigung zur Gewährung von Handelszielen nur mit Einwilligung des Unternehmers
  - Pflicht zur Trennung der kassierten Gelder vom eigenen Vermögen des Handelsvertreters; Benennung des Kontos für Inkassozahlungen
  - Überweisung der Gelder jeweils am XX. eines Monats in Verbindung mit der Übermittlung einer genauen Abrechnung an den Unternehmer
  - Ausschluss des Zurückbehaltungsrechts und/oder der Aufrechnungsbefugnis bezüglich kassierter Kundenzahlungen[128]
  - Pflicht des Handelsvertreters, Unternehmer laufend zu benachrichtigen über alle in den Geschäftsbeziehungen relevanten Umstände, insbesondere Abschlüsse, Vermittlungen,

---

127 *Feick* in: Hoffmann-Becking/Rawert, Beck'sches Formularbuch Bürgerliches, Handels- und Wirtschaftsrecht, 11. Auflage 2013, 5. Handelsvertretervertrag Rn 1–37.

128 *Küstner/v. Manteuffel* Verträge mit Handelsvertretern, 8. Auflage 1992, S. 6.

  eventuell auch Beobachtungen zur Bonität der Kunden, relevante Veränderungen im Kundenkreis
  - Wettbewerbsverbot: Verbot der Wahrnehmung der Interessen von mit dem Unternehmer in Wettbewerb stehenden Firmen **oder** Erlaubnis, für bestimmte Firmen weiterhin tätig zu sein
  - **Eventuell** Wettbewerbsabrede für Zeitraum nach Vertragsende, vgl. Rn 325 Kap. 8 „Wettbewerbsverbote"
  - Pflicht des Handelsvertreters zum Stillschweigen über Geschäftsgeheimnisse des Unternehmers während der Vertragslaufzeit und nach Vertragsbeendigung, vgl. Rn 302 Kap. 8 „Geheimhaltung"
- Pflichten des Unternehmers
  - Pflicht, den Handelsvertreter nach Kräften zu unterstützen, insbesondere unentgeltliche Zurverfügungstellung von Unterlagen wie Mustern, Zeichnungen, Preislisten, Werbedrucksachen und Geschäftsbedingungen
  - Pflicht des Unternehmers, den Handelsvertreter mit allen sich auf mögliche Geschäfte beziehende Informationen zu versehen; **falls** dem Handelsvertreter keine Vertretungsmacht eingeräumt wurde, Pflicht des Unternehmers, ihn unverzüglich über die Annahme oder Ablehnung eines Geschäfts zu informieren
  - Pflicht des Unternehmers, den Handelsvertreter zu unterrichten, wenn er Geschäfte voraussichtlich nur in erheblich geringerem Umfange abschließen kann oder will, als der Handelsvertreter unter gewöhnlichen Umständen erwarten konnte
  - **Falls** dem Unternehmer Direktvertrieb im Bezirk des Handelsvertreters erlaubt wurde, Pflicht , den Handelsvertreter über unmittelbare geschäftliche Tätigkeiten zu unterrichten und Korrespondenz mit Kunden in Kopie zu überlassen
  - Pflicht zur Beachtung der Selbständigkeit des Handelsvertreters bei der Erteilung von Weisungen
- Provision
  - Anspruch des Handelsvertreters auf eine Provision als Entgelt für die Vermittlung von Geschäften bzw. Geschäftsabschlüssen in seinem Gebiet; **falls** Möglichkeit zur Bestellung von Untervertretern ausgeschlossen wurde, Ausschluss des Provisionsanspruchs nach § 87 Abs. 2 HGB
  - Wegfall des Anspruchs auf Provision bzw. Rückzahlungspflicht, wenn feststeht, dass der Kunde des Unternehmers nicht leistet
  - Provisionsabrede
  - Delkredereprovisionsabrede
  - **Eventuell** Inkassoprovisionsabrede
  - Fälligkeit der Provision
  - Ausschluss der Erstattung von Auslagen wie Fahrtkosten, Porto, Telefon- und Faxgebühren **oder** Erstattung einzelner oder aller Auslagen mit monatlicher Deckelung des Erstattungsbetrages
- Vertragsdauer und -beendigung, vgl. Rn 88 Kap. 8 „Vertragslaufzeit"
  - Vertragsdauer: Vertrag auf bestimmte oder unbestimmte Zeit, Beginn mit Unterzeichnung **oder** anderem Datum
  - Kündigungsfristen, **eventuell** Verlängerung gesetzlicher Kündigungsfristen, **eventuell** abweichende Vereinbarung über Kündigungstermin
  - Außerordentliches Kündigungsrecht: Recht jeder Partei, das Vertragsverhältnis aus wichtigem Grunde ohne Einhaltung einer Kündigungsfrist zu kündigen
  - **Eventuell** Vertragsende bei Tod des Handelsvertreters oder Erreichen einer bestimmten Altersgrenze

- **Eventuell** Salvatorische Klausel, vgl. Rn 113 Kap. 2
- **Eventuell** Nebenabreden, Änderungen des Vertrages nur in Schriftform wirksam, vgl. Rn 237 Kap. 8 „Schriftform"
- **Eventuell** Gerichtsstandsvereinbarung, vgl. Rn 266 Kap. 8 „Gerichtsstand"
- **Eventuell** Rechtswahl, vgl. Rn 255 Kap. 8 „Rechtswahl"
- **Eventuell** Schiedsgerichtsvereinbarung bei ausländischer Handelsvertretung, vgl. Rn 21 Kap. 10 „Schiedsverfahren"

1. Pflichten des Handelsvertreters

253 Nach § 86 HGB besteht die Hauptpflicht des Handelsvertreters darin, sich für den Unternehmer um den **Abschluss oder die Vermittlung von Geschäften** zu bemühen. Dabei treffen ihn grundsätzliche **Interessenwahrungs- und Rücksichtspflichten** gegenüber dem Unternehmer, welche das gesamte Vertragsverhältnis beherrschen. Der Handelsvertreter hat zudem die Pflicht, den vertretenen Unternehmer umgehend **von seinen Abschlüssen zu berichten** und alle erforderlichen Informationen zu erteilen. Diese Pflichten hat er mit der **Sorgfalt eines ordentlichen Kaufmannes** wahrzunehmen. Unter Vermittlungstätigkeit ist das Fördern von Vertragsabschlüssen mit Dritten zu verstehen. Die Mitursächlichkeit der Tätigkeit für das Zustandekommen des Vertrages genügt insoweit.[129] Die Tätigkeit muss sich allerdings auf einen **konkreten Geschäftsabschluss** beziehen. Ein allgemeines Werben für einen Unternehmer und dessen Produkte ohne Bezug auf ein konkretes Rechtsgeschäft ist nicht ausreichend. Vermittelt der Handelsvertreter dem Unternehmer ein Geschäft, steht es diesem frei, es anzunehmen oder abzulehnen. Der Handelsvertreter hat ihm gegenüber keinen Anspruch auf Abschluss der vermittelten Geschäfte oder Schadensersatz wegen ausfallender Provision bei Geschäftsablehnung. Die Vermittlung von Geschäften erfolgt begriffsnotwendig in einem **Drei-Personen-Verhältnis**. Nicht ausreichend ist hingegen die Förderung eines Geschäftsabschlusses mit Personenidentität auf Seiten des Handelsvertreters, zum Beispiel bei einer Eigenbestellung. Eine Provision wäre hier nur dann fällig, wenn die Parteien dies vertraglich vereinbart haben.[130]

254 Die dem Handelsvertreter obliegende **Pflicht zur Benachrichtigung** des Unternehmers über jede Geschäftsvermittlung und jeden Geschäftsabschluss kann vertraglich weder beschränkt noch erweitert werden, ist also zwingendes Recht, § 86 Abs. 4 HGB. Dies schließt allerdings nicht aus, dass die Vertragsparteien die Interessenwahrungspflichten vertraglich konkretisieren, etwa durch eine Vereinbarung darüber, wann eine Benachrichtigung „erforderlich" ist.[131] Insbesondere Art, Inhalt,

129 BGH BB 2006, 1300, 1301.
130 MüKo-HGB/*von Hoyningen-Huene* § 84 Rn 66; a.a.O. § 87 Rn 23; Baumbach/*Hopt* § 84 Rn 23.
131 *Küstner/v. Manteuffel* BB 1990, 291, 294.

Häufigkeit und Form der Rechenschaftsberichte bzw. Mitteilungen können vertraglich bestimmt werden.

Der Handelsvertreter unterliegt außerdem **Geheimhaltungspflichten** aus § 90 HGB. Geschäfts- und Betriebsgeheimnisse, die ihm im Rahmen seiner Tätigkeit anvertraut worden sind, darf er nicht verwerten oder weitergeben, sofern dies der Berufsauffassung eines ordentlichen Kaufmannes widersprechen würde. Dies gilt sowohl für den vorvertraglichen Bereich als auch für die Zeit nach Kündigung des Handelsvertretervertrages. **Geschäfts- und Betriebsgeheimnisse** sind zusammenhängende Tatsachen, die nur einem eng begrenzten Personenkreis bekannt, also nicht offenkundig sind und nach dem bekundeten Willen des Unternehmers geheim gehalten werden sollen.[132] Bei Verletzung seiner Geheimhaltungspflichten haftet der Handelsvertreter nach § 280 BGB auf Schadensersatz. Begrenzt wird die Verschwiegenheitspflicht nur von den eigenen schutzwürdigen Interessen des Handelsvertreters. 255

Das Recht des Handelsvertreters, für Firmen zu arbeiten, die mit der Firma des Unternehmers in Wettbewerb stehen, kann vertraglich beschränkt oder ganz ausgeschlossen werden. Mittels einer nachvertraglichen **Wettbewerbsabrede** kann das Verbot unter den Voraussetzungen des § 90a HGB auch auf den Zeitraum nach Kündigung des Handelsvertretervertrages erstreckt werden, vgl. Rn 325 Kap. 8 „Wettbewerbsverbote". 256

2. Pflichten des Unternehmers

a) Provisionen

Hauptpflicht des Unternehmers ist zunächst die **Zahlung der Provision** für alle während des Vertragsverhältnisses abgeschlossene Geschäfte, § 87 HGB. Wie hoch diese ist, wann sie fällig wird und wie sie abgerechnet wird, regeln die §§ 87a bis 87d HGB. Provisionspflichtig sind nur endgültig abgeschlossene, rechtswirksame Geschäfte, deren Vermittlung der Handelsvertreter schuldet. Es entsteht folglich kein Anspruch auf Provision bei nichtigen oder angefochtenen Rechtsgeschäften oder bei Eintritt einer auflösenden Bedingung. Es besteht ferner kein Anspruch auf Provision bei Abschluss solcher Geschäfte, mit denen der Handelsvertreter laut Vertrag nicht betraut war.[133] Nach § 87 Abs. 1 Satz 1 Alt. 2 HGB erhält der Handelsvertreter auch Provision für Nachbestellungen und Folgeaufträge, also gleichartige Verträgen mit solchen Kunden, die er schon zuvor erfolgreich beworben hat.[134] Einem Bezirksvertreter steht nach § 87 Abs. 2 HGB auch dann Provision zu, wenn Verträge zwar ohne seine Mitwirkung, aber innerhalb des ihm zugewiesenen Kundenkreises abge- 257

---

132 Baumbach/*Hopt* § 90 Rn 5.
133 MüKo-HGB/*von Hoyningen-Huene* § 87 Rn 22.
134 Baumbach/*Hopt* § 87 Rn 17 f.

schlossen werden. Dies kann vertraglich dadurch abbedungen werden, dass die Entstehung eines Provisionsanspruches nur für persönlich vermittelte bzw. abgeschlossene Verträge vereinbart wird.

258 **Wirken mehrere Handelsvertreter** an der Vermittlung eines Geschäfts mit, erhalten sie entweder eine vertragliche Teilprovision, Anteile nach Mitwirkungsbeiträgen oder bei fehlender Feststellbarkeit Provision zu gleichen Anteilen. Wirken zwei Handelsvertreter nacheinander, erhält die Provision gemäß § 87 Abs. 1 Satz 2 HGB der früher tätige, soweit der Geschäftsabschluss auf ihn zurückzuführen ist. Der anschließend tätige Handelsvertreter kann Anspruch auf eine anteilige Provision haben, wenn dies aus Billigkeitsgründen gerechtfertigt erscheint, § 87 Abs. 3 Satz 2 HGB.

259 Verpflichtet sich ein Handelsvertreter schriftlich, für die Erfüllung eines Vertrages einzustehen, kann er gemäß § 86b HGB eine besondere Vergütung beanspruchen. Diese sogenannte **Delkredereprovision** gilt jedoch nur für genau bestimmte Geschäfte oder Geschäfte mit bestimmten Dritten, die vom Handelsvertreter vermittelt oder abgeschlossen werden. Der Anspruch des Handelsvertreters entsteht mit Abschluss des Geschäfts, aber nur dann, wenn der Unternehmer oder der Dritte seine Niederlassung bzw. Wohnung im Inland hat und der Handelsvertreter nicht schon zuvor unbeschränkt zu solchen Geschäftsabschlüssen bevollmächtigt war. Dieses Delkredere (besondere Einstandspflicht) hat die Rechtsnatur einer nicht selbstschuldnerischen Bürgschaft[135] und stellt folglich ein besonderes wirtschaftliches Risiko für den Handelsvertreter dar. Daher bedarf die Vereinbarung des Delkredere der Schriftform und muss ausdrücklich getroffen werden. Die Höhe der Provision richtet sich nach Parteivereinbarung oder gemäß § 87b Abs. 1 HGB nach dem üblichen Satz.[136] Die Regelungen aus § 86b HGB sind insgesamt zwingend und **nicht abdingbar**.

Klauselmuster

„Übernimmt der Handelsvertreter für ein bestimmtes Geschäft das Delkredere, so erhält er eine besondere zusätzliche Delkredere-Provision in Höhe von ...%. Die Delkredere-Provision wird ebenso berechnet wie die Provision.“[137]

Als üblich gelten 3–5% Delkredere-Provision.

260 Wurde dem Handelsvertreter ein Inkassoauftrag und eine entsprechende Vollmacht gemäß § 55 Abs. 3 HGB erteilt, hat er für die Einziehung von Geldern im Zusammen-

135 Ebenroth/Boujong/Joost/Strohn/*Löwisch* § 86b Rn 2; Baumbach/*Hopt* § 86b Rn 5; MüKo-HGB/*von Hoyningen-Huene* § 86b Rn 5.

136 Baumbach/*Hopt* § 86b Rn 10; MüKo-HGB/*von Hoyningen-Huene* § 86b Rn 30.

137 *Feick* in: Hoffmann-Becking/Rawert, Beck'sches Formularbuch Bürgerliches, Handels- und Wirtschaftsrecht, 11. Auflage 2013, 5. Handelsvertretervertrag § 4 Absatz 4.

hang mit provisionspflichtigen Geschäften Anspruch auf eine **Inkassoprovision** aus § 87 Abs. 4 HGB.

Klauselmuster

„Der Handelsvertreter hat einen Anspruch auf ...% Inkasso-Provision. Die Inkasso-Provision wird ebenso berechnet wie die Provision."

Eine Inkasso-Provision von 3% ist in etwa die übliche Vergütung. Die „übliche" Vergütung im Sinne des § 87b HGB bestimmt sich nach den Gepflogenheiten des betreffenden Geschäftszweiges, Ortes und das Maß der Einbindung des Handelsvertreters in die Geschäftsvermittlung.[138]

Durch Vereinbarung kann dem Handelsvertreter gestattet werden, die für ihn fällige Provision mit kassierten Kundengeldern zu verrechnen.

„Soweit der Handelsvertreter mit im Einzelfall vom Unternehmer zu erteilender Ermächtigung Forderungen des Unternehmers einzieht, kann er die verdiente Provision zuzüglich Inkasso-Provision einbehalten."[139]

Den Parteien steht es frei, **abweichende Vergütungsvereinbarungen** zu treffen, 261
Möglich ist beispielsweise eine feste Vergütung oder eine Provisionsgarantie im Sinne eines Mindestbetrages. Dies gilt auch für die Inkassoprovision. Die Normen zur gesetzlich vorgesehenen Vergütung werden in diesem Falle verdrängt und sind nicht mehr anwendbar.[140] Es ist vertraglich aufzuschlüsseln, nach welchen Kriterien die Provision berechnet und ausgezahlt wird.

Klauselmuster

„Die Provision für den Abschluss oder die Vermittlung beträgt ...% vom Netto-Rechnungsbetrag abzüglich aller vom Unternehmer gewährten oder vom Kunden in Anspruch genommenen Nachlässe."

Üblich sind 5–8% des Netto-Rechnungsbetrages.

Möglich sind weitere Abreden wie zum Beispiel:

> *„Die Provision für den Abschluss oder die Vermittlung der Geschäfte berechnet sich vom Netto-Rechnungsbetrag abzüglich ... (z.B. Rabatte). Sie beträgt: bis zu einem pro Jahr vermittelten Umsatz von ... EUR 10 %, für den weiteren bis ... EUR 8 %, für den weiter darüber hinausgehenden 5 %."*

Bezüglich der anteiligen Vergütung einer Bezirksprovision kann vereinbart werden:

> *„Die Provision beträgt die Hälfte für Geschäfte im Gebiet des Handelsvertreters, die dieser nicht vermittelt hat."*[141]

---

138 BGH BB 1961, 424.

139 *Feick* in: Hoffmann-Becking/Rawert, Beck'sches Formularbuch Bürgerliches, Handels- und Wirtschaftsrecht, 11. Auflage 2013, 5. Handelsvertretervertrag § 4 Absatz 6.

140 OLG Karlsruhe BB 1966, 1169.

141 *Feick* in: Hoffmann-Becking/Rawert, Beck'sches Formularbuch Bürgerliches, Handels- und Wirtschaftsrecht, 11. Auflage 2013, 5. Handelsvertretervertrag § 4 Absatz 3, Fn 24–26.

262 Der **Anspruch auf Provision entsteht** nach der gesetzlichen Regelung in § 87a HGB mit Ausführung des Geschäfts durch den Unternehmer. Sie kann durch Vereinbarung auch später fällig werden. Allerdings hat der Handelsvertreter in diesem Falle Anspruch auf einen angemessenen Vorschuss, welcher spätestens am letzten Tag des folgenden Monats fällig wird. Spätestens wenn der Dritte, also der Kunde, das Geschäft ausgeführt hat, entsteht der Provisionsanspruch. Die Abrechnung der Provision hat je nach vertraglicher Vereinbarung für einen monatlichen bis maximal vierteljährlichen Zeitraum zu erfolgen, § 87c HGB. Sie ist also spätestens zum Ende des vierten Monats an den Handelsvertreter auszuhändigen. **Fällig** wird die Provision am letzten Tag des Monats, über den die Abrechnung erfolgt, § 87a Abs. 4 HGB.

263 Eine **einseitige Abänderung** der Regelungen über den Provisionsanspruch in AGB ist nicht möglich. Denn auch im kaufmännischen Geschäftsverkehr kann eine Abweichung von der Bindung an die Vertragsvereinbarung nur dann vorgenommen werden, wenn die Vertragsklausel schwerwiegende Änderungsgründe nennt und in ihren Voraussetzungen und Folgen erkennbar die Interessen des Vertragspartners angemessen berücksichtigt.[142]

b) Auskunft- und Rücksichtnahmepflichten

264 Auch den Unternehmer betreffen **Rücksichtnahmepflichten** in Bezug auf die Belange des Handelsvertreters. An zahlreichen Stellen haben die Vertragsparteien zusammenzuarbeiten und den jeweils anderen Vertragsteil zu informieren und einzubinden. Wird beispielsweise ein Handelsvertreter zum Bezirksvertreter des Unternehmers bestellt, darf der Unternehmer ohne Absprache mit ihm keinen weiteren Bezirksvertreter bestellen.

265 Nach § 86a I HGB ist der Unternehmer zudem verpflichtet, dem Handelsvertreter die zur Ausübung seiner Tätigkeit **erforderlichen Unterlagen** wie Muster, Zeichnungen, Preislisten, Werbedrucksachen, Geschäftsbedingungen **zur Verfügung zu stellen**. Hiervon abweichende Vertragsvereinbarungen sind gem. § 86a Abs. 3 HGB unwirksam. Die Unterlagen im Sinne des § 86a HGB sind kostenlos zu überlassen.[143] Der Anspruch beschränkt sich auf die Unterlagen, die der Handelsvertreter tatsächlich benötigt. Ein Auswahlrecht hat er nicht.[144]

266 Der Unternehmer hat dem Handelsvertreter des Weiteren alle **erforderlichen Mitteilungen** zu machen, insbesondere Information über Annahme oder Ablehnung eines Geschäftes und über die Nichtausführung eines von ihm vermittelten Geschäfts, § 86a Abs. 2 HGB. Er hat den Handelsvertreter zudem zu unterrichten, wenn er Geschäfte voraussichtlich nur in erheblich geringerem Umfange abschlie-

142 OLG München NJW-RR 2009, 458, 460.
143 BGH NJW 2011, 2423, 2425.
144 OLG Köln BeckRS 2008, 20519.

ßen kann oder will, als der Handelsvertreter unter gewöhnlichen Umständen erwarten konnte. Diese Hauptpflichten sind **durch Vertrag nicht abdingbar**, § 86a Abs. 3 HGB. Von diesen Einschränkungen abgesehen besteht volle Vertragsfreiheit. So ist es den Vertragsparteien möglich, eine Pauschale für die Überlassung von nicht zur Ausübung der Tätigkeit des Handelsvertreters erforderlichen Unterlagen zu vereinbaren.[145] Verstößt der Unternehmer gegen diese Pflichten, entsteht zwar kein Provisionsanspruch, aber ein Anspruch auf **Schadensersatz.**

3. Beendigung des Vertragsverhältnisses

a) Kündigung

Zur **ordentlichen Kündigung** eines Handelsvertretervertrages sind die gesetzlichen 267
Kündigungsfristen aus § 89 Abs. 1 HGB zu beachten. Ist das Vertragsverhältnis auf unbestimmte Zeit eingegangen, so kann es im ersten Jahr der Vertragsdauer mit einer Frist von einem Monat, im zweiten Jahr mit einer Frist von zwei Monaten und im dritten bis fünften Jahr mit einer Frist von drei Monaten gekündigt werden. Nach einer Vertragsdauer von fünf Jahren kann das Vertragsverhältnis mit einer Frist von sechs Monaten gekündigt werden. Vereinbaren die Parteien keinen Kündigungstermin, kann die Kündigung zum Schluss eines Kalendermonats erfolgen. Die Kündigungsfristen können vertraglich verlängert, aber nicht verkürzt werden. Ist für den Unternehmer eine kürzere Kündigungsfrist als für den Handelsvertreter vereinbart, gilt die kürzere Frist auch für letzteren, § 89 Abs. 2 HGB.

Das Recht zur **fristlosen Kündigung** aus wichtigem Grunde muss beiden Par- 268
teien eingeräumt werden und kann nicht vertraglich ausgeschlossen werden, § 89a HGB.

b) Überhangprovisionen

Auch noch nach Kündigung des Handelsvertretervertrages können Ansprüche auf 269
Provision für den Handelsvertreter entstehen. Von sogenannten **Überhangprovisionen** nach § 87 Abs. 1 Satz 2 HGB spricht man, wenn noch während des Vertragsverhältnisses ein Geschäft aufgrund der Tätigkeit des Handelsvertreters abgeschlossen, aber erst nach Beendigung ausgeführt wird.[146] Mit dem Abschluss des Geschäfts während des laufenden Vertrags erhält der Handelsvertreter eine Anwartschaft auf die Provision, welche er nicht durch Kündigung verliert. Diese Überhangprovisionen können abbedungen werden, allerdings muss die Vereinbarung den Fall der verspäteten Vertragsausführung durch den Unternehmer ausnehmen. Andernfalls läge ein Verstoß gegen § 87a Abs. 3 Satz 1, Abs. 5 HGB vor.

---

145 Ebenroth/Boujong/Joost/Strohn/*Löwisch* § 86a Rn 56.
146 BGH NJW-RR 1998, 629.

275 Der so berechnete Ausgleichsbetrag wird durch die in § 89b Abs. 2 HGB normierte **Ausgleichshöchstgrenze** gedeckelt. Der Ausgleich beträgt demnach **höchstens** eine nach dem Durchschnitt der letzten fünf Jahre der Tätigkeit des Handelsvertreters berechnete Jahresprovision oder sonstige Jahresvergütung. Bei kürzerer Dauer des Vertragsverhältnisses ist der Durchschnitt während der Dauer der Tätigkeit maßgebend. Für diese Höchstgrenze sind alle dem Handelsvertreter im maßgeblichen Zeitraum zugeflossenen Zahlungen zu berücksichtigen, z.B. Lagerhaltung, Inkasso, Delkredere[157] und noch anstehende Überhangprovisionen.[158]

276 Der Handelsvertreter hat seinen Ausgleichsanspruch gegenüber dem Unternehmer eindeutig und unmissverständlich geltend zu machen. Er ist dabei zwar an keine Form gebunden,[159] hat aber eine **Jahresfrist** ab Vertragsende zu beachten, § 89b Abs. 4 Satz 2 HGB.

277 Der **Ausgleichsanspruch entfällt** in den Fällen des § 89b Abs. 3 HGB, welche solche Situationen erfassen, in denen der Handelsvertreter nicht mehr schutzwürdig ist. Darunter fallen eine nicht durch Alter oder Krankheit bedingte Kündigung durch den Handelsvertreter, die nicht durch das Verhalten des Unternehmers veranlasst wurde, und eine Kündigung des Unternehmers, wenn für diese ein wichtiger Grund in Form eines schuldhaften Verhaltens des Handelsvertreters vorlag. Der Ausgleichsanspruch kann auch dann entfallen, wenn der Handelsvertreter nach Vertragsende mit dem Unternehmer vereinbart hat, dass ein Dritter in das Vertragsverhältnis eintreten soll.

278 Der gesetzliche Ausgleichsanspruch **kann nicht vor Beendigung des Vertrages ausgeschlossen** werden, § 89b Abs. 5 HGB, selbst dann nicht, wenn der Handelsvertreter nicht schutzbedürftig ist.[160] Der Unabdingbarkeitsgrundsatz verbietet nach seinem Sinn und Zweck nicht nur Vereinbarungen, durch die der Ausgleich ganz ausgeschlossen wird, sondern auch solche Regelungen, durch die er im Ergebnis mehr oder weniger eingeschränkt wird.[161] Vertraglich vereinbarte Zusatzzahlungen des Unternehmers an den Handelsvertreter, z.B. Altersversorgung, können im **Einzelfall** innerhalb der Billigkeitsprüfung in die Berechnung des Ausgleichsanspruches mit einfließen.[162] Eine Abweichung von der gesetzlichen Regelung ist jedoch **gleichzeitig** mit dem Aufhebungsvertrag **oder nach Vertragsbeendigung zulässig**.

---

157 BGH BB 1971, 105, 106; OLG Karlsruhe BB 1982, 274, 276.
158 *Emde* BB 2011, 2755, 2764.
159 BGH NJW 1970, 1002, 1003.
160 BGH NJW 1990, 2889, 2890.
161 BGH NJW-RR 1991, 156, 158; BGH NJW 1971, 465; BGH NJW 1967, 248, 249.
162 OLG Köln VersR 2001, 1377.

  - Pflicht, die Interessen des Herstellers im Vertragsgebiet nach Kräften zu wahren und wirksame Vertriebsorganisation zu unterhalten
  - Verbot, die Interessen von mit dem Unternehmer in Wettbewerb stehenden Firmen wahrzunehmen **oder** abschließende Aufzählung von Unternehmen, für die der Händler/ Kommissionär/Handelsvertreter tätig werden darf; **eventuell** Zustimmungsvorbehalt (Ablehnung nur zulässig, wenn durch Gleichartigkeit der zu vertreibenden Produkte begründet)
  - Werbung im Vertragsgebiet auf eigene Kosten; Abstimmung der Werbung mit Hersteller zwecks Einheitlichkeit; unentgeltliche Überlassung von Werbedrucksachen des Herstellers an Händlers
  - Pflicht zur Kennzeichnung aller Verkaufsstellen/Werkstätten des Händlers mit Firmen-Emblem des Herstellers; Befugnis zur Nutzung des Firmen-Emblems und der Marken des Herstellers nur für die Dauer des Vertrags; Verkauf von Waren nur in Originalausstattung des Herstellers
  - Verbot eines aktiven Verkaufs von Vertragsgegenständen an Dritte, die ihren Wohn- oder Geschäftssitz außerhalb des Vertragsgebietes haben
  - **Eventuell** Wettbewerbsabrede für den Zeitraum nach Vertragsende, vgl. Rn 325 Kap. 8 „Wettbewerbsverbote"
  - Stillschweigen des Handelsvertreters über Geschäftsgeheimnisse des Unternehmers während der Vertragslaufzeit und nach Vertragsende, vgl. Rn 302 Kap. 8 „Geheimhaltung"
- Pflichten des Herstellers
  - Unterstützung des Händlers bei der Vertriebstätigkeit
  - **Falls**, dann Verpflichtung des Herstellers, Dritte im Vertragsgebiet des Händlers während des Vertrages nicht zu beliefern (Alleinvertriebsvereinbarung); Vereinbarung einer Provisionspflicht für den Fall der Zuwiderhandlung (üblich: 5% des eingenommenen Nettobetrages)
- Vertragsdauer und -beendigung, vgl. Rn 88 Kap. 8 „Vertragslaufzeit"
  - Vertragsbeginn (mit Unterzeichnung **oder** abweichendem Datum)
  - Kündigungsfristen, **eventuell** Verlängerung gesetzlicher Kündigungsfristen, **eventuell** abweichende Vereinbarung von Kündigungsterminen
  - Ausdrückliche Aufrechterhaltung des Rechts zur außerordentlichen Kündigung (§ 314 BGB)
  - Schriftform der Kündigung
  - Rückgabe von unentgeltlich zur Verfügung gestelltem Werbematerial bei Vertragsbeendigung
  - Rücknahme von käuflich erworbenem Werbematerial und nicht verkauften Vertragsgegenständen zum Einkaufspreis (unter Berücksichtigung einer Wertminderung), **eventuell** Rücknahme durch Dritten; **eventuell** Ausschluss der Rücknahme, wenn Händler die Vertragsbeendigung zu verantworten hat
- **Eventuell** Inbezugnahme der AGB des Herstellers (aktuelle AGB beifügen!)
- **Eventuell** salvatorische Klausel, vgl. Rn 113 Kap. 2
- **Eventuell** Nebenabreden; Schriftformerfordernis für Vertragsänderungen, vgl. Rn 237 Kap. 8 „Schriftform"
- **Eventuell** Gerichtsstandsvereinbarung, vgl. Rn 266 Kap. 8 „Gerichtsstand"
- **Eventuell** Rechtswahl, vgl. Rn 255 Kap. 8 „Rechtswahl"
- **Eventuell** Schiedsgerichtsvereinbarung bei ausländischer Handelsvertretung, vgl. Rn 21 Kap. 10 „Schiedsverfahren"

I. Dienstleistungsvertrag

I. Einleitung

289 Der Dienstvertrag ist ein Vertrag, bei dem die menschliche Arbeit selbst zum Gegenstand des Rechtsverkehrs wird.[181] Durch den Dienstvertrag wird der Dienstnehmer (Dienstverpflichteter) zur **Leistung der versprochenen Dienste** und der andere Teil (Dienstgeber) zur **Gewährung der vereinbarten Vergütung** verpflichtet. Der Dienstvertrag ist ein **Dauerschuldverhältnis**. Geregelt ist er in den §§ 611 bis 630 BGB. Wesentliches Merkmal die Erbringung einer konkreten Leistung. Unterscheidungsmerkmal zum Werkvertrag ist, dass anstelle eines konkreten Erfolgs **lediglich eine Tätigkeit**, also das Bemühen um einen Erfolg, **geschuldet** ist. Der Dienstvertrag kann formfrei abgeschlossen werden.

! **Regelungsfalle**
Bei Abschluss eines Arbeitsvertrages bedarf die Befristung des Vertrages der Schriftform, vgl. § 14 Abs. 4 TzBfG. Ist diese nicht gewahrt, liegt ein unbefristetes Arbeitsverhältnis vor, § 16 TzBfG.

290 Die versprochenen „Dienste" können grundsätzlich jeder Art sein. Beispiele für den Dienstleistungsvertrag sind Unterrichtungsverträge,[182] Werbeverträge[183] oder Anwaltsverträge.[184] Allgemein wird unterschieden zwischen freien Dienstverträgen und Arbeitsverträgen.[185] Letztere sind Sonderformen von Dienstverträgen. Auf sie findet das strenge Arbeitnehmerschutzrecht Anwendung. Merkmal für die in der Praxis sehr relevante Abgrenzung zwischen (freien) Dienstverträgen und Arbeitsverträgen ist das Maß an Selbständigkeit und Unabhängigkeit, welches der Dienst- bzw. Arbeitnehmer bei der Leistungserbringung für sich in Anspruch nimmt. Ein (freier) Dienstvertrag liegt vor, wenn der Dienstnehmer seine Dienstleistung in **persönlicher, wirtschaftlicher und sozialer Selbstständigkeit** leistet.[186] Der Arbeitnehmer hingegen erbringt seine Arbeitsleistung in persönlicher Abhängigkeit vom Arbeitgeber. Dieser kann Inhalt, Zeit und Ort der Arbeitsleistung im Rahmen der vertraglichen Vereinbarungen und seines Direktionsrechts (§ 106 GewO) grundsätzlich frei bestimmen. In diesem Abschnitt des Buches beschränken sich die Ausführungen

---

181 Staudinger/*Richardi/Fischinger* § 611 Rn 2.
182 BGH, Urteil vom 4.11.1992, VII ZR 235/91 (= NJW 1993, 326, 327).
183 *Fuchs* in: Bamberger/Roth, Beck'scher Online-Kommentar BGB, Edition 33, Stand 1.11.2014, § 611 Rn 27.
184 Palandt/*Weidenkaff* Einf v § 611 Rn 20.
185 Zur Abgrenzung siehe unten ab Rn 326 Kap. 7.
186 Palandt/*Weidenkaff* Einf v § 611 Rn 16.

auf den klassischen Dienstleistungsvertrag mit vereinzelten Abgrenzungen zum Arbeitsrecht.

Checkliste

?

Potentielle Inhalte eines Dienstleistungsvertrages:

- Bezeichnung der Parteien, **eventuell** Präambel, vgl. Rn 100 Kap. 3 „Präambeln und ihre Risiken"
- Pflichten des Dienstverpflichteten, Rn 291 Kap. 7
  - Geschuldete Dienstleistung: möglichst genaue Beschreibung bezüglich Art, Umfang, Ort und Dauer, gegebenenfalls unter Bezugnahme auf ein bestimmtes Leistungsverzeichnis (Anlage zum Vertrag), vgl. Rn 1 Kap. 8 „Leistungsbeschreibung"
  - Vereinbarung des Leistungszeitpunkts
  - Vertraulichkeitsregelung (insbesondere Stillschweigen des Dienstverpflichteten über Geschäftsgeheimnisse des Dienstherren während des Vertrages und nach Beendigung), vgl. Rn 302 Kap. 8 „Geheimhaltung"
  - **Eventuell** Stellung von Arbeitsmitteln, Werkzeugen und ähnlichem durch Dienstverpflichteten oder Dienstherren, vgl. Rn 295 Kap. 8 „Kooperation und Abwicklung"
  - Regelungen in Bezug auf Pflichtverletzungen, (z.B. für den Fall verspäteter oder schlechter Dienstleistung), vgl. Rn 111 Kapitel 8 „Vertragsstrafe"
  - **Falls** Vorauszahlungen oder Stundensätze vereinbart werden, Pflicht des Dienstverpflichteten, Zwischenabrechnungen für den Dienstherrn anzufertigen; Zeitpunkt und Form von Abrechnungen (E-Mail, Schriftform); **Eventuell** Vereinbarung einer Dokumentationspflicht
- Pflichten des Dienstherrn, Rn 300 Kap. 7
  - Höhe bzw. Berechnung und Fälligkeit der Dienstvergütung; **eventuell** verbindlicher Pauschalpreis; **eventuell** Vergütung nach Stundensätzen
  - **Eventuell** Vereinbarung von Mitwirkungspflichten, vgl. Rn 295 Kap. 8 „Kooperation und Abwicklung"
  - Ausschluss oder Genehmigung der Dienstausführung durch Dritte
  - Verzugsregelungen, vgl. Rn 153 Kap. 8 „Verzug" und Rn 111 Kap. 8 „Vertragsstrafe"
- Vertragsbeendigung, Rn 77 Kap. 7 und vgl. Rn 88 Kap. 8 „Vertragslaufzeit"
  - besondere Kündigungsgründe
  - Form und Frist der Kündigung sowie Auswirkungen hinsichtlich der Vergütung
- **Eventuell** Salvatorische Klausel Rn 113 Kap. 2
- **Eventuell** Nebenabreden; Schriftformerfordernis für Vertragsänderungen, vgl. Rn 237 Kap. 8 „Schriftform"
- **Eventuell** Gerichtsstandsvereinbarung, vgl. Rn 266 Kap. 8 „Gerichtsstand"
- **Eventuell** Rechtswahl, vgl. Rn 255 Kap. 8 „Rechtswahl"
- **Eventuell** Schiedsgerichtsvereinbarung, vgl. Rn 21 Kap. 10 „Schiedsverfahren"

II. Pflichten des Dienstverpflichteten

1. Leistungserbringung

Hauptleistungspflicht des Dienstverpflichteten ist die Leistung der versprochenen 291
Dienste. Deren Inhalt bestimmt sich in erster Linie nach den **vertraglichen Vereinbarungen**. Diese sollten möglichst genau die geschuldete Leistung bezüglich In-

halt, Umfang, Zeit und Ort beschreiben. Im Arbeitsrecht finden sich insoweit zahlreiche unabdingbare Sondervorschriften, die beachtet werden müssen, zum Beispiel hinsichtlich Arbeitszeit, Entgeltfortzahlung, Urlaubsregelungen et cetera.

292 Der Dienstverpflichtete hat die versprochene Leistung gemäß § 613 BGB im Zweifel **in Person** zu leisten und kann grundsätzlich keinen Dritten mit der Leistungserbringung beauftragen. Folge der persönlichen Leistungserbringung ist, dass der Inhalt der Leistungspflicht vom **individuellen Leistungsvermögen** des Dienstleistenden geprägt ist und nicht etwa eine abstrahierte „Normalleistung" geschuldet ist.[187] Aus diesem Grunde finden sich im Dienstvertragsrecht auch keine dem Kauf- oder Werkvertragsrecht ähnlichen Gewährleistungsregelungen. Der Dienstberechtigte kann zwar bei schuldhafter Schlechtleistung Schadensersatzansprüche geltend machen, aber er kann die Vergütung nicht mindern oder Nacherfüllung verlangen. Somit trägt der Dienstherr die Gefahr für die Nichtverwertbarkeit der Tätigkeit.[188] Der Maßstab für die ordnungsgemäße Leistungserbringung richtet sich nach den Umständen im Einzelfall. Maßstab sind insoweit unter anderem die innerhalb des Berufsstandes vorherrschenden Sorgfaltsanforderungen, z.B. die Ausführung „lege artis", zu Deutsch „nach den Regeln der Kunst".[189]

! **Regelungsfalle**

Eine vertragswidrige Ausführung der vereinbarten Dienstleistung durch Dritte stellt keine Erfüllung dar. Der Dienstverpflichtete macht sich stattdessen wegen Nichterfüllung schadensersatzpflichtig und kann sich auch nicht auf eine ungerechtfertigte Bereicherung des Vertragspartners berufen, da er selbst um die Vertragswidrigkeit wusste.[190] Eine Zulässigkeit der Leistungserbringung durch Dritte kann sich jedoch auch aus den Umständen ergeben.[191] Die Höchstpersönlichkeit der Leistungserbringung beim Dienstvertrag hindert zudem den Dienstverpflichteten nicht, sich zur Vorbereitung oder Einhaltung von Nebenpflichten Hilfspersonen zu bedienen, zum Beispiel Sekretär oder medizinischer Assistent.

293 Wie eingangs angesprochen wurde, hat der Dienstverpflichtete nicht für den Eintritt eines bestimmten Erfolges einzutreten. Er hat sich aber um die Herbeiführung des Erfolges zu bemühen und würde sich treuwidrig verhalten, wenn er den mit der Dienstleistung verfolgten Zweck vereiteln würde.[192]

---

187 Staudinger/*Richardi* Eckpfeiler des Zivilrechts, Neubearbeitung 2014/2015, S. 1073 Rn 54.

188 *Franzen* in: Dauner-Lieb/Langen, BGB/Schuldrecht, 2. Auflage 2012, § 611 Rn 4.

189 *Fuchs* in: Bamberger/Roth, Beck'scher Online-Kommentar BGB, Edition 33, Stand 1.11.2014, § 611 Rn 60.

190 *Mansel* in: Jauernig, Kommentar zum BGB, 15. Auflage 2014, § 611 Rn 6.

191 Zum Beispiel bei Beauftragung einer Rechtsanwaltssozietät mit einem Mandat, BGH, Urteil vom 29.4.1963, III ZR 211/61 (= NJW 1963, 1301).

192 Staudinger/*Richardi* Eckpfeiler des Zivilrechts, Neubearbeitung 2014/2015, S. 1 074 Rn 58.

Im Unterschied zum Arbeitnehmer ist der Dienstverpflichtete nicht weisungsgebunden und kann im Wesentlichen eigenständig über die Art der Ausführung der Dienstleistung bestimmen.[193] 294

Obwohl der Gesetzeswortlaut darauf schließen lässt, dass der Gesetzgeber von natürlichen Personen als Dienstverpflichteten ausgeht, ist es allgemein anerkannt, dass **auch eine juristische Person oder eine Gesamthand** sich gegen Entgelt zur Leistungserbringung verpflichten kann. Die den Arbeitnehmer schützenden Vorschriften des Arbeitsrechts finden auf solche Organisationsstrukturen im Prinzip keine Anwendung.[194] 295

2. Nebenleistungspflichten

Gemäß den allgemeinen zivilrechtlichen Grundsätzen (§ 242 BGB) hat der Dienstverpflichtete die Leistung so zu erbringen, wie **Treu und Glauben** mit Rücksicht auf die Verkehrssitte es gebieten. Daraus ergeben sich gerade wegen der ausgeprägten persönlichen Elemente des Dienstvertrags erweiterte Nebenpflichten. Je nachdem, um welche Dienstleistung es sich handelt, können sich mit Blick auf das Vertrauensverhältnis zwischen den Parteien aus der Treuepflicht des Dienstleistenden im einen Fall höhere Anforderungen ergeben als im anderen.[195] 296

Neben dem grundsätzlichen Gebot, anvertraute Rechtsgüter des Vertragspartners zu schützen und vor drohenden Schäden zu bewahren, vgl. § 241 Abs. 2 BGB, hat der Dienstverpflichtete, je nach Vertragsausgestaltung, **Wettbewerbsverbote** zu beachten. Diese sind zum Teil gesetzlich geregelt, vgl. § 60 HGB für Handlungsgehilfen, zum Teil beruhen sie auf der Rechtsprechung. Für Arbeitnehmer beispielsweise gilt auch ohne ausdrückliche Vereinbarung ein Wettbewerbsverbot während der Vertragslaufzeit. Auch kann der Arbeitgeber die Nebentätigkeit von seiner Genehmigung abhängig machen, wenn sie seinen Dienstbetrieb beeinträchtigt[196] oder er ein berechtigtes Interesse daran hat.[197] Vertiefende Ausführungen zur vertraglichen Vereinbarung von Wettbewerbsverboten finden sich ab S. 432 in Kapitel 8Q „Wettbewerbsverbote“. 297

Der Gesetzgeber hat zum Teil ausdrücklich für einige Berufsgruppen besondere Nebenpflichten außerhalb des BGB normiert, zum Beispiel in § 43 Bundesrechtsanwaltsordnung (BRAO) oder § 57 Steuerberatungsgesetz (StBerG). In solchen Gesetzen findet sich auch oftmals eine **Verpflichtung zur Verschwiegenheit** in Bezug 298

193 Palandt/*Weidenkaff* § 611 Rn 24.
194 Staudinger/*Richardi/Fischinger* § 611 Rn 18 f.
195 *Mansel* in: Jauernig, Kommentar zum BGB, 15. Auflage 2014, § 611 Rn 23.
196 BAG, Urteil vom 3.12.1970, 2 AZR 110/70 (= BAG AP Nr. 60 zu § 626 BGB).
197 BAG, Urteil vom 26.8.1976, 2 AZR 377/75 (= BAG AP Nr. 68 zu § 626 BGB; = VersR 1977, 851).

auf Betriebsgeheimnisse, zum Beispiel § 62 StBerG. Auch für Arbeitnehmer existiert eine solche Regelung, vgl. § 17 UWG.

299 Von immer größer werdender Bedeutung sind mit der Dienstleistung einhergehende **Dokumentationspflichten**. Bei ärztlichen Tätigkeiten sind sie seit langem anerkannt.[198] Bei den freien Berufen ist die Existenz solcher Pflichten noch nicht richterlich geklärt. Auf Grund des Grundsatzes „Ohne Arbeit kein Lohn", ist es aus Sicht des Dienstverpflichteten empfehlenswert, die Verrichtung der Dienstleistung beziehungsweise ihr vertragsgemäßes Angebot zu dokumentieren.[199]

Beispiel
Eine Klausel in einem Arbeitsvertrag, wonach der Arbeitnehmer nachvollziehbare Tätigkeitsnachweise zu erstellen hat, die sich auch auf die Art der Tätigkeit erstrecken, hat das Bundesarbeitsgericht für wirksam gehalten, auch deshalb, weil der Arbeitnehmer in Abwesenheit von Vorgesetzten zu arbeiten hatte.[200]

III. Pflichten des Dienstherren

1. Vergütung

300 Hauptleistungspflicht des Dienstherrn ist die Zahlung der **vertraglich vereinbarten Vergütung**. In der Bestimmung der Höhe und Berechnung der Vergütung sind die Parteien weitgehend frei. So kann der Dienstlohn beispielsweise nach der Zeit (z.B. Stundensätze) oder nach der Leistung (z.B. Akkord- oder Prämienlohn) bemessen werden. Möglich ist auch die Vereinbarung einer Vergütung in Form von Provisionen oder einer Gewinnbeteiligung in Form von Tantiemen. Die Berechnungsformen lassen sich grundsätzlich nach Belieben kombinieren.[201] Auch die Vereinbarung eines Mindestverdienstes ist möglich.

301 Haben die Parteien **keine Vergütungsvereinbarung** getroffen, ist aber die Dienstleistung den Umständen nach nur gegen Vergütung zu erwarten, so gilt eine Vergütung als **stillschweigend vereinbart**, vgl. § 612 Abs. 1 BGB. Die Höhe richtet sich in diesen Fällen entweder nach einer Taxe, soweit sie vorliegt, oder aber nach der **üblichen Vergütung**.

198 *Fuchs* in: Bamberger/Roth, Beck'scher Online-Kommentar BGB, Edition 33, Stand 1.11.2014, § 611 Rn 62f.
199 *Fuchs* in: Bamberger/Roth, Beck'scher Online-Kommentar BGB, Edition 33, Stand 1.11.2014, § 611 Rn 65.
200 BAG, Urteil vom 18.4.2012, 5 AZR 248/11 (= NZA 2012, 998, 999).
201 Palandt/*Weidenkaff* § 611 Rn 57f.

Strengeren Voraussetzungen und Bindungen unterliegen Vergütungsvereinbarungen im Arbeitsrecht.[202] 302

Regelungsfalle

Bei einigen Berufsständen gelten besondere Vorgaben für Vergütungsvereinbarungen, so zum Beispiel für das Honorar von Rechtsanwälten, vgl. § 49b BRAO und das Rechtsanwaltsvergütungsgesetz (RVG).

Fällig wird die Vergütung nach der Leistung der Dienste, vgl. § 614 BGB. Der Dienstverpflichtete ist also **vorleistungspflichtig**. Ist die Vergütung nach Zeitabschnitten bemessen, so ist sie nach Ablauf der einzelnen Zeitabschnitte zu entrichten. § 614 BGB ist jedoch abdingbar. Die Parteien können folglich auch eine Vorauszahlung der Vergütung vereinbaren. Eine solche stellt kein Darlehen dar, weil der Vergütungsanspruch nicht erst mit der Erbringung der Leistung, sondern schon mit Vertragsschluss entsteht.[203] 303

Im Dienstvertragsrecht kann es dazu kommen, dass der Dienstverpflichtete einen fälligen Vergütungsanspruch hat, ohne die Leistung je erbracht zu haben. Dies passiert in den Fällen des **Annahmeverzuges**, also dann, wenn der Dienstleistungsverpflichtete seine Leistung ordnungsgemäß anbietet, der Dienstherr diese aber nicht annimmt, vgl. § 615 BGB. In der Regel muss der Dienstleistende die Leistung in diesem Falle aufgrund ihres Fixschuldcharakters (d.h. die Leistung soll oder kann nur zu der vereinbarten Zeit erbracht werden) auch nicht nachholen. Er hat sich aber auf seine Vergütung dasjenige anrechnen zu lassen, was er durch das Unterbleiben der Dienstleistung erspart hat oder durch anderweitige Verwendung seiner Dienste erwirbt. 304

2. Aufwendungsersatz

Neben der Vergütung kann der Dienstverpflichtete bei entsprechender vertraglicher Vereinbarung oder gesetzlicher Regelung Ersatz seiner Aufwendungen verlangen, wenn er bei der Leistungserbringung **eigene Vermögensmittel im Interesse des Dienstberechtigten** eingesetzt hat und diese nicht bereits durch seine Vergütung abgegolten sind.[204] Bei Dienstverträgen, die eine Geschäftsbesorgung zum Gegenstand haben, zum Beispiel bei der Tätigkeit eines Gesellschafters für eine Handels- 305

202 *Mansel* in: Jauernig, Kommentar zum BGB, 15. Auflage 2014, § 611 Rn 30.

203 Staudinger/*Richardi* Eckpfeiler des Zivilrechts, Neubearbeitung 2014/2015, S. 1078 Rn 73; Palandt/*Weidenkaff* § 614 Rn 3.

204 *Fuchs* in: Bamberger/Roth, Beck'scher Online-Kommentar BGB, Edition 33, Stand 1.11.2014, § 611 Rn 72.

gesellschaft, basiert dieser Anspruch auf §§ 675, 670 BGB. In speziellen berufsspezifischen Regelungen, beispielsweise in Teil 7 des Vergütungsverzeichnisses des Rechtsanwaltsvergütungsgesetzes, sind Aufwendungsersatzansprüche oft ausdrücklich geregelt.

3. Nebenpflichten

306 Auch für den Dienstberechtigten ergeben sich die allgemeinen Nebenleistungs- und Rücksichtpflichten aus §§ 241 Abs. 2, 242 BGB. Je nach Art der Dienstleistung variieren sie nach Inhalt und Umfang. Einige Fürsorgepflichten sind explizit in §§ 617, 618 BGB normiert und gemäß § 619 BGB auch nicht im Voraus durch Vertrag abdingbar.

307 Die in § 617 BGB geregelte Verpflichtung des Dienstberechtigten zur **Krankenfürsorge** hat mittlerweile eine nur noch geringe praktische Bedeutung.[205] Nach dieser Norm hat der Dienstherr in bestimmten Fällen für die Krankenfürsorge eines solchen Dienstverpflichteten einzustehen, der auf Dauer im Dienstverhältnis arbeitet, wenn dieses Dienstverhältnis die Erwerbstätigkeit vollständig oder hauptsächlich in Anspruch nimmt. Dies gilt jedoch nur, wenn der Dienstverpflichtete in die häusliche Gemeinschaft aufgenommen ist und für die Behandlung keine Versicherung oder öffentliche Krankenpflege einsteht. Dies ist heutzutage in Deutschland nahezu immer der Fall.

308 Leben, Gesundheit, aber auch die zur Dienstausführung in die Sphäre des Dienstberechtigten gebrachten Sachen sind vor Schaden zu bewahren.[206] § 618 BGB normiert eine Pflicht des Dienstberechtigten zur **Vornahme von Schutzmaßnahmen**. Er hat Räume, Vorrichtungen oder Gerätschaften, die er zur Verrichtung der Dienstleistung zu beschaffen hat, so einzurichten und zu unterhalten und Dienstleistungen, die unter seiner Anordnung oder seiner Leitung vorzunehmen sind, so zu regeln, dass der Verpflichtete gegen Gefahr für Leben und Gesundheit so weit geschützt ist, wie es die Natur der Dienstleistung gestattet.

309 Nach der Rechtsprechung bezieht sich diese Norm zwar nicht auf das in den Betrieb eingebrachte **Eigentum** des Dienstberechtigten. Allerdings trifft den Arbeitgeber insoweit eine **verbietende Fürsorgepflicht**. Er hat demnach die Benutzung von Räumlichkeiten des Betriebes für die Unterstellung von Arbeitnehmereigentum, welches üblicherweise und als arbeitsfördernd eingebracht wurde, zu verbieten wenn die betreffenden Räumlichkeiten eine Gefahr für das eingebrachte Eigentum mit sich bringen.[207] Eine allgemeine Pflicht zum Schutze des zur Dienstleistung ein-

---

205 Staudinger/*Richardi* Eckpfeiler des Zivilrechts, Neubearbeitung 2014/2015, S. 1086 Rn 102.
206 *Mansel* in: Jauernig, Kommentar zum BGB, 15. Auflage 2014, § 611 Rn 40.
207 BAG, Urteil vom 5.3.1959, 2 AZR 268/56 (= NJW 1959, 1555).

gebrachten Eigentums des Dienstleistenden wird sich im Ergebnis jedenfalls aus §§ 241 Abs. 2, 242 BGB ergeben.[208]

Je nach Art der Dienstleistung können die Parteien bereits im vorvertraglichen Stadium **Aufklärungspflichten** treffen. Daher muss die eine Partei die andere unaufgefordert über Umstände informieren, die dieser unbekannt, die aber für ihre Entscheidung zum Vertragsschluss oder die Durchführung der Dienstleistung erheblich sind. Erheblich sind sie dann, wenn Gefahren für das Leistungs- oder Integritätsinteresse der anderen Partei entstehen.[209] 310

IV. Beendigung des Vertrages

Der Dienstvertrag als Dauerschuldverhältnis kann auf verschiedene Arten beendet 311
werden. Unter anderem kann er durch Ablauf der vereinbarten Befristung, durch Aufhebungsvertrag oder durch Kündigung ein Ende finden. Grundsätzlich sind die Anforderungen an die Beendigung eines Arbeitsverhältnisses höher als diejenigen an die Beendigung eines freien Dienstverhältnisses. Daher sind die Ausführungen zum freien Dienstvertrag nicht ohne weiteres auf das Arbeitsrecht übertragbar.

Für einige weitere Sonderfälle des Dienstvertrages wie z.B. den **Handelsvertre-** 312
tervertrag gelten zudem weitere spezielle Normen.[210] Bei einer Dienstleistung, die eine **Geschäftsbesorgung zum Gegenstand** hat, sind zusätzlich die §§ 671 ff. BGB zu beachten, wonach beispielsweise so gekündigt werden muss, dass für die Geschäftsbesorgung noch anderweitig Vorsorge getroffen werden kann.

1. Befristung

Nach § 620 Abs. 1 BGB endet das Dienstverhältnis mit Ablauf der Zeit, für die es ein- 313
gegangen wurde. Diese **Zeitbefristung** kann durch Bestimmung eines kalendermäßigen Termins oder eines zeitlich von vornherein festgelegtes Ereignis, zum Beispiel das Stattfinden einer Messe,[211] vorgenommen werden.[212] Ebenso ist die Vereinbarung einer Höchstdauer, einer Mindestdauer oder die Kombination aus beidem zulässig. Eine Mindestdauer ist rechtlich gesehen der Ausschluss des Rechts zur ordentlichen

208 *Fuchs* in: Bamberger/Roth, Beck'scher Online-Kommentar BGB, Edition 33, Stand 1.11.2014, § 611 Rn 75.
209 *Fuchs* in: Bamberger/Roth, Beck'scher Online-Kommentar BGB, Edition 33, Stand 1.11.2014, § 611 Rn 76.
210 Zur Beendigung von Handelsvertreterverträgen vgl. Rn 267 Kap. 7.
211 *Fuchs* in: Bamberger/Roth, Beck'scher Online-Kommentar BGB, Edition 33, Stand 1.11.2014, § 611 Rn 21.
212 *Mansel* in: Jauernig, Kommentar zum BGB, 15. Auflage 2014, § 620 Rn 2; *Franzen* in: Dauner-Lieb/Langen, BGB/Schuldrecht, 2. Auflage 2012, § 620 Rn 3 ff.

Kündigung bis zum Ablauf der Mindestdauer. Eine Befristung kann sich auch nur auf einzelne Vertragsinhalte beziehen oder nachträglich zwischen den Parteien vereinbart werden.

Regelungsfalle
Vereinbaren die Parteien nur einen ungefähren Zeitraum, zum Beispiel „ca. drei Wochen", ist das Dienstverhältnis auf unbestimmte Zeit geschlossen.[213]

314 Die Bestimmung von **Zweckbefristungen** oder **auflösenden Bedingungen** unterliegt bei freien Dienstverträgen keinen besonderen gesetzlichen oder von der Rechtsprechung entwickelten Schranken.[214] Sie dürfen lediglich nicht sittenwidrig sein, vgl. § 138 BGB, nicht gegen die Gebote von Treu und Glauben verstoßen, § 242 BGB, oder eine Umgehung der Regelungen zur fristlosen Kündigung darstellen, vgl. § 626 BGB. Von einer Zweckbefristung spricht man, wenn mit der Erreichung oder dem Wegfall eines bestimmten, dem Dienstverhältnis selbst innewohnenden Umstandes, der Vertrag beendet werden soll. Eine auflösende Bedingung liegt vor, wenn die Beendigung des Vertrages bei Vertragsschluss von dem Eintritt eines noch ungewissen Ereignisses abhängig gemacht wird (§ 158 Abs. 2 BGB).[215]

Praxistipp
Soll der Dienstvertrag bei Zweckerreichung beendet werden, ist es wichtig, diesen Zweck im Vertragstext hinreichend deutlich zu beschreiben, so dass den Parteien klar ist, wann der Vertrag beendet werden soll.[216] Die konkludente Vereinbarung einer Zweckbestimmung ist zwar zulässig, aber in der gerichtlichen Praxis aufgrund hoher Bestimmtheitsanforderungen kaum durchsetzbar.
Nicht ausreichend ist beispielsweise die Beschreibung „für die Dauer des Forschungsprojektes", da der Eintritt der Bedingung, nämlich der Abschluss des Forschungsprojekts, sich nicht hinreichend konkret feststellen lässt.

315 Den Parteien steht es zudem frei eine **Doppelbefristung** zu vereinbaren, also eine zeitliche Höchstgrenze mit einer Zweckbefristung zu kombinieren.[217] Das Dienstverhältnis endet in diesem Falle mit dem zuerst eintretenden befristenden Ereignis.

---

213 *Franzen* in: Dauner-Lieb/Langen, BGB/Schuldrecht, 2. Auflage 2012, § 620 Rn 3.

214 Palandt/*Weidenkaff* Vorb v § 620 Rn 4; Staudinger/*Oetker* Vorbem zu § 620 ff. Rn 70.

215 Zur Erklärung von auflösenden Bedingungen vgl. Rn 94 Kap. 2 „Bedingungen und Befristungen".

216 Im Arbeitsrecht sogar ausdrücklich bestätigt in BAG, Urteil vom 15.5.2012, 7 AZR 35/11 (= NZA 2012, 1366, 1368); Staudinger/*Oetker* § 620 Rn 24 f.

217 *Franzen* in: Dauner-Lieb/Langen, BGB/Schuldrecht, 2. Auflage 2012, § 620 Rn 7; Staudinger/*Oetker* § 620 Rn 31.

Praxistipp

Wird das Dienstverhältnis nach dem Ablauf der vereinbarten Dienstzeit von dem Verpflichteten mit Wissen des anderen Teiles fortgesetzt, so gilt es als auf unbestimmte Zeit verlängert, vgl. § 625 BGB. Diese Folge kann nur abgewandt werden indem der andere Teil unverzüglich widerspricht!

2. Aufhebungsvertrag

Aufgrund der Vertragsfreiheit können sich die Parteien auch einvernehmlich über 316 das Ende des Dienstvertrages einigen und einen Aufhebungsvertrag schließen. Dieser unterliegt den allgemeinen Vorschriften des Vertragsrechts. Einem Schriftformerfordernis unterliegt gemäß § 623 BGB nur die Aufhebung eines Arbeitsverhältnisses. Ein freies Dienstverhältnis kann formfrei, auch konkludent aufgehoben werden.[218] Allgemeine Informationen zu Aufhebungsverträgen finden sich auch ab Rn 57 in Kap. 6 im Abschnitt „Aufhebungsvereinbarungen und Vertragsänderungen".

3. Kündigung

Die Kündigung ist ein einseitiges, empfangsbedürftiges Rechtsgeschäft, auf die Be- 317 endigung des Dienstverhältnisses gerichtet und als Gestaltungsrecht grundsätzlich bedingungs- und befristungsfeindlich. Abhängig vom Kündigungsgrund wird zwischen der ordentlichen und außerordentlichen Kündigung unterschieden, um die Schutzwürdigkeit der Parteien je nach Sachlage zu berücksichtigen.

a) Ordentliche Kündigung

Das Recht zur ordentlichen Kündigung steht gemäß § 620 Abs. 2 BGB jeder Ver- 318 tragspartei nach Maßgabe der §§ 621 bis 623 BGB zu und entsteht mit dem Abschluss des unbefristeten Dienstvertrages.

Regelungsfalle

Durch die Vereinbarung einer Befristung schließen die Parteien zugleich das Recht zur ordentlichen Kündigung aus, § 620 Abs. 2 BGB. Die ordentliche Kündigung befristeter Dienstverhältnisse ist daher nicht möglich, wenn sie nicht ausdrücklich vertraglich vereinbart wird.[219]

Das Recht zur ordentlichen Kündigung kann bei freien Dienstverträgen durch Par- 319 teivereinbarung ausgeschlossen werden.[220] Die ordentliche Kündigung muss dem

---

218 Staudinger/*Oetker* § 623 Rn 10 ff.

219 Palandt/*Weidenkaff* Vorb v § 620 Rn 42; *Fuchs* in: Bamberger/Roth, Beck'scher Online-Kommentar BGB, Edition 33, Stand 1.11.2014, § 620 Rn 55.

220 Palandt/*Weidenkaff* Vorb v § 620 Rn 44.

anderen Teil gegenüber erklärt werden und bedarf **keiner inhaltlichen Begründung** (Kündigungsgrund). Eine Begründungspflicht kann jedoch vertraglich vereinbart werden.[221] Die **Wirkung** der ordentlichen Kündigung tritt erst **mit Ablauf der Kündigungsfrist** ein. Vergütungsansprüche und Dienstleistungspflicht bleiben bis dahin bestehen.[222]

320 Die Länge der **ordentlichen Kündigungsfrist** und der **Kündigungstermin** variieren gemäß § 621 BGB je nach der Bemessungsgrundlage der Vergütung. Die Kündigung kann/muss erfolgen,

- an jedem Tag für den Ablauf des folgenden Tages, wenn die Vergütung nach Tagen oder Stunden[223] bemessen ist,
- spätestens am ersten Werktag einer Woche für den Ablauf des folgenden Samstages, wenn die Vergütung nach Wochen bemessen ist,
- spätestens am 15. eines Monats für den Schluss des Kalendermonats, wenn die Vergütung nach Monaten bemessen ist,
- unter Einhaltung einer Kündigungsfrist von sechs Wochen zum Schluss eines Kalendervierteljahrs, wenn die Vergütung nach Vierteljahren oder längeren Zeitabschnitten bemessen ist,
- jederzeit, wenn die Vergütung nicht nach Zeitabschnitten bemessen ist; bei einem die Erwerbstätigkeit des Verpflichteten vollständig oder hauptsächlich in Anspruch nehmenden Dienstverhältnis ist jedoch eine Kündigungsfrist von zwei Wochen einzuhalten.

321 Für die Einordnung kommt es nicht auf die Fälligkeit oder Auszahlung der Vergütung, sondern auf ihre vertragliche Bemessungsgrundlage an. Wurden mehrere Bemessungsgrundlagen kombiniert, ist derjenige Teil maßgeblich, der den wesentlichen Teil der Vergütung ausmacht. Die Frist **beginnt mit dem Zugang** der Kündigung. Geht die Kündigung nicht fristgemäß zum angegeben Kündigungstermin zu, wirkt sie in der Regel zum nächsten zulässigen Kündigungstermin.[224] Diese Kündigungsfristen sind jedoch **nicht zwingend**. Die Parteien können abweichende Fristen vereinbaren.[225] Bei Formularverträgen sind jedoch die Regelungen in § 309 Nr. 9 BGB zu beachten. Vertiefende Ausführungen dazu finden sich ab Rn 88 Kap. 8 „Vertragslaufzeit".

---

221 *Franzen* in: Dauner-Lieb/Langen, BGB/Schuldrecht, 2. Auflage 2012, § 620 Rn 24.
222 *Mansel* in: Jauernig, Kommentar zum BGB, 15. Auflage 2014, § 620 Rn 13.
223 *Franzen* in: Dauner-Lieb/Langen, BGB/Schuldrecht, 2. Auflage 2012, § 621 Rn 6.
224 *Mansel* in: Jauernig, Kommentar zum BGB, 15. Auflage 2014, § 621 Rn 3.
225 BGH, Urteil vom 25.11.1963, VII ZR 29/62 (= NJW 1964, 350).

b) Außerordentliche Kündigung

Nach § 626 BGB hat eine Partei ein Recht zur außerordentlichen Kündigung, wenn ein **wichtiger Grund** vorliegt, der ein Festhalten am Vertrag bei Abwägung der Interessen beider Vertragsteile bis zum Ablauf der ordentlich Kündigungsfrist oder bis zum vereinbarten Beendigungstermin unzumutbar macht. Das Recht zur außerordentlichen Kündigung steht den Parteien im befristeten und im unbefristeten Dienstverhältnis zu. 322

Die zur außerordentlichen Kündigung berechtigte Partei muss die Kündigung innerhalb von **zwei Wochen**, nachdem sie von den für die Kündigung maßgebenden Tatsachen **Kenntnis erlangt** hat, erklären, vgl. § 626 Abs. 2 BGB. 323

Liegen diese Voraussetzungen vor, beendet die außerordentliche Kündigung das Dienstverhältnis mit Zugang beim Empfänger **fristlos**, also mit sofortiger Wirkung. Der Kündigende kann bei Ausspruch allerdings auch einen späteren Beendigungstermin festlegen (z.B. fristlose Kündigung des Arbeitsverhältnisses mit sozialer Auslauffrist). Der Kündigende hat dem Vertragspartner auf dessen Verlangen den Kündigungsgrund unverzüglich schriftlich mitzuteilen. Die Verletzung dieser Pflicht bleibt allerdings in der Regel ohne Folgen. Das Recht zur fristlosen Kündigung kann nicht vertraglich abbedungen werden und auch nicht erheblich über das gesetzliche Maß hinaus erweitert werden.[226] 324

Praxistipp !

Ganz allgemein und unabhängig vom Vertragstyp gilt, dass gesetzlich eingeräumte Rechte zur außerordentlichen Kündigung (z.B. § 314 BGB) durch Vertrag nie abbedungen werden können. Denn sie sind Ausfluss eines allgemeinen Zumutbarkeitsgedankens. Möglich ist es allerdings in bestimmten Grenzen, das Vorliegen eines wichtigen Grundes vertraglich näher zu definieren.

V. Abgrenzung zu anderen Vertragstypen und Sonderformen

Da beim Dienstvertrag grundsätzlich jede beliebige Art von Tätigkeit geschuldet sein kann, ist die Abgrenzung zu anderen Vertragstypen mitunter schwierig, zumal die Dienstleistungsgesellschaft immer wieder neue Arten von Serviceleistungen hervorbringt. 325

1. Arbeitsvertrag

Der Dienstvertrag hat in sich selbst eine facettenreiche Ausgestaltung erfahren. Der in der Praxis wichtigste Dienstvertrag ist der **Arbeitsvertrag**. Das Arbeitsverhältnis 326

226 Palandt/*Weidenkaff* § 626 Rn 2.

unterliegt zahllosen gesetzgeberischen Vorgaben, die durch die arbeitsgerichtliche Rechtsprechung konkretisiert und ergänzt werden. Als Beispiele genannt seien hier nur das Teilzeit- und Befristungsgesetz (TzBfG), das u.a. weitreichende Vorgaben für die Befristung des Arbeitsverhältnisses macht, das Kündigungsschutzgesetz (KSchG), das in seinem Anwendungsbereich die ordentliche Kündigung des Arbeitsverhältnisses durch den Arbeitgeber vom Vorliegen eines Kündigungsgrundes abhängig macht, das Entgeltfortzahlungsgesetz (EFZG), das eine Pflicht des Arbeitgebers zur Entgeltfortzahlung im Krankheitsfall statuiert und das Allgemeine Gleichbehandlungsgesetz (AGG), das eine Diskriminierung von Arbeitnehmern/Stellenbewerbern aufgrund bestimmter Merkmale ausschließen soll. Eckpfeiler des Arbeitsvertragsrechts bilden die schuldrechtlichen Vorschriften des BGB.[227] Viele Regelungen in den §§ 611 ff. BGB gelten ausdrücklich nur bzw. gerade nicht für Arbeitsverträge. Für arbeitsrechtliche Streitigkeiten ist auch der **Rechtsweg zu den Arbeitsgerichten eröffnet**, während Streitigkeiten aus freien Dienstverträgen regelmäßig von den ordentlichen Zivilgerichten entschieden werden.

327 Aus den genannten Gründen ist die Abgrenzung zwischen Arbeitsvertrag und freiem Dienstvertrag in der Praxis von großer Bedeutung und nicht selten problematisch. Entscheidend kommt es auf das **Maß der persönlichen Abhängigkeit** bzw. Selbständigkeit des Dienstnehmers/Arbeitnehmers vom Dienstgeber/Arbeitgeber an. Hierfür hat die Rechtsprechung eine Vielzahl von Kriterien geschaffen, die sich an § 84 Abs. 1 Satz 2 HGB orientieren. Danach ist selbständig (und damit freier Dienstnehmer), wer im Wesentlichen seine Tätigkeit frei gestalten und seine Arbeitszeit frei bestimmen kann. Umgekehrt spricht es für ein Arbeitsverhältnis, wenn der Verpflichtete hinsichtlich Inhalt, Ort und Zeit der Dienstleistung den Weisungen des Dienstgebers unterworfen ist. Starkes Indiz ist insoweit die Eingliederung in eine betriebliche Struktur.

2. Werkvertrag

328 Häufig ergeben sich Probleme bei der Abgrenzung des Dienstvertrags vom Werkvertrag,[228] da beide Verträge auf eine Tätigkeit des Verpflichteten gerichtet sind. Entscheidendes Merkmal für das Vorliegen eines Werkvertrags ist, dass der Werkunternehmer für die **Herbeiführung eines bestimmten Werkerfolges** einzustehen hat; der Dienstleistende hingegen schuldet nur seine Tätigkeit, also ein auf einen Erfolg gerichtetes Bemühen.[229] Für den Erfolg seiner Bemühungen hat er dagegen nicht einzustehen. Dies wirkt sich wesentlich auf das **Vergütungsri-**

227 Staudinger/*Richardi* Eckpfeiler des Zivilrechts, Neubearbeitung 2014/2015, S. 1060 Rn 14 ff.

228 Vertiefende Ausführungen dazu ab Rn 41 Kap. 7 „Werkvertrag"; speziell zur Abgrenzung vergleiche auch Rn 94 Kap. 7 „Abgrenzung".

229 BGH, Urteil vom 16.7.2002, X ZR 27/01 (= NJW 2002, 3323, 3324).

siko aus. Während der Werkunternehmer erst bei rügeloser Abnahme des Werkes Anspruch auf seinen Werklohn hat, erhält der Dienstverpflichtete ihn auch dann, wenn der mit der Dienstleistung verfolgte Zweck ausgeblieben ist. Anders als den Dienstnehmer treffen den Werkunternehmer zudem gesetzliche **Gewährleistungsansprüche**, wenn er seine Werkleistung mangelhaft erbringt, vgl. §§ 634 ff. BGB.

Dennoch stellt sich gerade bei gesetzlich speziell geregelten Verträgen wie 329
- dem Frachtvertrag (§§ 425 ff. HGB),
- dem Handelsvertretervertrag (§§ 84 ff. HGB),[230]
- dem Kommissionsvertrag (§§ 383 ff. HGB)
- oder dem Speditionsvertrag (§§ 407 HGB)

die Frage, ob bei der Schließung von Vertragslücken Dienstvertrags- oder Werkvertragsrecht herangezogen werden soll.[231] In der Praxis wird durch die **Herausarbeitung typischer Aspekte** unterschieden. So kann es sich zum Beispiel nicht um einen Werkvertrag handeln, wenn die Leistung gar keinen abnahmefähigen Werkerfolg hervorbringt.[232]

Praxistipp !
Für die Beurteilung, welcher Vertragstyp vorliegt, ist in der Regel nicht die vertragliche Bezeichnung maßgeblich, sondern die sich aus dem materiellen Vertragsinhalt ergebenden Charakteristika.[233] Weicht der festgelegte Vertragsinhalt von der tatsächlichen Durchführung ab, ist letztere entscheidend.

3. Auftrag

Auch beim Auftrag (§§ 662 ff. BGB) schuldet der Auftragnehmer Dienstleistungen. 330
Unterscheidungsmerkmal zum Dienstvertrag ist, dass die versprochene Leistung **unentgeltlich** erfolgt. Aus diesem Grund treffen den Auftragnehmer diverse Haftungserleichterungen.

Allerdings ist die Entgeltlichkeit nicht immer ein taugliches Abgrenzungs- 331
merkmal. So gibt es in Form des Volontärverhältnisses, vgl. § 82a HGB, und im Rahmen von Praktika unentgeltliche Dienstleistungsverhältnisse mit einschlägigen Schutzvorschriften aus dem Arbeitsrecht.[234] Weiterhin finden über § 675 BGB bei

230 Dazu vertiefend ab Rn 249 Kap. 7 „Handelsvertreter- und Vertragshändlervertrag".
231 Staudinger/*Richardi* Eckpfeiler des Zivilrechts, Neubearbeitung 2014/2015, S. 1059 Rn 8 ff.
232 *Fuchs* in: Bamberger/Roth, Beck'scher Online-Kommentar BGB, Edition 33, Stand 1.11.2014, § 611 Rn 11.
233 BGH, Beschluss vom 27.9.2011, 1 StR 399/11 (= NJW 2012, 471, 472).
234 MüKo-BGB/*Müller-Gloge* § 611 Rn 34.

Dienstverträgen, die eine Geschäftsbesorgung zum Gegenstand haben, auch wichtige Vorschriften des Auftragsrechts Anwendung.

4. Geschäftsbesorgungsvertrag

332 Unter einer Geschäftsbesorgung versteht man die Verpflichtung zu einer **selbstständigen Tätigkeit wirtschaftlicher Art im fremden Interesse.**[235] Ein Handeln im fremden Interesse liegt vor, wenn die Tätigkeit an sich dem Geschäftsherrn obliegt und diesem durch die Verpflichtung zur Geschäftsführung abgenommen werden soll.[236]

Beispiel

Beispiele für Geschäftsbesorgungsverträge sind:
- Auktionatortätigkeiten[237]
- Inkassoleistungen[238]
- Treuhandverträge

333 Beim Geschäftsbesorgungsvertrag bilden die dienstvertraglichen Regelungen den **Ausgangspunkt.** Sie werden jedoch **durch § 675 BGB ergänzt**, welcher auf wesentlichen Normen aus dem Auftragsrecht verweist. Die wichtigsten Pflichten sind die **Geschäftsbesorgung** mit einer speziellen **Treuepflicht** des Geschäftsbesorgers gegenüber dem Geschäftsherrn, sowie **Auskunfts-, Rechenschafts- und Herausgabepflichten.** Dem gegenüber steht ein Anspruch auf Vergütung. Dieser Vergütungsanspruch basiert je nach Ausgestaltung des Vertrages auf § 612 BGB oder aber auf dem Werkvertragsrecht, § 631 BGB.

5. Dienstverschaffungsvertrag

334 Beim Dienstleistungsvertrag hat der Dienstleistende persönlich für die Erbringung der vereinbarten Leistung einzustehen. Bei einem Dienstverschaffungsvertrag besteht die Verpflichtung hingegen darin, die **Dienste eines oder mehrerer Dritter zu verschaffen.**[239] Da sich der Verpflichtete auch im Rahmen eines Dienst- oder

235 BGH, Urteil vom 29.4.2004, III ZR 279/03 (= WM 2004, 2398); BGH, Urteil vom 17.10.1991, III ZR 352/89 (= NJW-RR 1992, 560).

236 *Fischer* in: Bamberger/Roth, Beck'scher Online-Kommentar zum BGB, Edition 33, Stand 1.11.2014, § 675 Rn 3.

237 *Fuchs* in: Bamberger/Roth, Beck'scher Online-Kommentar BGB, Edition 33, Stand 1.11.2014, § 611 Rn 15.

238 BGH, Urteil vom 29.4.2004, III ZR 279/03 (= WM 2004, 2398, 2399).

239 MüKo-BGB/*Müller-Gloge* § 611 Rn 35.

Werkvertrages bei der Erbringung seiner Leistung Erfüllungsgehilfen bedienen darf, soweit dies nicht ausgeschlossen wurde, ist auch hier die Abgrenzung nicht immer einfach. Entscheidend ist, wer das **Weisungsrecht** in Bezug auf die zur Leistungserbringung eingesetzten Personen hat. Steht das Weisungsrecht dem aus dem Vertrag Verpflichteten zu, so stellen die eingesetzten Arbeitskräfte lediglich seine Erfüllungsgehilfen dar, derer er sich zur Erfüllung seiner Leistungspflicht bedient. Es liegt ein Dienst- oder Werkvertrag vor. Kann aber der Auftraggeber die überlassenen Arbeitskräfte nach seiner Weisung und gemäß seinen Erfordernissen einsetzen, so handelt es sich um einen Dienstverschaffungsvertrag.[240] Wer Arbeitskräfte aufgrund eines Dienstverschaffungsvertrages zur Verfügung stellt, **haftet** der anderen Partei **nicht für die ordnungsgemäße Leistung der Arbeiter**,[241] sondern lediglich für deren ordnungsgemäße Auswahl. Abhängig von der vertraglichen Gestaltung bzw. der tatsächlichen Durchführung kann eine Arbeitnehmerüberlassung vorliegen mit der Folge, dass die Normen des Arbeitnehmerüberlassungsgesetzes (AÜG) einschlägig sind.

Praxistipp

Entscheidend ist nicht in erster Linie der Geschäftsinhalt laut Vertrag, sondern die praktische Umsetzung des Vertrages.[242] Werden im Rahmen eines „Dienstvertrages" die vermeintlichen Erfüllungsgehilfen des Dienstverpflichteten in Wahrheit als Leiharbeitnehmer eingesetzt, kann es sich um einen genehmigungspflichtigen Arbeitnehmerüberlassungsvertrag handeln.

VI. Verjährung

Für Ansprüche aus dem Dienstleistungsvertrag, z.B. den Vergütungsanspruch, gilt 335
grundsätzlich die **regelmäßige Verjährungsfrist** von **drei Jahren**, § 195 BGB.[243] Die Parteien können vertraglich die Haftung wegen Vorsatz nicht verkürzen oder eine Verjährungsfrist von mehr als 30 Jahren vereinbaren. Davon abgesehen steht es ihnen frei, Vereinbarungen über die Verjährung zu treffen, beispielsweise die gesetzlichen Hemmungsgründe oder Tatbestände des Neubeginns zu erweitern oder einzuschränken.[244]

240 BAG NJW 1979, 2636, 2637.

241 MüKo-BGB/*Müller-Gloge* § 611 Rn 36.

242 BAG NZA 2004, 1182.

243 *Fuchs* in: Bamberger/Roth, Beck'scher Online-Kommentar BGB, Edition 33, Stand 1.11.2014, § 611 Rn 102; vgl. auch die allgemeinen Ausführungen auf Rn 106 Kap. 2.

244 Palandt/*Ellenberger* § 202 Rn 4.

J. Geschäftsraummiete

I. Allgemeines

336 Der Begriff „Geschäftsraummiete“ ist im Gesetz nicht definiert. Unter „Geschäftsräumen“ versteht man üblicherweise Räume, die zu geschäftlichen (insbesondere gewerblichen oder freiberuflichen) Zwecken gemietet sind. Insofern kann die Unterscheidung der Geschäftsraum- von der Wohnraummiete auch über eine negative Abgrenzung erfolgen. Danach ist Voraussetzung zumindest, dass es sich um ein **Mietverhältnis** handelt, dass **nicht zu Wohnzwecken** dient (vgl. auch § 578 Abs. 2 BGB). Geschäftsräume sind also vor allem Büro- und Ladenflächen, Lager-, Hallen- und Logistikflächen, Werkstätten, Praxisräume, Stellplätze für PKW, Fassaden- und Dachflächen (insbesondere im Zusammenhang mit der Errichtung und dem Betrieb von Photovoltaikanlagen) sowie unbebaute Grundstücke.

337 Auf die Geschäftsraummiete finden die allgemeinen mietvertraglichen Vorschriften der §§ 535 bis 548 BGB sowie die besonderen Vorschriften der §§ 578 bis 580 a BGB Anwendung. Gemäß § 578 werden zudem bestimmte Vorschriften des Wohnraummietrechts für anwendbar erklärt.

338 Die **Zweckbestimmung** richtet sich nicht nach der tatsächlichen Nutzung, sondern nach der ausdrücklichen oder schlüssigen (konkludenten) vertraglichen **Abrede der Vertragsparteien.**[245] So hat der BGH entschieden, dass es sich gleichwohl nicht um Wohnraum handelt, wenn zu gewerblichen Zwecken vermietete Räume später zu Wohnzwecken untervermietet werden.[246] Der Vertragszweck ist im Zweifel durch Auslegung zu ermitteln. Insofern kann ausnahmsweise auch auf die tatsächliche Nutzung abgestellt werden, wenn eine vertragliche Zweckbestimmung fehlt.[247]

339 Eine einseitige Nutzungsänderung durch den Mieter muss der Vermieter aber gegebenenfalls gegen sich gelten lassen, wenn er ihr längere Zeit nicht widerspricht, sondern sie duldet.[248]

340 Die für die Parteien des Geschäftsraummietvertrages geltenden Hauptpflichten ergeben sich aus § 535 BGB. Nach der gesetzlichen Wertung ist der Vermieter verpflichtet, dem Mieter den Gebrauch der Mietsache während der Mietzeit zu gewähren, die Mietsache dem Mieter in einem zum vertragsgemäßen Gebrauch geeigneten Zustand zu überlassen, sie während der Mietzeit in diesem Zustand zu erhalten und die auf der Mietsache ruhenden Lasten zu tragen. Der Mieter hingegen hat dem Vermieter die vereinbarte Miete zu entrichten.

---

245 BGH, Versäumnisurteil vom 23.4.1997 – VIII ZR 212/96.

246 BGH, Urteil vom 26.3.1969 – VIII ZR 76/67.

247 *Lindner-Figura/Stellmann* in: Lindner-Figura/Oprée/Stellmann, Geschäftsraummiete, 3. Auflage 2012, Kapitel 1 Rn 49.

248 OLG Hamburg, Urteil vom 2.11.1994 – 4 U 228/93.

Aus dem so beschriebenen Inhalt des Mietverhältnisses ergeben sich auch die wesentlichen Vertragsbestandteile, *essentialia negotii*, des Geschäftsraummietvertrages: Vertragsparteien, Mietsache, Mietzeit und Miete.[249] Geschäftsraummietverträge, die regelmäßig auf eine bestimmte Zeit geschlossen werden, müssen diese wesentlichen Inhalte so bestimmt oder zumindest bestimmbar schriftlich regeln, damit sie – neben anderen Voraussetzungen – dem Schriftformerfordernis gemäß §§ 578 Abs. II, I, 550 BGB genügen, das für Mietverträge gilt, die für längere Zeit als ein Jahr geschlossen sind. Ist die Schriftform nicht eingehalten, läuft der Vertrag auf unbestimmte Zeit und kann unter Einhaltung der gesetzlichen Frist ordentlich gekündigt werden. 341

Neben den vorgenannten wesentlichen Vertragsbestandteilen enthalten Mietverträge über Geschäftsräume Regelungen über die Pflichten- und Kostenverteilung, die von der gesetzlichen Wertung des § 535 BGB abweichen. Dies gilt vor allem für Regelungen über die Ausführung und Kostentragung für Schönheitsreparaturen, Instandhaltung- und Instandsetzungsarbeiten. 342

II. Abgrenzung zum Pachtvertrag

Die Abgrenzung des Mietvertrages vom Pachtvertrag erfolgt anhand von § 581 Abs. 1 BGB, ist aber nicht unproblematisch. Durch den Pachtvertrag wird der Verpächter verpflichtet, dem **Pächter** den **Gebrauch des verpachteten Gegenstands** und den **Genuss der Früchte**, soweit sie nach den Regeln einer ordnungsmäßigen Wirtschaft als Ertrag anzusehen sind, während der Pachtzeit zu gewähren. Maßgebliches Abgrenzungskriterium zwischen Miete und Pacht ist also die Verpflichtung, dem Nutzer nicht nur den Gebrauch des Vertragsgegenstandes, sondern darüber hinaus den Genuss der Früchte, zu gewähren. Der Pächter ist verpflichtet, dem Verpächter die vereinbarte Pacht zu entrichten. Auch wenn § 581 Abs. 2 BGB die mietvertraglichen Vorschriften grundsätzlich für anwendbar erklärt, enthält das Pachtrecht spezielle Regelungen, woraus die Relevanz der Abgrenzung zur Geschäftsraummiete resultiert. 343

So ist der Pächter zur Erhaltung der einzelnen Inventarstücke verpflichtet, wenn ein Grundstück mit Inventar verpachtet wird (§ 582 Abs. 1 BGB). Ferner steht dem Pächter eines Grundstücks für die Forderungen gegen den Verpächter, die sich auf das mitgepachtete Inventar beziehen, ein Pfandrecht an den in seinen Besitz gelangten Inventarstücken zu (583 Abs. 1 BGB). Die ordentliche gesetzliche Kündigungsfrist bei unbestimmter Pachtzeit beträgt ein halbes Jahr zum Schluss eines 344

249 So der BGH in ständiger Rechtsprechung, z.B. Urteil vom 24.7.2013 – XII ZR 104/12, der insbesondere Mietgegenstand, Mietzins sowie Dauer und Parteien des Mietverhältnisses zu wesentlichen Vertragsbestandteilen zählt.

Pachtjahrs; sie hat spätestens am dritten Werktag des halben Jahres zu erfolgen, mit dessen Ablauf die Pacht enden soll (§ 584 Abs. 1 BGB). Außerdem ist der Pächter nicht zur Kündigung berechtigt, wenn der Verpächter die Unterverpachtung verweigert. § 540 BGB findet keine Anwendung (§ 584a Abs. 1 BGB). Der Verpächter ist nicht berechtigt, das Pachtverhältnis beim Tod des Pächters zu kündigen (§ 580a Abs. 2 BGB).

345 Zur Abgrenzung hat der BGH entschieden, Miete und Pacht seien danach abzugrenzen, ob nach dem objektiven Inhalt aller Vertragsbestimmungen nur der Gebrauch der überlassenen Sache oder ob Gebrauch und Fruchtgenuss zu gewähren sei. Bei der Überlassung von Räumen komme es darauf an, ob diese mit einer zur Fruchtziehung geeigneten Ausstattung überlassen werden sollte. An Räumen, die nicht mit einer zur Nutzung erforderlichen Einrichtung versehen seien und durch denjenigen, der die Räume überlasse, auch nicht zur Fruchtziehung ausgestattet werden müssten, sei nur Miete möglich.[250] Weiterhin wurde höchstrichterlich entschieden, bei der Beurteilung der Frage, ob in solchen Fällen neben der Verschaffung des Besitzes an Geschäftsräumen auch ein Fruchtgenuss i.S.v. § 581 BGB gewährt wird, sei eine enge Betrachtungsweise nicht angebracht, sondern seien vor allem wirtschaftliche Gesichtspunkte zu berücksichtigen. Die gleichzeitige Überlassung von Inventar sei nicht immer erforderlich. Es müsse genügen, wenn für den Geschäftsbetrieb geeignetes Inventar tatsächlich in den Räumen vorhanden ist und der Vertragspartner dazu wesentlich beigetragen hat. Das ist zum Beispiel auch der Fall, wenn eine günstige Bezugsquelle nachgewiesen oder auch ein günstiger Anschaffungskredit bereitgestellt worden ist.[251]

! **Praxistipp**

Der BGH stellt also – wie vom Gesetz nahegelegt – bei der Abgrenzung auf das Kriterium des Fruchtgenusses ab. Dies bereitet in der Praxis bisweilen Probleme. Sollten über die Einordnung des Vertragsverhältnisses Zweifel bestehen, empfiehlt es sich, in den einzelnen Kategorien unterschiedlich geregelte Fragen, etwa die Kündigungsfrist oder ein Kündigungsrecht bei versagter Untervermietung, vertraglich festzuschreiben.

III. Abschluss des Mietvertrage

346 Ein Mietvertrag über Geschäftsraum kommt nach den **allgemeinen Regeln** über den Abschluss privatrechtlicher Verträge zustande (§§ 145ff. BGB). Dabei muss sich die dafür erforderliche Einigung zwischen den Parteien zumindest auf den wesentli-

250 BGH, Beschluss vom 17.12.1980 – VIII ZB 51/80.
251 BGH, Urteil vom 27.3.1991 – XII ZR 136/90.

chen Inhalt des Mietvertrages richten, der aus der Einigung jedenfalls bestimmbar sein muss. Fehlt es danach an einer Einigung über wesentliche Vertragsbestandteile, liegt kein wirksamer Mietvertrag vor. Wesentliche Vertragsbestandteile (sog. essentialia negotii) sind mindestens das **Mietobjekt**, die **Mietzeit**, die **Miete** wie auch die **Parteien** des Mietvertrages.

Der Mietvertrag kann unter gleichzeitiger Anwesenheit der Parteien geschlossen 347
werden oder auch durch zeitversetztes Angebot und Annahme unter Abwesenden, zum Beispiel durch Briefwechsel.

Mietverträge bedürfen zu ihrer Wirksamkeit grundsätzlich nicht der Schrift- 348
form nach § 126 BGB. Etwas anderes kann gelten, wenn in dem Mietvertag auch Willenserklärungen abgegeben werden, die zu ihrer Wirksamkeit der Schriftform bedürfen. Dies wäre zum Beispiel der Fall, wenn eine Verpflichtung zum Erwerb des Mietobjekts im Anschluss an den Mietvertrag aufgenommen werden soll, da die Verpflichtung zum Grundstückserwerb gemäß § 311b Abs. 1 Satz 1 BGB der notariellen Form bedarf. Im Übrigen ist zu beachten, dass ein Mietvertrag gemäß §§ 578, 550 BGB der schriftlichen Form bedarf, wenn er für eine Festlaufzeit von mehr als einem Jahr geschlossen werden soll. Mangelt es an dieser Form gilt er für unbestimmte Zeit.

IV. Schriftform

1. Bedeutung

Wie bereits erläutert können Mietverträge über Grundstücke und Räume grundsätz- 349
lich formlos geschlossen werden. Dieser allgemeine Grundsatz wird gemäß § 550 BGB durchbrochen, wenn der Vertrag für längere Zeit als ein Jahr abgeschlossen wird. Zwar handelt es sich bei der Schriftform gemäß §§ 550, 126 BGB nicht um eine Wirksamkeitsvoraussetzung für den Mietvertrag. Sollte ein Mietvertrag mit einer Laufzeit von mehr als einem Jahr nicht der schriftlichen Form genügen, ist die Konsequenz, dass er für unbestimmte Zeit geschlossen gilt.

Hieran wird aber gemäß § 542 Abs. 1 BGB die Folge geknüpft, dass ein Mietver- 350
trag, dessen Mietzeit nicht bestimmt ist, von jeder Vertragspartei nach den gesetzlichen Vorschriften gekündigt werden kann.

Bei Mietverhältnissen über Geschäftsraum soll aber in aller Regel aus Vermie- 351
tersicht die Konsequenz des § 542 Abs. 2 BGB herbeigeführt werden, nämlich dass das auf bestimmte Zeit eingegangene Mietverhältnis erst mit dem Ablauf dieser Zeit endet, sofern es nicht in den gesetzlich (oder vertraglich) zugelassenen Fällen außerordentlich gekündigt oder verlängert wird. Auch wenn es natürlich auch der Interessenlage des Mieters entsprechen kann, einen Mietvertrag mit langlaufender Festmietzeit abzuschließen, liegt es in der Regel im Interesse des Vermieters, Geschäftsraummieter langfristig an Mietverträge zu binden – sei es, um die Investitionen zur Errichtung des Mietobjekts durch langfristig kalkulierbare Mieteinnahmen

zu amortisieren, sei es, um die Attraktivität des Mietobjekts für einen Investor zu erhöhen.

352 Für Geschäftsraummietverhältnisse findet die Formvorschrift des § 550 BGB über die Verweisung des § 578 BGB Anwendung. Ist das Mietverhältnis wegen eines Formmangels gemäß § 542 Abs. BGB ordentlich kündbar, gilt bei Geschäftsraum die Kündigungsfrist des § 580a Abs. 2 BGB: Danach ist die ordentliche Kündigung spätestens am dritten Werktag eines Kalendervierteljahres zum Ablauf des nächsten Kalendervierteljahrs zulässig. Die Frist beträgt also rund sechs Monate zum Ende eines Kalendervierteljahres.

Praxistipp

Bei der Kündigung handelt es sich um ein einseitig empfangsbedürftiges Rechtsgeschäft, das zu seiner Wirksamkeit den Zugang der Erklärung beim Adressaten voraussetzt. Es empfiehlt sich aus Sicht des Kündigenden daher, den Zugang zu dokumentieren, etwa durch Einwurfeinschreiben oder Übergabe an den Empfänger unter Zeugen. Erfolgt der Zugang nicht innerhalb der Frist des § 580a Abs. 2 BGB, das heißt spätestens am dritten Werktag eines Kalendervierteljahres, endet der Mietvertrag erst mit Ablauf eines weiteren Kalendervierteljahres. So kann aus einer sechs- schnell eine neunmonatige Kündigungsfrist werden.

2. Inhalt der Formvorschrift

353 Die Schriftform gemäß § 126 BGB erfordert, dass die Urkunde von dem Aussteller eigenhändig durch **Namensunterschrift** oder mittels **notariell beglaubigten Handzeichens** unterzeichnet wird. Bei einem Vertrag muss die Unterzeichnung der Parteien auf derselben Urkunde erfolgen. Die schriftliche Form kann auch durch die elektronische Form ersetzt werden, wenn sich nicht aus dem Gesetz ein anderes ergibt. Im Übrigen wird die schriftliche Form durch die notarielle Beurkundung ersetzt.

354 Zur Wahrung der Schriftform bedarf es also der eigenhändigen Unterzeichnung des Vertrages auf derselben Urkunde. Nicht ausreichend ist daher zum Beispiel ein Briefwechsel, etwa die Übersendung eines Angebots und die Rücksendung einer Annahmeerklärung, oder der Austausch von Faxkopien, weil sich die Willensübereinstimmung der Parteien dann nicht aus einer, sondern erst aus der Zusammenfassung zweier Urkunden ergibt.[252] Werden über den Vertrag mehrere gleichlautende Urkunden aufgenommen, so genügt es gemäß § 126 Abs. 2 S. 2 BGB, wenn jede Partei die für die andere Partei bestimmte Urkunde unterzeichnet. Auch insoweit sind Originalunterschriften erforderlich, die Übermittlung etwa durch Telefax ist nicht ausreichend.[253]

252 BGH, Urteil vom 14.7.2004 – XII ZR 68/02; Urteil vom 18.10.2000 – XII ZR 179/98.

253 OLG Brandenburg, Urteil vom 17.10.2012 – 3 U 75/11.

„Unterzeichnung" bedeutet, dass die Unterschrift den **Urkundeninhalt abschließt**. Bloße **„Oberschriften"** sind daher **nicht ausreichend** zur Wahrung der Schriftform. (Handschriftliche) Streichungen oder Ergänzungen können die Parteien auch nach Unterzeichnung einvernehmlich vornehmen, ohne die Schriftform zu verletzen. Denn für die Einhaltung der Schriftform einer Urkunde sei ohne Belang, ob die Unterzeichnung der Niederschrift des Urkundentextes zeitlich nachfolgt oder vorangeht. Für die Rechtsgültigkeit einer Änderung des Vertragstextes bedürfe es keiner erneuten Unterschrift, wenn die Vertragspartner sich über die Änderung einig sind und es ihrem Willen entspricht, dass die Unterschriften für den veränderten Vertragsinhalt Gültigkeit behalten sollen.[254] Diese Argumentation des BGH ist allerdings dahingehend zu ergänzen, dass in diesem Fall auch die Schriftform des Mietvertrages gewahrt ist; denn die Rechtswirksamkeit einer Vereinbarung ist für die Wahrung der Schriftform ohne Belang. 355

Nach Ansicht des OLG Koblenz ist die Schriftform eines Mietvertrags bereits gewahrt, wenn die Vertragsparteien eine die mietvertraglichen Regelungen abschließende Anlage zum Mietvertrag unterschrieben haben, der Mietvertrag einen eindeutigen Hinweis auf diese Anlage enthält und ersichtlich auch für beide Mietvertragsparteien ein einheitliches Vertragswerk vorgelegen hat.[255] 356

Zur Wahrung der Schriftform kommt es aber nicht darauf an, ob eine mündliche Vereinbarung gegebenenfalls bereits vor Gegenzeichnung zu Stande gekommen war. So heilt ein schriftformkonformer Mietvertrag oder Nachtrag einen durch mündliche Vereinbarung zwischenzeitlich entstandenen Mangel der Form. Denn die Parteien können die Beurkundung eines zunächst formlos geschlossenen (Nachtrags-)Vertrags jederzeit nachholen; der Vertrag **gilt dann von Anfang an** als in der **gesetzlich vorgeschriebenen Form** abgeschlossen.[256] Ist ein formgerechter Mietvertrag mangels rechtzeitiger Annahme zunächst nicht abgeschlossen worden, so kommt durch eine insoweit formgerechte Nachtragsvereinbarung, die auf die ursprüngliche Urkunde Bezug nimmt, ein insgesamt formwirksamer Mietvertrag zu Stande.[257] 357

Praxistipp

Bestehen Zweifel über die Wahrung der Schriftform, sollte ein Nachtrag abgeschlossen werden, der die Schriftform wahrt und mögliche Schriftformmängel im ursprünglichen Mietvertrag heilt. **!**

Für die Wahrung der Schriftform ist mindestens erforderlich, dass in der Urkunde alle wesentlichen Vertragsbedingungen (sog. *essentialia negotii*) enthalten sind – 358

254 BGH, Urteil vom 29.4.2009 – XII ZR 142/07.
255 OLG Koblenz, Urteil vom 22.8.2013 – 1 U 1314/12.
256 BGH, Urteil vom 14.7.2004 – XII ZR 68/02.
257 BGH, Urteil vom 29.4.2009 – XII ZR 142/07.

insbesondere Mietgegenstand, Mietzins sowie Dauer und Parteien des Mietverhältnisses.[258] Zur Wahrung der Schriftform des § 550 BGB genügt es im Übrigen, wenn die Vertragsbedingungen eines konkludent abgeschlossenen Mietvertrags in einer der „äußeren Form" des § 126 Absatz 2 BGB genügenden Urkunde enthalten sind.[259] Damit hat der BGH den früher geführten Meinungsstreit entschieden, ob die Schriftform des § 550 BGB gewahrt ist, wenn zwar ein von beiden Mietvertragsparteien unterzeichneter Mietvertrag existiert, jedoch eine Partei das formgerechte Angebot der anderen Partei verspätet angenommen hat und der Vertrag sodann durch Vollzug nur konkludent zustande gekommen ist.[260] Diese Verspätungsfälle stellen insofern kein Problem der Schriftform mehr dar. Von der Schriftform umfasst sollen darüber hinaus alle Abreden sein, die für einen Erwerber des Mietobjekts von Bedeutung sein und ihn gegenüber dem Mieter binden können. Dem Schutzzweck der Norm genügt es, wenn der potentielle Erwerber aus den Mietvertragsunterlagen ersehen kann, in welche langfristigen Vereinbarungen er im Erwerbsfall eintritt.

! **Praxistipp**
Mietobjekt, Parteien, Mietzeit und Miete sind stets der Schriftform unterworfen. Bei Zweifeln über die Wesentlichkeit sonstiger Abreden sollte die Schriftform im Zweifel eingehalten werden. Denn jede bei Abschluss des Mietvertrages für die Parteien wesentliche Regelung hat im Zweifel auch für einen potentiellen Erwerber Bedeutung. Gleiches gilt für Nachträge; Änderungen des Mietvertrags sollten stets schriftlich festgehalten werden.

359 **Von** der **Schriftform ausgenommen** sind solche vertraglichen Abreden, die für den Inhalt des Vertrags, auf den die Parteien sich geeinigt haben, von nur **nebensächlicher Bedeutung** sind. Das gilt erst recht für Bestimmungen, die nicht über das hinausgehen, was bereits im Vertragstext selbst seinen Niederschlag gefunden hat oder die dessen Inhalt nicht modifizieren, sondern lediglich erläutern oder veranschaulichen sollen.[261] Anlagen zum Vertrag, zum Beispiel Zeichnungen oder Pläne, die lediglich eine Orientierungshilfe darstellen, sind insofern kein notwendiger bzw. wesentlicher Bestandteil des Mietvertrags.[262] Auch solche Vereinbarungen, die sich nur auf einmalige Leistungen bei Vertragsschluss beziehen, also nicht kennzeichnend für das Dauerschuldverhältnis sind, bedürfen nicht der Schriftform. Gleiches gilt für Vereinbarungen, deren Geltungsdauer ein Jahr nicht übersteigt und ein

---

258 BGH, Urteil vom 24.7.2013 – XII ZR 104/12; Urteil vom 24.2.2010 – XII ZR 120/06; Urteil vom 29.4.2009 – XII ZR 142/07.
259 BGH, Urteil vom 24.2.2010 – XII ZR 120/06.
260 BGH, Urteil vom 24.2.2010 – XII ZR 120/06.
261 BGH, Urteil vom 7.5.2008 – XII ZR 69/06.
262 BGH, Urteil vom 10.10.2001 – XII ZR 307/98.

potenzieller Grundstückserwerber beim Eintritt in den Vertrag an dessen Bedingungen nicht länger als ein Jahr gebunden ist.[263]

Da auch formbedürftige Vertragsklauseln grundsätzlich **der Auslegung zugänglich** sind, reicht es aus, wenn der Inhalt der Vertragsbedingungen im Zeitpunkt des Vertragsschlusses bestimmbar ist.[264] Insoweit darf aber auf außerhalb der Urkunde liegende Umstände zurückgegriffen werden, die ebenfalls zum Zeitpunkt des Vertragsschlusses bereits vorliegen müssen. Dabei genügt es, dass ein Sachverhalt so genau bestimmt ist, dass bei seiner Verwirklichung kein Zweifel für die vertragliche Vereinbarung verbleibt. So hat der BGH zur Bestimmbarkeit des Mietvertragsbeginns entschieden, dass das Abstellen auf die bei Vertragsschluss noch in der Zukunft liegende Übergabe ausreichend bestimmbar ist. Denn es liegt ein in diesem Sinne genau bestimmter Sachverhalt vor, bei dessen Verwirklichung kein Zweifel für die vertragliche Vereinbarung verbleibt, wenn die Parteien sich darauf einigen, dass das Mietverhältnis *„mit der Übergabe der Mieträume"* beginnen soll, da aufgrund dieser Beschreibung der Beginn des Mietverhältnisses – nach erfolgter Übergabe – eindeutig feststehe.[265] 360

Werden **wesentliche vertragliche Vereinbarungen** nicht im Mietvertrag selbst schriftlich niedergelegt, sondern in Anlagen ausgelagert, so dass sich der Gesamtinhalt der mietvertraglichen Vereinbarung erst aus dem Zusammenspiel dieser „verstreuten" Bedingungen ergibt, müssen die Parteien zur **Wahrung der Urkundeneinheit** die Zusammengehörigkeit dieser Schriftstücke in geeigneter Weise zweifelsfrei kenntlich machen.[266] 361

Dazu bedarf es keiner körperlichen Verbindung dieser Schriftstücke. Vielmehr genügt für die Einheit der Urkunde die bloße gedankliche Verbindung, die in einer **zweifelsfreien Bezugnahme** zum Ausdruck kommen muss.[267] Solches kann sich zum Beispiel aus einer fortlaufenden Paginierung, einer fortlaufenden Nummerierung einzelner Bestimmungen, einheitlicher grafischer Gestaltung, einem inhaltlichen Zusammenhang des Textes oder vergleichbaren Merkmalen zweifelsfrei ergeben.[268] 362

Praxistipp !

Die körperliche Verbindung des Mietvertrags mit seinen Anlagen und/oder Nachträgen ist nicht erforderlich. Umso mehr muss aber darauf geachtet werden, dass bei der Bezugnahme der Unterlagen aufeinander keine Fehler gemacht werden, damit der innere Zusammenhang korrekt dokumen-

263 BGH, Urteil vom 20.4.2005 – XII ZR 192/01.
264 BGH, Urteil vom 29.4.2009 – XII ZR 142/07; Urteil vom 2.11.2005 – XII ZR 212/03.
265 BGH, Urteil vom 2.11.2005 – XII ZR 212/03.
266 BGH, Urteil vom 29.4.2009 – XII ZR 142/07; Urteil vom 30.6.1999 – XII ZR 55/97.
267 BGH, Urteil vom 29.4.2009 – XII ZR 142/07;
268 BGH, Urteil vom 7.5.2008 – XII ZR 69/06; Urteil vom 10.10.2001 – XII ZR 307/98.

tiert wird. Bei Nachträgen sollten stets der (Haupt-)Mietvertrag, dessen Abschlussdatum, das Objekt und die Parteien im Rubrum und ggf. in der Präambel genannt werden. Ab dem zweiten Nachtrag sind ebenfalls die vorangehenden Nachträge in Bezug zu nehmen.

363 Ob ein Vertrag wirksam zustande gekommen ist oder zum Beispiel mangels Vollmacht des Unterzeichnenden erst noch der Genehmigung der von ihm vertretenen Partei bedarf, spielt für das Schrifterfordernis nach § 550 BGB keine Rolle.[269] § 550 BGB kann und will in erster Linie sicherstellen, dass ein späterer Grundstückserwerber, der kraft Gesetzes auf Seiten des Vermieters in ein auf mehr als ein Jahr abgeschlossenes Mietverhältnis eintritt, dessen Bedingungen aus dem schriftlichen Vertrag ersehen kann. Sinn und Zweck der Schriftform ist es hingegen nicht, ihm Gewissheit zu verschaffen, ob der Mietvertrag wirksam zu Stande gekommen ist und im Zeitpunkt des Eigentumsübergangs noch besteht oder etwa von den Mietvertragsparteien mündlich aufgehoben wurde.[270] Schließlich führt die Nichtbeachtung der Schriftform nicht zur Unwirksamkeit des Vertrags, sondern hat lediglich zur Folge, dass das Mietverhältnis nach Ablauf des ersten Mietjahres gekündigt werden kann. Die Bestimmung des § 550 BGB stellt nach allgemeiner Meinung zwingendes Recht dar.[271]

3. Zweck

a) Schutz des Erwerbers

364 Die Regelung dient in erster Linie dem Interesse des Grundstückserwerbers, da dieser nach § 566 BGB an den Mietvertrag gebunden ist. Je länger ein auf dem Grundstück „lastender" Mietvertrag läuft, desto bedeutender sind die Auswirkungen und möglichen Belastungen für den Erwerber. Durch § 550 BGB soll daher sichergestellt werden, dass sich der Grundstückerwerber **über den Inhalt längerfristiger Mietverträge zuverlässig informieren** kann. Auf der anderen Seite soll er nicht langfristig an einen Mietvertrag gebunden sein, wenn er dessen Inhalt nicht aus der Urkunde ersehen kann. Daher läuft ein Mietvertrag, der unter einem Formmangel leidet, auf unbestimmte Zeit und kann unter Einhaltung der gesetzlichen Frist ordentlich gekündigt werden.

365 So will § 550 BGB auch nach ständiger Rechtsprechung des BGH in erster Linie sicherstellen, dass ein späterer Grundstückserwerber, der kraft Gesetzes auf Seiten des Vermieters in ein auf mehr als ein Jahr abgeschlossenes Mietverhältnis gemäß

269 BGH, Urteil vom 19.9.2007 – XII ZR 121/05; Urteil vom 14.7.2004 – XII ZR 68/02.

270 BGH, Urteil vom 19.9.2007 – XII ZR 121/05.

271 BT-Drucks. 14/4553, 47 (= NZM 2000, 415, 435); BGH, Urteil vom 30.4.2014 – XII ZR 146/12; Staudinger/*Emmerich* § 550 Rn 46.

§ 566 Abs. 1 BGB eintritt, dessen Bedingungen aus dem schriftlichen Vertrag ersehen kann.[272]

Sinn und Zweck der Schriftform sei es aber nicht, dem Erwerber Gewissheit zu verschaffen, ob der Mietvertrag wirksam zu Stande gekommen ist und im Zeitpunkt des Eigentumsübergangs noch besteht oder etwa von den Mietvertragsparteien mündlich aufgehoben wurde. Denn soweit ein Eintritt des Grundstückserwerbers in den Mietvertrag nicht stattfindet, weil dieser nicht oder nicht mehr besteht, bedarf es auch nicht des Schutzes der Schriftform vor einer langjährigen Bindung an unbekannte Bedingungen.[273] 366

b) Beweis- und Warnfunktion

Andererseits erschöpft sich der Zweck der Schriftform des § 550 BGB nicht in dem Schutz des Grundstückserwerbers.[274] Ansonsten hätte der Gesetzgeber die Möglichkeit der ordentlichen Kündigung des Mietvertrags im Falle eines Formmangels auf den Erwerber zu beschränken. Stattdessen regelt § 550 BGB allgemein als Folge des Formmangels den Vertragsschluss auf unbestimmte Zeit und räumt so auch den ursprünglichen Vertragsparteien eine ordentliche Kündigungsmöglichkeit ein, wenn die Schriftform nicht eingehalten ist. 367

Die Schriftform des § 550 BGB dient daher zusätzlich dazu, die **Beweisbarkeit** langfristiger Abreden auch zwischen den ursprünglichen Vertragsparteien sicherzustellen und diese vor der unbedachten Eingehung langfristiger Bindungen zu schützen.[275] 368

Praxistipp !

Die Schriftform dient in erster Linie dem Schutz und Informationsinteresse des potentiellen Erwerbes und hat darüber hinaus Beweis- und Warnfunktion gegenüber den ursprünglichen Parteien bei Eingehung eines langfristigen Mietvertrages mit entsprechend langfristigen und wirtschaftlich bedeutsamen Auswirkungen. Die Einhaltung der Schriftform bietet dagegen keine Gewähr hinsichtlich der Wirksamkeit des Vertrages. Bedingungseintritte, Zustimmungserfordernisse Dritter oder Genehmigungen bei rechtsgeschäftlicher Vertretung stehen der Einhaltung der Schriftform daher nicht entgegen.

---

272 BGH, Urteil vom 7.5.2008 – XII ZR 69/06.

273 BGH, Urteil vom 22.1.2014 – XII ZR 68/10; Urteil vom 7.5.2008 – XII ZR 69/06; Urteil vom 19.9.2007 – XII ZR 121/05.

274 BGH, Urteil vom 7.5.2008 – XII ZR 69/06.

275 BGH, Urteil vom 22.1.2014 – XII ZR 68/10; Urteil vom 7.5.2008 – XII ZR 69/06; Hinweisbeschluss vom 24.1.2012 – VIII ZR 235/11; Urteil vom 15.6.1981 – VIII ZR 166/80 (zur Warnfunktion); Urteil vom 24.6.1998 – XII ZR 195–96 (zur Beweis- und Warnfunktion).

4. Einzelne Schriftformprobleme

a) Allgemeines

369 Der vorbeschriebene Zweck des § 550 BGB, nämlich in erster Linie der Erwerberschutz, stellt in der Praxis nicht den Hauptanwendungsbereich der Vorschrift dar. In der Praxis stellt sich vielmehr zwischen den ursprünglichen Parteien des Mietvertrages häufig die Frage, ob sich zum Beispiel der Mieter von einem unlieb gewordenen Mietvertrag trennen kann oder der Vermieter aus Rentabilitätsgründen die „Schriftformkarte“ spielt. Schriftformmängel können auch als „Verhandlungsmasse“ bei der Nachverhandlung von Mietkonditionen dienen. Halter von Immobilien achten in der Regel peinlich genau auf die Einhaltung der Schriftform, insbesondere beim Abschluss von Nachträgen, und Erwerber von Immobilienportfolios prüfen die „mitgekauften“ Mietverträge ebenso genau auf die Einhaltung der Schriftform, da der langfristige Mietvertrag und die damit einhergehende Renditeerwartung das wesentliche Asset bei der Bewertung der Immobilie darstellen.

370 Nicht zuletzt vor diesem Hintergrund und dem Bedürfnis nach einer handhabbaren Formvorschrift tendiert die Rechtsprechung seit einigen Jahren dazu, die Anforderungen an das Formerfordernis zu lockern (siehe oben Auflockerungsrechtsprechung). Nachfolgend sollen nun einzelne Schriftformprobleme dargestellt werden.

b) Unterzeichnung des Mietvertrags, Vertragsparteien

371 Ist die Urkunde im Falle einer Personenmehrheit nicht von allen Vermietern oder Mietern unterzeichnet, müssen die vorhandenen Unterschriften deutlich zum Ausdruck bringen, ob sie auch **in Vertretung der nicht unterzeichnenden Vertragsparteien** hinzugefügt wurden. Denn sonst lässt sich der vorliegenden Urkunde nicht eindeutig entnehmen, ob der Vertrag mit den vorhandenen Unterschriften auch für die und in Vertretung der anderen Vertragsparteien zu Stande gekommen ist, oder ob die Wirksamkeit des Vertrags so lange hinausgeschoben sein soll, bis auch die weiteren Vertragsparteien ihn unterschrieben haben.[276] So bedarf es eines die Vertretung kennzeichnenden Zusatzes, wenn zum Beispiel der Mietvertrag für eine GbR abgeschlossen, aber nur von einer Person unterzeichnet wird.[277]

372 Ein Vertretungszusatz ist grundsätzlich immer dann erforderlich, wenn als Mieter oder als Vermieter mehrere Personen (etwa eine GbR, eine Erbengemeinschaft, Eheleute) auftreten, von denen nur eine den Vertrag unterschrieben hat. Dann ist aus der bloßen Unterschrift noch nicht ersichtlich und damit auch nicht hinreichend bestimmbar, ob der Vertrag zugleich in Vertretung unterzeichnet wurde oder ob es noch der Unterschrift der weiteren Vertragspartei bedarf.[278]

---

276 BGH, Urteil vom 7.5.2008 – XII ZR 69/06.

277 BGH, Urteil vom 5.11.2003 – XII ZR 134/02.

278 BGH, Urteil vom 7.5.2008 – XII ZR 69/06.

In diesem Zusammenhang hat der BGH entschieden, dass das Hinzusetzen eines Firmenstempels (hier einer Rechtsanwalts-GbR) zu einer Unterschrift denjenigen, der die Unterschrift geleistet hat, als unterschriftsberechtigt ausweist, da der Geschäftsverkehr dem Firmen- oder Betriebsstempel eine Legitimationswirkung beimesse. Die insoweit relevante äußere Form der Erklärung werfe keinen Zweifel an ihrer Vollständigkeit auf und erfülle daher die Schriftform.[279] 373

In Abgrenzung dazu ist bei einer Aktiengesellschaft erforderlich, dass der allein unterzeichnende Vorstand seine Unterschrift zur Wahrung der Schriftform mit dem Zusatz „i.V." ergänzt, um ausreichend klarzustellen, dass der Unterzeichnende nicht nur für die AG, sondern darüber hinaus für ein weiteres Vorstandsmitglied handeln will. Auf die Wirksamkeit der Vertretung kommt es im Rahmen von § 550 BGB nicht an.[280] Wiederum bedarf eines Vertretungszusatzes zur Wahrung der Schriftform dann nicht, wenn sich die Vertretungsbefugnisse aus einem öffentlichen Register, zum Beispiel dem Handelsregister ergeben.[281] 374

Ein zusätzlicher Vertretungszusatz ist nicht erforderlich, wenn nur eine natürliche Person als Mieter oder Vermieter auftritt und eine andere Person den Vertrag unterschreibt, da dessen Unterschrift dann nur bedeuten kann, dass er mit seiner Unterschrift die Vertragspartei vertreten will.[282] 375

Die Möglichkeit der Herleitung, dass der Unterzeichner die im Rubrum angegebene Partei des Mietvertrags vertreten will, ist unter Schriftformgesichtspunkten ausreichend. Ob eine wirksame Vertretung vorgelegen hat, ist eine Frage des Zustandekommens des Mietvertrags, nicht jedoch der Schriftform.[283] 376

c) Parteiwechsel

Des Weiteren kann es zu Schriftformproblemen bei einem Parteiwechsel kommen. Nach der Rechtsprechung des BGH bedarf es dabei zumindest zur Wahrung der Schriftform keiner dreiseitigen Vereinbarung zwischen den ursprünglichen Parteien und der neu eintretenden Partei – auch wenn dies natürlich die sicherste Variante der schriftformkonformen Vertragsübernahme darstellt. Zur Wahrung der Schriftform ist vielmehr ausreichend, dass die Vertragsübernahme zwischen altem und neuem Mieter schriftformkonform erfolgt. Die für die Wirksamkeit der Vertragsübernahme erforderlich Zustimmung des Vermieters kann formlos erfolgen.[284] 377

279 BGH, Urteil vom 23.1.2013 – XII ZR 35/11.
280 BGH, Urteil vom 4.11.2009 – XII ZR 86/07.
281 BGH, Urteil vom 19.9.2007 – XII ZR 121/05.
282 BGH, Urteil vom 7.5.2008 – XII ZR 69/06.
283 BGH, Urteil vom 7.5.2008 – XII ZR 69/06; Urteil vom 19.9.2007 – XII ZR 121/05.
284 BGH, Urteil vom 11.12.2013 – XII ZR 137/12; Urteil vom 30.1.2013 – XII ZR 38/12.

Praxistipp
Zum schriftformkonformen Wechsel einer Vertragspartei bedarf es also zumindest einer zweiseitigen schriftlichen Vereinbarung zur Vertragsübernahme, die hinreichend deutlich auf das bestehende Mietverhältnis Bezug nimmt, der die dritte Partei mündlich zustimmt.

d) Bestimmbarkeit des Mietobjekts

378 Ist das **Mietobjekt** im Vertrag **nicht hinreichend** bezeichnet, weil dem Mietvertrag nicht zu entnehmen ist, welcher Teil des Grundstücks Gegenstand des Vertrags ist, und ist die Lage des Mietobjekts darüber hinaus nicht in einen Lageplan eingezeichnet, der Bestandteil des Mietvertrags ist, ist die **Schriftform nicht gewahrt.**[285]

379 Auch die **fehlende Bestimmbarkeit von Gemeinschaftsflächen** kann zu einem Formmangel führen.[286] Im konkreten Fall handelte es sich bei den vermieteten Gemeinschaftsflächen um Mischflächen einer offenen markthallenähnlichen Gemeinschaftsanlage, in denen Bestuhlungen aufgestellt werden durften, deren Bestimmbarkeit im Zeitpunkt des Vertragsschlusses aber fehlte.

380 Keine Bedenken in Bezug auf die Einhaltung der Schriftform wegen mangelnder Bestimmbarkeit ergeben sich, wenn mit den Geschäftsräumen zugleich *„24 Parkplätze befestigt am Eingangsbereich“* und *„2 Parkplätze unbefestigt am Hinterhaus“* vermietet wurden, ohne dass deren genaue Lage aus dem Mietvertrag und seinen Anlagen erkennbar ist, wenn die Formulierung dem Vermieter ein Leistungsbestimmungsrecht (§ 315 BGB) gewährt, dem Mieter nach billigem Ermessen 24 der befestigten Parkplätze am Eingangsbereich und zwei der unbefestigten Parkplätze am Hinterhaus zur Nutzung zuzuweisen.[287]

Praxistipp
Schriftformmängel können sich nicht nur im Hinblick auf die Bestimmbarkeit des „Haupt“-Mietobjekts ergeben. Auch die Nebenflächen, Gemeinschaftsflächen und Parkplätze sind im Mietvertrag zumindest bestimmbar zu bezeichnen.

e) Mietbeginn

381 Ist vereinbart, dass das Mietverhältnis *„mit der Übergabe der Mieträume“* beginnen soll, handelt es sich hierbei um einen hinreichend bestimmbaren Beginn des Mietverhältnisses. Denn für die Bestimmbarkeit des Mietbeginns genügt eine abstrakte Beschreibung, die es ermöglicht, den Mietbeginn zu ermitteln. Ausreichend, aber auch erforderlich ist, dass der Sachverhalt, an den die Vertragsparteien den Ver-

---

285 BGH, Urteil vom 2.6.2010 – XII ZR 110/08.
286 OLG Düsseldorf, Urteil vom 29.11.2012 – I-10 U 34/12.
287 BGH, Urteil vom 23.1.2013 – XII ZR 35/11.

tragsbeginn knüpfen, so genau bestimmt wird, dass bei seiner Verwirklichung kein Zweifel am Vertragsbeginn verbleibt.[288] Die Schriftform wird dementsprechend nicht dadurch in Frage gestellt, dass die Vereinbarung über den Vertragsbeginn auslegungsbedürftige Begriffe enthält oder die Feststellung erfordert, ob die Umstände, an die die Parteien den Vertragsbeginn geknüpft haben, tatsächlich auch eingetreten sind. Ausreichend ist, dass – entsprechend dem Schutzzweck des § 550 BGB – der mögliche Erwerber des Mietobjekts die für den Vertragsbeginn maßgeblichen Umstände aus dem schriftlichen Mietvertrag derart bestimmen kann, dass er beim Vermieter oder Mieter entsprechende Nachforschungen anstellen kann.[289]

f) Miete und Nebenkosten

Vereinbarungen über Miete und Nebenkostenvereinbarung und deren Änderungen bedürfen grundsätzlich der Schriftform, da es sich um **wesentliche Vertragsbestandteile** handelt. Werden die Zahlungspflichten des Mieters durch die Einführung einer an den Vermieter zu entrichtenden Nebenkostenpauschale oder -vorauszahlung an Stelle einer ursprünglich vereinbarten Direktabrechnung mit Versorgungsunternehmen erheblich erweitert, bedarf die Vertragsänderung der Schriftform.[290] Übt der Vermieter allerdings nur das ihm zustehende Recht zur einseitigen **Anpassung der Nebenkostenvorauszahlung** aus, **bedarf** diese Anpassung **nicht der Schriftform.** Ebenso wie die Ausübung einer Verlängerungsoption unterfällt die Anpassungserklärung nicht der Schriftform, da ein potentieller Grundstückserwerber ausreichend dadurch geschützt ist, dass das vertragliche Anpassungsrecht deutlich darauf hinweist, dass eine Änderung der Vorauszahlungshöhe erfolgt sein kann.[291] 382

Senkungen der Miete sind jedenfalls dann unwesentlich, wenn ihre Geltungsdauer ein Jahr nicht übersteigt oder wenn der Vermieter aufgrund eines Widerrufsvorbehaltes hieran nicht länger als ein Jahr gebunden ist. Der potenzielle Grundstückserwerber soll nur davor geschützt werden, dass er bei Eintritt in einen ihm nicht bekannten Vertrag an dessen Bedingungen länger als ein Jahr gebunden ist.[292] Im Übrigen ist in der Rechtsprechung umstritten, ob jede **dauerhafte Änderung** 383

288 BGH, Urteil vom 24.7.2013 – XII ZR 104/12; Urteil vom 29.4.2009 – XII ZR 142/07; Urteil vom 2.11.2005 – XII ZR 212/03.

289 BGH, Urteil vom 24.7.2013 – XII ZR 104/12.

290 BGH, Urteil vom 13.11.2013 – XII ZR 142/12.

291 BGH, Urteil vom 5.2.2014 – XII ZR 65/13.

292 BGH, Urteil vom 20.4.2005 – XII ZR 192/01; OLG Düsseldorf, Urteil vom 19.3.2013 – I-24 U 103/12.

der Miete wesentlich ist[293] oder eine bestimmte **Wesentlichkeitsgrenze** (10% oder mehr) überschritten sein muss.[294]

384 Nach weiterer Ansicht kommt es für die **Frage der Wesentlichkeit der Änderung** nicht nur auf die Höhe der prozentualen Abweichung des neuen von dem alten Mietzins an, sondern es ist auch zu berücksichtigen, ob und ggf. in welchem Rahmen nach dem schriftlichen Mietvertrag und damit den erkennbaren Vorstellungen der Vertragsparteien eine Mietanpassung möglich sein sollte. Danach liegt ein Schriftformverstoß vor, wenn Mieterhöhungen vorgenommen wurden, die nach dem schriftlichen Vertrag gar nicht hätten verlangt werden können. Denn in diesem Fall kann sich der potentielle Grundstückserwerber über die möglichen Bindungen des Vertrages, in den er eintritt, nicht unterrichten.[295]

g) Schriftformheilungsklauseln (Nachholklauseln)

385 Jede Vertragspartei darf sich grundsätzlich darauf berufen, die für den Vertrag vorgeschriebene Schriftform sei nicht eingehalten. Nur ausnahmsweise, wenn die vorzeitige Beendigung des Vertrags zu einem schlechthin untragbaren Ergebnis führen würde, kann es gemäß § 242 BGB **rechtsmissbräuchlich** sein, sich auf die ordentliche Kündbarkeit wegen Schriftformmangels zu berufen.[296] Das könne insbesondere dann der Fall sein, wenn der eine Vertragspartner den anderen schuldhaft von der Einhaltung der Schriftform abgehalten oder sich sonst einer besonders schweren Treuepflichtverletzung schuldig gemacht hat oder wenn bei Formnichtigkeit die Existenz der anderen Vertragspartei bedroht wäre.[297]

386 Noch nicht abschließend entschieden ist die Frage, ob sich eine Partei des Mietvertrages auf einen Schriftformmangel berufen darf, wenn sie sich im Vertrag verpflichtet hat, einen etwaigen Formmangel zu heilen und den Vertrag nicht unter Berufung auf diesen Formmangel ordentlich zu kündigen (sog. Schriftformheilungs- oder Nachholklausel). Teilweise werden solche Klauseln für wirksam erachtet.[298] Erst wenn eine Partei ihre Mitwirkung verweigere, sei die andere Partei berechtigt, sich auf den Formmangel zu berufen und den Vertrag mit gesetzlicher Frist ordentlich zu kündigen.

293 OLG Karlsruhe, Urteil vom 22.3.2001 – 9 U 174/00; OLG Rostock, Urteil vom 25.6.2001 – 3 U 162/00.

294 OLG Jena, Urteil vom 13.3.2008 – 1 U 130/07; OLG Naumburg; Urteil vom 25.9.2007 – 9 U 89/07; OLG Hamm; Urteil vom 26.10.2005 – 30 U 121/05.

295 OLG Düsseldorf, Urteil vom 19.3.2013 – I-24 U 103/12.

296 BGH, Urteil vom 30.4.2014 – XII ZR 146/12; OLG Düsseldorf, Urteil vom 19.3.2013 – I-24 U 103/12.

297 BGH, Urteil vom 30.4.2014 – XII ZR 146/12; Urteil vom 25.7.2007 – XII ZR 143/05.

298 OLG Hamm, Urteil vom 26.4.2013 – 30 U 82/12.

Der BGH hat allerdings schon entschieden, dass jedenfalls ein Grundstückerwerber, der in den entsprechenden Mietvertrag nach § 566 Abs. 1 BGB als Vermieter eintritt, nicht an diese Schriftformheilungsklausel gebunden ist.[299] 387

Nach Ansicht des BGH ist eine vorzeitige ordentliche Kündigung auch nicht schon deshalb treuwidrig, weil der in den Mietvertrag eintretende Erwerber durch eine Schriftformheilungsklausel zur Nachholung der Schriftform verpflichtet wäre.[300] Der Grundstückserwerber verhalte sich insofern nicht treuwidrig, unabhängig davon, ob die Heilungsklausel individualvertraglich vereinbart wurde oder Bestandteil eines Formularvertrags ist.[301] 388

Der BGH begründet dies mit dem Schutzzweck des § 550 BGB. Der Erwerber solle durch das Schriftformerfordernis davor geschützt werden, sich auf einen Mietvertrag einzulassen, dessen wirtschaftliche Bedingungen sich, etwa infolge einer vereinbarten Mietreduzierung, anders als erwartet darstellen. Ist das infolge formwidriger, zum Beispiel nur mündlicher Abreden, gleichwohl der Fall, so hat er nach der gesetzlichen Konzeption des § 550 BGB die Möglichkeit, sich vorzeitig durch ordentliche Kündigung von dem Mietvertrag zu lösen. Diese Möglichkeit würde ihm genommen, wenn er infolge einer Schriftformheilungsklausel verpflichtet wäre, den langfristigen Bestand des Mietverhältnisses sicherzustellen.[302] 389

Dem Schutzzweck des § 550 BGB werde auch nicht bereits dadurch genügt, dass sich ein potenzieller Erwerber durch Einsicht in den Mietvertrag Kenntnis von der Heilungsklausel verschaffen und damit erfahren könne, dass er sich bei einem Schriftformmangel an der Nachholung der erforderlichen Form beteiligen muss. Durch das Schriftformerfordernis solle sichergestellt werden, dass der Erwerber allein durch die Einsicht in die Mietvertragsurkunde Kenntnis von den wesentlichen Rechten und Pflichten erhält, in die er mit dem Erwerb des Grundstücks gemäß § 566 Abs. 1 BGB eintritt. Dieser Schutz wäre unvollkommen, wenn der Erwerber zusätzlich bei den ursprünglichen Vertragsparteien Nachforschungen anstellen müsste, ob weitere Abreden getroffen wurden, die aus der Urkunde nicht ersichtlich sind. Schadenersatzansprüche gegen den Veräußerer vermögen nicht den Schutz dahinter zurücktreten zu lassen, da dem Erwerber nach der gesetzlichen Konzeption nicht Schadenersatz, sondern das Recht zur ordentlichen Kündigung zustehen soll.[303] 390

---

299 BGH, Urteil vom 30.4.2014 – XII ZR 146/12; Urt. v. 22.1.2014 – XII ZR 68/10; so auch OLG Düsseldorf, Urteil vom 29.11.2012 – I-10 U 34/12; a.A. OLG Hamm, Urteil vom 26.4.2013 – 30 U 82/12.

300 BGH, Urteil vom 30.4.2014 – XII ZR 146/12.

301 BGH, Urteil vom 30.4.2014 – XII ZR 146/12; Urteil vom 22.1.2014 – XII ZR 68/10.

302 BGH, Urteil vom 30.4.2014 – XII ZR 146/12; Urteil vom 22.1.2014 – XII ZR 68/10.

303 BGH, Urteil vom 30.4.2014 – XII ZR 146/12; Urteil vom 22.1.2014 – XII ZR 68/10.

Praxistipp
Vor diesem Hintergrund kann angeraten werden, zukünftig Schriftformheilungsklauseln dahingehend zu ergänzen, dass sie Personen nicht binden, die gemäß § 566 BGB in den Mietvertrag eintreten. Ohne diese Differenzierung könnte aus AGB-rechtlicher Sicht nämlich auch die Bindungswirkung dieser Heilungsklausel zwischen den ursprünglichen Parteien des Mietvertrags zu verneinen sein (Verbot der geltungserhaltenden Reduktion).

V. Miete

1. Allgemeines

391 Die **Höhe der Miete** und ihre Fälligkeit sind für Geschäftsraummietverhältnisse grundsätzlich **frei vereinbar**. Die Miethöhe unterliegt nur den Wucherverboten (§ 138 Abs. 2 BGB). Ist nicht anderes vereinbart, richtet sich die Fälligkeit der Miete nach § 556b Abs. 1 BGB, wonach die Miete zu Beginn, spätestens bis zum dritten Werktag der einzelnen Zeitabschnitte zu entrichten ist, nach denen sie bemessen ist, das heißt also in der Regel bis zum dritten Werktag eines Kalendermonats.

2. Mietstruktur

392 Der Inhalt der Mietzahlungsverpflichtung unterliegt grundsätzlich der Parteidisposition. Folgende Begrifflichkeiten sind allerdings allgemein gebräuchlich.

a) Grundmiete

393 Die Grundmiete ist die reine Miete (zum Beispiel Quadratmetermiete) ohne Nebenkosten und Umsatzsteuer.

b) Netto-Kaltmiete

394 Die Netto-Kaltmiete entspricht grundsätzlich der Grundmiete und impliziert, dass eine separate Umlegung der Betriebs- und sonstigen Nebenkosten erfolgt. Die Netto-Kaltmiete stellt den Regelfall in gewerblichen Mietverträgen dar. Sie beinhaltet das Entgelt für Überlassung und Erhaltung des vertragsgemäßen Gebrauchs. Daneben werden alle umlegbaren Kosten, soweit dies zulässig ist, im Wege der Abrechnung mit Vorauszahlung oder einer Pauschale auf den Mieter abgewälzt.

c) Bruttowarm- oder Inklusiv-Miete

395 Mit Zahlung einer Gesamtmiete sind alle Kosten des Mietverhältnisses abgegolten, ohne dass eine Aufteilung in Grundmiete einerseits und Nebenkosten andererseits

erfolgt. Einer Nebenkostenabrechnung bedarf es nicht. Soweit die Heizkostenverordnung anzuwenden ist, hat dies zur Folge, dass die Inklusiv-Miete insoweit als Brutto-Kaltmiete, verbunden mit einer Pflicht zur gesonderten verbrauchsabhängigen Abrechnung der Kosten der Versorgung mit Wärme und Warmwasser zu behandeln ist. Der Anteil, der auf Heiz- und Warmwasserkosten, das heißt Heizkosten entfällt, muss daher aus der vertraglichen Inklusiv-Miete herausgerechnet und ggf. als Vorauszahlung auf die nunmehr gemäß Heizkostenverordnung abzurechnenden Heizkosten behandelt werden.

d) Brutto-Kaltmiete

Bei der Bruttokaltmiete werden nur die Heizkosten auf den Mieter umgelegt. Alle 396
weiteren Nebenkosten sind in der Miete als einheitlicher Betrag enthalten.

e) Teilinklusiv-Miete

Die Teilinklusiv-Miete beinhaltet die Grundmiete und einen fixen Betriebskostenan- 397
teil. Zusätzlich werden einzelne, in der Regel verbrauchsabhängige Nebenkosten separat erhoben, wahlweise im Wege der Abrechnung mit Vorauszahlung oder der Pauschale. Die Kosten für Heizung und Warmwasser treten separat daneben.

f) Umsatzmiete

Die Umsatzmiete setzt sich aus der Grundmiete, Betriebs- und Nebenkosten sowie 398
einem Zuschlag zusammen, der von der Höhe der vom Mieter im Mietobjekt erzielten Umsätze abhängig ist.

Praxistipp !

Bei der Umsatzmiete ist darauf zu achten, dass genau geregelt wird, wie die Umsatzmiete berechnet wird. Hierbei ist auch auf die Definition des Umsatzes als Grundlage der Berechnung besonderes Augenmerk zu legen. Es sollte zum Beispiel geregelt werden, ob der Netto- oder Brutto-Umsatz zugrunde zu legen ist, ob Fernabsatz-Umsätze, z.B. über das Internet, oder auch Umsätze des Untermieters, eingerechnet werden. Dementsprechend sollte auch eine Auskunftspflicht des Mieters vereinbart werden.

---

3. Mietanpassung/Indexierung

Anders als im Wohnraummietrecht besteht bei Mietverhältnissen über Geschäfts- 399
raum kein gesetzliches Mieterhöhungsrecht; Mieterhöhungen sind daher nur vertraglich vereinbar. In diesem Zusammenhang kommen vor allem die Vereinbarung einer Staffelmiete oder die Wertsicherung der Miete über eine Indexmiete in Betracht.

a) Staffelmiete

400 Die Staffelmiete beinhaltet eine Anpassung der Grundmiete in vertraglich festgelegten Schritten und Zeiträumen. Die Erhöhungsschritte werden in der Regel entweder als feste Erhöhungsbeträge oder als prozentuale Erhöhung vereinbart.

401 Die Anpassung erfolgt dabei automatisch, zu vertraglich vorab festgelegten Zeitpunkten, ohne dass es einer Aufforderung durch den Vermieter bedarf. Der Vermieter teilt dem Mieter allenfalls zu Klarstellungs- und Erinnerungszwecken die geänderte Miete, gegebenenfalls im Rahmen einer geänderten Dauermietrechnung, mit.

402 Die Staffelmiete wird oftmals aus wirtschaftlichen Gründen als „Anschub" für den Mieter vereinbart, indem der Vermieter dem Mieter zu Beginn des Mietverhältnisses eine niedrigere Miete gewährt.

! **Praxistipp**
Um Streitigkeiten über die Berechnung der Mieterhöhung im Rahmen der Staffelmiete zu vermeiden, empfiehlt es sich, konkrete Erhöhungsbeträge festlegen. Bei prozentualer Erhöhung muss nämlich genau geregelt werden, welche Berechnungsgrundlage vor allem den der ersten Erhöhung nachfolgenden Erhöhungen zugrunde zu legen ist.

---

b) Indexmiete

403 Bei der Indexmiete erfolgt die Erhöhung der Grundmiete anhand des Verbraucherpreisindexes. Hierbei ist zu beachten, dass Indexierungen nach § 1 Abs. 1 Preisklauselgesetz (PrKG) zur Inflationsdämpfung grundsätzlich unzulässig sind. Danach darf der Betrag von Geldschulden nicht unmittelbar und selbsttätig durch den Preis oder Wert von anderen Gütern oder Leistungen bestimmt werden, die mit den vereinbarten Gütern oder Leistungen nicht vergleichbar sind.

404 Sog. echte Gleitklauseln, bei denen eine Anpassung der Miete anhand eines Warenkorb-Indexes erfolgt, ohne dass es einer gesonderten Erklärung der Vertragsparteien bedarf, unterliegen daher grundsätzlich dem Preisklauselverbot. Eine Ausnahme von diesem Grundsatz besteht im Rahmen von Dauerschuldverhältnissen, also auch bei Mietverträgen, gemäß §§ 2, 3 Abs. 1 Nr. 1 PrKG, wenn

- die Preisklausel im Einzelfall hinreichend bestimmt ist,
- keine Vertragspartei unangemessen benachteiligt wird,
- die Anbindung an einen statistischen Lebenshaltungs- oder Verbraucherpreisindex erfolgt und
- der Vertrag mindestens 10 Jahre läuft oder das Recht auf ordentliche Kündigung für diesen Zeitraum ausgeschlossen ist oder der Mieter eine entsprechende Verlängerung verlangen kann.

405 Aus dem Benachteiligungsverbot des § 2 Abs. 1, 3 PrKG folgt, dass es unzulässig ist, wenn eine Anpassung nur „nach oben" (upwards only) erfolgen kann, nur eine Ver-

tragspartei das Recht hat, eine Anpassung zu verlangen, oder der geschuldete Betrag sich gegenüber der Entwicklung der Bezugsgröße unverhältnismäßig ändern kann.

Praxistipp **!**
Kommt es den Parteien auf eine automatische Mietindexierung an, so muss das Mietverhältnis auf eine Zeit von mindestens 10 Jahren fest abgeschlossen sein oder der Mieter muss das Recht haben, ein kürzeres Mietverhältnis einseitig durch Option entsprechend zu verlängern.

Gemäß § 1 Abs. 2 PrKG finden die Verbotsnormen des Preisklauselgesetzes keine **406**
Anwendung auf sog. Leistungsvorbehaltsklauseln, Spannungsklauseln oder Kostenelementeklauseln. Ein zulässiger Leistungsvorbehalt liegt vor, wenn z.B. der Vermieter die Miete unter gewissen Voraussetzungen nach billigem Ermessen anpassen kann.

Besteht Streit über die Wirksamkeit einer Indexierungsklausel, bleiben gemäß **407**
§ 8 PrKG die Rechtswirkungen der vermeintlich unwirksamen Preisklausel bzw. Indexierungsvereinbarung bis zur rechtskräftigen Feststellung der Unwirksamkeit unberührt.

VI. Betriebs- und Nebenkosten

1. Betriebskostenbegriff

a) Allgemeines

Nebenkosten nehmen im Gewerberaummietrecht eine wichtige Rolle ein, da sie ei- **408**
nen **bedeutenden Anteil an der Mietzahlung** ausmachen und zum Teil erheblichen Preissteigerungen unterliegen. Nebenkosten werden daher auch als „zweite Miete" bezeichnet. Der erhebliche Umfang der Nebenkosten bei Gewerberäumen wird schon durch die im Vergleich zur Wohnraummiete oftmals größeren Mietflächen begründet. Gewerbeflächen weisen zudem meist eine Vielzahl wartungsintensiver technischer Installationen auf und erfordern daher spezielle Dienstleistungen für die Gebäudebewirtschaftung. Nicht zuletzt bilden auch öffentlichen Abgaben und Verwaltungskosten eine bedeutende Position in der Nebenkostenabrechnung.

Beim Abschluss eines Mietvertrages besteht daher im Hinblick auf die Neben- **409**
kosten ein deutlicher **Interessenkonflikt** zwischen den Parteien. Der Vermieter wird auch die verbrauchsunabhängigen Nebenkosten der Immobilie möglichst vollständig auf den Mieter übertragen wollen, wohingegen der Mieter diese schwer kalkulierbare Kostenlast eher gering halten und jedenfalls begrenzen will. So gibt es denn auch im Rahmen der späteren Durchführung des Mietverhältnisses die meisten Streitpunkte im Rahmen der Nebenkostenabrechnung. Ein erheblicher Teil dieser Streitigkeiten lässt sich vermeiden, wenn sich aus dem Mietvertrag eine eindeu-

tige Abgrenzung der jeweiligen Kostentragungspflicht und insbesondere eine genaue Festlegung der umlegbaren Kosten ergeben.

! **Praxistipp**
Die Tragung der Nebenkosten durch den Gewerberaum-Mieter sollte möglichst präzise geregelt werden; insbesondere sind – neben den üblicherweise vom Mieter zu tragenden Verbrauchskosten – alle weiteren umlegbaren Kosten festzulegen.

b) Betriebskosten

410 Gemäß § 556 BGB bzw. § 1 Betriebskostenverordnung (BetrKV) sind Betriebskosten die Kosten, die dem Eigentümer oder Erbbauberechtigten durch das Eigentum oder Erbbaurecht am Grundstück oder durch den bestimmungsmäßigen Gebrauch des Gebäudes, der Nebengebäude, Anlagen, Einrichtungen und des Grundstücks laufend entstehen. Welche Kosten im Einzelnen darunter fallen, ergibt sich aus der BetrKV vom 25. November 2003,[304] die mit Wirkung ab dem 1. Januar 2004 die Anlage 3 zu § 27 Abs. 1 II. BV ersetzt hat. § 1 Satz 2 BetrKV regelt zudem, dass Sach- und Arbeitsleistungen, sog. Eigenleistungen des Eigentümers oder Erbbauberechtigten für den Betrieb der Immobilie ebenfalls zu den Betriebskosten zählen und mit dem Betrag angesetzt werden dürfen, der für eine gleichwertige Leistung eines Dritten, insbesondere eines Unternehmers, angesetzt werden könnte (ohne Umsatzsteuer).

411 Die Definition des § 556 BGB i.V.m. der BetrKV gilt unmittelbar nur für Wohnraummietverhältnisse; sie gilt im Gewerberaummietrecht daher nur bei ausdrücklicher Vereinbarung. Fehlt diese, können die Regelungen der BetrKV aber wohl zur Vertragsauslegung herangezogen werden.[305]

412 Bis zum 31. Dezember 2003 galt zur Bestimmung der Betriebskosten die Anlage 3 zu § 27 Abs. 1 der II. Berechnungsverordnung („Aufstellung der Betriebskosten"), die seit dem 1. Januar 2004 auf die BetrKV verweist. Die Aufstellung in § 2 BetrKV entspricht weitgehend derjenigen in Anlage 3 zu § 27 Abs. 1 II. BV.

c) Nebenkosten

413 Nebenkosten sind nicht legal definiert. Es handelt sich vielmehr um einen Begriff des allgemeinen Sprachgebrauchs, der alle Kosten bezeichnet, die der Mieter neben der (Netto-)Grundmiete zu tragen hat und durch regelmäßige Zahlungen – in der Regel zeitgleich mit Entrichtung der Miete – begleicht. Nebenkosten und Betriebs-

---

304 BGBl. I S. 2346, 2347.
305 So auch *Langenberg* in: Schmidt-Futterer, Mietrecht, 11. Auflage 2013, § 556 BGB Rn 73.

kosten sind keine analogen Begriffe, da Betriebskosten wiederum gesetzlich abschließend definiert sind; der Begriff der „Nebenkosten“ wird oft als Oberbegriff verstanden. Ist von „Betriebskosten“ die Rede, sind darunter in der Regel die Betriebskosten „im engeren Sinne“ gemäß der Betriebskostenverordnung zu verstehen. Mit Nebenkosten als Betriebskosten „im weiteren Sinne“ sind dagegen alle Kosten gemeint, die im Rahmen der Gewerberaummiete umlegbar sind.

2. Wirtschaftlichkeitsgebot

Das Recht des Vermieters zur Umlage von Betriebs- und Nebenkosten findet seine 414 Schranken im Wirtschaftlichkeitsgebot. Hierbei handelt es um eine auf Treu und Glauben beruhende vertragliche Nebenpflicht des Vermieters, den Mieter nur mit Nebenkosten zu belasten, die erforderlich und angemessen sind.[306] Aus dem Gebot der Wirtschaftlichkeit der Betriebskostenaufstellung ergibt sich daher, dass die Kosten im Rahmen einer ordentlichen Bewirtschaftung entstanden sein müssen, das heißt sie müssen bei gewissenhafter Abwägung aller Umstände und bei ordentlicher Geschäftsführung gerechtfertigt sein.[307] Dieser Grundsatz ergibt sich für die Wohnraummiete aus § 24 Abs. 2 Satz 1 II. BV und §§ 556 Abs. 3 Satz 1, 560 Abs. 5 BGB. Aber auch der Vermieter von Geweberaum darf nur solche Kosten auf den Mieter umlegen, die dem Wirtschaftlichkeitsgebot genügen.[308] Eine Verpflichtung zur Beachtung des Wirtschaftlichkeitsgebots besteht grundsätzlich nicht, sofern der Mietvertrag zum fraglichen Zeitpunkt, d.h. im Moment der kostenauslösenden Maßnahme, noch nicht geschlossen war; sie greift daher frühestens mit der Aufnahme von Vertragsverhandlungen.[309]

Das Wirtschaftlichkeitsgebot betrifft nicht nur die Nebenkostenart, sondern 415 auch die Höhe der Nebenkosten, wobei dem Vermieter hierbei ein billiges Ermessen einzuräumen ist.[310] Die billigste Lösung ist nicht unbedingt gleichzeitig wirtschaftlich; wirtschaftlich ist vom Standpunkt eines vernünftigen, nach sachlichen Gesichtspunkten abwägenden Vermieters vielmehr ein angemessenes Kosten-Nutzen-Verhältnis.[311] Der Vermieter darf nach dem ihm zustehenden Entscheidungsspielraum zum Beispiel auch die Zuverlässigkeit des Vertragspartners in seine Entscheidungsfindung einbeziehen.[312]

---

306 BGH, Urteil vom 13.10.2010 – XII ZR 129/09 (= NZM 2010, 864, 865).

307 *Beyerle* in: Lindner-Figura/Oprée/Stellmann, Geschäftsraummiete, 3. Auflage 2012, Kapitel 11 Rn 9.

308 BGH, Urteil vom 13.10.2010 – XII ZR 129/09 (= NZM 2010, 864, 865).

309 BGH, Urteil vom 28.11.2007 – VIII ZR 243/06 (= WuM 2008, 29, 30).

310 OLG Düsseldorf, Urteil vom 19.3.2013 – 24 U 115/12.

311 BGH, Urteil vom 13.10.2010 – XII ZR 129/09 (= NZM 2010, 864, 865); BGH, Urteil vom 28.11.2007 – VIII ZR 243/06 (= WuM 2008, 29, 30).

312 BGH, Urteil vom 13.10.2010 – XII ZR 129/09 (= NZM 2010, 864, 865).

416 Nicht erforderliche oder gar sinnlose Nebenkosten sind in diesem Sinne nicht wirtschaftlich. Hierzu gehören dem Grunde nach unnötige Wartungskosten, Trinkgelder, Säumniszuschläge, Mahngebühren und Verzugszinsen.[313] Der Höhe nach sind Betriebskosten nicht wirtschaftlich, soweit sie unangemessen, nicht markt- oder nicht ortsüblich sind.

417 Aus dem Wirtschaftlichkeitsgebot folgt keine Verpflichtung des Vermieters zu Modernisierungen von technischen Anlagen und Installationen, um so langfristig Kosten einzusparen.[314] So genannte Strom- oder Energiefresser müssen daher zumindest vor dem Hintergrund des Wirtschaftlichkeitsgebots nicht durch sparsame, dem Stand der Technik entsprechende Anlagen ersetzt werden. Kosten, die unter Verletzung des Wirtschaftlichkeitsgebots entstanden sind, dürfen dem Mieter nicht in Rechnung gestellt werden. Ein zu Unrecht belasteter Mieter kann verlangen, von unnötigen Kosten freigehalten zu werden bzw. sie ersetzt zu bekommen.[315] Dabei trifft die Darlegungs- und Beweislast hinsichtlich der Wirtschaftlichkeit der Kosten a priori den Vermieter. Sofern dieser beweist, dass er marktübliche Preise angesetzt hat, bleibt dem Mieter die Möglichkeit zu beweisen, dass ein kostengünstigerer Anbieter hätte gefunden werden können.

! **Praxistipp**

Das Wirtschaftlichkeitsgebot manifestiert die wirtschaftliche Verantwortung des Vermieters bei der Nebenkostenumlage. Selbst wenn per Definition Betriebskosten vorliegen, mag eine Maßnahme unwirtschaftlich sein. Vermieter sollten daher im Zweifel die Erforderlichkeit der Kostenerhebung überprüfen.

---

3. Betriebskostenarten

418 Die einzelnen als Betriebskosten auf den Mieter nach der Betriebskostenverordnung umlegbaren Kostenarten sind im Betriebskostenkatalog des § 2 Nr. 1 bis 16 genannt. § 2 Nr. 17 BetrKV macht aber deutlich, dass diese Aufzählung der unter den Betriebskostenbegriff fallenden Kosten nicht abschließend ist, da zu den Betriebskosten im Sinne des § 1 auch sonstige Kosten gehören, die von den Nummern 1 bis 16 nicht erfasst sind. Als Betriebskosten dürfen daher auch weitere Kosten angesetzt werden, die der Definition gemäß § 1 BetrKV bzw. § 556 genügen. Es handelt sich dabei um einen Auffangtatbestand der BetrKV,[316] um zum Beispiel Kosten zukünfti-

---

313 Beyerle, in: Lindner-Figura/Oprée/Stellmann, Geschäftsraummiete, 3. Auflage 2012, Kapitel 11 Rn 11.

314 BGH, Urteil vom 31.10.2007 – VIII ZR 261/06, (= WuM 2007, 700, 701).

315 BGH, Urteil vom 28.11.2007 – VIII ZR 243/06 (= WuM 2008, 29, 30); BGH, Urteil vom 9.12.2009 – XII ZR 109/08 (= NZM 2010, 123, 124).

316 OLG Celle, Urteil vom 16.12.1998 – 2 U 23–98 (= NZM 1999, 501).

ger technischer Entwicklungen unter die Betriebskostendefinition fassen zu können. Gleichwohl kann diese Regelung nicht als Auffangtatbestand in Mietverträgen über Gewerberaum, insbesondere nicht in AGB vereinbart werden. Hierin läge ein unüberschaubares Kostenrisiko für den Mieter. Der Vermieter von Gewerberaum muss daher alle dem Mieter möglicherweise entstehenden Betriebs- oder Nebenkosten ausdrücklich im Vertrag zu nennen.[317]

4. Heizkostenverordnung

Die Heizkostenverordnung (HeizKV) regelt zwar die Verteilung der Kosten des Betriebs zentraler Heizungsanlagen und zentraler Warmwasserversorgungsanlagen sowie Wärme- und Warmwasserlieferung durch den Gebäudeeigentümer auf die Nutzer der mit Wärme oder Warmwasser versorgten Räume (§ 1 Abs. 1 HeizKV). Allerdings verfolgt die HeizKV insbesondere umweltpolitische Zwecke und soll primär die Einsparung von Heizenergie fördern, und nicht die gerechte Verteilung der angefallenen Kosten unter einer Mehrheit von Nutzern gewährleisten; dies ist daher nur ein Nebeneffekt. Vielmehr soll durch die Einzelabrechnung das Bewusstsein des Verbrauchers bzw. des Mieters für die Menge des konkreten Energieverbrauchs als auch für die damit verbundenen Kosten geschärft werden. Auf diese Weise soll sich ein sparsames Verbrauchsverhalten der Mieter einstellen, die damit mittelbar energie- und umweltpolitische Ziele erfüllen. Die HeizKV gilt unabhängig von der Art des Rechtsverhältnisses, also auch für Mietverhältnisse über Geschäftsraum.[318] 419

5. Sonstige Kosten

Gemäß § 1 Abs. 2 BetrKV gehören Verwaltungs- sowie Instandhaltungs- und Instandsetzungskosten nicht zu den Betriebskosten; diese sind wie folgt gesetzlich definiert: 420

- Verwaltungskosten: die Kosten der zur Verwaltung des Gebäudes erforderlichen Arbeitskräfte und Einrichtungen, die Kosten der Aufsicht, der Wert der vom Vermieter persönlich geleisteten Verwaltungsarbeit, die Kosten für die gesetzlichen oder freiwilligen Prüfungen des Jahresabschlusses und die Kosten für die Geschäftsführung,
- Instandhaltungs- und Instandsetzungskosten: die Kosten, die während der Nutzungsdauer zur Erhaltung des bestimmungsmäßigen Gebrauchs aufgewendet werden müssen, um die durch Abnutzung, Alterung und Witterungseinwirkung entstehenden baulichen oder sonstigen Mängel ordnungsgemäß zu beseitigen.

317 BGH, Urteil vom 7.4.2004 – VIII ZR 167/03 (= NJW-RR 2004, 875, 876).
318 *Lammel* in: Schmidt-Futterer, Mietrecht, 11. Auflage 2013, § 1 HeizKV Rn 3.

421 Im Wohnraummietverhältnis können daher nur solche Kosten umgelegt werden, die mit der Aufzählung in § 2 BetrKV vergleichbar sind. Bei Geschäftsraummietverhältnissen kann aber auch die Umlage der Verwaltungs-, Instandhaltung- und Instandsetzungskosten vereinbart werden. Verweist der Mietvertrag über Geschäftsraum aber ausschließlich auf die BetrKV, dürfen sonstige Betriebskosten auch bei der Gewerberaummiete nur weiterberechnet werden, soweit sie auch bei Wohnraum umlagefähig wären.[319]

Praxistipp

Vermieter von Gewerberaum können grundsätzlich auch andere als in § 2 BetrKV genannte bzw. nicht von der Definition in § 1 BetrKV erfasste Kostenarten auf den Mieter umlegen. Ihnen ist dabei aber grundsätzlich anzuraten, sich nicht pauschal auf die BetrKV zu beziehen, sondern die umlegbaren Kosten einzeln zu beschreiben. Auf eine Verweisung auf die BetrKV sollte daher generell verzichtet werden.

a) Verwaltungskosten

422 Verwaltungskosten sind gemäß § 1 Abs. 2 BetrKV **ausdrücklich vom Begriff der Betriebskosten ausgenommen**. Sie sind daher als Betriebskosten im engeren Sinne im Rahmen der BetrKV grundsätzlich nicht auf den Mieter umlegbar und somit vom Vermieter selbst zu tragen. Es handelt sich nämlich um Kosten, die dem Vermieter bei der Wahrnehmung seiner originären Interessen entstehen.[320] Eine Ausnahme bilden solche Verwaltungskosten, die im Rahmen des Betriebskostenkataloges gemäß § 2 BetrKV ausdrücklich genannt werden, zum Beispiel die Kosten der Berechnung und Aufteilung der Kaltwasserkosten bei Verwendung von Einzelwasserzählern (§ 2 Nr. 2 BetrKV) und der Heiz- und Warmwasserkosten (§ 2 Nr. 4a und 5a BetrKV).

423 Die Parteien eines Mietverhältnisses über Geschäftsraum können vereinbaren, dass der Mieter die Verwaltungskosten als Nebenkosten trägt. Der im Mietvertrag verwendete Begriff der Verwaltungskosten ist hinreichend bestimmt im Sinne des § 307 Abs. 1 Satz 2 BGB.[321] Zur Ausfüllung des Begriffs der Verwaltungskosten kann auf die Definition in § 1 Abs. 2 Nr. 1 BetrKV zurückgegriffen werden.[322]

424 Übt die mit der Verwaltung betraute Person auch andere Tätigkeiten für den Vermieter aus, so sind die **anderen Kosten von den Verwaltungskosten zu trennen** und im Rahmen der Abrechnung herauszurechnen. Das Problem der Kosten-

319 OLG Celle, Urteil vom 16.12.1998 – 2 U 23–98 (= NZM 1999, 501).

320 *Langenberg* in: Schmidt-Futterer, Mietrecht, 11. Auflage 2013, § 556 BGB Rn 92.

321 BGH, Urteil vom 24.2.2010 – XII ZR 69/08 (= NJW-RR 2010, 739).

322 BGH, Urteil vom 9.12.2009 – XII ZR 109/08 (= NJW 2010, 671); BGH, Urteil vom 24.2.2010 – XII ZR 69/08 (= NJW-RR 2010, 739).

trennung ergibt sich häufig im Rahmen der Beauftragung eines Facility- oder Centermanagers, welcher die kaufmännische Betreuung einerseits und andererseits die umfassende technische und konzeptionelle Betreuung des Mietobjektes übernimmt. Dabei entsprechen die Tätigkeiten des Facility-Managers oft nur dem Interesse des Vermieters (wie z.B. Planungen zur Neugestaltung von Leerstandsflächen, Steuerung der nicht auf den Mieter umlegbaren Instandsetzung/Instandhaltung). Diese Leistungen im Vermieterinteresse sind in AGB nicht auf den Mieter umlegbar (§ 307 Abs. 1 BGB).[323] Die Verwaltungskosten sind daher zu Abrechnungszwecken aus den Gesamtkosten des Facility-Managements herauszurechnen.

Praxistipp !
Übernimmt der Vermieter die Verwaltung des Objektes selbst, sollte zur Vorbeugung von Streitigkeiten die Umlage einer angemessenen Pauschale vereinbart werden. Da im Laufe des Mietvertrages ein Outsourcing der Objektverwaltung notwendig werden kann, sollte der Vermieter sich dies vorbehalten und dabei zur Umlage nachgewiesener Kosten optieren dürfen. Erfolgt die Verwaltung durch einen dritten Dienstleister, den Facility-Manager, ist dieser vertraglich zu verpflichten, die umlagefähigen Verwaltungskosten zu Nachweiszwecken gegenüber dem Mieter gesondert auszuweisen.

Die unter der Position „Centermanagement" abgerechneten und sonst nicht weiter 425
erläuterten Kosten sind nicht umlagefähig, da der Begriff des Centermanagements oder „Centermanager" nicht ausreichend bestimmt und daher intransparent ist.[324]

Praxistipp !
Dies Kosten des Centermanagers müssen begrifflich aufgegliedert werden, um dem Bestimmtheitsgebot zu genügen. Sie müssen zumindest grob abschätzbar sein. Es empfiehlt sich daher, die einzelnen Kostenpositionen möglichst detailliert und transparent zu benennen. Dabei ist darauf zu achten, dass es nicht zu Überschneidungen mit anderen Positionen kommt, die sonst insgesamt Gefahr laufen, unbestimmt und daher unwirksam zu sein.

Die Umlage von „Kosten der kaufmännischen und technischen Hausverwaltung" in 426
AGB eines Mietvertrags über Gewerberaum ist dagegen weder überraschend im Sinne von § 305c BGB, noch verstößt sie gegen das Transparenzgebot gemäß § 307 Abs. 1 Satz 2 BGB, wenn der Vermieter Verwaltungskosten nur im Rahmen des Ortsüblichen und Notwendigen umlegen kann.[325] Die Umlegung von Verwaltungskosten

323 OLG Köln, Urteil vom 18.12.2007 – 22 U 67/07 (= NZM 2008, 368).
324 BGH, Urteil vom 3.8.2011 – XII ZR 205/09 mit Verweis auf BGH, Urteil vom 9.12.2009 – XII ZR 109/08 (= NJW 2010, 671); BGH, Urteil vom 24.2.2010 – XII ZR 69/08 (= NJW-RR 2010, 739); BGH, Urteil vom 4.5.2011 XII ZR 112/09 (= NZM 2012, 83).
325 BGH, Urteil vom 4.5.2011 – XII ZR 112/09 (= NZM 2012, 83); BGH, Urteil vom 9.12.2009 – XII ZR 109/08 (= NJW 2010, 671).

bei der Gewerberaummiete ist nicht ungewöhnlich und führt daher nicht zu einer unangemessenen Benachteiligung.[326] Der Mieter ist im Übrigen vor überhöhten Forderungen durch das allgemeine Wirtschaftlichkeitsgebot geschützt.[327]

b) Instandhaltungs- und Instandsetzungskosten

427 Nach dem allgemeinen Sprachgebrauch betrifft die Instandhaltung grundsätzlich die **Erhaltung des vertragsgemäßen Zustandes**, das heißt es geht um Sicherungsmaßnahmen vor drohenden Schäden. Insoweit betrifft die Definition in § 1 Abs. 2 Nr. 2 BetrKV eher Instandhaltungs- als Instandsetzungskosten.[328] Dagegen sind als Instandsetzungskosten die Kosten für Reparatur und Wiederbeschaffung anzusehen.[329] Instandsetzung betrifft daher die Beseitigung und Reparatur bereits eingetretener Schäden zur Wiederherstellung des vertragsgemäßen Zustandes. § 555a Abs. 1 BGB definiert Instandhaltung und Instandsetzung gemeinsam als Erhaltungsmaßnahmen.

428 Instandhaltungs- oder Instandsetzungskosten sind vorbehaltlich einer ausdrücklichen Nennung in § 2 BetrKV grundsätzlich **nicht als Betriebskosten umlagefähig**, so dass sie dem Mieter im Rahmen der BetrKV grundsätzlich nicht in Rechnung gestellt werden können. Da die BetrKV unmittelbar nur für die Wohnraummiete gilt, ist die Übertragung von Instandhaltungs- und Instandsetzungskosten als Nebenkosten auf den Mieter im Rahmen der Geschäftsraummiete grundsätzlich zulässig. Sofern diese Übertragung in AGB erfolgt, unterliegt sie klauselrechtlichen Grenzen.

429 Sofern die Mietsache bei Vertragsbeginn mangelfrei ist und kein Instandhaltungsstau vorliegt, der den Mieter belastet, ist die Übertragung der Instandhaltungskosten in AGB auf den Mieter zulässig.[330]

430 Zur Vorbeugung von Auslegungsstreitigkeiten, empfiehlt es sich dabei die Instandhaltungspflichten des Mieters möglichst genau zu formulieren, auch wenn dies im Einzelfall dem Interesse des Vermieters an einer möglichst umfangreichen Übertragung auf den Mieter zuwiderläuft. Allerdings hat die Rechtsprechung offene Formulierungen wie, der Mieter müsse „die Mietsache mit der erforderlichen Sorgfalt behandeln und in gutem und gebrauchsfähigem Zustand erhalten“, sie „ord-

---

326 BGH, Urteil vom 9.12.2009 – XII ZR 109/08 (= NJW 2010, 671).

327 BGH, Urteil vom 4.5.2011 – XII ZR 112/09 (= NZM 2012, 83); BGH, Urteil vom 9.12.2009 – XII ZR 109/08 (= NJW 2010, 671); BGH, Urteil vom 24.2.2010 – XII ZR 69/08 (= NJW-RR 2010).

328 BGH, Urteil vom 7.4.2004 – VIII ZR 167/03 (= NZM 2004, 417).

329 BGH, Urteil vom 7.4.2004 – VIII ZR 167/03 (= NZM 2004, 417).

330 BGH, Urteil vom 4.2.1987 – VIII ZR 355/85 (= NJW 1987, 2072); OLG Düsseldorf, Urteil vom 9.2.1989 – 10 U 96/88 (= NJW-RR 1989, 663).

nungsgemäß und schonend“ behandeln bzw. sie „pflegen“, als wirksam angesehen.[331]

Die Kostentragung für gemeinschaftlich genutzte Räume bzw. Gegenstände sollte allerdings betragsmäßig begrenzt werden, zum Beispiel auf 10% der Netto-Jahresmiete.[332] Die Übertragung der Instandhaltung von „Dach und Fach“ in AGB widerspricht allerdings derart der gesetzgeberischen Wertung des § 535 BGB, dass sie den Mieter regelmäßig unangemessen benachteiligt, indem sie ihm den Großteil der Erhaltungslast aufbürdet.[333] 431

Bestehen bereits bei Beginn des Mietverhältnisses an den Einrichtungen der Mietsache erhebliche Beeinträchtigungen, deren Beseitigung für den Mieter nicht oder nur kaum kalkulierbar und die Leistungspflicht darüber hinaus verschuldensunabhängig ausgestaltet ist, sind die Instandhaltungsklauseln im Zweifel als unangemessen benachteiligend und damit als unwirksam einzuordnen,[334] es sei denn, der Mieter erlangt als Gegenleistung eine inhaltlich nachvollziehbare bzw. angemessene Reduzierung der Miete als Kompensation.[335] 432

Maßstab für die Wirksamkeit formularvertraglicher Vereinbarungen zur Übertragung von Instandsetzungskosten auf den Mieter ist § 307 Abs. 2 Nr. 1 BGB,[336] wonach die Klausel unwirksam ist, wenn sie mit **wesentlichen Grundgedanken der gesetzlichen Regelung**, von der abgewichen wird, nicht zu vereinbaren ist. Dieser Grundgedanke kommt in § 535 Abs. 1 Satz 2 BGB zum Ausdruck, wonach der Vermieter die Mietsache in einem zum vertragsgemäßen Gebrauch geeigneten Zustand zu überlassen und sie während der Mietzeit auch in diesem Zustand zu erhalten hat. Dieser Wertung widerspricht eine unbeschränkte Übertragung der Instandsetzungsarbeiten, da sie den Mieter mit der vollständigen Sachgefahr und einem einhergehenden nicht vorauskalkulierbaren Kostenrisiko belasten würde.[337] Eine pauschale Übertragung der Instandsetzung des gesamten Mietobjekts einschließlich der 433

331 OLG Düsseldorf, Urteil vom 25.2.1999 – 10 U 109/95 (= NZM 2000, 464); OLG Düsseldorf, Urteil vom 4.6.1992 – 10 U 158/91 (= DWW 1992, 365); BGH, Urteil vom 13.1.1982 – VIII ZR 186/80 (= WPM 1982, 333, 335).

332 *Beyerle* in: Lindner-Figura/Oprée/Stellmann, Geschäftsraummiete, 3. Auflage 2012, Kapitel 13 Rn 188.

333 BGH, Urteil vom 6.4.2005 – XII ZR 158/01 (= NZM 2005, 863 f.); OLG Dresden, Urteil vom 17.6.1996 – 2 U 655/95 (= NJW-RR 1997, 395).

334 *Beyerle* in: Lindner-Figura/Oprée/Stellmann, Geschäftsraummiete, 3. Auflage 2012, Kapitel 13 Rn 188.

335 BGH, Urteil vom 5.6.2002 – XII ZR 220/99 (= NZM 2002, 655).

336 BGH, Urteil vom 6.4.2005 – XII ZR 158/01 (= NZM 2005, 863).

337 OLG Dresden, Urteil vom 17.6.1996 – 2 U 655/95 (= NJW-RR 1997, 395); OLG Düsseldorf, Urteil vom 16.12.1999 – 10 U 159/98 (= ZMR 2000, 377); OLG Naumburg, Urteil vom 12.8.1999 – 2 U (Hs) 34/98 (= NZM 2000, 1183).

Schönheitsreparaturen bzw. die dach- und fachfeste Unterhaltung des gesamten Mietobjekts auf den Mieter in AGB ist daher unwirksam.[338]

434 Die Übertragung der Instandsetzungskosten auf den Mieter in AGB kann dagegen zulässig sein, wenn die Sachgefahr nur eingeschränkt übertragen wird, indem z.B. die Haftung des Mieters für anfängliche Mängel und für durch Dritte verursachte Schäden ausgeschlossen wird und die Instandsetzungsverpflichtung auf Schäden beschränkt wird, die entweder auf dem Mietgebrauch selbst beruhen oder aus der Risikosphäre des Mieters rühren.[339]

435 Sollen Instandhaltungs- und Instandsetzungspflichten – und die entsprechende Kostentragung – darüber hinaus auf den Mieter übertragen werden, bedarf es einer Individualabrede zwischen den Parteien.[340]

c) Wartung

436 Unter Wartung versteht man die **regelmäßige Prüfung der Betriebsbereitschaft und Betriebssicherheit** einschließlich der Einstellung durch eine Fachkraft. Die Kosten der Wartung mitvermieteter Anlagen und Einrichtungen können auf den Mieter in AGB grundsätzlich ohne Kostenobergrenze abgewälzt werden.[341] Wartungskosten sind zunächst in den in § 2 BetrKV ausdrücklich zugelassenen Fällen als Betriebskosten umlagefähig (Nr. 2: Wassermengenregler, Nr. 4: Heizung, Nr. 5c: Warmwassergeräte, Nr. 7: Aufzug, Nr. 10: Gartenpflege, Nr. 15: Gemeinschaftsantenne und Nr. 16: maschinelle Wascheinrichtung); zudem kommt eine Umlage als sonstige Betriebskosten im Rahmen von Nr. 17 in Betracht, soweit sie die Überprüfung technischer Einrichtungen auf Funktion und Sicherheit betreffen.

437 Im Rahmen so genannter Vollwartungsverträge werden häufig aber auch Reparaturarbeiten durchgeführt, also Schäden beseitigt. Soweit auf die BetrKV verwiesen wird und diese den Ansatz von Wartungskosten zulässt oder soweit eine wirksame Vereinbarung der Parteien über die Tragung von Wartungskosten durch den Mieter vorliegt, können nur die Kosten der reinen Wartungstätigkeit angesetzt werden. Kleinere Instandhaltungsarbeiten wie der Austausch von verschleißanfälligen Kleinteilen (z.B. Dichtungen, Filter, Düsen) werden allerdings häufig der Wartung und nicht der Reparatur zugeordnet.[342]

---

338 OLG Dresden, Urteil vom 17.6.1996 – 2 U 655/95 (= NJW-RR 1997, 395).

339 BGH, Urteil vom 25.2.1987 – VIII ZR 88/86 (= ZMR 1987, 257); OLG Saarbrücken, Urteil vom 3.4.1996 – 1 U 581/95 – 93 (= NJW-RR 1997, 248); OLG Köln, Urteil vom 17.12.1993 – 19 U 189/93 (= NJW-RR 1994, 524); OLG Düsseldorf, Urteil vom 8.2.1996 – 10 U 223/94 (= ZMR 1996, 435).

340 BGH, Urteil vom 5.6.2002 – XII ZR 220/99 (= NZM 2002, 655).

341 *Beyerle* in: Lindner-Figura/Oprée/Stellmann, Geschäftsraummiete, 3. Auflage 2012, Kapitel 11 Rn 35.

342 OLG Düsseldorf, Urteil vom 8.6.2000 – 10 U 94/99 (= NZM 2000, 762).

Praxistipp
Es empfiehlt sich, Wartungsunternehmen vertraglich zur genauen Aufschlüsselung der Kosten für Wartung und Reparaturen unter Angabe von Arbeits- und Materialaufwand zu verpflichten.

d) „Triple Net"-Vereinbarungen

Als „Triple-Net-Miete" wird eine Miete bezeichnet, wenn der Mieter neben den **Betriebskosten** (einfach) auch **Steuern, Abgaben und Versicherungskosten** (zweifach) sowie **Instandhaltungs- und Instandsetzungskosten** – ggf. auch für Dach und Fach (dreifach) – zu tragen hat. Eine entsprechende Vereinbarung kann aus Gründen der gesetzlichen Wertung des § 535 Abs. 1 Satz 2 BGB aber wohl nur individualvertraglich wirksam vereinbart werden.[343] Die Relevanz von Individualabreden im Gewerberaummietrecht ist indes sehr gering (zumal das Mietrecht als die Wiege der AGB-Gesetzgebung und -Rechtsprechung gilt). Ob die einzelne Regelung in den AGB des Vermieters von Gewerberaum wirksam ist, erfordert stets eine Betrachtung des Einzelfalls. Eine Überbürdung der Unterhaltspflicht für Dach und Fach dürfte jedenfalls unzulässig sein, da dies zu einem unüberschaubaren Kostenrisiko für den Mieter führt und ihn dadurch unangemessen benachteiligt. Schließlich würde der Vermieter aus seiner Kardinalpflicht zu Erhaltung des vertragsgemäßen Gebrauchs gänzlich entlassen. Sofern und soweit sie eine Instandhaltung- und Instandsetzung von Dach und Fach durch den Mieter vorsehen, dürften Triple-Net-Verträge daher **regelmäßig unwirksam** sein. 438

6. Umlage von Nebenkosten

a) Gesetzliches Leitbild

Das gesetzliche Leitbild der Tragung von Nebenkosten ergibt sich aus § 535 Abs. 1 Satz 3 BGB, wonach der Vermieter alle auf der Mietsache ruhenden Lasten zu tragen hat. Durch dieses Prinzip wird die so genannte Inklusiv-Miete beschrieben. Danach beinhaltet die Miete die Abgeltung aller Nebenkosten. Betrachtet man die mietvertragliche Praxis, besteht dieser Grundsatz nur auf dem Papier des Gesetzes. Denn in der Regel zahlt der Mieter von Gewerberaum eine Nettokaltmiete und die Betriebs- und Nebenkosten werden separat umgelegt, wobei die Parteien eines Mietvertrags über Geschäftsraum bei der Umlage grundsätzlich nicht an den Katalog der BetrKV gebunden sind. 439

343 BGH, Urteil vom 5.6.2002 – XII ZR 220/99 (= NZM 2002, 655).

b) Pauschalierung oder Vorauszahlung

440 Der Mietvertrag muss eindeutig und bestimmt regeln, ob Nebenkosten im Wege der Vorauszahlung umgelegt oder pauschal abgegolten werden. Dabei können einzelne Nebenkostenarten auch unterschiedlich behandelt werden, d.h. auch teilweise pauschal und teilweise durch Vorauszahlung umgelegt werden – unter der Einschränkung der zwingenden Vorschriften der HeizKV. Nur Nebenkosten, deren Umlage durch Vorauszahlung erfolgt, werden am Jahresende bzw. in der dafür vorgesehenen Frist abgerechnet, so dass sich rückzahlungsfähige Guthaben, aber auch Nachzahlungen für den Mieter ergeben können.

aa) Umlage durch Pauschale

441 Bei der Umlage durch Pauschalierung entfällt konsequenterweise die Nebenkostenabrechnung, da die Pauschale ein Fixbetrag ist. Alle Nebenkosten oder die Nebenkosten, die pauschal umgelegt werden sollen, sind mit Zahlung der Pauschale abgegolten. Da Kosten in der Regel eher steigen als fallen, trägt der Vermieter grundsätzlich das Risiko, dass die Pauschale auskömmlich berechnet ist. Daher werden Nebenkostenpauschalen in aller Regel bereits Risikoaufschläge enthalten, um Kostensteigerungen abzufangen.

442 Einseitige Anpassungen der Pauschalen durch den Vermieter sind nur möglich, sofern ein Anpassungsvorbehalt vereinbart wurde. § 560 BGB, der eine einseitige Anpassungsmöglichkeit für Nebenkostenpauschalen bereithält, ist nur auf Wohnraummietverträge anwendbar. Allerdings sollte der Vermieter von Gewerberaum zum Beispiel eine dem § 560 BGB und seinen Voraussetzungen entsprechende Vereinbarung in den Mietvertrag aufnehmen. Zur Anpassung der Nebenkostenpauschale kann auch eine Wertsicherung vereinbart werden.

! **Praxistipp**

Wollen Vermieter von Geschäftsraum Nebenkostenpauschalen vereinbaren, sollten vertragliche Anpassungsmechanismen vorgesehen werden.

---

bb) Umlage durch Vorauszahlung

443 Die gebräuchliche Form der Nebenkostenumlage durch Vorauszahlung ist gesetzlich nicht geregelt, so dass sich eine Verpflichtung des Mieters zur Leistung von Vorauszahlungen **nur aufgrund vertraglicher Vereinbarung** ergeben kann. Ungewöhnlich, aber zulässig ist die Vereinbarung, dass der Mieter die Nebenkosten auf die entsprechende Nebenkostenabrechnung ohne regelmäßige Vorauszahlung leistet.[344]

344 BGH, Urteil vom 11.2.2004 – VIII ZR 195/03 (= WuM 2004, 201).

Der Vermieter ist nur dann berechtigt, die im Mietvertrag vereinbarten Vorauszahlungen auf die Nebenkosten einseitig zu erhöhen, wenn dies im Mietvertrag ausdrücklich vereinbart ist. In AGB begegnet es keinen Bedenken, wenn die Vertragsparteien vereinbaren, dass der Vermieter im Anschluss an Nebenkostenabrechnungen die Höhe der Nebenkostenvorauszahlungen durch einseitige Erklärung anpassen darf.[345] 444

In der Praxis erfolgt die Erhöhung bzw. das Erhöhungsverlangen in der Regel mit der Nebenkostenabrechnung über den vorausgegangenen Abrechnungszeitraum, wobei die Erhöhung nur mit Wirkung für die Zukunft und nicht für die Vergangenheit möglich ist.[346] Ein Erhöhungsverlangen, das der Mieter zur Jahresmitte mit der Nebenkostenabrechnung des Vorjahres erhält, kann sich daher nur auf die zweite Jahreshälfte beziehen, wobei die Steigerung für die erste Jahreshälfte weiterhin über die folgende Nebenkostenabrechnung auszugleichen ist. Die Ausübung dieses Anpassungsrechts unterliegt nicht dem Schriftformerfordernis des § 550 BGB.[347] 445

Der Vermieter ist nicht verpflichtet, Nebenkostenvorauszahlungen kostendeckend zu kalkulieren. Daher berechtigen zu niedrig bemessene Nebenkostenvorauszahlungen den Vermieter grundsätzlich zu Nachforderungen gegenüber dem Mieter, dessen Vertrauen in die Angemessenheit der Nebenkostenvorauszahlung in der Regel nicht schutzwürdig ist.[348] Dies ist allenfalls dann der Fall, wenn der Vermieter eine Zusicherung der Angemessenheit abgegeben hat oder die Vorauszahlungen in Täuschungsabsicht zu niedrig kalkuliert hat, um den Mieter zum Mietvertragsabschluss zu bewegen (sog. Lockvogelangebot).[349] 446

Eine solche Täuschungsabsicht lässt sich aber gerade bei verbrauchsabhängigen Nebenkosten kaum beweisen, da deren Höhe sich – insbesondere bei Erstbezug – allenfalls ungefähr abschätzen lässt. Aus der bisherigen zur Thematik ergangenen Rechtsprechung lässt sich ableiten, dass zur Annahme einer erheblichen Abweichung der Betrag der tatsächlich abgerechneten Nebenkosten mindestens mehr als doppelt so hoch sein muss wie der Betrag der Vorauszahlung.[350] 447

---

345 BGH, Urteil vom 5.2.2014 – XII ZR 65/13; BGH, Urteil vom 26.9.2012 – XII ZR 112/10.

346 OLG Dresden, Entscheidung vom 12.3.2002 – 5/23 U 2557/01 (= ZMR 2002, 416, 418).

347 BGH, Urteil vom 5.2.2014 – XII ZR 65/13.

348 BGH, Urteil vom 11.2.2004 – VIII ZR 195/03 (= WuM 2004, 201).

349 BGH, Urteil vom 11.2.2004 – VIII ZR 195/03 (= WuM 2004, 201).

350 Für folgende Übersteigung der Nebenkostenvorauszahlungen wurde ein erhebliches Abweichen angenommen: 147%, LG Hamburg, Urteil vom 6.3.2003 – 409 O 147/02 (= ZMR 2003, 683); 123, LG Düsseldorf, Urteil vom 3.1.2002 – 21 S 609/00 (= NZM 2002, 604); 130%, LG Frankfurt, WuM 1979, 24; 95%, AG Dachau, Urteil vom 27.11.2001 – 4 C 810/01 (= ZMR 2002, 758); 130%, LG München II, Entscheidung vom 30.4.2002 – 12 S 7512/01 (= ZMR 2002, 758); das 7fache, LG Karlsruhe, Entschei-

c) Umlageschlüssel

448 In Ermangelung einer vertraglichen Vereinbarung kann der Vermieter von Geschäftsraum den Umlageschlüssel einseitig bestimmen, soweit die Festlegung nach billigem Ermessen gemäß §§ 315, 316 BGB erfolgt.[351] Der Vermieter ist aber in jedem Fall an die zwingenden Vorschriften der §§ 7 Abs. 1 und 8 Abs. 1 HeizKV gebunden, soweit sie Anwendung finden.

449 Die Abrechnung nach dem gesetzlichen Leitbild für die Wohnraummiete wird insofern in aller Regel billig sein. Wird also nach Flächenmaßstab abgerechnet, sind Ungenauigkeiten in der Abrechnung zwangsläufig, da die Mieter in unterschiedlichem Maß zur Entstehung der verbrauchsabhängigen Kosten beitragen, z.B. durch unterschiedlichen Wasser- und Energieverbrauch. Sie sind aber vom Mieter zu Gunsten einer vereinfachten Abrechnung, vorbehaltlich der zwingenden Voraussetzungen der HeizKV, hinzunehmen.[352]

450 Ein vertraglich vereinbarter Umlageschlüssel muss zu seiner Wirksamkeit zu einer gerechten Aufteilung der Kosten führen.[353] Treffen die Parteien eine vertragliche Vereinbarung über den Umlageschlüssel, ist die einseitige Änderung dieses Schlüssels durch den Vermieter nur möglich, wenn dieses Recht vertraglich eingeräumt ist.[354] Wird ein Umlageschlüssel über eine längere Zeit hinweg, d.h. mehrere Jahre lang, von den Parteien unwidersprochen angewendet, so kann dieser Schlüssel im Einzelfall konkludent vereinbart sein.[355]

d) Bestimmtheitsgebot

451 Unerlässlich zur wirksamen Umlage der Nebenkosten auf den Mieter ist die Bestimmtheit der Nebenkosten. Es muss **ausdrücklich, unmissverständlich und eindeutig** geregelt sein, welche Nebenkosten im Wege der Umlagevereinbarung individualvertraglich oder auch durch AGB auf den Mieter übertragen werden.[356] Denn

---

dung vom 16.4.1998 – 5 S 339/97 (= WuM 1998, 479); das 7–8fache, OLG Naumburg, Urteil vom 23.11.2001 – 9 U 171/01 (= NZM 2002, 387).

351 BGH, Urteil vom 21.1.2004 – VIII ZR 137/03 (= WuM 2004, 150, 151); BGH, Urteil vom 20.1.1993 – VII ZR 10/92 (= ZMR 1993, 263, 264 = NJW 1993, 1061, 1062); OLG Düsseldorf, Entscheidung vom 3.2.2000 – 10 W 1/00, ZMR 2000, 215.

352 BGH, Urteil vom 25.10.2006 – VIII ZR 251/05, (= WuM 2006, 684, 685).

353 *Beyerle* in: Lindner-Figura/Oprée/Stellmann, Geschäftsraummiete, 3. Auflage 2012, Kapitel 11 Rn 161.

354 BGH, Urteil vom 26.5.2004 – VIII ZR 169/03 (= WuM 2004, 403, 404); BGH, Urteil vom 31.5.2006 – VIII ZR 159/05 (= WuM 2006, 440, 441 = NJW 2006, 2771 = NZM 2006, 655).

355 BGH, Urteil vom 31.5.2006 – VIII ZR 159/05, (WuM 2006, 440, 441 = NJW 2006, 2771 = NZM 2006, 655); BGH, Beschluss vom 2.11.2005 – VIII ZR 52/05 (= WuM 2005, 774 = NZM 2006, 11).

356 OLG Düsseldorf, Urteil vom 11.2.1982 – 10 U 118/81 (= ZMR 1984, 20); OLG Düsseldorf, Urteil vom 29.6.2000 – 10 U 116/99 (= ZMR 2000, 668).

unabhängig von der Art des Mietverhältnisses können Nebenkosten nur gesondert abgerechnet werden, wenn dies im Mietvertrag klar und eindeutig geregelt ist.[357] Die vereinbarte Mietstruktur muss erkennen lassen, dass der Mieter die Nebenkosten ganz oder anteilig neben der Grundmiete tragen soll.[358] Diese Voraussetzung ist grundsätzlich nur dann erfüllt, wenn die mietvertragliche Regelung über die Nebenkostenumlage dem schuldrechtlichen Bestimmtheitsgebot im Sinne des § 241 BGB entspricht und die Nebenkosten inhaltlich hinreichend konkretisiert oder zumindest eindeutig bestimmbar bezeichnet sind.[359] Kostenarten, die nicht ausdrücklich im Vertrag benannt sind, sind danach im Zweifel nicht gegenüber dem Mieter abrechenbar, sondern mit der vereinbarten Miete abgegolten,[360] gehen also zu Lasten des Vermieters. Wenn auch nur im Rahmen der Gewerberaummiete denkbar, kann sich die Pflicht des Mieters, ohne konkrete vertragliche Regelung Betriebskosten zu tragen, nur ausnahmsweise im Wege einer ergänzenden Vertragsauslegung ergeben.[361]

Regelungen in einem Gewerberaummietvertrag, die besagen, „der Mieter habe **452** alle Nebenkosten zu tragen" oder „sämtliche anfallenden Nebenkosten/Betriebskosten gehen anteilig zu Lasten des Mieters", sind unwirksam, es sei denn es ist gleichzeitig ausdrücklich bestimmt, welche Nebenkosten auf den Mieter übertragen werden sollen.[362]

Beispiel
Als unzulässig wurden außerdem folgende Formulierungen angesehen:
„Umlegbar sind Nebenabgaben und Kosten, die mit dem Betrieb des Mietobjektes zusammenhängen."[363]
„Die Pächterin trägt in vollem Umfang sämtliche Betriebs- und Nebenkosten."[364]
„Der Mieter hat (neben im einzelnen aufgeführten Nebenkosten) alle hier nicht aufgeführten Kosten in Ansehung des Mietobjekts zur tragen."[365]

---

357 OLG Düsseldorf, Urteil vom 29.6.2000 – 10 U 116/99 (= NZM 2001, 588).
358 OLG Düsseldorf, Urteil vom 29.6.2000 – 10 U 116/99 (= NZM 2001, 588) mit Verweis auf BGH, ZMR 1970, 47; OLG Hamburg, HambGE 1990, 98.
359 OLG Düsseldorf, Urteil vom 29.6.2000 – 10 U 116/99 (= NZM 2001, 588) mit Verweis auf OLG Celle, OLG-Report 1997, 63; OLG Brandenburg, OLG-Report 1999, 341.
360 OLG Düsseldorf, Urteil vom 29.6.2000 – 10 U 116/99 (= NZM 2001, 588).
361 *Beyerle* in: Lindner-Figura/Oprée/Stellmann, Geschäftsraummiete, 3. Auflage 2012, Kapitel 11 Rn 52 mit Verweis auf OLG Köln, Urteil vom 13.7.1994 – 16 U 9/94.
362 OLG Düsseldorf, Urteil vom 25.7.1991 – 10 U 1/91 (= MDR 1991, 964); OLG Düsseldorf, Urteil vom 26.9.2002 – 10 U 170/01 (= ZMR 2003, 109).
363 OLG Schleswig, Urteil vom 10.2.2012 – 4 U 7/11.
364 OLG Hamm, Urteil vom 2.12.2009 – 30 U 93/09.
365 OLG Düsseldorf, Urteil vom 14.5.2002 – 24 U 142/01.

453 Ebenso genügen schlagwortartige Begriffe dem Bestimmtheitsgebot nicht, zum Beispiel der Begriff „Grundbesitzabgaben".[366] Die Begriffe Verwaltungskosten oder Kosten der Hausverwaltung genügen dagegen dem AGB-rechtlichen Bestimmtheitsgebot für eine Betriebskostenumlagevereinbarung.[367]

! **Praxistipp**
Die Übertragung von Nebenkosten muss ausdrücklich und eindeutig geregelt werden, um negative wirtschaftliche Konsequenzen für den Vermieter zu vermeiden. Schlagwortartige Begriffe bzw. Überbegriffe zur Bezeichnung von Nebenkosten sollten möglichst vermieden werden, da sie ein hohes Ungenauigkeitspotential aufweisen und eine entsprechende Regelung daher latent unwirksam ist.

e) Bezugnahme auf die BetrKV

454 Wird auf eine Einzelauflistung der umzulegenden Nebenkosten im Mietvertrag verzichtet, sondern eine bloße Bezugnahme auf den Betriebskostenkatalog der BetrKV geregelt, ist diese Bezugnahme grundsätzlich wirksam.[368] Nach herrschender Meinung ist dies auch im Formularvertrag möglich. Durch Bezugnahme auf den Rechtsbegriff der Betriebskosten ist dem Erfordernis gemäß § 305 Abs. 2 Nr. 2 BGB, wonach der Verwender von Formularklauseln dem anderen Vertragspartner die Möglichkeit geben muss, in zumutbarer Weise vom Inhalt der AGB Kenntnis zu erlangen, nach gefestigter Rechtsprechung genüge getan.[369] Nach allgemeiner Ansicht dürfen in AGB Rechtsbegriffe verwendet werden, ohne gegen das Transparenzgebot zu verstoßen, da es dem anderen Vertragspartner grundsätzlich zumutbar ist, dass er sich über die Bedeutung des verwendeten Rechtsbegriffs informiert. Daher ist es nicht erforderlich, dass der Text der BetrKV dem Mietvertrag als Anlage beigefügt wird, auch nicht, um dem Formerfordernis gemäß § 550 BGB zu genügen.[370]

f) Sonstige und neue Betriebskosten

455 Im Rahmen von § 2 Nr. 17 BetrKV stellt sich das Sonderproblem, dass Nr. 17 einen Auffangtatbestand darstellt, unter den sonstige Betriebskosten fallen, die der allgemeinen Betriebskostendefinition in § 1 BetrKV entsprechen und in Nr. 1–16 nicht

---

366 OLG Düsseldorf, Urteil vom 29.6.2000 – 10 U 116/99 (= ZMR 2000, 668).
367 OLG Köln, Urteil vom 18.1.2008 – 1 U 40/07 (= NZM 2008, 366).
368 BGH, Urteil vom 27.6.2007 – VIII ZR 202/06.
369 BGH, Urteil vom 27.6.2007 – VIII ZR 202/06 (= WuM 2007, 571, 573); BGH, Urteil vom 16.4.2008 – VIII ZR 75/07 (= NZM 2008, 442); Urteil vom 8.4.2009 – VIII ZR 128/08 (= NZM 2009, 478).
370 *Beyerle* in: Lindner-Figura/Oprée/Stellmann, Geschäftsraummiete, 3. Auflage 2012, Kapitel 11 Rn 55.

aufgeführt sind. Während Nr. 1–16 klar definieren, welche Betriebskosten auf den Mieter abgewälzt werden, bietet Nr. 17 Raum für die Vereinbarung beliebig vieler weiterer Betriebskosten, solange diese sich unter die Definition des § 1 BetrKV subsumieren lassen. Der gesetzliche Auffangtatbestand kann allerdings nicht auch als vertraglicher Auffangtatbestand dienen, sodass der allgemeine Verweis auf Nr. 17 nicht wirksam vereinbart werden kann. Hieraus würde eine für den Mieter nicht erkenn- und kalkulierbare potentielle Kostenbelastung erwachsen. Daher ist der allgemeine Verweis auf Nr. 17 in AGB wegen des Verstoßes gegen das Bestimmtheitsgebot unwirksam.[371]

Daher ist es erforderlich, Betriebskosten nach Nr. 17, die neben dem Katalog der Nr. 1–16 vom Mieter getragen werden sollen, im Mietvertrag einzeln und eindeutig zu beschreiben. Es ist also auch eine Kombination aus Verweisung auf die Betriebskosten gemäß BetrKV und Beschreibung weiterer Betriebskosten denkbar. 456

Praxistipp !
Vermietern von Gewerberaum ist grundsätzlich anzuraten, auf den Verweis in die BetrKV zu verzichten und den Katalog der umlegbaren Nebenkosten direkt in den Mietvertrag zu integrieren bzw. alle in Frage kommenden Nebenkostenarten direkt im Mietvertrag oder in einer Anlage zum Vertrag aufzulisten, damit eine wirksame Abwälzung auf den Mieter gewährleistet ist.

Eine Regelung im Formularmietvertrag über Gewerberaum, wonach der Mieter neu hinzukommende Nebenkosten zu tragen hat, ist grundsätzlich nur wirksam, wenn der Mieter im Rahmen der vertraglichen Vereinbarung genau bezeichnete Nebenkosten (z.B. gemäß § 2 Nr. 1–16 BetrKV) zu tragen hat und die neuen Nebenkosten in diesem Rahmen entstehen.[372] Entstehen erstmals Kosten aus einer bereits im Vertrag bezeichneten Nebenkostenart (z.B. bei erstmaligem Abschluss einer Sach- und Haftpflichtversicherung oder bei nachträglichem Einbau eines Aufzugs), so können diese Kosten fortan umgelegt werden.[373] 457

Maßgabe für die Umlage neu hinzukommender Nebenkosten in AGB ist wiederum, dass der Mieter nicht unangemessen benachteiligt wird. Eine einschränkungslose Übertragung neuer Nebenkosten, die dem Mieter ein unabsehbares und unkalkulierbares Kostenrisiko auferlegt, ist daher grundsätzlich unwirksam und dürfte auch individualvertraglich an die Grenzen der Sittenwidrigkeit stoßen.[374] Insofern käme eine betragsmäßige Begrenzung, der mit neu entstehenden Nebenkosten einhergehenden wirtschaftlichen Belastung, zum Beispiel auf 10% des Betrages 458

371 BGH, Urteil vom 7.4.2004 – VIII ZR 167/03 (= WuM 2004, 290, 291).

372 *Beyerle* in: Lindner-Figura/Oprée/Stellmann, Geschäftsraummiete, 3. Auflage 2012, Kapitel 11 Rn 79.

373 BGH, Urteil vom 27.9.2006 – VIII ZR 80/06 (= WuM 2006, 612).

374 OLG Düsseldorf, Urteil vom 25.4.1991 – 10 U 178/90 (= BB 1991, 1150).

der vertraglich vereinbarten Nebenkosten oder schlicht auf einen konkreten Betrag, in Betracht.[375]

Praxistipp
Vermieter müssen bei der Übertragung neu entstehender Nebenkosten auf den Mieter besondere Vorsicht walten lassen. Die wirtschaftliche Belastung für den Mieter sollte betragsmäßig begrenzt werden.

VII. Gewährleistung und Haftung des Vermieters

1. Allgemeines

459 Die gesetzlichen Gewährleistungsrechte des Mieters gemäß §§ 536, 536a BGB, das heißt insbesondere auf Minderung, Mangelbeseitigung, Schadensersatz, sowie seine zivilrechtliche Haftung wird der Vermieter von Geschäftsraum im gesetzlich zulässigen Maße in aller Regel ausschließen wollen.

460 Gemäß § 536d BGB kann sich der Vermieter nicht auf eine Vereinbarung berufen, durch die die Rechte des Mieters wegen eines Mangels der Mietsache ausgeschlossen oder beschränkt werden, wenn er den Mangel arglistig verschwiegen hat. Diese gesetzliche Klarstellung resultiert indes bereits aus § 242 BGB. Im Übrigen ist bei einem Mietverhältnis über Wohnraum eine zum Nachteil des Mieters abweichende Vereinbarung von § 536 Abs. 1 bis 3 BGB unwirksam (§ 536 Abs. 4 BGB). Diese Vorschrift ist aber nicht auf Geschäftsraummietverhältnisse anwendbar. Daher kann die Vorschrift hier vertraglich eingeschränkt oder – in den Grenzen von Treu und Glauben (§§ 138, 242, 536d BGB) – ausgeschlossen werden.[376]

461 Ein vollständiger Ausschluss der Gewährleistungsrechte ist in AGB nach allgemeiner Auffassung nicht zulässig.[377] Die Pflicht des Vermieters, dem Mieter die Mietsache in einem zum vertragsgemäßen Gebrauch geeigneten Zustand zu erhalten, darf daher regelmäßig nicht ausgeschlossen werden. Dabei handelt es sich nämlich um eine Kardinalpflicht. Kardinalpflichten sind solche Pflichten, die die ordnungsgemäße Erfüllung des Mietvertrages erst ermöglichen und auf deren Erfüllung der Vertragspartner des Verwenders deshalb vertraut und vertrauen darf.[378]

462 Eine unzulässige Abweichung vom gesetzlichen Leitbild liegt vor, wenn dem Mieter die Erhaltungslast von gemeinsam mit anderen Mietern genutzten Flächen und Anlagen ohne Beschränkung der Höhe nach auferlegt wird. Denn damit werden

---

375 *Beyerle* in: Lindner-Figura/Oprée/Stellmann, Geschäftsraummiete, 3. Auflage 2012, Kapitel 11 Rn 81.

376 BGH, Urteil vom 20.6.1984 – VIII ZR 337/82.

377 BGH, Urteil vom 12.3.2008 – XII ZR 147/50.

378 BGH, Rechtsentscheid vom 24.10.2001 – VIII ARZ 1/01.

dem Mieter auch Kosten übertragen, die nicht durch seinen Mietgebrauch veranlasst sind und die nicht in seinen Risikobereich fallen. Außerdem werden ihm dadurch, dass er die gemeinschaftlich genutzten Flächen und Anlagen in dem bei Mietbeginn bestehenden, in der Regel gebrauchten Zustand vorfindet, auch die Kosten für die Behebung anfänglicher Mängel bzw. bereits vorhandener Abnutzungen durch Reparatur oder Erneuerung überbürdet, deren Höhe für ihn nicht überschaubar ist. Darüber hinaus werden ihm Kosten für Schäden auferlegt, die von Dritten verursacht worden sind, für deren Handeln er keine Verantwortung trägt, so dass auch insoweit ihm nicht zurechenbare und der Höhe nach nicht vorhersehbare Kosten übertragen würden. Diese Abweichungen vom gesetzlichen Leitbild des Mietvertrags benachteiligen den Mieter unangemessen.[379] Die Übertragung der Erhaltungslast gemeinschaftlich genutzter Flächen und Anlagen ist allenfalls wirksam, wenn sie in einem bestimmten, zumutbaren Rahmen erfolgt. Hierzu kann eine Kostenbegrenzung auf einen festen Prozentsatz der Jahresmiete erfolgen.[380]

Ein Ausschluss der Haftung des Vermieters für Vorsatz und grobe Fahrlässigkeit **463**
sowie für Personenschäden ist nach § 309 Nr. 7 BGB unzulässig. Auch die Zulässigkeit eines formularmäßigen Ausschlusses der Vermieterhaftung für einfache Fahrlässigkeit ist zweifelhaft, wenn in der konkreten Instandhaltungspflicht des Vermieters eine so genannte Kardinalpflicht gesehen wird, da die entsprechende Maßnahme die ordnungsgemäße Erfüllung des Mietvertrages erst ermöglicht.[381]

2. Beschränkung der Minderung

Der einschränkungslose Ausschluss des Minderungsrechts ist unzulässig. Ferner ist **464**
eine vom Vermieter verwendete formularmäßige Klausel wegen unangemessener Benachteiligung unwirksam, wenn der Mieter von Gewerberaum gegenüber den Ansprüchen des Vermieters auf Zahlung des Mietzinses kein Minderungsrecht wegen Mängeln der Mietsache geltend machen kann, es sei denn, der Vermieter hat die Mängel vorsätzlich oder grob fahrlässig zu vertreten. Denn diese Formulierung ist im Zweifel dahin auszulegen, dass sie die Minderung wegen sonstiger Mängel vollständig ausschließt und dem Mieter auch nicht die Möglichkeit der Rückforderung der Miete nach § 812 BGB verbleibt.[382]

Erst recht ist daher eine vom Vermieter im Geschäftsraummietvertrag verwende- **465**
te formularmäßige Klausel unwirksam, wonach eine Minderung der Miete ausgeschlossen ist, wenn die Nutzung der Räume durch Umstände beeinträchtigt wird, die der Vermieter nicht zu vertreten hat. Auch diese Klausel ist im Zweifel dahin

379 BGH, Urteil vom 6.4.2005 – XII ZR 158/01.
380 BGH, Urteil vom 6.4.2005 – XII ZR 158/01.
381 OLG Naumburg, Urteil vom 12.8.1999 – 2 U (Hs) 34/98.
382 BGH, Urteil vom 12.3.2008 – XII ZR 147/50.

auszulegen, dass sie die Minderung insoweit vollständig ausschließt und dem Mieter ebenfalls nicht die Möglichkeit der Rückforderung der Miete nach § 812 BGB belässt.[383]

466 Als zulässig angesehen wird eine Beschränkung dann, wenn sie das Recht zur Minderung von einer vorherigen Anzeige an den Vermieter abhängig macht. Weiterhin darf das Recht zur Minderung nur versagt werden, wenn dem Mieter Ansprüche auf Rückforderung gemäß § 812 BGB verbleiben. Schließlich wird ein solcher Minderungsausschluss nur zulässig sein, soweit er sich nicht auch auf unstreitige oder gerichtlich festgestellte Ansprüche bezieht.

467 Anzeigepflicht und Ausschluss der Minderung im vorbezeichneten Sinn können zulässigerweise auch mit einem Aufrechnungsausschluss kombiniert werden, solange die Aufrechnung mit unbestrittenen oder rechtskräftig festgestellten Forderungen möglich bleibt.

3. Beschränkung des Schadenersatzanspruchs

468 Zulässig ist es, die Haftung für leichte Fahrlässigkeit auszuschließen, sofern Kardinalpflichten von der Haftungseinschränkung nicht umfasst sind. Die Haftung für Vorsatz und grobe Fahrlässigkeit sowie für Personenschäden kann wegen § 309 Nr. 7 BGB nicht wirksam ausgeschlossen werden. Die verschuldensunabhängige Garantiehaftung des § 536a Abs. 1 1. Alt. BGB für anfängliche Mängel kann auch durch Formularverträge wirksam abbedungen werden.[384]

VIII. Modernisierung, bauliche Veränderungen

1. Erhaltungs- und Modernisierungsmaßnahmen

469 Der Gesetzgeber hat im Wegen der Mietrechtsreform 2013 umfangreiche Neuregelungen zu Erhaltungsmaßnahmen und Modernisierungsmaßnahmen (§§ 555a–555f) eingeführt. Die entsprechenden Regelungen sind über § 578 BGB teilweise auch auf Mietverträge über Geschäftsraum anwendbar.

470 Dort, wo das Gesetz abweichende Vereinbarungen zum Nachteil des Mieters von Wohnraum ausschließt, sind diese im Geschäftsraummietverhältnis zulässig. Vor allem kann das Sonderkündigungsrecht des Mieters gemäß § 555e BGB ausgeschlossen werden. Dem Mieter bleibt dann ggf. noch eine außerordentliche Kündigung bei unzumutbarer Härte wegen Existenzbedrohung infolge einer Totalsanierung.[385]

383 BGH, Urteil vom 23.4.2008 – XII ZR 62/06.
384 BGH, Urteil vom 21.7.2010 – XII ZR 189/08.
385 BGH, Urteil vom 31.10.2012 – XII ZR 126/11.

Allerdings findet auch § 559 BGB bei Mietverhältnissen über Geschäftsraum keine Anwendung über die Verweisungsvorschrift des § 578 BGB, sodass ein Recht zur Mieterhöhung infolge durchgeführter Modernisierungsmaßnahmen vertraglich vereinbart werden muss. 471

Führt der Vermieter Erhaltungsmaßnahmen durch, also solche Maßnahmen, die zur Instandhaltung oder Instandsetzung der Mietsache erforderlich sind, hat der Mieter dies zu dulden (§ 555a Abs. 1 BGB). Erhaltungsmaßnahmen sind dem Mieter rechtzeitig anzukündigen, es sei denn, sie sind nur mit einer unerheblichen Einwirkung auf die Mietsache verbunden oder ihre sofortige Durchführung ist zwingend erforderlich (§ 555a Abs. 2 BGB). 472

Modernisierungsmaßnahmen (§ 555b BGB) hat der Mieter grundsätzlich ebenfalls zu dulden, es sei denn, sie stellen für den Mieter, seine Familie oder einen Angehörigen seines Haushalts eine unzumutbare Härte dar. Dies ist der Fall, wenn sie auch unter Würdigung der berechtigten Interessen sowohl des Vermieters als auch anderer Mieter in dem Gebäude sowie von Belangen der Energieeinsparung und des Klimaschutzes nicht zu rechtfertigen sind (§ 555d Abs. 1, 2 Satz 1 BGB). 473

Eine Erleichterung für die energetische Sanierung enthält der ebenfalls neu eingeführte § 536 Abs. 1a BGB. Danach bleibt eine Minderung der Tauglichkeit (und damit auch der Miete) für die Dauer von drei Monaten außer Betracht, soweit diese auf Grund einer Maßnahme eintritt, die einer energetischen Modernisierung nach § 555b Nr. 1 BGB dient. 474

2. Bauliche Veränderungen durch den Mieter

In Mietverhältnissen über Geschäftsraum kommt es häufig vor, dass entweder der Vermieter vor Beginn der Mietzeit bauliche Änderungen an der Mietsache nach den Bedürfnissen des Mieters vornimmt oder der Mieter berechtigt ist, solche baulichen Maßnahmen vorzunehmen. 475

Sofern nicht schon bei Abschluss des Mietvertrages konkrete Maßnahmen gestattet werden, ist darauf zu achten, dass bauliche Veränderungen durch den Mieter der Einwilligung des Vermieters bedürfen. Fehlt es an der Zustimmung des Vermieters und nimmt der Mieter gleichwohl bauliche Änderungen vor, liegt ein vertragswidriger Gebrauch der Mietsache vor, der den Vermieter zur Kündigung berechtigen kann. 476

Voraussetzungen und Folgen baulicher Veränderungen sollten ausdrücklich im Mietvertrag geregelt werden. So sollte klargestellt werden, dass etwaige behördliche Genehmigungen vom Mieter einzuholen sind. Außerdem sollte eine etwaige Rückbauverpflichtung des Mieters oder die entschädigungslose Übernahme durch den Vermieter vereinbart werden. Hinsichtlich vom Mieter eingebrachter Einrichtungen (die ohne Beschädigung der Bausubstanz, d.h. zerstörungsfrei, wieder vom Mietobjekt entfernt werden können) ist ggf. ein Abwendungsrecht des Vermieters in Bezug 477 auf das Wegnahmerecht des Mieters zu regeln, indem der Vermieter dem Mieter den Zeitwert der zurückgelassenen Einrichtung entschädigt.

IX. Schönheitsreparaturen

478 Nach dem gesetzlichen Leitbild obliegen Schönheitsreparaturen dem Vermieter. Von diesem Prinzip kann und wird in aller Regel vertraglich abgewichen. Bei der Regelung entsprechender Pflichten des Mieters im Mietvertrag über Geschäftsraum ist darauf zu achten, dass die formularmäßige Übertragung in wirksamer Weise erfolgt. Ansonsten können Regelungen über die Durchführung von Schönheitsreparaturen während und am Ende des Mietverhältnisses insgesamt unwirksam sein, was zur Folge hat, dass der Mieter die entsprechenden Arbeiten nicht durchführen muss.

479 So hat der BGH entschieden, dass sog. starre Fristenregelungen unzulässig sind: Eine formularmäßige Klausel in einem Mietvertrag, die den Mieter von Geschäftsraum – unabhängig vom konkreten Renovierungsbedarf – innerhalb starrer Fristen zur Durchführung von Schönheitsreparaturen verpflichtet, ist unwirksam.[386]

480 Gleiches gilt für eine sog. unbedingte Endrenovierungsverpflichtung: Eine Endrenovierungspflicht des Mieters, die unabhängig ist vom Zeitpunkt der letzten Renovierung und vom Zustand der Wohnung bei seinem Auszug, benachteiligt ihn auch dann unangemessen, wenn ihn während der Dauer des Mietverhältnisses keine Schönheitsreparaturverpflichtung trifft.[387]

481 Besonders wirtschaftlich relevant für den Vermieter und daher zu beachten ist, dass bei einer Kombination zweier Klauseln von der Unzulässigkeit beider Klauseln auszugehen ist, auch wenn nur eine für sich unzulässig wäre (sog. Infizierung). Daher führt auch in Formularmietverträgen über Geschäftsräume die Kombination einer Endrenovierungsklausel mit einer solchen über turnusmäßig vorzunehmende Schönheitsreparaturen wegen des dabei auftretenden Summierungseffekts zur Unwirksamkeit beider Klauseln.[388]

X. Untervermietung

482 Gemäß § 540 Abs. 1 BGB ist der Mieter ohne die Erlaubnis des Vermieters nicht berechtigt, den Gebrauch der Mietsache einem Dritten zu überlassen, insbesondere sie

386 BGH, Urteil vom 8.10.2008, Az XII ZR 84/08.
387 BGH, Urteil vom 12.9.2007, Az VIII ZR 316/06.
388 BGH, Urteil vom 6.4.2005, Az XII ZR 308/02.

weiter zu vermieten. Der Mieter hat ein außerordentliches Kündigungsrecht (mit gesetzlicher Frist), wenn der Vermieter die Erlaubnis zur Untervermietung verweigert, sofern nicht in der Person des Dritten ein wichtiger Grund vorliegt. Dieses Sonderkündigungsrecht des Mieters kann in AGB nicht wirksam ausgeschlossen werden.

Überlässt der Mieter den Gebrauch einem Dritten, so hat er ein dem Dritten bei 483 dem Gebrauch zur Last fallendes Verschulden zu vertreten, auch wenn der Vermieter die Erlaubnis zur Überlassung erteilt hat (§ 540 Abs. 2 BGB).

Hat der Vermieter die Gebrauchsüberlassung an den Dritten aber nicht erlaubt 484 und war er dazu auch nicht verpflichtet, haftet der Mieter auch für Schäden, die der Dritte unverschuldet verursacht hat; die unerlaubte Überlassung ist dem Mieter als sein eigenes Verschulden anzurechnen.[389]

XI. Beendigung und Rückgabe

Am Ende des Mietverhältnisses hat der Mieter die Mietsache ordnungsgemäß ge- 485 räumt und gereinigt herauszugeben (§ 546 BGB). Diese Rückgabepflicht impliziert, dass der Mieter Inventar, Einbauten und Einrichtungen, mit denen er die Mietsache versehen hat, herauszunehmen und bauliche Veränderungen zurückzubauen hat, es sei denn, vertraglich ist etwas anderes vereinbart.

Aus Sicht des Vermieters sollen die Wirkungen des § 545 BGB vertraglich ausge- 486 schlossen werden. Danach verlängert sich das Mietverhältnis auf unbestimmte Zeit, wenn der Mieter nach Ablauf der Mietzeit den Gebrauch der Mietsache fortsetzt und der Vermieter nicht seinen entgegenstehenden Willen innerhalb von zwei Wochen ab Kenntnis von der Gebrauchsfortsetzung dem Mieter erklärt.

Gibt der Mieter das Mietobjekt verspätet zurück, schuldet er eine Nutzungsent- 487 schädigung in Höhe der zuletzt gezahlten Miete zzgl. Betriebs- und Nebenkosten (§ 546a BGB).

Hinsichtlich möglicher Ersatzansprüche des Vermieters wegen Veränderun- 488 gen oder Verschlechterungen der Mietsache ist die kurze Verjährungsfrist des § 548 Abs. 1 BGB zu beachten. Danach verjähren diese Ansprüche in sechs Monaten, nachdem er die Mietsache zurückerhalten hat. Ist der Anspruch auf Rückgabe der Mietsache selbst verjährt, gilt dies auch für seine Ersatzansprüche.

In der gleichen kurzen Frist verjähren Ansprüche des Mieters auf Ersatz von 489 Aufwendungen oder auf Gestattung der Wegnahme einer Einrichtung nach der Beendigung des Mietverhältnisses.

---

389 MüKo-BGB/*Bieber* § 540 Rn 25.

K. MoU/LoI – Absichtserklärungen

I. Rechtliche Einordnung und Abgrenzung zum Vorvertrag

490 Handlungen im vertraglichen Vorfeld, die der endgültigen Einigung der Vertragsparteien vorausgehen, haben grundsätzlich keinen, können jedoch im Einzelfall bindenden Charakter für die Parteien haben. In jedem Fall können sie aber für die Auslegung des nachfolgenden endgültigen Vertrages bedeutsam sein.[390]

491 Um das Instrument vorvertraglicher Erörterungsinhalte zwischen den Parteien festzuhalten, steht insoweit nicht nur der Vorvertrag zur Verfügung, sondern von der rechtlichen Einordnung her grundsätzlich noch nicht bindende vertragliche Abreden in Form des **Letter of Intent (LoI)** oder des **Memorandum of Understanding (MoU)**. Wegen des grundsätzlich unverbindlichen Charakters derartiger Vereinbarungen[391] lässt sich eine Begründung für ein Verschulden bei Vertragsschluss durch ein Abrücken von den in einem MoU oder LoI enthaltenen Vereinbarungen nur in Ausnahmefällen begründen. Allerdings kann auch der LoI oder das MoU bereits verbindliche Vereinbarungen enthalten.

492 Aus den vorgenannten Gründen sind der **LoI und das MoU vom rechtlichen Konstrukt des Vorvertrages abzugrenzen**. Letzterer ist dabei ein schuldrechtlicher Vertrag, der die Verpflichtung zum späteren Abschluss des eigentlichen Hauptvertrages herbeiführt.[392] Inhalt des Vorvertrages ist dabei stets, ein durch ihn begründeter vertraglicher Kontrahierungszwang, der auf den Abschluss eines Hauptvertrages gerichtet ist. Die entsprechende Verpflichtung kann dabei im Vorvertrag einseitig oder für beide Parteien enthalten sein. Ein solcher schon bindender Vertragstyp kann geboten sein, wenn tatsächliche oder rechtliche Hindernisse dem Abschluss des eigentlichen Hauptvertrages entgegenstehen. Ein wirksamer Vorvertrag setzt dabei stets voraus, dass die Parteien sich über die *essentialia negotii*, das heißt die wesentlichen Punkte des Hauptvertrages geeinigt haben und der Inhalt des Hauptvertrages zumindest bestimmbar ist.[393]

493 Zu Abgrenzungszwecken ist jeweils zu prüfen, ob **tatsächlich schon eine rechtliche Bindung gewollt** ist, **oder** ob nur im Sinne eines LoI oder eines MoU eine **Absichtserklärung** vorliegt.[394] Auf der anderen Seite der Abgrenzungsprüfung muss geklärt werden, ob nicht bereits ein bedingter Hauptvertrag zustande gekommen ist. Dies insbesondere dann, wenn der eigentliche Parteiwille nicht auf den Zwang zum Abschluss eines späteren Vertrages gerichtet ist, sondern vielmehr be-

---

390 Palandt/*Ellenberg* § 133 Rn 16.

391 Palandt/*Ellenberg* Einführung zu § 145 Rn 18.

392 BGHZ 102, 388.

393 BGH NJW-RR 1993, 135.

394 BGH in WM 2006, 1499.

reits eine vertragliche Bindung gewollt ist, lediglich der Vollzug noch unter einer Bedingung steht.

Entscheidend ist daher in Abgrenzung zwischen LoI, MoU, Vorvertrag und bedingtem Hauptvertrag die Frage, **inwieweit** die Parteien eine **rechtliche Bindungswirkung** bereits angestrebt haben. 494

Bei der entsprechenden Prüfung der Bindungswirkung kommt es nicht auf die Bezeichnung der vorvertraglichen Erklärung als LoI oder MoU an. Es gilt der römische Grundsatz *falsa demonstratio non nocet* (Falschbezeichnung schadet nicht). Abzustellen ist vielmehr nach der höchstrichterlichen Rechtsprechung ausschließlich darauf, ob aus dem **Empfängerhorizont** der anderen Vertragspartei der jeweiligen Erklärung des Vertragspartners bereits eine **Bindungswirkung** zukommt. 495

Bei der vorstehenden Auslegung hinsichtlich des Vorhandenseins einer Bindungswirkung nach dem maßgeblichen Empfängerhorizont ist eine Besonderheit zu berücksichtigen. Geht die Rechtsprechung grundsätzlich bei der Auslegung von Willenserklärungen von der Vermutung der Vollständigkeit der vertraglichen Urkunde aus und berücksichtigt außerurkundliche Umstände nur dann, wenn sie in der Urkunde einen Anklang gefunden haben, so ist bei der Frage, ob eine Willenserklärung im vorvertraglichen Bereich bereits eine Bindungswirkung herbeiführt, innerhalb der Abgrenzung LoI, MoU, Vorvertrag, bedingter Hauptvertrag **maßgeblich** auf die **äußeren Begleitumstände**, das heißt den Gang und den Inhalt der Verhandlungen der Parteien abzustellen. Wenn entsprechende Erklärungen der Parteien einen Schluss auf den Sinn und Inhalt der Erklärung innerhalb der vorvertraglichen Verhandlungen bezüglich einer Bindungswirkung zulassen, sind diese auslegungsseitig zu berücksichtigen. Dies auch dann, wenn sie in der vertraglichen Urkunde selbst keinen Anklang gefunden haben.[395] 496

Praxistipp !

Bei der Gestaltung von LoI und MoU sollte in eindeutigen Aussagen in den Überschriften und dem Inhalt der vertraglichen Regelungen deutlich gemacht werden, ob es sich tatsächlich um eine rein unverbindliche Absichtserklärung handeln soll oder ob z.B. bestimmte Teile der vorvertraglichen Vereinbarung (z.B. über einen Leistungsaustausch, zu leistende Vergütungen, das jederzeitige Abrückenkönnen von den Verhandlungen ohne Schadensersatzfolge oder Kostentragungsregelung) verbindlich sein sollen.

---

395 Vgl. insgesamt zu vorvertraglichen Erklärungen und Abgrenzung zum LoI/MoU/Vorvertrag auch *Schmitt/Ulmer* Wirtschaftsverträge rechtssicher gestalten, 1. Auflage 2010, S. 16 ff.

II. Risiken bei der Gestaltung von LoI und MoU

497 Die Parteien einer vorvertraglichen Erklärung in Form eines LoI/MoU müssen sich darüber im Klaren sein, dass die Ausgestaltung als verbindliche oder teilverbindliche Regelung (nach dem maßgeblichen Empfängerhorizont) die **Gefahr von Erfüllungs- bzw. Schadensersatzansprüchen** aus der vertraglichen Vereinbarung selbst, aber auch aus den gesetzlichen Regelungen des § 311 Abs. 2 Nr. 1/Nr. 2 in Verbindung mit § 280 BGB herbeiführt. Insoweit ist zu berücksichtigen, dass ein Schuldverhältnis mit Pflichten nach § 241 Abs. 2 BGB auch durch die Aufnahme von Vertragsverhandlungen nach § 241 Abs. 2 Nr. 1 BGB entsteht. Insoweit kann je nach Inhalt der Vereinbarung jeder Vertragsteil zur Rücksicht auf die Rechte, Rechtsinteressen des anderen Teils, verpflichtet sein.

! **Praxistipp**
Vorvertragliche Vereinbarungen in Form eines LoI/MoU sollten wegen der damit einhergehenden Gefahr einer Haftungsbegründung nur von qualifizierten Vertragsjuristen formuliert oder sonst vermieden werden.

498 Problematisch ist auch, dass mit jeder vorvertraglichen Erklärung stets eine **rechtliche Geschäftsgrundlage** für den eigentlichen Hauptvertrag im Sinne des § 313 BGB geschaffen werden kann. Dies kann zur Folge haben, dass bei Änderungen der Vertragsgrundlage der **Vertrag als Primärrechtsfolge angepasst** werden muss oder aber die von der Veränderung der Geschäftsgrundlage berührte Partei sogar ein **Rücktrittsrecht** vom Vertrag in Anspruch nehmen kann.

! **Praxistipp**
Es sollte im LoI/MoU eindeutig geklärt werden, ob die dortigen Festlegungen rechtlich eine Geschäftsgrundlage für den Hauptvertrag im Sinne des § 313 BGB darstellen sollen oder nicht. Regelmäßig wird darüber hinaus zu empfehlen sein, den LoI/MoU im Hauptvertrag endgültig „zu kassieren", um eine mögliche rechtliche Geschäftsgrundlage aus der Welt zu räumen und strittige Auslegungsfragen durch das Vorhandensein zweier ranggleicher vertraglicher Regelungen zu vermeiden. Dabei ist zu berücksichtigen, dass regelmäßig eine Auslegung dahingehend, dass eine spätere Vereinbarung eine vorausgehende vertragliche Vereinbarung grundsätzlich aufhebt, nicht geboten ist.

499 Auch vorvertragliche Erklärungen/Vereinbarungen der Parteien in Form eines LoI/MoU werden regelmäßig Allgemeine Geschäftsbedingungen nach § 305 BGB darstellen, da die Parteien die hohen Hürden des individuellen Aushandelns im Sinne von § 305 Abs. 1 Satz 3 BGB nicht überwinden werden können.[396] Auch im vor-

---

396 Wie diese Hürden gestaltet sind, wird ab Rn 105 Kap. 6 „Abgrenzung AGB und Individualvereinbarung" vertieft dargestellt.

vertraglichen Bereich ist daher (wie in jeder der ständigen Übungen im Wirtschaftsverkehr) das **Recht der Allgemeinen Geschäftsbedingungen** nach §§ 305 bis 310 BGB zu **beachten**, soweit es auch auf B2B-Verhältnis nach der Rechtsprechung weitgehend Anwendung findet.

Wird das AGB-Recht im Rahmen solcher vorvertraglicher Vereinbarungen eines LoI/MoU nicht beachtet, ergibt sich häufig die Situation, dass die Vertragsklauseln nach § 307 BGB unwirksam sind. Handelt es sich um (wie oft) spezielle Thematiken oder vorvertragliche Abreden zu einem Hauptvertrag, der nicht den beschränkten gesetzlichen Regelungsgegenständen des BGB entspricht, so ist **bei Unwirksamkeit der Vertragsbestimmungen der Vertragsinhalt durch Auslegung zu ermitteln**. Dies führt oft zu für die Parteien überraschenden und ungewollten Ergebnissen. 500

Praxistipp !
Bei der Formulierung von LoI/MoU ist regelmäßig das AGB-Recht gemäß § 305 ff. BGB und die dazu für den B2B-Bereich einschlägige Rechtsprechung zu berücksichtigen, um durch Auslegung entstehende, ungewollte Vertragsszenarien zu verhindern.

Bei der Gestaltung von LoI/MoU zu berücksichtigen ist auch stets die Gefahr, die von häufig verwendeten **Präambeln** ausgeht.[397] Regelmäßig wollen die Parteien eines LoI/MoU sich und ihre Leistungen im Rahmen einer Präambel positiv darstellen. Dabei wird regelmäßig ein besonders hoher Leistungsstandard der jeweiligen Partei herausgestellt. 501

Hintergrund ist oft, dass die Parteien die Motivation für den Vertragsschluss und die Auswahl gerade des anderen Vertragspartners darstellen wollen. Dabei wird häufig übersehen, dass sich das Verhalten der Vertragsparteien rechtlich auch daran messen lassen muss, wie sie sich in einer derartigen Darstellung inhaltlich etablieren. Dies ergibt sich bereits aus der gesetzlichen Haftungsregelung des § 276 BGB, nach der sich die Haftung auch aus den **sonstigen Inhalten des Schuldverhältnisses** bestimmt.[398] 502

Regelmäßig werden durch Präambeln und die darin aufgenommene Selbstdarstellung Erwartungen geweckt, auf die der jeweils andere Vertragspartner vertraut. Wurde dieses Vertrauen sodann enttäuscht, kann dies zu einem **Schadens-** 503

397 Vgl. hierzu Rn 100 Kap. 3 „Präambeln und ihre Risiken" sowie insgesamt Schmitt/Ulmer: Wirtschaftsverträge rechtssicher gestalten, 1. Auflage 2010, S. 23 ff.

398 Vgl. § 276 BGB (Verantwortlichkeit des Schuldners) „**(1)** Der Schuldner hat Vorsatz und Fahrlässigkeit zu vertreten, wenn eine strengere oder mildere Haftung weder bestimmt noch aus dem sonstigen Inhalt des Schuldverhältnisses, insbesondere aus der Übernahme einer Garantie oder eines Beschaffungsrisikos, zu entnehmen ist. Die Vorschriften der §§ 827 und 828 finden entsprechende Anwendung. **(2)** Fahrlässig handelt, wer die im Verkehr erforderliche Sorgfalt außer Acht lässt. **(3)** Die Haftung wegen Vorsatzes kann dem Schuldner nicht im Voraus erlassen werden."

ersatzanspruch nach §§ 280, 241 Abs. 2, 311 Abs. 2 in Verbindung mit § 276 BGB führen.[399]

504 Innerhalb der in Präambeln niedergelegten vertraglichen Vorstellungen beider Parteien können **wesentliche Vorstellungen der Parteien manifestiert** sein, welche als Grundlage des Vertrages dienen. Wird später das Vertrauen in das Vorhandensein dieser vertraglichen Grundlage enttäuscht, führt die Aufnahme in der Präambel eines LoI/MoU dazu, dass der später geschlossene Hauptvertrag (wird die Rechtswirkung des vorausgehenden LoI/MoU nicht vollständig kassiert) entweder **angepasst** werden muss oder einer Vertragspartei bei Unzumutbarkeit der vertraglichen Anpassung ein **Lösungsrecht** vom Vertrag zusteht. Dies führt oft zu von den Parteien nicht gewollten wirtschaftlichen Ergebnissen.

! **Regelungsfalle**
Selbstdarstellungen der Parteien im Rahmen einer Präambel eines LoI/MoU oder gar solche Darstellungen schönender Art sollten wegen der Haftungsfolgen unbedingt vermieden werden. Soll darüber hinaus im Rahmen einer vorvertraglichen Vereinbarung eine Geschäftsgrundlage für den späteren Hauptvertrag geschaffen werden, so muss dies ausdrücklich bezeichnet werden oder aber klargestellt werden, dass gerade keine rechtliche Geschäftsgrundlage gewünscht ist.

III. Vermeidung von Gelegenheitsgesellschaften

505 Vorvertragliche Vereinbarungen im Sinne eines LoI/MoU werden in der Regel deshalb abgeschlossen, weil die Parteien **„einen gemeinsamen Zweck"** verfolgen. Die Verfolgung eines derartigen gemeinsamen Zwecks stellt jedoch oft die Grundlage für die Gründung einer Gelegenheitsgesellschaft im Sinne der §§ 705ff. BGB dar. Die entsprechenden Rechtsfolgen der **Gelegenheitsgesellschaft nach §§ 705ff. BGB**

399 Vgl. § 311 BGB (§ 311 Rechtsgeschäftliche und rechtsgeschäftsähnliche Schuldverhältnisse) „**(1)** Zur Begründung eines Schuldverhältnisses durch Rechtsgeschäft sowie zur Änderung des Inhalts eines Schuldverhältnisses ist ein Vertrag zwischen den Beteiligten erforderlich, soweit nicht das Gesetz ein anderes vorschreibt. **(2)** Ein Schuldverhältnis mit Pflichten nach § 241 Abs. 2 entsteht auch durch

1. die Aufnahme von Vertragsverhandlungen,
2. die Anbahnung eines Vertrags, bei welcher der eine Teil im Hinblick auf eine etwaige rechtsgeschäftliche Beziehung dem anderen Teil die Möglichkeit zur Einwirkung auf seine Rechte, Rechtsgüter und Interessen gewährt oder ihm diese anvertraut, oder
3. ähnliche geschäftliche Kontakte.

(3) Ein Schuldverhältnis mit Pflichten nach § 241 Abs. 2 kann auch zu Personen entstehen, die nicht selbst Vertragspartei werden sollen. Ein solches Schuldverhältnis entsteht insbesondere, wenn der Dritte in besonderem Maße Vertrauen für sich in Anspruch nimmt und dadurch die Vertragsverhandlungen oder den Vertragsschluss erheblich beeinflusst."

passen jedoch regelmäßig nicht zu der Intention, die moderne Wirtschaftsparteien auch im Zuge vorvertraglicher Vereinbarungen des LoI/MoU verfolgen. Zu denken ist hier etwa an gleiche Rechteverteilung, gleiche Stimmrechte und nur gemeinsame Vertretung in der Sache.

Praxistipp
Im LoI/MoU ist eindeutig klarzustellen, dass mit dem gemeinsam verfolgten Zweck nicht das Ziel der Begründung einer gesellschaftsrechtlichen Verbindung, insbesondere einer Gelegenheitsgesellschaft nach §§ 705 ff. BGB verfolgt wird.

IV. Regelungen für den Abbruch der Vertragsverhandlungen

Gerade in vorvertraglichen Phasen mit komplexen wirtschaftlichen Vorgängen scheitern Vertragsverhandlungen oft vor Erreichung des eigentlichen Hauptvertrages aus verschiedenen Gründen. Sodann führen die enttäuschten Erwartungen hinsichtlich des Abschlusses des Hauptvertrages, der flankiert wird mit zum Teil hohen bereits angelaufenen Kosten, dazu, dass eine Partei innerhalb der vorvertraglichen Erklärung im Sinne eines LoI/MoU dieser durch weite Auslegung bereits Bindungswirkung und damit Vorvertragscharakter beilegt oder die Grundsätze der BGH-Rechtsprechung zum Abbruch von Vertragsverhandlungen bemüht. 506

Nach Letzterer entsteht ein **Ersatzanspruch bei Abbruch von Vertragsverhandlungen** allerdings grundsätzlich nur dann, wenn eine Vertragspartei die Verhandlung **„ohne triftigen Grund" abbricht**, nachdem sie in zurechenbarer Weise Vertrauen auf das Zustandekommen des Vertrages erweckt hat.[400] Allerdings ist an das Vorliegen eines solchen triftigen Grundes keine allzu hohe Anforderung zu stellen. Vielmehr **reicht jeder sachliche Grund**, wie das Entfallen einer Finanzierungsperspektive, die Verminderung von Absatzchancen oder ein inhaltlich günstigeres Angebot für die Umsetzung der wirtschaftlichen Interessen aus. 507

Häufig wird allerdings dabei im Rahmen des vorvertraglichen Szenarios übersehen, dass die Rechtsprechung hiervon maßgebliche Ausnahmen gebildet hat. Diese bestehen dann, wenn ein vertretungsberechtigtes Organ einer Partei im vorvertraglichen Verhältnis den Vertragsschluss bereits als sicher dargestellt hat, den Vertragspartner zu Vorleistungen veranlasst hat oder der Vertragsabbruch auf der Stellung sachfremder Forderungen (z.B. überholter Sicherheiten) ruht. In diesem Fall drohen Schadensersatzansprüche nach §§ 280, 241, 311 BGB. 508

400 BGH NJW 1975, 1774.

Praxistipp
Soweit nicht explizit anders gewollt, muss im LoI/MoU deutlich klargestellt werden, dass von dem Abschluss des Hauptvertrages ohne sachlichen Grund und in jeder Konstellation ohne Schadensersatz- und Aufwandsersatzfolge Abstand genommen werden kann.

Klauselmuster
„Mit Ausnahme der nachstehenden Regelungen löst diese Vereinbarung keine rechtlichen Verpflichtungen für eine der beteiligten Parteien aus. Insbesondere besteht keine Verpflichtung zum Abschluss der in diesem LoI/MoU bezeichneten Vertragswerke.
Jede Partei trägt die in dem Zusammenhang mit der Verhandlung und sonstigen Maßnahmen, die mit diesem LoI/MoU in Zusammenhang stehen, internen und externen Kosten selbst. Jede Partei ist berechtigt, die Verhandlungen jederzeit und ohne Angabe von Gründen und ohne Bestehen eines Sachgrundes zu beenden. Dies setzt eine entsprechende schriftliche Erklärung oder Erklärung in Textform gegenüber der anderen Partei voraus.
Kommt das in der Präambel beschriebene Projekt nicht zustande oder werden vereinbarte Terminpläne nicht eingehalten oder werden die in diesem LoI/MoU erwähnten Verträge nicht abgeschlossen, bestehen keine Ansprüche, gleich aus welchem Rechtsgrund, der Parteien gegeneinander. Dies betrifft insbesondere Ansprüche auf Schadensersatz, Aufwendungsersatz und Kostenerstattung."

V. Weitere sinnvolle Inhalte von LoI/MoU

509 Soweit bereits ein Leistungsaustausch zwischen den Parteien geplant ist, müssen die **maßgeblichen Rahmenangaben** und die auszutauschenden Leistungen und Gegenleistungen hierfür im LoI/MoU aufgenommen werden. Dabei ist zu reflektieren, dass nach der Rechtsprechung (mangels anderweitiger Vereinbarungen) durch die Veranlassung von Vorleistungen in der Regel ein einfacher Abbruch der Vertragsverhandlungen ohne Schadensersatz/Aufwendungsersatz rechtsfolgend nicht mehr möglich ist. Darüber hinaus ist zu berücksichtigen, dass im Falle der Anwendbarkeit des AGB-Rechts auch die entsprechenden Leistungsbeschreibungen dem **Transparenzgebot** des § 307 Abs. 1 Satz 2 BGB gerecht werden müssen.[401]

510 Regelmäßig werden im Zusammenhang mit vorvertraglichen Szenarien **geheimhaltungsbedürftige Informationen** ausgetauscht. Dies zwingt dazu, sinnvolle und ausreichende Regelungen über den Geheimhaltungs- und **Know How-Schutz** aufzunehmen. Dabei macht es regelmäßig Sinn, hierüber eine ausdrückliche Geheimhaltungsvereinbarung abzuschließen, um den Rahmen des LoI/MoU nicht zu sprengen.[402]

401 Dazu vertiefend ab Rn 141 Kap. 6 „Transparenzgebot".
402 Was bei der Formulierung einer solchen Vereinbarung beachtet werden muss, wird ab Rn 118 Kap. 7 „Geheimhaltungsvereinbarung (NDA)" erläutert.

Problematisch ist auch, dass die Parteien eines LoI/MoU regelmäßig versuchen, die **Haftung** für im vorvertraglichen Verhältnis ausgetauschte Informationen vollständig **auszuschließen**. Dies ist wegen des Haftungsausschlusses für Vorsatz weder individualvertraglich noch entsprechend weitgehend im Rahmen von AGB-Regelungen zulässig. Abhilfe kann hier schaffen, zu vereinbaren, dass entsprechende zutreffende Informationen gar nicht erst geschuldet sind, sondern diese nur so zu offenbaren/zu übermitteln sind, wie diese bei der jeweiligen Partei tatsächlich vorliegen. 511

Gerade im Falle eines bereits vorvertraglich vereinbarten vorgezogenen Leistungsaustausches muss Wert auf eine AGB-rechtlich einwandfreie **Haftungsausschluss- und Begrenzungsregelung** gelegt werden.[403] 512

Enthält der LoI/MoU darüber hinaus die Vereinbarung eines **grenzüberschreitenden Leistungsaustausches**, ist es zudem zwingend geboten, einerseits das maßgebliche Recht und eine angemessene Gerichts-/Schiedsgerichtsregelung hierfür zu finden und andererseits die Zoll- und Steuertragungslast innerhalb des Parteienverhältnisses eindeutig zu regulieren. 513

Häufig wird es auch so sein, dass im Rahmen vorvertraglicher Szenarien aufgrund einer Zusammenarbeit, die durch den LoI/MoU begründet wurde, bereits **Schutzrechte oder verwertungsfähiges Know How** entstehen. Hier ist dann klarzustellen, wem welche Rechte an diesem Know How zustehen sollen bzw. zu regeln, wie etwaige Lizenzverhältnisse beschaffen sein sollen, falls das Stadium des eigentlichen Hauptvertrages später nicht mehr erreicht wird. 514

Zudem kann es sinnvoll sein, in kartellrechtlich zulässigem Rahmen zu vereinbaren, dass **Parallelverhandlungen** mit Dritten, bei deren Abschluss enttäuschtes Vertrauen und unnötig aufgewandte Kosten entstehen, zu unterbleiben haben. 515

Außerdem sollten auch übliche **Schlussbestimmungen**, wie Schriftformklausel, Rechtswahlklausel, Gerichtsstandsklausel, sowie eine salvatorische Klausel,[404] in einer regelmäßig dem AGB-Recht gemäß §§ 305 ff. BGB entsprechenden Gestaltung, einen rechtlich professionellen LoI/MoU abrunden. 516

---

403 Vgl. Rn 7 Kap, 8 „Haftung".

404 Vgl. Rn 237 Kap. 8 „Schriftform", Rn 255 Kap. 8 „Rechtswahl", Rn 266 Kap. 8 „Gerichtsstand", Rn 113 Kap. 2 „Salvatorische Klausel".

Kapitel 8
Klauselbestandteile und Praxistipps

A. Leistungsbeschreibung

1 Entspricht die von einem Vertragspartner zu erbringende Leistung nicht den vertraglichen Anforderungen, sieht sich der zur Leistung Verpflichtete einer strengen **Haftung** ausgesetzt. Häufig kann der Auftraggeber Mängelgewährleistungsrechte oder Schadensersatzansprüche geltend machen. Der Haftungsmaßstab ist streng, die gesetzliche Haftung der Höhe nach in der Regel unbegrenzt.

Beispiel
Entstehen durch die Lieferung einer mangelhaften Ware Schäden, beispielsweise weil dem Besteller durch einen Produktionsausfall Gewinn entgeht, haftet der Lieferant hierfür gemäß §§ 280, 281 BGB bereits bei einfacher Fahrlässigkeit und der Höhe nach unbegrenzt.

2 Besonders aufgrund der **Haftung für mittelbare Schäden** (z.B. Stillstand in Unternehmen, entgangener Gewinn), die mit einer nicht vertragsgemäßen Leistung im Zusammenhang stehen, drohen Unternehmen nicht selten existenzgefährdende Risiken, die in keiner Relation zum Wert der Ware stehen.

3 Eine Beschränkung der gesetzlichen Haftung ist in Anbetracht der strengen Vorgaben des AGB-Rechts nur noch sehr eingeschränkt möglich. In vielen Fällen halten **Haftungsausschluss- oder -begrenzungsklauseln** der AGB-Kontrolle nicht stand. Ein vertraglicher Haftungsausschluss kann z.B. daran scheitern, dass Ansprüche wegen der Verletzung von Leben, Körper oder Gesundheit oder auf grob fahrlässigem Handeln beruhende Ansprüche nicht ausdrücklich ausgenommen werden (zu Einzelheiten vgl. Rn 170 Kap. 6 „Überraschende Klauseln" und S. 150 im gleichen Kapitel V „Verbotskataloge der §§ 308 und 309 BGB unter besonderer Berücksichtigung des B2B-Verkehrs" sowie S. 340 in Kapitel 8B „Haftung").

4 Vertragliche Haftungsbeschränkungen sind vor allem in AGB-Verträgen nur noch begrenzt geeignet, um den Interessen des Leistungsverpflichteten Rechnung zu tragen. Die moderne Vertragsgestaltung muss daher bei der Haftungsbegrenzung auch andere Wege einschlagen.

5 Ein bewährtes Mittel, das Haftungsrisiko zu reduzieren, ist eine sorgfältige und wasserdichte **Beschreibung der geschuldeten Leistung** im Vertrag. Eine gute Leistungsbeschreibung definiert eindeutig, wofür der Leistungserbringer einzustehen hat und wofür nicht. Sie spezifiziert die Anforderungen an die geschuldete Leistung. Was muss zum Beispiel eine zu errichtende Anlage leisten, was nicht? Für welche Verwendungszwecke muss sich die gelieferte Ware eignen, für welche nicht? Eine klare Leistungsbeschreibung führt zu einer Offenlegung der gegenseitigen Erwar-

tungen. Sie vermeidet Streitigkeiten über das Vorliegen von Mängeln und trägt so zu einer Verringerung des Haftungsrisikos bei.

Regelungsfalle
Keinesfalls sollte die Leistungsbeschreibung als Marketinginstrument des Unternehmens benutzt werden, wie man es leider immer noch häufig sieht. Ausschweifende Versprechungen über die Fähigkeiten und Eigenschaften des Produkts in der Leistungsbeschreibung lassen sich später kaum noch durch eine Haftungsklausel „wieder einfangen".

Praxistipp
Zu beachten ist auch, dass öffentliche Äußerungen des Herstellers oder seiner Gehilfen über die Qualität seiner Ware Einfluss auf die vertraglich geschuldete Beschaffenheit haben können (§ 434 Abs. 1 Satz 3 BGB). Daher sollte ausdrücklich festgelegt werden, dass die schriftlich vereinbarte Leistungsbeschreibung vollständig und abschließend ist.

6 Eine allzu weitreichende Haftungsbegrenzung kann allerdings auch durch Leistungsbeschreibungen nicht erreicht werden. In der **„Blockheizkraftwerk-Entscheidung"** hat der Bundesgerichtshof klargestellt hat, dass ungeachtet der vereinbarten Spezifikationen ein dem Werklieferverträgsrecht unterliegender Gegenstand zumindest **diejenigen Funktionen** aufweisen muss, die ihm **üblicherweise** anhaften. Der Entscheidung lag die Frage zugrunde, ob trotz Einhaltung aller vertraglichen Spezifikationen des Vertrages der Verkäufer dafür haften musste, dass die gelieferte Heizung nicht heizte.[1] Dieses (zugegebenermaßen plakative) Beispiel zeigt, dass auch durch eine detaillierte und abschließende Leistungsbeschreibung die schutzwürdigen Erwartungen eines typischen Vertragspartners nicht beliebig unterlaufen werden können.

B. Haftung

I. Generelles

7 Die Gestaltung von Haftungsausschluss- und Haftungsbeschränkungsklauseln stellt den Bearbeiter von Wirtschaftsverträgen vor besonders hohe Hürden. Dies einerseits wegen der oft überzogenen Erwartungen der beteiligten Verkehrskreise und andererseits wegen der besonders hohen und teils realitätsfernen Forderung der Rechtsprechung. Dies gilt umso mehr, als die höchstrichterliche Rechtsprechung in den vergangenen Jahren den Korridor für wirksame Haftungsausschluss- und Haftungsbeschränkungsklauseln im Bereich standardisierter Vertragsklauseln, bei denen das AGB-Recht der §§ 305ff. BGB Platz greift, erheblich verengt hat.

1 BGH NJW 2008, 511.

II. Moderner Weg der Haftungsbeschränkung

Die Einengung der Gestaltungsmöglichkeiten in Wirtschaftsverträgen hinsichtlich Haftungsausschluss- und Haftungsbeschränkungsklauseln durch die Rechtsprechung bringt es mit sich, konstruktiv über neue Systeme der Risikominimierung nachdenken zu müssen. 8

Vor diesem Hintergrund bietet es sich an, sich von dem langjährig praktizierten System in der Wirtschaft abzukehren, durch Haftungsausschluss- und Haftungsbeschränkungsklauseln ein Übermaß an Leistungszusagen (die teils unzutreffend sind) wieder einfangen zu wollen. 9

Praxistipp !

Der moderne Weg des Haftungsausschlusses und der Haftungsbeschränkung dürfte nicht mehr im reaktiven Einfangen von überzogenen Leistungszusagen liegen, sondern in einer zutreffenden und einhaltbaren Leistungsbeschreibung, die eine immanente, zutreffende Eigenschaftsbeschreibung enthalten. Stets ist jedoch wegen des AGB-rechtlichen Transparenzgebotes des § 307 Abs. 1 S. 2 BGB – welches auch im Bereich der Leistungsbeschreibung Platz greift – darauf zu achten, dass die Leistungsbeschreibung selbst (und insbesondere derart einengende Bestandteile) ausreichend klar und bestimmt formuliert ist.

III. Garantie und Beschaffungsrisiko

Seit der Neufassung des § 276 BGB im Rahmen der Schuldrechtsmodernisierung (2002) hat der Schuldner neben Vorsatz und Fahrlässigkeit (soweit sich aus dem Schuldanerkenntnis nicht etwas anderes ergibt) insbesondere auch für eine übernommene Garantie und ein übernommenes Beschaffungsrisiko einzustehen. Problematisch ist dabei, dass der Gesetzgeber durch die Gleichstellung im Rahmen des § 276 BGB das übernommene Beschaffungsrisiko der verschuldensunabhängigen Garantiehaftung gleichgestellt hat. 10

In den vorgenannten Fällen haftet der Schuldner daher auch für Zufall. Es stellt regelmäßig eine unangemessene Benachteiligung des Vertragspartners im Sinne des § 307 BGB, wohl aber auch bei Individualvereinbarungen, dar, wenn der Klauselverwender diese uneingeschränkte Einstandspflicht abschwächt. 11

Regelungsfalle !

Zu beachten ist, dass derartige uneingeschränkte Haftungstatbestände nicht nur durch ausdrückliche Formulierungen wie „übernehme die Garantie für" oder „übernehme das Beschaffungsrisiko für" ausgelöst werden können. Insoweit ist auf eine besonders sorgfältige Vertragsformulierung zu achten. Auch Formulierungen wie

„... dieser Vertrag dient der störungsfreien Zulieferung des Produktes xy für A durch B ..."

oder

„... durch diesen Vertrag soll die uneingeschränkte Verfügbarkeit über das Produkt xy für den Käufer sichergestellt werden ...“

stellen regelmäßig eine übernommene Garantie bzw. ein übernommenes Beschaffungsrisiko dar.

12 Wegen des entsprechenden Abgrenzungsrisikos zur Übernahme einer Garantie oder eines Beschaffungsrisikos, bei der regelmäßig jede Haftungsausschluss- und Haftungsbegrenzungsmöglichkeit (mit Ausnahme einer vertraglich ausgestalteten Garantie) scheitert, sollten darüber hinaus Formulierungen wie „steht der Käufer dafür ein, dass ...“ vermieden werden.

13 Problematisch ist der Tatbestand der Übernahme eines Beschaffungsrisikos nach § 276 BGB für die Wirtschaftsvertragsgestaltung im Bereich von Haftungsausschluss- und Haftungsbegrenzungsklauseln. Dies auch deshalb, weil nach einer starken juristischen Meinung die Übernahme eines Beschaffungsrisikos schon darin liegen soll, eine lediglich der Gattung nach bestimmte Sache liefern zu müssen (sog. marktbezogene Gattungsschuld). Anders soll dies nur dann sein, wenn die Leistungsschuld auf einen Vorrat (sog. Vorratsschuld), zum Beispiel bei Waren aus einer bestimmten Schiffsladung oder aus einem bestimmten Lagerplatz, begrenzt ist.

! **Praxistipp**
Wegen der vorstehenden Implikationen ist es geboten, bei der Beschreibung des Leistungsgegenstandes innerhalb von Wirtschaftsverträgen auf der Leistungsschuldnerseite darauf zu achten, dass die Verpflichtung zur Lieferung nur aus einer begrenzten Menge oder einem begrenzten Warenvorrat zu erfolgen hat, und die Übernahme eines Beschaffungsrisikos nach § 276 BGB, bei dem ein Haftungsausschluss bzw. eine Haftungsbegrenzungslösung scheitert, zu vermeiden. Auf Seiten des Leistungsgläubigers ist dagegen stets darauf zu achten, dass der Vertrag eine offene, nicht begrenzte Leistungsverpflichtung enthält. Des Weiteren sollte versucht werden, die Übernahme eines Beschaffungsrisikos durch entsprechende Formulierungen einzugrenzen, wie zum Beispiel:

„die Übernahme eines Beschaffungsrisikos oder einer Beschaffungsgarantie liegt nicht alleine in unserer Verpflichtung zur Lieferung einer nur der Gattung nach bestimmten Sache“ oder „ein Beschaffungsrisiko übernehmen wir nur kraft schriftlicher gesonderter Vereinbarung unter Verwendung der Formulierung übernehmen wir das Beschaffungsrisiko ...“.

IV. Haftungsausschlüsse für einfache Fahrlässigkeit

14 Zwar bestehen gegen Haftungsausschlüsse für einfache Fahrlässigkeit im Bereich individualvertraglicher Vereinbarungen im Sinne von § 305 Abs. 1 S. 3 BGB keinerlei Bedenken. Es ist bei standardisierten Fassungen oder mangels Aushandeln im Sinne von § 305 Abs. 1 S. 3 BGB im B2B-Verkehr stets die Wertung des § 307 BGB zu beachten, da derartige Haftungsfreizeichnungen nicht vom Klauselverbot des § 309 Nr. 7 BGB erfasst werden.

Die im Rahmen des § 307 BGB zu treffende Wertung, ob eine unangemessene Benachteiligung des Vertragspartners vorliegt, ist nach der höchstrichterlichen Rechtsprechung im Bereich leichter Fahrlässigkeit danach zu treffen, ob der Verwender der Vertragsklausel seine Haftung für die schuldhafte Verletzung wesentlicher Vertragspflichten entweder ausschließt oder zumindest dergestalt beschränkt, dass dadurch die Erreichung des Vertragszwecks gefährdet wird.[2] 15

Verabschiedet hat sich die höchstrichterliche Rechtsprechung auch von der Zulässigkeit der jahrzehntelang im B2B-Verkehr verwandter Standardklauseln, die etwa „... doch haftet der Unternehmer nur für den aus einer vorsätzlichen oder grob fahrlässigen Vertragsverletzung resultierenden Schaden, soweit es sich nicht um die Haftung für die Verletzung von Kardinalpflichten handelt", lautet. Derartige Formulierungen sind anders als nach höchstrichterlicher Rechtsprechung nach aktueller Rechtsprechung unwirksam.[3] 16

Der teilweise in der Praxis anzutreffende Versuch, sich auf die Unanwendbarkeit dieser Rechtsprechung dadurch zu berufen, dass statt der Begrifflichkeit „Kardinalpflichten" die Begrifflichkeit „vertragswesentliche Pflichten" oder „wesentliche Vertragspflichten" verwandt werden, muss als untauglich bezeichnet werden, da diese Begrifflichkeiten in der Rechtsprechung synonym verwendet werden.[4] 17

Praxistipp !

Wegen des Streits, ob andere Formulierungen als der Begriff „Kardinalpflichten" dem AGB-rechtlichen Transparenzgebot des § 307 Abs. 1 S. 2 BGB entsprechen, sollte an dem von der BGH-Rechtsprechung zentral verwendeten Begriff der Kardinalpflichten im Rahmen von Haftungsausschlüssen und Haftungsbeschränkungsklauseln für leichte Fahrlässigkeit festgehalten werden.

Da eine konkrete Aufzählung von Kardinalpflichten praktisch abschließend nicht möglich ist, reicht eine abstrakte Erläuterung des Begriffes „Kardinalpflichten" so wie von der Rechtsprechung selbst definiert, aus.[5] Dabei sieht der BGH als „Kardinalpflicht" solche Vertragspflichten an, deren Erfüllung die ordnungsgemäße Vertragsdurchführung erst ermöglicht und auf deren Einhaltung der Vertragspartner vertraut und auch vertrauen darf.[6] 18

2 BGH NJW-RR 2000, 1496.
3 BGH NJW-RR 2005, 1496.
4 *Bornhofer* in: Niebling, AnwaltKommentar AGB-Recht, 2. Auflage 2014, S. 340 Rn 934 m.w.N.
5 OLG Celle MDR 2009, 371.
6 BGH NJW-RR 2005, 1505; NJW 2013, 291.

V. Beschränkung auf vertragstypisch vorhersehbare Schäden

19 Als geklärt kann mittlerweile in der Rechtsprechung angesehen werden, dass im Rahmen leichter Fahrlässigkeit zumindest eine Haftungsbeschränkung auf vorhersehbare und vertragstypische Schäden mit § 307 BGB vereinbar, insbesondere hinreichend transparent ist.[7]

20 Der BGH leitet dies daraus ab, dass es sich bei der „Vorhersehbarkeit" um einen auch im Zusammenhang mit allgemeinen Schadensereignissen allgemein gebräuchlichen Begriff handelt und auch der Begriff des „vertragstypischen Schadens" für den durchschnittlichen Vertragspartner hinreichend verständlich sei. Auch bringe die Begrifflichkeit der „Vorhersehbarkeit" nur das zum Ausdruck, was die Fahrlässigkeit selbst ausmache.

Klauselmuster

„... haftet nur bei der Verletzung vertraglicher Kardinalpflichten, jedoch der Höhe nach beschränkt auf die bei Vertragsschluss vorhersehbaren, vertragstypischen Schäden."

---

21 Nicht mit der Wertung des § 307 BGB zu vereinbaren ist ein Haftungsausschluss bei leichter Fahrlässigkeit im Falle des Verzuges bei einem Fixgeschäft oder einem verbindlichen Liefertermin,[8] da es eine unangemessene Äquivalenzstörung der wechselseitigen Interessen der Vertragspartner an Leistung und Gegenleistung darstellt, wenn das Leistungsversprechen für eine Leistung zur rechten Zeit abgegeben, jedoch andererseits wieder ausgehebelt wurde.

Klauselmuster

- „Vorbehaltlich nachstehender Ausnahmen haften wir insbesondere nicht für Ansprüche des Kunden auf Schadensersatz oder Aufwendungsersatz – gleich aus welchem Rechtsgrund – weder bei der Verletzung von Pflichten aus den Schuldverhältnissen ..."
- „Vorstehender Haftungsausschluss gilt nicht, soweit gesetzlich zwingend gehaftet wird, sowie
  - für vorsätzliche oder grob fahrlässige Pflichtverletzungen und vorsätzlich oder grob fahrlässige Pflichtverletzungen von gesetzlichen Vertretern oder Erfüllungsgehilfen;
  - für die vertraglichen Kardinalpflichten; vertragliche Kardinalpflichten sind solche Verpflichtungen, die vertragswesentliche Rechtspositionen des Vertragspartners schützen, die ihm der Vertrag nach seinem Inhalt und Zweck gerade zu gewähren hat. Kardinalpflichten sind ferner solche Vertragspflichten, deren Erfüllung die ordnungsgemäße Durchführung des Vertrages überhaupt erst ermöglicht und auf deren Einhaltung der Vertragspartner regelmäßig vertraut hat und vertrauen darf;
  - im Falle der Verletzung von Leib, Leben oder Gesundheit, auch durch gesetzliche Vertreter oder Erfüllungsgehilfen;
  - im Falle des Verzuges, soweit ein fixer Liefer- oder ein fixer Leistungstermin vereinbart ist;

---

7 NJW 2013, 291; BGH NJW 2001, 302.

8 BGH NJW 2001, 292; BGH NJW 1994, 1060.

- wir die Garantie für die Beschaffenheit unserer Ware oder das Vorhandensein eines Leistungserfolges oder ein Beschaffungsrisiko im Sinne von § 276 BGB übernommen haben;
- bei einer Haftung nach dem Produkthaftungsgesetz oder anderen gesetzlich bestimmten Haftungstatbeständen."

VI. Haftungsausschluss für bestimmte Schadensarten

Die oft in der Praxis anzutreffenden Versuche im Rahmen standardisierter Wirtschaftsvertragsklauseln, die AGB darstellen, bestimmte Schadensarten oder Positionen, wie z.B. mittelbare Schäden, entgangener Gewinn, Produktionsausfallschäden, etc., auszuschließen, scheitert in aller Regel als unzulässige Benachteiligung des Vertragspartners nach § 307 BGB. Dies deshalb, weil nach der Rechtsprechung des BGH der zu ersetzende vertragstypisch vorhersehbare Schaden auch mittelbare Schäden und Folgeschäden umfasst.[9] 22

Praxistipp
Da ein Haftungsausschluss für mittelbare Schäden oder im Rahmen standardisierter Wirtschaftsvertragsklauseln nicht möglich ist, muss hier eine individuelle Haftungsausschlussvereinbarung im Sinne des § 305 Abs. 1 S. 3 BGB ausgehandelt werden. Hierbei kollidieren regelmäßig die typischen Interessen des Leistungsschuldners und des Leistungsgläubigers einerseits am Ersatz mittelbarer Schäden, andererseits am Ausschluss mittelbarer Schäden. Eine mediale Lösung hierfür kann die Leistung einer zusätzlichen „Risikoübernahmeprämie" durch den Leistungsgläubiger für die Übernahme eines der Höhe nach begrenzten Satzes an mittelbaren Schäden durch den Leistungsschuldner sein, die der Leistungsgläubiger unverzinst zurückerhält, nimmt er innerhalb der Verjährungsfrist den Leistungsschuldner nicht auf mittelbare Schäden in Anspruch. !

VII. Haftungsbeschränkungen der Höhe nach

Im Bereich der Haftung für fahrlässige Pflichtverletzungen – auch von wesentlichen Vertragspflichten – besteht grundsätzlich nicht nur individualvertraglich, sondern auch AGB-rechtlich, die Möglichkeit, die Haftung der Höhe nach zu beschränken. Dies allerdings nach der Rechtsprechung des BGH nur dann, wenn die verbleibende Schadenshaftung den vertragstypisch vorhersehbaren Durchschnittsschaden umfasst.[10] 23

Der dabei regelmäßig im Wirtschaftsverkehr anzutreffende Versuch, eine Haftungsrelation zwischen dem „Auftragswert" (insoweit bereits intransparent nach 24

9 BGH NJW 2005, 424; *von Westphalen* in: Graf von Westphalen, Vertragsrecht und AGB-Klauselwerke, 35. EL 2014, Freizeichnungs- und Haftungsbegrenzungsklausel, Rn 119.
10 BGH NJW 1998, 1644.

§ 307 Abs. 1 S. 2 BGB) und der Netto-Vergütung oder eines Vielfachen hiervon mit der Haftungsobergrenze des Leistungsschuldners herzustellen, scheitert regelmäßig.[11] Dies liegt einerseits daran, dass die vorgenannte Relation typischerweise nicht dem vertragstypischen Durchschnittsschaden entspricht und andererseits oft einen Verstoß gegen das AGB-rechtliche Transparenzgebot darstellen wird, da ein Hinweis auf die Ersatzpflicht von Folgeschäden unterbleibt. Auch wird die Begrenzung auf Auftragswert oder ein Vielfaches der Vergütung oft dazu führen, dass ohne weitere Klarstellung ein Verstoß gegen § 309 Nr. 7b BGB vorliegt, da der Schaden auch bei grober Fahrlässigkeit bzw. in vorsätzlichem Falle nicht in voller Höhe ersetzt wird.[12]

! **Praxistipp**

Bei einer Haftungshöchstsummenbeschränkung im Bereich leichter Fahrlässigkeit ist bei standardisierten Wirtschaftsvertragsklauseln eine Relation zu der dem Leistungsschuldner geschuldeten Vergütung zu vermeiden. Stattdessen ist der branchentypische Durchschnittsschaden zu greifen und summenmäßig zu formulieren. Insgesamt ist bei einer Haftungshöchstsummenbeschränkung – wie bei einer Haftungsbeschränkungsklausel – darauf zu achten, einen vollständigen Ausnahmekatalog zu formulieren. Folgende Ausnahmen sind dabei zwingend vorzusehen:
- vorsätzliche und grob fahrlässige Pflichtverletzungen
- Verletzung von Kardinalpflichten
- Verletzung von Leben, Körper und Gesundheit
- der Fall des Verzuges, soweit ein fixer Liefer- oder Leistungstermin vereinbart ist
- der Fall der Übernahme einer Garantie für eine Beschaffenheit oder das Vorhandensein eines Leistungserfolges oder die Übernahme eines Beschaffungsrisikos nach § 276 BGB
- die Haftung nach dem Produkthaftungsgesetz und sonstigen gesetzlichen zwingenden Haftungstatbeständen, insbesondere Haftungssummenbestimmungen

VIII. Haftungsbeschränkungen in Relation zur Betriebshaftspflichtversicherung

25 In der Wirtschaft sehr beliebt sind Klauseln, die eine Relation der Haftungshöchstsumme bzw. des Haftungsumfangs zu der abgeschlossenen Betriebshaftpflichtversicherung herstellen wollen. Dass dabei eine solche Beschränkung kritisch ist, ergibt sich bereits daraus, dass letztlich das Haftungsregime einseitig vom Leistungsschuldner bestimmt wird.

26 Untauglich sind in jedem Fall Klauseln, welche die Haftung auf die „Leistung" und nicht auf den Deckungsumfang der Betriebshaftpflichtversicherung begrenzen, da die Leistung der Betriebshaftpflichtversicherung im Hinblick auf die Schadenshöhe völlig unangemessen und durch entsprechende Klauseln im Bedingungswerk deutlich reduziert sein kann.

11 BGH NJW-RR 1989, 955; OLG Köln BeckRS 2012, 18158; NJW 2013, 2502.

12 OLG Köln BeckRS 2012, 18158.

In jedem Fall ist darauf zu achten, dass 27

- die Versicherungslösung für den Vertragspartner transparent ist (z.B. durch das Recht, jederzeit auf erste Anforderung eine Kopie der Versicherungspolice zu erhalten), und
- die Höhe der Versicherung den vertragstypischen Durchschnittsschaden in jedem Fall abdecken muss, und
- der Versicherungsnehmer sich verpflichtet, bei Leistungsausschlüssen mit eigenen Leistungen gegenüber dem Leistungsgläubiger einzustehen.

IX. Haftungsausschluss und Haftungsbegrenzung in Kombination mit dem Angebot auf Abschluss einer Versicherung

Derartige Modelle stoßen in der Rechtsprechung entgegen früherer Entscheidungen[13] zumindest in standardisierten Vertragsklauseln auf Skepsis und werden als unangemessene Benachteiligung des Vertragspartners gewertet.[14] Dies fußt darauf, dass für eine angemessene Haftungsabdeckung in diesen Fällen der Vertragspartner selber (nämlich durch das Verlangen des Versicherungsabschlusses) tätig werden muss. 28

Diese Auffassung ist zutreffend, weil nach der gesetzlichen Systematik der Leistungsgläubiger keinerlei zusätzliche Handlungen entfalten muss, um sich vor einer unangemessenen Minderung seiner Schadensersatzansprüche zu schützen, soweit es um die generelle Haftungshöhe geht. 29

X. Haftungsausschluss für grobe Fahrlässigkeit

Anders als bei individualvertraglich ausgehandelten Klauseln sind Wirtschaftsvertragsklauseln, die standardisiert gefasst sind, nach dem Leitgedanken des § 309 Nr. 7b BGB über § 307 BGB unwirksam, wenn sie einen umfassenden Ausschluss für Vorsatz und grobe Fahrlässigkeit beinhalten.[15] Einer derartigen Haftungsbeschränkung durch standardisierte Vertragsklauseln für vorsätzliches und grob fahrlässiges Verhalten, das neben dem Verhalten des Verwenders und seiner Organe auch leitende Angestellte umfasst, hat die Rechtsprechung insoweit eine Absage erteilt.[16] 30

---

13 OLG Köln NJW-RR 1998, 997.

14 OLG Köln BeckRS 2012, 18158.

15 BGH NJW 2007, 3775; *von Westphalen* in: Graf von Westphalen, Vertragsrecht und AGB-Klauselwerke, 35. EL 2014, Freizeichnungs- und Haftungsbegrenzungsklauseln, Rn 34.

16 BGH NJW 1999, 1032.

31 Als umstritten muss dagegen die Frage bezeichnet werden, in wieweit die Haftung für vorsätzliches und grob fahrlässiges Verhalten im Unternehmensverkehr für nicht-leitende Erfüllungsgehilfen begrenzt werden kann.[17]

XI. Beweislastumkehr

32 Ist eine Haftungsausschluss- und Haftungsbegrenzungsklausel zulässigerweise so aufgebaut, dass der Ausschluss der Haftung – vorbehaltlich der im Detail aufzuführenden Ausnahmen hiervon – zu Beginn der Klausel statuiert wird, stellt sich die Frage, ob nicht hiermit eine Beweislastumkehr zugunsten des Vertragspartners geschaffen werden soll.

33 Da die Rechtsprechung nicht immer nur bei standardisierten Vertragsklauseln eine derartige Beweislastumkehr zulasten des Vertragspartners regelmäßig nach § 307 BGB scheitern lässt, ist eine klarstellende Formulierung zu empfehlen.

! **Praxistipp**
Für den Fall, dass eine Haftungsausschluss- und Haftungsbegrenzungsklausel die Haftung des Klauselverwenders zur Ausnahme erklärt, sollte hinsichtlich einer nicht intendierten Beweislast eine klarstellende Formulierung wie folgt aufgenommen werden: „Eine Umkehr der Beweislast ist mit vorstehender Regelung nicht verbunden."

C. Gewährleistung

I. Generelles

34 Die zunehmende Restriktion der höchstrichterlichen Rechtsprechung bei Haftungsausschlüssen und Haftungsbegrenzungsklauseln lässt in vielen Wirtschaftsverträgen im Rahmen von Gewährleistungsregelungen den Fokus entstehen, durch weitgehende Regulierungen mittelbar die Haftung zu beschneiden. Da, wo dies unmittelbare Wirkung wie eine Haftungsausschluss- und Haftungsbegrenzungsklausel entfaltet, haben sich derartige Gewährleistungsklauseln in Wirtschaftsverträgen auch bzw. zusätzlich an den Maßstäben für Haftungsausschluss- und Haftungsbegrenzungsklauseln, wie sie die höchstrichterliche Rechtsprechung entwickelt hat, messen zu lassen.

35 Darüber hinaus haben standardisierte Wirtschaftsvertragsklauseln, die sich mit der Gewährleistung beschäftigen, d.h. diese zu erweitern oder einzuschränken ver-

17 *Bornhoff* in: Niebling, Anwaltkommentar AGB-Recht, 2. Auflage 2014, § 309 Nr. 7 Rn 33 ff.

suchen, schon wegen der weitgehenden Indizwirkung der §§ 308, 309 BGB, für die Frage, was eine unzulässige Benachteiligung im Sinne des § 307 BGB im B2B-Verkehr darstellt, eine Vielzahl von Hürden zu beachten.

II. Verweis auf Dritte

Im Rahmen moderner, arbeitsteiliger Wirtschaft, in der Unternehmen ein Produkt nicht von A bis Z produzieren, sondern lediglich sog. Baugruppen-Hersteller sind, d.h. Komponenten von verschiedenen Subunternehmern fertigen und diese nur noch vermarkten oder assemblieren, liegt der Gedanke nahe, die Haftung für sich selbst auszuschließen und demjenigen zuzuweisen, der das defekte Bauteil liefert. 36

Klauseln wie zum Beispiel „Unsere Haftung für ein defektes Bauteil der veräußerten Sache ist ausgeschlossen. Der Kunde erhält unsererseits sämtliche Gewährleistungsrechte gegen den Zulieferer des defekten Bauteils abgetreten." sind allerdings zum Scheitern verurteilt. So ist in der Rechtsprechung anerkannt, dass auch im Verkehr zwischen Unternehmern das Verbot gilt, die Haftung für sich selbst voll auszuschließen und die Eigenhaftung durch die Gewährung von entsprechenden Gewährleistungsansprüchen gegen Dritte, namentlich den Zulieferern, vollständig zu ersetzen. Dies nach dem im Rahmen des § 307 BGB anzuwendenden Rechtsgedanken des § 309 Nr. 8 aa) BGB.[18] 37

III. Subsidiaritätsklauseln

Anders kann es sich bei sog. subsidiären Haftungsverweisen (Subsidiaritätsklauseln) verhalten. Hierbei soll die Haftung des Leistungsschuldners nicht vollkommen ausgeschlossen werden, sondern dieser wird auf die vorgängige Inanspruchnahme eines Dritten (in aller Regel eines Zulieferers/Subunternehmers des Leistungsschuldners) verwiesen. 38

Beispiel

Im Rahmen der Baubranche ist die Wirksamkeit derartiger Subsidiaritätsklauseln gerichtlich anerkannt, z.B. für folgende Klausel:

> *„Mängelbeseitigung und Ansprüche wegen nach erfolgter Übergabe auftretender Baumängel sind primär gegenüber dem jeweiligen Bauhandwerker geltend zu machen, erst danach besteht eine subsidiäre Eigenhaftung des Bauträgers."*[19]

---

18 BGH NJW-RR 1993, 561; OLG Hamm, NJW-RR 2000, 1224; *Christiansen* in: Ulmer/Brandner/Hensen, AGB-Recht, 11. Auflage 2011, § 309 Nr. 8b aa) Rn 46.

19 OLG Celle BauR 2000, 1212.

39 Aus dem auch im B2B-Verkehr geltenden Rechtsgedanken des § 309 Nr. 8b) aa) BGB[20] sind derartige Subsidiaritätsklauseln bei Mängelansprüchen aus Verträgen über neu hergestellte Sachen und Werkleistungen unzulässig, wenn das Recht der Geltendmachung von Gewährleistungsansprüchen (Ansprüchen wegen Pflichtverletzung aufgrund von Schlechtleistung) von vorheriger gerichtlicher Inanspruchnahme des Leistungsschuldners abhängig gemacht wird oder wenn die erfolglose Inanspruchnahme des Dritten die Haftung des Verwenders nicht wiederaufleben lässt.[21]

40 Vorsorglich sollte daher bei dem Entwurf derartiger Subunternehmerklauseln klargestellt werden, dass eine gerichtliche Inanspruchnahme nicht Voraussetzung für das Aufleben der subsidiären Haftung des Vertragspartners ist. Auch sollten die Mitwirkungspflichten im Hinblick auf die Identifizierbarkeit des Subunternehmers, der zunächst angegangen werden soll, die Abtretung der vertraglichen Gewährleistungsansprüche und sonstigen notwendigen transparenten Mitwirkungshandlungen geregelt werden.

Klauselmuster
„Ist die gelieferte Sache mangelhaft, hat der Kunde zunächst denjenigen Zulieferer von uns, der das mangelhafte Bauteil geliefert hat, außergerichtlich in Anspruch zu nehmen. Hierfür treten wir dem Kunden alle erforderlichen Ansprüche aus Pflichtverletzungen wegen Schlechtleistung gegenüber dem Zulieferer ab und teilen dem Kunden sämtliche hierfür erforderliche Informationen und Daten mit. Wir werden alle Mitwirkungshandlungen unentgeltlich erbringen, damit der Kunde den Anspruch zumindest außergerichtlich gegen den betreffenden Zulieferer geltend machen kann."

IV. Regulierung der Nachbesserung

41 Standardisierten Wirtschaftsvertragsklauseln, welche die Nachbesserungsmöglichkeit des Leistungsschuldners beschränken oder erweitern wollen, ist unter AGB-rechtlichen Gesichtspunkten äußerst kritisch entgegenzutreten.

42 Hintergrund ist der Umstand, dass eine Beschränkung des vom Gesetzgeber als nach der Natur des Kauf- und Werkvertrages für den Leistungsschuldner eingefügten Nachbesserungsrechts als Korrelat zur Schadensersatzverpflichtung ausgehöhlt würde. Umgekehrt begegnen Erweiterungen der Nachbesserungsmöglichkeit den reziproken Bedenken, denn nach der Natur des Kauf- und Werkvertrages soll der Leistungsgläubiger bei einer für ihn (bei typisierender Betrachtungsweise) unmittelbaren Anzahl von Nachbesserungsversuchen das unentziehbare Recht haben,

20 Palandt/*Grüneberg* § 309 Rn 67, dogmatisch anders, jedoch mit gleichem Ergebnis: *Eckhoff* in: Niebling, AnwaltKommentar AGB-Recht, § 309 Nr. 8b) Rn 10.
21 Staudinger/*Coester-Waltjen* § 309 Nr. 8 Rn 53.

Schadensersatz statt der Leistung zu verlangen, um sich so zu stellen, wie er bei ordnungsgemäßer Erfüllung des Vertrages gestanden hätte.

Beispiel

In diesem Zuge ist zum Beispiel auch die in Wirtschaftsverträgen weit gebräuchliche Klausel:

> *„Für im Wege der Nachlieferung durch den Lieferanten neu gelieferte oder nachgebesserte Teile beginnt die Verjährungsfrist neu zu laufen.“*

gemäß § 307 BGB als AGB-Klausel unwirksam.[22] Dies deshalb, weil zwar in der Nachbesserung ein Anerkenntnis des Mangels liegt, die Verjährung jedoch nur hinsichtlich des konkreten Mangels neu zu laufen beginnt, nicht wegen *sämtlicher* Mängel.

Nach zutreffender Ansicht kann auch das Wahlrecht des Käufers zwischen Nach- 43 besserung und Ersatzlieferung im B2B-Verkehr mit einer wirtschaftsvertraglichen Klausel, bei der es sich um eine AGB-Gestaltung handelt, nicht vom Käufer auf den Verkäufer übertragen werden. Als Korrelat für die den Verkäufer treffende Schadensersatzhaftung entspricht es nämlich der Natur des Kaufvertrages, dass der Käufer es als zweite Chance selbst in der Hand hat, auf welche Art und Weise er den vertraglichen Erfüllungszustand herstellen möchte.

Praxistipp

Bedenklich sind auch Klauseln, die in Anlehnung an die gesetzlichen Vorschriften der Geschäftsführung ohne Auftrag (GoA) bei verzögerter Nachbesserung dem Leistungsgläubiger die Möglichkeit zur Selbstvornahme vertraglich einräumen sollen.

So scheitert die oft verwandte Klausel „In dringenden Fällen sind wir berechtigt, 44 den Mangel auf Kosten des Leistungsschuldners/Lieferanten selbst zu beseitigen und/oder durch Dritte beseitigen zu lassen und hierfür vom Leistungsschuldner/Lieferanten die Erstattung der Kosten zu verlangen.“ Zwar begegnet eine derartige Klausel schon deshalb Bedenken, weil der dort geregelte „dringende Fall“ offensichtlich nicht nur im Verzugsfall des Leistungsschuldners mit der Nachbesserung eintreten kann, jedoch scheitert die Klausel ebenfalls endgültig am AGB-rechtlichen Transparenzgebot des § 307 Abs. 1 S. 2 BGB, weil unklar bleibt, wann ein „dringender Fall“ vorliegt und für wen die „Dringlichkeit“ gegeben sein muss. Auch ein Ausweichen auf eine Formulierung, nach der ein „dringender Fall“ vorliegt, wenn ein „besonders hoher Schaden“ vorliegt, dürfte an dem AGB-rechtlichen Transparenzgebot des § 307 Abs. 1 S. 2 BGB scheitern.

22 BGH NJW 2006, 47.

Klauselmuster

„Befindet sich der Lieferant mit der Nachbesserung im Verzug, so sind wir auf vertraglicher Grundlage für den Fall, dass der uns hieraus drohende Schaden betragsmäßig das Fünffache des Kaufpreises für den Liefergegenstand übersteigt, berechtigt, – unbeschadet anderer gesetzlicher Vorschriften über eine Ersatzvornahme – den Mangel im Wege der Ersatzvornahme selbst zu beseitigen oder beseitigen zu lassen und die dafür entstehenden, notwendigen Kosten vom Lieferanten ersetzt zu verlangen."

45 Unzulässig sind auch Klauseln, welche versuchen, den Umfang der Nachbesserung zulasten des Kunden zu weit auszuweiten. Insoweit ist eine AGB-rechtliche Festlegung, die den Kunden verpflichtet, drei Nachbesserungen im Rahmen des Kaufvertrages hinzunehmen, nach höchstrichterlicher Rechtsprechung unwirksam,[23] da der Rechtsgedanke des § 309 Nr. 8b) bb) BGB über § 307 BGB auch im B2B-Verkehr anwendbar ist.[24]

V. Verlagerung von Nachbesserungkosten

46 Indiziell hat die Vorschrift des § 309 Nr. 8b) cc) BGB über die Generalklausel des § 307 BGB auch im unternehmerischen Rechtsverkehr eine Wirkung. Zutreffend wird angeführt, dass ansonsten bei einer Überlagerung der Nacherfüllungskosten auf den Kunden ein erheblicher Anreiz für den Unternehmer bestünde, zunächst mangelhaft zu leisten, um ggf. an der Mängelbeseitigung zusätzliche Margen einzustreichen.[25]

47 Da nach der Natur des Kauf- und Werkvertrages die Nachbesserung gerade eine Chance des Leistungsschuldners ist, die seit 2002 gesetzlich vorgesehene Rechtsfolge, das heißt eine unmittelbare Schadensersatzverpflichtung bei einer Pflichtverletzung wegen Schlechtleistung, abzuwenden, ist es unangemessen, maßgeblich die Kosten hierfür in einer standardisierten wirtschaftsvertraglichen Klausel auf den Leistungsgläubiger abzuwälzen.[26] Zutreffend wird darauf hingewiesen, dass dieser Tatbestand bereits dann vorliegt, wenn der Leistungsgläubiger verpflichtet werden soll, gegenüber den niedrigeren Materialkosten höhere Kosten für die Arbeitsleistung der Nacherfüllung zu tragen.[27]

---

23 BGH NJW 1998, 677.

24 BGH in WM 1991, 1456.

25 MüKo-BGB/*Wurmnest* § 309 Nr. 8 Rn 56; *Eckhoff* in: Niebling, AnwaltKommentar AGB-Recht, 2. Auflage 2014, § 309 Nr. 8b Rn 15.

26 BGH NJW 1981, 5210.

27 BGH, a.a.O.

Etwas anderes wird man nur dort zulassen können, wo die Kostentragungspflicht des Leistungsgläubigers im Vergleich zur von diesem vertraglich geschuldeten Gegenleistung unerheblich ist oder eine angemessene Kompensation vorgesehen ist.[28] 48

VI. Beschränkung der Rechtsfolgen von Gewährleistungsansprüchen

Fraglich ist hier zunächst, ob die zentrale, seit 2002 im Rahmen der Schuldrechtsreform neu ins Gesetz aufgenommene Schadensersatzverpflichtung des Leistungsschuldners bei Kaufverträgen und Werkverträgen bei einer Pflichtverletzung wegen Schlechtleistung auf der Grundlage vermuteten Verschuldens ausgeschlossen werden kann. Dies ist streitig. 49

Während einerseits argumentiert wird, dass aus dem Rechtsgedanken des § 309 Nr. 8b) bb) BGB, der auch im Unternehmensverkehr gelte, bei standardisierten Vertragsklauseln im Unternehmensverkehr eine unzulässige Benachteiligung des Vertragspartners beim Ausschluss des Schadensersatzrechtes des Leistungsgläubigers vorliege,[29] wird zum Teil vertreten, eine unzulässige Benachteiligung des Leistungsgläubigers läge hier nicht vor, da die Schadensersatzpflicht im Falle mangelhafter Leistung nicht Vertragszweck im Sinne des § 307 Abs. 2 Nr. 2 BGB sei, und andere ausreichende Sanktionen der Pflichtverletzung zur Verfügung stünden. Auch wird darauf hingewiesen, dass der Bundesgerichtshof bereits früher[30] Schadensersatzansprüche für Mangelfolgeschäden in AGB für ablehnbar gehalten habe. 50

Richtigerweise wird man den Ausschluss einer Schadensersatzverpflichtung in standardisierten Wirtschaftsvertragsklauseln im Gewährleistungsfall für nach § 307 BGB im B2B-Verkehr als unzulässig halten müssen. Nach zutreffender Ansicht muss sich der Leistungsgläubiger zwingend darauf verlassen können, dass ihm auch das Recht auf Schadensersatz statt der Leistung bei einer Pflichtverletzung nach Scheitern der Nachbesserung zusteht, weil es sich nach der Natur des Vertrages um ein wesentliches Recht handelt. 51

Nach der Schutzrechtsreform bildet nämlich das Recht, bei Pflichtverletzung wegen Schlechtleistung Schadensersatz (auch kumulativ zum Rücktritt) verlangen zu können, ein Recht des Leistungsgläubigers, welches das vertragliche Synallagma im Bereich des Kauf- und Werkvertrages wesentlich prägt. Nur durch das Recht, 52

28 BGH NJW 1996, 389; pauschale Zulässigkeit ablehnend: *Christensen* in: Ulmer/Brandner/Hensen, AGB-Recht, 11. Auflage 2011, § 309 Nr. 8b) cc) Rn 80.

29 *Hensen* in: Ulmer/Brandner/Hensen, AGB-Recht, 11. Auflage 2011, § 307 Rn 292ff.; *von Westphalen* in: Graf von Westphalen, Vertragsrecht und AGB-Klauselwerke, 35. EL 2014, Freizeichnungsklausel Rn 51ff.

30 BGH NJW 1981, 1502.

Schadensersatz statt der Leistung zu verlangen, wird zudem der Leistungsgläubiger in die Lage versetzt, sich unter Nutzung der aus dem Schadensersatz fließenden Geldmittel die Leistung zu beschaffen, die ursprünglicher Leistungsgegenstand war. Weder Minderung noch Rücktritt versetzen ihn in diese Situation.

! **Praxistipp**
Da nach herrschender Meinung der standardisierte Ausschluss der Schadensersatzpflicht als Gewährleistungsrechtsfolge gegen § 307 BGB verstößt, sollte mit Hinblick auf die Entwicklung der Rechtsprechung, dass unwirksame standardisierte Vertragsklausel eine wettbewerbswidrige Handlung nach § 4 Nr. 11 UWG darstellen, auf den Ausschluss verzichtet werden. Wird der Ausschluss gleichwohl vorgenommen, müssen in jedem Fall wegen des darin liegenden Haftungsausschlusses alle Rückausnahmen, wie sie auch für Haftungsausschlüsse und Haftungsbegrenzungsklauseln gelten, in die Klausel aufgenommen werden.

53 Weiterhin wird man auch den kumulierten Ausschluss von Minderungs- und Rücktrittsrechten sowie des alleinigen Rücktrittsrechtes unter Reflektion der synallagmatischen Gestaltung des Vertrages zwischen Leistungsschuldner und Leistungsgläubiger als unzulässige Benachteiligung des Vertragspartners im Sinne von § 307 BGB bei standardisierten Wirtschaftsvertragsklauseln werten müssen.[31]

54 Bleibt dem Leistungsgläubiger hingegen bei Scheitern der Nachbesserung im Fall des Gewährleistungsfalls das Recht zum Rücktritt und zum Schadensersatz, wird man bei ausdrücklicher, transparenter Gestaltung im Rahmen standardisierter Wirtschaftsvertragsklauseln das Minderungsrecht nach herrschender Meinung wegfallen lassen können.[32]

VII. Keine Überschneidung gesetzlich zwingender Tatbestände

55 Im Rahmen von Regelungen zu Gewährleistungen in wirtschaftsvertraglichen Klauseln ist in jedem Fall zu beachten, dass im Rahmen des Kaufrechts die zwingende gesetzliche Regelung über den Lieferantenregress (§ 478 BGB) existiert. Diese kann jedenfalls in standardisierter Form nicht ausgehebelt werden.

! **Praxistipp**
Im Rahmen jeder gewährleistungsbeschränkenden, standardisierten Vertragsklausel ist der Fall des Lieferantenregresses nach §§ 478, 479 BGB auszunehmen. Dabei sollte aus Gründen des AGB-

---

31 BGH NJW 1991, 2632; *Christensen* in: Ulmer/Brandner/Hensen, AGB-Recht, 11. Auflage 2011, § 309 Nr. 8b) bb) Rn 70.

32 Vgl. zum Streitstand *Eckhoff* in: Niebling, AnwaltKommentar AGB-Recht, 2. Auflage 2014, § 309 Nr 8. b) bb) Rn 12 m.w.N.

rechtlichen Transparenzgebotes (§ 307 Abs. 1 Nr. 2 BGB) nicht nur auf die Vorschriften der §§ 478, 479 BGB verwiesen werden, sondern deren Inhalt zumindest plakativ (z.B. Regelungen über den Lieferantenregress) veranschaulichend der Regelung zugefügt werden.

VIII. Regelungen zur Wareneingangskontrolle

Auch im unternehmerischen Verkehr stellt es bei regelmäßig standardisierten Wirt- 56
schaftsvertragsklauseln eine unzulässige Benachteiligung des Vertragspartners im Sinne von § 307 BGB dar, die gesetzlich vorgesehenen Rügefristen maßgeblich zu verkürzen. Demgegenüber muss es als zulässig und im Interesse beider Parteien auch bei standardisierten Vertragsklauseln anerkannt werden, sofort erkennbare Sachmängel und Transportschäden unverzüglich verpflichtend gegenüber dem Transportunternehmer zu rügen.

Klauselmuster

„... bei Anlieferung sofort erkennbare Sachmängel und Transportschäden müssen gegenüber dem anliefernden Transportunternehmen gerügt und die schriftliche oder textliche Aufnahme von diesem veranlasst werden. Eine nicht fristgerechte Veranlassung der Aufnahme der Mängelrüge gegenüber dem anliefernden Transportunternehmen schließt jeglichen Anspruch des Kunden aus Pflichtverletzung wegen Sachmängeln aus. Dies gilt nicht im Falle vorsätzlichen, grob fahrlässigen oder arglistigen Handelns, im Falle der Verletzung von Leib, Leben oder Gesundheit, der Übernahme eines Beschaffungsrisikos nach § 276 BGB, einer Garantie der Mängelfreiheit oder der Haftung nach einem gesetzlich zwingenden Haftungstatbestand und im Falle des Rückgriffanspruchs in der Lieferkette (§§ 478, 479 BGB)."

Im modernen Wirtschaftsverkehr ist die Durchführung der Wareneingangskontrolle 57
nach § 377 HGB wegen des Umstandes, dass die meisten Warenproduzenten derzeit kein Gesamtprodukt mehr produzieren, sondern lediglich Baugruppen-Hersteller sind, die das Endprodukt assemblieren, schwierig oder unmöglich. Eine entsprechende Situation bildet sich bei just-in-time-Zulieferungen in der modernen Wirtschaft ab.

Es besteht daher das nachvollziehbare Bedürfnis im modernen Wirtschaftsver- 58
kehr auch in standardisierten Wirtschaftsvertragsklauseln oder klassischen AGB die Regelungen über die Wareneingangskontrolle nach § 377 BGB abzubedingen. Allerdings hält die Rechtsprechung die standardisierte vertragsklauselartige Abbedingung der Wareneingangskontrolle in kompletter Form auch im kaufmännischen Verkehr für mit § 307 BGB unvereinbar.[33] In der Literatur ist die Zulässigkeit der AGB-rechtlichen Abbedingung der Wareneingangskontrolle weitgehend umstritten.

33 LG Gera MDR 2005, 101–102.

59 Nach zutreffender Ansicht sollte diese im modernen Wirtschaftsverkehr nicht an § 307 BGB scheitern. Das von der Gegenansicht angeführte Argument der notwendigen, schnellen Klarheit und Beweisbarkeit im Handelsverkehr, ob eine gelieferte Ware mangelhaft ist, kann nicht durchgreifen. Dies deshalb nicht, weil handelsrechtliche Klarheit nicht alleine auf Basis der Interessenslage *einer* am Handelsgeschäft beteiligten Partei angenommen werden kann. Wie auch sonst muss im Recht der Grundsatz gelten, dass nicht verlangt werden kann, eine tatsächlich nicht durchführbare Leistung (hier die Wareneingangskontrolle) erbringen zu müssen.

60 Etwas anderes wird man nur dann annehmen müssen, wenn mit der Formulierung über die Abbedingung der Wareneingangsprüfung und Rügeverpflichtung nicht nur das rein schuldrechtliche Risiko auf den Lieferanten (der ja eine mangelfreie Ware schuldet) verlagert wird, sondern auch deliktische Kontrollpflichten auf den Lieferanten verlagert werden. Dies stellt eine unzulässige Benachteiligung im Sinne des § 307 BGB schon deshalb dar, weil der Lieferant sodann zur Erhaltung des Versicherungsschutzes kostenträchtig den Tatbestand des § 4 I. Abs. 1 AHB abbedingen muss.[34]

61 Erst recht wird man wirtschaftsvertragliche Klauseln über die Abbedingung der Wareneingangskontrolle und Rügeverpflichtung im Sinne von § 377 HGB in Qualitätssicherungsvereinbarungen für mit § 307 BGB vereinbar halten müssen. Es kann nämlich keine unzulässige Benachteiligung des Vertragspartners darstellen, wenn beide Parteien sich in einer durch das HGB gesicherten, ausgewogenen Form über ein wechselseitiges Qualitätssicherungssystem einigen und der Lieferant hierbei eine erhöhte Warenausgangskontrollpflicht übernimmt.

IX. Spezifikationsvereinbarung

62 Im Rahmen kaufvertraglicher Vereinbarungen macht eine genaue Leistungsbeschreibung in Form einer Spezifikation im Rahmen einer wirtschaftsvertraglichen Klausel schon deshalb Sinn, um die Sachmängeldefinition des § 434 Abs. 1 Nr. 1 BGB (Eignung für die nach dem Vertrag vorausgesetzte Verwendung) und § 434 Abs. 1 Nr. 2 BGB (Eignung für die gewöhnliche Verwendung und übliche Beschaffenheit) zu vermeiden.

63 Dabei ist stets darauf zu achten, dass das AGB-rechtliche Transparenzgebot des § 307 Abs. 1 Nr. 2 BGB auch für die vertragliche Leistungsbeschreibung gilt. Ziel der Leistungsbeschreibung sollte sein, dass diese so präzise und abschließend gefasst ist, dass der Leistungsschuldner die Leistung auch tatsächlich erbringen kann. Die-

34 So schon zutreffend *Tegler* BB 1993, 1225 ff.

ser moderne Weg der Haftungsbeschränkung führt dazu, dass hierüber hinaus ein Gewährleistungsfall (bei dem die Haftung auszuschließen oder zu beschränken wäre) überhaupt nicht eintreten kann.

X. Gewährleistungsausschlussklauseln als Haftungsausschlussklauseln

Systematisch haben Gewährleistungsrechte ausschließende Klauseln gleichzeitig die Wirkung einer Haftungsausschlussklausel. Deshalb ist es von elementarer Bedeutung, bei Gewährleistungsausschlüssen neben den zwingenden gesetzlichen Regelungen (§ 478 BGB) auch diejenigen Ausnahmen vorzusehen, die für Haftungsausschlussklauseln und Haftungsbegrenzungsklauseln eingreifen. 64

Praxistipp !
Bei gewährleistungsbeschränkenden Klauseln sollte der Fall der Arglist, des Vorsatzes, der groben Fahrlässigkeit, der Übernahme eines Beschaffungsrisikos nach § 276 BGB oder der Übernahme einer Garantie sowie sonstige zwingende gesetzliche Haftungstatbestände vom Geltungsbereich standardisierter Wirtschaftsvertragsklauseln ausgenommen werden.

D. Abnahme

Die Abnahme ist ein Begriff des Werkvertragsrechts, vgl. Rn 41 Kap. 7, und spielt dort eine wichtige Rolle. Vertragliche Modifikationen der gesetzlichen Abnahmevorschriften sind vor allem in den Bereichen Gebäudebau und Anlagenbau verbreitet. 65

I. Bedeutung der Abnahme

Abnahme ist die **körperliche Entgegennahme** des vom Unternehmer hergestellten Werkes durch den Besteller und die damit verbundene **Erklärung**, dass er das Werk als in der Hauptsache **vertragsgerecht** erbracht anerkennt, vgl. Rn 55 Kap. 7.[35] 66

Ist die Abnahme nicht möglich oder wird sie verweigert, können unter bestimmten Voraussetzungen auch andere Ereignisse (sog. Abnahmefiktionen) an ihre Stelle treten und ihre Wirkung auslösen. Wichtigstes Beispiel für eine Abnahmefiktion ist § 640 Abs. 1 Satz 3 BGB: Verweigert der Besteller die Abnahme des vertragsgemäß 67

35 BGH NJW 1973, 1792.

hergestellten Werkes, so treten nach dieser Vorschrift die Wirkungen der Abnahme mit Ablauf einer vom Unternehmer gesetzten, angemessenen Frist ein.

68 Mit der Abnahme wird grundsätzlich der **Vergütungsanspruch** des Werkunternehmers **fällig** (§ 641 Abs. 1 BGB) und die sogenannte **Preisgefahr**, also die Gefahr, im Falle eines Untergangs des Werks dieses noch einmal ohne weitere Vergütung erstellen zu müssen, geht auf den Besteller über (§ 644 Abs. 1 BGB). Der Werkunternehmer verliert mit der Abnahme das Recht, **Mängel** geltend zu machen, wenn er sie bei der Abnahme kennt und sich ihre Geltendmachung nicht vorbehält (§ 640 Abs. 2 BGB). Für das Vorliegen von Mängeln, deren Geltendmachung sich der Besteller bei der Abnahme nicht vorbehalten hat, kehrt sich die Beweislast zu seinen Lasten um.[36] Mit der Abnahme beginnt ferner die Verjährungsfrist für Mängelansprüche zu laufen (§ 634a Abs. 2 BGB).

69 Da sich die Rechtsstellung des Werkunternehmers mit der Abnahme demnach erheblich verbessert, hat er ein Interesse an einer möglichst frühen Abnahme seiner Werkleistung. Der Besteller wiederum wird das Werk erst so spät wie möglich abnehmen wollen.

II. Rechtliche Rahmenbedingungen für die Wirksamkeit von Abnahmeklauseln

70 Selbstverständlich müssen auch Abnahmeklauseln zu ihrer Wirksamkeit den **AGB-rechtlichen Anforderungen** genügen, wenn sie von einer Partei vorformuliert und der anderen Partei bei Abschluss des Vertrages gestellt werden (§ 305 Abs. 1 BGB).

71 Ob zwischen Unternehmern abgeschlossene Werkverträge AGB darstellen, ist nicht immer einfach zu beurteilen. Insbesondere wird häufig unklar sein, ob eine Vertragsklausel von einer Partei „gestellt", also ohne echtes Mitspracherecht der anderen Partei dem Vertrag zugrunde gelegt wurde (zu Einzelheiten vgl. ab Rn 85 Kap. 6 [S. 124] „AGB-Recht").

72 Spezielle Vorgaben für Abnahmeregelungen enthalten die erst 2014 in Kraft getretenen §§ 271a Abs. 3 und 308 Nr. 1b BGB: Nach § 308 Nr. 1b BGB ist in Allgemeinen Geschäftsbedingungen eine Bestimmung unwirksam, durch die sich der Verwender vorbehält, eine Entgeltforderung des Vertragspartners erst nach unangemessen langer Zeit für die Überprüfung oder Abnahme der Gegenleistung zu erfüllen; ist der Verwender kein Verbraucher, ist im Zweifel anzunehmen, dass eine Zeit von mehr als 15 Tagen nach Empfang der Gegenleistung unangemessen lang ist.

73 Beträgt der Zeitraum mehr als 30 Tage, sind solche Vereinbarungen gemäß **§ 271a Abs. 3 BGB** unabhängig vom AGB-Recht nur wirksam, wenn sie ausdrücklich

36 BGH NJW 2009, 360.

getroffen werden und im Hinblick auf die Belange des Gläubigers nicht grob unbillig sind. Diese erst seit 2014 geltende Regelung ist vielen Unternehmen noch unbekannt.

Von der vorgenannten Spezialkonstellation abgesehen liegt der **Schwerpunkt** der AGB-Prüfung bei Abnahmeklauseln auf dem Vorliegen einer **unangemessenen Benachteiligung** gemäß § 307 Abs. 1 und 2 BGB. Im Zentrum steht dabei die Frage eines Abweichens vom gesetzlichen Leitbild im Sinne von § 307 Abs. 2 Nr. 1 BGB. 74

Praxistipp !

Bei der Gestaltung von Verträgen über Bauleistungen spielt die **Vergabe- und Vertragsordnung für Bauleistungen (VOB)** eine bedeutende Rolle. Sie enthält Mustervertragsklauseln für Bauverträge. Die VOB ist in drei Teile gegliedert, von denen der erste Teil (VOB/A) Regelungen für die Vergabe von Bauaufträgen durch öffentliche Auftraggeber (z.B. Städte, Gemeinden, Bund und Länder) aufstellt. Die Teile B und C (VOB/B und VOB/C) enthalten die eigentlichen Vertragsbedingungen, von denen denjenigen in Teil B besondere praktische Bedeutung zukommt. Die Vertragsbedingungen der VOB/B finden Anwendung, wenn die Parteien ihre Geltung vereinbaren. Ist die Geltung der VOB/B vereinbart, kommt ihren Vertragsbedingungen der Rang von AGB zu. AGB-rechtlich besteht die Besonderheit darin, dass (zwischen Unternehmern vereinbarte) Bestimmungen der VOB/B nicht der AGB-Kontrolle gemäß § 307 Abs. 1 und 2 BGB unterliegen. Das gilt allerdings nur, wenn die VOB/B in der jeweils geltenden Fassung und ohne inhaltliche Abweichung insgesamt einbezogen wird (§ 310 Abs. 1 Satz 3 BGB). Wird hingegen nur die Geltung einzelner Vertragsbedingungen vereinbart, unterliegen diese unverändert der AGB-Kontrolle. Das Gesetz geht davon aus, dass die VOB/B nur in ihrer Gesamtheit einen angemessenen Interessenausgleich zwischen den Parteien herbeiführen.
Die **VOB/B** enthält zahlreiche vom Werkvertragsrecht abweichende Bestimmungen, durch die den Besonderheiten des Bauvertrags Rechnung getragen werden soll, beispielsweise:

- Regelungen zur Mängelgewährleistung (§ 13 VOB/B),
- Vorschriften zur Kündigung (§§ 8 f. VOB/B),
- spezielle Zahlungsbedingungen (§ 16 VOB/B).

Mit Blick auf die **Abnahme** ist **§ 12 VOB/B** von Interesse: Danach hat die Abnahme innerhalb einer Frist von 12 Werktagen zu erfolgen, nachdem der Auftragnehmer die Abnahme der fertigen Leistung verlangt hat. In sich abgeschlossene Teilleistungen sind auf Verlangen gesondert abzunehmen. Auf Verlangen einer Vertragspartei hat eine förmliche Abnahme zu erfolgen. Wird keine Abnahme verlangt, gilt die Leistung mit Ablauf von 12 Werktagen nach schriftlicher Mitteilung über ihre Fertigstellung als abgenommen. Gleiches gilt mit Ablauf von 6 Werktagen, nachdem der Auftraggeber die Leistung in Benutzung genommen hat.

III. Einzelne Gestaltungsmöglichkeiten

1. Formularvertragliche Abweichungen zugunsten des Werkunternehmers

Der Werkunternehmer will in den Vertrag mit dem Besteller eine Regelung aufnehmen, nach der er möglichst früh von den für ihn günstigen Rechtswirkungen der Abnahme profitiert. 75

a) Vorverlegung des Abnahmezeitpunkts

76 In Betracht kommt zunächst eine Vorverlegung des Abnahmezeitpunktes. Diese ist allerdings nur eingeschränkt möglich. Grundsätzlich **unzulässig** sind Regelungen, die eine **Abnahmeverpflichtung** zu einem Zeitpunkt begründen, zu dem das **Werk noch nicht fertiggestellt** ist. Solche Klauseln würden die Mängelgewährleistungsrechte des Bestellers in unzumutbarer Weise einschränken. Unzulässig sind aus diesem Grund auch Klauseln, die eine **Pflicht zur Abnahme eines mangelhaften Werkes** vorsehen.[37] Ausgenommen davon sind unwesentliche Mängel, aufgrund derer die Abnahme schon von Gesetzes wegen nicht verweigert werden kann (§ 640 Abs. 1 Satz 2 BGB).

77 Grundsätzlich **möglich** ist hingegen die Vereinbarung von Verpflichtungen zur **Teilabnahme**, also der selbständigen Abnahme von Teilen des Werkes. Eine unangemessene Benachteiligung stellen sie allerdings dar, wenn die Mängelfreiheit des Teilwerks für sich betrachtet nicht sinnvoll beurteilt werden kann.[38]

Klauselmuster

Entsprechend § 12 Abs. 2 VOB/B kann eine Teilabnahmeklausel vorsehen:

„Auf Verlangen sind in sich abgeschlossene Teile der Leistung besonders abzunehmen."

---

78 Das Risiko einer solchen Teilabnahmeklausel besteht darin, dass über das Vorliegen einer in sich abgeschlossenen Teilleistung häufig Streit entsteht. Soweit die Umstände dies zulassen, sollten daher die isoliert abnahmefähigen Leistungen vertraglich definiert werden.

b) Regelung von Abnahmefiktionen

79 Vertragliche Abnahmefiktionen (zum Begriff vgl. C. I.) sind wirksam, wenn sie lediglich die **gesetzlichen Abnahmefiktionen konkretisieren**. Dementsprechend kann eine Klausel vorsehen, dass die Wirkungen der Abnahme dadurch ausgelöst werden, dass der Besteller die Abnahme des Werkes nicht innerhalb einer näher bestimmten, vom Werkunternehmer gesetzten Frist vornimmt, obwohl er dazu gesetzlich verpflichtet ist. Eine solche Klausel konkretisiert lediglich die Regelung des § 640 Abs. 1 Satz 3 BGB.[39] **Unwirksam** ist hingegen eine Klausel, nach der die Abnahmewirkungen schon aufgrund einer Mitteilung des Werkunternehmers über die Fertigstellung des Werkes eintreten, **ohne** dass dem Besteller überhaupt eine **Frist** zur Verwahrung gegen die Abnahme eingeräumt ist. Eine solche Klausel verstößt

---

37 OLG Oldenburg OLG Report 1996, 266.
38 Staudinger/*Peters*/*Jacoby* § 641 Rn 120.
39 *Raab* in: Dauner-Lieb/Langen, BGB/Schuldrecht, 2. Aufl. 2012, § 640 Rn 47.

gegen § 308 Nr. 5 BGB, dessen Wertungen im kaufmännischen Verkehr entsprechende Anwendung finden.[40]

Im Übrigen dürfen auch Abnahmefiktionen nicht dazu führen, dass die Abnahmewirkungen trotz fehlender Abnahmereife des Werkes herbeigeführt werden.[41] 80

2. Formularvertragliche Abweichungen zugunsten des Bestellers

Um sich gegen etwaige Mängel möglichst effektiv abzusichern, will der Besteller 81 durch eine vertragliche Regelung die „Hürden" für die Abnahme möglichst hoch setzen bzw. diese so weit wie möglich hinauszögern.

a) Bestimmung und Ausschluss bestimmter Abnahmeformen

Die Abnahme der Werkleistung ist gesetzlich nicht an eine bestimmte Form gebun- 82 den. Sie kann grundsätzlich durch jedes Verhalten des Bestellers erfolgen, dem sich ein Abnahmewille entnehmen lässt. Um die Hürden für die Abnahme heraufzusetzen und um Rechtsklarheit über den tatsächlichen Zeitpunkt der Abnahme zu gewinnen, bietet sich aus Sicht des Bestellers die Vereinbarung einer förmlichen Abnahme an.

Die Vereinbarung von **Formvorschriften für die Abnahme** ist auch in AGB 83 grundsätzlich möglich. **Unzulässig** ist hingegen der **Ausschluss der Abnahmefiktion gemäß § 640 Abs. 1 Satz 3 BGB**, wonach es der Abnahme gleichsteht, wenn der Besteller das Werk nicht innerhalb einer ihm vom Unternehmer gesetzten angemessenen Frist abnimmt, obwohl er dazu verpflichtet ist. Der Ausschluss dieser Regelung ist mit dem gesetzlichen Leitbild des Werkvertrags nicht vereinbar.[42]

Klauselmuster

„Eine Abnahme der Leistungen des Auftragnehmers erfolgt förmlich. Der Auftragnehmer hat die Abnahme rechtzeitig und schriftlich zu beantragen. Eine stillschweigende/konkludente sowie eine fiktive Abnahme (§ 12 Abs. 5 VOB/B) sind ausgeschlossen. § 640 Abs. 1 Satz 3 BGB bleibt unberührt."[43]

---

40 BGH NJW 1988, 55.

41 *Havers* in: Kapellmann/Messerschmidt, VOB Teile A und B, 4. Auflage 2013, § 12 VOB/B Rn 64.

42 *Raab* in: Dauner-Lieb/Langen, BGB/Schuldrecht, 2. Aufl. 2012, § 640 Rn 47.

43 Nach *Sonntag/Rütten* in: Sonntag/Rütten, FormularBibliothek Vertragsgestaltung Privates Baurecht, 2. Auflage 2012, § 3 Rn 784.

b) Verzögerung des Abnahmezeitpunkts

84 Vertragliche Regelungen zur Verzögerung des Abnahmezeitpunkts für ein fertiggestelltes Werk können nur sehr eingeschränkt wirksam vereinbart werden. Der Besteller hat grundsätzlich einen Anspruch auf zeitnahe Abnahme des abnahmereifen Werkes (§ 640 Abs. 1 Satz 1 BGB). Zulässig ist die Verschiebung des Zeitpunkts der Abnahme nur, wenn der Besteller hieran ein **berechtigtes Interesse** hat.

85 Ein berechtigtes Interesse kann insbesondere vorliegen, wenn von unterschiedlichen Unternehmern geschuldete Werkleistungen ineinandergreifen. Das ist insbesondere im Verhältnis zwischen Hauptunternehmer und einem von ihm eingeschalteten Subunternehmer (vgl. hierzu Kapitel 7B Werkvertrag) der Fall. Hier wird der Hauptunternehmer im Vertrag mit dem Subunternehmer sicherstellen wollen, dass die Abnahme der Leistung des Subunternehmers erst dann erfolgt, wenn der Generalunternehmer ihm seinerseits seine Leistung abgenommen hat. Die Verschiebung der Abnahme dient dazu, die einzelnen Mängelgewährleistungsfristen zu synchronisieren.[44]

86 Selbst wenn ausnahmsweise ein berechtigtes Interesse vorliegt, darf die **Verzögerung** des Abnahmetermins den Werkunternehmer **nicht unangemessen benachteiligen**. Unzulässig ist insbesondere das Abstellen auf Bedingungen, auf deren Vorliegen der Bauunternehmer keinen Einfluss hat (z.B. die Abnahme durch einen Dritten oder die Erteilung einer behördlichen Genehmigung).[45]

Beispiel

Die Bauvertragsbedingungen eines Bauherrn mit dem Bauunternehmer enthalten folgende Regelung:

> *„Es findet stets eine förmliche Abnahme statt. Der Abnahmetermin wird vom Bauherrn festgesetzt.“*

In dieser Regelung hat der BGH eine **unangemessene Benachteiligung** gesehen, weil sich der Bauherr durch sie das Recht vorbehält, den Abnahmetermin ohne Frist oder sonstige Bindung nach seinem Belieben festzusetzen. Da der Bauunternehmer keine Möglichkeit hat, selbst einen Abnahmetermin zu bestimmen oder verbindlich auf diesen hinzuwirken, könnten der Beginn der Gewährleistungsfrist und die Fälligkeit des Werklohns unangemessen hinausgeschoben werden, obwohl der Bauunternehmer seine Leistung bereits erbracht hat.[46]

---

44 BGH NJW-RR 1989, 852.

45 *Voit* in: Bamberger/Roth, Beck'scher Online-Kommentar BGB, Edition 33, Stand 1.11.2014, § 640 Rn 25.

46 BGH BB 1996, 763.

Erforderlich ist vielmehr eine Verschiebung, deren Dauer von vornherein zeitlich festgelegt ist. Eine fixe Verschiebung der Abnahme um **vier bis sechs Wochen** hat der BGH für zulässig gehalten, zwei Monate waren ihm bereits zu viel.[47] 87

E. Vertragslaufzeit

88 Die Frage der Vertragslaufzeit stellt sich bei allen Verträgen, die nicht durch den Austausch von im Vorhinein fest umgrenzten Leistungen enden, sondern bei denen der Umfang der Hauptleistungspflichten sich nach der Zeit bestimmt, für die das Vertragsverhältnis eingegangen wurde. Bei solchen Verträgen bemisst sich der Leistungsumfang nach der Vertragslaufzeit, welcher damit bei der Vertragsgestaltung eine entscheidende Bedeutung zukommt.

I. Dauerschuldverhältnisse

89 Verträge, bei denen das Maß der geschuldeten (Haupt-)Leistungen sich nach der Zeit bestimmt, für die das Vertragsverhältnis eingegangen wurde, heißen **Dauerschuldverhältnisse.** Dauerschuldverhältnisse werden für einen bestimmten oder unbestimmten Zeitraum abgeschlossen, in welchem immer neue Leistungspflichten entstehen. Typische Beispiele für Dauerschuldverhältnisse sind Dienst- bzw. Arbeitsverträge sowie Mietverträge. Beim Dienstvertrag bemisst sich die vom Dienstverpflichteten zu erbringende Tätigkeit nach der Zeit.

90 Der Zeitraum des Tätigwerdens ist in der Regel auch Maßstab für die geschuldete Vergütung (Beispiel: Stundenlohn). Auch die Mietsache wird für eine gewisse Zeit überlassen, für welche der Mieter dann die Miete zu entrichten hat. Weitere Beispiele für Dauerschuldverhältnisse sind Leasingverträge, Darlehensverträge und Gesellschaftsverträge. Typische Gegenbeispiele und damit grundsätzlich keine Dauerschuldverhältnisse sind Kaufverträge oder Werkverträge. Bei diesen Vertragstypen ist der Leistungsumfang normalerweise schon bei Vertragsschluss fest umgrenzt.

91 Die Pflichten aus einem Werkvertrag sind erfüllt, wenn der Werkunternehmer das versprochene Werk ordnungsgemäß hergestellt und der Besteller die hierfür vereinbarte Vergütung entrichtet hat. Zur Erfüllung eines Kaufvertrags bedarf es einer Übereignung der Kaufsache und der Zahlung des Kaufpreises. Mit dem ordnungsgemäßen Austausch der vereinbarten Leistungen sind die vertraglichen Pflichten in der Regel vollständig erfüllt. Die Frage der Vertragslaufzeit stellt sich in diesen Fällen in der Regel nicht.

---

47 BGH NJW 1989, 1602.

92 Aber auch Vertragstypen, bei denen normalerweise der Umfang der Leistungspflicht von vornherein feststeht, können als Dauerschuldverhältnisse ausgestaltet werden. Beispiel ist das Zeitschriftenabonnement: Während sich beim Kauf eines Exemplars einer monatlich erscheinenden Zeitschrift die Leistungspflichten auf dieses eine Exemplar beschränken, erfasst der Leistungsumfang beim Abonnement jedes während der Vertragslaufzeit neu erscheinende Exemplar.

Ob ein Vertrag ein Dauerschuldverhältnis darstellt, ist in einigen Fällen nicht eindeutig und muss erst durch Auslegung ermittelt werden. Nicht immer ist zum Beispiel klar, ob ein Vertrag einen Werk- oder einen Dienstvertrag darstellt.

II. Die Beendigung von Dauerschuldverhältnissen

93 Im Grundsatz gilt: Ist für ein Dauerschuldverhältnis kein Beendigungstermin vereinbart, so läuft es zeitlich unbegrenzt weiter. Will eine Vertragspartei das Dauerschuldverhältnis einseitig beenden, so bedarf es dazu in der Regel einer **Kündigung**. Die Kündigung eines Dauerschuldverhältnisses erfordert ein gesetzlich oder vertraglich eingeräumtes Kündigungsrecht und muss dem Vertragspartner – meist innerhalb einer bestimmten Frist und häufig in einer bestimmten Form – erklärt werden. Zu unterscheiden sind ordentliche (fristgerechte) und außerordentliche (fristlose) Kündigungen: Die ordentliche Kündigung ist ohne Vorliegen eines bestimmten Kündigungsgrundes möglich, muss aber in der Regel zu bestimmten Kündigungsterminen und innerhalb bestimmter Fristen erklärt werden. Die außerordentliche Kündigung ist kurzfristig möglich, bedarf aber eines wichtigen Grundes, aufgrund dessen die Fortsetzung des Vertragsverhältnisses dem Erklärenden nicht zumutbar ist (vgl. § 314 oder § 626 BGB).

94 Die Beendigung eines Vertrages per Kündigung führt nicht selten zu Problemen wie verpassten Kündigungsfristen, Beweisschwierigkeiten über den Zugang der Kündigung oder Streitigkeiten über das Vorliegen eines wichtigen Grundes. Wesentlich sicherer ist es daher für beide Seiten, die gewünschte **Laufzeit des Dauerschuldverhältnisses** von vornherein ausdrücklich **festzulegen**.

! **Praxistipp**
Denken Sie bei allen Verträgen, bei denen das geschuldete Leistungskontingent nicht von vornherein feststeht, an die Vereinbarung einer Vertragslaufzeit!

95 Rechtstechnisch gesehen ist die Vereinbarung einer Vertragslaufzeit entweder eine **Befristung oder** eine **Bedingung** (vgl. §§ 158, 163 BGB). Die Befristung unterscheidet sich von der Bedingung dadurch, dass bei ihr der Eintritt des vertragsbeendenden Ereignisses sicher ist (z.B. bestimmtes Beendigungsdatum). Bei der Bedingung ist unsicher, ob das Ereignis überhaupt eintritt (z.B. Beendigung einer zur Darlehenssicherung vorgenommenen Sicherungsübereignung durch vollständige Til-

gung des Darlehens).[48] Mit dem Eintritt des vereinbarten Ereignisses, ob sein Eintritt nun sicher oder unsicher ist, endet das Vertragsverhältnis. Einer weiteren Erklärung, insbesondere einer Kündigung, bedarf es normalerweise nicht.

Regelungsfalle

Vorsicht ist geboten, wenn das Vertragsverhältnis von einer oder beiden Parteien über den vereinbarten Beendigungszeitpunkt hinaus fortgeführt wird, zum Beispiel eine Partei mit Wissen und ohne Widerspruch der anderen Partei weiterhin Leistungen erbringt: In einem solches Verhalten kann eine **stillschweigende** Vereinbarung über die **Verlängerung des Vertragsverhältnisses** gesehen werden, die im Zweifel zu einem unbefristeten Vertrag führt (vgl. etwa § 545 BGB). Erbringt ein Vertragspartner nach dem Vertragsende weiterhin Leistungen, so sollte der andere ggf. unverzüglich darauf hingewiesen werden, dass eine Vertragsverlängerung nicht gewollt ist. Ist sie hingegen tatsächlich gewünscht, sollte dies rechtzeitig und (aus Beweisgründen) schriftlich vereinbart werden.

Die folgende Darstellung beschränkt sich auf die praktisch häufigste Form der Vertragslaufzeitvereinbarung: Die **Befristung** auf ein nach dem Kalender bestimmtes Datum. Bei der kalendermäßigen Befristung endet das Vertragsverhältnis ohne weiteres mit dem vereinbarten Beendigungstermin. Einer zusätzlichen Erklärung bedarf es normalerweise nicht. 96

Praxistipp

Beachten Sie den Zusammenhang zwischen der Befristung des Vertragsverhältnisses und dem Recht zur ordentlichen Kündigung des Vertrags: Wird der Vertrag befristet abgeschlossen, so ist diese Vereinbarung in der Regel so auszulegen, dass das Recht der Parteien zur **ordentlichen Kündigung** des Vertrags während der gesamten Vertragslaufzeit **ausgeschlossen** sein soll.[49] Wollen sich die Parteien das Recht zur ordentlichen Kündigung eines befristeten Vertrags vorbehalten, so müssen sie dies ausdrücklich vereinbaren. Für die außerordentliche Kündigung (die nur bei Vorliegen eines wichtigen Grundes möglich ist) gilt dies nicht: Sie ist bei Vorliegen der gesetzlichen Voraussetzungen stets zulässig und kann vertraglich nicht eingeschränkt werden.

III. Rechtliche Rahmenbedingungen für Regelungen zur Vertragslaufzeit

Für einige Vertragstypen nennt das Gesetz selbst bestimmte Vertragslaufzeiten (vgl. etwa § 32 Abs. 1 Satz 1 AVBFernwärmeV). Soweit es um formularvertragliche Laufzeitvereinbarungen geht, beurteilt sich deren Wirksamkeit schwerpunktmäßig nach dem AGB-Recht. 97

---

48 Die Abgrenzung zwischen Bedingung und Befristung kann im Einzelfall problematisch sein, vgl. hierzu BGH NJW 2004, 284.

49 Für Dienstverträge folgt dies bereits aus dem Wortlaut des § 620 Abs. 2 BGB.

98 Eine spezielle Regelung zur Vertragsdauer enthält § 309 Nr. 9 lit. a BGB. Danach ist bei einem Vertragsverhältnis, das die regelmäßige Lieferung von Waren oder die regelmäßige Erbringung von Dienst- oder Werkleistungen durch den Verwender zum Gegenstand hat, eine den anderen Vertragsteil länger als zwei Jahre bindende Laufzeit des Vertrags in AGB unwirksam. Gemäß § 310 Abs. 1 Satz 1 BGB findet diese Regelung – wie alle Klauselverbote gemäß §§ 308 f. BGB – allerdings keine (direkte) Anwendung auf AGB, die gegenüber einem Unternehmer verwendet werden. § 309 Nr. 9 Buchst. a BGB ist damit im Wirtschaftsverkehr nicht anwendbar.

99 Dennoch sind auch formularmäßige Vereinbarungen zur Vertragslaufzeit zwischen Unternehmern nicht kontrollfrei, sondern unterliegen einer Prüfung, ob sie den Vertragspartner im Sinne von § 307 Abs. 1 BGB unangemessen benachteiligen. Im Rahmen dieser Prüfung kann aber auf die Wertung des § 309 Nr. 9 Buchst. a BGB zumindest zurückgegriffen werden: Wenn schon die Vereinbarung einer Vertragslaufzeit von bis zu zwei Jahren gegenüber einem Verbraucher zulässig ist, ist sie zwischen Unternehmern in aller Regel erst recht unproblematisch. Von diesem Orientierungswert abgesehen gibt es nur wenige gesetzliche Richtwerte bei der Frage der angemessenen Höchstlaufzeit. Eine unangemessene Benachteiligung ist anzunehmen, wenn die vereinbarte Vertragslaufzeit die wirtschaftliche Handlungsfreiheit des Vertragspartners auch unter Berücksichtigung der Interessen des Klauselverwenders unzumutbar beeinträchtigt. Ob dies der Fall ist, hängt von den konkreten Vertragsbedingungen und den Umständen im Einzelfall ab.

! **Praxistipp**
Beachten Sie: Stellt die vereinbarte Vertragslaufzeit eine unangemessene Benachteiligung des Vertragspartners dar, ist der **Vertrag** normalerweise **insgesamt unwirksam**. Eine Reduzierung der Vertragslaufzeit auf das zulässige Höchstmaß findet in der Regel nicht statt (Verbot der geltungserhaltenden Reduktion)! Wie in fast allen Fällen geht auch hier das Risiko der Unangemessenheit zulasten des Klauselverwenders. Dieser sollte daher im Zweifelsfall lieber eine zu niedrige als eine zu hohe Vertragslaufzeit wählen.

IV. Höchstlaufzeiten am Beispiel einzelner Vertragstypen

100 Richtwerte für die maximal zulässige Vertragslaufzeit in Formularverträgen lassen sich aus der zu bestimmten Vertragstypen ergangenen Rechtsprechung sowie der Literatur gewinnen. Sie können zugleich Orientierungsgrößen für andere Vertragstypen darstellen.

1. Automatenaufstellungsverträge

101 Automatenaufstellungsverträge sind im Gastronomiegewerbe verbreitet. Beim **Automatenaufstellungsvertrag** räumt der Gastwirt dem Aufsteller das Recht ein, ei-

nen Automaten (z.B. Zigarettenautomaten, Spielautomaten) in seinen Gewerberäumlichkeiten aufzustellen (daneben schuldet der Gastwirt auch weitere Leistungen wie die Tragung der Stromkosten). Der Aufsteller hat als Gegenleistung dem Gastwirt eine Vergütung zu entrichten, beispielsweise in Form einer Beteiligung an dem mit dem Automaten erzielten Umsatz. Oft ist der Automatenaufstellungsvertrag mit einem Darlehen verbunden, das der Aufsteller dem Gastwirt einräumt. Vereinbart wird dann meist, dass die aus der Automatenaufstellung erzielten Gewinne (teilweise) zur Darlehenstilgung verwendet werden. In aller Regel handelt es sich bei Automatenaufstellungsverträgen um vom Aufsteller verwendete AGB. Der wirtschaftlich schwächere Gastwirt hat keinen oder nur geringen Einfluss auf die Vertragsbedingungen.

Die maximal zulässige Vertragslaufzeit hängt davon ab, ob der Gastwirt durch 102
die Einschränkung seiner wirtschaftlichen Handlungsfreiheit nach § 307 Abs. 1 BGB unangemessen benachteiligt wird. Dafür ist zunächst ausschlaggebend, ob der **Automatenaufstellungsvertrag mit einem Darlehen verbunden** ist, das durch die Automatengewinne amortisiert werden soll. In diesem Fall benachteiligt den Gastwirt eine **Vertragslaufzeit von fünf Jahren** regelmäßig nicht unangemessen.[50] Bei größeren Darlehen hat der BGH sogar eine Bindungsdauer von bis zu zehn Jahren für wirksam gehalten.[51] Ist der Automatenaufstellungsvertrag **nicht mit einem Darlehen** verbunden, werden Vertragslaufzeiten von **maximal drei bis fünf Jahren** für zulässig gehalten.[52] Die im Einzelfall höchstzulässige Vertragslaufzeit hängt in beiden Fällen davon ab, inwieweit der Gastwirt durch die vereinbarten Vertragsbedingungen belastet wird.

2. Franchiseverträge

Beim **Franchising** räumt der Franchisegeber dem Franchisenehmer das Recht zur 103
Nutzung eines bestimmten Geschäftskonzeptes (einschließlich z.B. Markennamen, Rezepte, Herstellungsverfahren, sonstige Schutzrechte) ein. Der Franchisenehmer schuldet im Gegenzug ein Entgelt. Zahlreiche vertragliche Ausgestaltungen sind denkbar. Je nach dem Gegenstand der überlassenen Rechte lassen sich Produkt-, Waren- und Dienstleistungsfranchising unterscheiden, die aber in der Praxis selten in Reinform vorkommen. Zwar ist der Franchisenehmer (anders als z.B. der Arbeitnehmer) rechtlich selbständig. Faktisch jedoch bedeutet der Franchisevertrag für ihn eine weitgehende Einschränkung seines wirtschaftlichen Handlungsspielraums:

---

50 *Graf von Westphalen* in: Graf von Westphalen, Vertragsrecht und AGB-Klauselwerke, 35. EL 2014, Automatenaufstellungsvertrag Rn 11.

51 BGH NJW 1985, 53.

52 *Graf von Westphalen* in: Graf von Westphalen, Vertragsrecht und AGB-Klauselwerke, 35. EL 2014, Automatenaufstellungsvertrag Rn 12 m.w.N.

Zum einen existieren meist detaillierte Vorgaben für die Nutzung der eingeräumten Rechte, zum anderen muss der Franchisenehmer zur Entrichtung des vereinbarten Entgelts regelmäßig erhebliche Gewinne aus der Geschäftstätigkeit erzielen. Das wirtschaftliche Ungleichgewicht zwischen den Vertragsparteien kommt darin zum Ausdruck, dass der Franchisegeber üblicherweise die Vertragsbedingungen stellt und damit Verwender im Sinne des AGB-Rechts ist. Regelmäßig hat er ein Interesse an einer möglichst langen Vertragslaufzeit. Umgekehrt kann eine längere Vertragslaufzeit aber auch dem Willen des Franchisenehmers entsprechen, insbesondere dann, wenn er mit Blick auf die beabsichtigte Geschäftstätigkeit Investitionen getätigt hat, welche er durch die Einnahmen aus dem Franchise ausgleichen will.

104 Aufgrund der Vielgestaltigkeit von Franchiseverträgen und der unterschiedlichen Interessenlagen lassen sich verlässliche Richtwerte für die zulässige Höchstlaufzeit nur schwer aufstellen. Eine **Bindungsdauer von fünf Jahren** ist in der Regel zulässig.[53] Die Zulässigkeit längerer Vertragslaufzeiten hängt von den Umständen ab. Ein entscheidender Faktor ist dabei, ob der Franchisenehmer im Rahmen des Vertragsschlusses **Investitionen** getätigt hat, die er durch die Einnahmen aus dem Franchise amortisieren will. Abhängig vom Kapitalaufwand und der Amortisationsdauer erhöht sich dann die zulässige Vertragslaufzeit. Tritt eine Vollamortisation erst nach zehn Jahren oder mehr ein, ist auch eine **zehnjährige Bindungsdauer** in der Regel zulässig. Bei extrem großen Investitionen kann ausnahmsweise sogar eine Vertragslaufzeit von 20 Jahren noch wirksam vereinbart werden.[54] Als Faustregel aber gilt: Hat der Franchisenehmer kein über eine fünfjährige Vertragslaufzeit hinausgehendes Amortisationsinteresse, sollte eine fünfjährige Vertragslaufzeit als Höchstgrenze betrachtet werden.

3. Mietverträge über Gewerberäume

105 Für die Vertragsdauer von Mietverhältnissen enthält das Mietrecht in § 544 BGB eine Regelung: Einen Mietvertrag, der für eine längere Zeit als 30 Jahre abgeschlossen wurde, kann jede Vertragspartei nach Ablauf von 30 Jahren nach Überlassung der Mietsache außerordentlich mit der gesetzlichen Frist kündigen, wenn der Vertrag nicht für die Lebenszeit des Vermieters oder des Mieters abgeschlossen ist. Der Gesetzgeber geht also selbst davon aus, dass bei Mietverhältnissen eine Bindungsdauer von 30 Jahren bzw. auf Lebenszeit zulässig sein kann. Diese Wertung wird auf formularvertragliche Vereinbarungen übertragen. Auch in Formularverträgen über

53 *Graf von Westphalen* in: Graf von Westphalen, Vertragsrecht und AGB-Klauselwerke, 35. EL 2014, Franchising Rn 35.

54 *Flohr* BB 2006, 389, 395 m.w.N.

Gewerberaummietverhältnisse wird eine **30jährige Bindungsdauer** für grundsätzlich zulässig gehalten.[55]

Nur ausnahmsweise kann eine 30jährige Mietdauer den Mieter unangemessen benachteiligen und deshalb gemäß § 307 Abs. 1 BGB unwirksam sein. Das ist dann der Fall, wenn der Vermieter durch die Vertragslaufzeit seine Interessen einseitig und ohne Rücksicht auf die Belange des Mieters verfolgt. Meist ist es aber gerade der Mieter, der ein Interesse an einer langen Vertragslaufzeit hat: In der Regel tätigt er Investitionen für die Einrichtung des vermieteten Gewerberaums, die sich nur bei einer längeren Nutzungsdauer auszahlen. 106

Eine kurze Mietdauer bringt häufig weitere Nachteile wie z.B. den Verlust von Planungssicherheit oder – im Falle eines Umzugs – eines Teils des Kundenstammes mit sich. Eine lange Mietdauer schützt den Mieter außerdem vor einem Preiskampf durch die drohende Weitervermietung an einen Konkurrenten. Aus diesen Gründen wird eine 30jährige Vertragslaufzeit in einem Gewerbemietvertrag regelmäßig der AGB-Kontrolle standhalten.[56] Anders kann es sich ausnahmsweise darstellen, wenn das vom Mieter betriebene Gewerbe eher Flexibilität als langfristige Standortsicherung verlangt. 107

V. Formulierung von Laufzeitvereinbarungen

Die rechtssichere Formulierung einer Befristung stellt in der Regel kein größeres Problem dar. Abgestellt werden kann auf einen festen Beendigungstermin. 108

Beispiel
„Das Mietverhältnis endet am 31. Dezember 2019."

Wird statt auf einen festen Beendigungstermin auf eine Vertragslaufzeit abgestellt, sollte der Vertragsbeginn im Vertrag ausdrücklich geregelt werden. 109

Beispiel
„Das Mietverhältnis wird für die Dauer von fünf Jahren fest abgeschlossen. Es beginnt am Tag der Übergabe des Mietobjekts."

Als weitere Möglichkeit bei der Regelung der Vertragslaufzeit bietet sich die Vereinbarung einer **Verlängerungsklausel** an. Verlängerungsklauseln bewirken, dass ein befristet abgeschlossenes Vertragsverhältnis sich automatisch um einen bestimmten Zeitraum verlängert, wenn es nicht rechtzeitig gekündigt wird. 110

55 *Wiegner* in: Hannemann/Wiegner, Anwalts Handbuch Mietrecht, 4. Aufl. 2014, § 53 Rn 3.
56 *Wiegner* in: Hannemann/Wiegner, Anwalts Handbuch Mietrecht, 4. Aufl. 2014, § 53 Rn 3.

Beispiel
„Das Mietverhältnis wird für die Dauer von fünf Jahren fest abgeschlossen. Es beginnt am Tag der Übergabe des Mietobjekts. Nach Ablauf der Mietzeit verlängert sich das Mietverhältnis automatisch jeweils um weitere zwei Jahre, wenn es nicht von einer Vertragspartei unter Einhaltung einer Kündigungsfrist von sechs Monaten zum Ende der Vertragslaufzeit gekündigt wird."

F. Vertragsstrafe

111 Vertragsstrafenvereinbarungen kommen in Wirtschaftsverträgen unterschiedlichster Art zum Einsatz. Verbreitet sind sie vor allem dort, wo ein Vertragspartner auf die ordnungsgemäße und rechtzeitige Erfüllung der vertraglichen Pflichten durch das Gegenüber dringend angewiesen ist, weil ihm andernfalls ein Schaden entsteht oder er sich selbst gegenüber einem Dritten schadensersatzpflichtig macht.

112 Nach Ansicht des BGH erfüllt die Vertragsstrafe eine **Doppelfunktion**: Sie soll zum einen den Vertragspartner zur ordnungsgemäßen Leistung anhalten und damit die Vertragserfüllung sichern. Zum anderen soll sie dem Verwender die Schadloshaltung erleichtern, indem sie eine Pauschalierung des Schadensersatzes ohne konkreten Schadensnachweis ermöglicht.[57]

I. Allgemeine gesetzliche Vorgaben

113 Die §§ 336 bis 345 BGB enthalten **Regelungen für Vertragsstrafen**, die im Handelsverkehr durch § 348 HGB modifiziert werden. Spezialgesetzliche Regelungen betreffen Vertragsstrafenvereinbarungen in bestimmten Vertragstypen, z.B. in Gas- bzw. Stromlieferungsverträgen (§ 10 GasGVV, § 10 StromGVV). In Wohnraummietverträgen sind Vertragsstrafen zulasten des Mieters gemäß § 555 BGB unzulässig.

114 Zusätzlich zu diesen Vorgaben finden auf formularmäßige Vertragsstrafenvereinbarungen die §§ 305ff. BGB Anwendung. Nach **§ 309 Nr. 6 BGB** ist in Allgemeinen Geschäftsbedingungen eine Bestimmung unwirksam, durch die dem Verwender für den Fall der Nichtabnahme oder verspäteten Abnahme der Leistung, des Zahlungsverzugs oder für den Fall, dass der andere Vertragsteil sich von dem Vertrag löst, Zahlung einer Vertragsstrafe versprochen wird. Im B2B-Verkehr findet § 309 Nr. 6 BGB keine Anwendung.

Praxistipp
Obwohl Arbeitnehmer bei Abschluss des Arbeitsvertrags nach ständiger Rechtsprechung des Bundesarbeitsgerichts keine Unternehmer, sondern Verbraucher sind, findet § 309 Nr. 6 BGB auch auf

57 BGH NJW 1988, 2536.

arbeitsvertragliche Vertragsstrafenregelungen aufgrund der im Arbeitsrecht geltenden Besonderheiten (vgl. § 310 Abs. 4 Satz 2 BGB) zulasten von Arbeitnehmern keine Anwendung. In den allgemeinen Grenzen des § 307 BGB können arbeitsvertragliche Vertragsstrafenregelungen daher wirksam sein.[58]

Da Vertragsstrafen nach der Rechtsprechung außerdem die Funktion eines pauscha- 115
lierten Schadensersatzes erfüllen, kann für sie auch **§ 309 Nr. 5 BGB** von Bedeutung sein. Danach ist in AGB die Vereinbarung eines pauschalierten Anspruchs des Verwenders auf Schadensersatz oder Ersatz einer Wertminderung unwirksam, wenn die Pauschale den nach dem gewöhnlichen Lauf der Dinge zu erwartenden Schaden übersteigt oder dem anderen Vertragsteil nicht ausdrücklich den Nachweis gestattet, dass ein Schaden überhaupt nicht entstanden oder wesentlich niedriger ist als die Pauschale.

II. Vertragsstrafen im Geschäftsverkehr

Vertragsstrafen im Geschäftsverkehr sind in vielen Konstellationen verbreitet und 116
werden von der Rechtsprechung grundsätzlich anerkannt.

1. Ausgangssituation

Häufig finden Vertragsstrafen im Geschäftsverkehr zur **Absicherung von Ver-** 117
tragspflichten Anwendung, bei deren Verletzung hohe **Schäden** entstehen können. Solche Vertragsstrafen werden im Grundsatz als wirksam angesehen, weil Kaufleute untereinander ein besonderes wirtschaftliches Interesse am vertragsgemäßen Verhalten des Vertragspartners haben.

Beispiel
Ausgangsfall

Ein Industrieunternehmen plant die Verlegung des Produktionsbetriebs. Zu diesem Zweck beauftragt es einen Bauunternehmer mit der Errichtung einer neuen Werkshalle. Damit die Produktion möglichst reibungslos in die neue Halle verlegt werden kann, ist es unbedingt erforderlich, dass diese zu einem bestimmten Datum fertiggestellt ist. Andernfalls drohen Produktionsstillstand und horrende Umsatzeinbußen. Der Bauunternehmer ist bereit, den genannten Fertigstellungstermin verbindlich zuzusagen. Um ihn jedoch zusätzlich zur rechtzeitigen Leistung anzuhalten und einen möglichen Schaden zumindest teilweise zu kompensieren, besteht das Industrieunternehmen auf die Vereinbarung einer Vertragsstrafe, die der Bauunternehmer im Falle einer Fristüberschreitung verwirkt.

---

58 BAG in NZA 2004, 727.

Regelungsfalle
Die „**Verwirkung**" einer Vertragsstrafe hat nichts mit dem zivilrechtlichen Rechtsinstitut der Verwirkung im Sinne eines Verlusts der Möglichkeit zur Rechtsausübung zu tun. Eine Vertragsstrafe ist verwirkt, wenn der Schuldner gegen eine strafbewehrte Pflicht verstößt und damit einen Anspruch auf Zahlung der Vertragsstrafe auslöst.

118 Auch in Situationen, in denen eine Partei auf eine **schnelle und effektive Sanktionierung von Pflichtverletzungen** angewiesen ist, bietet sich eine Vertragsstrafe an. Üblich ist sie beispielsweise zur Absicherung von wettbewerbsrechtlichen Unterlassungserklärungen.

2. AGB-Kontrolle von Vertragsstrafen im B2B-Verkehr

119 § 309 Nr. 6 BGB findet im Geschäftsverkehr keine Anwendung (§ 310 Abs. 1 Satz 1 BGB).[59] Allerdings unterliegen formularmäßige Vertragsstrafenregelungen zwischen Kaufleuten einer **Inhaltskontrolle nach § 307 BGB**. Auch im geschäftlichen Verkehr dürfen Vertragsstrafen den Vertragspartner daher nicht unangemessen benachteiligen. Bei der Prüfung kommt § 309 Nr. 6 BGB keine Indizwirkung zu.[60]

120 Die rechtswirksame Gestaltung von Vertragsstrafen ist für den Verwender mit Schwierigkeiten verbunden. Eine unangemessene Benachteiligung kann sich zum einen daraus ergeben, dass die übernommene Vertragsstrafe den Vertragspartner über Gebühr belastet, zum anderen aber auch aus einer unklaren Formulierung.

121 Für die Angemessenheit von Vertragsstrafen in Bauverträgen stellt die Rechtsprechung folgende **Anforderungen** auf. Die darin zum Ausdruck kommenden Wertungen lassen sich grundsätzlich auf Vertragsstrafen in anderen Wirtschaftsverträgen übertragen.

a) Angemessene Höhe der Vertragsstrafe

122 Die Höhe der Vertragsstrafe muss in einem **angemessenen Verhältnis** zwischen dem Interesse des Verwenders an der Sanktionierung von Pflichtverletzungen und den wirtschaftlichen Interessen des Vertragspartners stehen. Ein Indiz für eine unangemessene Höhe liegt in der Regel vor, wenn die Vertragsstrafe den bei einer Pflichtverletzung drohenden Schaden ganz erheblich übersteigt.[61]

123 Sieht eine Vertragsstrafenregelung für unterschiedliche Fälle von Pflichtverletzungen, die sich nach Art, Dauer und Schwere deutlich unterscheiden können, eine

59 BGH NJW 1985, 53.
60 *Bornhofen* in: Niebling, AnwaltKommentar AGB-Recht, 2. Aufl. 2014, Vertragsstrafen S. 525 Rn 2160.
61 OLG Celle NJOZ 2009, 4287.

Vertragsstrafe in einheitlicher Höhe vor, spricht auch dies für eine Unangemessenheit.[62] Unwirksam ist in der Regel auch eine Vertragsstrafe, die die mit dem Vertragspartner vereinbarte Vergütung vollständig aufzehrt, also der Gesamthöhe nach nicht beschränkt ist.[63]

Beispiel
Auswirkungen im Ausgangsfall

Im Ausgangsfall wäre es für eine wirksame Vertragsstrafe nach der Rechtsprechung erforderlich, für die Höhe der zu verwirkenden Vertragsstrafe eine absolute, von der Zahl und Schwere der Verstöße unabhängige Obergrenze zu vereinbaren. In Bauverträgen darf diese Höchstgrenze nach dem BGH 5% (ältere Rechtsprechung: 10%) der Auftragssumme nicht überschreiten.[64] Dem Erfordernis, die Höhe der Vertragsstrafe von Dauer und Schwere der Pflichtverletzung abhängig zu machen, kann bei der Nichteinhaltung von Fertigstellungsterminen durch die Vereinbarung von Tagessätzen Rechnung getragen werden. Tagessätze von bis zu 0,3% der Auftragssumme pro Werktag (nicht: Kalendertag!) der Fristüberschreitung sind nach Ansicht des BGH zulässig;[65] 0,5% sind bereits zu viel.[66]

Regelungsfalle
Überhöhte Vertragsstrafen in Formularverträgen führen zur Unwirksamkeit der Vertragsstrafenregelung. Diese lässt sich auch nicht durch die gerichtliche Herabsetzung der Strafe auf ein angemessenes Maß gemäß § 343 BGB „retten", da insoweit die Vorschriften des AGB-Rechts vorrangig sind.[67]

b) Anrechnung der Vertragsstrafe auf Schadensersatzansprüche

Vertragsstrafen sind nur dann wirksam, wenn sie im Falle ihrer Verwirkung auf einen Schadensersatzanspruch angerechnet werden, der dem Gläubiger aufgrund der Pflichtverletzung gegen den Schuldner zusteht (sog. **Kumulationsverbot**).[68] Dieser Schluss wird aus §§ 340 Abs. 2, 341 Abs. 2 BGB gezogen. 124

62 OLG Düsseldorf NZM 2008, 611.
63 BGH NJW 1994, 1060.
64 BGH NJW 2003, 1805.
65 BGH NJW-RR 2008, 615.
66 BGH NJW 2000, 2106.
67 BGH NJW 1983, 385.
68 BGH NJW-RR 2009, 1404.

c) Verschuldenserfordernis

125 Grundsätzlich sind Vertragsstrafenregelungen in AGB nur wirksam, wenn die Verwirkung der Vertragsstrafe ein **Verschulden** (Vorsatz oder Fahrlässigkeit, vgl. § 276 Abs. 1 und 2 BGB) des Vertragspartners voraussetzt.[69] Das ergibt sich aus § 339 Satz 1 BGB, der für die Verwirkung der Vertragsstrafe einen Verzug voraussetzt. Verzug wiederum tritt gemäß § 286 Abs. 4 BGB nur bei Verschulden ein. Dennoch kann nach Ansicht des BGH eine Vertragsstrafe ausnahmsweise auch ohne Verschuldenserfordernis wirksam sein, wenn **gewichtige Interessen** des Verwenders dies rechtfertigen.[70]

! **Praxistipp**
Auf die Anerkennung „gewichtiger Interessen" sollte sich der Verwender keinesfalls verlassen und die Vertragsstrafe vom Verschulden des Vertragspartners abhängig machen.

---

d) Keine Abbedingung des Vertragsstrafenvorbehalts (§ 341 Abs. 3 BGB)

126 Gemäß § 341 Abs. 3 BGB kann der Gläubiger, nachdem er die Leistung des Schuldners als Erfüllung angenommen hat (z.B. durch die Abnahme des herzustellenden Werkes), die Vertragsstrafe nur verlangen, wenn er sich das Recht dazu bei der Annahme vorbehalten hat (sog. **Vertragsstrafenvorbehalt**). Dieses Erfordernis lässt sich in Allgemeinen Geschäftsbedingungen nicht ausschließen.[71]

! **Praxistipp**
Wirksam ist allerdings eine Klausel, mit der sich der Auftraggeber von Werkleistungen das Recht zur Geltendmachung der Vertragsstrafe über die Abnahme hinaus bis zur Schlusszahlung vorbehält.[72]

---

e) Transparenz

127 Auch bei formularvertraglichen Vertragsstrafen kann sich eine unangemessene Benachteiligung daraus ergeben, dass die Bestimmung nicht klar und verständlich ist (§ 307 Abs. 1 Satz 2 BGB).

128 Aus der Klausel sollte sich eindeutig ergeben, unter welchen Voraussetzungen und in welcher Höhe der Vertragspartner die Vertragsstrafe gegebenenfalls verwirkt. Es empfiehlt sich, **Verstöße klar zu definieren** und das Verhältnis verschiedener Verstöße zueinander festzulegen. Besonders hohe Anforderungen stellt hier

---

69 BGH NJW-RR 2003, 1056.
70 BGH NJW 1999, 2662.
71 BGH NJW 1983, 385.
72 BGH NJW 1979, 212.

das Bundesarbeitsgericht, das eine exakte Differenzierung zwischen Einzel- und Dauerverstößen sowie deren Verhältnis zueinander fordert.

Beispiel

In einem arbeitsvertraglichen Wettbewerbsverbot war festgelegt: „Unbeschadet seiner sonstigen Rechte kann der Arbeitgeber für jeden Fall der Zuwiderhandlung eine Vertragsstrafe in Höhe von zwei durchschnittlichen Brutto-Monatseinkommen verlangen. Im Falle einer dauerhaften Verletzung der Verschwiegenheitspflicht oder des Wettbewerbsverbotes gilt jeder angebrochene Monat als eine erneute Verletzungshandlung."

Dieses Wettbewerbsverbot hat das Bundesarbeitsgericht für intransparent und damit unwirksam gehalten. Es sei nicht erkennbar, wann eine "dauerhafte Verletzung" vertraglicher Pflichten vorliege, die zu einer monatlich erneut fällig werdenden Vertragsstrafe führe, und wann ein einmaliger Vertragsverstoß gegeben sein solle, für den nur eine einmalige Vertragsstrafe vorgesehen ist.[73]

Die allgemeinen Zivilgerichte sind bei der Definition der Verletzungshandlung weniger streng. Allein zur Vermeidung von Streitigkeiten sollte aber auch außerhalb des Arbeitsrechts genau festgelegt werden, wann eine Verletzung vorliegt und wie sie sich zu weiteren Verletzungshandlungen verhält. 129

Checkliste

Eine wirksame Vertragsstrafenregelung erfordert:
- ein angemessenes Verhältnis zwischen der Höhe der Vertragsstrafe und dem vom Verwender verfolgten Interesse,
- die Anrechenbarkeit geleisteter Vertragsstrafen auf etwaige Schadensersatzansprüche wegen derselben Pflichtverletzung,
- (grundsätzlich) Verschuldensabhängigkeit,
- die Aufrechterhaltung des Vertragsstrafenvorbehalts (§ 341 Abs. 3 BGB),
- eine klare (transparente) Definition der Verletzungshandlung.

Klauselmuster

Klauselbeispiel für den Ausgangsfall

„Für jeden Tag der schuldhaften Überschreitung des vereinbarten Fertigstellungstermins hat der Auftragnehmer eine Vertragsstrafe in Höhe von 0,3% der sich aus der Schlussrechnung ergebenden Netto-Auftragssumme pro Werktag zu zahlen. Die maximale Höhe der Vertragsstrafe beträgt 5% der sich aus der Schlussrechnung ergebenden Netto-Auftragssumme. Die Vertragsstrafe kann der Auftraggeber bis zum Zeitpunkt der Schlusszahlung geltend machen, ohne sie sich bei der Abnahme vorbehalten zu müssen. Die Geltendmachung eines darüber hinausgehenden Verzugsschaden bleibt unberührt. Die Vertragsstrafe wird jedoch auf Schadensersatzansprüche angerechnet."

---

73 BAG NZA 2008, 170.

G. Rücktritt, Schadensersatz

130 Der Grundsatz der **Vertragstreue** ist wesentlicher Bestandteil des deutschen Rechts. Wer einen Vertrag abschließt, kann nach den Geboten von Treu und Glauben **daran festgehalten** werden (pacta sunt servanda – Verträge sind bindend). Verändern sich aber die Umstände oder treten Leistungsstörungen auf, ist die Vertragseinhaltung den Parteien nicht immer zumutbar. In diesen Fällen kommt die Möglichkeit einer **Loslösung** von der vertraglichen Bindung in Betracht. Es gilt, einen fairen **Kompromiss zwischen dem Vertragseinhaltungsinteresse** der einen Partei **und dem Vertragsauflösungsinteresse** der anderen zu schaffen. Daher sieht das Gesetz an zahlreichen Stellen Rücktritts- und Kündigungsrechte vor, die an das Vorliegen von Umständen anknüpfen, unter denen das Festhalten am Vertrag einer Partei nicht zugemutet wird.

131 Den Vertragspartnern steht es grundsätzlich frei, die Loslösung vom Vertrag mittels **Individualvereinbarungen** zu ermöglichen, zu erleichtern oder auch zu erschweren. Wird eine solche Vereinbarung jedoch in Allgemeinen Geschäftsbedingungen getroffen, unterliegt sie der **AGB-Kontrolle** und ist nur eingeschränkt möglich, vgl. Rn 138 Kap. 8.

132 Der Gesetzgeber sieht den Rücktritt grundsätzlich als **letztes Mittel** des Interessenausgleichs an. So hat im Kaufrecht der Verkäufer zunächst ein Recht zur Nachbesserung oder Nachlieferung der mangelhaften Kaufsache. Erst wenn dieses fehlschlägt, kann der Käufer vom Vertrag zurücktreten, vgl. § 437 Nr. 2 BGB. Der Rücktritt wegen Wegfalls der Geschäftsgrundlage ist nach § 313 BGB nur zulässig, wenn eine Anpassung des Vertrages nicht möglich oder unzumutbar ist.

I. Überblick über die gesetzlichen Regelungen

133 Für einen wirksamen Rücktritt vom Vertrag gelten drei grundsätzliche Voraussetzungen: Die Partei muss die Voraussetzungen eines **Rücktrittsrechts** erfüllen, das Rücktrittsrecht darf **nicht ausgeschlossen** sein und der Rücktritt muss der Gegenseite **erklärt**, also mitgeteilt werden, vgl. § 349 BGB. Eines **Einverständnisses** der Gegenseite oder einer Genehmigung des Rücktritts **bedarf es nicht.**

134 Gesetzliche Rücktrittsrechte sind unter anderem vorgesehen bei
- nicht oder nicht vertragsgemäß erbrachter Leistung, vgl. § 323 Abs. 1 BGB,
- der Verletzung von Schutz- und Rücksichtnahmepflichten, vgl. §§ 324, 241 Abs. 2 BGB,
- Unmöglichkeit der Leistungserbringung, vgl. §§ 326 Abs. 5, 323 BGB.

135 Die allgemeinen Rücktrittsrechte werden **für bestimmte Vertragsarten modifiziert**. So ist der Rücktritt vom Kaufvertrag wegen Mängeln der Kaufsache nur unter den Voraussetzungen des § 437 Nr. 2 BGB möglich.

Wann ein Rücktritt **ausgeschlossen** ist, ist **abhängig vom jeweiligen Rücktrittsgrund**. Beispielsweise ist der Rücktritt wegen der Verletzung vertraglicher Pflichten ausgeschlossen, wenn die Pflichtverletzung unerheblich ist, § 323 Abs. 5 Satz 2 BGB. 136

Ist der Rücktritt wirksam, wird der Vertrag in ein **Rückgewährschuldverhältnis** umgewandelt. Jede Partei kann nun verlangen, dass die bewirkten Leistungen **zurückgewährt** und gezogene **Nutzungen** herausgegeben werden, vgl. § 346 BGB. Ist dies aus bestimmten Gründen nicht möglich, zum Beispiel weil die Leistung bereits verbraucht oder verarbeitet wurde, ist stattdessen in der Regel **Wertersatz** geschuldet, § 346 Abs. 2 BGB. Das Recht auf **Schadensersatz** wird durch den Rücktritt **nicht ausgeschlossen**, vgl. § 325 BGB. 137

II. Rücktrittsrechte in AGB

Durch das AGB-Recht soll unter anderem **verhindert** werden, dass sich der Verwender **willkürlich einseitig** vom Vertrag lösen kann, § 308 Nr. 3 BGB, oder er dem Vertragspartner dessen gesetzliche **Vertragsauflösungsrechte verwehrt**, § 309 Nr. 8a BGB. Bei AGB-Verträgen zwischen Unternehmern gelten diese speziellen Klauselverbote nicht direkt, entfalten jedoch im Rahmen des Verbots der unangemessenen Benachteiligung nach § 307 BGB im B2B-Verkehr **Indizwirkung**.[74] 138

1. Rücktrittsvorbehalt, § 308 Nr. 3 BGB

a) Einzelverträge

Ein Rücktrittsvorbehalt ist nach § 308 Nr. 3 BGB nur wirksam, wenn ein **sachlicher Grund** für die Lösung vom Vertrag besteht und dieser in dem Vorbehalt mit **hinreichender Deutlichkeit** angegeben ist.[75] Der Vertragspartner muss dem Vertrag entnehmen können, **unter welchen Umständen** mit einer **Vertragsauflösung** zu rechnen ist. Dabei ist § 308 Nr. 3 BGB nicht nur auf Rücktritte beschränkt, sondern erfasst alle Vereinbarungen, nach denen sich der Verwender von seiner Leistungspflicht lösen kann, z.B. **Kündigungs**-, **Widerrufs**- und **Anfechtungsrechte**, **auflösende Bedingungen** und den **Ausschluss der Leistungspflicht** als solchen.[76] Nicht darunter fallen Verträge mit aufschiebender Bedingung.[77] 139

---

74 BGH NJW 2007, 3774.
75 BAG NZA 2006, 539.
76 OLG Frankfurt NJW-RR 2012, 51.
77 BGH GWR 2011, 93.

140 **Willkürliche**, einen sachlich gerechtfertigten Grund entbehrende Loslösungsrechte sind auch im unternehmerischen Rechtsverkehr **unwirksam.**[78] Ein Rücktrittsvorbehalt ist dann sachlich gerechtfertigt, wenn bei Abwägung der beiderseitigen Interessen der Vertragspartner das anerkennenswerte Interesse des Verwenders überwiegt.[79] Von dem Vorliegen eines sachlichen Grundes wird dabei zwischen Unternehmern **mit Rücksicht auf die Handelsbräuche** eher ausgegangen als bei Verträgen mit Verbrauchern.[80] Selbiges gilt für die **deutliche Angabe** des sachlichen Grundes im Vertragstext. Ist eine Klausel **im Geschäftsverkehr üblich**, kann davon ausgegangen werden, dass der Vertragspartner ihre Bedeutung kennt.

141 Das Vertragslösungsinteresse ist nicht schutzwürdig, wenn der Verwender den Lösungsgrund schon bei Vertragsschluss kennt oder kennen musste.[81] Immerhin hätte er dann vom Vertragsschluss absehen können.

aa) Gründe aus der Sphäre des Vertragspartners

142 Ein Recht zur Lösung vom Vertrag wegen vertragswidrigem Verhalten des Vertragspartners kann auch in AGB vereinbart werden, jedoch nur dann, wenn der Verwender **ein sachlich gerechtfertigtes Interesse** daran hat. Die **gesetzlichen Rücktrittsvoraussetzungen**, §§ 323 ff. BGB, müssen nicht vorliegen.[82]

143 So kann ein Rücktritt wirksam für den Fall vorbehalten werden, dass der Vertragspartner seine **Sorgfaltspflicht** bezüglich der unter Eigentumsvorbehalt gelieferten Ware **verletzt.**[83] **Falsche Angaben** des Vertragspartners über seine **Kreditwürdigkeit** sind dann ein sachlich gerechtfertigter Rücktrittsgrund,[84] ebenso die **objektiv fehlende Kreditwürdigkeit**, soweit der Leistungsanspruch des Verwenders tatsächlich **gefährdet** ist.[85]

144, 145 *einstweilen frei*

bb) Gründe aus der Sphäre des Verwenders

146 Auch im B2B-Verkehr unzulässig sind Rücktrittsrechte, bei denen der **Rücktrittsgrund in der Risikosphäre des Verwenders** liegt, also er oder eine von ihm als Erfüllungsgehilfe eingesetzte Person (z.B. ein Lieferant) den maßgeblichen Umstand

---

78 BGH NJW 1985, 738.
79 BGH NJW 1987, 831.
80 Palandt/*Ellenberger* § 308 Rn 23.
81 BGH NJW 1987, 831; BAG NZA 2006, 53.
82 Palandt/*Ellenberger* § 308 Rn 18.
83 BGH NJW 1985, 320, 325.
84 Vgl. Beispiele unten; OLG München NJW-RR 2004, 212; BGH NJW 1985, 2271.
85 BGH NJW 1991, 102.

zu vertreten hat.[86] Auch an **vorübergehende Betriebsstörungen**[87] oder kurzen **Arbeitskampf**[88] darf das Rücktrittsrecht nicht anknüpfen. Unzulässig ist ferner ein Rücktrittsrecht bei **Steigerungen der Gestehungskosten** der zu liefernden Ware, es sei denn, dass der Verwender die Verteuerung nicht zu vertreten hat und sie die ihm zumutbare Opfergrenze übersteigt.[89]

b) Dauerschuldverhältnisse

Nach § 308 Nr. 3 Halbsatz 2 BGB gelten die oben genannten Einschränkungen nicht 147
für Dauerschuldverhältnisse. Dauerschuldverhältnisse sind solche, bei denen über eine **bestimmte oder unbestimmte Zeit** ein **andauerndes Verhalten oder wiederkehrende Einzelleistungen** geschuldet sind, beispielsweise Miet-, Pacht- oder Dienstverträge. Bei Dauerschuldverhältnissen besteht bereits die **Möglichkeit zur Kündigung**. Auch wenn Loslösungsrechte bei Dauerschuldverhältnissen aufgrund des klaren Wortlaut einer AGB-Kontrolle nach § 308 Nr. 3 BGB entzogen sind, sind sie anhand der **Generalklausel** des § 307 BGB zu überprüfen. Eine **unangemessene Benachteiligung** des Vertragspartners durch vereinbarte Lösungsrechte ist auch bei Dauerschuldverhältnissen im B2B-Verkehr unzulässig.[90]

c) Auswirkungen des § 308 Nr. 8 BGB

Wenn sich der Verwender von AGB in einer nach § 308 Nr. 3 BGB zulässigen Klausel 148
den Rücktritt für den Fall der Nichtverfügbarkeit der Leistung vorbehalten will, dann ist diese nach § 308 Nr. 8 BGB nur wirksam, wenn er sich **verpflichtet**, den Vertragspartner über die Nichtverfügbarkeit der Leistung zu **informieren** und empfangene **Gegenleistungen unverzüglich zu erstatten**. Im B2B-Verkehr soll diese zusätzliche Wirksamkeitshürde jedoch **nicht gelten**.[91] Die Norm dient der Umsetzung der Fernabsatzrichtlinie und der Verbesserung des Verbraucherschutzes. Im unternehmerischen Rechtsverkehr sind **Selbstbelieferungsklauseln, Liefer- und Vorratsvorbehalte** jedoch gang und gäbe.[92]

---

86 BGH NJW 2009, 575.
87 BGH NJW 1983, 1320, 1321.
88 BGH NJW 1985, 855, 857.
89 BGH NJW 1983, 1320, 1321.
90 BGH NJW 2009, 575, Rn 27.
91 BT-Drucks. 14/2658, S. 51.
92 MüKo-BGB/*Wurmnest* § 308 Nr. 8 Rn 5.

Checkliste
Richtige Gestaltung eines Rücktrittvorbehaltes:
- klare Definition der zum Rücktritt berechtigenden Gründe
- sachliches Interesse am Rücktrittsvorbehalt ggf. ausdrücklich im Vertrag festhalten
- ggf. ausdrücklicher Ausschluss des Rücktrittsrechts für den Fall, dass der Verwender für den Eintritt des Rücktrittgrundes verantwortlich ist

2. Ausschluss des Loslösungsrechts, § 309 Nr. 8a BGB

149 Nach § 309 Nr. 8a BGB sind solche Vereinbarungen in AGB unwirksam, die das Recht des Vertragspartners, sich vom Vertrag zu lösen, **einschränken** oder sogar **ausschließen**. Die Indizwirkung dieser Norm gilt auch im unternehmerischen Rechtsverkehr.[93] Hat der Verwender eine Pflichtverletzung zu vertreten, kann er das **Lösungsrecht** seines Vertragspartners für diesen Fall **nicht wirksam** über Formularverträge **ausschließen**. Erst recht dürfen nicht gleichzeitig Ansprüche auf Schadensersatz ausgeschlossen werden, da der Vertragspartner dann „rechtlos" da stünde.[94]

150 Auch das Recht, **aus wichtigem Grund** zu kündigen, darf weder aufgehoben noch beschränkt werden.[95] Kann dem Vertragspartner das Festhalten am Vertrag nach den Geboten von Treu und Glauben **nicht mehr zugemutet** werden, wäre es unbillig, ihm die Möglichkeit zur Loslösung zu versagen.[96] Auch eine Beschränkung des Lösungsrechts auf vorsätzliche oder grob fahrlässige Pflichtverletzungen des Verwenders ist nicht zulässig.[97]

3. Schadensersatz

151 Das Recht einer Partei, neben der Ausübung des Rücktrittsrechts zusätzlich Schadensersatz zu verlangen, vgl. § 325 BGB, ist **dispositives Recht** und vertraglich **abdingbar**.[98] In AGB gilt natürlich weiterhin, dass der Vertragspartner durch eine solche Regelung **nicht unangemessen benachteiligt** werden darf. Für weitere Ausführungen zu Haftungsbegrenzungsklauseln und abweichende Vereinbarungen zu Gewährleistungsansprüchen wird auf Kapitel 8B „Haftung" ab S. 340 und auf S. 348 in Kapitel 8C „Gewährleistung" verwiesen.

---

93 BGH NJW-RR 2003, 1056, 1060; BGH NJW 2009, 575, 576.

94 *Becker* in: Bamberger/Roth, Beck'scher Online-Kommentar BGB, Edition 33, Stand 1.8.2014, § 309 Nr. 8 Rn 19; MüKo-BGB/*Wurmnest* § 309 Nr. 8 Rn 11.

95 BGH NJW 1985, 2328, 2329; BGH NJW-RR 2003, 1056.

96 BGH NJW 1986, 3134.

97 *Becker* in: Bamberger/Roth, Beck'scher Online-Kommentar BGB, Edition 33, Stand 1.8.2014, § 309 Nr. 8 Rn 19; Staudinger/*Coester-Waltjen* § 309 Nr. 8 Rn 13.

98 MüKo-BGB/*Ernst* § 325 Rn 36; Staudinger/*Otto* § 325 Rn 67.

Oft begegnet man AGB, die es dem Vertragspartner erlauben, **auch in anderen als den gesetzlich vorgesehenen Fällen zurückzutreten**, im Gegenzug aber (oft pauschalen) **Schadensersatz** für den Fall des Rücktritts verlangen. Die Wirksamkeit einer solchen Klausel setzt voraus, dass die gesetzlichen Voraussetzungen für einen Schadensersatzanspruch dem Grunde nach vorliegen. Wie hoch die Schadenspauschale sein darf, ist abhängig von dem nach dem natürlichen Verlauf der Dinge zu erwartenden Schaden oder einer gewöhnlich eintretenden Wertminderung. Häufig bemessen sie sich an einem gewissen **Prozentsatz des Bruttoeinkaufspreises**. Dem Vertragspartner muss die Möglichkeit eingeräumt werden, zu beweisen, dass der tatsächlich entstandene Schaden geringer ist als der nach der Pauschale berechnete. Andernfalls ist die Klausel nach § 309 Nr. 5 BGB unwirksam. 152

Beispiel
Eine Schadensersatzpauschale von **15%** des Bruttoeinkaufspreises bei einem **Neuwagenkauf** ist angemessen.[99]
Im **Möbelversandhandel** ist eine Schadensersatzpauschale von **30%** des Bruttoeinkaufspreises angemessen.[100]
Als Höhe der Nichtabnahmeentschädigung bei einem **Hypothekendarlehen** sind **3%** der Darlehenssumme angemessen.[101] 4,5% sind zulässig, wenn der Bank bei Darlehensauszahlung ein Disagio zugestanden hätte.

III. Klauselbeispiele

Beispiel
Beispielklauseln zwischen Unternehmen (Möbelhandel) und Verbrauchern (wegen der Indizwirkung der AGB auch für den unternehmerischen Verkehr von Interesse)

Unzulässige Gestaltung:

> *„Der Verkäufer ist zum Rücktritt vom Vertrage berechtigt, wenn der Käufer falsche Angaben über seine Person oder über seine Vermögensverhältnisse gemacht hat."*

Die nach der Klausel bestehende Möglichkeit, dass der Verwender wegen **jeder falschen Angabe** des Vertragspartners über seine Person zum Rücktritt berechtigt ist, führt zur Unwirksamkeit der Klausel. Eine falsche Angabe, **die ohne Relevanz für den Bestand** und die Abwicklung des Vertrags ist, z.B. eine falsche Berufsangabe bei im Übrigen zutreffender Darstellung der wirtschaftlichen Verhältnisse, stellt **keinen sachlichen Grund** für die Loslösung dar.[102]

---

99 BGH NJW 2012, 3230, 3231.
100 BGH NJW 1982, 2564.
101 BGH NJW 1990, 981; BGH NJW 1986, 436.
102 BGH NJW 1985, 2271.

Zulässige Gestaltung:

> *„Macht der Käufer über die seine Kreditwürdigkeit bedingenden Tatsachen unrichtige Angaben, kann der Verkäufer vom Vertrag zurücktreten, es sei denn, der Käufer leistet unverzüglich Vorauskasse.“*[103]

Die Klausel ist nicht nach § 308 Nr. 3 BGB unwirksam, weil **relevante falsche Angaben über die Kreditwürdigkeit** einen sachlich gerechtfertigten Rücktrittsgrund bilden. Der Verwender hat ein **berechtigtes Interesse** daran, auf die für die Kreditwürdigkeit relevanten Angaben des Vertragspartners zu **vertrauen**. Unrichtige Angaben sind geeignet, Zweifel an seiner zukünftigen **Vertragstreue** zu wecken. Durch die **Beschränkung auf Angaben, die die Kreditwürdigkeit bedingen**, ist auch gewährleistet, dass weniger bedeutsame Angaben, wie z.B. geringfügige Abweichungen beim Einkommen, nicht erfasst werden.

Beispiel
Beispielklauseln zwischen Unternehmern aus dem Großhandel

Zulässige Gestaltung:

> *„Richtige und rechtzeitige Selbstbelieferung bleibt vorbehalten.“*

Diese Klausel ist handelsüblich und insbesondere deswegen gerechtfertigt, weil ihr durch die Rechtsprechung ein klar umgrenzter Anwendungsbereich zugewiesen ist. Die Klausel greift nur, wenn der Verkäufer ein kongruentes Deckungsgeschäft abgeschlossen hat und von seinem Lieferanten „im Stich gelassen“ wird. Von einem Kaufmann kann erwartet werden, dass er den üblichen Regelungsgehalt der der Risikoabsicherung seines Vertragspartners dienenden Selbstbelieferungsklausel kennt.[104] In anderen Urteilen wurde konkretisiert, dass aus der Klausel klar hervorgehen muss, dass ein Rücktritt ausgeschlossen ist, wenn der Verwender die Nichtbelieferung zu vertreten hat.[105]

Unzulässige Gestaltung:

> *„Betriebsstörungen aller Art, z.B. durch höhere Gewalt, Streiks oder Rohstoffmangel, auch soweit diese bei dem Vorlieferanten eintraten, berechtigen den Verkäufer, vom noch nicht erfüllten Teil des Vertrages zurückzutreten.*
> *Nichtbelieferung oder ungenügende Belieferung durch unsere Vorlieferanten berechtigen uns zum Rücktritt oder zur Liefereinschränkung.“*

Betriebsstörungen „aller Art“ können auch selbstverschuldete oder unbedeutende Betriebsstörungen sein. Diese Formulierung ist zu unbestimmt. Sie setzt den Vertragspartner der Gefahr aus, bei jeglicher Störung im Betriebsablauf des Verwenders oder seiner Vorlieferanten den Erfüllungsanspruch zu verlieren, auch wenn der Verwender die Störung verschuldet hat, sie unbedeutend oder

103 OLG München NJW-RR 2004, 212.
104 BGH NJW 1985, 738.
105 BGH NJW 1983, 1320, 1321.

bald behebbar ist. Nicht jede Nichtbelieferung oder ungenügende Belieferung durch den Vorlieferanten kann als sachlich gerechtfertigter Lösungsgrund anerkannt werden.[106]

H. Verzug

Das Risiko, dass der Vertragspartner seine Leistung, sei es eine Lieferung, Dienstleistung oder Geldzahlung, verspätet erbringt oder auch verspätet annimmt, ist im unternehmerischen Alltag stets vorhanden. Die **pünktliche** Leistung bzw. ihre Annahme ist vielfach von **großer Bedeutung**, beispielsweise innerhalb von Lieferketten oder zwecks Minimierung der eigenen Lagerkosten. Jede **Verzögerung** kann bei den Beteiligten zu erheblichen **Vermögenseinbußen** führen, etwa weil eigene Liefertermine nicht eingehalten werden können oder ein Zahlungsausfall mit einem Kredit ausgeglichen werden muss. Umsichtige Unternehmer sind sich dieser Risiken bewusst und sorgen durch **vertragliche Regelungen** für den Fall des Verzugs vor. 153

Grundsätzlich zu unterscheiden ist zwischen dem **Schuldnerverzug** und dem **Gläubigerverzug**. **Schuldnerverzug** tritt ein, wenn eine **fällige**, noch **mögliche** und **einredefreie** Leistung vom Schuldner **nicht erbracht** wurde. Im Grundsatz bedarf es zudem einer **Mahnung** durch den Gläubiger, vgl. § 286 BGB. Der Schuldner muss den Verzug außerdem **zu vertreten** haben. Sind diese Voraussetzungen erfüllt, verschlechtert sich seine Rechtsposition erheblich. Er **haftet** für den entstandenen Verzugsschaden. Zudem gilt während des Verzugs ein **verschärfter Haftungsmaßstab**, vgl. § 287 BGB. Bei Zahlungsverzug schuldet er außerdem hohe **Verzugszinsen**. Im unternehmerischen Verkehr liegt der Verzugszins mittlerweile ganze 9 Prozentpunkte über dem Basiszinssatz, vgl. § 288 Abs. 2 BGB. 154

In der Praxis weniger bedeutend, aber nicht zu vernachlässigen, ist der **Gläubigerverzug**, auch Annahmeverzug genannt. Auch der Gläubiger kann in Verzug kommen, wenn er die ihm ordnungsgemäß angebotene und erfüllbare Leistung nicht annimmt, §§ 293 ff. BGB. Der Gläubigerverzug bewirkt unter anderem eine **Haftungsverschärfung** zulasten des Gläubigers. Die Gefahr, dass die Leistung während des Verzugs untergeht bzw. unmöglich wird, geht auf den Gläubiger über, der seinerseits zur Gegenleistung verpflichtet bleibt (**Gefahrübergang**), § 300 BGB. Einen **Überblick über die gesetzlichen Regelungen zur Fälligkeit** und zum Schuldnerverzug wird in Rn 86 Kap. 2 „Leistungszeitpunkte“ geboten. 155

106 OLG Koblenz BeckRS 1983, 31129044.

I. Schuldnerverzug

156 Der Schuldnerverzug ist die häufiger auftretende Verzugsform. Durch verschärfende Abweichungen von den gesetzlichen Regelungen und die Vereinbarung von Vertragsstrafen versuchen viele Verwender, den Vertragspartner abzuschrecken und zur pünktlichen Lieferung oder Zahlung zu drängen. Der Schuldner auf der anderen Seite wird versuchen, durch die Gestaltung des Vertrags die Voraussetzungen an den Schuldnerverzug zu erhöhen oder dessen Rechtsfolgen zu begrenzen. Voraussetzungen und Rechtsfolgen des Schuldnerverzugs hängen von der Art der geschuldeten Leistung ab.

1. Lieferverzug

a) Lieferzeitbestimmung

157 Fälligkeit ist der **Zeitpunkt**, zu dem der **Gläubiger** die **Leistung vom Schuldner verlangen** kann. Gemäß § 271 Abs. 1 BGB ist die Leistung sofort fällig, sofern nichts anderes vereinbart wurde. **Abweichende Vereinbarungen** sind häufig im Interesse der Vertragsparteien. Gerade im Großhandel und bei Industrieprodukten stehen die zu liefernden Waren bei Vertragsschluss oft noch nicht lieferfertig zur Verfügung.

158 Wurde ein Lieferzeitpunkt bestimmt, kann es sich in manchen Fällen auch empfehlen, die **Erfüllbarkeit** der Leistung durch den Schuldner zu bestimmen.[107] Denn nach § 271 Abs. BGB ist **bei einer Lieferzeitbestimmung im Zweifel** anzunehmen, dass der Gläubiger die Leistung nicht vor dieser Zeit verlangen, der Schuldner sie aber **vorher bewirken** kann. Oftmals widerspricht eine frühzeitige Leistung den Interessen des Gläubigers, beispielsweise weil zunächst Lagerfläche bereitgestellt werden muss. Damit der Gläubiger nicht allzeit bereit zur Annahme sein muss, hat der Gesetzgeber in § 299 BGB geregelt, dass, wenn eine **Leistungszeit nicht bestimmt** ist oder der Schuldner **berechtigt ist, vor der bestimmten Zeit zu leisten**, der Gläubiger nicht dadurch in Annahmeverzug gerät, dass er **vorübergehend** an der Annahme gehindert ist. Dies gilt wiederum nicht, wenn der Schuldner ihm die Leistung eine angemessene Zeit im Voraus **angekündigt** hat. Der Gläubiger wird dadurch vor einer unangekündigten, überraschenden Lieferung geschützt.

---

107 Vgl. zum Begriff der Erfüllbarkeit auch Rn 86 Kap. 2.

Praxistipp

!

Es hat sich für beide Seiten bewährt, eine feste Zeit für Fälligkeit und Erfüllbarkeit der Leistung zu vereinbaren. Dadurch wissen alle Beteiligten, wann sie mit einer ordnungsgemäßen Ablieferung der Ware rechnen können bzw. müssen.

Den Vertragsparteien steht es frei, ihr Geschäft als **Fixgeschäft** zu vereinbaren, vgl. 159
§ 376 HGB. Das bedeutet, dass die Leistung der einen Partei genau zu einer **festbestimmten Zeit** oder innerhalb einer **festbestimmten Frist** bewirkt werden muss. Das Leistungsinteresse soll in diesem Fall mit der Einhaltung des Termins stehen und fallen. Welche Rechtsfolgen sich aus einer Nichtleistung zum vereinbarten Zeitpunkt ergeben, hängt davon ab, ob es sich um ein absolutes oder relatives Fixgeschäft handelt.

Eine zu spät erbrachte Leistung bei einem **absoluten Fixgeschäft** ist für den 160
Gläubiger in wirtschaftlicher und/oder tatsächlicher Hinsicht wertlos. Als Beispiel genannt sei die Bestellung eines Buffets bei einem Catering-Dienst anlässlich eines festlichen Empfangs. Verpasst der Catering-Service den Termin, an dem der Empfang stattfindet, entfällt ersichtlich das Interesse des Gläubigers an der Leistung. Beim absoluten Fixgeschäft gerät der Schuldner durch die nicht rechtzeitige Leistung nicht in Verzug. Die Leistung wird vielmehr **unmöglich**. Der Gläubiger schuldet in diesem Fall grundsätzlich **keine Gegenleistung**. Er kann vom Vertrag **zurücktreten** und **Schadensersatz** wegen Nichterfüllung verlangen. Ihm steht es aber auch frei, auf nachträgliche Erfüllung zu bestehen. Die Vereinbarung eines Fixgeschäfts empfiehlt sich daher bei allen Rechtsgeschäften, bei denen **an einer verspäteten Leistung kein Interesse** besteht. Der absolute Fixcharakter muss allerdings im Vertrag deutlich zum Ausdruck gebracht werden. Im kaufmännischen Geschäftsverkehr werden individuell vereinbarte Zeitbestimmungen häufig mit Zusätzen wie „fix“, „präzis“ oder „genau“ versehen. Diese Zusätze werden **Teil der Individualabrede** und lassen das Handelsgeschäft zum Fixgeschäft werden.[108]

Auch bei einem **relativen Fixgeschäft** soll der Vertrag mit der Einhaltung des 161
Leistungszeitpunktes stehen und fallen. Eine verspätete Leistung ist jedoch nicht so gravierend, dass mit der Nichtleistung Unmöglichkeit eintreten soll. Der Gläubiger hat gegenüber dem Schuldner in diesen Fällen Anspruch auf Schadensersatz statt der Leistung nach Fristsetzung gemäß §§ 280 Abs. 1, 3, 281 BGB. Oftmals liegt jedoch in der besonderen Bedeutung der pünktlichen Lieferung ein besonderer Umstand im Sinne des § 281 Abs. 2 Fall 2 BGB vor, sodass eine Fristsetzung entbehrlich ist. Zudem hat der Gläubiger Anspruch auf Rücktritt vom Vertrag ohne Fristsetzung nach §§ 346 Abs. 1, 323 Abs. 2 Nr. 2 Alt. 1 BGB. Ob ein Fixgeschäft absolut oder relativ ist, ist durch **Vertragsauslegung** zu ermitteln.

108 Staudinger/*Coester-Waltjen* § 309 Nr. 4 Rn 13.

Beispiel

Der Inhaber eines Restaurants erweitert seinen Betrieb und plant in diesem Rahmen die Veranstaltung eines größeren Events in seinen Räumlichkeiten. Zu diesem Zwecke wird ein Musiker gebucht und es werden 50 zusätzliche Tische bestellt. Am Tag der Veranstaltung erscheint jedoch weder der Musiker, noch treffen die bestellten Tische ein.

Der nachträgliche Auftritt des Musikers hat für den Inhaber keinen wirtschaftlichen Wert mehr, da gerade der pünktliche Auftritt vertragswesentlich war. Es handelte sich um ein absolutes Fixgeschäft.

Die bestellten Tische haben hingegen auch bei verspäteter Lieferung noch einen Wert für den Inhaber, da er sie im laufenden Restaurantbetrieb verwenden kann. Er kann jedoch jenen Schaden geltend machen, der ihm durch die Zuspätlieferung entstanden ist, zum Beispiel Anmietung anderer Tische am Abend der Veranstaltung. Es handelte sich um ein relatives Fixgeschäft.

162 AGB-rechtlich sind Leistungsfristen und -termine relativ unproblematisch. Da §§ 271 und 299 BGB nur Zweifelsregelungen beinhalten und vertraglichen Vereinbarungen den Vorrang einräumen, stellt eine Lieferzeitbestimmung **keine Abweichung von dispositivem Recht** dar. Als „andere Bestimmung" im Sinne des § 307 Abs. 3 Satz 2 BGB ist für sie nur das **Transparenzgebot** zu beachten,[109] vgl. Rn 141 Kap. 6.

163 Werden Lieferzeitbestimmungen in AGB vereinbart,[110] sind dennoch einige Klauselverbote aus §§ 308 und 309 BGB zu beachten. Im B2B-Verkehr wirken sie **mit Rücksicht auf die Handelsbräuche** als **Indizien** für eine **unangemessene Benachteiligung** nach § 307 BGB. Eine Klausel, die gegenüber einem Verbraucher unwirksam wäre, kann dennoch gegenüber einem Unternehmer wirksam sein.[111]

164 Nach § 308 Nr. 1 BGB sind solche Klauseln unwirksam, durch die sich Verwender eine **unangemessen lange** oder **nicht hinreichend bestimmte Frist** für die Annahme oder Ablehnung eines Angebots oder die **Erbringung einer Leistung** vorbehält. Für die Beurteilung, welche Lieferfrist noch als angemessen anzusehen ist, kommt es wesentlich auf die **Art** der geschuldeten Leistung an. Dabei sind die in dem jeweiligen **Geschäftszweig üblichen Beschaffungs- und Herstellungszeiten** – gegebenenfalls verlängert um einen gewissen Sicherheitszeitraum –, aber auch die **Interessen des Vertragspartners** an alsbaldiger bzw. fristgerechter Leistung zu berücksichtigen.[112]

---

109 *Schmitt/Ulmer* Allgemeine Geschäftsbedingungen und Verträge für Unternehmen, 1. Auflage 2010, S. 77.

110 Vgl. Rn 117 Kap. 6 [S. 133] „Abgrenzung AGB und Individualvereinbarung".

111 BGH BeckRS 2011, 07814.

112 BGH NJW 1984, 2469.

Beispiel

Beispiele aus der Rechtsprechung zu Leistungsfristen:
Neuwagenkauf: 6 Wochen angemessen[113]
Möbel: 6 Wochen unangemessen[114]

Praxistipp

Individuell zwischen den Parteien ausgehandelte Vertragsbedingungen haben Vorrang vor AGB, § 305b BGB. Es ist nicht möglich, in einer Individualvereinbarung einen Liefertermin zu nennen und dann in Allgemeinen Geschäftsbedingungen davon wieder abzurücken. In diesem Fall gilt der individuell vereinbarte Termin.[115]

Auch **nicht hinreichend bestimmte Lieferfristen** sind von § 308 Nr. 1 BGB erfasst. 165
Kann der Vertragspartner dem Vertrag nicht genau entnehmen wann er auf die Lieferung vertrauen darf bzw. wann er zu liefern hat, ist die Klausel **unwirksam.**

Ähnliche Grundsätze gelten nach **§ 308 Nr. 2 BGB** für eine unangemessen lange 166
oder nicht hinreichend bestimmte **Nachfristsetzung.** Von den gesetzlichen Regelungen abweichende Nachfristen dürfen diese in einem **maßvollen Rahmen** überschreiten.[116] Die Nachfrist **dient nicht** dazu, dem Schuldner die Möglichkeit zu geben, die **Leistung jetzt erst zu bewirken,** sondern soll ihm nur die Möglichkeit geben, die **begonnene Erfüllung** zu beenden. Daher kann eine angemessene Nachlieferungsfrist auch **regelmäßig wesentlich kürzer** sein als die ursprüngliche Leistungsfrist.[117]

Lange Lieferfristen müssen sich zudem an **§ 309 Nr. 7 BGB** messen lassen. Denn 167
eine unbestimmte oder eine unangemessen lange Lieferfrist kann auch eine **verdeckte Haftungsfreizeichnung** darstellen. Eine **unangemessen lange** Lieferfrist kann eine Umgehung der gesetzlichen Verzugsregelungen darstellen und **verhindern,** dass der Vertragspartner von seinem **Rücktrittsrecht Gebrauch machen** kann. Denn ein Verzug nach **angemessener** Leistungsfrist würde den Vertragspartner zum Rücktritt nach § 323 BGB berechtigen. Insofern kann sich die Unzulässigkeit auch aus der Indizwirkung des **§ 309 Nr. 8a BGB** ergeben.[118]

Bis wann die Lieferung wirtschaftlich noch einen Sinn macht und bis wann sie 168
damit möglich sein soll, ist im Geschäftsalltag oft zunächst noch **unsicher.** Hier bietet sich in manchen Fällen die Vereinbarung eines **Leistungsbestimmungsrechts** des Gläubigers an. Dadurch kann dieser den Liefertermin nachträglich (d.h. nach

113 BGH NJW 2001, 292.
114 OLG-Hamm NJW-RR 1987, 311.
115 BGH NJW 1984, 2469.
116 BGH NJW 1985, 855, 857.
117 BGH NJW 1985, 320, 323.
118 Dazu vertieft Rn 130 Kap. 8 „Rücktritt, Schadensersatz".

Vertragsschluss) festlegen. Der Schuldner wird dadurch geschützt, dass der Gläubiger seine Bestimmung gemäß § 315 BGB **nach billigem Ermessen** zu treffen hat. Bei der Bestimmung eines Leistungstermins sind daher die **Interessen des Schuldners** zu berücksichtigen. Leistungsbestimmungsrechte führen zwangsläufig zu Rechtsunsicherheiten. Im Streitfall liegt die Entscheidung über die Angemessenheit der Leistungsfrist letztlich beim Richter. Lieferzeitklauseln mit Zeitbestimmungen wie „prompt", „umgehend" oder „baldmöglichst" sind im Kern nur als Verweisungen auf § 315 BGB zu betrachten.[119]

b) Mahnung

169 Gemäß § 286 Abs. 1 BGB tritt Schuldnerverzug grundsätzlich erst ein, wenn der Gläubiger die Leistungserbringung angemahnt hat. Eine **Mahnung** ist die ausdrückliche, ernsthafte Aufforderung an den Schuldner, die fällige Leistung zu erbringen. Mit Zugang der Mahnung beim Schuldner tritt – bei Vorliegen der übrigen Verzugsvoraussetzungen – der Schuldnerverzug ein. Die Mahnung muss in ihrer Formulierung so **bestimmt** sein, dass daraus klar hervorgeht, dass der Gläubiger die Leistung verlangt. Hat er mehrere Ansprüche gegen den Schuldner, muss **erkennbar** sein, auf welche sich die Mahnung bezieht.

Beispiel
„Ich fordere Sie auf, den Kaufpreis von 500 € aus dem Kaufvertrag vom 1.1.2015 zu bezahlen."
Nicht als Mahnung gelten Formulierungen wie:
„Es würde mir angenehm sein, wenn..."
„Ich bitte Sie, sich über ihre Zahlungsbereitschaft zu äußern."[120]
Die Aufforderung kann gerne höflich formuliert sein, solange sie klar als Leistungsaufforderung zu verstehen ist.

170 Die Mahnung bedarf keiner besonderen Form. Aus Gründen der Beweisbarkeit empfiehlt es sich, sie **per Einschreiben** zu versenden oder sich eine **Empfangsbestätigung** geben zu lassen. Wirkung entfaltet grundsätzlich nur eine Mahnung, die dem Schuldner **nach dem Eintritt der Fälligkeit zugeht**. Eine „Vorabmahnung" ist nicht möglich. Eine Mahnung, die zeitgleich mit der fälligkeitsauslösenden Handlung (z.B. der Bestimmung einer Liefertermins im Sinne einer Ausübung des Leistungsbestimmungsrechts), ist hingegen möglich.

171 In einigen Fällen ist eine Mahnung **entbehrlich**. Nach § 286 Abs. 1 Satz 2 BGB gilt die **Zustellung der Klageschrift** einer erhobenen Leistungs- oder Stufenkla-

---

119 *Schmitt/Ulmer* Allgemeine Geschäftsbedingungen und Verträge für Unternehmen, 1. Auflage 2010, S. 82.

120 Vgl. Staudinger/*Löwisch/Feldmann* § 286 Rn 29f.

ge als Mahnung. Durch Klageerhebung wird die Leistungsaufforderung an den Schuldner immerhin recht deutlich.

Ebenso verhält es sich gemäß § 286 Abs. 2 Nr. 1 und 2 BGB, wenn für die Leistung eine **Zeit nach dem Kalender** bestimmt oder nach dem Eintritt eines Ereignisses bestimmbar ist. Dies ist insofern gerechtfertigt, als dass bei einer Bestimmung nach dem Kalender der Schuldner genau weiß, **wann** er seine Leistung erbringen muss und, dass dieser Zeitpunkt für den Gläubiger **entscheidend** ist. Andernfalls wäre die Fälligkeit nicht vereinbart. 172

Auch bei einer ernsthaften und endgültigen **Verweigerung** des Schuldners, seine Leistung zu erbringen, ist eine Mahnung gemäß § 286 Abs. 2 Nr. 3 BGB nicht erforderlich. Dabei gelten die Bitte um eine Stundung und die Äußerung rechtlicher Zweifel an Bestehen oder Durchsetzbarkeit des Anspruchs noch nicht als endgültige Verweigerung. Die Aussage des Schuldners, nicht mehr zu leisten, muss „sein letztes Wort" sein. 173

Als besondere Ausprägung des Rechtsgedanken von Treu und Glauben ist eine Mahnung auch dann entbehrlich, wenn aus **besonderen Gründen** unter Abwägung der beiderseitigen Interessen der sofortige Eintritt des Verzugs gerechtfertigt ist, vgl. § 286 Abs. 2 Nr. 4 BGB. 174

Regelungsfalle **!**

Wer sich als Schuldner in der Situation befindet, nach Fälligkeit noch nicht geleistet zu haben, sollte es tunlichst vermeiden, die Leistungserbringung von sich aus anzukündigen. Diese sogenannten „Selbstmahnungen" sind ein häufiger Fall des § 286 Abs. 2 Nr. 4 BGB. Anstatt auf die Mahnung des Gläubigers zu warten, setzt sich der Schuldner selbst in Verzug.

Der letzte Fall der Entbehrlichkeit einer Mahnung ist in § 286 Abs. 3 BGB geregelt (vgl. dazu unten). 175

Zuletzt muss der Schuldner den Verzug auch **vertreten müssen**, was grundsätzlich vermutet wird. Zu vertreten hat der Schuldner Vorsatz und Fahrlässigkeit, vgl. § 276 Abs. 1 und 2 BGB. 176

Unter diesen Voraussetzungen kann der Gläubiger einen ihm durch die verspätete Leistung entstandenen Schaden (Verzögerungsschaden) ersetzt verlangen. Dabei ist der Gläubiger so zu stellen, wie er bei ordnungsgemäßer Leistung durch den Schuldner (hypothetisch) stünde. Der Schadensersatz bemisst sich also im Grundsatz nach einem Vergleich der tatsächlichen Vermögenslage des Gläubigers und derjenigen, die bestünde, wenn der Schuldner rechtzeitig geleistet hätte. 177

Somit können im Falle des Schuldnerverzugs neben der Hauptforderung **Schadensersatzansprüche** auf entgangenen Gewinn, Nutzungsausfall, Rechtsverfolgungskosten, Verzögerungsschäden und Verzugszinsen entstehen, §§ 286, 280 Abs. 1, 2 BGB. Darüber hinaus haftet der Schuldner während des Verzuges verschärft nach § 287 BGB. 178

Praxistipp
Durch Bestimmung einer Fälligkeit nach dem Kalender erspart man sich nicht nur die Mahnung bei Nichtleistung des Schuldners, sondern drängt den Vertragspartner durch ihm ansonsten drohende Schadensersatzpflichten auch zur rechtzeitigen Leistung.

179 Für AGB ist die Indizienwirkung des § 309 Nr. 4 BGB zu beachten. Demnach ist eine Bestimmung, durch die der Verwender von der gesetzlichen Obliegenheit freigestellt wird, den anderen Vertragsteil zu mahnen oder ihm eine Frist für die Leistung oder Nacherfüllung zu setzen, unwirksam.

180 Im B2B-Verkehr ist der vertragliche **Verzicht auf das Erfordernis einer Mahnung möglich.**[121] Eine Abbedingung der Mahnung in AGB darf jedoch nicht dazu führen, dass der Vertragspartner des Verwenders mit Verzugsfolgen und Ansprüchen wegen nicht rechtzeitiger Erfüllung konfrontiert wird, von deren Existenz er nichts wissen kann.[122]

181 Beim **Fixgeschäft** erübrigt sich das Mahnerfordernis von vornherein, da die Leistung nur zum vereinbarten Fixtermin erbracht werden kann. Für den Vertragspartner überraschend und eine unangemessene Benachteiligung stellt es dar, wenn ein individueller Leistungszeitpunkt vereinbart wird und das Rechtsgeschäft in einer AGB-Klausel des Gläubigers als Fixgeschäft deklariert wird.[123]

182 Es liegt **auch dann ein Verstoß** gegen § 309 Nr. 4 BGB vor, wenn die Klausel **nicht ausdrücklich** Mahnung oder Nachfristsetzung für **entbehrlich** erklärt, der Verwender aber **für sich eine Rechtsfolge** in Anspruch nimmt, die nach dem Gesetz erst **aufgrund** der Mahnung oder Fristsetzung eintreten soll.[124] Daher ist es unzulässig, **für die „Erstmahnung“ Mahngebühren** zu verlangen, da solche einen Verzugsschaden darstellen, der qua Gesetz erst nach selbiger erster Mahnung geltend gemacht werden kann.[125]

183 Auf die Obliegenheit zur **Nachfristsetzung** gemäß § 323 BGB kann auch im kaufmännischen Verkehr **nicht verzichtet** werden. Ein solcher Verzicht würde dazu führen, dass der Verwender schon bei bloß verspäteter Leistung zum Rücktritt und zum Schadensersatz berechtigt wäre. Auch zwischen Unternehmern wird der Warnfunktion einer Nachfristsetzung eine so hohe Bedeutung beigemessen, dass auf sie nicht mittels einer AGB-Klausel verzichtet werden kann.[126]

---

121 BGH NJW-RR 1991, 995, 997.
122 Staudinger/*Coester-Waltjen* § 309 Nr. 4 Rn 11.
123 BGH NJW 1990, 2065, 2067.
124 BGH NJW 1988, 258.
125 OLG Koblenz NJW 1989, 2950.
126 BGH NJW 1986, 842, 843.

c) Haftungsbeschränkung oder -erweiterung

Durch Individualvereinbarung kann der Schuldner seine Haftung im Schuldnerverzug – mit Ausnahme der Haftung für Vorsatz, § 276 Abs. 3 BGB – ausschließen oder auf einen vereinbarten Betrag beschränken. Eine solche **Haftungsbeschränkung** innerhalb von AGB unterfällt der Inhaltskontrolle nach §§ 310 Abs. 1, 307 Abs. 1 BGB mit Indizwirkung der § 309 Nr. 7, 8 lit. a BGB.[127] Hinsichtlich einer **Haftungserweiterung** ist bei Verzugsschadensersatzpauschalen § 309 Nr. 5 lit. a BGB zu beachten. Detaillierte Ausführungen zu Haftungsklauseln finden sich in diesem Kapitel im Abschnitt B „Haftung" ab Rn 7. 184

2. Zahlungsverzug

Der Gesetzgeber hat für solche Fälle, in denen die Zahlung einer Geldsumme geschuldet ist, in § 286 Abs. 3 BGB eine weitere Ausnahme von der Notwendigkeit einer Mahnung für den Schuldnerverzug geschaffen. Danach kommt der Schuldner einer Entgeltforderung **spätestens in Verzug**, wenn er nicht innerhalb von **30 Tagen nach Fälligkeit und Zugang einer Rechnung** oder gleichwertigen Zahlungsaufstellung leistet. Eine Entgeltforderung im Sinne dieser Norm ist eine **Geldforderung** als Gegenleistung für eine von dem Gläubiger erbrachte oder zu erbringende Leistung.[128] Gegenüber Verbrauchern muss auf die Rechtsfolge des § 286 Abs. 3 BGB in der Rechnung ausdrücklich hingewiesen werden; gegenüber Unternehmern gilt dies nicht. Für Unternehmer gilt darüber hinaus, dass der Schuldner spätestens 30 Tage nach Fälligkeit und Empfang der Gegenleistung in Verzug gerät, wenn der Zeitpunkt des Zugangs der Rechnung oder Zahlungsaufstellung unsicher ist. Diese Vereinfachung greift jedoch nur dann ein, wenn lediglich der **Zeitpunkt** des Erhalts der Rechnung streitig ist. Ist der Erhalt der Rechnung **an sich** streitig, tritt Verzug erst mit Mahnung ein.[129] Zu beachten ist, dass die 30 Tage nicht mit einer Monatsfrist (§ 188 Abs. 2 BGB) gleichzusetzen, sondern voll auszuzählen sind. 185

Praxistipp !

Da der Nachweis des Zugangs der Rechnung mit Schwierigkeiten verbunden sein kann, empfiehlt es sich, den **Erhalt der Leistung** vom Vertragspartner mittels Lieferschein **quittieren** zu lassen.

---

§ 286 Abs. 3 BGB gilt nur **ergänzend** zu den § 286 Abs. 1 und 2 BGB. Der Schuldner gerät daher ggf. bereits vor Ablauf der 30-Tages-Frist in Verzug, wenn er **schon vorher** wirksam gemahnt wurde oder die Mahnung gemäß § 286 Abs. 2 BGB entbehrlich war. 186

---

127 MüKo-BGB/*Ernst* § 286 Rn 165.
128 BGH NJW 2010, 1872, 1873.
129 MüKo-BGB/*Ernst* § 286 Rn 89.

Praxistipp
Kaufleute sind nach § 353 HGB berechtigt, bei einer Geldforderung aus einem Handelsgeschäft bereits ab Fälligkeit und unabhängig von den Verzugsvoraussetzungen **Fälligkeitszinsen** zu verlangen. Der gesetzliche Zinssatz liegt bei 5 Prozentpunkten über den Basiszinssatz p.a., vgl. § 352 HGB. Ab dem Eintritt des Verzugs sind stattdessen Verzugszinsen geschuldet, vgl. § 301 BGB.

187 Die Rechnung bzw. Zahlungsaufstellung an den Schuldner kann den Beginn der 30-Tage-Frist nur dann auslösen, wenn sie **vollständig** ist. Es kann nicht vom Schuldner erwartet werden, dass er auf eine Rechnung zahlt, die für ihn **nicht nachvollziehbar** ist. Die Rechnung muss Angaben zum Schuldgrund, zur Höhe der Forderung und zur Fälligkeit enthalten. Bei Rechenfehlern oder einer Zuvielforderung ist die Wirkung davon abhängig, ob der Schuldner aufgrund der Umstände des Einzelfalles nach Treu und Glauben klar verstehen konnte, welche Leistung von ihm verlangt wird. Zuwenigforderungen lösen die Wirkung grundsätzlich in Höhe des geforderten Betrags aus.

188 Die Rechnung bedarf grundsätzlich keiner besonderen Form. Die Rechtsprechung stellt dem Gläubiger die Versendung per **Briefpost, Fax oder E-Mail** frei, lässt aber eine mündliche oder telefonische Mitteilung nicht ausreichen.[130] Unerheblich ist, ob die Zahlungsaufstellung als „Rechnung" bezeichnet wird, da § 286 Abs. 3 BGB ausdrücklich auch „gleichwertige Zahlungsaufstellungen" ausreichen lässt. Erforderlich ist nur, dass die notwendigen Informationen enthalten sind. Auch eine Unterschrift ist nicht erforderlich.[131]

Praxistipp
Hat der Schuldner bei Fälligkeit noch nicht gezahlt, sollte der Gläubiger **nicht zögern**, ihm eine Rechnung zuzuschicken. Andernfalls treten die für ihn günstigen Verzugsfolgen nicht oder erst später ein. Wird der Rechnung noch eine **Aufforderung zur Leistung beigefügt**, ist der Schuldner **gemahnt** und es tritt nicht erst nach 30 Tagen, sondern **mit Mahnung der Verzug** ein, wenn die übrigen Voraussetzungen vorliegen, vgl. § 286 Abs. 1 BGB.

189 Durch die gesetzliche Ausnahme vom Mahnerfordernis für Geldforderungen beschränken sich die AGB-spezifischen Problematiken. Das Verbot von Klauseln, die den Verwender von der Obliegenheit zur Mahnung freistellen, vgl. § 309 Nr. 4 BGB, gilt bei Geldforderungen nur für solche Klauseln, nach denen der **Schuldnerverzug ohne eine Mahnung** bzw. deren Entbehrlichkeit und **vor Ablauf von 30 Tagen** eintreten soll.

130 BGH NJW 2009, 3227.
131 Staudinger/*Löwisch*/*Feldmann* § 286 Rn 101; MüKo-BGB/*Ernst* § 286 Rn 82f.

a) Vorgaben für Entgeltforderungen seit dem 28. Juli 2014

Mit dem **Gesetz zur Bekämpfung von Zahlungsverzug im Geschäftsverkehr** und zur Änderung des Erneuerbare-Energien-Gesetzes[132] vom 22. Juli 2014 wurde die **Richtlinie 2011/7/EU**[133] umgesetzt. Teil des Gesetzes ist auch eine Änderung der Fälligkeits- und Verzugsvorschriften für Entgeltforderungen. Durch sie soll der Gläubiger verstärkt vor säumigen Schuldnern geschützt und eine **Kultur der schnellen Zahlung** generiert werden. Die Neuregelungen gelten für alle **nach dem 28. Juli 2014 entstandenen Schuldverhältnisse**, vgl. Art. 229 § 34 EGBGB. Sie sind auch auf vorher entstandene **Dauerschuldverhältnisse** anzuwenden, soweit die **Gegenleistung nach dem 30. Juni 2016** erbracht wird. 190

Unter anderem wurde ein neuer § 271a ins BGB eingefügt: Vereinbaren die Vertragsparteien, dass eine Zahlung erst mehr als **60 Tage nach Empfang der Gegenleistung** verlangt werden kann, ist diese Vereinbarung nur dann wirksam, wenn sie **ausdrücklich getroffen** wurde und wenn sie im Hinblick auf die Belange des Gläubigers **nicht grob unbillig** ist. Erhält der Schuldner eine Rechnung oder vergleichbare Zahlungsaufstellung, ist für den Beginn der 60-Tage-Frist auf den Erhalt der Rechnung abzustellen. Im Zweifel wird davon ausgegangen, dass der Schuldner die Rechnung mit Erhalt der Gegenleistung bekommen hat und die Frist ab diesem Zeitpunkt läuft, vgl. § 271a Abs. 1 BGB. Diese Vorschrift gilt **auch für Absprachen außerhalb von AGB.** 191

Haben die Vertragsparteien vereinbart, dass die Zahlung der Entgeltforderung erst **nach Überprüfung oder Abnahme der Gegenleistung** zu erfolgen hat, darf die Zeit für diese Überprüfung **nicht mehr als 30 Tage** ab Erhalt der Gegenleistung betragen. Auch hier ist eine längere Frist nur dann wirksam, wenn sie **ausdrücklich** vereinbart wurde und im Hinblick auf die Belange des Gläubigers **nicht grob unbillig** ist, vgl. § 271a Abs. 3 BGB. 192

Sind zwischen den Parteien getroffene Vereinbarungen nach Maßgabe dieser Vorschriften unwirksam, ist gemäß § 271a Abs. 4 BGB nicht der gesamte Vertrag, sondern **nur der unwirksame Teil nichtig** (Ausnahme von § 139 BGB). 193

Die § 271a Abs. 1 bis 5 BGB gelten für Vereinbarungen über den Eintritt des **Schuldnerverzugs** entsprechend, vgl. § 286 Abs. 5 BGB. Daher können die Voraussetzungen für den Eintritt des Schuldnerverzugs bei Entgeltforderungen nun auch im individuell ausgehandelten Vertrag nicht mehr unbegrenzt nach hinten verschoben werden. 194

Für entsprechende Vereinbarungen **in AGB** gilt durch die neu eingefügten § 308 Nr. 1a und 1b BGB ein **verschärfter Prüfungsmaßstab**. Wird in AGB eine **Zahlungsfrist für Entgeltforderungen** vereinbart, gilt bereits eine Frist von mehr als 195

132 BGBl. 2014 I S. 1218.

133 „Richtlinie 2011/7/EU zur Bekämpfung von Zahlungsverzug im Geschäftsverkehr" vom 16. Februar 2011.

30 Tagen nach Empfang der Gegenleistung oder einer Rechnung als **unangemessen** lang. Wird dem Schuldner eine Zeit zur **Überprüfung und Abnahme** der Gegenleistung eingeräumt und soll er erst nach Überprüfung zahlen, gilt eine Frist von mehr als **15 Tagen** dafür als **unangemessen**. Diese Klauselverbote gelten nach § 310 Abs. 1 S. 1 BGB auch für Unternehmer **direkt** und nicht aufgrund einer Indizwirkung.

196 Neu geregelt wurde weiter der Zinssatz für Verzugszinsen. Fortan ist bei Entgeltforderungen im unternehmerischen Verkehr ein erhöhter **Verzugszins von 9 Prozentpunkten über dem Basiszinssatz** als Verzugsschaden zu entrichten, vgl. § 288 Abs. 2 BGB. Hinzu kommt neuerdings eine **Pauschale von 40 €**, die der Gläubiger bei Verzugseintritt beanspruchen kann, § 288 Abs. 5 BGB. Diese Pauschale lässt sich allerdings auf Schadensersatzforderungen des Gläubigers wegen Rechtsverfolgungskosten anrechnen. Auch diese Regelungen gelten nur für Schuldverhältnisse im Sinne des Art. 229 § 34 EGBGB.

197 **Unwirksam** ist eine Vereinbarung, die den Anspruch des Gläubigers auf **Verzugszinsen** für die Entgeltforderung **ausschließt**. Das gilt unabhängig davon, ob sie in Individualverträgen oder AGB vereinbart wurde. Eine **Beschränkung** des Anspruchs auf Verzugszinsen ist nur dann zulässig, wenn sie im Hinblick auf die Belange des Gläubigers nicht **grob unbillig** ist. Gleiches gilt für den Ausschluss oder die Beschränkung des Anspruchs auf Ersatz von verzugsbedingten Rechtsverfolgungskosten sowie der 40 €-Pauschale. Vereinbarungen über den **Ausschluss** dieser Ansprüche sind **im Zweifel als grob unbillig** anzusehen, vgl. § 288 Abs. 6 BGB.

b) Entgeltforderungen bis zum 28. Juli 2014

198 Für Entgeltforderungen aus Schuldverhältnissen, die bis zum 28. Juli 2014 entstanden sind bzw. später entstandene Dauerschuldverhältnisse, bei denen die Gegenleistung bis zum 30. Juni 2016 erbracht wird, bleibt es bei den bisherigen Regelungen. Die **Verzugszinsen** zwischen Unternehmern betragen hier weiterhin 8 Prozentpunkte über dem Basiszinssatz, vgl. § 288 Abs. 2 BGB a.F. Die Pauschale beim Schuldnerverzug und die verschärfte AGB-rechtliche Prüfung aus § 308 Nr. 1a und 1b BGB n.F. finden keine Anwendung.

199 Eine **Abweichung** von § 286 BGB ist auch in Bezug auf solche Geldforderungen, die vor Gesetzesänderung entstanden sind, grundsätzlich **möglich**.[134] Allerdings muss auch eine solche Abweichung in AGB **sachlich gerechtfertigt** sein, um einer Überprüfung nach § 307 BGB standzuhalten. Obwohl die nationalen Gesetzesänderung auf frühere Schuldverhältnisse noch keine Anwendung finden, muss insoweit eine EU-richtlinienkonforme Auslegung des § 307 BGB erfolgen. Daher

---

134 Palandt/*Grüneberg* § 286 Rn 36; MüKo-BGB/*Ernst* § 286 Rn 96; *Unberath* in: Bamberger/Roth, Beck'scher Online-Kommentar BGB, Edition 33, Stand 1.11.2014, § 286 Rn 62.

sind bei der Prüfung einer unangemessenen Benachteiligung nach § 307 BGB die **Wertungen aus der EU-Richtlinie heranzuziehen.** Auch Art. 3 Abs. 5 der Richtlinie 2011/07/EU sieht vor, dass eine **vertraglich festgelegte Zahlungsfrist 60 Kalendertage nicht überschreiten** soll, es sei denn, dies wurde ausdrücklich im Vertrag vereinbart und benachteiligt den Gläubiger nicht grob.

3. Verzugsende

Der Verzug endet, sobald **eine der Verzugsvoraussetzungen entfällt.** Dies ist ins- 200
besondere der Fall, wenn der Schuldner die geschuldete Leistung voll erbringt. Der Verzugsschaden selbst ist nicht Teil dieser Leistung.[135] Der Verzug kann auch dadurch enden, dass die Forderung erlischt bzw. undurchsetzbar wird oder der Gläubiger die Mahnung zurücknimmt.

4. Berechnung der Verzugszinsen

Die Berechnungsmethode für Verzugszinsen ist gesetzlich nicht geregelt. Auch die 201
Gerichte nehmen sie mitunter uneinheitlich vor. In der Praxis hat sich für die Berechnung des täglichen Verzugszinses die **Echt/Echt-Methode** durchgesetzt.[136] Alle Tage zwischen Beginn und Ende des Verzugs sind voll verzinsliche Tage.

Der Verzug beginnt gemäß den obigen Ausführungen bei Entgeltforderungen entweder am Tag des Zugangs der Mahnung, bei Eintritt des Ereignisses, welches die Mahnung entbehrlich macht (z.B. Ablauf des letzten Tages zur fix geschuldeten Leistungserbringung) oder zu Beginn des dreißigsten Tages nach Erhalt der Rechnung.

Der Basiszinssatz, auf den § 288 Abs. 2 BGB Bezug nimmt (vgl. § 247 BGB), wird stets am 1. Januar und 1. Juli eines Jahres festgelegt und ist unter anderem auf der Internetpräsenz www.bundesbank.de einsehbar.

Beispiel

A hat von B am 1. August 2014 eine Warenlieferung erhalten. Zeitgleich erhielt er dafür eine Rechnung über 5.000 €. Diese bezahlte er erst am 15. Oktober 2014. A und B sind Unternehmer.

A ist am 1. September 2014, nach Ablauf von 30 Tagen nach Rechnungserhalt, mit der Entgeltforderung in Verzug geraten (vgl. §§ 187 Abs. 1, 188 Abs. 1 BGB). Der Zeitraum vom 1. September bis zum 15. Oktober 2014 beträgt **45 Tage**. Der Basiszins ab dem 1. Juli 2014 beträgt –0,73%, der Verzugszins zwischen Unternehmer somit **8,27% pro Jahr**.

---

135 Palandt/*Grüneberg* § 286 Rn 36; MüKo-BGB/*Ernst* § 286 Rn 96; *Unberath* in: Bamberger/Roth, Beck'scher Online-Kommentar BGB, Edition 33, Stand 1.11.2014, § 286 Rn 62.

136 *Rieg* BC 2004, 120.

Es würde daher für die Forderung über 5.000 € ein Betrag von 413,50 € an Verzugszinsen pro Jahr anfallen. Dieser Betrag muss nun auf einen Verzugszeitraum von 45 Tagen runtergerechnet werden.

45 : 365 × 413,5 € ≈ **50,98 €**

A schuldet B Verzugszinsen in Höhe von 50,98 €, vgl. §§ 280 Abs. 1 und 2, 286 Abs. 1 und 3, 288 Abs. 2 BGB.

II. Gläubigerverzug

202 Nimmt der Gläubiger die ihm vom Schuldner ordnungsgemäß angebotene Leistung nicht an, kann er in Annahmeverzug (Gläubigerverzug) geraten. Der Annahmeverzug **beendet** zugleich einen **eventuellen Schuldnerverzug**. Annahmeverzug tritt ein, wenn der Schuldner die **geschuldete** und **erfüllbare** Leistung **ordnungsgemäß** (also am vereinbarten Ort zur vereinbarten Zeit in der vereinbarten Weise) **anbietet** und der Gläubiger sie **nicht annimmt** bzw. eine notwendige Mitwirkungshandlung unterlässt, vgl. §§ 293 ff. BGB und Rn 86 Kap. 2. Unter bestimmten Voraussetzungen genügt ein wörtliches Angebot der Leistung oder das Angebot ist insgesamt entbehrlich, vgl. §§ 295 f. BGB. Während des Annahmeverzugs geht die **Gefahr, dass die geschuldete Leistung untergeht**, auf den Gläubiger über und es greifen **Haftungserleichterungen** zugunsten des Schuldners ein, vgl. § 300 BGB. Außerdem ist der Schuldner **von jeder Zinspflicht befreit** ist, vgl. § 301 BGB. Dies gilt für alle Arten von Zinsen, gleichgültig ob diese kraft Gesetz oder Rechtsgeschäft geschuldet werden.[137]

203 Die Bestimmungen der §§ 293 ff. BGB sind grundsätzlich **dispositiv**, können also per Vertragsvereinbarung abgeändert werden.[138] So können zum Beispiel auch von den §§ 300 ff. BGB abweichende Verzugsfolgen vereinbart werden. In AGB gilt dies jedoch nur, **soweit keine unangemessene Benachteiligung** des Vertragspartners nach § 307 BGB vorliegt.

204 Der **Gläubigerverzug endet**, sobald der Gläubiger sich zur Annahme bereit erklärt und die notwendige Mitwirkungshandlung vornimmt. Er endet auch, wenn der Schuldner das Angebot der Leistung ausdrücklich zurücknimmt oder die Leistungserbringung unmöglich wird.[139]

137 OLG Rostock BeckRS 2008, 24754.

138 Staudinger/*Feldmann* Vorbemerkung zu §§ 293–304 Rn 4.

139 Palandt/*Grüneberg* § 293 Rn 12; MüKo-BGB/*Ernst* § 293 Rn 20 f.

III. Klauselbeispiele

Beispiel
Bestimmtheit der Lieferfrist

AGB eines Online-Versandhändlers für Verbraucherverträge

> *„Eine Übergabe an den Paketdienst erfolgt* ***in der Regel*** *etwa ein bis zwei Tage nach Zahlungseingang."*

Nicht hinreichend bestimmte Leistungszeitangaben führen dazu, dass die Leistungszeit mehr oder weniger in das Belieben des Verwenders gestellt wird. Der Verwender vermeidet dadurch eine Festlegung der Lieferzeit für alle in Betracht kommenden Fälle und will sich erkennbar in besonderen Fällen eine spätere Übergabe vorbehalten. Ein Ende des vereinbarten Lieferzeitraums ist dann aber für den Vertragspartner nicht zu erkennen, zumal er nicht absehen kann, wann ein „Regelfall" und wann ein „Ausnahmefall" vorliegt. Die Frist ist gemäß § 308 Nr. 1 BGB unwirksam.[140] Stattdessen gelten die gesetzlichen Bestimmungen, nach denen die Leistung sofort fällig ist, § 271 Abs. 1 BGB.

> *"Die Lieferzeit ergibt sich aus dem elektronischen Katalog. Angaben über die Lieferfristen sind* ***unverbindlich,*** *soweit nicht ausnahmsweise der Liefertermin verbindlich und schriftlich zugesagt wurde."*

Die Klausel benachteiligt die Vertragspartner wider Treu und Glauben unangemessen im Sinne des § 307 Abs. 1 BGB, denn die Lieferzeit wird für den Regelfall offen gehalten, ausgenommen sind nur ausnahmsweise verbindlich und schriftlich zugesagte Liefertermine. Mangels Fälligkeit der Leistung werden die Kunden davon abgehalten, Erfüllungs- oder Verzugsansprüche geltend zu machen, was auch einen Verstoß gegen § 309 Nr. 8a BGB begründet.[141]

Liefer-AGB zwischen Unternehmern

> *„Die vereinbarten Liefertermine und* ***Lieferfristen gelten fix.*** *In jedem Fall des Lieferverzuges ist der Auftraggeber ohne Nachfristsetzung berechtigt, alle gesetzlichen Verzugsfolgen geltend zu machen."*

Die Klausel ist nach § 305c Abs. 1 BGB überraschend und benachteiligt darüber hinaus den Vertragspartner unangemessen im Sinne des § 307 Abs. 1 BGB. Denn der Vertragspartner des Verwenders, der sich mit diesem nicht darüber geeinigt hat, dass mit der Fristeinhaltung das Geschäft stehen oder fallen soll, braucht den Umständen nach vernünftigerweise nicht mit der Vereinbarung eines Fixgeschäfts in AGB zu rechnen.[142]

---

140 KG Berlin NJW 2007, 2266, 2267.
141 OLG Frankfurt MMR 2006, 325.
142 BGH NJW 1990, 2065, 2067.

Beispiel
Entbehrlichkeit der Mahnung

AGB eines Unternehmers für Verbraucherverträge

> *„Unbeschadet etwaiger weitergehender gesetzlicher Ansprüche und **unabhängig vom Vorliegen der förmlichen Verzugsvoraussetzungen** ist der Kaufpreis im Fall nicht rechtzeitiger Zahlung mit 12% jährlich zu verzinsen, die Zinsen bei Vorliegen der Voraussetzungen jederzeit fällig und einforderbar.“*

Eine solche Klausel ist unwirksam, da sie von der Obliegenheit entbindet, den anderen Vertragsteil zu mahnen.[143] Darin liegt ein Verstoß gegen § 309 Nr. 4 BGB. Ob eine solche Klausel im B2B-Verkehr wirksam wäre, hat das OLG Köln offen gelassen.

I. Lieferung, Transport, Gefahrübergang

205 Bei der Lieferung von Waren werden die Vertragspartner regelmäßig versuchen, Risiken, die sich aus Versand oder Lieferung ergeben, auf das Gegenüber abzuwälzen. Wird die Ware auf dem Weg zum Kunden beschädigt oder geht sie verloren, muss – abhängig von der vertraglichen Gestaltung – der Verkäufer dem Vertragspartner nochmals eine mangelfreie Sache liefern oder aber der Käufer die Ware bezahlen, obwohl er sie nicht oder beschädigt erhalten hat. Entscheidend ist insoweit der sogenannte **Gefahrübergang.** Er ist im Geschäftsalltag von hoher Relevanz. Als Gefahrübergang wird der Zeitpunkt bezeichnet, an dem die Gefahr des zufälligen Untergangs der Sache vom Schuldner auf den Gläubiger übergeht.

Beispiel
K bestellt beim Möbelversandhandel V eine Glasvitrine, die zu ihm nach Hause gebracht werden soll.
Fall 1: Auf dem Weg zum K wird der Mitarbeiter des Möbelversandes unverschuldet in einen Unfall verwickelt. Die Glasvitrine wird dabei zerstört. Es kam noch nicht zur Übergabe der Sache, weshalb V noch die **Leistungsgefahr** trägt. Der Möbelversand hat daher ein zweites Mal eine Glasvitrine an K zu liefern.
Fall 2: Der Mitarbeiter des Möbelversandes kommt ohne Zwischenfall zum vereinbarten Zeitpunkt bei K an. K ist jedoch nicht zu Hause. Auf dem Rückweg zum Möbellager kommt es ohne Verschulden des Mitarbeiters zu einem Verkehrsunfall und die Vitrine zerschellt. Durch das tatsächliche Angebot und die Nichtannahme der Vitrine durch K kam es zum Gefahrübergang. K trägt daher die **Preisgefahr** und muss die Vitrine bezahlen, obwohl er sie nie erhalten hat.

143 OLG Köln VersR 2000, 730.

Wie der Gesetzgeber die Haftungsfrage klärt und inwieweit vertragliche Abweichungen von den gesetzlichen Vorgaben zulässig sind, wird nachfolgend erläutert. 206

I. Gesetzliche Regelungen

Bei der Frage, wer die Verantwortung für die zu liefernde Sache trägt, geht der Gesetzgeber im Grundsatz von dem Prinzip der **Sachherrschaft** aus. Wer die Sache in Besitz hat, ihr am nächsten ist und auf sie einwirken kann, der kann zumeist auch am besten Schaden von ihr abwenden und muss daher auftretende Beschädigungen vertreten.[144] 207

Zu welchem Zeitpunkt es zum Gefahrübergang kommt, ist zunächst abhängig vom Vertragstyp. Grundsätzlich stellt sich die Frage der Gefahrtragung nur bei solchen Verträgen, die den Kauf, die Anfertigung oder die Transportierung von Sachen betreffen. Beim **Werkvertrag** kommt es erst zum Gefahrübergang, wenn der Besteller das Werk ohne Beanstandung abgenommen hat.[145] Anders ist es beim **Werklieferungsvertrag**, für den § 651 BGB auf die Vorschriften des Kaufrechts verweist. Im Folgenden werden vordergründig die Gefahrtragungsregelungen zum **Kaufvertrag** erläutert. 208

Die Frage, wann die Gefahr auf die andere Vertragspartei übergehen soll, stellt sich insbesondere in solchen Fällen, in denen die Ware versendet werden soll. Der Zeitpunkt des Gefahrübergangs ist abhängig davon, wo der Verkäufer seine Leistung zu erbringen, also das für die Übergabe seinerseits Erforderliche zu unternehmen hat (**Leistungsort**) und unter welchen Umständen bzw. an welchem Ort die Leistung als erbracht angesehen werden soll (**Erfolgsort**). Entscheidend kommt es darauf an, ob die Parteien eine Hol-, Bring- oder Schickschuld vereinbart haben. Nach § 446 BGB geht die Gefahr des zufälligen Unterganges zum Zeitpunkt der Übergabe der Sache auf den Gläubiger über. 208

Das Gesetz geht von der **Holschuld** als Normalfall aus (§ 269 BGB). Bei der Holschuld hat der Erwerber die Ware beim Verkäufer abzuholen. Der Verkäufer schuldet die Übergabe und Eigentumsverschaffung an der Sache im Grundsatz an seinem Wohnsitz. Ist die Verbindlichkeit im Gewerbebetrieb des Verkäufers entstanden, dann ist Leistungsort die Niederlassung des Gewerbes. Die Pflicht des Verkäufers beschränkt sich darauf, die Ware zum Leistungszeitpunkt zur Abholung bereit zu halten. Der Käufer hat die Ware auf eigene Kosten beim Verkäufer abzuholen. Leistungsort und Erfolgsort fallen beim Wohnort bzw. der Gewerbeniederlassung des Verkäufers zusammen. Dieser gesetzliche Normalfall gilt, sofern die Parteien keine abweichende Vereinbarung getroffen haben. 210

---

144 Staudinger/*Beckmann* § 446 Rn 42.

145 Ausführliche Erläuterungen dazu ab Rn 41 Kap. 7 „Werkvertrag" insbesondere ab Rn 55 Kap. 7.

211 Möglich ist auch die Vereinbarung einer **Bringschuld**. In diesem Falle liegen Leistungs- und Erfolgsort beim Käufer. Der Verkäufer hat die Sache zum Gläubiger zu transportieren und anzubieten. Dieser hat wiederum die Pflicht zur Annahme der angebotenen Leistung, die beim Kaufvertrag sogar als Hauptleistungspflicht ausgestaltet ist, vgl. § 433 Abs. 2 BGB. Tut er dies nicht, gerät er eventuell in Annahmeverzug. Auch in diesem Falle tritt Gefahrübergang nach § 446 BGB mit Übergabe der Sache ein.

212 Bei der **Schickschuld** verpflichtet sich der Verkäufer, die Leistung an eine Transportperson zu übergeben (Leistungshandlung). Der Leistungserfolg tritt in diesem Fall erst dann ein, wenn die Transportperson dem Käufer die Sache übergibt. Leistungsort und Erfolgsort fallen also auseinander. In diesem Fall kommt es in der Praxis verständlicherweise am häufigsten zu Problemen. Nach § 447 BGB tritt **Gefahrübergang schon mit Abgabe der Sache an die Transportperson** ein. Hinter dieser Norm steht der Gedanke, dass Verbindlichkeiten grundsätzlich Holschulden sind und dem Verkäufer kein Nachteil dadurch entstehen soll, dass er dem Käuferwunsch nachkommt, die Ware zu verschicken.

Beispiel
Unternehmer K kauft von V Waren. Vereinbart wird, dass V die Waren an K versendet. Nachdem V die Waren zum Versand an ein Transportunternehmen abgegeben hat, verschwinden Teile davon auf unaufklärbare Weise. Obwohl K einen Teil der Ware nie erhalten hat, hat er den vollen Kaufpreis an V zu zahlen. Ihm verbleiben möglicherweise Ansprüche gegen das Transportunternehmen.

213 Voraussetzung für den Gefahrübergang nach § 447 BGB ist, dass die Ware auf **Verlangen** oder zumindest mit dem **Einverständnis des Käufers** versandt wird. Ungeschriebene Merkmale sind ferner, dass zum einen bei tatsächlicher Beschädigung oder Untergang kein Verschulden des Verkäufers vorliegt (zum Beispiel mangelhafte Verpackung). Zum anderen muss sich in der Beschädigung oder dem Untergang der Sache eine **typische Transportgefahr** verwirklicht haben.

Regelungsfalle
Beim **Verbrauchsgüterkauf** gilt die Privilegierung des Verkäufers nicht, § 474 Abs. 5 BGB. Verbrauchsgüterkauf ist ein Kaufvertrag zwischen einem Unternehmer und einem Verbraucher. Hier geht die Gefahr grundsätzlich erst über, wenn der Käufer die Ware erhalten hat.

214 Bei grenzüberschreitenden Warengeschäften greifen außerdem Regelungen aus dem Übereinkommen den Vereinten Nationen über den internationalen Warenkauf. Die Artikel der **CISG** („Convention on the International Sale of Goods) finden Anwendung auf alle **Kaufverträge über Waren**, sofern die Vertragspartner ihre **Niederlassungen in unterschiedlichen Ländern** haben. Sie sind ferner anzuwenden, wenn auf den Kaufvertrag nach internationalem Privatrecht das Recht eines Staates anzuwenden ist, der die Anwendung der CISG nicht ausgeschlossen hat. Gemäß

Art. 67 CISG geht, wenn der Verkäufer die Versendung der Ware schuldet und nicht verpflichtet ist, sie an einem bestimmten Ort zu übergeben, die Gefahr auf den Käufer über, sobald die Ware gemäß dem Kaufvertrag dem ersten Beförderer zur Übermittlung an den Käufer übergeben wird und die Ware eindeutig dem Vertrag zugeordnet ist. Hat dagegen der Verkäufer die Ware laut Vertrag an einem bestimmten Ort zu liefern, geht die Gefahr mit Übergabe an den Beförderer auf den Käufer über, sofern die Ware eindeutig zuzuordnen ist.

Beispiel
Der Deutsche V und der Brite K schließen einen Kaufvertrag über eine Containerlieferung Waren.
Fall 1: Bezüglich der Übergabe der Waren an die Beförderungsperson wurde keine spezielle Vereinbarung getroffen. V übergibt den Container an den LKW-Fahrer und ersten Beförderer in der Transportkette. Dadurch geht die Gefahr auf K über.
Fall 2: Als Übergabeort für den Container an die Beförderungsperson ist ein bestimmter Seehafen vereinbart. V übergibt den Container an den Fahrer eines Transportunternehmens. Dieser übergibt ihn an den Frachtführer im vereinbarten Hafen. Erst jetzt kommt es zum Gefahrübergang. Für den Transport im Landesinneren trägt somit noch V die Gefahr der zufälligen Verschlechterung oder des zufälligen Untergangs der Sache.

Große Praxisrelevanz kommt dieser Norm jedoch nicht zu, da sie nach Art. 6 CISG 215 **durch abweichende Parteivereinbarung ausgeschlossen** werden kann. Den Vertragspartnern bleibt daher viel Spielraum, Liefervereinbarungen im Wege der Privatautonomie (insbesondere in Allgemeinen Geschäftsbedingungen) zu regeln.

II. AGB-Klauseln zum Transport und Gefahrübergang

Für zahlreiche Unternehmen stellt der Warenverkehr auf nationaler und internatio- 216 naler Ebene den geschäftlichen Alltag dar. Daher besteht für Verkäufer, Käufer, Absender, Frachtführer, Versender und Spediteure das Bedürfnis, Kostenübernahme- und Haftungsfragen vertraglich, idealerweise in AGB zu klären.

1. Abweichungen von § 446 BGB

Der Zeitpunkt des Gefahrübergangs im Kaufrecht (§ 446 BGB) kann auch in AGB 217 grundsätzlich **abweichend** vom Gesetzesrecht **festgelegt** werden.[146] Eine Grenze findet die Gestaltungsfreiheit nach § 307 BGB allerdings im Kerngedanken der gesetzlichen Regelungen. Beispielsweise würde eine Vorverlegung des Gefahrübergangs auf einen Zeitpunkt vor Vertragsschluss darauf hinauslaufen, dass der An-

146 BGH NJW 1982, 1278.

spruch des Käufers auf mangelfreie Leistung nach § 433 BGB ausgehöhlt würde. Eine solche Klausel ist daher unzulässig.[147]

2. Abweichungen von § 447 BGB

218 Der Versendungskauf stellt gerade im internationalen Geschäftsverkehr den Normalfall dar. Frei ausgehandelte Lieferbedingungen und AGB ermöglichen eine Festlegung, wer ab wann welchen Anteil an den **Kosten des Geschäftes** (zum Beispiel Transport, Zölle, Gebühren für Dokumentenbeantragungen oder Transportversicherung) trägt. Auch der Zeitpunkt des Gefahrübergangs kann grundsätzlich frei vereinbart werden. Für AGB setzen auch hier die §§ 305 ff. BGB der Gestaltungsfreiheit Grenzen. Weitgehend anerkannt ist allerdings ist die AGB-rechtliche Zulässigkeit von im Handelsverkehr **gebräuchlichen Formulierungen** zur Beschreibung von Lieferbedingungen (zum Beispiel „frei Haus“ als Beschreibung für die Lieferung auf Kosten und Gefahr des Verkäufers, „force majeur“ als Haftungsausschluss bei höherer Gewalt oder „circa“ als zulässiges 5%–10% an Mehr- oder Wenigerlieferung[148]). Nicht selten sind aber auch solche üblichen Formulierungen **auslegungsbedürftig**. Daher sollten AGB im Zweifel konkretere Regelungen enthalten. Großer Akzeptanz erfreuen sich in diesem Zusammenhang die Incoterms®. Dabei handelt es sich um Klauselempfehlungen für den Versendungskauf, die unter anderem eine Reihe von Haftungs- und Kostenregelungen enthalten.

3. Incoterms® 2010

219 Für den Versendungskauf sind zahlreiche internationale Handelsklauseln entwickelt worden, die in AGB einbezogen werden können. Häufig verwendet werden insbesondere die Klauselempfehlungen gemäß den Incoterms® der Internationalen Handelskammer (ICC). Diese kodifizieren im Wesentlichen **internationale Handelsbräuche**. Vertragsparteien aus unterschiedlichen Ländern soll damit eine einfache Möglichkeit geboten werden, Kollisionen zwischen unterschiedlichen nationalen Rechtsordnungen zu überbrücken. Auch im inländischen Warenverkehr sind die Incoterms®-Klauseln gebräuchlich und anerkannt. Sie werden regelmäßig von der Internationalen Handelskammer auf ihre Praktikabilität und Akzeptanz in der freien Wirtschaft überprüft und sind in zahlreiche Sprachen übersetzt worden.[149] Die Durchsetzung solcher „neutralen“ Klauseln gegenüber dem Vertragspartner

---

147 *Faust* in: Bamberger/Roth, Beck'scher Online-Kommentar BGB, Edition 33, Stand 1.11.2014, § 446 Rn 24; MüKo-BGB/*Westermann* § 446 Rn 14.

148 OLG Nürnberg NJW-RR 1995, 1437.

149 *Zwilling-Pinna* BB 2010, 2980.

gelingt in der Regel leichter als die Vereinbarung nationalen Rechts, die nicht selten einer Partei einen „Heimvorteil" verschafft.

Regelungsfalle **!**

Die Klauselvorschläge der Incoterms® 2010 beschränken sich auf Vereinbarungen zum Warentransport. Sie beinhalten keine vollständigen Muster-AGB für Kaufverträge!

Die Incoterms® 2010 bestehen aus **elf vorgeschlagenen Lieferklauseln**, welche jeweils durch drei Buchstaben abgekürzt werden. Die Klauseln sind in vier Gruppen eingeteilt, welche eine schnelle Einordnung ermöglichen und eine abgestufte Verlagerung der Pflichtenlast von Käufer auf Verkäufer beinhalten. 220

- **Gruppe E**: Diese Gruppe besteht nur aus der Klausel EXW („**EX W**orks", zu Deutsch „Ab Werk"). Nach dieser Abholklausel hat der Verkäufer die Ware lediglich beim angegebenen Werk zur Abholung bereitzustellen. Ihm entstehen keine Transportkosten und es kommt zu einem frühen Gefahrübergang.

Praxistipp **!**

Bei der Einbindung der EXW-Klausel ist eine zusätzliche Vereinbarung darüber empfehlenswert, ob der Verkäufer die Verladung der Ware auf das Transportfahrzeug des Beförderers schuldet bzw. wen die damit verbundenen Kosten und Haftungsrisiken treffen.

- **Gruppe F**: Gemäß den Klauseln dieser Gruppe hat der Verkäufer die Ware frei an den Frachtführer (**FCA** = „Free **CA**rrier"), frei an die Längsseite des Schiffes (**FAS** = „**F**ree **A**longside **S**hip") oder frei an Bord des Schiffes (**FOB** = „**F**ree **O**n **B**oard") zu übergeben. „Frei" bedeutet, dass die Transportkosten bis zu diesem Punkt vom Verkäufer übernommen werden, nicht aber darüber hinaus. Die Kosten für den Haupttransport trägt also der Käufer. Gefahrübergang tritt mit der Übergabe der Sache an die Transportperson ein.
- **Gruppe C**: Gemäß dieser Klauselgruppe fallen Kostentragungspflicht und Gefahrübergang auseinander. Mit Übergabe der Ware an den Frachtführer geht die Gefahr des zufälligen Untergangs auf den Käufer über. Die Tragung der Transportkosten ist abhängig von der Klauselwahl. Nach der Klausel **CFR** Incoterms® 2010 (= „**C**ost and **FR**eight") trägt der Verkäufer nur die Kosten für den Transport bis zum Bestimmungshafen. Hinzu kommen bei Verwendung der Klausel **CIF** (= **C**ost, **I**nsurance, **F**reight") Versicherungskosten für eine Transportversicherung mit Mindestdeckung. Soll der Transport nicht zu einem Bestimmungshafen, sondern zu einem anderen Bestimmungsort erfolgen, bieten sich die Klauseln **CPT** (= „**C**arried **P**aid **T**o") bzw. **CIP** (= „**C**arriage and **I**nsurance **P**aid to") an, falls auch dieser Transport mit Mindestdeckung vom Verkäufer versichert werden soll.
- **Gruppe D**: Gruppe D enthält die für den Käufer günstigsten Klauseln. Der Gefahrübergang tritt erst am Bestimmungsort ein. Allerdings trägt der Verkäufer überwiegend die Transportkosten. Die Klausel **DAP** (= „**D**elivered **A**t **P**lace")

sollte gewählt werden, wenn an einen vereinbarten Bestimmungsort zu liefern ist, die Klausel **DAT** (= **D**elivered **A**t **T**erminal"), wenn an ein Terminal im benannten Bestimmungshafen bzw. Bestimmungsort zu liefern ist. Soll der Verkäufer die gesamten Kosten für den Transport zum Bestimmungsort zuzüglich der Importkosten zahlen, sollte die Klausel **DDP** (= „**D**elivered **D**uty **P**aid") gewählt werden.

! **Praxistipp**
Ebenso wie bei der EXW-Klausel sollte bei Wahl der DAT-Klausel vertraglich vereinbart werden, wer Kosten und Gefahr bei **Entladen** der Ware trägt.

221 In den Vertrag einbezogen werden die Incoterms® durch Verschriftlichung des jeweiligen **Klauselkürzels**, den **Zusatz „Incoterms® 2010"** und die **Angabe des Lieferortes und Bestimmungsortes bzw. -hafens**. Es empfiehlt sich eine möglichst bestimmte Bezeichnung des Zielortes, da einige Klauseln es ausdrücklich zulassen, dass der Verkäufer zwecks Entladung eine geeignete Stelle aussuchen kann, wenn keine Entladestelle ausdrücklich genannt ist.

Gefahr und Kostentragung bei den Incoterms® 2010[150]

Klausel	Exportkosten trägt	Importkosten trägt	Transportvertrag	Lieferort	Gefahrübergang	Kostenübergang
EXW	K	K	K	Werk des V	Werk des V	
FCA	V	K	K	Ort der Übergabe an Frachtführer	Lieferort ←	
FAS	V	K	K	Längsseits im Vsh	Lieferort ←	
FOB	V	K	K	Schiff im Vsh	Verladung an Bord	
CFR	V	K	V	Schiff im Vsh	Verladung an Bord	Bsh
CIF	V	K	V + Vers	Schiff im Vsh	Verladung an Bord	Bsh
CPT	V	K	V	Ort der Übergabe an Frachtführer	Lieferort ←	Bestimmungsort
CIP	V	K	V + Vers	Ort der Übergabe an Frachtführer	Lieferort ←	Bestimmungsort
DAP	V	K	V	Bestimmungsort	Bestimmungsort	
DAT	V	K	V	Terminal im Bsh/ Bestimmungsort	Terminal im Bsh/ Bestimmungsort	
DDP	V	V	V	Bestimmungsort	Bestimmungsort	

150 *Bernstorff* Incoterms® 2010 Kommentierung für die Praxis, 1. Auflage 2010, S. 37 Rn 125.

Legende: V = Verkäufer K = Käufer
Vsh = Verschiffungshafen Bsh = Bestimmungshafen
+ Vers = zuzüglich Transportversicherung mit Mindestdeckung

Bei der Wahl der passenden Klausel sollte die **Wahl des Transportmittels** bedacht werden. Die Klauseln FAS, FOB, CFR und CIF sind auf die Schifffahrt zugeschnitten. 222

Klauselmuster
„Lieferung erfolgt gemäß CPT Incoterms® 2010. Lieferort ist … (Möglichst genaue Bezeichnung des Übergabeortes an den Frachtführer). Bestimmungsort ist … (Möglichst genaue Angabe des Ortes an den die Ware geliefert werden soll)."

J. Subunternehmerklausel

Subunternehmerklauseln finden sich in vielfältigen Formen innerhalb der wirtschaftsrechtlichen Vertragsgestaltung. Zum Teil geht es hierbei um Klauseln, die zugunsten des Auftraggebers verhindern sollen, dass der Leistungsschuldner überhaupt Subunternehmer einsetzt. Andererseits geht es um Klauseln zum Vertragsschluss im Rahmen von Subunternehmerverträgen, die dem Leistungsgläubiger das Recht geben sollen, dem Subunternehmer weitere Verpflichtungen aufzulegen, oder aber auch Klauseln, bei denen der Leistungsgläubiger sich dadurch zu enthaften versucht, dass er seinen Vertragspartner auf eine Inanspruchnahme von Subunternehmern verweist. 223

Gerade im Rahmen von Projektverträgen wird darüber hinaus über Subunternehmerklauseln versucht, Pönalisierungen des Hauptauftraggebers an die Subunternehmer durch den zwischengeschalteten Leistungsgläubiger weiterzugeben. 224

I. Generelles

Sind all diese Regelungen individualvertraglich bis zur Grenze der Sittenwidrigkeit (§ 138 BGB) und Treu und Glauben (§ 142 BGB) wirksam, ist zunächst wegen des regelmäßig vorliegenden AGB-Charakters wirtschaftsvertraglicher Vertragsklauseln bei nicht individuell ausgehandelten Klauseln stets darauf zu achten, dass die Anforderungen des AGB-Rechts beachtet werden. Dabei spielt insbesondere die Natur des jeweiligen Vertrages und die darin übliche (gesetzlich vorgesehene) Haftungssystematik eine entscheidende Rolle. 225

II. Zustimmung zum Einsatz von Subunternehmern und Vorlieferanten

226 Schon wegen des Umstandes, dass es im Wirtschaftsleben entscheidend auf die Qualifikation und Fachkunde sowie auf das bestehende Insolvenzrisiko des jeweiligen Vertragspartners ankommt, dürfte grundsätzlich **ein berechtigtes Interesse daran** anzuerkennen sein, **dass auch derjenige die Leistung tatsächlich erbringt, den man im Wirtschaftsverkehr als Vertragspartner ausgesucht hat**. Problematisch ist insoweit allerdings, dass nach der Natur der gesetzlichen Regelungen regelmäßig bei den Vertragsarten, die im Wirtschaftsleben überwiegend eine Rolle spielen (etwa Liefervertrag, Werkvertrag, Werklieferungsvertrag), der Leistungsschuldner die entsprechende Leistung gerade nicht höchstpersönlich zu erbringen hat.

Praxistipp
Klauseln, welche die Einschaltung eines Subunternehmers oder Vorlieferanten von der ausdrücklichen Zustimmung/Einwilligung des Leistungsgläubigers abhängig machen, sind in standardisierter Form nicht zulässig, sondern stellen eine unangemessene Benachteiligung des Vertragspartners im Sinne des § 307 BGB dar.[151]

227 Besser ist es daher, im Rahmen des bis auf das AGB-rechtliche Transparenzgebot AGB-kontrollfreien Leistungsgegenstandes eine höchstpersönliche Leistung des Leistungsschuldners zu vereinbaren.

Beispiel
„X errichtet die Anlage für die Fabrik des Y unter der Liefer- und Montageadresse ... gemäß der Leistungs- und Montagebeschreibung Anlage A zu diesem Vertrag. X verpflichtet sich, die Leistung höchstpersönlich und ausschließlich mit eigenen Mitarbeitern zu erbringen."

228 Sinnvollerweise haben somit Klauseln, die den Einsatz von Subunternehmern von der eigentlichen Zustimmung des Auftraggebers abhängig machen, in standardisierten Wirtschaftsvertragsklauseln zu unterbleiben.

229 Wegen des vorstehend dargestellten berechtigten Interesses muss es jedoch möglich sein, dem Einsatz von Subunternehmern des Vertragspartners zumindest aus wichtigem Grund entgegenzutreten, wenn das berechtigte Interesse des Leistungsgläubigers das des Leistungsschuldners überwiegt.

Praxistipp
Standardisierte Subunternehmerklauseln mit dem Ziel, ungeeignete Subunternehmer auszuschließen, sollten nicht negativ, sondern positiv formuliert werden. Zum Beispiel:

151 BGH NJW 2006, 47, 51.

„X ist zum Einsatz von Subunternehmern/Vorlieferanten berechtigt, soweit keine höchstpersönliche Leistung vereinbart ist. Y kann jedoch mit der Folge, dass der Einsatz eines spezifischen Subunternehmers/Vorlieferanten zu unterlassen ist, dem Einsatz eines Subunternehmers/Vorlieferanten widersprechen, wenn ein wichtiger Grund vorliegt. Ein wichtiger Grund liegt insbesondere vor, wenn der vorgesehene Subunternehmer/Vorlieferant bei objektiver Betrachtungsweise nicht die Gewähr für eine vertragsgerechte Erfüllung bietet, oder bereits im Zuge der Erfüllung gleichartiger Verträge gegen einschlägige gesetzliche Bestimmungen oder die Sicherheitsbestimmungen von Y auf dessen Betriebsgelände verstoßen hat."

1. Subunternehmer-/Subsidaritätsklausel

Im Bereich des arbeitsteiligen Wirtschaftsverkehrs, bei dem selten ein Hersteller ein Produkt von A bis Z vollständig herstellt, ist es zudem zum Trend geworden, zur Vermeidung von Regressmaßnahmen in der Liefer- und Leistungskette und zur eigenen Enthaftung den eigenen Vertragspartner auf die vorrangige Inanspruchnahme eines eingeschalteten Subunternehmers zu verweisen. Soweit dieser Verweis auf die Inanspruchnahme des Subunternehmers nicht eine gerichtliche Durchsetzung von Ansprüchen gegen den Subunternehmer bedingt, sondern es nur um eine primär außergerichtliche Geltendmachung von abgetretenen Ansprüchen gegen einen Subunternehmer geht, sind solche Verweisklauseln auch unter der Regie des § 307 BGB im B2B-Verkehr haltbar.[152] 230

2. Subunternehmerhaftungsklausel

Ziel derartiger Klauseln ist es in Wirtschaftsverträgen häufig – gerade bei umfangreichen Projekten –, nicht aufklärbare Schäden dem Subunternehmer zuzuweisen. Damit soll auch eine Diskussion über die Verletzung von Mitwirkungspflichten des Auftraggebers vermieden werden. 231

Es ist jedoch bei derartigen standardisierten Klauseln als unangemessene Benachteiligung des Vertragspartners im Sinne des § 307 BGB anzusehen, wenn alle nicht aufklärbaren Schäden haftungstechnisch dem Subunternehmer zugeschlagen werden.[153] 232

3. Leistungsänderungsrecht im Subunternehmerverhältnis

Mit derartigen Klauseln wird regelmäßig bezweckt, nachträglich das Leistungsgefüge zulasten des Subunternehmers zu ändern. Hier gilt – jedenfalls im Bereich standardisierter Vertragsklauseln – stets zunächst die Grundprämisse, dass es einen 233

152 Vgl. für den baurechtlichen Bereich: OLG Celle BauR 2000, 1212.

153 *Motzke* in: Graf von Westphalen, Vertragsrecht und AGB-Klauselwerke, 35. EL 2014, Subunternehmervertrag, Rn 170.

Verstoß gegen § 307 BGB darstellt, wenn ohne angemessenen Ausgleich dem Subunternehmer weitere Tätigkeiten und/oder Leistungspflichten auferlegt werden.

234 Dies ergibt sich regelmäßig auch dann, wenn dem Subunternehmer bestimmte Mitteilungspflichten, Kontroll- oder Prüfpflichten auferlegt werden, die üblicherweise nicht regelmäßiger Bestandteil des vorliegenden Vertragstypus sind und daher nach der Natur des Vertrages nicht erwartet werden kann, dass der Subunternehmer diese ohne weitere Vergütung zu übernehmen bereit ist.[154]

4. Subunternehmervertragsstrafenklauseln

235 Zu derartigen Vertragsstrafenklauseln gilt zunächst das ab Rn 111 in Kap. 8 Gesagte. Regelmäßig soll mit derartigen Klauseln versucht werden, standardisiert eine höhere Vertragsstrafe eines Hauptauftraggebers und/oder Kunden vollständig an den Subunternehmer weiterzugeben. Dies muss unter der Regie des § 307 BGB als unzulässige Benachteiligung des Subunternehmers schon daran scheitern, dass im Hauptauftragsverhältnis andere schadenstypische, durchschnittliche Schadenshöhen Platz greifen, als im Subunternehmerverhältnis.

! **Praxistipp**

Es sollte nicht versucht werden, höhere Vertragsstrafen durch standardisierte AGB-Klauseln auf den Subunternehmer aus dem Hauptvertragsverhältnis überzuwälzen. Diese sind vielmehr regelmäßig nach § 280 BGB als Schadensersatzanspruch geltend zu machen. Dabei ist der Subunternehmer im Subunternehmervertrag mit Hinblick auf die Regelung des § 254 Abs. 2 BGB (Mitverschulden ist auch die Unterlassung des Hinweises auf eine untypische oder besonders hohe Schadensmöglichkeit) auf potentiell anfallende insbesondere höhere Schäden im Hauptauftraggeberverhältnis hinzuweisen. Ansonsten ist die Berufung auf derartige Schäden nach § 254 Abs. 2 BGB ausgeschlossen.

---

5. Abnahme im Rahmen des Subunternehmerverhältnisses

236 In diesem Zusammenhang wird oft nur zur Vermeidung des Auseinanderfallens von Gewährleistungsverjährungsfristen im Hauptauftraggeber- und Subunternehmerverhältnis versucht, durch standardisierte Klauseln die Abnahme im Subunternehmerverhältnis erst dann Platz greifen zu lassen, wenn auch gegenüber dem Hauptauftraggeber der Vertragspartner des Subunternehmers die Abnahme herbeiführen kann.

---

154 *Motzke* in: Graf von Westphalen, Vertragsrecht und AGB-Klauselwerke, 35. EL 2014, Subunternehmervertrag, Rn 114.

Praxistipp

!

Ein formelles Gleichschalten des Abnahmeprozederes zwischen dem Hauptvertragsverhältnis und dem Subunternehmervertragsverhältnis ist in standardisierten Wirtschaftsvertragsklauseln nicht möglich, denn es stellt stets eine unzulässige Benachteiligung des Vertragspartners nach § 307 BGB dar.[155]

Besser ist es, einerseits zulässigerweise bei besonderem Interesse an einer Synchronisation der Gewährleistungsfristen im Hauptvertragsverhältnis und im Subunternehmervertragsverhältnis die Abnahme der Leistung des Subunternehmers um bis zu sechs Wochen hinauszuschieben.[156]

Diesbezüglich ist auch darauf hinzuweisen, dass die Erweiterung der Mängelgewährleistungsverjährungsfrist eines Generalunternehmers gegen Subunternehmer für Arbeiten am Bauwerk standardisiert auf fünf Jahre und vier Wochen keine angemessene Benachteiligung des Subunternehmers darstellt.[157]

K. Schriftform

I. Allgemeine Hinweise

Die Schriftformklausel, oft versteckt in den „Schlussbestimmungen" eines Vertrages oder von Allgemeinen Geschäftsbedingungen, spielt nicht selten eine wichtige Rolle im täglichen Geschäftsverkehr. 237

Ziel ist es im Regelfall, **mündlichen Abreden** bzw. Zusagen der in den Geschäftsverkehr unmittelbar involvierten Mitarbeiter, die von dem vertraglich Vereinbarten abweichen, die **rechtsbindende Wirkung zu nehmen**, um so zumindest ansatzweise die Kontrolle über das vertraglich geregelte Rechtsverhältnis zu behalten. 238

Letztlich gibt es hier eine ganze Reihe von Klauselalternativen, die insbesondere im Hinblick auf ihre Wirkung und Zwecksetzung oft miteinander vermengt werden. 239

Die **einfache Schriftformklausel** gibt vor, dass **Ergänzungen oder Änderungen** des Vertragstextes der Schriftform bedürfen, dies regelmäßig als Wirksamkeitserfordernis für die jeweilige Abrede. Wird nicht klar gestellt, dass die Wirksamkeit der Vereinbarung von der Wahrung der Schriftform abhängt, kann das Gericht im Streitfall die Schriftformklausel auch als eine deklaratorische auslegen.[158] Das heißt, dass die Schriftform lediglich Beweisfunktion hätte, die formwidrige Absprache 240

---

155 BGH NJW 1989, 1603; OLG Düsseldorf NJW-RR 1994, 1298.

156 BGH NJW 1989, 1603; *Motzke* in: Graf von Westphalen, Vertragsrecht und AGB-Klauselwerke, 35. EL 2014, Subunternehmervertrag, Rn 125.

157 OLG Düsseldorf NJW 1994, 1298.

158 BGH NJW 1964, 1269, 1970; zu Änderungen des Gesellschaftsvertrages einer OHG BGH NJW 1968, 1378, 1379; MüKo-BGB/*Einsele* § 125 Rn 69.

rechtswirksam wäre und nur ein Anspruch auf Nachholung der Form bestehen würde. Es sollte daher bei der Klauselformulierung klar sein, ob die Schriftform **konstitutiver** oder **deklaratorischer** Natur sein soll.

Klauselmuster
„Alle Änderungen, Ergänzungen und Nebenabreden dieses Vertrages bedürfen zu ihrer Wirksamkeit der Schriftform."

---

241 Denkbar ist auch eine **Kombination** beider Elemente. Im Zweifel sollen nach BGH-Rechtsprechung dem eigentlichen Schriftformerfordernis konstitutive und der Übermittlungsform, beispielsweise per Einschreiben oder Fax, deklaratorische Wirkung zugesprochen werden.[159]

242 Darüber hinaus gibt es die sogenannte **qualifizierte Schriftformklausel** und zwar in verschiedenen Spielarten. Am praxisrelevantesten ist sicherlich die doppelte Schriftformklausel, die, aufsetzend auf die einfache Schriftformklausel, zusätzlich die Abweichung von der formularmäßig vorgesehenen Schriftform an die Einhaltung der Schriftform knüpft.

Klauselmuster
„Alle Änderungen, Ergänzungen und Nebenabreden dieses Vertrages bedürfen zu ihrer Wirksamkeit der Schriftform, dies gilt auch für die Aufhebung des Schriftformerfordernisses."

---

243 Wirkung und Wirksamkeit solcher Schriftformklauseln, die die Schriftform einer ergänzenden oder ändernden Abrede als Wirksamkeitserfordernis postulieren, sind in Individualverträgen unbedenklich, führen aber beim Gebrauch in Allgemeinen Geschäftsbedingungen zu Konflikten, vgl. Rn 246 Kap. 8.

244 Grundsätzlich unbedenklich sind dagegen die sogenannten **Vollständigkeitsklauseln**, deren Zielrichtung sich darauf beschränkt, lediglich die Vermutung der Vollständigkeit und Richtigkeit der Urkunde nochmals hervorzuheben.[160] Wirksamkeitsbedenken unterliegen derartigen Klauseln allerdings dann, wenn sie eine **unwiderlegbare** Vermutung begründen wollen.[161]

245 Differenziert wird bei den sogenannten **Bestätigungsklauseln**: Hiermit kann die Wirksamkeit mündlicher Nebenabreden an eine schriftliche Bestätigung des Verwenders geknüpft werden. Die Variante ist, dass die Vertretungsmacht eines für den Verwender tätigen Dritten dahingehend eingeschränkt werden soll, dass dieser zu mündlichen Nebenabreden nicht in der Lage sei, gegebenenfalls mit dem Zusatz,

---

159 BGH NJW 2006, 138, 139; *Wendtland* in: Bamberger/Roth, Beck'scher Online-Kommentar BGB, Edition 33, Stand 1.11.2014, § 125 Rn 13.
160 BGH NJW 2000, 207.
161 Palandt/*Grüneberg* § 305b Rn 5.

dass formlose oder grundsätzlich den Vertragstext ändernde oder ergänzende Abreden der Bestätigung durch den Verwender bedürfen.

Klauselmuster
„Alle Änderungen, Ergänzungen und Nebenabreden dieses Vertrages bedürfen zu ihrer Wirksamkeit der Schriftform, dies gilt auch für die Aufhebung des Schriftformerfordernisses.
Davon abweichend sind diesen Vertrag betreffende Änderungen, Ergänzungen und Nebenabreden nur dann wirksam, wenn sie innerhalb ... [Zeitraum hier einfügen beispielsweise eine Woche] schriftlich bestätigt wird."

II. Problemfall: Kollision mit § 305b BGB

Dreh- und Angelpunkt der rechtlichen Beurteilung von Schriftformklauseln ist § 305b BGB. Die gesetzliche Regelung postuliert den allgemeinen **Grundsatz**, dass **individuelle Vertragsabreden Vorrang vor Allgemeinen Geschäftsbedingungen** haben. Der Kollisionsfall liegt bei Schriftformklauseln, die Allgemeine Geschäftsbedingungen darstellen, auf der Hand, zumindest insoweit, als die Schriftformklausel die Schriftform als Wirksamkeitsvoraussetzung formuliert. 246

Einerseits sollen nach der Klausel vom Vertrag abweichende Abreden, die nicht schriftlich erfolgen, unwirksam sein, und zwar – sofern die Klausel explizit nicht etwas Anderes regelt – unabhängig davon, ob es sich bei der abändernden Abrede um eine formularmäßige Vereinbarung, oder aber, wie wohl regelmäßig, um eine Individualvereinbarung handelt. 247

Auf der anderen Seite besagt § 305b BGB, dass Individualvereinbarungen Allgemeinen Geschäftsbedingungen, und damit zunächst einmal auch (wirksamen) AGB-Schriftformklauseln, vorgehen,[162] und zwar unabhängig davon, ob die Individualvereinbarung schriftlich oder mündlich getroffen wurde. Dies hat der BGH in neueren Entscheidungen immer wieder ausdrücklich hervorgehoben, so etwa BGH, Urt. v. 21.9.2005 – XII ZR 312/02 –: 248

> *„Ist die Klausel unwirksam, dann könnten die Parteien ohne Weiteres nach Abschluss des Mietvertrages durch mündliche Absprache den schriftlichen Mietvertrag ändern. Aber auch dann, wenn die Klausel als wirksam angesehen wird, waren die Parteien nicht gehindert, nach Abschluss des Mietvertrages die Klausel zu ändern. Der Vorrang der Individualabsprache (§ 4 AGB, nunmehr § 305b BGB) greift auch gegenüber einer nach AGB-Gesetz angemessenen Schriftformklausel*".

Die Rechtsprechung ging hier sogar noch einen Schritt weiter. So hat das BAG in einem Urteil vom 20.5.2008 (Az IX AZR 382/07) eine Schriftformklausel, die den Vor- 249

---

162 So auch schon BGH NJW-RR 1995, 179, 180.

rang der Individualvereinbarung gemäß § 305b BGB nicht ausdrücklich hervorhebt und Entsprechendes formuliert, als **irreführend** und **unangemessen** benachteiligend im Sinne des § 307 Abs. 1 BGB erachtet. Dem hat sich beispielsweise das OLG Rostock in einer Entscheidung vom 19.5.2009 (Az 3 U 16/09) ausdrücklich auch für die Zivilgerichtsbarkeit angeschlossen (Leitsatz):

250 *„Eine doppelte oder qualifizierte Schriftformklausel, mit der vorgesehen wird, dass eine Abweichung von einer Schriftformklausel ebenfalls der Schriftform bedürfe, verstößt gegen § 307 BGB und ist daher unwirksam. Sie ist intransparent und benachteiligt den Vertragspartner unangemessen, denn sie erweckt bei diesem den Eindruck, eine mündliche Abrede sei entgegen § 305b BGB unwirksam, und ist deshalb geeignet, den Vertragspartner von der Durchsetzung ihm zustehender Rechte abzuhalten."*

III. Lösungsszenarien

251 Der zuletzt dargestellten Entwicklung der Rechtsprechung im Hinblick auf die Unwirksamkeit einfacher oder doppelter bzw. qualifizierter Schriftformklauseln, die in Ermangelung eines klarstellenden Hinweises auf den Vorrang der Individualvereinbarung intransparent sein sollen, lässt sich zwar durch die Ergänzung eines solchen klarstellenden Hinweises, wie im nachfolgenden Formulierungsvorschlag, Rechnung tragen:

Klauselmuster
„[...]. Der Vorrang der – auch mündlichen – Individualabrede gemäß § 305b BGB bleibt unberührt."

252 Das löst aber nicht das eigentliche Problem des Kollisionsfalls der AGB-Schriftformklausel mit § 305b BGB. Die Klausel dürfte mit diesem Zusatz zwar im Hinblick auf den Vorrang **hinreichend transparent** formuliert und damit wirksam sein. Es **bleibt jedoch bei dem Vorrang der Individualvereinbarung**, da dieser – wie der BGH in der oben bereits zitierten Entscheidung ausdrücklich festgestellt hat[163] – auch bei wirksamen AGB-Schriftformklauseln gilt.

253 Wer also effektiv und sicher die Gefahr abweichender mündlich getroffener (Individual-)Abreden bannen will, müsste die **Schriftform im Wege der Individualvereinbarung vorgeben.**[164] Ob dies eine praxistaugliche Lösung darstellt, ist fraglich. Letztlich wird es aller Voraussicht nach zunächst dabei bleiben, dass in AGB weiterhin mit den üblichen Schriftformklauseln gearbeitet wird, um damit zumin-

163 BGH NJW 2006, 138, 139.
164 So im Ergebnis auch BGH NJW 2006, 138, 139.

dest eine „**Abschreckwirkung**" im Hinblick auf mündliche abändernde Abreden zu haben.

Zu beachten ist in diesem Zusammenhang, dass die **Wirksamkeit solcher mündlicher Abreden** – wenn schon nicht wegen der (unwirksamen) Schriftformvorgabe gemäß AGB – oft an der **fehlenden Vertretungsmacht** des die mündliche **Abrede Treffenden scheitert.** Dann greift der Vorrang der Individualabrede gemäß § 305b BGB gerade nicht. 254

L. Rechtswahl

I. Allgemeines

Im Rahmen der zunehmenden Globalisierung sind **grenzüberschreitende Geschäftsbeziehungen** inzwischen an der **Tagesordnung.** In nahezu jedem Geschäftsfeld nutzen deutsche Unternehmen ausländische Ressourcen und umgekehrt. Dies gilt für Lieferbeziehungen, Kooperationen, die Entsendung von Arbeitnehmern und eine ganze Vielzahl weiterer Geschäftsbereiche. 255

Oft wird bei der Eingehung derartiger Geschäftsbeziehungen nicht an den späteren potentiellen Konfliktfall gedacht und dem durch entsprechende vertragliche Regelungen hinreichend vorgebeugt. Solche Konfliktfälle sind indes vielfältig und nicht selten an der Tagesordnung: 256

Die von dem ausländischen Vertragspartner gelieferte Ware ist mangelhaft und er weigert sich unter Hinweis auf die heimische Rechtsordnung, seinen Gewährleistungspflichten nachzukommen, Zahlungen des ausländischen Geschäftspartners stehen trotz ordnungsgemäß erbrachter Leistungen oder mangelfreier Lieferungen aus, etc. 257

Das BGB bietet insoweit eine ganze Vielzahl von Schutzmechanismen und Anspruchsgrundlagen. Doch ist das **BGB auf derartige Vertragsverhältnisse**, bei welchen nur einer der beiden Geschäftspartner seinen Sitz in Deutschland hat und gegebenenfalls die vertraglich geschuldeten Leistungen im Ausland erbracht werden, **überhaupt anwendbar**? Wurde hierzu im Vertrag keine eindeutige und wirksame Zuordnung getroffen, wähnt man sich oft im **rechtlichen Niemandsland.** 258

II. Gesetzliches Rechtsstatut

Sofern keine oder eine unwirksame Rechtswahl getroffen wurde, bestimmt sich das auf ein vertragliches Schuldverhältnis anzuwendende Recht seit dem 17. Dezember 2009 nach der sogenannten **ROM I-Verordnung** (nachfolgend ROM I-VO). Die ROM I-VO hat insoweit die gesetzlichen Regelungen des EGBGB abgelöst, das 259 im Hinblick auf die Frage des anwendbaren Rechts durchaus ähnliche Kriterien enthielt.

260 Oft vernachlässigt wird, dass das EGBGB immer noch existiert. So gilt es nach wie vor für **„Altverträge"**, also solche, die vor dem 17. Dezember 2009 geschlossen wurden, Art. 28 ROM I-VO. Im Übrigen ersetzt die ROM I-VO das EGBGB nur in den Fällen des dort geregelten Anwendungsbereiches. Das folgt unmittelbar aus Art. 3 EGBGB:

> *„Soweit nicht*
> *1. unmittelbar anwendbare Regelungen der Europäischen Union in ihrer jeweils geltenden Fassung, insbesondere [...],*
> *2. Regelungen in völkerrechtlichen Vereinbarungen, soweit sie unmittelbar anwendbares innerstaatliches Recht geworden sind,*
> *maßgeblich sind, bestimmt sich das anzuwendende Recht bei Sachverhalten mit einer Verbindung zu einem ausländischen Staat nach den Vorschriften dieses Kapitels (Internationales Privatrecht)."*

261 Die maßgebliche Regelung zur Frage des anwendbaren Rechts findet sich in Art. 4 Abs. 1 ROM I-VO.Neu ist die dortige Formulierung von **Regelbeispielen**. Im Gegensatz hierzu knüpfte Art. 28 EGBGB hinsichtlich des mangels Rechtswahl auf den jeweiligen Vertrag anzuwendenden Rechts auf das Recht „des Staates, mit dem er die engsten Verbindungen aufweist", an. Insbesondere bei komplexen Kooperationsverträgen, die ein umfangreiches wechselseitiges Leistungsgefüge enthalten (beispielsweise aus dem Bereich Forschung und Entwicklung), war hiernach eine rechtssichere Zuordnung des Rechtsstatuts kaum möglich.

262 Die nunmehr in Art. 4 Abs. 1 ROM I-VO aufgenommene Formulierung von Regelbeispielen mit **expliziter Zuordnung** stellt insoweit jedoch nur scheinbar eine Verbesserung dar. Denn geregelt sind dort letztendlich ohnehin nur die einfach gelagerten bzw. eindeutigen Fälle (z.B. Kaufvertrag).

263 Das vorgenannte Beispiel eines Kooperationsvertrages mit verschiedenen wechselseitigen Leistungspflichten erfährt auch hierdurch keine eindeutige Regelung. Findet sich gemäß Art. 4 Abs. 1 ROM I-VO **kein passendes Regelbeispiel**, gilt Art. 4 Abs. 2 ROM I-VO. Hiernach unterliegt der Vertrag dann dem Recht des Staates, in dem die Partei, welche **„die für den Vertrag charakteristische Leistung"** zu erbringen hat, ihren gewöhnlichen Aufenthalt hat. Hilfreich ist dieser Auffangtatbestand in den genannten Fällen wohl kaum. Bei komplex gelagerten Vertragskonstruktionen verbleibt also regelmäßig eine **Rechtsunsicherheit**, sofern die Parteien keine Rechtswahl getroffen haben.

! **Praxistipp**
Eine Rechtswahlklausel sollte gerade bei komplex gelagerten Vertragskonstruktionen mit gewerblichen Vertragspartnern zwingend vereinbart werden. Das Gesetz liefert hier keine brauchbare Stütze!

Sofern Allgemeine Geschäftsbedingungen wirksam in den Vertrag einbezogen worden sind, ist eine Rechtswahl in AGB **gegenüber gewerblichen Vertragspartnern** unstreitig möglich. Gegenüber Verbrauchern kann eine Rechtswahlklausel jedoch überraschend im Sinne des § 305c Abs. 1 BGB sein oder nach § 307 BGB unwirksam sein.[165] 264

Klauselmuster

„Auf das gesamte Vertragsverhältnis findet vorbehaltlich anderweitiger individueller Vereinbarungen deutsches *[beziehungsweise das von den Parteien gewünschte]* Recht Anwendung."

Bei Bedarf ist die Klausel zu ergänzen mit: „Die Anwendbarkeit von UN-Kaufrecht wird ausdrücklich ausgeschlossen."

Wie im Falle von **kollidierenden Rechtswahlklauseln** zu verfahren ist, wurde von der öffentlichen Rechtsprechung noch nicht behandelt.[166] Nach einer Ansicht soll anhand der Grundregel der Art. 3 Abs. 5, Art. 10 Abs. 1 ROM-I-VO für jede Klausel zunächst separat die wirksame Einbeziehung geprüft und im Anschluss das in der Klausel bestimmte Sachrecht darüber entscheiden, ob die Rechtswahl der Gegenseite wirksam vereinbart wurde. Nach einer anderen Ansicht sollen widersprüchliche Rechtswahlklauseln die Rechtswahl scheitern lassen. 265

M. Gerichtsstand

Die Vereinbarung des Gerichtsstandes, die sogenannte **Prorogation**, bietet beiden Parteien verschiedene Vorteile. Zum einen kann es im Streitfalle günstige Anfahrtswege bieten und eine ausländische Prozesssprache vermieden werden. Zum anderen kann der AGB-Verwender bei entsprechender Kenntnis solche Gerichte auswählen, die in der Vergangenheit besonders günstig geurteilt haben z.B. arbeitnehmer- oder eben arbeitgeberfreundlich. 266

Welche gesetzlichen Vorgaben zum Gerichtsstand gelten und wie vertraglich unter welchen Voraussetzungen davon abgewichen werden kann, wird im Folgenden näher beleuchtet. 267

I. Gesetzeslage

Sofern die Parteien im Vertrag keine – oder eine unwirksame – Regelung darüber getroffen haben, welches Gericht im Falle etwaiger Streitigkeiten aus bzw. im Zu- 268

165 *Thüsing* in: Graf von Westphalen, Vertragsrecht und AGB-Klauselwerke, 35. Ergänzungslieferung 2014, Rechtswahlklauseln Rn 6.

166 MüKo-BGB/*Spellenberg* VO (EG) 593/2008 Art. 10 Rn 168 f.

sammenhang mit dem Vertrag zuständig sein soll, gelten bei reinen Inlandsfällen die **Regelungen der ZPO** und **bei grenzüberschreitenden Verträgen** die Regelungen der „Verordnung über die gerichtliche Zuständigkeit und die Anerkennung und Vollstreckung von Entscheidungen in Zivil- und Handelssachen", kurz **EuGVVO.** In der Folge soll schwerpunktmäßig auf die – vielen nicht geläufigen – Regelungen der EuGVVO, parallel jedoch auch auf die (in weiten Teilen vergleichbaren) Vorschriften der ZPO, eingegangen werden.

269 Die EuGVVO ist seit dem 1. März 2002 in Kraft und regelt abschließend die Frage des Gerichtsstandes. **Inhaltlich** weist sie **diverse Parallelen zu** den Gerichtsstandregelungen der **deutschen Zivilprozessordnung** auf. So ist beispielsweise gemäß Art. 2 EuGVVO – vergleichbar mit den Regelungen der §§ 12, 13 ZPO – allgemeiner Gerichtsstand der Wohnsitz des Beklagten bzw. entsprechend der Regelung des § 17 ZPO, gemäß Art. 60 EuGVVO der Sitz der beklagten juristischen Person.

270 Die **besonderen Gerichtsstände** werden in den Art. 5, 6 EuGVVO geregelt. Hiernach kann der Beklagte ausnahmsweise in einem anderen Staat verklagt werden bei

- Ansprüchen aus Vertrag am **Erfüllungsort** (vergleichbar mit § 29 ZPO)
- Einer deliktischen Handlung am **Ort des schädigenden Ereignisses** (vergleichbar mit § 32 ZPO)
- Streitigkeiten mit einer Niederlassung am **Ort der Niederlassung** (vergleichbar mit § 21 ZPO).

271 Was die Zuordnung bei Streitigkeiten aus und im Zusammenhang mit Handelsvertreterverträgen angeht, sind sich BGH und EuGH zwischenzeitlich einig: Beide ordnen **Vertriebsverträge**, also auch **Handelsvertreterverträge**, als Dienstleistungsverträge ein, bei welchen maßgeblich für den Gerichtsstand der **Ort der Dienstleistung** ist, beim Handelsvertretervertrag also der Tätigkeitsbereich des Handelsvertreters (**Vertriebsgebiet**).

272 Zwischenzeitlich entschieden hat der EuGH die Zuordnungsproblematik im Falle eines sich auf **mehrere Mitgliedsstaaten erstreckendes Vertriebsgebiets** eines Handelsvertreters. In solchen Fällen ist für den Gerichtsstand regelmäßig das jeweilige „**Schwerpunktgebiet**" maßgeblich, in Zweifelsfällen der Sitz des Handelsvertreters.[167]

273 Aufgrund der relativ klaren Regelungen der EuGVVO fällt zumindest im Regelfall die Zuordnung des Gerichtsstandes trotz Fehlens einer diesbezüglichen Regelung nicht schwer. Gleichwohl sollte, wie auch im Falle der Rechtswahl, bereits im Vertrag eine entsprechende **Vereinbarung** über das zuständige Gericht getroffen werden, um insbesondere der **Situation vorzubeugen**, dass im Streitfall ein **Prozess im Ausland** geführt werden muss.

---

167 OLG Oldenburg NJW-RR 2014, 814.

Praxistipp

!

Neben höheren Kosten und der Sprachproblematik kann dies in entsprechenden Konstellationen zu dem „Kuriosum" führen, dass ein Gericht ausländisches Recht anzuwenden hat, was im Regelfall durch die Einholung durchaus kostspieliger Rechtsgutachten gelöst wird. Es sollte daher immer darauf geachtet werden, dass ein „Gleichklang" zwischen Rechtswahl und Gerichtsstandklausel besteht.

II. Gerichtsstandklausel

Eine Gerichtsstandvereinbarung ist, im grenzüberschreitenden Rechtsverkehr, gemäß Art. 23 EuGVVO ohne weiteres zulässig, sofern **mindestens eine der Parteien ihren Wohnsitz im Hoheitsgebiet** eines Mitgliedsstaates hat. Anders als in den reinen Inlandsfällen, in welchen gemäß § 38 ZPO eine Vereinbarung über den Gerichtsstand den **Kaufleuten vorbehalten** ist, trifft Art. 23 EuGVVO keine entsprechende Differenzierung. 274

Zulässig sind sowohl die sog. „Prorogation", also die Zuweisung an bestimmte Gerichte, was der Regelfall ist, als auch die **„Derogation"**, der **Ausschluss bestimmter Gerichte.** 275

Die gesetzlichen Formvorgaben sind vergleichsweise simpel. Eine Gerichtsstandsvereinbarung kann gemäß Art. 23 **schriftlich** oder **mündlich mit schriftlicher Bestätigung** geschlossen werden, alternativ in einer Form, welche den bisher von den Parteien praktizierten Gepflogenheiten entspricht oder in einer einem internationalen Handelsbrauch entsprechenden Form, soweit die Parteien diesen Handelsbrauch kannten oder kennen mussten. Auch eine Vereinbarung im Rahmen von **AGB** ist ohne weiteres **zulässig.** 276

Es sollte allerdings darauf geachtet werden, dass die in AGB enthaltene **Gerichtsstandklausel** bei grenzüberschreitenden Verträgen **im Individual-Vertragstext**, soweit vorhanden, ausdrücklich in Bezug genommen wird und die AGB dem ausländischen Vertragspartner bei Vertragsschluss **körperlich vorliegen**, da es anderenfalls **an einer wirksamen Einbeziehung fehlen** kann. 277

Klauselmuster

„Der Gerichtsstand für alle Streitigkeit aus oder über den Vertrag ist Düsseldorf."

N. Eigentumsvorbehalt

Lieferanten sollten standardmäßig ihre Waren nur unter Vereinbarung aller zulässigen Formen des Eigentumsvorbehalts erbringen. Eigentumsvorbehaltsrechte müssen mit dem Schuldner vor oder bei erster Lieferung vereinbart werden, so z.B. in einem speziellen Liefervertrag, in einem Rahmen-Liefervertrag oder in **Allgemeinen** 278

Liefer- und Geschäftsbedingungen (AGB), nicht aber erst in der Rechnung, was regelmäßig unwirksam ist.

I. Einfacher Eigentumsvorbehalt

279 Soll dem Käufer die Kaufsache bereits geliefert werden, damit er sie im Besitz hat und gebrauchen kann, so kann zur Sicherung der Kaufpreisforderung des Verkäufers ein **Eigentumsvorbehalt** an der Kaufsache vereinbart werden. § 449 Abs. 1 BGB regelt den einfachen Eigentumsvorbehalt. Dieser wird regelmäßig als Bestandteil des Kaufvertrags vereinbart, ist aber auch als selbstständige Vereinbarung möglich. Wurde ein einfacher Eigentumsvorbehalt vereinbart, so steht dem Verkäufer in der Insolvenz des Käufers, der den Kaufpreis noch nicht vollständig bezahlt hat, ein **Aussonderungsrecht** zu.[168]

280 Üblicherweise bietet sich hierzu die Verwendung folgender, auf den Einzelfall noch abzustimmender Musterklauseln an:

Klauselmuster
Einfacher Eigentumsvorbehalt

„**1.** Zur Sicherung der Kaufpreisforderung des Verkäufers gegen den Käufer behält sich der Verkäufer bis zur vollständigen Kaufpreiszahlung das Eigentum an ... (Kaufgegenstand, nachfolgend: Vorbehaltsware genannt) vor.
2. Kommt der Käufer mit der Kaufpreiszahlung in Verzug, so hat der Verkäufer das Recht, vom Kaufvertrag zurückzutreten und vom Käufer die Herausgabe der Vorbehaltsware zu verlangen.
3. Der Käufer ist dazu verpflichtet, die Vorbehaltsware pfleglich zu behandeln und auf eigene Kosten gegen Feuer, Wasser und Diebstahl in Höhe des Nennwerts der Vorbehaltsware zu versichern. Wird die Vorbehaltsware durch Dritte gepfändet, so ist der Käufer dazu verpflichtet, auf das Eigentum des Verkäufers hinzuweisen und dem Verkäufer unverzüglich schriftlich von der Pfändung in Kenntnis zu setzen.“

281 Der einfache Eigentumsvorbehalt kann grundsätzlich auch in AGB sogar gegenüber Verbrauchern vereinbart werden. Sehen die AGB des Verkäufers einen einfachen Eigentumsvorbehalt vor, schließen aber die AGB des Käufers – wie häufig – den Eigentumsvorbehalt aus, so kommt zwar kein vertraglicher Eigentumsvorbehalt zu Stande. Aufgrund der AGB des Verkäufers liegt jedoch nur ein Angebot auf bedingte Übereignung vor, sodass sich der Eigentumsvorbehalt letztlich sachenrechtlich durchsetzt und die Ware verbleibt im Eigentum des Lieferanten.[169]

---

168 BGH, Urteil vom 27.3.2008 – XI ZR 220/05.
169 BGH, Urteil vom 28.6.1990 – IX ZR 107/89.

Praxistipp
Ein Eigentumsvorbehalt kann zwar formlos, – also auch mündlich – vereinbart werden. In der Praxis ist Schriftform jedoch üblich und aus Beweisgründen immer zu empfehlen. Der Insolvenzverwalter wird im Zweifel die Vereinbarung bestreiten.

II. Verlängerter Eigentumsvorbehalt mit Verarbeitungsklausel

Häufig wird der Käufer daran interessiert sein, die von ihm unter Eigentumsvorbehalt erworbenen Sachen entweder sofort weiter zu veräußern oder aber zunächst zu verarbeiten, und sie dann weiter zu verkaufen, um die Mittel für die Zahlung des Kaufpreises an den Lieferanten zu erwirtschaften. **Problem**: Der Eigentumsvorbehalt an der Kaufsache **erlischt** in dem Moment, wenn diese weiterveräußert, nach § 950 BGB verarbeitet oder in der Weise mit anderen Sachen verbunden oder vermischt wird, dass eine andere Sache gemäß § 947 Abs. 2 BGB als die Hauptsache anzusehen ist. Das Eigentum des Verkäufers erlischt ohne verbleibende Sicherheit. 282

Um dem Interesse des Käufers an der Veräußerung und Verarbeitung und dem Sicherungsinteresse des Lieferanten (Verkäufers) gerecht zu werden, kann hier vereinbart werden, dass sich der Eigentumsvorbehalt auf die einzelnen durch Veräußerung und Verarbeitung entstehenden **Surrogate** erstreckt. 283

Wird die Ware nicht verarbeitet, sondern weiterveräußert, kann sich der Lieferant mittels des verlängerten Eigentumsvorbehalts an der durch die Weiterveräußerung entstehenden Forderung besichern, indem er sich diese abtreten lässt, sog. **Vorausabtretungsklausel**. Wird die von dem Gläubiger gelieferte Ware weiterverarbeitet, verbunden oder vermischt, so bedarf es zur Besicherung weiterer Regelungen, der sog. **Verarbeitungsklausel**. 284

Klauselmuster
Beispiel für einen verlängerten Eigentumsvorbehalt mit Vorausabtretungsklausel

„**1.** Zur Sicherung des Kaufpreisforderung des Verkäufers gegen den Käufer behält sich der Verkäufer bis zur vollständigen Kaufpreiszahlung das Eigentum an ... (Kaufsache, nachfolgend „Vorbehaltsware“) vor.

2. Der Käufer ist dazu verpflichtet, die Vorbehaltsware pfleglich zu behandeln und auf eigene Kosten gegen Feuer, Wasser und Diebstahl in Höhe des Neuwerts der Kaufsache zu versichern. Wird die Vorbehaltsware durch Dritte gepfändet, ist der Käufer dazu verpflichtet, auf das Eigentum des Verkäufers hinzuweisen und den Verkäufer unverzüglich schriftlich von der Pfändung in Kenntnis zu setzen.

3. Der Käufer ist dazu berechtigt, die Vorbehaltsware im ordnungsgemäßen Geschäftsverkehr weiter zu veräußern. Für den Fall der Weiterveräußerung tritt der Käufer zur Sicherung der Kaufpreisforderung bereits jetzt die hieraus entstehenden Ansprüche gegen den Erwerber an den Verkäufer ab.

4. Der Käufer ist dazu berechtigt, die Vorbehaltsware im ordnungsgemäßen Geschäftsverkehr zu be- und zu verarbeiten und die neue Sache im ordnungsgemäßen Geschäftsverkehr zu veräußern.

Verarbeitet der Käufer die Vorbehaltsware, so erfolgt die Verarbeitung im Namen und für Rechnung des Verkäufers als Hersteller. Der Verkäufer erwirbt an der neuen Sache unmittelbar Eigentum. Erfolgt die Verarbeitung aus Stoffen mehrerer Eigentümer, so erwirbt der Verkäufer ein Miteigentumsanteil an der neuen Sachen entsprechend dem Wert der Vorbehaltsware. Erwirbt der Verkäufer Eigentum oder ein Miteigentumsanteil einer neuen Sache, so übereignet der Verkäufer dem Käufer sein Eigentum oder seinen Miteigentumsanteil an der neuen Sache unter der aufschiebenden Bedingung der vollständigen Kaufpreiszahlung.
Wird die Vorbehaltsware mit anderen Sachen des Käufers verbunden oder vermischt und ist die Sache des Käufers als Hauptsache anzusehen, so übereignet der Käufer dem Verkäufer einen Miteigentumsanteil an der Hauptsache entsprechend dem Wert der Vorbehaltsware unter der auflösenden Bedingung vollständiger Kaufpreiszahlung.
Veräußert der Käufer die neue Sache bzw. die durch Verbindung oder Vermischung entstandenen Sache, tritt der Käufer dem Verkäufer schon jetzt zur Sicherung der Kaufpreisforderung die ihm gegen den Erwerber dieser Sache zustehende Forderung an den Verkäufer ab. Für den Fall, dass der Verkäufer an dieser Sache einen Miteigentumsanteil erworben hat, tritt der Käufer dem Verkäufer die Forderung anteilig entsprechend dem Wert des Miteigentumsanteils ab.
5. Der Verkäufer ermächtigt den Käufer, die an den Verkäufer abgetretenen Forderungen im eigenen Namen und für Rechnung des Verkäufers einzuziehen.
6. Kommt der Käufer mit der Kaufpreiszahlung in Verzug, so hat der Verkäufer das Recht, vom Kaufvertrag zurückzutreten und vom Käufer die Herausgabe der Vorbehaltsware zu verlangen."

285 Ein verlängerter Eigentumsvorbehalt kann im kaufmännischen Verkehr formularmäßig **mittels AGB** vereinbart werden. Kollidieren allerdings die AGB des Verkäufers, die einen solchen verlängerten Eigentumsvorbehalt vorsehen, mit den AGB des Käufers, so ist der verlängerte Eigentumsvorbehalt nicht vereinbart.[170]

286 Die **Beweislast** für die Vereinbarung eines verlängerten Eigentumsvorbehalts trifft immer den Verkäufer. Häufig kollidiert der verlängerte Eigentumsvorbehalt mit der sog. **Globalzession**, bei der ebenfalls im Voraus vom Käufer Forderungen gegen Endkunden abgetreten werden, z.B. an seine Hausbank. Kollidiert der verlängerte Eigentumsvorbehalt einschließlich Vorausabtretungsklausel mit einer solchen Globalzession, so gilt das **Prioritätsprinzip**. Danach ist die zeitlich erste Abtretung wirksam, die nachfolgende Abtretung dagegen wirkungslos. Regelmäßig geht die Globalzession der Vorausabtretungsklausel zeitlich vor, sodass die Vorausabtretung gegenstandslos ist.

287 Dies gilt jedoch nur dann, wenn die Globalzession auch **wirksam** ist. Die Globalzession ist gemäß § 138 Abs. 1 BGB wegen Verleitung des Zedenten (des abtretenden Schuldners) zum Vertragsbruch nichtig, wenn sie sich auf Forderungen erstreckt, die branchenüblich unter einem verlängerten Eigentumsvorbehalt stehen.[171] D.h., häufig ist die Globalzession nichtig, der verlängerte Eigentumsvorbehalt mit Vorausabtretungsklausel greift.

---

170 BGH, Urteil vom 24.10.2000 – X ZR 42/99.
171 BGH, Urteil vom 8.12.1998 – IX ZR 302/97.

Praxistipp

Die Nichtigkeit der Globalzession, welche insbesondere im Bankenverkehr verwendet wird, lässt sich durch eine **dingliche Teilverzichtsklausel** vermeiden, die dem verlängerten Eigentumsvorbehalt Vorrang einräumt.

Im Falle eines verlängerten Eigentumsvorbehalts hat der Verkäufer nach Eintritt des Verlängerungsfalls in der **Insolvenz des Käufers** lediglich ein **Recht zur abgesonderten Befriedigung (sog. Absonderungsrecht)**. Ein Aussonderungsrecht steht dem Verkäufer dagegen nicht zu.[172] 288

III. Erweiterter Eigentumsvorbehalt

In großvolumigen Geschäftsbeziehungen, in denen der Lieferant dem Geschäftspartner laufend verschiedene Waren auf Lager liefert, macht es regelmäßig Sinn, auch einen **erweiterten Eigentumsvorbehalt** zu vereinbaren. 289

Der erweiterte Eigentumsvorbehalt sichert nicht nur die Kaufpreisforderung, sondern darüber hinaus noch weitere offene Forderungen des Verkäufers/Lieferanten gegen den Käufer. **Bedingung** für den Eigentumsübergang an der jeweiligen Sache ist somit nicht nur die vollständige Erfüllung der Kaufpreisforderung, sondern auch die Erfüllung weiterer Forderungen, meist sogar aller. 290

Praxistipp

Auch wenn die Kaufpreisforderung für die gelieferte Maschine bereits bezahlt ist, behält sich der Lieferant das Eigentum an der Maschine vor, bis auch alle weiteren Kaufpreisforderungen aus der zweiten Lieferung von z.B. Kühlschränken erfüllt und bezahlt sind.

Die Erweiterung kann sogar so weit gehen, dass ein **Kontokorrentvorbehalt** vereinbart wird, durch den auch alle zukünftigen Forderungen des Verkäufers aus der gesamten Geschäftsverbindung mit dem Käufer gesichert werden. Dagegen ist die Vereinbarung eines sog. **Konzernvorbehalts**, nach dem die Übereignung von der Erfüllung von Forderungen Dritter, die demselben Konzern wie der Verkäufer angehören, abhängt, gemäß § 449 Abs. 3 BGB unwirksam.[173] 291

---

172 BGH, Urteil vom 27.3.2008 – IX ZR 220/05.

173 BGH, Urteil vom 27.3.2008 – IX ZR 220/05.

Klauselmuster
Beispiel für den erweiterten Eigentumsvorbehalt

„**1.** Zur Sicherung sämtlicher bestehender und zukünftiger Forderungen des Verkäufers gegen den Käufer aus der zwischen dem Verkäufer und dem Käufer bestehenden Lieferbeziehung über ... behält sich der Verkäufer bis zur vollständigen Zahlung sämtlicher gesicherter Forderungen das Eigentum an ... (Kaufsache, nachfolgend „Vorbehaltsware" genannt) vor.
2. Der Käufer ist dazu verpflichtet, die Vorbehaltsware pfleglich zu behandeln und auf eigene Kosten gegen Feuer, Wasser und Diebstahl in Höhe des Neuwerts der Kaufsache zu versichern. Wird die Vorbehaltssache durch Dritte gepfändet, ist der Käufer dazu verpflichtet, auf das Eigentum des Verkäufers hinzuweisen und den Verkäufer unverzüglich schriftlich von der Pfändung zu informieren.
3. Kommt der Käufer mit der Zahlung einer Forderung nach Ziff. 1 in Verzug, so hat der Verkäufer das Recht, vom Kaufvertrag zurückzutreten und vom Kläger die Herausgabe der Vorbehaltssache zu verlangen."

292 Ein erweiterter Eigentumsvorbehalt kann im unternehmerischen Verkehr formularmäßig auch **in AGB** vereinbart werden. Sehen die AGB des Verkäufers einen erweiterten Eigentumsvorbehalt vor, so wird dieser nicht Vertragsinhalt, wenn die AGB des Käufers eine **Abwehrklausel** enthalten. Der erweiterte Eigentumsvorbehalt kann auch mit dem verlängerten Eigentumsvorbehalt verbunden werden.

293 Der Käufer erwirbt also Eigentum an der Vorbehaltsware, wenn erstmalig alle Forderungen aus der gesamten Geschäftsbeziehung erfüllt sind. Entsteht **danach** aus der Geschäftsbeziehung wieder eine **neue Forderung** gegen den Käufer, so lebt der Eigentumsvorbehalt nicht wieder auf, selbst wenn sich die entsprechende Vorbehaltsware noch beim Käufer auf Lager befindet. Eine anderslautende AGB-Klausel ist nach § 307 Abs. 2 Nr. 1 InsO unwirksam.

294 Ebenso wie beim verlängerten Eigentumsvorbehalt hat der Verkäufer nach Eintritt des Erweiterungsfalls in der **Insolvenz des Käufers** lediglich ein Recht zur abgesonderten Befriedigung, das sog. **Absonderungsrecht**. Ein Recht zur Aussonderung der jeweiligen Vorbehaltsware steht dem Verkäufer nicht zu.[174]

O. Kooperation und Abwicklung

295 Das **konstruktive Zusammenwirken** in Form eines Gebens und Nehmens gehört zur Grundlage eines jeden Austauschvertrages. Ein gewisses Maß an Kooperation ist folglich jedem Vertrag immanent, auch wenn es sich nicht um einen klassischen Kooperationsvertrag handelt.[175] Einzelne Vertragsklauseln zur Zusammenarbeit und

174 BGH, Urteil vom 27.3.2008 – IX ZR 220/05.
175 Zu diesem vgl. Rn 184 Kap. 7 „Kooperationsvertrag/Joint-Venture".

Abwicklung des Vertrages, können jedoch gerade bei größeren Transaktionen und komplizierten Projekten hilfreich sein um Haftungsfragen und Zuständigkeiten zu klären.

I. Mitwirkungshandlungen

Je nach Art der geschuldeten Leistung, kann eine **Mitwirkung der Gegenseite** zur ordnungsgemäßen Erfüllung **erforderlich** sein. Dieses Mitwirkungserfordernis kann in verschiedenen Erscheinungsformen auftreten zum Beispiel im **zur Verfügung Stellen von Gerätschaften** oder durch die **Gewährung von Zugang** zu bestimmten Betriebsbereichen. Es kann vertraglich vereinbart werden welches Entgegenkommen genau geschuldet ist und in welchem Zeitraum es zu erfolgen hat. 296

Praxistipp !
Es wird davon abgeraten dem Vertragspartner zur Leistungserbringung eigene Mitarbeiter weisungsabhängig zur Verfügung zu Stellen. Darin könnte ein unzulässiger Arbeitnehmerüberlassungsvertrag bestehen, wenn die Arbeitnehmerüberlassung nicht nur vorübergehend erfolgen soll,[176] vgl. § 1 AÜG.

Nimmt der Gläubiger einer Leistungsschuld eine solche Mitwirkungshandlung vertragswidrig nicht vor, kann er dadurch in den **Gläubigerverzug** gelangen und sich schadensersatzpflichtig machen. 297

Praxistipp !
Wird durch Vertrag vereinbart einen gemeinsamen Zweck zu erreichen oder zu fördern, kann die Vereinbarung so interpretiert werden, dass die Parteien eine Gesellschaft bürgerlichen Rechts nach §§ 705 ff. BGB gründen wollten. Die Gründung einer GbR kann mündlich, schriftlich oder konkludent erfolgen und hat verschiedene Rechtsfolgen für die Gesellschafter wie beispielsweise eine gesamtschuldnerische Haftung. Es empfiehlt sich in Kooperationsverträgen, aber auch bei Kooperationsklauseln einen Satz wie den folgenden aufzuführen:
„Durch diesen Vertrag soll zwischen den Parteien eine/keine Gesellschaft nach §§ 705 ff. BGB entstehen."

II. Ansprechpartner und Vertreter

Den Unternehmen steht es frei für die Durchführung des Vertrages eine oder mehrere Personen als **Ansprechpartner** zu nennen, die mit dem reibungslosen Ablauf der 298

176 BAG NJW 2014, 331, 334 Rn 32.

Vertragsabwicklung betraut sind. Diese können vom jeweiligen Unternehmen gemäß §§ 164 ff. BGB, §§ 55 ff. HGB im unterschiedlichen Maße und Umfang zur **Vertretung** befugt sein und im Namen des Unternehmens verbindliche Willenserklärungen abgeben.

Klauselmuster

„Frau/Herr A, geboren am ..., wohnhaft ..., ist von der X GmbH befugt, sämtliche Mitteilungen im Zusammenhang mit der Durchführung dieses Vertrages entgegenzunehmen und Erklärungen im Namen der X GmbH abzugeben"

Kombinierbare Beispiele für die Vertretungsmacht einschränkende Bestandteile:

- Hinsichtlich des Adressaten
  „...Erklärungen im Namen der X GmbH **gegenüber der Y GmbH...**"
- Hinsichtlich der Form
  „...Erklärungen im Namen der X GmbH in **Textform/schriftlich mit Unterschrift...**"
- Hinsichtlich der monetären Verfügungsrahmens
  „...Erklärungen im Namen der X GmbH bis zu einem Zahlungsbetrag von 5 000 EUR..."
- Hinsichtlich der zeitlichen Verfügungsbefugnis
  „...Erklärungen im Namen der X GmbH **bis zur Abnahme** des Werkes/Eigentumsübertragung an der Kaufsache/**bis zum 31.12.20XX...**"

---

299 Es ist auch möglich, dass ein Vertreter befugt wird, im **Namen beider Vertragsparteien gegenüber Dritten** Willenserklärungen abzugeben. Dafür müssten sich selbstverständlich beide Parteien dazu einverstanden erklären. Wird eine solche Vertretungsvereinbarung wie die letztere getroffen, ist es dringend anzuraten auch die Frage der **Kostenverteilung im Haftungsfalle** vertraglich zu vereinbaren.

Klauselmuster

„Als Koordinator der ordnungsgemäßen Vertragsdurchführung wird übereinstimmend Frau/Herr A, geboren am ..., wohnhaft ..., benannt."
Auch eine gemeinschaftliche Vertretung kann nahezu beliebig begrenzt werden, zum Beispiel durch die oben benannten Bestandteile. Sie kann auch auf verschiedene Einsatzbereiche beschränkt werden. Auch die Benennung mehrerer Organisatoren ist durchaus üblich.

---

300 Hat ein Unternehmen für sich einen Vertreter bestellt oder haben beide Unternehmen einen gemeinschaftlichen Vertreter zur Organisation der Vertragsausführung bestellt, ist ein solcher dazu befugt, **Untervollmachten** zu erteilen, soweit die Parteien ihm dies nicht vertraglich verbieten, dieses Recht beschränken oder es evident nicht im Interesse des Unternehmens bzw. der Unternehmer ist.[177]

---

177 *Valentin* in: Bamberger/Roth, Beck'scher Online-Kommentar BGB, Edition 33 Stand 1.11.2014, § 167 Rn 26 ff., 32 ff.

Auch eine bloße **Benachrichtigungspflicht** kann legitimer Teil der Vereinbarung sein und beiden Parteien Aufschluss über Ablauf und Fortschritt der Vertragsleistungen geben. Diesbezüglich kann die Form dieser Benachrichtigungen oder auch die empfangsberechtigte Person vereinbart werden. Es ist zudem möglich eine Pflicht zur regelmäßigen Zwischenberichterstattung zu vereinbaren 301

Klauselmuster

„§ ... Mitteilungspflicht

(1) Alle rechtsgeschäftlichen Willenserklärungen und andere Mitteilungen im Zusammenhang mit diesem Vertrag haben dem jeweiligen Empfänger in Textform durch persönliche Übergabe/per eingeschriebenen Brief/per Fax jeweils an die unten angegebenen Adressen zuzugehen, soweit durch zwingendes Recht keine andere Form vorgeschrieben ist:

(2) Für Mitteilungen an die X GmbH: ... [Adresse und eventuell Ansprechpartner hier angeben].

(3) Für Mitteilungen an die Y GmbH: ... [Adresse und eventuell Ansprechpartner hier angeben].“[178]

P. Geheimhaltung

Geheimhaltungsklauseln sind in der Praxis außerhalb bestehender Schutzrechte das einzige valide Mittel, um das unternehmerische Know-How zu schützen. Sie sollten daher mit besonderer Sorgfalt gestaltet werden. Da es sich regelmäßig um standardisierte Formulierungen handelt, ist besondere Rücksicht auf die Einhaltung der AGB-rechtlichen Vorschriften und der maßgeblichen Rechtsprechung zu legen. In diesem Zusammenhang spielt bei der Formulierung insbesondere das AGB-rechtliche Transparenzgebot des § 307 Abs. 1 Satz 2 BGB (Vertragsklauseln müssen klar formuliert werden) eine entscheidende Rolle. 302

So ist es verfehlt, in Geheimhaltungsvereinbarungen im Rahmen der Klausel, welche die Geheimhaltung statuiert, darauf abzustellen, dass „**Betriebs- und Geschäftsgeheimnisse**“ oder „**geheimes Know-How**“ jeweils geheim zu halten sind, ohne diese Begriffe näher zu definieren. Dies deshalb, weil im Rechtskreis der Bundesrepublik Deutschland weder für den Begriff „Betriebs- und Geschäftsgeheimnis“ noch „geheimes Know-How“ eine gesetzliche Definition besteht. Eine solche findet sich auch nicht in der Strafvorschrift des § 17 UWG. Selbst die Gruppenfreistellungsverordnung für den Technologietransfer, welche den Begriff „geheimes Know-How“ verwendet, lässt eine Definition vermissen. Vertragsklauseln, die jedoch Auslegungszweifel hinterlassen, verstoßen gegen das AGB-rechtliche Transparenzgebot und sind im Sinne des § 307 Abs. 1 Satz 2 BGB unwirksam. 303

178 *Fischer* in: Formularbuch Recht und Steuern, 8. Auflage 2014, Formular B. 21.08.

Klauselmuster
Für den Bereich des Betriebs- und Geschäftsgeheimnis kann folgende Definition sinnvoll sein: „Betriebs- und Geschäftsgeheimnisse in diesem Sinne sind Tatsachen, die im Zusammenhang mit einem Geschäftsbetrieb stehen, nicht offen für Kunden sind, sondern nur einem begrenzten Personenkreis bekannt sind, und nach dem bekundeten Willen des Betriebsinhabers geheim gehalten werden sollen, wenn dieser an deren Geheimhaltung ein besonderes wirtschaftliches Interesse hat."[179]

304 Als problematisch muss auch die Gestaltung einer nachwirkenden Geheimhaltungsverpflichtung angesehen werden. Abzuraten ist insbesondere von Klauseln, die nach Beendigung der sich aus der Geheimhaltungsvereinbarung ergebenen Rechtsverhältnisse und/oder bei Mitarbeitern nach Beendigung des Arbeitsverhältnisses eine unbeschränkte Geheimhaltungsverpflichtung auferlegen. Im B2B-Verkehr dürften solche Vereinbarungen gemäß § 307 BGB unwirksam sein, da sie den Vertragspartner wegen der damit einhergehenden dauernden Beweislastumkehr unzulässig benachteiligen. Im Bereich des Arbeitsrechtes würden sie dazu führen, dass faktisch jede Konkurrenztätigkeit des Arbeitnehmers unterbunden würde, was die Vereinbarung unwirksam werden lässt.[180]

305 Im Bereich des B2B-Verkehrs sollten nachwirkende Geheimhaltungsvereinbarungen den Zeitraum von zwei bis in Ausnahmefällen sechs Jahren, im Bereich des Arbeitsrechtes einen Nachwirkungszeitraum von zwei Jahren nach Beendigung des Arbeitsverhältnisses nicht überschreiten.[181]

306 Bedenklich kann es dem gegenüber auch sein, in Geheimhaltungsklauseln auf „alle ausgetauschten Informationen" abzustellen. Insoweit ist zu vergegenwärtigen, dass der Informationsempfänger bei einer Vielzahl übermittelter Informationen nicht nur das Geheimhaltungscontrolling bewerkstelligen muss, sondern im Zweifel auch die Beweislast dafür trägt, dass er nach den nachbezeichneten Ausnahmen die entsprechenden Informationen weiter verwenden darf.

307 Mit Hinblick darauf, dass Geheimhaltungsklauseln in aller Regel sinnvollerweise vertragsstrafenbewährt vereinbart werden, gleichzeitig aber die Rechtsprechung einheitliche Vertragsstrafenhöhen für die unberechtigte Weitergabe irrelevanter und relevanter geheim zu haltender Informationen kritisch gegenüber steht, kann es sich darüber hinaus anbieten, hinsichtlich der geheim zu haltenden Informationen zwischen wesentlichen geheimhaltungsbedürftigen Informationen und weniger wesentlichen bzw. unwesentlichen geheimhaltungsbedürftigen Informationen zu trennen.

179 BAG in NZA 2010, 180; *Schmitt/Reinsch* in: Niebling, AnwaltKommentar AGB-Recht, 2. Auflage 2014, S. 208 Rn 104.
180 BAG in NZA 1999, 200.
181 BAG in NZA 1999, 200.

Problematisch ist stets im Sinne des Geheimhaltungscontrollings auch die **Überlassung mündlicher Informationen**. Hier ist in jedem Fall zu empfehlen, dass diese einer Geheimhaltungsverpflichtung nur dann unterliegen, wenn sie bei der Übermittlung als vertraulich gekennzeichnet werden und innerhalb eines zeitnahen Korridors noch einmal schriftlich oder in Textform gegenüber der empfangenden Partei als vertraulich zusammengefasst werden. 308

Beispiel
„Vertrauliche Informationen" bedeutet alle finanziellen, technischen, rechtlichen, steuerlichen, die Geschäftstätigkeit der informierenden Partei oder ihrer Lieferanten oder mit ihr gesellschaftsrechtlich gemäß § 15 AktG verbundener Unternehmen betreffende Informationen, oder sonstige Informationen (einschließlich Daten und Aufzeichnungen) und geheimes Know How, d.h. identifizierbare Erkenntnisse, die nur einem eng begrenzten Personenkreis zugänglich sind, objektiv individualisierbar sind und einen kommerziellen Wert besitzen, die eine Partei (nachfolgend „überlassene Partei") der anderen Partei (nachfolgend „informierte Partei") im Zusammenhang mit der Geschäftsbeziehung überlässt, vorausgesetzt:

- dass diese, wenn schriftlich oder elektronisch überlassen, als vertrauliche Informationen gekennzeichnet, als solche beschrieben oder in einer anderen Weise als solche eindeutig erkennbar sind; oder
- dass diese, wenn mündlich oder visuell überlassen, bei der Überlassung von der überlassenden Partei als vertrauliche Informationen deklariert sind und nachfolgend schriftlich oder in Textform von ihr gegenüber der informierten Partei zusammengefasst werden. Diese Zusammenfassung ist innerhalb von 14 Kalendertagen nach der Überlassung an die informierte Partei mit der Kennzeichnung „vertrauliche Informationen" zu übermitteln, wobei der Zugang maßgeblich ist.

Unterlässt die überlassende Partei dies, so gelten die offengelegten Informationen nicht mehr als vertraulich!

I. Lösungsansatz NDA-Officer

Zur Lösung der Problematik hat sich wie im amerikanischen Rechtskreis bereits die Implementierung eines sog. **NDA-Officers** bewährt. Dieser Begriff bezeichnet eine Person oder Stelle, über die ausschließlich alle geheim zu haltenden Informationen vermittelt werden dürfen/können, damit sie der Geheimhaltungsverpflichtung unterliegen. 309

Im Rahmen zunehmender Informationsflut beim Austausch von Informationen zwischen Unternehmen ermöglicht der NDA-Officer nicht nur eine Kanalisierung der Informationen, sondern vermeidet auch, durch ein nicht mehr zu beherrschendes Geheimhaltungscontrolling in ein unangenehmes Szenario wegen erhaltener Informationen und in Vertragsstrafen zu laufen. 310

Zwingend erforderlich ist allerdings, – nicht zuletzt vor umfangreichen, zeitlich lang andauernden Projekten oder Geschäftsbeziehungen zwischen Unternehmen – eine Regelung für den Fall zu treffen, in dem der NDA-Officer (sollte es sich um eine 311

Person handeln) ausfällt oder aus dem Unternehmen des Informationsempfängers ausscheidet.

II. Ausnahmen von der Geheimhaltungsverpflichtung

312 Geheimhaltungsklauseln, welche nicht die erforderlichen Ausnahmen von der Geheimhaltungsverpflichtung vorsehen, verstoßen individualvertraglich gegen § 138 BGB, in standardisierter Form gegen § 307 BGB. Der Begriff zur Überschrift des § 17 des Gesetzes gegen den unlauteren Wettbewerb (UWG) – Verrat von Betriebs- und Geschäftsgeheimnissen – bleibt jedoch auch dort ohne gesetzgeberische Definition.

313 Regelmäßig wird festzustellen sein, dass das, was betrieblich gesichert werden soll, gerade nicht als Betriebs- und Geschäftsgeheimnis im Sinne der Rechtsprechung verstanden wird. Als Orientierungshilfe kann die Kommentierung zu § 17 UWG einerseits und andererseits die Rechtsprechung des BAG herhalten. Hiernach sind Betriebs- und Geschäftsgeheimnisse nur Tatsachen, die im Zusammenhang mit einem Geschäftsbetrieb stehen, nicht offenkundig sind, sondern nur einem unbegrenzten Personenkreis bekannt sind und nach dem bekundeten Willen des Betriebsinhabers geheim gehalten werden sollen, und der Betriebsinhaber an deren Geheimhaltung ein berechtigtes wirtschaftliches Interesse hat.[182]

314 Ähnlich verhält es sich mit dem Begriff „geheimes Know How“. Auch hierfür gibt es im Rechtskreis der Bundesrepublik Deutschland keine ausreichende Definitionsgrundlage. Letztlich lassen sich hierfür aber dieselben Maßstäbe anlegen wie in der vorangehenden Definition des Betriebs- und Geschäftsgeheimnisses.

! **Praxistipp**
Wird in Geheimhaltungsklauseln auf die Begrifflichkeiten „Betriebs- und/oder Geschäftsgeheimnis“ und/oder „geheimes Know How“ Bezug genommen, müssen diese zwingend zur Herstellung der Justiziabilität in der Klausel definiert werden.

---

315 In jedem Fall müssen Ausnahmen für diejenigen Fälle vorgesehen sein, in denen das Geheimhaltungsinteresse des die Information offenbarenden Partners entfällt, die Information zwingend Dritten zu offenbaren ist, oder zwingend an Dritte weitergegeben werden muss damit der Vertragszweck erreicht wird.

316 Folgende Ausnahmen sind daher insbesondere in Geheimhaltungsklauseln vorzusehen, wenn die Information
– zum Zeitpunkt der Offenbarung allgemein bekannt oder vom Informationsgeber veröffentlich ist;

182 BGH in NZA 2010, 180; Schmitt/Reinsch, in: Niebling, AnwaltKommentar AGB-Recht, 2. Auflage 2014, X Geheimhaltungspflichten S. 208 Rn 103.

- zum allgemeinen Fachwissen oder Stand der Technik gehört;
- der konkret empfangenden Partei individuell bekannt ist (insoweit bietet es sich an, eine Verpflichtung aufzunehmen, nach der binnen kurzer Zeit nach Informationsvermittlung über die vorherige individuelle Kenntnis zu informieren ist);
- allgemein bekannt wird, ohne dass die zur Geheimhaltung verpflichtete Partei schuldhaft hierzu beigetragen hat;
- von der empfangenden Partei selbstständig und unabhängig von der vertraulichen Information bekannt und/oder entwickelt wird (auch hier bietet sich eine entsprechende zeitnahe Informationspflicht gegenüber dem Informationsgeber an);
- entsprechend gesetzlich zwingender Vorschriften oder behördlicher Anordnung offenbart werden muss;
- die Weitergabe an Dritte zur Vertragsabwicklung dringend erforderlich ist (wobei dies konditional unter den Abschluss einer entsprechenden Geheimhaltungsvereinbarung im B2B-Verkehr und einer arbeitsrechtlich zulässigen Vereinbarung gegenüber Arbeitnehmern gestellt werden kann).

Klauselmuster

Für den Fall, dass die geheimhaltungsverpflichtete Partei zwingend die Informationen offenbaren muss, ist es sinnvoll, eine Mitwirkungsklausel zum Schutze der zu offenbarenden Informationen zugunsten des Informationsgebers zu implementieren. Dies z.B. wie folgt:

„Falls die informierte Partei oder den Repräsentanten eine Verpflichtung trifft, vertrauliche Informationen offenzulegen, wird sie/er:

- die überlassende Partei von der Verpflichtung unverzüglich schriftlich unterrichten und sie dabei unterstützen, die vertraulichen Informationen – soweit möglich – zu schützen oder gerichtlich schützen zu lassen, und
- soweit keine anderen Schutzmaßnahmen getroffen werden, nur solche vertraulichen Informationen offenlegen, die aufgrund der Verpflichtung offen gelegt werden müssen und sich nach besten Kräften bemühen, dass die offen gelegten vertraulichen Informationen möglichst entsprechend der getroffenen Geheimhaltungsvereinbarung behandelt werden.

„Repräsentanten" bedeutet insofern verbundene Unternehmen im Sinne von § 15 AktG, Organe, Mitarbeiter, Bevollmächtigte, Berater, Subunternehmer, sonstige Erfüllungsgehilfen der informierten Partei, die von den vertraulichen Informationen im Zusammenhang mit der Geschäftsbeziehung nach Einschätzung der informierten Partei Kenntnis erlangen müssen oder durch Übermittlung seitens der informierten Partei Kenntnis erlangen."

III. Ablehnungsrecht

Um zu vermeiden, dass durch eine Beweislastumkehr hinsichtlich der Ausnahmen 317
von einer Geheimhaltungsverpflichtung insbesondere bei vertragsstrafenbewährten Geheimhaltungsverpflichtungen bestimmte Informationen nicht verwerten werden

dürfen, sollte ein Ablehnungsrecht in eine solide Geheimhaltungsvereinbarung aufgenommen werden.

Klauselmuster
„Ein Anspruch auf die Zurverfügungstellung von Informationen besteht nicht, soweit sich ein solcher nicht aus weiteren zwischen den Parteien geschlossenen vertraglichen Vereinbarungen ergibt. Jede Partei erhält das Recht, die Annahme von vertraulichen Informationen vor der Überlassung abzulehnen. Vertrauliche Informationen, die trotz der vorherigen ausdrücklichen Ablehnungserklärung der Annahme überlassen worden sind, unterliegen nicht den Verpflichtungen dieser Geheimhaltungsvereinbarung."

IV. Vermeidung von Vorveröffentlichungen

318 Die Übermittlung geheimhaltungsbedürftiger Informationen kann im patentrechtlichen Sinne eine der Schutzrechtserlangung entgegenstehende Vorveröffentlichung bedeuten.

Praxistipp
Handelt es sich bei den ausgetauschten Informationen um solche, die schutzrechtsrelevant sein können, ist zu vereinbaren, dass der Informationsempfänger die Information nicht nur geheim hält, sondern diese auch einer späteren Schutzrechtsanmeldung nicht als Vorveröffentlichung entgegenhält.

V. Gewährleistung und Haftung für übermittelte Informationen

319 Regelmäßig stellen die Informationsvermittlung und der damit einhergehende Abschluss von Geheimhaltungsvereinbarungen ein Schutzverhältnis im Sinne von § 311 BGB in Verbindung mit § 241 BGB dar.

320 Regelmäßig wird versucht, in Geheimhaltungsvereinbarungen durch pauschale Formulierungen wie *„die Gewährleistung und Haftung für die übermittelten Informationen ist ausgeschlossen"* Schadensersatzansprüche nach §§ 311, 280 BGB zu vermeiden. Derartige Ansätze sind vor dem Hintergrund, dass es sich regelmäßig um AGB-Klauseln handelt, untauglich, da derartige Klauseln nach § 307 BGB eine unzulässige Benachteiligung des Vertragspartners darstellen. Insoweit bieten sich lediglich zwei Lösungsmöglichkeiten an.

Praxistipp
Um eine Haftung für übermittelte Informationen zu vermeiden, ist in der Geheimhaltungsvereinbarung klarzustellen, dass zunächst eine Verpflichtung zur Übermittlung von Informationen nicht besteht. Darüber hinaus ist eine Formulierung aufzunehmen, nach der die Information nur in der beim Informationsübermittler vorliegenden Form (unrichtig oder falsch) geschuldet ist.

„Die übermittelnde Partei schuldet die Informationen nur in der Form, wie sie bei ihr vorliegen. Eine Prüfungspflicht für die Richtigkeit der Informationen besteht nicht."
Alternativ ist eine den Nuancen des AGB-Rechts entsprechende Haftungsausschluss- und Begrenzungsklausel[183] in die Geheimhaltungsvereinbarung zu implementieren."

VI. Vertragsstrafenklauseln[184]

In Bezug auf Geheimhaltungsvereinbarungen ist darüber hinaus die Rechtsprechung zu beachten, nach der die Höhe einer Vertragsstrafe in einer angemessenen Relation zu dem durch den Geheimnisverrat entstehenden Schaden stehen muss. Nun sind aber nicht alle übermittelten Informationen der überlassenden Partei an die empfangende Partei bei der überlassenden Partei gleich schadensträchtig. Es ist daher zu empfehlen, bei den übermittelten Informationen zwischen wesentlichen vertraulichen Informationen und weniger wesentlichen vertraulichen Informationen zu unterscheiden und diese Unterscheidung ebenfalls in einer differenzierten Vertragsstrafenregelung abzubilden. 321

VII. Laufzeit und Beendigung von Geheimhaltungsvereinbarungen

Oft werden im Wirtschaftsverkehr rudimentäre Klauseln verwandt, wie etwa „Diese Geheimhaltungsvereinbarung endet mit der Zusammenarbeit der Parteien. Die Geheimhaltungsverpflichtung gilt auch nach Ende der Zusammenarbeit fort.". Derartige Klauseln sind zunächst unjustiziabel, da sich oft nicht feststellen lässt, wann die Zusammenarbeit tatsächlich beendet ist. Dies ist nur dann anders, wenn eine explizite Kündigungsregelung für die Zusammenarbeit und/oder die Geheimhaltungsvereinbarung in selbiger implementiert wird, was dringend zu empfehlen ist. 322

Darüber hinaus sind Fortgeltungsklauseln für eine Geheimhaltungsverpflichtung dahingehend, dass sie dem Vertragspartner eine unendliche Geheimhaltungsverpflichtung auferlegen, individualvertraglich sittenwidrig nach § 138 BGB und in standardisierter Form eine unzulässige Benachteiligung des Vertragspartners nach § 307 BGB. Dies deshalb, weil der Vertragspartner quasi mit einer lebenslangen Beweislastumkehr (er muss die Ausnahmen für die Verwendbarkeit der übermittelten Informationen beweisen) in unzumutbarer Weise belastet wird. Dies obwohl möglicherweise bereits seit langer Zeit ein Geheimhaltungsinteresse der die Information übermittelnden Partei nicht mehr besteht. 323

183 Dazu ab Rn 7 Kap. 8 „Haftung".
184 Zu Vertragsstrafenklauseln siehe im Einzelnen ab Rn 111 Kap. 8.

Praxistipp
Insbesondere in standardisierten Fortgeltungsklauseln (jedoch nicht nur dort) sollte der Fortwirkungszeitraum für die Geheimhaltungsverpflichtung unter Abwägung der wechselseitigen Parteiinteressen an der Geheimhaltung und den Belastungen aus einer Beweislastumkehr ausgerichtet werden. Regelmäßig werden dabei Nachwirkungszeiträume in standardisierten Fortgeltungsklauseln von zwei bis vier Jahren unproblematisch, von vier bis zehn Jahren die Ausnahme und darüber hinausgehende Zeiträume unzulässig sein.

VIII. Wahl des Gerichtsstandes bei Geheimhaltungsvereinbarungen

324 Oft werden Geheimhaltungsvereinbarungen/-klauseln in umfangreiche Vertragswerke implementiert. Diese unterliegen oft einer schiedsgerichtlichen Regelung. Dabei wird häufig übersehen, dass im Falle des Geheimnisverrates der einstweilige Rechtsschutz zumeist die einzige Möglichkeit ist, den Geheimnisverrat im Ansatz zu stoppen oder die Folgen gering zu halten.

Praxistipp
Wird in einer Vereinbarung, die eine Geheimhaltungsklausel enthält, eine schiedsgerichtliche Regelung implementiert, so ist zwingend eine Ausnahme für die Fälle des einstweiligen Rechtsschutzes, insbesondere für ein Vorgehen aus der Geheimhaltungsklausel, vorzunehmen.
Beispiel: „... die Parteien vereinbaren für alle Streitigkeiten aus und im Zusammenhang mit dieser Vereinbarung unter Ausschluss des ordentlichen Rechtsweges ein Schiedsverfahren nach den Regelungen der .... Für Maßnahmen des einstweiligen Rechtsschutzes verbleibt es jedoch bei der ordentlichen Gerichtsbarkeit. Insoweit vereinbaren die Parteien als ausschließlichen Gerichtsstand ....“

Q. Wettbewerbsverbote

325 Wer vertraglich damit betraut ist, die Interessen seines Vertragspartners zu vertreten, unterliegt häufig einem vertraglichen oder gesetzlichen Wettbewerbsverbot. Unter solchen Verboten versteht man die **Untersagung oder Einschränkung** der **wirtschaftlichen Betätigung** für solche **andere Unternehmen**, die mit dem Vertragspartner in Wettbewerb stehen. Gesetzlich sind solche Verbote bei den Vertragsverhältnissen vorgeschrieben, die die **Interessenwahrung** des anderen Teils mitunter **als wesentliche Pflicht** beinhalten. So unterliegen persönlich haftende Gesellschafter einer OHG, §§ 112, 113, 165 HGB, Vorstandsmitglieder einer AG, § 88 AG, und Handlungsgehilfen, also Arbeitnehmer, § 60 HGB, einer gesetzlichen Wettbewerbseinschränkung.

326 Wettbewerbsverbote können **während** oder auch für eine **Zeit nach dem Vertragsverhältnis** bestehen. Abhängig davon für wann es gilt, sind auch die Ansprüche an die Angemessenheit der Wettbewerbsverbote unterschiedlich. Grundsätzlich

gelten gesetzliche Wettbewerbsverbote als Konkretisierung der Rücksichtnahme- und Treuepflichten aus § 241 Abs. 2 BGB,[185] gehen aber in ihrem Umfang über bloße Betriebsgeheimniswahrung oder den Schutz von Kundenlisten hinaus.

Nachfolgend werden zunächst die gesetzlichen Ausgestaltungen von Wettbe- 327
werbsverboten erläutert. Sodann werden Möglichkeiten der vertraglichen Ausgestaltung solcher Verbote aufgezeigt. Ausführungen zu wettbewerbsrechtlichen Beschränkungen in der Vertragsgestaltung finden sich ab Rn 315 Kap. 6 „Wettbewerbsrecht“.

I. Überblick gesetzliche Regelungen

1. Wettbewerbsverbot des Handlungsgehilfen

Wer in einem Handelsgewerbe zur Leistung kaufmännischer Dienste gegen Entgelt 328
angestellt ist, gilt als Handlungsvertreter, § 59 Satz 1 HGB. Die Wettbewerbsverbote während, §§ 60, 61 HGB, und nach Beendigung des Vertrages, § 74 HGB, gelten jedoch in **analoger Anwendung** gemäß der ständigen Rechtsprechung des Bundesarbeitsgerichtes auch für **sonstige Arbeitnehmer**, sowie dem Bereich der **freien Berufe**, beispielsweise Ärzte, Anwälte, Architekten, und bei solchen Arbeitgebern, die kein Handelsgewerbe betreiben.[186] Für **Prokuristen** und **Handlungsbevollmächtigte** gilt das Wettbewerbsverbot aus § 60 HGB nur, wenn sie auch Arbeitnehmer sind.[187] Bei **Auszubildenden und Volontäre** wirkt das Wettbewerbsverbot über § 10 Abs. 2 BBiG,[188] welcher besagt, dass die Rechtsgrundsätze zum Arbeitsvertrag auf das Ausbildungsverhältnis anzuwenden sind.

Zum persönlichen Geltungsbereich des Wettbewerbsverbotes für Handlungsver- 329
treter aus **§ 60 HGB gelten jedoch nicht** jene, deren Tätigkeitspflicht auf einem bloßen **Dienstvertrag** beruht. Das heißt auch Handelsvertreter werden nicht von § 60 HGB erfasst. Für sie gelten lediglich Einschränkungen aus ihren allgemeinen Interessenwahrungspflichten aus § 241 Abs. 2 BGB, aber dazu später mehr, vgl. Rn 346 Kap. 8.

a) Während des Vertragsverhältnisses

Gemäß § 60 Abs. 1 HGB darf der Handlungsgehilfe ohne Einwilligung des Prinzipals 330
weder ein Handelsgewerbe betreiben noch in dem Handelszweig des Prinzipals für

185 Zu §§ 60, 74 ff. BAG NZA 2007, 1436, 1437, Rn 17.
186 BAG NZA 2007, 1436, 1437, Rn 17 f.
187 *Weber* in Großkomm. HGB, 5A, § 60 Rn 4.
188 BAG NZA 2007, 977, 978 Rn 16 f.

eigene oder fremde Rechnung Geschäfte machen. Der Begriff „Prinzipal" ist dabei ein alter Ausdruck für den Vertragsarbeitgeber.[189]

331 Der **zeitliche** Anwendungsbereich eines Wettbewerbsverbotes beschränkt sich auf die **Dauer des rechtlichen Vertrages**. Es **beginnt** mit dem vertraglichen Zeitpunkt der Arbeitsaufnahme und zwar auch dann, wenn der Arbeitnehmer seinen Dienst nicht antritt.[190] Es gilt bis zum **vertraglich vereinbarten Ende** des Anstellungsverhältnisses. Auch hier kommt es nur auf den rechtlich festgelegten Zeitpunkt und nicht auf die tatsächliche Arbeitsniederlegung oder Suspendierung an.[191]

332 **Vorbereitungshandlungen** für eine zukünftige Tätigkeit sind nur **erlaubt**, sofern sie die Geschäftsinteressen des Arbeitgebers nicht gefährden.[192] § 60 HGB verbietet somit während der Vertragszeit den **Betrieb eines Handelsgewerbes** und **Geschäfte im Handelszweig** des Arbeitgebers.

333 Das Verbot des **Betreibens eines Handelsgewerbes** wird, um nicht gegen die Berufsfreiheit aus Art. 12 Grundgesetz zu verstoßen, dahingehend verfassungskonform ausgelegt, dass das Betreiben eines Handelsgewerbes im Handelszweig des Arbeitgebers verboten ist. Es gilt also dann, wenn die Gefahr besteht, dass dem Arbeitgeber durch die Nebentätigkeit geschadet werden kann.[193] Ob eine **tatsächliche Verletzung** der Interessen des Arbeitgebers vorlag oder nicht, ist dabei **nicht relevant**, solange der Handlungsgehilfe im **Marktbereich des Arbeitgebers** Dritten Leistungen erbringt oder auch nur anbietet.[194] Vorbereitungshandlungen, die die Interessen des Arbeitgebers nicht unmittelbar angreifen, sind somit auch nicht von diesem Tatbestand umfasst.[195] Ob die bloße kapitalmäßige Beteiligung an einem anderen Handelsunternehmen als Betrieb eines Handelsgewerbes zu verstehen ist, ist umstritten,[196] wird aber für ein **Tätigwerden als Organ** einer Kapitalgesellschaft bejaht.[197]

334 Das Betreiben eines Handelsgewerbes als Tatbestandsmerkmal des § 60 Abs. 1 HGB wurde somit stark dem Merkmal der **Geschäfte im Handelszweig** des Arbeitgebers angenähert. Für dieses Merkmal ist egal, ob die Geschäfte auf **eigene oder**

189 *Oetker* in: Erfurter Kommentar zum Arbeitsrecht, 15. Auflage 2015, § 60 HGB Rn 1; *Weber* in Großkomm. HGB, 5A, § 60 Rn 14.
190 MüKo-HGB/*von Hoyningen-Huene* § 60 Rn 14.
191 BAG BB 1970, 2014, 215; MüKo-HGB/*von Hoyningen-Huene* § 60 Rn 12.
192 BAG BB 1979, 325, 326.
193 BAG BB 1970, 1134, 1135.
194 Hessisches LAG BB 1998, 1899.
195 BAG BB 1972, 1056.
196 Kapitalbeteiligung kein „Betrieb eines Handelsgewerbes", aber möglicherweise „Geschäft im Handelszweig des Arbeitgebers so Ebenroth/Boujong/Joost/Strohn/*Boecken* § 60 Rn 21; *Weber* in Großkomm. HGB, 5A, § 60 Rn 17; andere Ansicht LAG Köln BB 1995, 679.
197 BAG NJW 1962, 1365, 1367.

fremde Rechnung getätigt werden. Unter „Geschäftemachen" im Sinne des § 60 Abs. 1 HGB ist jede, wenn auch nur spekulative, auf **Gewinnerzielung** gerichtete Teilnahme am geschäftlichen Verkehr zu verstehen, die nicht nur zur Befriedigung eigener privater Bedürfnisse des Handlungsgehilfen erfolgt.[198] Das Geschäftemachen muss nicht auf Dauer angelegt sein, sondern stellt auch schon bei einem **einmaligen Abschluss** einen Verstoß gegen das Wettbewerbsverbot dar.[199]

Dem Arbeitgeber steht es frei das Wettbewerbsverbot jederzeit durch **Einwilligung** aufzuheben. Sie kann auch **konkludent** oder **stillschweigend** erfolgen, wenn der Handlungsgehilfe das Verhalten des Arbeitnehmers als Einwilligung verstehen durfte.[200] Nach § 60 Abs. 2 HGB gilt die Einwilligung zum Betrieb eines Handelsgewerbes als erteilt, wenn dem Arbeitgeber bei der Anstellung des Gehilfen bekannt ist, dass er das Gewerbe betreibt, und der Arbeitgeber die Aufgabe des Betriebs nicht ausdrücklich vereinbart. 335

Verletzt der Handlungsgehilfe die ihm nach § 60 HGB obliegende Verpflichtung, so kann der Prinzipal als **Rechtsfolge** nach § 61 Abs. 1 HGB **Schadensersatz** fordern. Der entstandene Schaden besteht dabei regelmäßig im entgangenen Gewinn. 336

Statt des Schadensersatzes kann er verlangen, dass der Handlungsgehilfe die für eigene Rechnung gemachten Geschäfte **als für Rechnung des Prinzipals eingegangen gelten lasse** und die aus Geschäften für fremde Rechnung bezogene **Vergütung herausgebe** oder seinen **Anspruch auf die Vergütung abtrete**. Der Arbeitgeber hat demnach die Wahl entweder Schadensersatz für ihm entstandene Schäden zu beanspruchen oder dem Arbeitnehmer gegenüber von seinem **Eintrittsrecht** Gebrauch zu machen, also die positiven Folgen des wettbewerbswidrigen Geschäftes an sich zu ziehen. Zu bedenken ist dabei, dass das wettbewerbsverbotswidrige Geschäft als Ganzes nicht automatisch an den Arbeitgeber abgetreten wird oder etwa wie bei einem Verstoß gegen die Sittenwidrigkeit nichtig wird, vgl. § 138 BGB. Vielmehr ist er nur im **Innenverhältnis** vom Handlungsgehilfen so zu stellen, als hätte der Handlungsgehilfe das Geschäft für ihn abgeschlossen. Der Arbeitnehmer bleibt weiter Vertragspartner des Dritten, hat das Geschäft durchzuführen und eventuelle Aufwendungen zu tätigen. Letztere müssen sodann vom Arbeitgeber erstattet werden, welcher wiederum die Vergütung bzw. den Umsatz, welche der Arbeitnehmer für das Geschäft erzielt hat, erhält. Wurde diese Vergütung noch nicht bezahlt, hat er Anspruch auf Abtretung des Vergütungsanspruchs.[201] 337

198 BAG NJW 1962, 1365, 1366.

199 *Weber* in Großkomm. HGB, 5A, § 60 Rn 25.

200 Baumbach/Hopt/*Roth* § 60 Rn 7; MüKo-HGB/*von Hoyningen-Huene* § 60 Rn 26.

201 MüKo-HGB/*von Hoyningen-Huene* § 61 Rn 17, 22; *Weber* in Großkomm. HGB, 5A, § 61 Rn 17.

338 Sowohl der Schadensersatzanspruch als auch das Eintrittsrecht nach § 61 Abs. 1 HGB setzen dabei einen **mindestens fahrlässigen Wettbewerbsverstoß** voraus. Sie sind also gerade nicht verschuldensunabhängig.[202]

339 Darin erschöpfen sich jedoch nicht die Ansprüche des Arbeitgebers. Er hat darüber hinaus auch ein **Auskunftsrecht** über das Ausmaß des Wettbewerbsverbotsverstoßes gegenüber dem Arbeitnehmer nach Treu und Glauben § 242 BGB in Verbindung mit dem Anstellungsvertrag.

! **Praxistipp**
Eine Auskunftspflicht besteht regelmäßig bei solchen Rechtsverhältnissen, deren Natur es mit sich bringt, dass der Anspruchsberechtigte in entschuldbarer Weise über Bestehen und Umfang seines Rechts im Ungewissen ist, wohingegen der Verpflichtete ohne große Schwierigkeiten Auskunft erteilen kann.[203] Der Verpflichtete kann notfalls auch auf Auskunft verklagt werden.

340 Ferner kann er den Arbeitnehmer auf **Unterlassung** verklagen[204] und diesen Unterlassungsanspruch auch im Wege einer einstweiligen Verfügung durchsetzen.[205] Der Verstoß gegen das Wettbewerbsverbot bietet zudem einen wichtigen Grund für eine **außerordentliche Kündigung**.[206] Bei dieser ist bei Bagatellverstößen eine vorherige Abmahnung erforderlich, bei einem schwerwiegenden Vertrauensbruch jedoch nicht.[207]

341 Zu beachten ist die verkürzte Verjährungsfrist aus § 61 Abs. 1 HGB. Demnach muss der Prinzipal die Ansprüche nach drei Monaten geltend machen, nachdem er Kenntnis erlangt hat oder grob fahrlässig hätte erlangen müssen. Entscheidend ist nicht die Kenntnis von allen Einzelheiten, sondern die grundsätzliche Kenntnis vom Vertragsschluss.[208] Unabhängig von der Kenntnis verjähren die Ansprüche fünf Jahre nach Abschluss des Geschäftes bzw. Aufnahme des Handelsgewerbes.

b) Nach Vertragsende

342 Wurde der Anstellungsvertrag des Handlungsgehilfen beendet, endet auch seine Pflicht aus § 60 HGB. Zwar erkennt der Gesetzgeber ein grundsätzliches Interesse des Arbeitgebers an, dass diesem eine Anstellung der ehemaligen Mitarbeiter bei

---

202 LAG Rheinland-Pfalz BeckRS 2007, 45727; MüKo-HGB/*von Hoyningen-Huene* § 61 Rn 8; *Weber* in Großkomm. HGB, 5A, § 61 Rn 7.
203 MüKo-HGB/*von Hoyningen-Huene* § 61 Rn 24 f.
204 BAG in DB 1970, 497, 498.
205 LAG Düsseldorf in DB 1972, 878; LAG Baden-Württemberg BB 1968, 708.
206 LAG Rheinland-Pfalz in NZA-RR 1998, 496 = BB 1998,1318.
207 *Weber* in Großkomm. HGB, 5A, § 61 Rn 4.
208 *Weber* in Großkomm. HGB, 5A, § 61 Rn 23.

einem Konkurrenten widerstrebt, jedoch wird dieses als untergeordnet gegenüber dem Interesse des Arbeitnehmers an einem beruflichen Fortkommen gewertet. Dies trägt auch dem Recht auf Selbstbestimmung des Arbeitnehmers aus Art. 12 Abs. 1 GG Rechnung.[209] Nach Beendigung ist der **Arbeitnehmer** daher grundsätzlich **nicht gehindert**, seine rechtmäßig erlangten beruflichen Kenntnisse und Erfahrungen zu verwerten und vielleicht auch mit seinem ehemaligen Arbeitgeber in Konkurrenz zu treten.[210]

Dem Arbeitgeber steht es allerdings frei ein Wettbewerbsverbot von **bis zu zwei** 343
Jahren mit dem Arbeitnehmer **vertraglich** zu vereinbaren. Dies ist jedoch nur gegen eine **angemessene Entschädigung** und in den Schranken der §§ 74 bis 75d HGB möglich. Diese Normen bestimmen die Berechnung des Mindestbetrages der Karenzentschädigung, die Anrechnung anderweitigen Erwerbes, Formerfordernisse der vertraglichen Vereinbarung, die Maximaldauer eines solchen Wettbewerbsverbotes, sowie die Rechtsfolgen bei Verstößen. Sie bezwecken, den wirtschaftlich abhängigen Arbeitnehmer vor einem übereilten Verzicht auf seine Karenzentschädigung zu schützen. Sie gelten sowohl für Handlungsgehilfen wie Arbeitnehmer, aber auch für Vereinbarungen mit arbeitnehmerähnlichen Personen.[211]

Regelungsfalle !

Für Volontäre und Auszubildende ist ein vertragliches Wettbewerbsverbot nach Beendigung des Anstellungsverhältnisses zu keinem Zeitpunkt möglich, vgl. §§ 12 Abs. 1, 26 BBiG.

Auch ein Wettbewerbsverbot, welches Leiharbeitern verbietet vom Entleiherbetrieb übernommen zu werden, ist unwirksam, vgl. § 9 Nr. 4 AÜG.

Die Normen §§ 74 bis 75d HGB gelten jedoch nur für solche Wettbewerbsverbote 344
nach Beendigung des Arbeitsverhältnisses, die **vor oder bei Beginn** oder **während des Arbeitsverhältnisses** vertraglich vereinbart wurden, **nicht** jedoch für solche **Vertragsvereinbarungen, die nach Beendigung** getroffen werden.[212] In solchen Konstellationen befindet sich der Arbeitnehmer nicht mehr in wirtschaftlicher Abhängigkeit und ist nicht mehr so schutzwürdig wie während der Vertragslaufzeit. Vertragliche Wettbewerbsverbote, die nach Arbeitsvertragsende geschlossen werden, können daher auch **ohne Karenzentschädigung** oder in Verbindung mit einer **einmaligen Zahlung** verbunden werden, welche unter dem gesetzlichen Mindestbetrag liegen kann.[213]

---

209 BGH VersR 1983, 1185.
210 BAG VersR 1994, 501.
211 LAG Köln NZA-RR 2000, 19, 20.
212 BAG BB 1968, 1120.
213 BAG BB 1968, 1288.

345 Auch hier kann ein Verstoß dazu führen, dass der Arbeitgeber Anspruch auf **Unterlassung** oder **Schadensersatz** hat, sowie **Rücktrittrechte** geltend machen kann oder auch die **Karenzentschädigung** zum Teil oder ganz wegfällt. Über die Ausmaße des Wettbewerbsverstoßes hat auch hier der Arbeitgeber einen **Auskunftsanspruch** gegen den Arbeitnehmer.

2. Wettbewerbsverbot für Handelsvertreter

346 Auch beim Handelsvertreter ist die Zeit vor bzw. während der Vertragslaufeit von jener nach Vertragsbeendigung zu unterscheiden.

a) Während des Vertragsverhältnisses

347 Ein Wettbewerbsverbot für Handelsvertreter besteht während der Vertragszeit nicht aus einer separaten Norm, sondern ist Ausdruck ihrer allgemeinen Treuepflicht gegenüber dem Unternehmer, vgl. § 86 Abs. 1 HGB. Es entsteht somit ohne besondere Vereinbarung.[214] Als Verstoß gilt dabei jede **Konkurrenzvertretung**, die geeignet ist, die Interessen des Unternehmers zu beeinträchtigen. Auch ein **Umgehungsversuch** mittels eines Strohmannes ist eine schuldhafte Verletzung der Interessenwahrungspflicht.[215]

348 Das Wettbewerbsverbot gilt sobald eine Wettbewerbslage vorliegt. Diese definiert sich **zeitlich** durch die Dauer des Handelsvertretervertrages, **persönlich** wenn ein Handelsvertreter unter diesem Wettbewerbsverbot steht und **sachlich** der Handelsvertreter ein von dem Verbot erfasstes Konkurrenzprodukt zu vertreiben versucht.[216] Dieses müsste er **räumlich** in dem vom Schutzbereich des Verbotes umfassten Gebietes versucht haben und sich auch gerade auf die vom Handelsvertreter **geworbenen Kunden** beziehen.[217]

349 Die Verletzung des Wettbewerbsverbotes macht **schadensersatzpflichtig** und kann zudem eine **fristlose Kündigung** rechtfertigen.[218] Für Handelsvertreter gibt es jedoch keine den §§ 61 oder 113 HGB ähnelnde Klausel, sodass er **nicht** den durch den Verstoß **erzielten Gewinn herausgeben** muss bzw. den Unternehmer so stellen muss, als hätte man das Geschäft in seinem Namen abgeschlossen.[219]

---

214 BGH BB 1968, 60.
215 BGH NJW 1984, 2101.
216 Schon das Angebot zur Übernahme der Konkurrenztätigkeit ist Verstoß nach BGH WM 1977, 318.
217 Baumbach/*Hopt* § 86 Rn 27; Ebenroth/Boujong/Joost/Strohn/*Löwisch* § 86 Rn 24.
218 BGH NJW-RR 2001, 677, 678.
219 Baumbach/*Hopt* § 86 Rn 32.

b) Nach Vertragsende

Wurde der Handelsvertretervertrag zwischen den Parteien beendet, steht der Handelsvertreter unter keiner vertraglichen Treuepflicht mehr und kann völlig **frei für Konkurrenten arbeiten**, dessen Methoden übernehmen und sämtliche Erfahrungen, Kenntnisse und Kundenbeziehungen frei verwerten,[220] immerhin gehört es auch zum Wesen des Wettbewerbs Kunden abzuwerben.[221] 350

Regelungsfalle !

Unabhängig von einem nachvertraglichen Wettbewerbsverbot, ist dem Handelsvertreter nach Vertragsende unlauterer Wettbewerb und Verrat von Geschäfts- und Betriebsgeheimnissen, vgl. § 90 HGB, untersagt. Diese Verbote sind folglich auch nicht entschädigungspflichtig und entstehen nicht erst mit vertraglicher Abrede.

Um den unmittelbaren Erfahrungsnutzen für die Konkurrenz entgegenzuwirken, steht es Unternehmen frei, **vertragliche Wettbewerbsverbote** zu vereinbaren. Da jedoch auch hier eine Übervorteilung des Unternehmers mit Verhältnis zum Handelsvertreter droht, werden in § 90a HGB gesetzliche Grundregeln einer solchen Abrede vorgeschrieben, die zum Teil den §§ 74–75d HGB sehr ähneln. 351

Regelungsfalle !

Eine Ausgleichszahlung an den Handelsvertreter nach § 89b HGB führt nicht ohne weiteres zu einem nachvertraglichen Wettbewerbsverbot.[222] Ein solches ergibt sich nicht konkludent, sondern muss ausdrücklich und formgerecht vereinbart werden.

Soll die Tätigkeit des Handelsvertreter nach Vertragsende eingeschränkt werden, kann dies gegen Zahlung einer **Karenzentschädigung** für die Dauer von **maximal zwei Jahren** vertraglich vereinbart werden, § 90a HGB. Die Norm ist auf **Vertragshändler** entsprechend übertragbar und gilt unabhängig von der Rechtsform des Handelsvertreters, also auch bei **juristischen Personen.**[223] 352

Wie auch bei Handlungsvertretern ist auch hier der **Zeitpunkt der Vereinbarung der Wettbewerbsabrede** entscheidend dafür, ob die unabdingbaren Regelungen des § 90a HGB zugunsten des Handelsvertreters gelten sollen. Wird die Wettbewerbsabrede erst nach Vertragsende für den Zeitraum nach Vertragsbeendi- 353

---

220 Baumbach/*Hopt* § 90a Rn 2; *Emde* in Großkomm. HGB, 5A, § 90a Rn 1.

221 BGH NJW 2005, 2012, 2013.

222 Kein nachvertragliches Wettbewerbsverbot für den ausgeschlossenen Gesellschafter OLG Düsseldorf WM 1989, 1576,1577; diese Rechtsprechung auf den Handelsvertreter übertragend Baumbach/*Hopt* § 90a Rn 6; *Emde* in Großkomm. HGB, 5A, § 90a Rn 3.

223 Baumbach/*Hopt* § 90a Rn 5; MüKo-HGB/*von Hoyningen-Huene* § 90a Rn 5 f.; *Emde* in Großkomm. HGB, 5A, § 90a Rn 14.

gung geschlossen, befindet sich der Handelsvertreter nicht mehr in einer wirtschaftlichen Abhängigkeit vom Unternehmen, ist folglich nicht mehr so schutzwürdig wie zuvor und kann zugunsten der Vertragsfreiheit von § 90a HGB abweichende Wettbewerbsabreden mit dem Unternehmer treffen.[224]

3. Wettbewerbsverbote in Gesellschaftsverträgen

354 Auch in Gesellschaftsverträgen in Bezug auf die Gesellschafter existieren gesetzliche Wettbewerbsverbote für die Zeit der Vertragsdauer. Da diese eher Vertragsverhältnisse zwischen Gesellschaftern und der Gesellschaft betreffen, werden sie nur kurz im Überblick dargestellt.

355 Dem **Gesellschafter einer OHG** ist nach § 112 HGB weder das Geschäftemachen im Handelszweig der Gesellschaft noch die Teilnahme als persönlich haftender Gesellschafter einer anderen Handelsgesellschaft ohne Einwilligung der anderen Gesellschafter erlaubt. Andernfalls drohen ihm auch hier Schadensersatz-, Gewinnherausgabe-, Auskunfts- und Unterlassungsansprüche der Gesellschaft. Darüber hinaus kann ihm die Geschäftsführung und Vertretung entzogen, §§ 117, 127 HGB, oder sogar die Gesellschaft aufgelöst werden, § 133 HGB.[225]

356 Die Wirkung des § 112 HGB erstreckt sich gemäß § 161 Abs. 2 HGB auch auf die **persönlich haftenden Gesellschafter einer Kommanditgesellschaft**. Für die Kommanditisten wird in § 165 HGB ausdrücklich eine Befreiung vom Wettbewerbsverbot betont. Etwas anderes gilt nur in solchen Spezialfällen, in denen der Kommanditist über für seine gesetzliche Stellung untypische Informations-, Kontroll- oder Beteiligungsrechte oder über einen erheblichen Anteil des Kommanditkapitals verfügt und auf Grund dieser mehrheitlichen Beteiligung die Gesellschaft beherrscht.[226]

357 **Vorstandsmitglieder einer Aktiengesellschaft**, außer solche, die vom Aufsichtsrat entsandt wurden, § 105 Abs. 2 Satz 4 AktG, unterfallen einem Wettbewerbsverbot nach § 88 AktG. Ihnen ist der Betrieb eines Handelsgewerbes, das Geschäftemachen im Geschäftszweig der Gesellschaft, sowie jede Tätigkeit in einem Vorstand oder als Geschäftsführer einer anderen Gesellschaft untersagt, sofern der Aufsichtsrat hierzu keine Einwilligung gegeben hat. Hierdurch soll die volle Arbeitskraft des Vorstandsmitgliedes für die eigene Aktiengesellschaft gesichert werden.[227] Die Aktiengesellschaft kann bei einem Verstoß einen Schadensersatzanspruch und ihr Eintrittsrecht geltend machen, also so vom verstoßenden Vorstandsmitglied gestellt werden, als wäre das Geschäft für sie gemacht worden, § 88 Abs. 2 AktG.

---

224 BGH NJW 1969, 504; BGH NJW 1970, 420; *Emde* in Großkomm. HGB, 5A, § 90a Rn 10.
225 Roth, in: Baumbach/Hopt/*Roth* § 113 Rn 1 ff.
226 BGH NJW 2002, 1046, 1047; MüKo-HGB/*Langhein* § 112 Rn 4; MüKo-HGB/*Grunewald* § 165 Rn 5.
227 *Oltmanns* in: Heidel, Aktien- und Kapitalmarktrecht, 4. Auflage 2014, § 88 AktG Rn 5.

Für **Gesellschafter eine GmbH** existiert eine **solche Regelung nicht**. Ein Wettbewerbsverbot müsste hier vertraglich vereinbart werden und kann ohne eine solche Vereinbarung nur unter strengen Voraussetzungen aus einer bloßen Treuepflicht heraus angenommen werden. Hierzu müsste der Gesellschafter einen bestimmenden Einfluss auf die Gesellschaft und die Geschäftsführung haben[228] und Informationen aus seiner Stellung als Gesellschafter für die Wettbewerbstätigkeit nutzen.[229] 358

Ähnlich verhält es sich für **geschäftsführende Gesellschafter einer Gesellschaft bürgerlichen Rechts**. Für sie ergibt sich nicht aus einer speziellen Norm ein Verbot von wettbewerblicher Tätigkeit, sondern ebenfalls nur aus dem allgemeinen Treueverhältnis für geschäftsführende Gesellschafter.[230] 359

Nachvertragliche Wettbewerbsabreden sind nur im Rahmen von vertraglichen Vereinbarungen wirksam, sofern der Unternehmer ein berechtigtes Interesse an der Abrede hat, das Verbot nach Ort, Zeit und Gegenstand begrenzt ist und der Gesellschafter bzw. Geschäftsführer eine Karenzentschädigung dafür erhält.[231] Wurde keine Vereinbarung getroffen, steht es ihnen frei unmittelbar nach Vertragsende nach Belieben tätig zu werden. 360

II. Vertragliche Regelungsmöglichkeiten

Die einzelnen gesetzlichen Wettbewerbsabreden können in unterschiedlichem Maße und unter verschiedenen Voraussetzungen vertraglich abgeändert oder abbedungen werden. 361

1. Bei Handlungsgehilfen

Das gesetzliche Wettbewerbsverbot **während dem Arbeitsverhältnis** nach § 60 HGB ist **abdingbar** und kann daher ausgeschlossen oder eingeschränkt werden. Eine vertragliche Verschärfung und Ausweitung des Verbotes ist zwar grundsätzlich möglich, allerdings nur, wenn der Arbeitgeber ein **berechtigtes Interesse** daran 362

228 Eine 50%-Beteiligung am Stammkapital allein ist noch nicht ausreichend, so OLG Karlsruhe BeckRS 1998, 12530, Rn 44.

229 *Wilhelmi* in: Ziemons/Jaeger, Beck'scher Online Kommentar GmbHG, Edition 20, Stand 1.10. 2014, § 13 GmbHG Rn 205; *Fastrich* in: Baumbach/Hueck, GmbHG, 20. Auflage 2013, § 13 Rn 28; *Altmeppen* in: Roth/Altmeppen, GmbHG, 7. Auflage 2012, § 13 Rn 45 f.

230 *Schöne* in: Bamberger/Roth, Beck'scher Online Kommentar BGB, Edition 33, Stand 1.11.2014, § 705 Rn 105; MüKo-BGB/*Ulmer*/*Schäfer* § 705 Rn 235 f.

231 Für die BGB-Gesellschaft BGH NJW 1991, 699.

hat und dies somit **mit der Berufsfreiheit** des Arbeitnehmers aus Art. 12 GG **vereinbar** ist.[232] Diese Überlegungen wirken sich insbesondere bei einer Prüfung der Sittenwidrigkeit, § 138 BGB, oder Verstoßes gegen Treu und Glauben, § 242 BGB, von vertraglichen Normen aus.[233]

363 Eine Wettbewerbsabrede, die **nach Beendigung des Arbeitsverhältnisses** gelten soll, ist auch schon zu Beginn des Anstellungsverhältnisses und innerhalb von **Allgemeinen Geschäftsbedingungen** vereinbar. Das Unterlassen des Wettbewerbs und dessen sachliche, geografische und zeitliche Definition, sowie die Zahlung der Karenzentschädigung stehen dabei in einem Gegenseitigkeitsverhältnis, einem sogenannten **Synallagma.**[234] Daher sind diese Hauptpflichten auch **nicht einer Angemessenheitskontrolle** nach §§ 307 ff. BGB zu unterziehen.[235] Ist eine Wettbewerbsabrede mit Blick auf den **sachlichen, geografischen oder zeitlichen Umfang** unbillig, wird sie nicht unwirksam. Stattdessen wird das Verbot gemäß § 74a Abs. 1 HGB **auf das erlaubte Maß reduziert.** Es findet somit eine gesetzlich angeordnete geltungserhaltende Reduktion statt.[236]

364 Nach Sinn und Zweck des § 74a Abs. 1 HGB wird ein unbilliges vertraglich vereinbartes Wettbewerbsverbot also so weit reduziert, wie es dem **Schutz eines berechtigten Interesses des Arbeitgebers** dient. Wie weit nun ein berechtigtes Interesse reicht, ist einzelfallabhängig und im Zweifel eng auszulegen. Zu Bedenken ist, dass der Arbeitnehmer zwar eine Karenzentschädigung erhält, jedoch meist nur in der gesetzlichen Höhe, nämlich der Hälfte des früheren Einkommens und somit nur bei Halbierung des bisherigen Lebensstandards. Eine zweijährige Enthaltung von jeder Tätigkeit innerhalb einer bestimmten Branche auf jedweder Handelsstufe wird durch die Karenzentschädigung daher nicht angemessen ausgeglichen, insbesondere da der damit einhergehende Qualifikationsverlust nicht zu rechtfertigen wäre.[237]

365 Verwendet man AGB zur Vereinbarung einer nachvertraglichen Wettbewerbsabrede, wird dennoch auf die **ordnungsgemäße Einbeziehung** und **Form**, sowie auf das **Transparenzgebot** zu achten sein.

366 Für die wirksame Entstehung der Wettbewerbsabrede fordert der Gesetzgeber **Schriftform** gemäß § 126 BGB und Aushändigung einer **Vertragsurkunde**. Das heißt, dass beide Parteien diese eigenhändig mittels **Namensunterschrift** oder mit-

232 Baumbach/Hopt/*Roth* § 60 Rn 1; *Weber* in Großkomm. HGB, 5A, § 60 Rn 6.
233 BVerfG NJW 1990, 1469, 1470.
234 BAG in NZA 2010, 1175, 1176.
235 LAG Baden-Württemberg in NZA-RR 2008, 508, 509; Baumbach/Hopt/*Roth* § 74 Rn 6.
236 BAG NJW 2010, 2378, 2380.
237 BAG NZA 2006, 854, 858.

tels notariell beglaubigten Handzeichens unterzeichnen müssen. Werden diese Erfordernisse nicht eingehalten oder wird die Urkunde dem Arbeitnehmer nicht ausgehändigt, ist die Abrede nach § 125 Satz 1 BGB nichtig. Eine nicht unterzeichnete Wettbewerbsklausel genügt jedoch dem Formerfordernis, wenn sie fest mit dem unterschriebenen Arbeitsvertrag verbunden ist und wenn in diesem Vertrag auf die Wettbewerbsabrede verwiesen wird.[238]

Ob eine Abrede noch im berechtigten Interesse des Arbeitgebers und somit billig im Sinne des § 74a Abs. 1 HGB ist, kann nur dann beurteilt werden, wenn sie auch so **hinreichend bestimmt** ist, dass man weiß, welche Tätigkeiten darunter fallen und welche nicht. Ein Wettbewerbsverbot ist daher nach § 307 Abs. 3 Satz 2 BGB in Verbindung mit § 307 Abs. 1 Satz 1 und 2 BGB **unwirksam**, wenn es **nicht klar und verständlich** ist.[239] Bestehen Zweifel an der Auslegung der Bedingung, gehen diese nach § 305c Abs. 2 zu Lasten des Verwenders.[240] 367

Ein nachvertragliches Wettbewerbsverbot ist jederzeit **aufhebbar**.[241] Die Wirksamkeit der Wettbewerbsabrede kann zudem unter die **aufschiebende Bedingung** gestellt werden, dass der Handlungsgehilfe seit einiger Zeit, beispielsweise einem Jahr, bei dem Arbeitgeber arbeitet.[242] 368

2. Bei Handelsvertretern

Schon bei der Auslegung der gesetzlichen Treuepflicht des Handelsvertreters, ist nicht nur Rücksichtnahme auf die Unternehmerinteressen geboten, sondern sind auch die Belange des Handelsvertreters selbst zu beachten.[243] Die **gegenseitige Rücksichtnahmepflicht** hindert folglich auch den Unternehmer daran, unzumutbare Wettbewerbsklauseln mit dem wirtschaftlich abhängigen Handelsvertreter zu vereinbaren oder an eine Erlaubnis des Unternehmens zu knüpfen, erlaubt ihm aber im Gegenschluss **zumutbare Wettbewerbsbeschränkungen**.[244] Die Regelung des Wettbewerbsverbotes in AGB ist grundsätzlich zulässig und kann dort ganz aufgehoben, oder räumlich, zeitlich, sachlich oder persönlich eingeschränkt werden.[245] Wettbewerbsklauseln als Bestandteil von Allgemeinen Geschäftsbedingungen, un- 369

238 BAG NZA 1985, 429.
239 LAG Hamm BeckRS 2009, 57359.
240 LAG Hamm a.a.O.; BAG NZA 1996, 700, 701.
241 BAG NZA 2006, 854, 856.
242 BAG NJW 2006, 3659, 3661.
243 BGH BB 1968, 60.
244 Ebenroth/Boujong/Joost/Strohn/*Löwisch* § 86 Rn 24; MüKo-HGB/*von Hoyningen-Huene* § 86 Rn 41.
245 *Emde* MDR 2007, 994, 1001; *Emde* in Großkomm. HGB, 5A, § 90a Rn 7.

terliegen zudem der inhaltlichen Überprüfung der §§ 305–310 BGB und müssen auch der **AGB-rechtlichen Inhaltskontrolle** standhalten.[246]

370 Bei den **nachvertraglichen Wettbewerbsabreden** nach § 90a HGB ist teilweise ein **Gleichlauf** mit den Normen zu Handlungsgehilfen §§ 74–75d HGB zu sehen hinsichtlich **Formvorschrift**, **Höchstdauer** der Beschränkung, und **Lossagungsrecht** eines Handelsvertreters, der außerordentlich kündigt.[247] Allerdings hat der Gesetzgeber nicht alle Regelungen übernommen und dem Handelsvertreter als selbstständig Gewerbetreibenden insofern **mehr Vertragsfreiheit und -risiko** zugemutet. So gelten für ihn beispielsweise nicht die Paragraphen zur Mindestkarenzentschädigung entsprechend § 74 Abs. 2 HGB. Ihm ist stattdessen nach dem Gesetzeswortlaut § 90a Abs. 1 Satz 3 HGB eine „angemessene" Entschädigung zu zahlen.[248] Zudem berechnet sich auch die **Höhe** der Entschädigung nicht nach dem in § 74c Abs. 1 Satz 1 HGB vorgeschriebenen Grundlagen.[249] Die Entschädigung ist rechtlich ein **Entgelt für die vereinbarte Wettbewerbsenthaltung** und ist unabhängig davon zu zahlen, ob der Handelsvertreter in der Lage oder willens wäre, eine Wettbewerbstätigkeit zu entfalten. Die Höhe der Zahlung hat sich nach verschiedenen Faktoren zu richten, darunter die durchschnittlichen Provisionseinnahmen zu Vertragszeiten, Umfang des Wettbewerbsverbots, Ersparnisse an Aufwendungen, der billigen Umstände des Einzelfalles. Sie ist als **Bruttoentgelt** zu zahlen, in der die Umsatzsteuer enthalten ist.[250]

III. Klauselbeispiele

Klauselmuster
Vertragliches Wettbewerbsverbot für Handlungsgehilfen[251]

„§ ... Wettbewerbsverbot
Für die Dauer des Arbeitsverhältnisses ist es Nebenpflicht des Arbeitnehmers aus dem Arbeitsvertrag, jeglichen Wettbewerb mit dem Arbeitgeber zu unterlassen. Nebentätigkeiten, die die Interessen der Arbeitgeberin beeinträchtigen könnten, dürfen nur mit Zustimmung des Arbeitgebers ausgeübt werden."

---

246 Baumbach/*Hopt* § 86 Rn 33.
247 Baumbach/*Hopt* § 90a Rn 8; MüKo-HGB/*von Hoyningen-Huene* § 90a Rn 8.
248 OLG Nürnberg BB 1960.
249 BGH NJW 1975, 388, 389.
250 BGH NJW 1975, 388, 390.
251 *Lücke* in: Hümmerich, Arbeitsrecht, 8. Auflage 2014, § 2 Zusatzvereinbarungen zu Arbeits- und Anstellungsverträgen, Rn 107.

Klauselmuster
Nachvertragliches Wettbewerbsverbot für Handlungsgehilfen[252]

„§ ... Wettbewerbsverbot
(1) Der Arbeitnehmer verpflichtet sich für die Dauer von ... *[maximal zwei Jahre]* nach Beendigung des Arbeitsverhältnisses für kein anderes Unternehmen, keine andere Einzelfirma, keine Einzelperson (Vetrieb) und für keinen Zusammenschluss von Gesellschaften tätig zu sein, welche auf dem nachstehend aufgeführten Tätigkeitsfeldern mit dem Arbeitgeber in Wettbewerb stehen.
Tätigkeitsgebiete in diesem Sinne sind: ... .
Der räumliche Geltungsbereich der Wettbewerbsvereinbarung umfasst ... .
Nicht gestattet ist jede unselbstständige und selbstständige Konkurrenztätigkeit, sowie unmittelbare oder mittelbare Tätigkeit weder in einem freien Mitarbeiterverhältnis noch in einem Arbeitsverhältnis. Der Arbeitnehmer wird ein Konkurrenzunternehmen weder gründen, noch erwerben und sich auch nicht an einem mit dem Arbeitgeber in Wettbewerb stehenden Unternehmen beteiligen.
(2) Dieses Wettbewerbsverbot wirkt auch für die mit der Firma jetzt und in Zukunft verbundenen Unternehmen.
(3) Das Wettbewerbsverbot gilt auch für und gegen einen Rechtsnachfolger der Firma. Der Arbeitnehmer erklärt sich damit einverstanden, dass auch bei Betriebsveräußerung alle Rechte aus dieser Vereinbarung auf einen etwaigen Rechtsnachfolger übergehen.
(4) Die Firma zahlt dem Arbeitnehmer für die Dauer des Wettbewerbsverbotes eine Karenzentschädigung in Höhe von 50% der von dem Mitarbeiter zuletzt bezogenen vertragsgemäßen Leistungen (durchschnittliche Gesamtvergütung der letzten zwölf Monate vor dem Ausscheiden inklusive aller variablen Vergütungsbestandteile). Die Zahlungen erfolgen in monatlichen Beträgen jeweils am Monatsende.
(5) Anderweitigen Erwerb muss sich der Arbeitnehmer nach § 74c HGB auf die Entschädigung anrechnen lassen. Er hat der Firma unaufgefordert mitzuteilen, ob und in welcher Höhe er Vergütungen aus anderer Verwertung seiner Arbeitskraft neben der Karenzentschädigung bezieht. Diese Angaben sind auf Verlangen durch Vorlage prüfbarer Unterlagen zu belegen.
(6) Wird das Vertragsverhältnis aus wichtigem Grund gekündigt, wird das Wettbewerbsverbot unwirksam, wenn sich der Kündigende innerhalb eines Monats nach der Kündigung davon dem anderen Teil gegenüber schriftlich lossagt.
(7) Diese Wettbewerbsabrede wird nicht wirksam, wenn das Vertragsverhältnis nicht länger als ... *[bspw. sechs Monate]* gedauert hat.
(8) Im Übrigen gelten die Vorschriften der § 74–75c HGB entsprechend.
(9) Der Arbeitnehmer bestätigt, eine von beiden Parteien unterzeichnete Ausfertigung dieser Vereinbarung/dieses Zusatzvertrages zum Arbeitsvertrag entgegengenommen zu haben."

Diese Vereinbarung kann eventuell um eine **Vertragsstrafe** ergänzt werden, vgl. ab Rn 111 Kap. 8. Handelt es sich um einen Zusatzvertrag zum Arbeitsvertrag, ist die Aufnahme einer **salvatorischen Klausel** empfehlenswert. Auch eine Mandantenschutzklausel[253] kann in Betracht kommen. Diese könnte wie folgt formuliert werden:

---

252 *Lücke* in: Hümmerich, Arbeitsrecht, 8. Auflage 2014, § 2 Zusatzvereinbarungen zu Arbeits- und Anstellungsverträgen, Rn 105 f.; *Schrader/Klagges* in: Schaub/Schrader/Straube/Vogelsang, Arbeitsrechtliches Formular- und Verfahrenshandbuch, 10. Auflage 2013, A. Individualarbeitsrecht Rn 162; *Bauer/Diller* Wettbewerbsverbote, 6. Auflage 2012, S. 443.
253 *Lücke* in: Hümmerich, Arbeitsrecht, 8. Auflage 2014, § 2 Zusatzvereinbarungen zu Arbeits- und Anstellungsverträgen, Rn 114.

„ (...) Der Arbeitnehmer verpflichtet sich, für die Dauer von ... *[maximal zwei Jahren]* nach Beendigung des Anstellungsverhältnisses keine Tätigkeiten, egal ob freiberuflich oder als Angestellter eines anderen Berufsangehörigen, für solche Auftraggeber durchzuführen, die in den letzten ... *[bspw. drei]* Jahren vor Beendigung des Dienstverhältnisses zum Kundenkreis der Firma gehörten.

Klauselmuster
Vertragliches Wettbewerbsverbot für Handelsvertreter

„Der Handelsvertreter darf die Interessen von mit dem Unternehmer in Wettbewerb stehenden Firmen nicht wahrnehmen. Möchte der Handelsvertreter weitere Vertretungen übernehmen, hat er diese vor Aufnahme seiner Tätigkeit für die andere Firma beim Unternehmer anzuzeigen und genehmigen zu lassen. Die Genehmigung wird erteilt, sofern der Unternehmer kein berechtigtes Interesse an dem Unterlassen der zusätzlichen Vertretung hat."

Es besteht auch die Möglichkeit eine Erlaubnis für die Vertretung bestimmter Firmen zu erteilen und diese im Vertragstext zu nennen.

Klauselmuster
Nachvertragliches Wettbewerbsverbot für Handelsvertreter[254]

„§ ... Wettbewerbsverbot
(1) Der Handelsvertreter wird nach Beendigung des Handelsvertretervertrages für die Dauer von ... [*maximal zwei Jahre*] jede unmittelbare oder mittelbare Tätigkeit für ein Konkurrenzunternehmen in dem ihm zugewiesenen Bezirk oder Kundenkreis gem. ... [*Verweis auf Vertragsabsatz mit räumlichen Vertretungsbereich*] sowie hinsichtlich der Vertragsgegenstände, um deren Vermittlung er sich gem. ... [*Verweis auf Vertragsabsatz mit sachlichen Vertretungsbereich*] zu bemühen hat, unterlassen. Von diesem Wettbewerbsverbot sind Tätigkeiten für die nach ... genehmigten Unternehmen nicht umfasst [*Verweis auf Absatz mit Genehmigung weiterer Vertretungen*].
(2) Für die Dauer des Wettbewerbsverbotes zahlt der Unternehmer dem Handelsvertreter eine monatliche Entschädigung jeweils zum Monatsende. Die Entschädigung beträgt 50% der nach dem Durchschnitt der letzten drei Jahre bzw. bei kürzerer Vertragsdauer dieser zu Gunsten des Handelsvertreters entstandenen Bruttomonatsvergütung. Während der Dauer des Wettbewerbsverbotes vom Handelsvertreter anderweitig erzielte Vergütungen sind gemäß § 74c HGB auf die Entschädigung anzurechnen.
(3) Das Wettbewerbsverbot gilt auch für und gegen einen Rechtsnachfolger des Unternehmers. Der Handelsvertreter erklärt sich damit einverstanden, dass auch bei Betriebsveräußerung alle Rechte aus dieser Vereinbarung auf einen etwaigen Rechtsnachfolger übergehen.
(4) Wird das Vertragsverhältnis aus wichtigem Grund gekündigt, wird das Wettbewerbsverbot unwirksam, wenn sich der Kündigende innerhalb eines Monats nach der Kündigung davon dem anderen Teil gegenüber schriftlich lossagt."

---

254 *Lücke* in: Hümmerich, Arbeitsrecht, 8. Auflage 2014, § 1 Verträge mit Arbeitnehmers, freien Mitarbeitern und Gesellschaftsorganen, Rn 334.

Die Rechtsprechung hatte bisher auch über zahlreiche Negativbeispiele für Wettbewerbsverbote zu entscheiden. Im Folgenden einige Beispiele. 370

Beispiel
„Herr P1 verpflichtet sich, auch zwei Jahre nach Beendigung des Anstellungsverhältnisses nicht in selbstständiger, unselbstständiger oder in **sonstiger Weise** für ein Unternehmen tätig zu werden, welches mit S4 im direkten oder indirekten Wettbewerb steht oder mit einem Wettbewerbsunternehmen verbunden ist."

Diese Klausel ist **unzulässig**, da sie zu unbestimmt ist. Es ist nicht klar welche Tätigkeiten genau von der Abrede erfasst sein sollen. Daher verstößt diese Klausel gegen das **Transparenzgebot.**[255]

Beispiel
„Vor Beendigung des Dienstverhältnisses hat der Arbeitgeber dem Angestellten schriftlich im Einzelnen mitzuteilen, in welchem Umfang (örtlich und sachlich) das Wettbewerbsverbot gelten soll."

Die Klausel ist **unzulässig**. Sie ist ein Beispiel für ein sogenanntes bedingtes Wettbewerbsverbot, bei denen sich der Arbeitgeber entschädigungsfrei die Entscheidung vorbehält das Wettbewerbsverbot in Anspruch zu nehmen. Diese sind mit den §§ 74 ff. HGB nicht vereinbar, da sie im Unklaren lassen, ob überhaupt eine entschädigungspflichte Wettbewerbsunterlassung verlangt wird. Sie sind daher stets unverbindlich im Sinne des § 74 Abs. 2 HGB.[256]

255 LAG Hamm BeckRS 2009, 57359.
256 BAG NZA 1996, 700, 701.

Kapitel 9
Vertragliche Sicherungsinstrumente – Was hilft in Krise und Insolvenz des Vertragspartners?

Der Schutz der eigenen Interessen ist seit jeher einer der zentralen Punkte im Geschäftsverkehr. Im geschäftlichen Verkehr begründen die Vertragspartner durch den Austausch von Lieferungen und Leistungen regelmäßig Forderungen. Mitunter wird der Geschäftspartner mit einem Darlehen unterstützt, zum Beispiel mittels eines **Lieferantenkredites** durch die Vereinbarung langfristiger Zahlungsziele. 1

Um sich gegen **insolvenzbedingten Forderungsausfall** abzusichern, sollte jeder Gläubiger ein geordnetes Mahnwesen und Risikomanagement aufweisen. Weiter sollte er zwingend vor jeder Aufnahme einer Geschäftsbeziehung auf eine oder besser mehrere **Besicherung(en) seiner Forderungen** drängen, ohne sich zu **übersichern**. Nur so kann er sich gegen das Insolvenzrisiko des Geschäftspartners und die damit verbundenen Schäden absichern. 2

Welche Besicherung Sinn macht, beurteilt sich nicht nur danach, dass diese insolvenzfest und nicht anfechtbar sind. Sondern auch, welche **Möglichkeiten** der Schuldner überhaupt noch hat, insbesondere wo (noch) freie Vermögenswerte existieren. 3

A. Bürgschaften und Garantien

Zu den häufigsten Sicherungsinstrumenten gehören **Bürgschaft** und **Garantie**. Deren Vorteil liegt darin, dass auch Schuldner mit schlechter Bonität oder keinen freien Vermögenswerten noch Sicherheiten stellen können. 4

Anders als eine Sachsicherheit, bei der im Sicherungsfall der Wert der mit dem Sicherungsrecht belasteten Sache realisiert wird und sodann zur Befriedigung der Gläubigerforderung dient, haftet bei einer sog. **Personalsicherheit** im Sicherungsfall eine **andere, dritte Rechtspersönlichkeit mit ihrem Vermögen**. 5

Das heißt eine von dem Schuldner fremde Person bestellt dem Gläubiger eine Sicherung des Anspruchs durch ein Befriedigungsrecht am eigenen Vermögen. Neben **Schuldmitübernahmen** und **Patronatserklärungen** sind hier häufigste Formen **Bürgschaften und Garantien**. 6

I. Bürgschaft in Krise und Insolvenz

Neben Banken werden Bürgschaften meist von Mutter- und Schwestergesellschaften des Geschäftspartners, von deren Gesellschaftern und mitunter auch von fremden Dritten gestellt, die aus persönlichen oder wirtschaftlichen Gründen Interesse an dem besicherten Geschäft haben. 7

8 Zweck **jeder Bürgschaft** ist die Sicherung einer, unter Umständen auch nur möglicherweise künftig entstehenden Forderung des Gläubigers gegen den Hauptschuldner durch Übernahme der Hilfsschuld.

1. Begriff und wichtige Arten

9 Durch die Bürgschaft verpflichtet sich der Bürge gegenüber dem Gläubiger eines Dritten (dem Hauptschuldner), **für die Erfüllung** einer Verbindlichkeit des Dritten (Hauptschuld) **einzustehen**, § 765 Abs. 1 BGB. Es handelt sich um eine von der Hauptschuld verschiedene, einseitig übernommene eigene Leistungspflicht des Bürgen, die ihren Rechtsgrund in sich selbst trägt und grundsätzlich unabhängig vom Bestand der Hauptschuld gültig ist.

10 Die Schuld des Bürgen ist **streng akzessorisch**. D.h., sie ist eine von Entstehung und Erlöschen, Umfang, Zuordnung und Durchsetzbarkeit der Hauptschuld dauernd **abhängige** Hilfsschuld. Geht also die Forderung des Gläubigers, z.B. des Lieferanten, unter, weil sie erfüllt wird, kann der Bürge nicht mehr in Anspruch genommen werden. Der Gläubiger soll also vom Bürgen nicht mehr oder anderes verlangen können, als er vom Hauptschuldner bekommen hat. Bei der Bürgschaft unterscheidet man **besondere Arten**, die wichtigsten sind: selbstschuldnerische Bürgschaft, Erfüllungsbürgschaft und Gewährleistungsbürgschaft.

11 Gibt der Bürge eine **selbstschuldnerische Bürgschaft** gem. § 773 Nr. 1 BGB ab, so verzichtet er vorab auf die Einrede der Vorausklage. D.h., der Bürge kann dann nicht die Befriedigung des Gläubigers mit der Einrede verweigern, dieser habe noch nicht die Zwangsvollstreckung gegen den Hauptschuldner ohne Erfolg versucht, § 771 BGB.

! **Praxistipp**
In der Praxis ist die selbstschuldnerische Bürgschaft **Standard**, sie sollte grundsätzlich immer vereinbart werden.

---

12 Die (selbstschuldnerische) Bürgschaft kann auch als **Höchstbetragsbürgschaft** vereinbart werden. Die Höchstbetragsbürgschaft besichert ebenfalls bestimmte Forderungen, häufig alle bestehenden, künftigen und bedingten Ansprüche des Gläubigers gegen den Hauptschuldner. Sie enthält aber eine betragsmäßige Grenze, bis zu der der Bürge dem Gläubiger äußerstenfalls, also **maximal** haften will. Durch Angabe eines Euro-Betrages, bis zu dessen Höchstbetrag der Bürge haftet, wird das Risiko des Bürgen hinsichtlich einer möglichen Inanspruchnahme begrenzt. Der Bürgschaftsbetrag kann dann auch nicht durch **Nebenansprüche** des Gläubigers wie z.B. Zinsen, Provisionen, Spesen und Kosten erhöht werden.

13 In manchen Lieferbeziehungen, insbesondere bei Investitionsgütern, sind Anzahlungen weit verbreitet. Diese können mittels einer **An- bzw. Vorauszahlungsbürgschaft** abgesichert werden. Scheitert die Vertragsdurchführung später, z.B. wegen Zahlungsunfähigkeit des Auftragnehmers (Hauptschuldner), so erhält der

Gläubiger (Besteller) diejenigen Teile seiner Zahlung an den Auftragnehmer (Hauptschuldner) zurück, für die der Auftragnehmer kein Werkleistungen erbracht hat, die also durch dessen berechtigte Forderungen nicht verbraucht sind.

Praxistipp !
Fordert der Auftragnehmer nicht geringe Anzahlungen für das noch nicht übereignete Werk, sollte immer eine Anzahlungsbürgschaft gefordert werden.

Die sog. **Erfüllungsbürgschaft** sichert den Anspruch des Bestellers (Gläubiger) auf 14
fristgerechte abnahmefähige Herstellung des von ihm bestellten Werks durch den Auftragnehmer (Hauptschuldner) einschließlich Vertragsstrafen, also auch den Anspruch auf Schadensersatz wegen Nichterfüllung und Verzug oder Beseitigung bereits vor Abnahme bestehender Mängel. Sie erlischt mit Abnahme des Werks soweit sie nicht vorher in Anspruch genommen worden ist.

Eine **Gewährleistungsbürgschaft** soll die Mängelhaftungsansprüche des Bestel- 15
lers (Gläubigers) nach Abnahme sowie seine bereits vor Abnahme bestehenden Mängelansprüche und seinen Anspruch auf vertragsgemäße Ausführung von Restarbeiten absichern. Mitunter wird diese Bürgschaft zur Ablösung eines Sicherungseinbehaltes gestellt, den die Vertragsparteien vor Herstellung des Werks vereinbart haben.

Mitunter vereinbaren die Vertragsparteien auch eine Bürgschaft auf **erstes An- 16
fordern**. Sie ist eine den Gläubiger besonders privilegierende, daher attraktive aber für jeden Bürgen (und damit auch seinen Auftraggeber, den Hauptschuldner) besonders **riskante Form** der Bürgschaft. Hier muss der Bürge nach Eintritt bestimmter formaler Voraussetzungen und ohne Prüfung der Berechtigung des Gläubigers zunächst zahlen, wenn er dazu aufgefordert wird. Der Bürge muss dann nach Zahlung seine Einwendungen in einem separaten Rückforderungsprozess durchsetzen. Der Bürge ist also in der Regel sofort zahlungspflichtig und trägt so ein weitaus **höheres Prozessrisiko**; er trägt damit zugleich ein erhöhtes Insolvenzrisiko des auftraggebenden Hauptschuldners.

Der Bürgschaftsvertrag regelt hier, was als **Voraussetzung** der Zahlung auf 17
erstes Anfordern niedergelegt ist. Häufig handelt es sich nur um eine bestimmten Anforderungen genügende, formalisierte Zahlungsaufforderung an den Bürgen.

Praxistipp !
Jeder Gläubiger sollte grundsätzlich eine selbstschuldnerische Bürgschaft fordern, wenn möglich als Bürgschaft auf erstes Anfordern.

Vertragsmuster
Beispiel für eine selbstschuldnerische Bürgschaft auf erstes Anfordern

„(Name und Anschrift des Bürgen)

Ich (nachstehend „der Bürge" genannt) übernehme hiermit die selbstschuldnerische Bürgschaft auf erstes Anfordern für den Anspruch aus Warenlieferung i.H.v. (Betrag, Währung) zzgl. evtl. Nebenforderungen, wie Zinsen, Provisionen und Kosten der Kündigung und Rechtsverfolgung, die der/dem (Name und Anschrift des Gläubigers) aus (Bezeichnung der Forderung) gegen (Name und Anschrift des/der Hauptschuldner(s) – bei mehreren Hauptschuldnern auch gegen jeden Einzelnen von ihnen – zusteht.

Für diese Bürgschaft gelten ferner die nachfolgenden Bestimmungen:

§ 1 Fortbestand der Bürgschaft
Die Bürgschaft besteht bis zur Rückführung aller gesicherten Ansprüche des Gläubigers. Sichert die Bürgschaft Ansprüche aus einem Kreditvertrag, so bleibt sie unverändert bestehen, wenn der Zinssatz des gesicherten Kredits geändert wird.

§ 2 Inanspruchnahme aus der Bürgschaft
Sind die durch die Bürgschaft gesicherten Ansprüche fällig und erfüllt der Hauptschuldner diese Ansprüche nicht, kann der Gläubiger den Bürgen in Anspruch nehmen.

§ 3 Zahlung auf erstes Anfordern
Der Bürge ist verpflichtet, auf erstes schriftliches Anfordern an den Gläubiger unverzüglich Zahlung zu leisten. Der Aufforderung muss eine schriftliche Bestätigung des Gläubigers über die Nichterfüllung der vom Hauptschuldner vertraglich übernommenen Verpflichtungen beigefügt sein.

§ 4 Verzicht auf Einreden
(1) Der Bürge kann sich nicht darauf berufen, dass der Hauptschuldner das Geschäft, das seiner Verbindlichkeit zugrunde liegt, anfechten kann. Der Bürge ist ferner auch dann zur Zahlung verpflichtet, wenn sich der Gläubiger durch Aufrechnung gegen eine fällige Forderung des Hauptschuldners befriedigen kann (Verzicht auf die Einreden Anfechtbarkeit und Aufrechenbarkeit, § 770 BGB).
(2) Der Gläubiger ist nicht verpflichtet, zunächst gegen den Hauptschuldner gerichtlich vorzugehen oder ihm gestellte Sicherheiten zu verwerten (Verzicht auf die Einrede der Vorausklage, § 771 BGB).
(3) Der Bürge wird von seiner Bürgschaftsverpflichtung nicht frei, wenn der Gläubiger dem Hauptschuldner Stundung gewährt, andere Bürgen aus der Haftung entlässt oder sonstige Sicherheiten und Vorzugsrechte freigibt, die ihm anderweitig für die verbürgten Ansprüche bestellt werden.

§ 5 Rechtsformänderung des Hauptschuldners
Die Bürgschaft bleibt bei einer Änderung der Rechtsform aufseiten des Hauptschuldners unverändert bestehen.

§ 6 Schlussbestimmungen
(1) Änderung dieses Vertrags sowie der Verzicht auf Rechte aus diesem Vertrag bedürfen der Schriftform. Dies gilt auch für einen Verzicht auf dieses Schriftformerfordernis.
(2) Sollte eine Bestimmung dieses Vertrages ganz oder teilweise unwirksam sein oder werden, so berührt dies nicht die Wirksamkeit der übrigen Bestimmungen dieses Vertrages.
(3) Für das Bürgschaftsverhältnis gilt das Recht der Bundesrepublik Deutschland.

(Ort, Datum)

(Unterschrift des Bürgen)

Hees

2. Die Bürgschaftserklärung

Das Bürgschaftsverhältnis wird grundsätzlich **durch Vertrag** begründet. Bei Abschluss des Vertrages ist Folgendes zu beachten: 18

a) Sorgfältige Bonitätsprüfung

Soll eine Bürgschaft gegen das Insolvenzrisiko des Geschäftspartners und den damit verbundenen Schaden wirksam absichern, so muss der Gläubiger zunächst immer eine **Bonitätsprüfung** des Bürgen vornehmen. 19

Dazu gehört die Prüfung, dass der Geschäftspartner (Hauptschuldner) keine Bürgschaft für sich selbst bestellt, das wäre eine **Scheinsicherheit**. Es kommt in der Praxis immer wieder vor, dass jemand eine Bürgschaft erklären will für Forderungen gegen seine Firma, deren kaufmännischer Inhaber er selbst ist. 20

Die **Firma** eines Kaufmannes, selbst wenn diese im Handelsregister eingetragen ist, ist nur derjenige Name, unter dem dieser Kaufmann seine Geschäfte betreibt. Jeder Kaufmann kann unter seiner Firma klagen und verklagt werden, § 1 Abs. 2 HGB. D.h., solange es sich nur um eine Einzelfirma und keine UG, GmbH, AG oder ähnliches handelt, wäre der Geschäftspartner (Hauptschuldner) identisch mit dem Bürgen, letzterer haftete für sich selbst. Eine Bürgschaft im Sinne von § 765 BGB setzt jedoch voraus, dass der Bürge vom Hauptschuldner verschieden sein muss, anderenfalls wäre dies keine echte Sicherheit, das Insolvenzrisiko bliebe gleich. 21

Praxistipp !

Vor Abschluss des Bürgschaftsvertrages sollte ein Handelsregisterauszug des Bürgen eingeholt werden.

Jede Bonitätsprüfung sollte sich weiter intensiv mit den wirtschaftlichen und finanziellen Verhältnissen des Bürgen befassen.

Dazu sind Geschäftsleiter wie zum Beispiel der GmbH-Geschäftsführer nach § 43 GmbHG auch verpflichtet. Diese müssen bei Kreditvergaben nicht nur eine Bonitätsprüfung des Kreditnehmers selbst vornehmen, sondern sind regelmäßig auch verpflichtet, das Risiko der Uneinbringlichkeit der Darlehensforderungen durch die **Bestellung von Sicherheiten** auf ein Minimum zu beschränken.[1] 22

Damit die Sicherheit das Insolvenzrisiko auf ein Minimum beschränken kann, bedarf auch der **Sicherheitengeber** (Bürge) einer Überprüfung seiner Bonität. Nur eine solche Prüfung ist nämlich zur Bewertung der Frage geeignet, ob der Sicherheitengeber notfalls zur Rückzahlung des notleidenden Kredits in der Lage ist. 23

1 BGH, Urteil vom 16.2.1981 – II ZR 49/80 (= WM 1981, 440); LG Köln, Urteil vom 20.3.1998 – 87 O 148/97 (= NJW-RR 2000, 1056).

24 Die Bonitätsprüfung erfolgt i.d.R. dergestalt, dass der Sicherheitengeber (Bürge) seine **regelmäßigen Einkünfte** ebenso wie sein **freies Vermögen** darlegt und belegt. Es sollte ein Einkommens- und Vermögensstatus erstellt werden, Vermögensgegenstände wie Beteiligungs- und Immobilienvermögen sollten mit ihrem Wert eruiert und festgestellt werden.

! **Praxistipp**

Besteht das maßgebliche Vermögen des Bürgen nicht aus liquiden Mitteln, sondern aus Beteiligungs- und Immobilienvermögen, so kann dessen Bonität als Bürge dadurch verringert oder entwertet werden, wenn dieses Vermögen zu Gunsten weiterer Dritter (andere Kreditgeber, Banken usw.) bereits verpfändet oder belastet ist.

---

25 Die Bonitätsprüfung sollte umso gewissenhafter erfolgen, wenn es sich bei dem Bürgen um eine Person handelt, die dem persönlich besonders nahestehenden Hauptschuldner emotional verbunden ist, wie z.B. Ehegatten, Kinder oder auch Geschwister. In solchen Fällen kann die **Vermögenslosigkeit** des Bürgen zur Nichtigkeit der Bürgschaft wegen Sittenwidrigkeit führen (**sog. „Angehörigenbürgschaft"**). Vermögenlosigkeit wird angenommen, wenn der Bürge nicht in der Lage ist, die laufende Zinsbelastung aus der gesicherten Hauptschuld aus dem pfändbaren Teil des Einkommens und Vermögens dauerhaft alleine zu tragen.[2]

26 Die Anwendung dieser Rechtsprechungsgrundsätze zur Sittenwidrigkeit von Angehörigenbürgschaften auf **Bürgschaftserklärungen** von **GmbH-Gesellschaftern** für **Gesellschaftsverbindlichkeiten** wird verneint.[3]

b) Inhalt und Formalien des Bürgschaftsvertrages

27 Durch den Bürgschaftsvertrag verpflichtet sich der Bürge gegenüber dem Gläubiger eines Dritten, für die Verbindlichkeit des Dritten einzustehen. Die Bürgschaft kann auch für eine **künftige** oder eine **bedingte** Verbindlichkeit übernommen werden, § 765 BGB.

28 Damit der Bürgschaftsvertrag gültig ist, ist **schriftliche Erteilung** erforderlich, d.h. die Schriftform i.S.v. § 126 Abs. 1 BGB, wobei notarielle Form genügt. Dagegen ist die elektronische Form ausdrücklich nach § 766 Satz 2 BGB ausgeschlossen. Das heißt eine Bürgschaftserklärung mittels **E-Mail**, SMS oder Whatsapp usw. ist komplett **ungültig**.

---

2 BGH, Urteil vom 18.12.1997 – IX ZR 271/96 (= WM 1998, 239).

3 OLG Schleswig, Beschluss vom 30.8.2010 – 5 W 6/10 (= WM 2011, 69).

Auch Nebenabreden und Änderungsvereinbarungen sind formbedürftig, wenn sie den Bürgen belasten.[4] D.h. die schriftliche Bürgschaftserklärung muss das **gesamte formbedürftige Rechtsgeschäft** enthalten. 29

3. Realisierung der Bürgschaft

Will der Gläubiger den Bürgen aus der Bürgschaft in Anspruch nehmen, so müssen für die Inanspruchnahme die **vertraglichen** Voraussetzungen sowie die der **§§ 765ff. BGB** vorliegen. 30

a) Vor und während der Krise des Hauptschuldner

Im Falle von Krise und Insolvenz des Hauptschuldners gilt Folgendes: 31

aa) Krisenfrüherkennung

Sicherheiten müssen verwertet werden, wenn der Kredit oder die ausstehende Zahlung **notleidend** geworden ist. Diese Verwertung ist erfahrungsgemäß **schwierig** und mit zusätzlichen Kosten verbunden, weshalb sie häufig nicht zur vollständigen Befriedigung des Gläubigers führt. Deshalb ist wichtig, dass sich das vom Gläubiger eingegangene Risiko besser erst gar nicht verwirklicht, d.h., dass der Geschäftspartner bzw. Kreditnehmer die fällige Forderung bzw. den Kredit nicht aus seinen Mitteln zurückzahlen kann und damit der Sicherungsfall eintritt. 32

Praxistipp !

Trotz Sicherheiten gilt es immer, erste Krisenanzeichen beim Geschäftspartner möglichst frühzeitig zu erkennen und gegenzusteuern, zum Beispiel durch Herabsetzung des Kreditlimits, verschärftes Mahnwesen etc.

Eine möglichst **frühzeitige Krisenerkennung** beim Geschäftspartner ist aus Gläubigersicht entscheidend, mitunter „Gold wert“. **Alarmzeichen** sind z.B. das Ausscheiden von leitenden Mitarbeitern, sich häufende Qualitätsmängel, dauernde Überschreitung der Zahlungsziele oder hohe Preisnachlässe. Ab diesem Zeitpunkt sollten die eigenen, offenen Forderungen mit Nachdruck durchgesetzt werden. 33

Praxistipp !

Zugleich ist jedoch auch zu prüfen, inwieweit der in die Krise geratene Geschäftspartner weiter unterstützt werden kann. Ratenzahlungsvereinbarungen können eine Lösung sein, bergen aber ein

4 BGH, Urteil vom 30.1.1997 – IX ZR 133/96 (= WM 1997, 625).

hohes Ausfallrisiko. Ratenzahlungsvereinbarungen sollten jeweils nur mit einer notariell beurkundeten Unterwerfung unter die Zwangsvollstreckung kombiniert werden und keinerlei Spekulationen über die wirtschaftliche Situation des Geschäftspartners enthalten, um einem etwaigem späteren Insolvenzverwalter oder Sachwalter keine Ansatzpunkte für eine Anfechtung zu liefern.

34 Da sich die Krise eines Vertragspartners, insbesondere wenn es sich um einen Hauptkunden oder Hauptlieferanten handelt, schnell zur eigenen, möglicherweise existenzbedrohenden Krise des eigenen Unternehmens auswirken kann, sollte jedes Unternehmen ein **Risikomanagement** aufweisen. Die Einrichtung eines Früherkennungssystems, mit dessen Hilfe gefährliche Entwicklungen im Fortbestand des Unternehmens frühzeitig erkannt werden sollen, ist mit Einführung des KonTraG am 1. Mai 1998 nach § 91 Abs. 2 AktG verbindlich vorgeschrieben.

35 Danach haben auch die Geschäftsführer mittelständischer Unternehmen – gleich ob AG oder GmbH – ein Überwachungssystem einzurichten, mit dem bestehenden und potenzielle Risiken erkannt oder vermieden werden sollen. Ein solches Risikomanagementsystem muss auch die wirtschaftliche Situation der Vertragspartner erfassen. Damit sich die Krise nicht schnell zur eigenen Krise auswächst, empfiehlt es sich, sowohl vor Vertragsschluss als auch laufend möglichst viele bonitätsbezogene Informationen über den Vertragspartner zu erlangen, speziell bei größeren Kunden.

! **Praxistipp**
Führen Sie immer auch einen Check des Vertragspartners durch – ein Risikomanagementsystem muss auch die wirtschaftliche Situation des Geschäftspartners erfassen.

36 Informationen liefern zum Beispiel die Wirtschaftsauskunfteien und jeder auch beim Handelsregister bzw. Bundesanzeiger einzureichende Jahresabschluss. Wichtigste Kennzahl zur Beurteilung der Bonität des Vertragspartners ist aus Sicht des Gläubigers neben dem **Cashflow** das **Eigenkapital.** Weitere wichtige **Anzeichen einer Krise** des Vertragspartners sind:
- schleppendes Zahlungsverhalten
- der Verzicht auf Skontoausnutzung bei vorheriger Skontoinanspruchnahme
- das Überschreiten von Zahlungszielen
- häufige Änderung der Zahlungsweise oder
- Stornierung von Aufträgen.

37 Mit dem Vertrieb sollte dann sofort geklärt werden, warum der Kunde die Forderung nicht oder anders zahlt. Die Forderungsabwicklung ist ebenfalls laufend zu prüfen. Ggf. darf der Kunde dann ein bestimmtes „Kreditlimit“ nicht mehr überschreiten.

bb) Inanspruchnahme des Bürgen?

Ob der Gläubiger vor oder während der finanziellen Krise des Hauptschuldners den Bürgen in Anspruch nehmen kann, dafür gelten aufgrund der finanziellen Krise des Hauptschuldners keine besonderen Regularien. Sobald die vertraglich vereinbarten Voraussetzungen sowie die Voraussetzungen der §§ 765ff. BGB vorliegen, kann der Gläubiger auf die Bürgschaft zurückgreifen. 38

Das heißt der Gläubiger hat auch **unabhängig** von der finanziellen Krise des Hauptschuldners zu prüfen, ob die Voraussetzungen für eine Inanspruchnahme des Bürgen vorliegen. 39

Da der Bürge vor und während der Krise **nicht neben sondern nach dem Hauptschuldner** haftet, ist i.d.R. zunächst eine erfolglose Inanspruchnahme des Hauptschuldners erforderlich, es sei denn, es handelt sich um eine selbstschuldnerische Bürgschaft, ein Fall von § 349 HGB oder der Bürger hat ohnehin auf die Einrede der Vorausklage im Sinne von § 773 BGB verzichtet. Dann kann der Bürge **sofort** ohne vorherige Inanspruchnahme des Hauptschuldners zur Zahlung aufgefordert werden. 40

Die Einrede der Vorausklage entfällt gem. § 773 Abs. 1 Nr. 3 BGB noch nicht während der Krise, sondern erst mit der **Eröffnung des Insolvenzverfahrens** über das Vermögen des Hauptschuldners. D.h., während des Zeitraums einer Krise ergeben sich für den Gläubiger keine Besonderheiten, will er den Bürgen in Anspruch nehmen. 41

Praxistipp !
Um den selbstschuldnerischen Bürgen in Anspruch nehmen zu können, muss der Gläubiger also nicht die Eröffnung des Insolvenzverfahrens über das Vermögen des Hauptschuldners abwarten.

b) Im vorläufigen Insolvenzeröffnungsverfahren des Hauptschuldners

Auch nach Insolvenzantrag des Hauptschuldners kann der Bürge gemäß der vertraglichen Vereinbarungen und der §§ 765ff. BGB in Anspruch genommen werden. 42

Am Anfang eines jeden Insolvenzverfahrens steht der **Antrag auf Eröffnung des Insolvenzverfahrens über das Vermögen** des Geschäftspartners. Zu dem Antrag sind sowohl das Schuldnerunternehmen selbst (sog. **Eigenantrag**) als auch alle Gläubiger berechtigt (sog. **Fremdantrag**), § 13 Abs. 1 InsO. Bis zur Eröffnung des Insolvenzverfahrens oder bis zur rechtskräftigen Abweisung des Antrags kann jeder Insolvenzantrag wieder zurückgenommen werden. 43

Nach Eingang des Insolvenzantrags prüft das Insolvenzgericht im Rahmen des vorläufigen Insolvenzverfahrens (sog. **Insolvenzeröffnungsverfahren**), ob die Voraussetzungen für die Eröffnung des Insolvenzverfahrens gegeben sind. Das setzt voraus, dass ein Eröffnungsgrund gegeben ist, § 16 InsO. Folgende **Eröffnungsgründe** können bestehen: 44

- Zahlungsunfähigkeit (§ 17 InsO)
- drohende Zahlungsunfähigkeit (§ 18 InsO)
- Überschuldung (§ 19 InsO)

45 Bis das Insolvenzgericht entscheidet, können Wochen oder Monate vergehen, i.d.R. erfolgt der Eröffnungsbeschluss innerhalb von zwei bis drei Monaten nach Insolvenzantrag. Um bis zur Entscheidung über den Antrag eine den Gläubigern nachteilige Veränderung in der Vermögenslage des Hauptschuldners zu verhüten, kann das Insolvenzgericht vorläufige **Sicherungsmaßnahmen** anordnen, § 21 InsO.

46 Mit Geltung des Gesetzes zur weiteren Erleichterung der Sanierung von Unternehmen (ESUG)[5] zum 1. März 2012 gibt es die Besonderheit, dass auf einen entsprechenden Antrag des Schuldners auf Eigenverwaltung hin das Insolvenzgericht keinen vorläufigen Insolvenzverwalter bestellt, dessen Zustimmung der Schuldner für seine Verfügungen benötigt. Sondern der Schuldner darf sein Unternehmen weiter „in Eigenverwaltung" betreiben, § 270a InsO. Stattdessen wird lediglich ein aufsichtsführender, vorläufiger Sachwalter bestellt. Die Bestellung (nur) eines vorläufigen Sachwalters soll die **Kontinuität der Unternehmensleitung** waren und sanierungshemmende Reibungsverluste vermeiden helfen. Mit dem ESUG neu eingeführt ist auch das in § 270b InsO beschriebene sog. **„Schutzschirmverfahren"**.

47 Damit wird dem Schuldner im Zeitraum zwischen Eröffnungsantrag und Verfahrenseröffnung ein **„eigenständiges Sanierungsverfahren"** zur Verfügung gestellt mit der Besonderheit, dass der Schuldner die Gelegenheit erhält, innerhalb einer Frist von höchstens drei Monaten einen **Insolvenzplan** vorzulegen bei gleichzeitig fortlaufender Eigenverwaltung, indem das Gericht auf entsprechenden Antrag des Schuldners hin zugleich Maßnahmen der Zwangsvollstreckung gegen den Schuldner gem. § 21 Abs. 2 Nr. 3 InsO untersagt. So erhält das insolvente Unternehmen die Gelegenheit, wie unter einem Schutzschirm einen Insolvenzplan zur Sanierung auszuarbeiten.

48 Auch im vorläufigen Insolvenzverfahren ergeben sich für die Realisierung einer von einem grundsätzlich unbeteiligten Dritten bestellten Personalsicherheit, wie hier einer Bürgschaft, **keine Besonderheiten** aufgrund des Eintritts des Hauptschuldners in das vorläufige Insolvenzverfahren.

49 Auch während des vorläufigen Insolvenzverfahrens haftet der Bürger **nach und nicht neben dem Hauptschuldner**. Der Gläubiger ist also zur Inanspruchnahme

5 Vgl. Artikel 1 Nr. 46 ESUG, BGBl. I 2011 S. 2582, 2587.

des Bürgen unter den vertraglich vereinbarten Voraussetzungen sowie den der §§ 765 ff. BGB berechtigt.

Eine **direkte Inanspruchnahme** ohne eine vorherige Geltendmachung des Anspruchs gegenüber dem Hauptschuldner kommt wiederum nur dann in Betracht, wenn es sich um eine selbstschuldnerische Bürgschaft handelt, ein Fall des § 349 HGB vorliegt oder aber der Bürge auf die Einrede der Vorausklage verzichtet hat. Die Einrede der Vorausklage fällt nach § 773 Abs. 1 Nr. 3 BGB erst mit der Eröffnung des Insolvenzverfahrens über das Vermögen des Hauptschuldners und nicht schon mit der entsprechenden Antragstellung. 50

Auch die Anordnung vorläufiger Sicherungsmaßnahmen nach § 21 InsO durch das Insolvenzgericht schließt die Einrede der Vorausklage ebenfalls noch nicht gem. § 773 Abs. 1 Nr. 3 BGB aus. 51

Praxistipp !
Weder Insolvenzantrag noch die Anordnung von Sicherungsmaßnahmen durch das Insolvenzgericht wie z.B. das Vollstreckungsverbot nach § 21 Abs. 2 Nr. 3 InsO können den Gläubiger davon abhalten, den selbstschuldnerischen Bürgen in Anspruch zu nehmen. Der Gläubiger muss die Eröffnung des Insolvenzverfahrens nicht abwarten.

c) Im eröffneten Insolvenzverfahren des Hauptschuldners

Wird über das **Vermögen des Hauptschuldners** das Insolvenzverfahren eröffnet, so wird dieser zum **Insolvenzschuldner**. 52

aa) Haftung und Inanspruchnahme des Bürgen

Spätestens jetzt wird der Gläubiger den Bürgen in Anspruch nehmen (wollen). Allerdings steht es dem Gläubiger frei, seine Forderung als sog. **Insolvenzgläubiger** (§ 38 InsO) gegen den Hauptschuldner nach den allgemeinen Regeln der InsO im Insolvenzverfahren geltend zu machen. Der Gläubiger kann und muss die Hauptforderung beim Insolvenzverwalter (im eigenverwalteten Insolvenzverfahren beim Sachwalter) zur Insolvenztabelle gem. § 174 InsO anmelden. Er wird sodann, wenn der Insolvenzverwalter die Verwertung des Vermögens des Insolvenzschuldners abgeschlossen hat, mit einer bestimmten Insolvenzquote auf die von ihm angemeldeten Forderungen befriedigt werden. Die Insolvenzquote liegt in Deutschland i.d.R. um die 10%, in gut vorbereiteten Insolvenzen auch höher. 53

Hat der Gläubiger allerdings bereits Befriedigung von Seiten des Bürgen erlangt, so kann er keine (weiteren) Zahlungen aus der Insolvenzmasse verlangen. 54

Praxistipp !
Trotz vorhandener Bürgschaften sollte jeder Gläubiger vorsorglich immer seine Ansprüche gegen den Hauptschuldner gem. § 174 InsO (zur Insolvenztabelle) anmelden.

55 Dass ein Bürgschaftsgläubiger nicht nur den Bürgen in voller Höhe in Anspruch nehmen, sondern daneben seine Hauptforderung auch zur Insolvenztabelle anmelden kann, ermöglicht erst die Vorschrift des § 43 InsO. Danach kann ein Gläubiger, dem mehrere Personen für dieselbe Leistung auf das Ganze haften, im Insolvenzverfahren gegen jeden Schuldner bis zu seiner vollen Befriedigung den ganzen Betrag geltend machen, den er zur Zeit der Eröffnung des Verfahrens zu fordern hatte.

56 Nach diesem in § 43 InsO geregelten **Grundsatz der Doppel- bzw. Vollberücksichtigung** kann der Bürgschaftsgläubiger in jedem Insolvenzverfahren seine **volle Ausgangsforderung** (solange) geltend machen, bis er **vollständig befriedigt** ist.

57 Jeder Gläubiger kann demnach seine Hauptforderung im Insolvenzverfahren über das Vermögen des Hauptschuldners unverändert in voller Höhe und bis zu seiner vollständigen Befriedigung weiter verfolgen, selbst wenn er vom Bürgen oder mehreren Bürgen zwischenzeitlich **eine oder mehrere (Teil-)Zahlungen** erhalten hat. D.h., die Teilzahlungen anderer übriger Mitschuldner muss er sich auf seine zur Insolvenztabelle angemeldete Insolvenzforderung **nicht anrechnen** lassen. Der bei Insolvenzeröffnung bestehende Forderungsbetrag soll bis zur Vollbefriedigung für das gesamte Verfahren maßgeblich bleiben.

! **Praxistipp**
Nach Insolvenzeröffnung vom Bürgen eingehende Teilzahlungen oder aus der Insolvenz eines weiteren Mithaftenden erzielte Quotenzahlungen verringern die vom Gläubiger angemeldete Forderung im Insolvenzverfahren nicht, § 43 InsO.

58 Umgekehrt kann der Gläubiger die Insolvenzquote für die gesamte zur Insolvenztabelle angemeldete Hauptverbindlichkeit beanspruchen und trotzdem den Bürgen in Anspruch nehmen, jedoch nur immer soweit und solange die Insolvenzquote den gesamten Betrag der Insolvenzforderung noch nicht überschritten hat.

59 Ferner richtet sich das **Stimmrecht** des Gläubigers in der Gläubigerversammlung nach der Höhe seiner Forderungsanmeldung, zwischenzeitliche Teilzahlungen ändern daran nichts.

60 § 43 InsO findet insbesondere im Falle der **selbstschuldnerischen Bürgschaft** Anwendung, bei der die Einrede der Vorausklage ausgeschlossen ist.

61 Handelt es sich dagegen um eine sog. **Ausfallbürgschaft**, so kann der Gläubiger in der Insolvenz des Hauptschuldners (noch) nicht parallel den Ausfallbürgen in Anspruch nehmen, da sich erst **nach Abschluss** des Insolvenzverfahrens über das Vermögen des Hauptschuldners feststellen lässt, ob und in welcher Höhe der Gläubiger ausgefallen ist.

! **Praxistipp**
Erhebt der Gläubiger gegen den Ausfallbürgen bereits während des Insolvenzverfahrens über das Vermögen des Hauptschuldners Klage, wird diese als **verfrüht** abgewiesen werden.

Parallel zur Anmeldung seiner Forderungen im Insolvenzverfahren wird der Gläubiger auch den Bürgen in Anspruch nehmen. 62

Da der Bürge gem. § 773 Abs. 1 Nr. 3 BGB die Einrede der Vorausklage verliert, wenn über das Vermögen des Hauptschuldners das Insolvenzverfahren eröffnet ist, haftet er nunmehr neben dem Hauptschuldner auf dieselbe Leistung. Der gesicherte Gläubiger kann von dem Bürgen dieselbe Leistung fordern, die auch der Hauptschuldner schuldet. Neben Hauptforderung und Zinsen gehören dazu auch die **Verzugszinsen**, die im Insolvenzverfahren über das Vermögen des Hauptschuldners gem. § 39 Abs. 1 Nr. 1 InsO **nachrangig** sind und daher i.d.R. nicht bedient werden. Kann also der Gläubiger im Insolvenzverfahren des Hauptschuldners seine nachrangigen Verzugszinsen grundsätzlich nicht zur Insolvenztabelle anmelden, sondern nur auf entsprechende Aufforderung des Insolvenzgerichts hin, kann er diese Zinsansprüche außerhalb des Insolvenzverfahrens beim Bürgen voll durchsetzen. 63

Die **Inanspruchnahme des Bürgen** bei Insolvenz des Hauptschuldners ist nun davon abhängig, dass die allgemeinen Anspruchsbedingungen erfüllt sind. Insbesondere muss die nach wie vor offene, verbürgte Forderung **fällig** sein. Fällig wird ein Bürgschaftsanspruch mit Eintritt des – vertraglich definierten oder von den Parteien vorausgesetzten – Bürgschaftsfalls. Maßgebend ist die ausdrückliche oder auch stillschweigende **Sicherungsabrede** der Parteien. Fehlt im Vertrag eine ausdrückliche Regelung des Sicherungsfalls, dann ist sie im Wege der Auslegung unter Berücksichtigung des Zwecks der Besicherung und des Inhalts der vereinbarten Sicherheit zu ermitteln. 64

Bei einer selbstschuldnerischen Bürgschaft tritt der Sicherungsfall und damit die Fälligkeit des Bürgschaftsanspruchs frühestens mit der **Fälligkeit der gesicherten Forderung** ein. Dies folgt bereits aus der Abhängigkeit der Bürgenverpflichtung vom jeweiligen Bestand der Hauptschuld, § 767 Abs. 1 BGB. Denn dadurch wird die Verpflichtung des Bürgen begrenzt: Der Gläubiger soll vom Bürgen (nur) dasjenige verlangen können, was ihm der Hauptschuldner schuldet, aber nicht mehr. Folglich kann der Gläubiger den Bürgen, sofern jedenfalls keine Bürgschaft auf erstes Anfordern vereinbart ist, auch nur bei nachgewiesener **Fälligkeit der Hauptforderung** in Anspruch nehmen. 65

Handelt es sich um ein befristet gewährtes Darlehen, so wird die Hauptforderung mit **Ablauf der vereinbarten Frist** fällig. Handelt es sich dagegen um ein unbefristet gewährtes Darlehen, so schuldet der Bürge seine Bürgschaftsleistung erst nach einer fälligkeitsbegründenden **Kündigung des Hauptvertrags** gegenüber dem Hauptschuldner. 66

Zwar ordnet § 41 InsO an, dass mit Insolvenzeröffnung nicht fällige Forderungen als fällig gelten. Handelt es sich also um einen Tilgungskredit an den insolventen Hauptschuldner, so tritt mit Eröffnung des Insolvenzverfahrens über dessen Vermögen gem. § 41 InsO die Fälligkeit ein. Allerdings betrifft § 41 InsO lediglich das Verhältnis zwischen dem Insolvenzschuldner und seinem Gläubiger, nicht aber die Beziehung des Bürgschaftsgläubigers zu Dritten, insbesondere zum Bür- 67 gen.[6] Will also ein Gläubiger bei Vorliegen eines Tilgungskredits auch den Bürgen in Anspruch nehmen, muss er zuvor den Kredit gegenüber dem Hauptschuldner kündigen, um seinen Bürgschaftsanspruch fällig zu stellen.

68 Etwas anderes gilt nur beim sog. **Kontokorrentkredit**. Hier werden die Forderungen bereits mit Eröffnung des Insolvenzverfahrens kraft Gesetzes infolge Erlöschen des Kontokorrentverhältnisses gem. der §§ 116 i.V.m. 115 InsO fällig, weshalb die besicherte Kreditforderung aufgrund der bestehenden Akzessorietät auch im Verhältnis zum Bürgen **fällig** wird.

! **Praxistipp**

Um von Vornherein keine Rechtsunsicherheiten aufkommen zu lassen und etwaigen Einwänden des Bürgen entgegenzutreten, empfiehlt es sich, vorsorglich bei jedem Kredit, Schuldverhältnis oder sonstigen Geschäftsbeziehung eine **Kündigung** des **Hauptvertrages** auszusprechen.

---

69 Die **Verjährung** für eine selbstschuldnerische Bürgschaft beginnt beim Fehlen anderweitiger Vereinbarungen mit der Fälligkeit der gesicherten Forderung. Der Bürgschaftsanspruch entsteht im verjährungsrechtlichen Sinne erst in diesem Moment.[7]

70 Liegen damit die Voraussetzungen für eine Haftung des Bürgen vor, so steht es jedem Gläubiger frei, den Bürgen auf Zahlung in Anspruch zu nehmen und ggf. zu **verklagen**. Der Hauptschuldner muss nicht zuvor in Anspruch genommen worden sein. Erst recht nicht ist der Ausgang des Insolvenzverfahrens abzuwarten. Grds. wird zwar der Gläubiger auch bei Vorliegen einer selbstschuldnerischen Bürgschaft für verpflichtet gehalten, zunächst den Hauptschuldner unter Fristsetzung **zur Zahlung erfolglos aufzufordern**, um anschl. bei Fristablauf den Bürgen in Anspruch nehmen zu können. Die Zahlungsaufforderung ist jedoch entbehrlich, wenn der Hauptschuldner Insolvenzantrag gestellt hat oder sogar bereits das Insolvenzverfahren über sein Vermögen eröffnet worden ist.

71 Es handelte sich um pure „Förmelei“, hier noch einmal den Hauptschuldner zur Zahlung auffordern zu müssen. Um den Grundsatz der Gläubigergleichbehandlung zu erfüllen, wird kein Insolvenzverwalter der Zahlungsaufforderung des Bürgschaftsgläubigers nachkommen, denn es handelt sich um eine zur Insolvenztabelle anzumeldende Tabellenforderung i.S.v. § 38 InsO.

72 Handelt es sich bei dem Hauptschuldner um eine **natürliche Person**, so wird er im Falle einer Insolvenz nach § 287 InsO Antrag auf Restschuldbefreiung stellen, um sich von den im Insolvenzverfahren nichterfüllten Verbindlichkeiten gegenüber den Insolvenzgläubigern zu befreien. Wird ihm die **Restschuldbefreiung** erteilt, so

---

6 OLG Karlsruhe, Urteil vom 4. Februar 2013 – 1 U 168/12 (= NJW-RR 2013, 1270).

7 BGH, Urteil vom 8. Juli 2008 – XI ZR 230/07 (= NJW-RR 2009, 378).

wirkt diese gegen alle Insolvenzgläubiger, auch gegen solche, die ihre Forderung nicht angemeldet haben, § 301 Abs. 1 InsO.

Zwar ist eine Bürgschaft streng akzessorisch, weshalb sie eigentlich mit Wegfall der Hauptschuldverbindlichkeit (**Restschuldbefreiung**) normalerweise auch entfallen würde, § 767 Abs. 1 BGB. Davon macht jedoch § 301 Abs. 2 Satz 1 InsO eine **Ausnahme**: 73

In der Insolvenz des Hauptschuldners bleibt die Bürgschaftsforderung des Gläubigers dem Sicherungszweck der Bürgschaft entsprechend auch im Falle des Erlöschens der Hauptschuld durch die Restschuldbefreiung bestehen. Das heißt, auch wenn ihre gegenüber den Hauptschuldnern bestehenden Forderungen in Folge der Restschuldbefreiung nicht mehr durchsetzbar sind, so können alle Bürgschaftsgläubiger doch zu ihrer Befriedigung weiterhin auf alle Mitschuldner und Bürgen Zugriff nehmen. 74

Auch von einer Herabsetzung der Hauptforderung durch einen **Insolvenzplan** gem. der §§ 217 ff. InsO bleibt die Bürgschaftsforderung **unberührt**, § 224 Abs. 2 Satz 1 InsO. 75

Praxistipp **!**

In der Insolvenz des Hauptschuldners bleibt die Bürgschaftsforderung des Gläubigers gegen den Bürgen auch **nach** Restschuldbefreiung für den Hauptschuldner bestehen. Das gleiche gilt bei einer Herabsetzung der Hauptforderung durch einen Insolvenzplan.

---

bb) Zahlungen des Bürgen vor Insolvenzeröffnung

Erbringt der Bürge Zahlungen an den Gläubiger, so kommt es für die Wirkung seiner Zahlung entscheidend darauf an, ob er seine Leistung **vor oder nach** Eröffnung des Insolvenzverfahrens über das Vermögen des Hauptschuldners voll oder teilweise erbringt. 76

Befriedigt der Bürge den Gläubiger **vor Eröffnung** des Insolvenzverfahrens voll, dann geht die Hauptforderung des Gläubigers gem. § 764 Abs. 1 Satz 1 BGB auf den Bürgen kraft Gesetzes über. Außerdem hat er einen Aufwendungsersatzanspruch aus den §§ 675 Abs. 1, 670 BGB. Mit diesen Ansprüchen nimmt nun der Bürge am Insolvenzverfahren über das Vermögen des Hauptschuldners teil. Aufgrund der mitübergegangenen **Nebenrechte** (Sicherheiten) kann der Bürge ggf. abgesonderte Befriedigung im Insolvenzverfahren verlangen. 77

Hat der Bürge den Gläubiger vor der Eröffnung **teilweise befriedigt**, dann nimmt der Bürge in Höhe der auf ihn übergegangenen Teilforderung am Insolvenzverfahren als Insolvenzgläubiger teil, während der Gläubiger die ihm verbliebene Restforderung anmelden kann.[8] 78

---

8 BGH, Urteil vom 30.10.1984 – IX ZR 92/83 (= NJW 1985, 614).

Praxistipp

Der Gläubiger kann aufgrund seiner offenen Restforderung einen Titel gegen den Bürgen erwirken und damit dessen Regressansprüche gegen den Insolvenzschuldner aus §§ 774, 401 BGB pfänden. So kann der Gläubiger seine Befriedigungsquote im Insolvenzverfahren des Hauptschuldners weiter steigern!

cc) Zahlungen des Bürgen nach Insolvenzeröffnung

79 Wenn der Bürge den Gläubiger **nach Verfahrenseröffnung** voll befriedigt, so nimmt er nunmehr anstelle des Gläubigers am Insolvenzverfahren teil. Hat der Gläubiger eine Forderung bereits angemeldet, so muss er die Anmeldung zurücknehmen. § 43 InsO greift in einem solchen Fall nicht ein. Der Bürge darf seinen eigenen Rückgriffsanspruch anmelden, weil die gebotene Kürzung der Anmeldung des Gläubigers gestattet, den Rückgriffsanspruch neben der restlichen Forderung des Gläubigers zu berücksichtigen.

80 **Befriedigt der Bürge dagegen den Gläubiger nach Insolvenzeröffnung nur teilweise**, so bleibt der Gläubiger für den ganzen angemeldeten Betrag Insolvenzgläubiger, bis er für seine Restforderung befriedigt ist, vgl. § 43 InsO.

4. Insolvenz des Bürgen

81 In der Insolvenz des Bürgen ergeben sich **keine Besonderheiten** gegenüber dem allgemeinen Regeln. Zwischen dem Fall der alleinigen Insolvenz des Bürgen und dem Fall, dass sowohl der Bürge als auch der Hauptschuldner insolvent werden, ist allerdings zu unterscheiden:

a) Insolvenz des Bürgen allein

82 Bei einer selbstschuldnerischen Bürgschaft (§ 773 Abs. 1 Nr. 1 BGB) oder sofern die Einrede der Vorausklage aus einem sonstigen Grund entfällt (§§ 773 BGB, 349 HGB), kommt es erneut zu einer Haftung des Bürgen neben dem Hauptschuldner, der **Grundsatz der Doppelberücksichtigung** gem. § 43 InsO findet Anwendung. Das heißt der Gläubiger kann am Insolvenzverfahren des Bürgen gem. § 41 Abs. 1 InsO teilnehmen, auch wenn die Hauptschuld selbst noch nicht fällig ist. Eine noch nicht fällige Forderung wird nach § 41 InsO gegenüber dem Bürgen **vorzeitig fällig gestellt**. Die bei Insolvenzeröffnung bestehende Forderung kann der Gläubiger so in der Bürgeninsolvenz in voller Höhe anmelden; etwaige zwischenzeitliche Zahlungen des Hauptschuldners oder anderer Mitschuldner wirken sich auf die Forderungsfeststellung nicht aus. Allerdings darf der Gläubiger nicht mehr erhalten als er zu seiner vollen Befriedigung benötigt.

83 Handelt es sich dagegen um eine **nicht-selbstschuldnerische Bürgschaft** (§ 771 BGB), so führt die Eröffnung des Insolvenzverfahrens über das Vermögen des

Bürgen (noch) nicht zur **Fälligkeit** der Bürgschaftsforderung, jedenfalls solange der Hauptschuldner selbst seinen Verpflichtungen fristgerecht nachkommt.

Mit Insolvenzeröffnung kann der Gläubiger die Bürgschaftsforderung als **auf-** 84
schiebend bedingte Forderung bzw. Eventualforderung anmelden. Diese wird als durch den Ausfall beim Hauptschuldner aufschiebend bedingte Insolvenzforderung gem. § 191 InsO behandelt. Das heißt, wird die Schlussverteilung vorgenommen, so wird der daraus entfallene Anteil bei der Verteilung zurückbehalten und kommt nicht zur Auszahlung. Erst bei Bedingungseintritt werden diese an den Gläubiger ausgezahlt.

b) Insolvenz des Bürgen und des Hauptschuldners

Werden Hauptschuldner und Bürge **zusammen insolvent**, was insbesondere bei 85
erheblichen, verbürgten Verbindlichkeiten der Fall ist, kann der Gläubiger an **beiden** Insolvenzverfahren teilnehmen. Er wird in beiden Verfahren seine Forderung jeweils in der gesamten Höhe zur Insolvenztabelle gem. § 174 InsO anmelden. Er kann in beiden Insolvenzverfahren die auf ihn entfallene Quote vereinnahmen, § 43 InsO. Wegen des **Grundsatzes der Doppelberücksichtigung** gem. § 43 InsO haften Hauptschuldner und Bürge jeweils voll für die Befriedigung des Gläubigers. Eine Kürzung der Quote findet erst dann statt, wenn die Summe der Insolvenzquoten aus beiden Insolvenzverfahren die Höhe der Gesamtforderung übersteigen sollte.

Werden Hauptschuldner und Bürge zusammen insolvent, so ist die Forderung 86
gegen **beide fällig**. Weder ist eine Kündigung des Kredits noch eine Mahnung mit Fristsetzung gegenüber Bürgen oder Hauptschuldner erforderlich. Selbst wenn es sich nicht um eine selbstschuldnerische Bürgschaft handelt, so steht dem Bürgen wegen § 773 Abs. 1 Nr. 3 BGB die Einrede der Vorausklage hier nicht mehr zu.

Allerdings wird der Insolvenzverwalter des Bürgen sehr genau prüfen, ob die 87
Bestellung der Bürgschaft als Sicherheit nicht nach den §§ 129ff. InsO anfechtbar ist und daher die Bürgschaft von Seiten des Bürgen nicht zu erfüllen ist.

5. Auswirkung der Bürgschaft auf die Zahlungsfähigkeit des Hauptschuldners?

Während der Gläubiger mithilfe der Bürgschaft seine Sicherheitenlage verbes- 88
sert, wirkt sich die Stellung der Bürgschaft von Seiten des Dritten lediglich auf die Kreditwürdigkeit des Hauptschuldners, nicht aber auch auf dessen **Liquidität** aus.

Die Bürgschaft vermag weder die **Zahlungsunfähigkeit** noch die Überschul- 89
dung des Hauptschuldners zu beseitigen. Zur Vermeidung oder Beseitigung einer Zahlungsunfähigkeit nach § 17 Abs. 2 InsO muss der Hauptschuldner (wieder) in der Lage sein, seine fälligen Zahlungspflichten zu erfüllen.

90 **Zahlungsunfähigkeit** liegt nach der Grundsatzentscheidung des BGH vom 24. Mai 2005[9] regelmäßig jedenfalls dann vor, wenn der Schuldner **10% oder mehr** seiner fälligen Gesamtverbindlichkeiten **länger als drei Wochen** nicht erfüllen kann, sofern nicht ausnahmsweise mit an Sicherheit grenzender Wahrscheinlichkeit zu erwarten ist, dass die Liquiditätslücke demnächst vollständig oder fast vollständig beseitigt werden wird und den Gläubigern ein Zuwarten nach den Umständen des Einzelfalls zuzumuten ist. Die Frage, ob eine Zahlungsunfähigkeit vermieden oder beseitigt werden kann, hängt demnach entscheidend davon ab, ob das Verhältnis der frei verfügbaren Liquidität zu den fälligen Gesamtverbindlichkeiten des Hauptschuldners die 90%-Grenze regelmäßig nicht länger als drei Wochen unterschreitet.

91 Die frei verfügbare Liquidität des Hauptschuldners wird allein durch eine Bürgschaft von Seiten eines Dritten nicht berührt, da dem Hauptschuldner auf diesem Wege gerade keine liquiden Mittel zur Verfügung gestellt werden. Weder führt die Bürgschaft zu einem „Auffüllen der Kasse“ noch zu irgendeinem unmittelbaren Anspruch des Hauptschuldners gegen den Bürgen, sondern per Definitionen allein zu einem Anspruch des Gläubigers gegen den Bürgen selbst. Der Hauptschuldner kann anders als bei einer harten, internen Patronatserklärung zwischen Hauptschuldner und Bürgen, durch die sich der Patronat gegenüber dem Hauptschuldner, z.B. eine Tochtergesellschaft, verpflichtet, der Tochtergesellschaft die zur Erfüllung ihrer jeweils fälligen Forderungen benötigten Mittel zur Verfügung zu stellen und was regelmäßig die Zahlungsunfähigkeit der Tochtergesellschaft zu vermeiden hilft,[10] vermag die reine Bürgschaftszusage keine solche Einstandspflicht zu begründen.

! **Praxistipp**
Zur Beseitigung einer etwaigen Zahlungsunfähigkeit ist die Bürgschaft nicht geeignet.

---

92 Denkbar ist lediglich, dass bei Inanspruchnahme des Bürgen mit der Zahlung des Bürgen an den Gläubiger regelmäßig die dem Gläubiger gegenüber bestehende fällige Verbindlichkeit reduziert wird, was Auswirkungen auf das Verhältnis der frei verfügbaren Liquidität zu den fälligen Gesamtverbindlichkeiten des Schuldners haben könnte. Dies setzt jedoch voraus, dass der Bürge anschl. auf seinen Regressanspruch nach § 774 BGB verzichtet, die Regressforderung zumindest bis zur dauerhaften Abwendung der Zahlungsunfähigkeit stundet oder aber einen Rangrücktritt erklärt, anderenfalls sich die Summe der fälligen Gesamtverbindlichkeiten nicht reduziert und der Liquiditätsstatus unverändert bleibt. Mit einem bloßen Schuldnerwechsel ist dem Hauptschuldner insolvenzrechtlich nicht gedient.

---

9 BGH, Urteil vom 24.5.2005 – IX ZR 123/04 (= NZI 2005, 547).
10 BGH, Urteil vom 19.5.2011 – IX ZR 9/10 (= NZI 2011, 536).

Oder der Gläubiger ist bereit, seine Forderungen zu stunden, wenn sein Hauptschuldner einen potenten Bürgen stellt. 93

6. Bürgschaft des Gesellschafters

Regelmäßig übernehmen **Gesellschafter**, egal ob einer GmbH, KG oder GmbH & Co. KG, zugunsten ihrer Gesellschaft Bürgschaften oder andere Sicherheiten. Banken oder Lieferanten verlangen Sicherheiten für ihre Kredite, andere freie Sicherheiten gibt es jedoch keine und Dritte sind i.d.R. nicht bereit, eine Haftung zu übernehmen. 94

Grundsätzlich gelten hier die allgemeinen Regeln. Für den GmbH-Gesellschafter oder den Kommanditisten einer GmbH & Co. KG, der i.S.v. § 39 Abs. 5 InsO mit mehr als 10% am Haftkapital beteiligt ist und auch nicht dem sog. **Sanierungsprivileg** des § 39 Abs. 4 Satz 2 InsO unterfällt, gelten allerdings haftungsverschärfende Besonderheiten. Das gleiche gilt für die Gesellschafter bzw. Aktionäre einer AG, einer Unternehmergesellschaft (haftungsbeschränkt) oder der europäischen Gesellschaft (SE). Diese resultieren daraus, dass der Gesetzgeber die Stellung einer Gesellschaftersicherheit, hier der Bürgschaft, für das Darlehen eines Dritten einem Gesellschafterdarlehen gleichstellt, vgl. § 44a InsO. 95

Wird das Insolvenzverfahren über das Vermögen einer solchen Gesellschaft eröffnet, und hat der Gesellschafter die Kreditforderung eines außenstehenden Dritten an die Gesellschaft mittels Bürgschaft besichert, so kann der Bürgschaftsgläubiger seine Insolvenzforderung gem. § 38 InsO nach den allgemeinen Regeln der §§ 174 ff. InsO zur Insolvenztabelle anmelden, und zwar in voller Höhe. § 44a InsO zwingt jedoch den Kreditgeber und Bürgschaftsgläubiger, **zunächst** die vom **Gesellschafterbürgen** gestellte Sicherheit vollständig zu **verwerten**, bevor er sich aus der Insolvenzmasse für seine Forderung befriedigen kann. § 44a InsO soll gewährleisten, dass die für einen Drittkredit gewährte Gesellschaftersicherheit zur Entlastung der Insolvenzmasse zunächst und bestmöglich verwertet wird. 96

Der Insolvenzverwalter wird daher solche mittels Gesellschafterbürgschaft besicherte Forderungsanmeldungen zunächst **vorläufig bestreiten**. 97

Praxistipp !

Der Bürgschaftsgläubiger muss zunächst die Verwertung der Gesellschafterbürgschaft nach den allgemeinen Regeln betreiben.

Um im Rahmen des Insolvenzverfahrens an der Schlussverteilung i.S.v. § 196 InsO teilnehmen zu können, wo die verwertete Insolvenzmasse auf die Gläubiger verteilt wird, muss der Bürgschaftsgläubiger analog § 190 Abs. 1 InsO **nachweisen**, dass er die **Verwertung** der Gesellschaftersicherheit betrieben hat und in welcher Höhe er dabei ausgefallen ist. Vor Abschlagsverteilung gilt § 190 Abs. 2 InsO entsprechend. Der **Ausfall** des Bürgschaftsgläubigers ist derjenige Betrag, der übrig bleibt, wenn 98 der Gesellschafterbürge die Kreditforderung nicht in voller Höhe befriedigen konnte und auf dem der Bürgschaftsgläubiger „sitzen“ bleibt.

99 Nach herrschender Meinung wird dabei die sog. **Quote** nicht bloß auf diesen restlichen Ausfallbetrag berechnet, sondern wie bei allen anderen Gläubigern auf die **volle Ursprungsforderung**, welche der Bürgschaftsgläubiger zur Insolvenztabelle angemeldet hat, wobei die Quote natürlich nur bis max. zur Höhe des Ausfalls ausgezahlt wird.[11] Darauf sollte jeder Bürgschaftsgläubiger achten.

100 Etwas anderes gilt allerdings in Fällen der sog. **Doppelbesicherung**, in denen die Kreditforderung des Bürgschaftsgläubigers nicht nur durch den Gesellschafterbürgen, sondern auch durch die Gesellschaft selbst gesichert ist. In solchen Fällen hat der Bürgschaftsgläubiger weiterhin die **freie Wahl**, welche der beiden Sicherheiten er vorrangig verwerten will. Das heißt doppeltbesicherte Bürgschaftsgläubiger haben ein Wahlrecht, ob sie zunächst die Sicherheit des Gesellschafters oder aber der Gesellschaft verwerten. Dieses Wahlrecht wird auch nach Eröffnung des Insolvenzverfahrens über das Vermögen der Gesellschaft durch § 44a InsO weder in direkter noch in analoger Anwendung eingeschränkt.[12] Entschließt sich allerdings der Bürgschaftsgläubiger, zunächst die **Gesellschaftssicherheit** zu verwerten, steht dann der insolventen Gesellschaft bzw. deren Insolvenzverwalter gegen den Gesellschafter ein Anspruch auf Erstattung des an den Bürgschaftsgläubiger ausgekehrten Erlöses aus § 143 Abs. 3 Satz 1 InsO analog zu.[13]

101 Aus § 44a InsO ergibt sich für den Gesellschafterbürgen ein weiterer Nachteil. Diese Regelung bewirkt nicht nur, dass der Bürgschaftsgläubiger zunächst den Gesellschafter aus der Bürgschaft in Anspruch nehmen muss, sondern der **Regressanspruch** des Gesellschafters gegen seine Gesellschaft nach Befriedigung des Gesellschaftsgläubigers ist gem. §§ 39 Abs. 1 Nr. 5, 44a InsO nur im letzten Rang zu berücksichtigen, egal ob der Bürgschaftsgläubiger vor oder nach Insolvenzeröffnung befriedigt worden ist. D.h., der Regressanspruch ist **nachrangig** und kann grundsätzlich wegen § 174 Abs. 3 InsO nicht zur Insolvenztabelle angemeldet werden.

! **Praxistipp**
Der Gesellschafter wird grundsätzlich mit seinem Regressanspruch aus § 774 BGB ausfallen. Die Stellung seiner Gesellschaftersicherheit für das Darlehen eines Dritten ist praktisch ein Gesellschaftsdarlehen, welches nach § 39 Abs. 1 Nr. 5 InsO ebenfalls in der Insolvenz der Gesellschaft nachrangig ist.

---

11 *Gehrlein* BB 2008, 846, 852.
12 BGH, Urteil vom 1.12.2011 – IX ZR 11/11.
13 BGH, Urteil vom 1.12.2011 – IX ZR 11/11.

Die Haftung des Gesellschafterbürgen ist auch insoweit weiter verschärft, wenn der Bürgschaftsgläubiger sein Darlehen binnen eines Jahres vor dem Eröffnungsantrag oder nach diesem Antrag von der Gesellschaft zurückerhalten hat. Hat die Gesellschaft den Bürgschaftsgläubiger für seine Forderung auf Rückgewähr des Darlehens im letzten Jahr vor dem Eröffnungsantrag oder nach diesem Antrag Befriedigung gewährt, dann stehen dem Insolvenzverwalter nach §§ 135 Abs. 2, 143 Abs. 3 InsO Regressansprüche gegen den Gesellschafter zu. Danach hat der Gesellschafterbürge ein Freiwerden aus seiner Sicherheit (Bürgschaft) im letzten Jahr vor Insolvenzantrag der Insolvenzmasse wertmäßig zu erstatten. Er muss also die dem Bürgschaftsgläubiger gewährte Leistung zur Insolvenzmasse an seine Gesellschaft erstatten: Er haftet so oder so aus seiner Bürgschaft. Nach § 143 Abs. 3 Satz 2 InsO besteht seine Verpflichtung allerdings nur bis zur Höhe des Betrages, mit dem der Gesellschafter als Bürge haftete. 102

Praxistipp !

Jeder Gesellschafter kann vor Stellen einer Bürgschaft zugunsten seiner Gesellschaft alternativ prüfen, ob nicht auch ein Gesellschafterdarlehen in Betracht kommt. Die Stellung der Gesellschafterbürgschaft für das Darlehen eines Dritten steht gesetzlich einem Gesellschafterdarlehen gleich. Der Gesellschafter fällt so oder so im Falle der Insolvenz mit seiner nachrangigen Darlehensforderung aus.

II. Garantie in Krise und Insolvenz

Neben Bürgschaften werden auch Garantien als Sicherheiten abgegeben, zum Beispiel von Muttergesellschaften des Konzerns. Bei Abgabe einer **Garantieerklärung** verpflichtet sich der Garant gegenüber dem Gläubiger, für einen bestimmten wirtschaftlichen Erfolg oder das Risiko eines zukünftig eintretenden Schadens einzustehen. 103

Mit der Garantie wird eine **Einstandspflicht** übernommen, zum Beispiel indem der Garant verschuldensunabhängig für die im Rahmen eines anderen Vertrags übernommenen Pflichten einzustehen hat. Das kann auch darauf gerichtet sein, dass der Hauptschuldner einen Kredit samt Zinsen in voller Höhe zurückzuzahlen hat. 104

Der selbstständige **Garantievertrag** ist ein Vertrag eigener Art, mit dem im Unterschied zur Bürgschaft eine **selbstständige Verbindlichkeit** begründet wird. Der Garantievertrag ist **keine Bürgschaft**, die §§ 765ff. BGB gelten auch nicht entsprechend. Daher ist grundsätzlich keine Form erforderlich. Weiter besteht, auch wenn die Erfüllung eines Anspruchs garantiert wird, **keine Akzessorietät**. D.h., die Garantieforderung ist vom weiteren Schicksal der Forderung gegen den Hauptschuldner grundsätzlich **unabhängig**. 105

Vertragsmuster
Beispiel für Forderungsgarantie

§ 1 Die ... (nachfolgend **„Garantin"**) übernimmt gegenüber der ... (nachfolgend **„Gläubigerin"**) die unbedingte und unwiderrufliche Garantie für die ordnungsgemäße Zahlung von Kapital, Zinsen und sonstigen geschuldeten Beträgen nach Maßgabe der Darlehensvereinbarung der Gläubigerin mit der ... vom [*Datum*], und zwar zu den in der Darlehensvereinbarung bestimmten Fälligkeiten.

§ 2 Sämtliche Zahlungen der Garantin erfolgen ohne irgendwelche Abzüge und Einbehalte.

§ 3 Vorsorglich wird die Anwendbarkeit der §§ 768, 770 und 771 BGB ausgeschlossen.

§ 4 Diese Garantie und deren Auslegung unterliegt ausschließlich deutschem Recht.

§ 5 Nicht-ausschließlicher Gerichtsstand für alle aus und im Zusammenhang mit dieser Garantie entstehenden Streitigkeiten ist das Landgericht in ...

106 Gewisse **Vorsicht** ist geboten, wenn geschäftliche Beziehungen zu international agierenden Konzernen unterhalten werden und der Konzernobergesellschaft oder einer ihrer Tochtergesellschaften Kredite gewährt werden. Hat der Garant oder Patron seinen Sitz im Ausland und unterliegt daher einem ausländischen (Gesellschafts-)Recht, so wird sich i.d.R. die Wirksamkeit der Garantie, genauer die Vertretungsmacht des Handelnden, auch nach dem am ausländischen Sitz des Garanten geltenden (Gesellschafts-)Recht richten. Mitunter sehen die fremden Rechtsordnungen formale Voraussetzungen für die wirksame Vertretung vor, die einzuhalten sind, wenn insbesondere Tochtergesellschaften Kredite und Forderungen gegen Mutter- und Schwestergesellschaften mittels Garantien, Patronaten oder Bürgschaften besichern sollen.

! **Praxistipp**
Werden Garantien oder Patronate von Gesellschaften mit Sitz im Ausland begeben, so sollte der Gläubiger immer prüfen (lassen), ob die Garantie oder das Patronat auch nach den Vorgaben der ausländischen Rechtsordnung wirksam ist, selbst wenn Garantie oder Patronat in einer Rechtswahlklausel dem deutschen Recht unterworfen sind.

Im Falle der Insolvenz des Hauptschuldners unterscheiden sich die insolvenzrechtlichen Konstellationen bei der gleichzeitigen Mithaft eines Garanten nur unwesentlich von denen einer Mithaft des Bürgen.[14]

107 Wird der Hauptschuldner insolvent, haften dieser und der Garant nebeneinander gem. § 43 InsO. Der Gläubiger muss sich also Zahlungen, die er seitens des Ga-

14 Siehe dazu oben ab Rn 30 Kap. 9 „Realisierung der Bürgschaft".

ranten vor oder nach Eröffnung des Insolvenzverfahrens über das Vermögen des Hauptschuldners erhält, **nicht anrechnen** lassen, sondern meldet nach Verfahrenseröffnung seine volle Forderung im Insolvenzverfahren über das Vermögen des Hauptschuldners an und erhält hierauf seine Quote. Er kann jedoch insgesamt nicht mehr verlangen als den Gesamtbetrag der Forderung.

Ob der Garantiefall eingetreten ist, wie weit die Garantie reicht und welche wei- 108
teren Voraussetzungen erfüllt sein müssen, richtet sich nach der getroffenen **Garantievereinbarung**.

Liegt ein Fall der sog. **Doppelinsolvenz** von Hauptschuldner und Garant vor, 109
so kann der Gläubiger seine Forderung in beiden Insolvenzverfahren gem. § 43 InsO in voller Höhe anmelden. Er erhält dann die Quote jeweils auf die in voller Höhe angemeldete Forderung, unabhängig davon, welches Verfahren zuerst eröffnet bzw. beendet wird. Auch insoweit gibt es keine Unterschiede zur Bürgschaft.[15]

Bei alleiniger **Insolvenz des Garanten** hingegen liegt der Sicherungsfall nicht 110
vor, der zur Haftung des Garanten führt. Soweit es sich nicht um eine **„Garantie auf erstes Anfordern"** handelt, kann dieser Fall nicht nach den Regeln über den selbstschuldnerischen Bürgen gelöst werden. Da die Fälligkeit der Forderung gegenüber dem Hauptschuldner ungewiss ist und womöglich der Hauptschuldner gar nicht in der Krise ist, kann und sollte der Gläubiger die Forderung aus der Garantie als **aufschiebend bedingt** beim Insolvenzverwalter zur Insolvenztabelle anmelden. § 43 InsO ist nicht anwendbar. Erhält also der Gläubiger von dem Hauptschuldner zu dem vertraglich vereinbarten Fälligkeitszeitpunkt seine Zahlung, so kommt eine Geltendmachung des Betrags im Insolvenzverfahren über das Vermögen des Garanten nicht in Betracht.

B. Grundschulden und andere dingliche Sicherungsinstrumente

Verfügt der zahlungspflichtige Schuldner über **Grundstücke** und/oder **grund-** 111
stücksgleiche Rechte, so werden diese in der Praxis grundsätzlich zur Bestellung sog. Immobiliarsicherheiten genutzt, die den Berechtigten im Insolvenzfall ein **Absonderungsrecht** gewähren. Zur Besicherung seiner Forderungen sollte daher jeder Gläubiger den Schuldner oder dessen Gesellschafter nach solchen Immobiliarsicherheiten fragen, **bevor** er das Geschäft bzw. den Kredit eingeht.

15 Siehe dazu oben ab Rn 53 Kap. 9 „Haftung und Inanspruchnahme des Bürgen".

I. Die einzelnen Immobiliarsicherheiten

112 Ein Absonderungsrecht an unbeweglichen Gegenständen nach den §§ 49, 165 InsO gewähren **alle in § 10 ZVG erfassten Rechte und Ansprüche**, das sind vor allem
- Hypotheken,
- Grund- und Rentenschulden,
- Reallasten und
- Registerpfandrechte bei eingetragenen Luftfahrzeugen und Schiffen.

113 Die Grundschuld ist die in der Praxis am **häufigsten verwendete Immobiliarsicherheit**. Hauptfälle sind dabei die Verwertung von Grundstücken und Zubehör. Den so dinglich gesicherten Gläubigern steht insofern nach § 10 ZVG ein Recht auf Befriedigung aus demjenigen Gegenstand zu, an dem die Immobiliarsicherheit bestellt ist. Der Inhaber der Immobiliarsicherheit hat für den Fall der Eröffnung des Insolvenzverfahrens über das Vermögen des Schuldners (Sicherungsgebers) ein **Absonderungsrecht**, also ein Recht auf vorzugsweise Befriedigung.

114 Dabei bestimmen die §§ 10–14 ZVG, wie sich die **Rangfolge** mehrerer solcher Absonderungsberechtigter untereinander gestaltet und welcher Inhalt dem Absonderungsrecht zukommt. Grundsätzlich gilt: Wer im **ersten Rang** eingetragen ist, wird auch als erster befriedigt.

115 Welche Gegenstände im Einzelnen zusammen mit dem Grundstück bzw. grundstücksgleichen Recht der Immobiliarzwangsvollstreckung unterliegen, ist den §§ 864, 865 ZPO i.V.m. den §§ 93ff., 1120ff., 1265 BGB zu entnehmen.

II. Grundstück vorhanden?

116 Gegenstand von Absonderungsrechten am Immobiliarvermögen können **Grundstücke** (§ 864 Abs. 1 ZPO) und **grundstücksgleiche Rechte** (§§ 865, 870 ZPO) sein. Zu letzteren zählen insbesondere das Wohnungs- und Teileigentum, das Erbbaurecht sowie Bergwerkseigentum. Darüber hinaus unterliegen dem Absonderungsrecht in die Luftfahrzeugrolle eingetragene Luftfahrzeuge sowie im Schiffsregister eingetragene Schiffe und Schiffsbauwerke. Erfasst sind ebenso **Miteigentumsanteile** an Grundstücken, an grundstücksgleichen Rechten sowie an Luftfahrzeugen und Schiffen zugunsten der Gläubiger, denen nur ein Recht an einem einzelnen Miteigentumsanteil zukommt (§ 864 Abs. 2 ZPO).

117 Es ist zunächst zu eruieren, ob der Schuldner überhaupt über ein Grundstück oder grundstücksgleiches Recht verfügt. Wenn ja, ist zu klären, ob dieses Grundstück oder grundstücksgleiches Recht noch **frei von vorrangig eingetragenen Rechten** zugunsten Dritter ist. Sind bereits (vorrangige) Sicherheiten eingetragen, stellt sich die Frage, ob das jeweilige Grundstück damit bereits wertausschöpfend belastet ist, sodass es keine wirkliche Sicherheit darstellt.

Praxistipp !
Vor jeder Bestellung einer Grundschuld oder einer anderen Immobiliarsicherheit ist ein aktueller, vollständiger Auszug aus dem Grundbuch, aus der Luftfahrzeugrolle oder aus dem Schiffsregister einzuholen und auf vorrangig eingetragene Sicherheiten zugunsten Dritter zu überprüfen.

III. Bestellung einer Grundschuld

Hat sich ein geeignetes Grundstück usw. gefunden, so sollte der Gläubiger tunlichst 118 **vor Auszahlung** seines Kredits, vor Erbringung seiner Leistungen oder vor Auslieferung seiner Waren (Lieferantenkredit) zunächst die Besicherung seiner Forderungen mittels Grundschuld (**Sicherungsabrede**) vereinbaren und sich die Grundschuld **bestellen** lassen.

1. Der Sicherungsvertrag

Soll die Grundschuld der Besicherung eines Anspruchs dienen, so wird zunächst 119 zwischen Gläubiger und Schuldner bzw. Sicherungsgeber ein schuldrechtlicher Vertrag geschlossen, der sog. **Sicherungsvertrag**. Dieser kann **formfrei** abgeschlossen werden, bedarf also nicht der notariellen Beurkundung.

Der Vertrag bestimmt insbesondere, welche Forderung gesichert werden soll. 120 Die (i.d.R. schriftliche) Bestimmung heißt **Zweckerklärung**. Der Sicherungsvertrag begründet die Pflicht des Sicherungsgebers zur Grundschuldbestellung bzw. -beschaffung. Der Vertrag ist daher der Rechtsgrund (die Causa) für die Bestellung/Überlassung/Beschaffung. Aus einer solchen Sicherungsabrede ergibt sich daneben auch die Beschränkung der Befugnisse des Gläubigers (Sicherungsnehmers) auf den Sicherungszweck.

Aus dem **Sicherungszweck** ergibt sich, unter welchen Voraussetzungen und 121 wie der Grundschuldgläubiger die Grundschuld zu seiner Befriedigung verwerten darf, während sie umgekehrt auch Aussagen dazu bereit hält, wann und wie die Sicherheit zurück zu gewähren ist. Ist z.B. der nach Maßgabe der Sicherungsabrede zu beurteilende Sicherungszweck endgültig entfallen, so muss der Sicherungsnehmer die Grundschuld zurückgewähren.

2. Grundschuldbestellung mit Zwangsvollstreckungsunterwerfung

Die eigentliche Grundschuldbestellung richtet sich nach den allgemeinen Vorschrif- 122 ten, insbesondere ist **notarielle Beurkundung** der Einigung der Vertragsbeteiligten sowie die **Eintragung im Grundbuch** erforderlich, § 873 BGB.

Die Eintragung der Grundschuld in das Grundbuch erfolgt auf Antrag des Grund- 123 schuldeigentümers oder des Gläubigers, sie setzt eine entsprechende Bewilligung des Grundstückseigentümers in der Form des § 29 GBO voraus, vgl. §§ 13, 19 GBO.

Vertragsmuster
Beispiel für Grundschuldbestellung

„**I.** Beschreibung des Grundbesitzes und der Rangstelle
Der Pfandgrundbesitz ist eingetragen im Grundbuch des Amtsgerichts ..., Grundbuch von ...,
Blatt ...,
Gemarkung ...,
Flur ...,
Flurstück ...,
in Größe von ... qm.
Als Eigentümer ist ... verzeichnet. Aus dem Grundbuch sind folgende Belastungen ersichtlich: ...
Der Notar hat den Grundbuchinhalt am ... feststellen lassen.

II. Grundschuldbestellung
Der Eigentümer, die Firma ..., bestellt hiermit zugunsten von ... – nachstehend Gläubiger genannt – an dem im Abschnitt I. beschriebenen Grundbesitz eine Grundschuld ohne Brief in Höhe von ... € (in Worten: ... Euro). Für die Grundschuld gelten folgende Bedingungen:

§ 1 Die Grundschuld ist von heute ab mit jährlich ... vom 100 zu verzinsen. Die Grundschuldzinsen sind am ersten Werktag eines jeden Kalenderjahres für das vorangegangene Kalenderjahr zahlbar, spätestens jedoch im Verteilungstermin.

§ 2 Die Grundschuld hat folgenden Rang zu erhalten:

...

Sollten etwa ausbedungene Rangstellen zunächst nicht verschafft werden können, so soll das vorgenannte Grundpfandrecht an nächstoffener Rangstelle eingetragen werden."

124 Bei jeder Grundschuldbestellung sollte der Gläubiger an die **Abtretung des Rückgewähranspruchs** denken. Bei der Kreditsicherung durch Grundschulden werden regelmäßig die Rückgewähransprüche des Grundstückseigentümers an vor- und gleichrangigen Grundpfandrechten an den Gläubiger bzw. Kreditgeber abgetreten.

125 Nach der jüngsten Rechtsprechung des BGH ist die Abtretung des Anspruchs auf Rückgewähr einer Grundschuld unter bestimmten Umständen trotz § 91 Abs. 1 InsO **insolvenzfest** und begründet dann ein **Recht auf abgesonderte Befriedigung** im Insolvenzverfahren über das Vermögen des Abtretenden, wenn eine Revalutierung der Grundschuld ohne Zustimmung des Abstimmungsempfängers nicht oder nicht mehr in Betracht kommt.[16]

16 BGH, Urteil vom 10.11.2011 – IX ZR 142/10 (= NJW 2012, 229).

Klauselmuster
Beispiel für Abtretung des Rückgewähranspruches

„Zusätzlich tritt der Eigentümer bei etwaigen vor- und gleichrangigen Grundschulden seine – auch zukünftigen – Ansprüche auf Rückübertragung, Erteilung einer Löschungsbewilligung oder Verzichtserklärung sowie auf Herausgabe des anteiligen Erlöses aus einer Zwangsvollstreckung oder einer freihändigen Veräußerung an den Gläubiger ab.“

Ist nämlich der Sicherungszweck ohne vertragsmäßige Verwertung der Grundschuld durch den Sicherungsnehmer (z.B. die Hausbank) endgültig weggefallen, so hat dieser dem Sicherungsgeber (dem Grundstückseigentümer) die Grundschuld **zurück zu gewähren**. Es handelt sich hierbei um einen **schuldrechtlichen Anspruch** des Grundstückseigentümers aus dem Sicherungsvertrag. Der Rückgewähranspruch entsteht bereits mit Abschluss des Sicherungsvertrags. Von diesem Zeitpunkt an kann er abgetreten, gepfändet oder verpfändet werden. 126

Dieser Rückgewähranspruch richtet sich **nach Wahl** des Sicherungsgebers (Geschäftspartners) auf Übertragung der Grundschuld an sich selbst oder an einen Dritten, auf Verzicht auf die Grundschuld oder auf Aufhebung der Grundschuld. Er setzt sich an dem auf die Grundschuld entfallenden Versteigerungserlös fort. Die einmal ausgeübte Wahl bindet den Eigentümer. 127

Die Abtretung des Rückgewähranspruchs richtet sich nach den §§ 398 ff. BGB, sie ist **formfrei** möglich und kann durch Vereinbarung der Parteien des Sicherungsvertrags nach § 399 BGB ausgeschlossen werden. Zur Verschaffung einer besseren Rangstelle bzw. zur Erweiterung ihrer Sicherheiten lassen sich nachrangige Grundpfandrechtsgläubiger diese Rückgewähransprüche regelmäßig abtreten. 128

Durch die jüngste Rechtsprechung des BGH hat die Abtretung der Rückgewähransprüche bei der Grundschuld noch an Bedeutung gewonnen, weil der BGH die Abtretung des grundsätzlich aufschiebend bedingten Rückgewähranspruchs der Grundschuld entgegen der Vorschrift des § 91 Abs. 1 InsO unter bestimmten Umständen als **insolvenzfest** eingestuft hat.[17] 129

So sei der Abtretungsempfänger des Anspruchs auf Rückgewähr einer Sicherungsgrundschuld in seiner Rechtsposition gegenüber dem Schuldner dann gesichert, wenn der abgetretene Anspruch durch Wegfall des Sicherungszwecks entstanden ist. Dabei unterscheidet der BGH zwischen einer „engen Sicherungszweckvereinbarung“ und einer „weiten Sicherungszweckvereinbarung“. 130

Bei einer sog. **„engen Sicherungszweckvereinbarung“** sichert die Grundschuld nur eine bestimmte Forderung. Soweit diese bereits vor Insolvenzeröffnung 131

17 BGH, Urteil vom 10.11.2011 – IX ZR 142/10 (= NJW 2012, 229).

vollständig getilgt ist, ist damit der Sicherungszweck entfallen und der Rückgewähranspruch entstanden.

132 Eine **„weite Sicherungszweckvereinbarung“** liegt dagegen vor, wenn nicht nur alle im Zeitpunkt des Abschlusses des Vereinbarung bereits konkret bestehenden Forderungen gesichert, sondern auch künftige Forderungen des Darlehensgebers erfasst sind. Da eine Grundschuld auch dadurch revalutiert werden könne, dass der Sicherungsgeber einen neuen Kredit aufnimmt oder der erstrangige Sicherungsnehmer weitere Ansprüche gegen den Sicherungsgeber erwirbt, sofern sie als künftige Verbindlichkeiten von vornherein in die Zweckbestimmung der Grundschuldsicherung eingezogen sind, sei der Abtretungsempfänger des Rückgewähranspruchs erst dann in seiner Rechtsposition gegenüber dem Schuldner gesichert, wenn der abgetretene Anspruch auf Rückgewähr durch Wegfall des Sicherungszwecks entstanden war, als mit Insolvenzeröffnung das Erwerbsverbot des § 91 Abs. 1 InsO eingreifen konnte.

133 Wann dies der Fall ist, so der BGH, richte sich nach dem Inhalt des Vertrages, etwa durch Vereinbarung zeitlicher Grenzen, Bedingungen oder Kündigungsrechte. Insbesondere nach **Kündigung** des gewährten Kredits kann sich also die ursprünglich nicht eng gefasste Sicherungsvereinbarung nach zweckentsprechender Auslegung auf die bestehende Restschuldbefreiung konzentriert haben, sofern die Gewährung neuen Kredits oder die Abtretung entsprechender Forderungen gegen den Schuldner an die erstrangige Grundschuldgläubigerin nicht mehr in Frage kommt.[18]

134 Allerdings ist ein insolvenzrechtlicher **Anfechtungsanspruch** nach den §§ 129 ff. InsO gegen die Abtretung des Rückgewähranspruchs an den Gläubiger nicht ausgeschlossen, die Anfechtung bleibt weiterhin möglich. Anfechtungsrechtlich wirksam geworden nach § 140 Abs. 1 InsO ist die Abtretung des Anspruchs auf Rückgewähr der Sicherungsgrundschuld in dem Zeitpunkt, in dem der Abtretungsempfänger gegenüber dem Abtretenden eine gesicherte Rechtsposition erlangt hat, der Anspruch mithin ohne aufschiebende Rechtsbedingung entstanden ist.[19]

135 Maßgeblich für die vorliegende Anfechtungsvoraussetzung ist hier also der Zeitpunkt, in dem der Abtretungsempfänger (Zessionar) die gesicherte Rechtsposition erlangt, mithin bei engem Sicherungszweck der Zeitpunkt, in dem die vorrangige Forderung getilgt wird, bei weiterem Sicherungszweck der Zeitpunkt, in dem seine Beschränkung und damit die Fälligkeit des Rückgewähranspruchs eintritt, z.B. durch Kündigung von Seiten der erstrangig besicherten Bank.

---

18 BGH, Urteil vom 10.11.2011 – IX ZR 142/10 Rn 17.
19 BGH, Urteil vom 10.11.2011 – IX ZR 142/10 Rn 18.

Praxistipp

Damit der Insolvenzverwalter nicht die Anfechtbarkeit der Abtretung des Rückgewähranspruchs behaupten kann, sollte jeder Gläubiger tunlichst vermeiden, von der eingetretenen Zahlungsunfähigkeit des Geschäftspartners oder von dessen Insolvenzantrag frühzeitig Kenntnis zu nehmen. Er sollte diese etwaige Kenntnis auch nicht in Schriftstücken oder E-Mail-Verkehr dokumentieren.

Der vorbezeichnete Rückgewähranspruch wird durch den gesetzlichen **Löschungsanspruch** nachrangiger Grundpfandrechtsgläubiger gemäß der §§ 1179, 1179a BGB ergänzt. Diese stehen in einem sich gegenseitig ergänzenden Verhältnis. Dieser Löschungsanspruch setzt voraus, dass die in Rede stehende erstrangige Grundschuld in Ausübung und Vollzug des Rückgewähranspruchs des Schuldners (oder durch Zahlung des Eigentümers auf die Grundschuld selbst) auf den Grundstückseigentümer **übergegangen** ist. Der Inhaber eines nachrangigen Grundpfandrechts, hier der Gläubiger, hat keinen Anspruch gegen den Grundschuldeigentümer, sich so zu verhalten, dass der **Vereinigungsfall** eintritt. Bei Abtretung der Grundschuld unmittelbar an einen Dritten entsteht der gesetzliche Löschungsanspruch gemäß § 1179a BGB nicht. 136

Zahlt also beispielsweise der Insolvenzverwalter des insolventen Grundstückseigentümers auf die Grundschuld der erstrangig besicherten Bank und löst damit deren Kredit ab, so entsteht analog der §§ 1192, 1143 BGB eine **Eigentümergrundschuld**. Dasselbe geschieht bei Verzicht der Bank auf die Grundschuld oder Rückabtretung der Grundschuld an den Eigentümer. 137

In diesem Falle kann der nachrangige Grundschuldgläubiger jetzt vom Insolvenzverwalter nach § 1179a Abs. 1 Satz 3 BGB die **Löschung** der Eigentümergrundschuld verlangen; mit der weiteren Folge, dass der Insolvenzverwalter etwaige **Übererlöse** aus dem Verkauf des belasteten Grundstücks oder aus der Zwangsversteigerung an den im nächsten Rang befindlichen Grundpfandrechtsgläubiger auskehren muss. Dieser **Löschungsanspruch** des Grundpfandrechtsgläubigers aus § 1179a BGB ist nach der jüngsten BGH-Rechtsprechung **insolvenzfest** und selbst dann einschlägig, wenn der vorrangige (oder gleichrangige) Grundpfandrechtsgläubiger auf sein Recht erst nach erfolgter Versteigerung des Grundstücks im Verteilungsverfahren verzichtet.[20] 138

Praxistipp

Jeder zweit- und drittrangige Grundschuldgläubiger sollte in der Insolvenz des Grundstückseigentümers auf den insolvenzfesten Löschungsanspruch aus § 1179a BGB verweisen, falls der Insolvenzverwalter den Verkaufserlös mit Hinweis auf die Eigentümergrundschuld behalten will.

20 BGH, Urteil vom 27.4.2012 – V ZR 270/10 (= NZI 2012, 576).

139 Schließlich sollte jeder Gläubiger bei der Grundschuldbestellung an die **dingliche Zwangsvollstreckungsunterwerfung** denken. Der Eigentümer kann sich bei Bestellung der Grundschuld der dinglichen Zwangsvollstreckung in Ansehung des Grundschuldbetrages, der Zinsen und der sonstigen Nebenleistungen unterwerfen, § 794 Abs. 1 Nr. 5 ZPO. Es handelt sich hierbei um eine **einseitige Prozesshandlung**, die auf Schaffung eines Vollstreckungstitels gerichtet ist. Der Gläubiger muss so nicht in einen womöglich langwierigen Rechtstreit sich zunächst mittels Klage einen zur Zwangsvollstreckung geeigneten Titel besorgen, eine Klage nach § 1147 BGB erübrigt sich in diesem Fall.

Klauselmuster
Beispiel für die Unterwerfung unter die sofortige Zwangsvollstreckung

„Wegen des Grundschuldbetrages und der Zinsen wird die Unterwerfung unter die sofortige Zwangsvollstreckung in den belasteten Grundbesitz in der Weise erklärt, dass die Zwangsvollstreckung aus dieser Urkunde gegen den jeweiligen Eigentümer des belasteten Grundstücks zulässig ist. Der Gläubiger ist berechtigt, auf seinen einseitigen Antrag hin sich eine vollstreckbare Ausfertigung dieser Urkunde erteilen zu lassen. Es wird auf den Nachweis der Tatsachen verzichtet, die das Entstehen und die Fälligkeit der Grundschuld nebst Zinsen bedingen."

---

140 Einem **neuen** Eigentümer gegenüber wirkt der Vollstreckungstitel nur, wenn sich der Grundschuldbesteller bereits bei Bestellung der Grundschuld der sofortigen Zwangsvollstreckung in der Weise unterworfen hat, dass diese gegen **den jeweiligen Eigentümer** des Grundstücks zulässig sein soll und die dingliche Zwangsvollstreckungsunterwerfung in das Grundbuch **eingetragen** ist, § 800 Abs. 1 ZPO.

141 Die dingliche Zwangsvollstreckung hält der sog. **AGB-Kontrolle** stand, sie kann also auch in Allgemeinen Geschäftsbedingungen vereinbart werden. Da von einer gesetzlich vorgesehenen Gestaltungsmöglichkeit Gebrauch gemacht wird, kommt eine unangemessene Benachteiligung des Grundschuldbestellers nicht in Betracht.

142 Über die Grundschuldbestellung hinaus kann vom Eigentümer oder dem Dritten, z.B. weiteren Mitschuldnern, die Abgabe eines abstrakten Schuldversprechens oder Schuldanerkenntnisses in Höhe der Grundschuldsumme und der Nebenleistungen einschließlich der Unterwerfung unter die sofortige Zwangsvollstreckung wegen dieses Anspruchs nach § 794 Abs. 1 Nr. 5 ZPO verlangt werden.

143 Diese **Übernahme der persönlichen Haftung mit Zwangsvollstreckungsunterwerfung** gibt dem Gläubiger neben dem dinglichen Titel einen weiteren Vollstreckungstitel und ermöglicht ihm die Zwangsvollstreckung in das **sonstige Vermögen des Schuldners**, also nicht nur in das jeweilige Grundstück.

144 Der Sicherungsvertrag bildet in der Regel den Rechtsgrund für das in der Grundschuldbestellungsurkunde abgegebene Schuldanerkenntnis. Das abstrakte Schuldversprechen/Schuldanerkenntnis sichert nicht die Grundschuld, sondern ist von ihrem Bestand **unabhängig**.

Die persönliche Haftung erlischt demzufolge nicht, wenn die Grundschuld mangels Eintragung nicht entsteht oder in der Zwangsversteigerung ausfällt. Der Gläubiger darf jedoch aus beiden Sicherheiten nur solange vorgehen, bis er **Einmalbefriedigung** wegen eines Betrags in Höhe aller Ansprüche aus der Grundschuld erlangt hat. Das abstrakte Schuldversprechen/Schuldanerkenntnis teilt insoweit den Sicherungszweck der Grundschuld. 145

Die Rechtsprechung hat gegen die Kombination von Grundschuld und abstraktem Schuldversprechen/Schuldanerkenntnis als Sicherungsinstrumente grundsätzlich keine Bedenken. Es verstößt nicht gegen die §§ 305c Abs. 1, 307, 309 Nr. 12 BGB, wenn der persönliche Schuldner ein formularmäßiges abstraktes Schuldversprechen/Schuldanerkenntnis abgibt (AGB-Kontrolle). 146

Klauselmuster
Beispiel für abstraktes Schuldversprechen mit Zwangsvollstreckungsunterwerfung

„Firma ... und Herr ...
– nachstehend als „Schuldner" bezeichnet –
übernehmen gegenüber dem Gläubiger die persönliche Haftung für die Zahlung eines Geldbetrages, dessen Höhe der vereinbarten Grundschuld (Kapital und Zinsen) entspricht. Sie – mehrere als Gesamtschuldner – unterwerfen sich insoweit der sofortigen Zwangsvollstreckung aus dieser Urkunde in ihr gesamtes Vermögen. Der Gläubiger kann die persönliche Haftung unabhängig von der Eintragung in der Grundschuld und ohne vorherige Zwangsvollstreckung in den Grundbesitz geltend machen. Der Schuldner beantragt beim Notar, dem Gläubiger auch insoweit eine vollsteckbare Ausfertigung dieser Urkunde zu erteilen."

IV. Verwertung

Die Verwertung von Immobiliarsicherheiten können nach § 165 InsO sowohl der Insolvenzverwalter selbst als auch nach § 49 InsO der Gläubiger durch **Zwangsversteigerung oder Zwangsverwaltung** betreiben. Die Gläubiger können abgesonderte Befriedigung im Wege der Zwangsversteigerung oder Zwangsverwaltung aus dem Grundstück oder grundstücksgleichen Recht erlangen, aber auch durch **freihändigen Verkauf** durch den Insolvenzverwalter. 147

1. Verwertung durch den Insolvenzverwalter

Nach Insolvenzeröffnung erfolgt die Verwertung insbesondere von mit Grundschulden belasteten Grundstücken des Insolvenzschuldners durch den Insolvenzverwalter und nicht durch die absonderungsberechtigten Gläubiger. Bei der Verwertung durch den Insolvenzverwalter steht die **freihändige Veräußerung** im Vordergrund. Die Einleitung von Zwangsversteigerungs- oder Zwangsverwaltungsverfahren ist dagegen in der Praxis eher selten. 148

Alternativ kann der Insolvenzverwalter Grundstücke an den Schuldner **freigeben**, wenn ansonsten Nachteile für die Masse drohen, z.B. bei altlastenverseuchten Grundstücken, die praktisch unverkäuflich sind oder einer umfangreichen, laufenden Sanierung bedürfen.

a) Freihändige Veräußerung

149 Anstelle der Verwertung im Wege der Zwangsversteigerung sucht der Insolvenzverwalter regelmäßig die Grundstücke des Schuldners **freihändig** zu veräußern, weil der hier zu erzielende Kaufpreiserlös normalerweise viel höher liegt als bei einer Zwangsversteigerung. Ein Verkauf des Grundstücks lässt sich in der Regel auch leichter organisieren als das kostenintensive und langwierige Zwangsversteigerungsverfahren.

150 Der Grundstücksverkauf ist im Regelfall Teil des Verkaufs des Geschäftsbetriebs des insolventen Schuldners an einen Investor im Wege der sog. **„übertragenen Sanierung“**.

151 Die Grundpfandrechtsgläubiger haben allerdings **keinen Anspruch** auf Durchführung der freihändigen Verwertung, die Entscheidung darüber obliegt allein dem Insolvenzverwalter. Entscheidet er sich dazu, muss regelmäßig eine Zusammenarbeit mit den Grundpfandrechtsgläubigern erfolgen, da es dem Insolvenzverwalter ohne deren Löschungsbewilligungen schwer fallen wird, Erwerber zu finden. Im Regelfall will der Erwerber das Grundstück lastenfrei erwerben, sodass alle Grundschuldgläubiger zu einer Lösung ihrer Grundschulden bewegt werden müssen.

! **Praxistipp**
Bevor der Grundpfandrechtsgläubiger zwecks freihändiger Veräußerung des Grundstücks die Löschungsbewilligung zu treuen Händen eines Notars erteilt, sollte er vom Insolvenzverwalter einen schriftlich zu fixierenden Verzicht auf die Anfechtung der Bestellung der Grundschuld und hinsichtlich der Abtretung des Rückgewähranspruchs verlangen. Die Löschungsbewilligung sollte nur bei umfassendem Anfechtungsverzicht abgegeben werden, zudem gegen Auskehr des (Teil-)Erlöses.

---

152 I.d.R. schließt der Insolvenzverwalter zur Vorbereitung der Verwertung des Grundstücks eine **Verwertungsvereinbarung** mit den Absonderungsgläubigern ab. Darin wird geregelt, dass die Gläubiger gegen Beteiligung am Verkauferlös auf ihre dinglichen Rechte verzichten. Soweit die Rechte der Absonderungsgläubiger bei freihändiger Veräußerung erlöschen, setzen sie sich am **Verwertungserlös** fort. Neben den Grundpfandberechtigten sind auch die Absonderungsberechtigten der übrigen Rangklassen aus dem Erlös zu befriedigen.

153 Insofern sind für die Erteilung des Erlöses die Regelung der §§ 10 ff. ZVG maßgeblich. I.d.R. wird eine Erlösverteilung angestrebt, wie es dem **Verteilungsverfahren** in der Zwangsversteigerung entspricht, wobei für die Verrechnung des Verkaufserlöses diejenige Vereinbarung maßgeblich ist, nach welcher Reihenfolge die Grundschulden zur Sicherung verschiedener Kredite dienen sollten. Insoweit erlangt wieder die

Abtretung des Rückgewähranspruchs gegenüber dem erstrangig besicherten Grundpfandgläubiger an nachrangige Grundpfandrechtsgläubiger Bedeutung.

Allerdings kann der Insolvenzverwalter aufgrund einer Verwertungsvereinba- 154
rung mit allen Absonderungsberechtigten auch **abweichende Regelungen** treffen. Erwirkt der Absonderungsberechtigte selbst das Grundstück, kann er mit seiner Erlösbeteiligung gegen die Kaufpreisforderung aufrechnen.

Als Gegenleistung für die Verwertungsbemühungen des Insolvenzverwalters 155
zahlen die Grundpfandrechtsgläubiger i.d.R. einen vereinbarten Kostenbeitrag aus dem Verwertungserlös an die Masse, der in der Praxis regelmäßig zwischen 1% und 10% liegt. Die **Höhe des Massekostenbeitrags** ist frei verhandelbar und übersteigt i.d.R. die Feststellungskosten gemäß § 10 Abs. 1 Nr. 1a ZVG von 4%, hängt aber im Einzelfall von dem vom Insolvenzverwalter zu betreibenden Aufwand ab.

Auf den an den Insolvenzverwalter zu zahlenden Massekostenbeitrag fällt **Um-** 156
satzsteuer an:

Vereinbaren der absonderungsberechtigte Grundpfandgläubiger und der Insol- 157
venzverwalter, dass der Insolvenzverwalter ein Grundstück für Rechnung des Grundpfandgläubigers veräußert und vom Veräußerungserlös einen bestimmten Betrag für die Masse einbehalten darf, so führt der Insolvenzverwalter neben der Grundstückslieferung an den Erwerber eine sonstige entgeltliche Leistung an den Grundpfandgläubiger aus. Der für die Masse einbehaltene Betrag ist in diesem Falle **Entgelt für eine Leistung** und daher umsatzsteuerpflichtig.[21]

Bei einer lastenfreien Veräußerung des Grundstücks bietet sich insbesondere 158
für nachrangige Grundpfandgläubiger, die bei einer Zwangsversteigerung voraussichtlich nicht befriedigt werden (sog. „**Schornsteinhypotheken**"), die **Chance**, noch am Erlös beteiligt zu werden. Auch diese nachrangigen Gläubiger müssen Löschungsbewilligungen für die Grundpfandrechte erteilen. Sie können die Erteilung davon abhängig machen, dass ihnen eine Quote aus dem Erlös gezahlt wird, die sog. **Lästigkeitsprämie**. Auf diese Weise kann der nachrangige Gläubiger an dem Erlös aus der freihändigen Veräußerung partizipieren, selbst wenn sein nachrangiges Recht vom Erlös der Veräußerung des zur Insolvenzmasse gehörenden Grundstücks nicht mehr gedeckt ist.

Der BGH hat entschieden, dass die Zahlung einer Lästigkeitsprämie, die über 159
die Löschungskosten des nachrangigen Gläubigers hinausgeht, **insolvenzzweckwidrig** sein kann und daher vom Insolvenzverwalter **zurückzufordern** ist. Verspreche der Insolvenzverwalter dem durch eine offensichtlich wertlose Grundschuld gesicherten (nachrangigen) Gläubiger gegen Erteilung der Löschungsbewilligung zusätzlich zu den übernommenen Löschungskosten eine Geldleistung, so sei diese Vereinbarung wegen Insolvenzzweckwidrigkeit nichtig.[22]

---

21 Vgl. BFH, Urteil vom 18.8.2005 – V R 31/04; FG Düsseldorf, Urteil vom 10.6.2009 – 5 K 3940/07 U.
22 BGH, Beschluss vom 20.3.2008 – XI ZR 68/06.

160 Ein Insolvenzverwalter könne deshalb von einem Gläubiger des Insolvenzschuldners verlangen, dass dieser der **Löschung** einer zu seinen Gunsten auf einem Grundstück des Schuldners eingetragenen nachrangigen Zwangssicherungshypothek zustimmt, wenn das Grundstück durch vorrangige Grundpfandrechte derart **wertausschöpfend** belastet ist, dass eine Verwertung offensichtlich nicht zu einer auch nur teilweisen Befriedigung des Gläubigers führen kann und das Grundstück nur durch die Löschungsbewilligung im Insolvenzverfahren wirtschaftlich sinnvoll verwertbar ist. Der Gläubiger könne die Erteilung einer Löschungsbewilligung dann nicht von der Zahlung einer Lästigkeitsprämie abhängig machen.[23]

161 Allerdings hat der BGH auch entschieden, dass weder eine Vereinbarung über die Zahlung aus dem Erlös des Grundstücksverkaufs an einen nachrangigen Grundpfandgläubiger noch die Zahlung selbst insolvenzzweckwidrig sind, wenn der entsprechende Zahlbetrag ausschließlich **zu Lasten** eines damit einverstandenen **vorrangigen Grundpfandgläubigers** geht.[24]

! **Praxistipp**
Ein nachrangiger Grundpfandgläubiger kann die Erteilung seiner Löschungsbewilligung weiterhin von der Zahlung einer Lästigkeitsprämie abhängig machen. Er muss allerdings darauf achten, dass dieser Betrag ausschließlich zu Lasten eines damit einverstandenen vorrangigen Grundpfandgläubigers geht, in dem z.B. die erstrangig besicherte Bank ihrerseits auf einen entsprechenden Anteil am Erlös verzichtet. Der Insolvenzverwalter darf sich zu keinem Zeitpunkt verpflichten, eine Gegenleistung aus der Masse zu erbringen.

b) Verwertung von Zubehör

162 Zum sog. **Haftungsverband der Grundschuld** nach den §§ 1192 Abs. 2, 1120 BGB gehören auch Erzeugnisse, Bestandteile und **Zubehör** eines Grundstücks. In der Praxis steht im Vordergrund die Verwertung von Zubehör wie z.B. die Geschäfts- und Büroausstattung.

163 Die Gegenstände aus dem Haftungsverband von Grundpfandrechten können grundsätzlich nicht vom Insolvenzverwalter nach § 166 Abs. 1 InsO verwertet werden. Allerdings kann die Verwertung dieser Gegenstände gemäß der §§ 1120 ff. BGB zur **Enthaftung** dieser Gegenstände führen; dann ist zu klären, ob der Verwertungserlös der Insolvenzmasse gebührt oder aber an die Absonderungsberechtigten auszukehren ist.

164 Verkauft beispielsweise der Insolvenzverwalter die Geschäfts- und Büroausstattung, die mangels Enthaftung als Zubehör weiterhin zum Haftungsverband der

23 OLG Nürnberg, Urteil vom 19.11.2013 – 4 U 994/13 (= NZI 2014, 158).
24 BGH, Urteil vom 20.3.2014 – XI ZR 80/13 (= WM 2014, 954).

Grundschuld gehört, so steht dem Grundpfandgläubiger entweder ein **Ersatzabsonderungsanspruch** analog § 48 InsO oder ein Schadensersatzanspruch gegen die Insolvenzmasse zu.

Praxistipp
Der Grundschuldgläubiger sollte bei Verwertung von Zubehör darauf achten, dass der Insolvenzverwalter auch hier Erlöse auskehrt; das wird mitunter „vergessen“. **!**

Da der Insolvenzverwalter ohne ausdrückliche Vereinbarung mit den Grundpfand- 165
gläubigern bzw. Absonderungsberechtigten nicht verwertungsberechtigt ist, kann er für die freihändige Veräußerung des Zubehörs nach den §§ 170, 171 InsO keine **Kostenbeiträge** verlangen.

Anders ist die Situation bezüglich **mithaftender Mietzins- bzw. Pachtzinsan-** 166
sprüche gem. der §§ 1123, 1124 BGB, die der Schuldner gegenüber seinem Mieter oder Pächter hat. Während der Grundschuldgläubiger außerhalb eines Insolvenzverfahrens im Wege der Forderungspfändung auf solche Mietzinsforderungen des Schuldners zugreifen kann, ist nach Eröffnung des Insolvenzverfahrens die Pfändung solcher mithaftender Mieten oder Pachten durch Grundpfandgläubiger nicht mehr zulässig. Nach Auffassung des BGH können Grundpfandgläubiger ihre Rechte nach § 49 InsO nur nach den Regelungen über die Zwangsversteigerung und Zwangsverwaltung durchsetzen, im Wege der Zwangsvollstreckung sei dies wegen des in § 89 Abs. 1 InsO geregelten Vollstreckungsverbots nicht möglich.[25]

Der Grundschuldgläubiger erwirkt mit dem Grundpfandrecht ein **Absonde-** 167
rungsrecht auch an den mithaftenden **Miet- und Pachtzinsforderungen.** Vorsorglich sollte sich der Grundschuldgläubiger bei Bestellung der Grundschuld alle Mietzinsforderungen des Schuldners **abtreten** lassen. So kann der Grundschuldgläubiger bis zur Insolvenzeröffnung eingehende Mietzahlungen mit einer eigenen Forderung gegen den Schuldner verrechnen, ohne dass die Gläubiger hierdurch benachteiligt werden; einzige Voraussetzung ist, dass der Grundschuldgläubiger die Grundschuld bzw. das Absonderungsrecht zuvor unanfechtbar erworben hat.[26]

c) Kalte Zwangsverwaltung

Gehören zur Insolvenzmasse vermietete Grundstücke, insbesondere Wohnimmobi- 168
lien, so kann für den Insolvenzverwalter und den Grundschuldgläubiger ein Interesse daran bestehen, die Einnahmen aus der Vermietung/Verpachtung aufzuteilen und einer Freigabe des Grundstücks aus der Masse entgegenzuwirken, also **„kalt“ Zwangs zu verwalten.**

---

25 BGH, Beschluss vom 13.7.2006 – IX ZB 301/04.
26 BGH, Urteil vom 9.11.2006 – XI ZR 133/05.

169 Grundpfandgläubiger können aufgrund ihres dinglichen Titels die Anordnung der **Zwangsverwaltung** über das Grundstück beantragen, sodass die entstehenden Miet- bzw. Pachtzinsforderungen ihnen zufließen. Bis zur Anordnung der Beschlagnahme kann der Insolvenzverwalter die Miet- bzw. Pachtzinsforderungen noch zur Insolvenzmasse ziehen. Hat der Absonderungsberechtigte bereits Miet- und Pachtzinsforderungen vor der **Beschlagnahme** eingezogen, so muss er diese Erlöse an den Insolvenzverwalter auskehren.

170 Haben die Absonderungsberechtigten die Zwangsverwaltung über das Grundstück anordnen lassen, so droht ihnen die **Freigabe** des Grundstücks an den Schuldner durch den Insolvenzverwalter, wenn der Insolvenzmasse durch die Zwangsverwaltung die laufenden Einnahmen verloren gehen und die Kosten der Bewirtschaftung der Immobilien nicht mehr gedeckt sind. Dann müssen die Absonderungsberechtigten die **Verwertung** des Grundstücks gegenüber dem Schuldner betreiben und sind für die Veräußerung auf das Verfahren der Zwangsversteigerung angewiesen. Hier hat die Immobilie dann den **Makel** der Zwangsversteigerung und die Immobilie könnte in der Regel nicht diejenigen Werte, die sie im Rahmen einer freihändigen Veräußerung erreichen könnte, zumal im Paket mit anderen Immobilien der Insolvenzmasse, erzielen.

171 Der Insolvenzverwalter wiederum kann das einmal von ihm an den Schuldner freigegebene Grundstück nicht mehr freihändig veräußern und somit keine Massenkostenbeiträge oder etwa **Übererlöse** erwirtschaften.

172 Diese Konstellation führt häufig zu Verwertungsvereinbarungen zwischen dem Insolvenzverwalter und dem Grundpfandgläubiger über die Aufteilung der Miet- bzw. Pachtzinsen zwischen ihnen zur Vermeidung der Zwangsverwaltung. Dies bezeichnet man auch als sog. **kalte Zwangsverwaltung**.

173 Regelmäßig orientiert sich die **Aufteilung der Mietzinsen** an den Regelungen der Zwangsverwaltung gemäß der §§ 17 ff. ZwVwV, allerdings behält der Insolvenzverwalter i.d.R. eine höhere Quote für die Masse ein. Klarer Vorteil: Durch diese Vereinbarung wird der Absonderungsberechtigte sofort an den Mietzinsen beteiligt und muss nicht zunächst die Anordnung der Zwangsverwaltung abwarten.

? **Checkliste**

Jede Verwertungsvereinbarung einer „kalten Zwangsverwaltung" sollte u.a. enthalten:
- Aufteilung der Einnahmen zwischen Masse und Absonderungsberechtigten
- Aufteilung rückstelliger Miet-/Pachtzinsen sowie Einnahmen der Insolvenzmasse vor fiktiver Beschlagnahme
- Aufteilung, Instandhaltungs- und Standsetzungskosten
- Beginn und Dauer der Laufzeit (fiktiver Beschlagnahmezeit)
- Ende der Aufteilung, wenn Absonderungsberechtigter Zwangsverwaltung einleitet
- Anrechnung von Zahlungen auf Hauptforderung und Zinsen der Absonderungsberechtigten
- Befriedigung von Kautionsansprüchen der Liefer/Pächter, und
- Ausweis von Umsatzsteuer.

---

d) Freigabe

Ein Insolvenzverwalter kann in Betracht ziehen, das jeweilige Grundstück aus der Insolvenzmasse an den Schuldner freizugeben. Das bedeutet, dass der Insolvenzverwalter dem Schuldner die **freie Verfügungsbefugnis** über das Grundstück zurückgibt. Diese **Freigabe des Grundstücks** kann gemäß § 160 Abs. 1 InsO zustimmungspflichtig durch die Gläubigerversammlung sein. 174

Der Insolvenzverwalter wird eine solche Freigabe immer dann in Erwägung ziehen, wenn die Belastung der Masse mit den Grundstückskosten den voraussichtlichen Erlös übersteigt. Eine solche Entscheidung kommt insbesondere dann in Betracht, wenn das Grundstück mit **Altlasten** wie z.B. Bodenkontaminationen belastet ist. 175

2. Verwertung durch den Absonderungsberechtigten

Absonderungsberechtigte Grundpfandgläubiger können sowohl vor als auch nach Insolvenzeröffnung **aus dinglichen Titeln** die Zwangsvollstreckung in Grundstücke betreiben. Und zwar im Wege der Zwangsversteigerung oder Zwangsverwaltung und dadurch abgesonderte Befriedigung aus dem Grundstück erlangen, §§ 165 InsO i.V.m. 49 InsO. 176

D.h., lässt sich der Insolvenzverwalter auf keine freihändige Veräußerung des Grundstücks ein und bleibt auch sonst untätig, kann der Grundschuldinhaber z.B. die Zwangsversteigerung betreiben. 177

Dass gilt auch, wenn über das Vermögen eines Eigentümers eines deutschen Grundstücks das Insolvenzverfahren in einem EU-Mitgliedstaat eröffnet wird, sodass grundsätzlich der **ausländische Insolvenzverwalter** zur Veräußerung und Belastung des Grundbesitzes in Deutschland befugt ist. 178

Zwar sehen dann generell sowohl die EuInsVO als auch das deutsche internationale Insolvenzrecht vor, dass sich die Wirkungen des Insolvenzverfahrens nach dem Recht desjenigen Staates der **Verfahrenseröffnung** richten, vgl. Artikel 4 EuInsVO, §§ 335, 343 InsO. D.h., wird das Insolvenzverfahren in Italien eröffnet, gilt italienisches Insolvenzrecht. Allerdings werden nach Artikel 5 Abs. 1 EuInsVO dingliche Rechte eines Gläubigers oder Dritten, die sich zur Zeit der Verfahrenseröffnung in einem anderen Mitgliedstaat befinden, von der Verfahrenseröffnung „*nicht berührt*“. 179

Als dingliche Rechte anerkannt sind insbesondere Verwertungsrechte wie zum Beispiel **Grundschulden** und **Hypotheken**. Das bedeutet, dass die Grundschuld weder den Beschränkungen des Insolvenzrechts des Eröffnungsstaates des Hauptverfahrens noch denen im heimischen Mitgliedstaat unterliegt. Der Gläubiger des dinglichen Rechts **behält also alle seine Ansprüche** bezüglich der betreffenden Vermögensgegenstände, vor allem die auf **Aus- und Absonderung**. 180

Praxistipp !
Die in anderen Mitgliedstaaten gelegenen dinglichen Rechte der Gläubiger und Dritter könnten also so angesehen werden, als sei das Insolvenzverfahren nicht eröffnet worden.

a) Zwangsversteigerung

181 Das **Zwangsversteigerungsverfahren** wird gem. der §§ 15, 1 Abs. 1 ZVG auf Antrag des Gläubigers beim zuständigen Vollstreckungsgericht angeordnet. Die ausgesprochene **Beschlagnahme** erfasst das Grundstück und alle zum Haftungsverband gehörenden Bestandteile, also nicht getrennte Erzeugnisse und Zubehör, vgl. §§ 20 Abs. 2, 21 Abs. 1 ZVG, 1120 ff. BGB, nicht aber die Miet- und Pachtzinsforderungen, § 21 Abs. 2 ZVG.

182 Das Vollstreckungsgericht setzt sodann auf Basis eines eingeholten Verkehrswertgutachtens den **Verkehrswert des Grundstücks** fest, zu schätzen ist oft der Wert des Zubehörs. Das Gericht legt auch den **Zwangsversteigerungstermin** fest, der wie folgt abläuft:

183 Zu Beginn des Termins teilt der zuständige Rechtspfleger den wesentlichen Inhalt des Grundbuchs, die Gläubiger mit ihren jeweiligen Ansprüchen und den von einem Gutachter ermittelten Verkehrswert des Versteigerungsobjektes mit. Zudem legt er die Versteigerungsbedingungen und das gesetzliche Mindestgebot („**geringste Gebot**") fest. Denn jedes Gebot muss die Voraussetzungen des sog. geringsten Gebots erfüllen, um als Gebot überhaupt zugelassen zu werden. Dieses geringste Gebot setzt sich zusammen aus dem **Mindestbargebot** (Verfahrenskosten zzgl. noch offener auf das Grundstück entfallender öffentlicher Lasten wie z.B. Grundsteuer) und denjenigen Rechten zusammen, die dem Recht des bestrangig betreibenden Gläubigers nach der Rangordnung des § 10 ZVG vorgehen, § 44 Abs. 1 ZVG.

184 Bei einem Gebot von mindestens 70% des Verkehrswertes (**7/10-Grenze**) erhält der Höchstbietende den Zuschlag. Liegt das Gebot zwischen 50 und 70%, also unterhalb der 7/10-Grenze, so entscheidet der die Zwangsversteigerung betreibende Gläubiger, ob er sich hierauf einlassen will oder nicht, er kann also die Versagung des Zuschlags beantragen, wenn sein Anspruch durch das Meistgebot nicht gedeckt ist. Bei Geboten unter 50% (**5/10-Grenze**) muss der Rechtspfleger den Zuschlag verweigern. Es findet dann zu einem späteren Zeitpunkt ein weiterer Termin statt, bei dem diese beiden Wertgrenzen (5/10 bzw. 7/10-Grenze) dann nicht mehr gelten. Die Grenzen fallen jedoch nur dann weg, wenn der Zuschlag im ersten Termin aufgrund einer der genannten Grenzen versagt worden ist. Hat jedoch im ersten Termin niemand ein Gebot abgegeben, so wird das Verfahren **einstweilen eingestellt**. Das heißt es ruht und kann auf Antrag des Gläubigers fortgesetzt werden, sodass im nächsten Termin weiterhin die Grenzen gelten.

185 Nach Ende der Versteigerung verkündet der Rechtspfleger den Meistbietenden. Ob er den **Zuschlag** bekommt, hängt davon ab, ob der betreibende Gläubiger zustimmt. Das kann dessen Vertreter sofort tun, der Zuschlag kann in einigen Fällen aber auch ausgesetzt oder verweigert werden.

186 Mit dem **Zuschlag** erwirbt der Ersteher **Eigentum** an Grundstück und allen Gegenständen, deren Beschlagnahme wirksam ist, dazu gehört auch schuldnerfremdes Zubehör, soweit Drittrechte nicht gem. § 37 Nr. 5 ZVG geltend gemacht wurden.

Nachrangige Rechte, die nicht in das geringste Gebot aufgenommen wurden, erlöschen, § 91 Abs. 1 ZVG.

Der Ersteher muss die Kaufsumme bis zum sog. **Verteilungstermin** zahlen. 187
Der **Versteigerungserlös** wird nach der Reihenfolge des § 10 ZVG an die Absonderungsberechtigten bzw. Grundpfandgläubiger verteilt, soweit deren Rechte nicht bestehen bleiben. Damit steht zugleich der **Ausfall** dieser Absonderungsberechtigten fest, § 52 InsO. Soweit die Absonderungsberechtigten Zahlungen aus dem Erlös erhalten, gelten sie als befriedigt, was dem Insolvenzverwalter zugleich anzuzeigen ist. Entsprechend kann der Grundpfandgläubiger dann den Restbetrag seiner zur Insolvenztabelle angemeldeten Forderung als **Ausfallforderung** geltend machen.

Von Bedeutung ist hier noch die **Regelung des § 30b ZVG**, wonach das Insol- 188
venzgericht auf Antrag des Insolvenzverwalters die **einstweilige Einstellung** des Zwangsversteigerung anordnen kann, wenn der Berichtstermin (Gläubigerversammlung) noch bevorsteht und das Grundstück für die Fortführung des Unternehmens oder die Vorbereitung einer Betriebsveräußerung **benötigt wird** und die Zwangsversteigerung die Durchführung eines Insolvenzplans gefährden oder in sonstiger Weise eine angemessene Verwertung der Insolvenzmasse durch die Versteigerung wesentlich erschwert würde.

b) Zwangsverwaltung

Für die **Zwangsverwaltung** gelten die Regelungen zur Zwangsversteigerung ent- 189
sprechend, soweit die §§ 147 ff. ZVG keine abweichenden Bestimmungen treffen. Die vom Vollstreckungsgericht angeordnete Beschlagnahme erfasst hier auch getrennte Erzeugnisse wie Miet- und Pachtzinsforderungen, §§ 148 Abs. 1, 21 Abs. 1, 2 ZVG.

Der vom Vollstreckungsgericht bestellte **Zwangsverwalter** erhält den Besitz am 190
Grundstück und den mitbeschlagnahmten Sachen, wobei er das **Besitzrecht** des Insolvenzverwalters bricht, § 150 Abs. 2 ZVG.

Ist also das Grundstück vermietet, so gebühren die **Mietzinsen** ab Beschlag- 191
nahme nicht mehr der Insolvenzmasse, sondern den die Zwangsverwaltung betreibenden Gläubigern. Ebenso wie bei der Zwangsversteigerung kann das Insolvenzgericht auch die **einstweilige Einstellung** der Zwangsverwaltung anordnen, wenn der Insolvenzverwalter glaubhaft macht, dass durch die Fortsetzung der Zwangsverwaltung eine wirtschaftlich sinnvolle Nutzung der Insolvenzmasse wesentlich erschwert werden würde, § 153b ZVG.

V. Insolvenzantrag eines durch Grundschuld gesicherten Gläubigers?

Gläubiger, denen das Schuldnerunternehmen die Zahlung der Lieferungen oder die 192
Rückzahlung des Lieferantenkredits schuldig bleibt, werden früher oder später

überprüfen, ob neben der Durchsetzung der Forderung gegen den Schuldner auch ein eigener **Insolvenzantrag** nach § 14 InsO Sinn macht, der sogenannte **Fremdantrag**.

193 Nach § 14 Abs. 1 InsO muss der Gläubiger ein **rechtliches Interesse** an der Eröffnung des Insolvenzverfahrens haben und seine Forderung sowie den Eröffnungsgrund **glaubhaft** machen. Ein rechtliches Interesse an der Eröffnung des Insolvenzverfahrens hat der Gläubiger wegen des staatlichen Vollstreckungsmonopols regelmäßig dann, wenn ihm eine Forderung zusteht und ein **Eröffnungsgrund** glaubhaft gemacht ist. Kein rechtlich schützenswertes Interesse an der Eröffnung des Insolvenzverfahrens hat ausnahmsweise ein Gläubiger, dessen Forderung unzweifelhaft ausreichend dinglich gesichert ist.[27]

194 Das heißt ein Gläubiger, dessen Forderung durch eine Grundschuld unzweifelhaft **ausreichend gesichert** ist, der hat kein rechtlich schützenswertes Interesse an einer Eröffnung des Insolvenzverfahrens, also an einer Abwicklung des schuldnerischen Geschäftspartners. Dafür, dass eine Befriedigung des Gläubigers durch die Sicherheiten, hier Grundschulden, zu erwarten ist, ist allerdings der Schuldner **darlegungspflichtig**.

! **Praxistipp**

Will ein Grundschuldgläubiger die Zwangsversteigerung des zu seinen Gunsten mit einer Grundschuld belasteten Grundstücks vermeiden, hält er aber auch eine zwangsweise Forderungsdurchsetzung nicht für opportun, so sollte er vor einem Insolvenzantrag prüfen, ob er durch seine Grundschuld unzweifelhaft ausreichend gesichert ist. Nur wenn dies auszuschließen ist, kommt ein aussichtsreicher Insolvenzantrag gegen den Schuldner in Betracht.

C. Eigentumsvorbehalte

195 Der Schutz der eigenen Interessen ist seit jeher einer der zentralen Punkte im Geschäftsverkehr. Erstaunlicherweise sind sich viele Warenlieferanten nicht darüber im Klaren, dass es bereits bei Vertragsabschluss möglich ist, sich gegen das Insolvenzrisiko des Geschäftspartners und den damit verbundenen Schaden abzusichern.

196 Das gilt insbesondere für ausländische Lieferanten, wie zum Beispiel aus den U.S.A., die u.a. aus bilanziellen und steuerlichen Gründen die Vereinbarung von **Eigentumsvorbehalten** vermeiden, um dann in einem deutschen Insolvenzverfahren auszufallen.

---

27 BGH, Beschluss vom 5.5.2011 – IX ZB 250/10 Rn 6.

I. Überblick

Waren und Produkte an den Kunden nur unter Eigentumsvorbehalt zu liefern, ist das üblichste und mindeste **Sicherungsmittel**. 197

Beim **einfachen Eigentumsvorbehalt** geht das Eigentum aufschiebend bedingt durch die vollständige Kaufpreiszahlung an den Käufer über. Wird der Schuldner (Käufer) zuvor insolvent, kann der Gläubiger die von ihm gelieferte Ware gemäß § 47 InsO **aussondern**, wenn der Schuldner nicht zahlt. 198

Sofern der Insolvenzverwalter die Erfüllung des Liefer- bzw. Kaufvertrages wählt, so ist der Anspruch auf Zahlung des Kaufpreises eine **Masseverbindlichkeit**, § 55 Abs. 1 Nr. 2 InsO. Diese wird also vom Insolvenzverwalter zu **100%** erfüllt. 199

Von Vorteil ist darüber hinaus die Vereinbarung eines **verlängerten** und/oder **erweiterten** Eigentumsvorbehalts, also die Vereinbarung der Fortsetzung des Eigentums an den durch die gelieferte Ware neu geschaffenen Gegenständen und die Absicherung über die Forderungen, die aus der Weiterveräußerung der Ware an Dritte entstehen. Beides ist allerdings oftmals aufgrund sich widersprechender Lieferanten- und Käufer-**AGB** nicht wirksam vereinbart. In der Insolvenz des Schuldners bzw. Käufers sind der verlängerte und/oder der erweiterte Eigentumsvorbehalt aufgrund des nicht zu erfüllenden **Nämlichkeitsnachweises** i.d.R. nur über einen Sicherheiten- bzw. **Lieferantenpool** durchsetzbar, dem es sich dann für die einzelnen Lieferanten beizutreten lohnt. 200

Rechte aus Eigentumsvorbehalt sind in jedem Fall sofort und unmittelbar nach Antragstellung und erneut nach Eröffnung des Insolvenzverfahrens sowohl gegenüber dem Schuldner als auch gegenüber dem Insolvenzverwalter anzuzeigen. 201

Praxistipp
Sollte der Gläubiger den Eigentumsvorbehalt nicht vereinbaren bzw. in den Verhandlungen nicht durchsetzen können, so sollte er den Abschluss einer Warenkreditversicherung prüfen. !

II. Einfacher Eigentumsvorbehalt

Der Lieferant einer beweglichen Sache, wie zum Beispiel Maschinen, Handelsprodukte oder Materialien, kann zur Sicherung seiner Kaufpreisforderung mit dem Käufer einen **Eigentumsvorbehalt** an der Kaufsache vereinbaren. Auf diese Weise wird der Verkäufer abgesichert, weil er das Eigentum behält, während der Käufer die Kaufsache schon im Besitz hat und gebrauchen kann. Der Eigentumsvorbehalt ist das typische Sicherungsmittel der Warenkreditgeber. Mit § 449 Abs. 1 BGB ist nur der **einfache Eigentumsvorbehalt** geregelt. 202

1. Vereinbarung in Vertrag oder AGB

203 Der einfache Eigentumsvorbehalt wird regelmäßig als Bestandteil des Kaufvertrags vereinbart, so entweder in einem eigenständigen Kauf- und Liefervertrag, in einem Rahmenvertrag oder mittels Allgemeiner Geschäftsbedingungen (AGB). Der Eigentumsvorbehalt kann aber auch im Rahmen einer eigenständigen Vereinbarung getroffen werden, vgl. dazu ab Rn 278 Kap. 8.

204 In den allermeisten Fällen wird der einfache Eigentumsvorbehalt mithilfe von AGB vereinbart. So sollten die **Allgemeinen Lieferbedingungen** des Verkäufers bzw. Lieferanten ausnahmslos immer einen solchen einfachen Eigentumsvorbehalt vorsehen, wenn dieser Waren/bewegliche Sachen an seinen Abnehmer liefert.

205 Mitunter sehen sogar die **Allgemeinen Einkaufsbedingungen** des Abnehmers einen einfachen Eigentumsvorbehalt zugunsten des Verkäufers vor. Sollte der Verkäufer die Vereinbarung des einfachen Eigentumsvorbehalts „einmal" vergessen haben oder den Nachweis der wirksamen Vereinbarung nicht erbringen können, so kann sich im Insolvenzfall des Käufers ein Blick in dessen Einkaufsbedingungen noch lohnen.

! **Praxistipp**
Vorsorglich ist immer ein Blick in die Allgemeinen Einkaufsbedingungen des Käufers zu werfen, ob dieser selbst einen einfachen Eigentumsvorbehalt zu Gunsten des Lieferanten gewährt.

---

206 In aller Regel schließen jedoch die Allgemeinen Einkaufsbedingungen des Käufers einen Eigentumsvorbehalt zugunsten des Lieferanten aus. Sehen die AGB des Verkäufers einen einfachen Eigentumsvorbehalt vor, so kommt hier kein **vertraglicher Eigentumsvorbehalt** zu Stande. Allerdings liegt hier aufgrund der AGB des Verkäufers nur ein Angebot auf **bedingte Übereignung** der Kaufsache vor, sodass sich der Eigentumsvorbehalt hier sachenrechtlich durchsetzt. Die Ware bleibt bis zur vollständigen Kaufpreiszahlung im **Eigentum** des Lieferanten, auch wenn die AGB des Käufers widersprechen.[28]

207 Ein Eigentumsvorbehalt kann auch **formlos**, das heißt mündlich vereinbart werden. Dies ist allerdings nicht zu empfehlen, andernfalls sich gerade im Insolvenzfall Beweisschwierigkeiten ergeben können. Mit der weiteren Folge, dass ein Insolvenzverwalter die Vereinbarung eines Eigentumsvorbehalts bestreiten wird. **Schriftform** ist daher aus Beweisgründen immer zu empfehlen und in der Praxis auch üblich.

208 Die **Darlegungs- und Beweislast** für die Vereinbarung eines Eigentumsvorbehalts trägt immer der Verkäufer. Im Zweifel kommt dem Käufer die **Eigentumsvermutung** des § 1006 BGB zugute, wonach zugunsten des Besitzers einer beweglichen Sache vermutet wird, dass er Eigentümer der Sache sei.

---

28 BGH, Urteil vom 18.6.1990 – IX ZR 107/89.

Fehlt eine schriftliche Vereinbarung, so kann noch helfen, dass ein Eigentumsvorbehalt auch **konkludent** vereinbart werden kann. Dies kommt dann in Betracht, wenn der Eigentumsvorbehalt in der entsprechenden Branche üblich ist und den dortigen „*Nuancen*" entspricht. Eine konkludente Vereinbarung eines Eigentumsvorbehalts kommt ebenso in Betracht in laufenden Geschäftsbeziehungen, bei denen die Lieferung üblicherweise unter Eigentumsvorbehalt erfolgt. Regelmäßig ist auch von einem Eigentumsvorbehalt auszugehen, wenn der Kaufpreis beim Verkauf eines LKW oder PKW noch nicht vollständig bezahlt ist und der Verkäufer dem KFZ-Brief bei Übergabe des PKW einbehält.[29] 209

Damit die Vereinbarung des Eigentumsvorbehalts wirksam ist, muss der Verkäufer zuvor **deutlich darauf hingewiesen** haben, dass er sich das Eigentum an der Kaufsache vorbehält. Nicht ausreichend ist also ein bloßer Vermerk auf der Rechnung oder dem Lieferschein ohne besondere Hervorhebung. 210

Praxistipp

Bei nicht vollständiger Kaufpreiszahlung ist grundsätzlich nicht von einem Eigentumsvorbehalt auszugehen. Dieser sollte daher immer vor Lieferung schriftlich und nicht bloß konkludent vereinbart werden. !

2. Besicherung der Kaufpreisforderung

Wird ein Eigentumsvorbehalt zwischen den Parteien vereinbart, so steht die dingliche Einigung über die Übereignung an den Käufer unter der **aufschiebenden Bedingung** der vollständigen Kaufpreiszahlung an den Verkäufer. Der schuldrechtliche Kaufvertrag dagegen wird unbedingt geschlossen. 211

Das heißt, die gegenseitigen Liefer- und Zahlungsverpflichtungen stehen unter keinem Vorbehalt, dem Käufer wird der unmittelbare Besitz an der Kaufsache eingeräumt. Mit Übergabe der Sache geht auch die **Gefahr des zufälligen Untergangs** gemäß § 446 Satz 1 BGB auf den Käufer über. 212

Bis zum Bedingungseintritt, also der vollständigen Zahlung des vereinbarten Kaufpreises einschließlich aller vereinbarten Nebenkosten usw., bleibt der Verkäufer **Eigentümer** der Kaufsache. Erst mit vollständiger Kaufpreiszahlung geht das Eigentum an der Kaufsache auf den Käufer über, ohne das es hier zu einer weiteren **Willenserklärung** des Verkäufers bedarf. 213

Solange also der vereinbarte Kaufpreis noch nicht bezahlt ist, sichert die Eigentümerstellung des Verkäufers seine Kaufpreisforderung. Der Käufer erwirbt daher mit der bedingten Übereignung an der Kaufsache ein sog. **Anwartschaftsrecht**. Zudem steht ihm ein **Recht zum Besitz** (§ 986 Abs. 1 BGB) an der unter Eigentumsvorbehalt gelieferten Sache zu. 214

29 BGH, Urteil vom 13.9.2006 – VIII ZR 184/05.

215 Das heißt, der Verkäufer hat gegen den besitzenden Käufer jedenfalls zunächst keinen **Anspruch auf Herausgabe** der Sache gemäß § 985 BGB. Gemäß § 449 Abs. 2 BGB kann der Verkäufer die Vorbehaltssache nur dann herausverlangen, wenn er zuvor vom Kaufvertrag wirksam zurückgetreten ist.

216 Der **Rücktritt** richtet sich nach den allgemeinen Regeln. Der Rücktritt setzt grundsätzlich voraus, dass der Verkäufer dem Käufer gem. § 323 Abs. 1 BGB eine angemessene Frist zur Kaufpreiszahlung gesetzt hat. Kommt der Käufer so mit der Kaufpreiszahlung in Verzug, so ist der Verkäufer zum Rücktritt berechtigt. Das Besitzrecht des Käufers wird auf diese Weise beseitigt, der Verkäufer hat Anspruch auf Herausgabe der Sache gemäß § 985 BGB. Der bloße Verzug begründet dagegen noch keinen Herausgabeanspruch.[30]

217 Sollte die Kaufpreisforderung des Verkäufers **verjähren**, so kann der Verkäufer zwar nicht mehr Bezahlung des Kaufpreises verlangen, aber nach § 216 Abs. 2 Satz 2 BGB dennoch vom Kaufvertrag zurücktreten und sodann die unter der Bedingung vollständiger Kaufpreiszahlung gelieferte Kaufsache herausverlangen.

3. Aussonderungsrecht im Insolvenzfall

218 Das Gleiche gilt im **Insolvenzfall**. Wurde eine Sache unter einfachem Eigentumsvorbehalt veräußert, so steht dem Verkäufer in der Insolvenz des Vorbehaltskäufers, der den Kaufpreis noch nicht vollständig entrichtet hat, als Eigentümer ein **Aussonderungsrecht** gemäß § 47 InsO zu.[31]

219 Der Gesetzgeber der InsO hat bewusst davon abgesehen, dem Vorbehaltsverkäufer im Falle der Insolvenz des Käufers nur ein Absonderungsrecht gemäß § 51 Nr. 1 InsO einzuräumen. Der Warenkreditgeber, der die ihm gehörende Kaufsache dem Schuldner übergibt, ohne die vollständige Gegenleistung zu erhalten, erschien ihm schutzbedürftiger als ein Geldkreditgeber, dem eine Sache als Sicherheit überlassen wird und der damit nur ein Absonderungsrecht nach § 51 Nr. 1 InsO erlangt.[32] Der Verkäufer ist weiterhin Eigentümer der Kaufsache, sodass diese nicht zur Insolvenzmasse gehört, sie kann vom Verkäufer ausgesondert werden.

220 Der Aussonderungsberechtigte wird selbst durch die Eröffnung des Insolvenzverfahrens nicht zum **Insolvenzgläubiger** und damit nicht zum Beteiligten des Insolvenzverfahrens.

221 Das heißt, der Verkäufer kann die aus seinem Eigentum folgenden Ansprüche entsprechend den allgemein gesetzlichen Bestimmungen **ohne insolvenzbezogene Einschränkungen** gegenüber dem Insolvenzverwalter geltend machen.

30 BGH, Urteil vom 27.3.2008 – VIII ZR 220/05.
31 BGH, Urteil vom 8.5.2014 – IX ZR 128/12 (= ZIP 2014, 1345).
32 Gesetzesentwurf BT-Drucks. 12/2443, Seite 125 zu § 58.

4. Durchsetzung im Insolvenzverfahren

Befindet sich ein unter Eigentumsvorbehalt gelieferter Gegenstand zum Zeitpunkt der Eröffnung des Insolvenzverfahrens im Besitz des Schuldners, so können die Aussonderungsberechtigten die **Herausgabe** dieses Gegenstandes gegenüber dem Verwalter geltend machen. Wichtig ist dabei immer der überzeugende **Beweis** vorbehaltenen Eigentums. 222

Vertragsmuster
Musterschreiben zur Geltendmachung eines Aussonderungsanspruchs

„Sehr geehrter Herr ... (Insolvenzverwalter),

die Insolvenzschuldnerin hatte bei uns umfangreich Ware unter Eigentumsvorbehalt bezogen. Wegen der Einzelheiten verweisen wir auf die beigefügte Anlage nebst Liefervereinbarung. Infolge Zahlungsverzugs haben wir mit eingeschriebenen Brief vom ... den Rücktritt vom Kaufvertrag erklärt. Das Schreiben überreichen wir ebenfalls zur Kenntnisnahme.

Wir haben gehört, dass einzelne Gegenstände unserer Lieferung sowohl vor der Verfahrenseröffnung durch die Schuldnerin als auch noch nach der Eröffnung des Insolvenzverfahrens durch sie an Dritte veräußert worden sind. Da hierdurch unsere Sicherungsrechte berührt werden, bitten wir um vollständige Auskunft darüber,
- welche Gegenstände zu welchen Bedingungen vor der Verfahrenseröffnung durch die Schuldnerin an Dritte veräußert wurden;
- ob und welche Gegenstände aus der Lieferung durch Sie nach der Verfahrenseröffnung an Dritte veräußert wurden;
- ob und in welcher Höhe die Kaufpreisansprüche gegen die Erwerber bereits realisiert wurden;
- ob sich eine etwaig vereinnahmte Gegenleistung noch unterscheidbar in der Insolvenzmasse befindet und
- ob und welche Gegenstände der Lieferung noch im Besitz der Schuldnerin bzw. noch auf Lager vorhanden sind.

Hinsichtlich der noch im Besitz der Masse befindlichen Gegenstände verlangen wir zunächst Herausgabe. Sofern aus einer Weiterveräußerung an Dritte Kaufpreisansprüche noch nicht realisiert wurden, fordern wir Sie zur Abtretung dieser Ansprüche auf. Für den Fall, dass bei etwaig bereits beglichenen Kaufpreisansprüchen die Gegenleistung noch unterscheidbar in der Masse vorhanden ist, machen wir einen Bereicherungsanspruch geltend.

Wegen der noch bei Ihnen befindlichen Ware erklären wir ein Veräußerungsverbot.

Für den vollständigen Eingang der Auskünfte sowie zur Erfüllung der geltend gemachten Ansprüche haben wir uns hier eine Frist bis zum ... notiert.

Mit freundlichen Grüßen“

Gibt der Insolvenzverwalter den betreffenden Gegenstand **nicht heraus**, so können die Gläubiger bzw. Lieferanten im Wege der einstweiligen Verfügung oder aber durch **Klageerhebung** ihre Ansprüche gegen den Insolvenzverwalter weiterverfol- 223 gen. In einem solchen Prozess hat der Aussonderungsberechtigte seinen Herausgabeanspruch darzulegen und ggf. zu beweisen, um insbesondere die Eigentumsvermutung des § 1006 BGB zu Gunsten des Schuldners zu widerlegen.

224 Eine **Verwertungs- bzw. Nutzungsbefugnis** steht dem Insolvenzverwalter bei aussonderungsbefangenen Gegenständen nicht zu. Entstehen dem Insolvenzverwalter bei Aussonderung der jeweiligen Vorbehaltsware Kosten, so kann er hier vom Verkäufer keine **Erstattung der Kosten** verlangen. Die §§ 170, 171 InsO gelten nicht.

225 Etwas anderes gilt im **Insolvenzeröffnungsverfahren**, dem vorläufigen Insolvenzverfahren, das sich auf den Insolvenzantrag hin bis zur Eröffnung des Insolvenzverfahrens durch das Insolvenzgericht anschließt. Zwar nimmt der vorläufige Verwalter die Gegenstände, die unter Eigentumsvorbehalt geliefert wurden, ebenfalls in **Besitz**. Allerdings können die Aussonderungsberechtigten vom vorläufigen Insolvenzverwalter nicht die **Herausgabe** verlangen, der vorläufige Insolvenzverwalter wird diese in der Regel nicht herausgeben.

226 § 107 Abs. 2 InsO ermöglicht dem Insolvenzverwalter, die Erklärung darüber, ob er den Kaufvertrag über die Vorbehaltssache erfüllen und sich dadurch das Eigentum an der Vorbehaltssache beschaffen will oder ob er die unter Vorbehalt gelieferte Sache lieber zurückgibt, bis nach der Durchführung des **Berichtstermin** im eröffneten Verfahren (erste Gläubigerversammlung) hinauszuschieben bzw. zurückzustellen. Der Insolvenzverwalter kann in dieser Zeit in Ruhe prüfen, ob die Erfüllung des Kaufvertrages für die Masse sinnvoll ist oder nicht. Um das Wahlrecht des Insolvenzverwalters im eröffneten Verfahren nicht vorwegzunehmen, wird der vorläufige Verwalter keinen Herausgabeforderungen nachkommen. Aussonderungsrechte nach § 47 InsO können daher generell erst nach Eröffnung des Insolvenzverfahren gegenüber dem Verwalter beansprucht werden.

227 Der vorläufige Insolvenzverwalter wird daher grundsätzlich vor der Eröffnung des Verfahrens noch **keine Verwertungshandlung** vornehmen. Bewegliche Gegenstände wird er i.d.R. nicht herausgeben. Allerdings kann er einzelne Aussonderungsgegenstände, welche er für die weitere Geschäfts- bzw. Unternehmensfortführung nicht benötigt und daher als entbehrlich ansieht, und bei denen offenkundig ist, dass der Gegenstand nicht zur Insolvenzmasse gehört, bereits im Eröffnungsverfahren an den Aussonderungsgläubiger herausgeben.

228 Soll den Aussonderungsberechtigten während des Insolvenzeröffnungsverfahrens eine Herausgabe der Vorbehaltsware untersagt werden und diese Gegenstände vom vorläufigen Insolvenzverwalter zur Fortführung des schuldnerischen Unternehmens eingesetzt werden, so kann das Insolvenzgericht nach § 21 Abs. 2 Satz 1 Nr. 5 InsO einen sog. **Verwertungsstopp** und zugleich eine Nutzungsbefugnis an Gegenständen anordnen, deren Aus- oder Absonderung verlangt werden könnte. Dadurch soll ein Auseinanderreißen des Schuldnervermögens verhindert und die Betriebsfortführung im Eröffnungsverfahren erleichtert sowie die Sanierungschancen erhalten werden. Dem Vorbehaltsverkäufer steht gegen den vorläufigen Insol-

venzverwalter in diesem Falle wegen eines durch übermäßige Nutzung oder Beschädigung eingetretenen Wertverlusts ein Ersatzanspruch zu.[33]

Praxistipp !
Der vorläufige Verwalter braucht sich weder zur Erfüllung des Vorbehaltskaufvertrags zu erklären noch ist der Gläubiger bis zu dieser Erklärung berechtigt, seinen vorbehaltenes Eigentum im Wege der Aussonderung beim Schuldner herauszuholen.

In der Insolvenz des Vorbehaltskäufers steht dem Insolvenzverwalter nach § 103 Abs. 1 InsO ein sog. **Wahlrecht** zu, ob er den Kaufvertrag über die Lieferung der Vorbehaltsware erfüllt oder die Erfüllung ablehnen will. Wählt der Insolvenzverwalter die Erfüllung des Kaufvertrages, so hat er nach § 55 Abs. 1 Nr. 2 InsO den Kaufpreis bzw. die Kaufpreisraten als sog. **Masseverbindlichkeit.** Mit Bedingungseintritt gelangt das Eigentum an der Sache in die Insolvenzmasse. 229

§ 107 Abs. 2 InsO ermöglicht dem Insolvenzverwalter die Erklärung über die Ausübung seines Wahlrechtes hinauszuschieben, und zwar bis nach Durchführung der ersten Gläubigerversammlung, des sog. **Berichtstermins.** In dieser Zeit wird der Insolvenzverwalter prüfen, ob die Erfüllung des Kaufvertrages für die Masse sinnvoll ist oder nicht. Dem Verwalter soll auf diese Weise die Möglichkeit an die Hand gegeben werden, Fortführungs- und Sanierungschancen des schuldnerischen Unternehmens in angemessener Zeit zu prüfen und zu wahren. 230

Deshalb steht dem Vorbehaltsverkäufer jedenfalls bis zum Berichtstermin kein **Entschädigungsanspruch** analog § 169 InsO zu, auch wenn der Verwalter dann unverzüglich nach Durchführung des Berichtstermins die Erfüllung des Kaufvertrages ablehnt. Der Lieferant sollte daher nach Eröffnung des Insolvenzverfahrens den Insolvenzverwalter nochmals – schriftlich – auf den bestehenden Eigentumsvorbehalt an den konkret zu benennenden Sachen hinweisen und ihn zugleich auffordern, zu erklären, ob er die Erfüllung des entsprechenden Kaufvertrags wählt. 231

Lehnt der Verwalter die Vertragserfüllung ab, dann steht dem Vorbehaltsverkäufer ein Aussonderungsrecht nach den §§ 47 InsO, 985 BGB zu. Ist hier für den Insolvenzverwalter offenkundig, dass der Gegenstand nicht zur Insolvenzmasse gehört, sondern eindeutig als **massefremder**, weil der unter Eigentumsvorbehalt gelieferter Vermögensgegenstand zu identifizieren ist, so gibt er die Sache an den Aussonderungsberechtigten heraus bzw. überlasst diese dem Aussonderungsberechtigten in sonstiger Weise. 232

Der Verwalter kommt seiner **Herausgabepflicht** grundsätzlich durch körperliche Übergabe des Gegenstands an den Aussonderungsberechtigten nach, oder aber dadurch, dass er die Inbesitznahme durch den Berechtigten duldet. Der Insolvenz- 233

---

33 BGH, Urteil vom 8.3.2012 – IX ZR 78/11 (= ZIP 2012, 779); Urteil vom 28.6.2012 – IX ZR 219/10 (= ZIP 2012, 1566).

verwalter muss allerdings den überlasteten Gegenstand nur zur Abholung bereitstellen. Eine Pflicht, den Gegenstand an den Käufer zu übersenden, besteht nicht. Die Masse ist nicht verpflichtet, die Kosten der Aussonderung zu tragen.[34] Holt der Gläubiger den Gegenstand nicht ab, kann er dann keinen Schadensersatz geltend machen.

234 Hat der Insolvenzverwalter die Vorbehaltsware nach Eröffnung des Insolvenzverfahrens weiterveräußert, ohne sein Wahlrecht nach § 103 Abs. 3 InsO auszuüben, so steht dem Vorbehaltslieferanten nach § 48 InsO und analog § 170 Abs. 1 Satz 2 InsO ein Anspruch auf Erlösherausgabe zu. Das Gleiche gilt, wenn bereits der vorläufige Insolvenzverwalter Vorbehaltsware weiterveräußern sollte.[35]

5. Beitritt zu einem Sicherheitenpool?

235 Haben Gläubiger Ware unter Eigentumsvorbehalt geliefert, so werden sie im Insolvenzfall häufig aufgefordert, einem **Lieferantenpool** bzw. Sicherheitenpool beizutreten, also einem Zusammenschluss gesicherter Gläubiger in Form einer Interessengemeinschaft oder BGB-Gesellschaft.

236 Häufig stehen Gläubiger vor dem Problem, in der Insolvenz des Schuldners gegen den Insolvenzverwalter ihre **Sicherungsrechte nachzuweisen**. Gerade dann, wenn der Schuldner die ihm gewährten Sicherheiten nicht ausreichend dokumentiert hat, geht die Auskunftspflicht des Schuldners nach den §§ 167 InsO, 242 BGB häufig ins Leere. Der Gläubiger muss dann nach dem sog. **sachenrechtlichen Bestimmtheitsgrundsatz** sein dingliches Recht an der konkreten einzelnen Sache nachweisen.

237 Schließen sich aber aussonderungs- und absonderungsberechtigte Gläubiger zusammen, so können diese **Beweisschwierigkeiten** umgangen werden. Ist beispielsweise nicht sicher, welchem Gläubiger ein Absonderungsrecht an dem aufgefundenen Gegenstand zusteht, so braucht diese Frage nicht geklärt zu werden, wenn alle in Betracht kommenden Gläubiger in einem **Pool zusammengeschlossen** sind.

238 Allerdings können Gläubiger, die aufgrund eines **einfachen Eigentumsvorbehalts** geliefert haben, ihre Ware, falls diese noch unvermengt und unverarbeitet beim Schuldner vorhanden ist und die ohne weiteres als ihr Eigentum identifiziert werden kann, **problemlos** aussondern.

239 Dem Gläubiger bringt ein solcher Lieferantenpool dann kaum Vorteile. Deshalb enthalten die meisten Poolverträge eine **Ausschlussklausel**, wonach die Rechte aus dem einfachen Eigentumsvorbehalt nicht in das Poolvermögen eingebracht werden

34 BGH, Urteil vom 28.6.2012 – IX ZR 219/10 (= ZIP 2012, 1566).
35 BGH, Urteil vom 21.1.2010 – IX ZR 65/09 (= NZI 2010, 339).

können. D.h., Gläubiger mit einfachem Eigentumsvorbehalt können dem Pool nicht beitreten und müssen ihre Rechte **selbst verfolgen**.

Mitunter sind jedoch unter einfachem Eigentumsvorbehalt gelieferten Sachen untrennbar mit anderen, ebenfalls unter einfachem Eigentumsvorbehalt von anderen Gläubigern gelieferten Sachen **vermischt** oder **vermengt**. Dann sind die Vorbehaltsverkäufer – bisher Alleineigentümer ihrer Waren und Produkte – **Miteigentümer** der vermischten oder vermengten Sachen nach dem Verhältnis des Wertes geworden, den die Sachen zur Zeit der Vermischung oder Vermengung hatten, vgl. §§ 947 Abs. 1 2. Halbsatz, 948 BGB. Zusätzlich entsteht kraft Gesetzes eine einfache Bruchteilsgemeinschaft nach den §§ 741 ff. BGB, die über die Art und Weise der Auseinandersetzung durch Teilung eine Vereinbarung schließen kann, vgl. §§ 749 ff. BGB. Die Gemeinschaft kann ihre Rechte an den gemeinschaftlichen Gegenständen gegenüber dem Gemeinschuldner nur gemeinschaftlich wahrnehmen. 240

Jeder Vorbehaltsverkäufer, der seine Miteigentumsanteile dennoch exakt zu quantifizieren vermag, der kann ihn auch außerhalb eines Pools selbstständig geltend machen. Der Beitritt zu einem Pool, der unter diesen Umständen Gläubigern mit einfachem Eigentumsvorbehalt offensteht, ist aber dann zulässig und häufig auch zu empfehlen, weil er die **Abwicklung vereinfacht**. 241

Sind jedoch die einzelnen Wertanteile nicht feststellbar, weil Schuldner und Gläubiger nicht mehr wissen, wem welche Waren im Zeitpunkt der Vermischung oder Vermengung gehört haben, so kann der einzelne Miteigentümer mangels des von ihm zu führenden **Nämlichkeitsnachweises** nicht aussondern. Durch eine Poolbildung aller Miteigentümer werden diese Abgrenzungsschwierigkeiten überwunden. Es können die Miteigentümer gemeinsam oder aber einer an alle, zum Beispiel mithilfe des Pools, Aussonderung verlangen. Steht fest, dass die vermischten oder vermengten Sachen nur ihnen gehören können, so schadet es nicht, dass die Anteile der Miteigentümer ihrem Umfang nach nicht feststellbar sind. 242

III. Verlängerter Eigentumsvorbehalt

Häufig wird der Käufer, wie z.B. ein Getränkegroßhandel, ein **Interesse** daran haben, die von ihm unter Eigentumsvorbehalt erworbenen Waren, wie z.B. Mineralwasser oder Bier, **weiter zu veräußern** oder zunächst **zu verarbeiten**, um sie dann weiter zu veräußern und auf diese Weise die Mittel für die Zahlung des Kaufpreises zu erwirtschaften. 243

Allerdings **erlischt** der Eigentumsvorbehalt an der Kaufsache, wenn diese weiterveräußert, nach § 950 BGB verarbeitet oder derart mit anderen Sachen verbunden oder vermischt wird, dass gemäß § 947 Abs. 2 BGB eine andere Sache als die Hauptsache anzusehen ist. 244

1. Vereinbarung in Vertrag oder mittels AGB

245 Damit das Sicherungsinteresse des Verkäufers auch in diesem Falle gewahrt bleibt, kann vereinbart werden, dass sich der Eigentumsvorbehalt auf die durch Veräußerung und Verarbeitung entstehenden **Surrogate**, insbesondere auf die Forderungen des Käufers gegen seine Drittkunden, erstreckt.

246 Beim **verlängerten Eigentumsvorbehalt** erstreckt sich die Sicherung des Verkäufers auch auf künftige Vermögenswerte, die an die Stelle der unter Eigentumsvorbehalt verkauften Sache treten. Der Lieferant und der Käufer vereinbaren für den Fall des Erlöschens des Vorbehaltseigentums, zum Beispiel durch Verbindung, Vermischung oder gestattete Weiterveräußerung, die Sicherung des Kaufpreisanspruchs durch die neue Sache bzw. die daraus entstehende Forderung anstelle des bedingt verkauften Gegenstands. Dies geschieht i.d.R. durch die Vereinbarung einer sog. **Verarbeitungsklausel.**

247 Vom einfachen Eigentumsvorbehalt unterscheidet sich der verlängerte also dadurch, dass an die Stelle der gelieferten Sache eine andere Sache oder eine Forderung tritt, die sozusagen eine **Ersatzsicherheit** darstellt.[36]

248 Auch der verlängerte Eigentumsvorbehalt sollte **standardmäßig** vereinbart werden. Er kann **individualvertraglich** für Einzelfälle vereinbart werden ebenso wie in **Rahmenverträgen** für eine länger laufende Geschäftsbeziehung. Der Regelfall ist allerdings die Vereinbarung in **Allgemeinen Geschäftsbedingungen**, ein verlängerter Eigentumsvorbehalt kann im kaufmännischen Verkehr formularmäßig vereinbart werden.[37]

249 **Vorsicht** ist geboten, wenn die Allgemeinen Geschäftsbedingungen bzw. Einkaufsbedingungen des belieferten Käufers sog. **Abwehrklauseln** beinhalten: Kollidieren die AGB des Verkäufers, die einen verlängerten Eigentumsvorbehalt vorsehen, insofern mit den AGB des Käufers, so ist der verlängerte Eigentumsvorbehalt **nicht wirksam vereinbart.**[38]

! **Praxistipp**

Jeder Lieferant sollte darauf achten, dass im Rahmenvertrag oder in den Bestellungen/Auftragsbestätigungen der Hinweis enthalten ist, dass nur die Allgemeinen Lieferbedingungen des Verkäufers gelten. Sollte der Käufer allerdings auf seine eigenen AGB verweisen und diese in Bezug auf den verlängerten Eigentumsvorbehalt eine Abwehrklausel beinhalten, so sollte der Verkäufer vor Abwicklung des Liefergeschäfts darauf bestehen, dass der Käufer schriftlich den verlängerten Eigentumsvorbehalt gewährt oder seine Einkaufs-AGB insoweit nicht gelten.

---

36 Für ein Muster eines verlängerten Eigentumsvorbehaltes vgl. Rn 282 Kap. 8.

37 BGH, Urteil vom 8.10.1986 – VIII ZR 342/85.

38 BGH, Urteil vom 24.10.2000 – X ZR 42/99 (= NJW-RR 2001, 484).

Der verlängerte Eigentumsvorbehalt kann zwar auch als Handelsbrauch oder **konkludent** Vertragsinhalt werden,[39] darauf sollte sich der Verkäufer jedoch keinesfalls verlassen. Er sollte auf **Schriftform** bestehen. 250

Denn die **Darlegungs- und Beweislast** für die (wirksame) Vereinbarung eines verlängerten Eigentumsvorbehalts trifft immer den Verkäufer, nicht den Käufer. Insbesondere ein Insolvenzverwalter wird sorgfältig prüfen, ob der vom Verkäufer behauptete verlängerte Eigentumsvorbehalt tatsächlich und auch rechtlich wirksam zwischen den Parteien vereinbart worden ist. Die wirksame Vereinbarung des verlängerten Eigentumsvorbehalts ist auch erforderlich, um einem Lieferantenpool beitreten zu können. Das wird bei Beitritt geprüft. 251

2. Besicherung der Kaufpreisforderung

In der Geschäftspraxis ist der belieferte Käufer i.d.R. ermächtigt, die vom Lieferanten veräußerte Vorbehaltsware im sog. **ordnungsgemäßen Geschäftsverkehr** an die eigenen Kunden weiter zu veräußern. Veräußert der Käufer mit Einwilligung des Verkäufers die unter Eigentumsvorbehalt belieferten Sachen an einen Dritten (den Endkunden) weiter, so erlischt der (einfache) Eigentumsvorbehalt. Der Dritte erwirbt dann Eigentum vom Berechtigten. 252

Damit jedoch die Kaufpreisforderung des Verkäufers für den Fall der Weiterveräußerung der Vorbehaltsware weiter besichert bleibt, vereinbaren die Parteien eine sog. **Vorausabtretungsklausel**, nach der der Käufer seine zukünftige Forderung aus dem Verkauf an den Dritten (Endkunden) dem Lieferanten im Voraus abtritt. Diese Vorausabtretung der Forderung gegen den Dritten ist wirksam, wenn die jeweilige Forderung spätestens im Zeitpunkt ihrer Entstehung ihrem Gegenstand und Umfang nach **bestimmbar** ist, was bei der Vorausabtretung derjenigen Forderungen, die sich aus der Weiterveräußerung ergeben, regelmäßig der Fall ist. 253

Die beim verlängerten Eigentumsvorbehalt vereinbarte Vorausabtretung der Forderungen kann mit einer sog. **Globalzession** kollidieren, die häufig zu Gunsten von Banken vereinbart wird. In einem solchen Fall gilt das **Prioritätsprinzip**, wonach die zeitlich erste Abtretung wirksam, die nachfolgende Abtretung dagegen ohne jede Wirkung ist. Regelmäßig geht die Globalzession der Vorausabtretungsklausel **zeitlich** vor, sodass die Vorausabtretung für den Lieferanten eigentlich gegenstandslos ist. 254

Das gilt allerdings nur dann, wenn die Globalzession auch rechtlich **wirksam** ist. Diese kann gemäß § 138 Abs. 1 BGB wegen Verleitung des abtretenden Veräußerers zum Vertragsbruch und damit wegen Sittenwidrigkeit nichtig sein, wenn sich die Globalzession auf solche Forderungen erstreckt, die branchenüblich unter ei- 255

39 BGH, Urteil vom 22.9.2003 – II ZR 172/01.

nem verlängerten Eigentumsvorbehalt stehen. Diese Nichtigkeit der Globalzession lässt sich durch eine sog. **dingliche Teilverzichtsklausel** vermeiden, die dem verlängerten Eigentumsvorbehalt des Lieferanten Vorrang einräumt.[40]

Praxistipp
Plant der Lieferant eine größere Lieferung oder den Einstieg in dauerhafte, umfangreiche Lieferbeziehungen und kommt es zu Weiterveräußerungen der Vorbehaltsware, so sollte beim Käufer hinterfragt werden, ob er mit seinen Kreditgebern eine Globalzession vereinbart hat und wenn ja, ob diese eine dingliche Teilverzichtsklausel beinhaltet, die dem verlängerten Eigentumsvorbehalt Vorrang einräumt.

---

256 Grundsätzlich vereinbaren die Parteien beim verlängerten Eigentumsvorbehalt eine **Einzugsermächtigung** des Käufers, wonach dieser die an den Verkäufer abgetretenen Forderungen im eigenen Namen einziehen darf. Grund ist hier, dass die Forderungsabtretung gegenüber dem Kunden des Käufers i. d. R. **nicht offengelegt** werden soll. Die Kunden des Käufers leisten dann gemäß der §§ 407, 408 BGB jeweils mit befreiender Wirkung an den Käufer, die Forderungsabtretung wird nicht offengelegt.

257 Der Verkäufer darf allerdings die Forderungsabtretung dann aufdecken und die Forderung selbst geltend machen, wenn er seine **Sicherungsinteressen gefährdet** sieht. Dies ist immer dann der Fall, wenn der Käufer seiner Zahlungsverpflichtung nicht ordnungsgemäß nachkommt, insbesondere wenn also **Verzug** vorliegt. Er kann dann die Einzugsermächtigung widerrufen und die Forderungsabtretung gegenüber dem Kunden offenlegen. Dafür bietet sich folgende Klausel an:

Vertragsmuster
Muster für Widerruf der Einzugsermächtigung

„Der Verkäufer ermächtigt den Käufer, die an den Verkäufer abgetretenen Forderungen im eigenen Namen und für Rechnung des Verkäufers einzuziehen. Kommt der Käufer seiner Zahlungsverpflichtung nicht ordnungsgemäß nach, so ist der Verkäufer berechtigt, die dem Käufer gewährte Einzugsermächtigung zu widerrufen und alle Forderungen selbst geltend zu machen. Widerruft der Verkäufer die Einzugsermächtigung, so ist der Käufer verpflichtet, die Drittschuldner von der Abtretung der Forderungen in Kenntnis zu setzen und dem Verkäufer alle für die Einziehung der Forderungen erforderlichen Daten zur Verfügung zu stellen.“

---

3. Absonderungsrecht im Insolvenzfall

258 Während der einfache Eigentumsvorbehalt dem Lieferanten in der Insolvenz des Käufers ein Recht zur Aussonderung gewährt, hat der Verkäufer im Falle eines ver-

40 BGH, Urteil vom 8.12.1998 – XI ZR 302/97.

längerten Eigentumsvorbehalts nach Eintritt des sog. Verlängerungsfalls in der Insolvenz des Käufers lediglich ein Recht zur abgesonderten Befriedigung (**Absonderungsrecht**).

Die Verlängerungs- und Erweiterungsformen des Eigentumsvorbehalts werden 259
als Sicherungsübertragungen angesehen, also der Sicherungsübereignung in ihren insolvenzrechtlichen Auswirkungen gleichgesetzt; sie berechtigen in der Insolvenz des Vorbehaltskäufers nur zur **abgesonderten Befriedigung**.[41] Dem Lieferanten steht also nach § 51 Nr. 1 InsO ein Recht zur Absonderung, sprich zur Vorabbefriedigung aus dem Verwertungserlös aus der Sache zu, sobald der Verlängerungs- oder Erweiterungsfall eingetreten ist.

Solange also 260

- die ursprüngliche Kaufpreisforderung offen und
- der Käufer noch im Besitz der unverarbeiteten Sache ist

kann der Verkäufer in der Insolvenz des Vorbehaltskäufers sein Eigentum bei Ver- 261
einbarung eines einfachen Eigentumsvorbehalts noch **aussondern**. Mit Eintritt des „Erweiterungsfalls" wandelt sich das Recht des Verkäufers auf Aussonderung in ein Recht auf **Absonderung** um. Ab diesem Zeitpunkt kommt dem vereinbarten Eigentumsvorbehalt wirtschaftlich nur noch die Funktion eines Pfandrechts zu.

Anders als die Aussonderung ist die Abwicklung der Absonderungsrechte Be- 262
standteil des Insolvenzverfahrens und (nur) in dessen Rahmen vorzunehmen. Im Unterschied zur Aussonderung wird hier gerade nicht die Herausgabe des Sicherungsgutes beansprucht, sondern lediglich die **vorzugsweise Befriedigung aus dem Verwertungserlös** des weiterhin zur Insolvenzmasse gehörenden Gegenstands. Der Absonderungsgegenstand gehört folglich zum Vermögen des Insolvenzschuldners, der Insolvenzverwalter ist zu dessen Verwertung berechtigt.

Der **Verwertungserlös** steht in Höhe der offenen Forderung, für die das Abson- 263
derungsrecht besteht, dem Absonderungsberechtigten zu. Etwaige Übererlöse gebühren der Insolvenzmasse.

4. Durchsetzung im Insolvenzverfahren

a) Geltendmachung des Absonderungsrechts

Das Insolvenzgericht wird in seinem Beschluss, mit dem es die Eröffnung des Insol- 264
venzverfahrens anordnet, die Gläubiger auffordern, ihre Forderungen innerhalb einer bestimmten Frist unter Beachtung des § 174 InsO beim Insolvenzverwalter anzumelden, § 28 Abs. 1 Satz 1 InsO.

41 BGH, Urteil vom 8.5.2014 – IX ZR 128/12 Rn 14; Urteil vom 27.3.2008 – IX ZR 220/05 Rn 24.

Praxistipp
Auch wenn dem Gläubiger bzw. Lieferanten ein Absonderungsrecht zusteht, muss er seine persönlichen Forderungen aus Lieferung und Leistung gegen den insolventen Vorbehaltskäufer geltend machen und diese samt Zinsen und Kosten zur Insolvenztabelle anmelden.

265 Im Eröffnungsbeschluss wird das Insolvenzgericht zudem die Gläubiger auffordern, dem Verwalter unverzüglich mitzuteilen, welche **Sicherungsrechte** sie an beweglichen Sachen oder an Rechten des Schuldners in Anspruch nehmen, § 28 Abs. 2 Satz 1 InsO. Dabei ist der **Gegenstand**, an dem das Sicherungsrecht beansprucht wird, die Art und der Entstehungsgrund des Sicherungsrechts sowie die **gesicherte Forderung** zu bezeichnen, § 28 Abs. 2 Satz 2 InsO.

Praxistipp
Spätestens mit Eröffnung des Insolvenzverfahrens sollte jeder Gläubiger dem Insolvenzverwalter anzeigen, dass er seine Waren unter (verlängertem) Eigentumsvorbehalt geliefert hat und die entsprechenden Nachweise wie AGB usw. beifügen. Die Anzeige ist an keine Form gebunden. Häufig wird sie mit der Forderungsanmeldung verbunden. Die Verwalter nutzen häufig Formblätter, die zu empfehlen, aber nicht vorgeschrieben sind.

Vertragsmuster
Musterschreiben zur Geltendmachung eines Absonderungsrechts aus verlängertem Eigentumsvorbehalt

„Sehr geehrter Herr ... (Insolvenzverwalter),

wir stehen in vorbezeichnetem Insolvenzverfahren in Geschäftsbeziehung zur Insolvenzschuldnerin, wir beliefern diese mit ....
Uns steht gegenüber der von Ihnen verwalteten Schuldnerin eine fällige ... Forderung gemäß beiliegendem ... Vertrag zu. Entsprechende Unterlagen überreichen wir zur Ihrer Kenntnisnahme anbei.
Wir weisen darauf hin, dass uns wegen dieser Forderungen folgende Sicherheiten der Schuldnerin zustehen:

– Abtretung der Außenstände gemäß verlängertem Eigentumsvorbehalt. Das heißt, Abtretung der der Schuldnerin zustehenden Forderungen aus Warenlieferungen vom ... gegenüber dem Drittschuldner ...

Hinsichtlich dieser Sicherheiten beanspruchen wir bereits jetzt abgesonderte Befriedigung. Weiter beanspruchen wir Auskunft hinsichtlich der unserem Mandanten zur Sicherheit abgetretenen Forderungen. Diesbezüglich begehren wir Einsicht in die Bücher und Geschäftspapiere der Schuldnerin.

Mit freundlichen Grüßen“

266 Nimmt der Insolvenzverwalter die angemeldeten, besicherten Forderungen ohne Bestreiten zur Insolvenztabelle, so wird er diese allerdings nur **„für den Ausfall“**

gemäß § 52 InsO feststellen. Das bedeutet, die Gläubiger sind zur anteilsmäßigen Befriedigung aus der Insolvenzmasse nur berechtigt, soweit sie bei der abgesonderten Befriedigung ausgefallen sind, vgl. § 52 Satz 2 InsO.

Zunächst wird also der Insolvenzverwalter die mit dem Absonderungsrecht be- 267
legten Forderungen einziehen und sofern er die Rechte aus verlängertem Eigentumsvorbehalt zugunsten des absonderungsberechtigten Lieferanten anerkennt, die entsprechenden Verwertungserlöse aus der Forderungseinziehung auskehren. Soweit der Gläubiger hiernach befriedigt ist, hat er seine Forderungsanmeldung zu **korrigieren**.

Auf denjenigen Teil seiner Forderung, die trotz Verwertung des absonderungs- 268
befangenen Gegenstandes nicht befriedigt wurde, mit der er also insoweit **ausgefallen** ist, erhält er nach Durchführung des Verfahrens die **Quote**. Insofern wird der Insolvenzverwalter am Ende des Insolvenzverfahrens die Insolvenztabelle bereinigen wollen, und der Gläubiger wird nachzuweisen haben, inwieweit er nach Verwertung des absonderungsbefangenen Gegenstandes noch ausgefallen ist. Die Geltendmachung des Absonderungsrechts als solches unterliegt keiner **Verjährung**. Rechte und Rechtsstellungen, die keine Ansprüche sind, können nicht verjähren.[42]

Fraglich ist jedoch die Verjährung, wenn der Insolvenzverwalter die dem ver- 269
längertem Eigentumsvorbehalt unterfallenden Forderungen bereits verwertet, den **Erlös** also eingezogen hat. Nach § 170 Abs. 1 Satz 2 InsO ist der Gläubiger nach Abzug der Feststellungs- und Verwertungskosten zugunsten der Insolvenzmasse unverzüglich auf den verbleibenden Restbetrag zu befriedigen, hier setzt sich dann das Sicherungsrecht des Gläubigers mittels **Surrogation** am Erlös fort.[43] Das Absonderungsrecht wird also zum Anspruch auf unverzügliche Auskehrung des Erlöses.

Im Insolvenzrecht existiert keine Regelung, welche diesen Auszahlungsan- 270
spruch einer besonderen Verjährung unterwirft. Man wird daher grundsätzlich davon ausgehen müssen, dass hier die §§ 194 ff. BGB und damit die **regelmäßige Verjährungsfrist** von **drei Jahren** ab Entstehung des Auszahlungsanspruchs und Kenntnis davon gilt. Allerdings wird auch vertreten, dass der Anspruch auf Auskehrung des Erlöses gemäß § 197 Abs. 1 Nr. 1 BGB in 30 Jahren verjähre.[44]

Praxishinweis **!**
Um keinen Verjährungseinwand von Seiten des Verwalters zu riskieren, sollte jeder Insolvenzgläubiger den Erlösanspruch und alternativ die Haftung des Verwalters nach § 60 InsO binnen der dreijährigen Verjährungsfrist geltend machen und hemmen.

---

42 Palandt/*Ellenberger* § 194 BGB Rn 3.
43 BGH, Urteil vom 11.12.2008 – IX ZR 194/07.
44 *Büchler* in: Schmidt, Hamburger Kommentar zum Insolvenzrecht, 5. Auflage 2015, § 170 Rn 6.

b) Verwertungsbefugnis

271 Die dem verlängerten Eigentumsvorbehalt unterfallenden Forderungen des Insolvenzschuldners gegen Drittkunden unterliegen dem **Verwertungsrecht** des Insolvenzverwalters nach § 166 Abs. 2 InsO. Ob der absonderungsberechtigte Gläubiger zuvor die Abtretung gegenüber dem Drittkunden offen gelegt hat, ist unerheblich. Ebenso wird das **Einziehungsrecht** des Absonderungsberechtigten ausgeschlossen.

272 Mit Eröffnung des Insolvenzverfahrens kann ein Drittschuldner nur noch an den Insolvenzverwalter befreiend leisten. Die Verwertung erfolgt entweder durch **Forderungseinzug** oder **Verkauf der Forderung** durch den Insolvenzverwalter. § 166 Abs. 2 InsO überträgt insofern dem Insolvenzverwalter das alleinige Einziehungs- und Verwertungsrecht, allerdings nicht die Forderung an sich. Das heißt, der absonderungsberechtigte Gläubiger kann die ihm zur Sicherheit abgetretene Forderung auch nach Insolvenzeröffnung an einen Dritten abtreten, diesem steht dann das Absonderungsrecht zu.

273 Allerdings ist der absonderungsberechtigte Gläubiger **bis zur Insolvenzeröffnung** noch berechtigt, die ihm abgetretenen Forderungen selbst einzuziehen. Kostenbeiträge nach den §§ 170, 171 InsO fallen insofern nicht an. Er kann also bis zur Insolvenzeröffnung noch versuchen, aus seinem Sicherungsrecht vorzugehen. Er kann gegenüber dem Drittkunden die Forderungsabtretung offenlegen, die Einziehungsermächtigung gegenüber dem eigenen Schuldner bzw. Käufer widerrufen und Forderungen selbst einziehen.

274 Sicherungsabgetretene Forderungen werden häufig auch durch den **vorläufigen Insolvenzverwalter** während des Insolvenzeröffnungsverfahrens eingezogen. Der vorläufige Insolvenzverwalter hat zwar grundsätzlich **kein Verwertungsrecht**, er ist nur zur Sicherung und nicht zur Verwertung von Sicherungsgut berechtigt, die §§ 165ff. InsO sind nicht entsprechend auf den vorläufigen Insolvenzverwalter anwendbar.

275 Allerdings wird der vorläufige Insolvenzverwalter regelmäßig durch das Insolvenzgericht **ermächtigt** und beauftragt, die **Forderungen einzuziehen** (§ 21 Abs. 2 InsO). Ausnahmsweise wird für den vorläufigen Insolvenzverwalter auch nach § 21 Abs. 2 Satz 1 Nr. 5 InsO explizit ein Verwertungsrecht für den Forderungseinzug angeordnet, wo dann laut Gesetz für den Forderungseinzug die §§ 170, 171 InsO (Kostenbeiträge) entsprechend gelten. Der vorläufige Verwalter kann im Falle dieser Sicherungsmaßnahme Kostenbeiträge einbehalten.

c) Auskehr des Erlöses und anfallende Kostenbeiträge

276 Hat der **vorläufige Insolvenzverwalter** bereits die zur Sicherheit abgetretene Forderung eingezogen, so hat er die eingezogenen **Erlöse** analog § 170 Abs. 1 Satz 2 InsO an den Absonderungsberechtigten **auszukehren**. Da die §§ 170, 171 InsO im Insolvenzeröffnungsverfahren nicht gelten, hat der vorläufige Insolvenzverwalter

den erzielten Bruttoerlös vollständig an den absonderungsberechtigten Gläubiger abzuführen. Er darf also Massekostenbeiträge nicht abziehen.

Nur wenn das Insolvenzgericht – ausnahmsweise – nach § 21 Abs. 2 Satz 1 Nr. 5 InsO explizit das Verwertungsrecht des vorläufigen Insolvenzverwalters anordnet, kann er für seine Tätigkeiten die Massekostenbeiträge abziehen. Insofern sieht § 21 Abs. 2 Satz 1 Nr. 5 InsO die Anwendbarkeit der §§ 170, 171 InsO für den Einzug abgetretener Forderungen vor. 277

Will also der vorläufige Insolvenzverwalter Kostenbeiträge für die Masse generieren, so muss er sonst stets mit dem Absonderungsberechtigten eine **Verwertungsvereinbarung** abschließen, welche regelt, dass der vorläufige Insolvenzverwalter die Forderungen einzieht und wie er den Erlös unter Abzug der vereinbarungsgemäß für ihn anfallenden Kostenbeiträge auskehrt.

In der Regel verwertet jedoch der **Insolvenzverwalter nach Insolvenzeröffnung** das Absonderungsgut. Zieht der mit Insolvenzeröffnung vom Insolvenzgericht bestellte Insolvenzverwalter nach § 166 Abs. 2 InsO die sicherungshalber abgetretene Forderung ein, so erlischt der Anspruch des insolventen Schuldners gegen den Drittschuldner und das Absonderungsrecht des Gläubigers setzt sich an dem eingezogenen Forderungsbetrag (Erlös) fort, soweit dieser dann unterscheidbar in der Masse ist (§ 48 InsO). Das ist mit einem Einzug auf dem **Insolvenzverwalterkonto** regelmäßig der Fall. Sollte dies nicht mehr der Fall sein, so kann der Gläubiger nach Eintritt des Sicherungsfalls eine **Masseverbindlichkeit** nach §§ 170 Abs. 1 Satz 2, 55 Abs. 1 Nr. 1 oder 3 InsO geltend machen. 278

Verwertet der Insolvenzverwalter selbst, so stehen ihm die in §§ 170, 171 InsO bestimmten Kostenbeiträge für die Insolvenzmasse zu. Diese **Kostenbeiträge** darf er vorab dem Bruttoerlös entnehmen. Existiert allerdings eine **konkrete Verwertungsvereinbarung** zwischen dem Insolvenzverwalter und dem absonderungsberechtigten Gläubiger, so hat diese **Vorrang** vor den Regeln in §§ 170, 171 InsO. 279

Bei der Verwertung des Gegenstandes, hier der Forderung durch den Verwalter, werden vorweg aus dem Verwertungserlös pauschal 4% für die Kosten der Feststellung des Gegenstandes und des Rechts daran, sowie pauschal 5% für die Kosten der Verwertung und – falls die Verwertung zu einem steuerbaren Umsatz führt – die gesetzliche Umsatzsteuer abgezogen. 280

Die **Feststellungskosten** decken die Kosten für die Ermittlung der Gegenstände und die Prüfung der Rechtsverhältnisse an diesen Gegenständen ab. Anders als bei der Verwertungskostenpauschale findet eine Anpassung bei Mehr- oder Minderaufwand nicht statt. Die **Verwertungskosten** beziehen sich auf die Vorbereitung und Durchführung der Verwertung, dazu gehört auch die **Umsatzsteuerbelastung**. Dagegen sind die sog. **Erhaltungskosten** nicht abzugsfähig, wie z.B. Aufbewahrungskosten oder Versicherungsbeiträge. § 171 Abs. 2 InsO bestimmt, dass von diesen pauschalen Sätzen dann abgewichen werden kann, wenn etwa die tatsächlich entstandenen und erforderlichen Verwertungskosten statt 5% nur 2,5% oder sogar 10% ausmachen. 281

282 Die Berechnungsgrundlage für die vorgenannten Kosten bei den Beträgen ist immer der **Bruttoerlös aus der Verwertung**. Zusätzlich zu der Kostenpauschale von 5% des Bruttoerlöses ist bei der Verwertung auch die Umsatzsteuer als **Teil der Verwertungskosten** vom Erlös abzuziehen, § 171 Abs. 2 Satz 3 InsO. Voraussetzung ist hier, dass die Insolvenzmasse durch die Verwertung tatsächlich mit Umsatzsteuer als Masseverbindlichkeit belastet wird. Das ist nicht der Fall, wenn der Schuldner **nicht umsatzsteuerpflichtig** ist.

283 Bei dem Einzug abgetretener Forderungen durch den Insolvenzverwalter ist weiter zu beachten, dass der Insolvenzverwalter sogleich die darin enthaltene **Umsatzsteuer abführt**. Nach der einschlägigen Rechtsprechung des BFH werden Masseverbindlichkeiten begründet, wenn der Insolvenzverwalter Entgelte für Leistungen vereinnahmt, die der unternehmerische Schuldner bereits vor Insolvenzeröffnung erbracht hat. Das gilt unabhängig davon, ob der Schuldner der **Ist- oder der Soll-Besteuerung** unterliegt.[45] Diese Rechtsprechung des BFH gilt für alle Insolvenzverfahren, die **ab dem 1. Januar 2014 eröffnet** worden sind. Dagegen begründet der Insolvenzverwalter beim Einzug von Altforderungen bei den bis zum 31. Dezember 2011 eröffneten Insolvenzverfahren nur dann Masseverbindlichkeiten, wenn der Schuldner der Ist-Besteuerung unterliegt.[46]

284 Zieht der vorläufige Insolvenzverwalter (der sog. „schwache") Forderungen ein, so werden für die vereinnahmte Umsatzsteuer Masseverbindlichkeiten begründet, wenn der Schuldner der Ist-Besteuerung unterliegt, vgl. § 55 Abs. 4 InsO. Unterliegt der Schuldner dagegen der Soll-Besteuerung, so handelt es sich bei der nichtabgeführten Umsatzsteuer aus Forderungen, die demjenigen Zeitraum vor Anordnung der vorläufigen Insolvenzverwaltung zuzuordnen sind, um Insolvenzforderungen.[47] Unterliegt der Schuldner also der Ist-Besteuerung, so wird der vorläufige Insolvenzverwalter die von ihm vereinnahmte Umsatzsteuer analog § 171 Abs. 2 Satz 3 InsO ebenfalls vom Erlösanteil des absonderungsberechtigten Gläubigers abziehen. Umgekehrt wird er im Falle der anwendbaren Soll-Besteuerung den eingezogenen Betrag einschließlich Umsatzsteueranteil (also brutto) an den Absonderungsberechtigten auskehren.

285 Handelt es sich dagegen um ein Insolvenzverfahren in **Eigenverwaltung** gemäß den §§ 270 ff. InsO, wo der Schuldner berechtigt ist, unter der Aufsicht eines Sachwalters Insolvenzmasse zu verwalten und über sie zu verfügen, gilt für die Verwertung von Sicherungsgut einschließlich des Einzugs sicherungsabgetretener Forderungen § 282 InsO.

---

45 BFH, Urteil vom 9.12.2010 – Az V R 22/10 (= NZI 2011, 336); Urteil vom 29.1.2009 – Az I R 64/07 (= ZInsO 2009, 920).

46 BMF-Schreiben vom 9.12.2011 (= ZInsO 2012, 25).

47 BMF-Schreiben vom 17.1.2012 (= ZInsO 2012, 413).

Danach zieht nicht der Insolvenz- bzw. Sachwalter die sicherungsabgetretenen Forderungen ein, sondern dem eigenverwalteten Schuldner steht weiterhin das Recht zur Verwertung von Gegenständen zu, an denen Absonderungsrechte bestehen. Der **Schuldner** zieht also die Forderungen ein.

Anders als der Insolvenzverwalter kann der Schuldner keine Kostenbeiträge für die Feststellung der Gegenstände und der Rechte daran verlangen. Eine Kostenfeststellungspauschale von 4% gibt es nicht, § 282 Abs. 1 Satz 2 InsO. Ebenso wenig gibt es eine Pauschale von 5% für die Verwertungskosten. Allerdings kann der Schuldner als Kosten der Verwertung die **tatsächlich entstandenen**, für die Verwertung erforderlichen **Kosten** und den **Umsatzsteuerbetrag** ersetzt verlangen. Er zieht diese dann vom Bruttoerlös ab. 286

Haben Insolvenzverwalter bzw. der eigenverwaltete Schuldner die Forderungen verwertet, das heißt eingezogen und die ihnen zustehenden Kostenbeiträge dem Erlös entnommen, so ist der **verbleibende Erlös unverzüglich** an den absonderungsberechtigten Gläubiger auszukehren, § 170 Abs. 1 Satz 2 InsO. 287

Das Absonderungsrecht des Gläubigers setzt sich dabei am Erlös fort. Der Erlös stellt **das Surrogat des Absonderungsguts** dar. Kann der Insolvenzverwalter den Erlös nicht oder nur teilweise auskehren, weil er ihn nicht hinreichend gesichert hat oder Masseunzulänglichkeit eingetreten ist, so kann der Insolvenzverwalter unter Umständen nach § 60 InsO haften. Der Haftungsanspruch **verjährt** gemäß §§ 194 ff. BGB innerhalb der regelmäßigen Verjährungsfrist von drei Jahren. 288

Praxishinweis !

Der absonderungsberechtigte Gläubiger darf nicht lediglich auf die Auskehr seines Erlöses nach Verwertung durch den Insolvenzverwalter warten. Er sollte immer seine Forderungen zur Insolvenztabelle anmelden und dem Insolvenzverwalter bzw. eigenverwalteten Schuldner gegenüber anzeigen, dass er über Absonderungsrechte verfügt. Häufig fällt der Gläubiger trotz Verwertung des absonderungsbefangenen Gegenstandes bzw. der Forderung mit einem Teil seiner eigenen Forderung aus, sodass er nach Durchführung des Verfahrens auf den restlichen Teil seiner Forderung noch eine Quote erhält. Insoweit ist er dann ausgefallen.

---

d) Auskunftspflichten

Das Verwertungsrecht des Insolvenzverwalters wird begleitet von Unterrichtungs- und Benachrichtigungserfordernissen gemäß der §§ 167, 168 InsO. Der Verwalter hat bei der Verwertung beweglicher Sachen oder absonderungsbefangener Forderungen dem absonderungsberechtigten Gläubiger auf dessen **formloses Verlangen** hin Auskunft zu erteilen. Der absonderungsberechtigte Gläubiger muss sein Absonderungsrecht und den belasteten Gegenstand konkret bezeichnen, sog. **Nämlichkeitsnachweis.** 289

Bei sicherungsabgetretenen Forderungen muss der Insolvenzverwalter, indem er auf die **Debitorenbuchhaltung des Schuldners** zugreift, über die Höhe, Fälligkeit und den Drittschuldner Auskunft erteilen. Hat der Verwalter die Forderung be- 290 reits eingezogen, so erstreckt sich die Auskunftspflicht auf den Erlös selbst. Anstelle der Auskunft kann der Insolvenzverwalter dem Gläubiger gestatten, Einsicht in die **Bücher** und **Geschäftspapiere** des Schuldners, also die Buchhaltung zu nehmen, § 167 Abs. 2 Satz 2 InsO.

291 Notfalls kann das Auskunftsrecht des Absonderungsberechtigten mittels Klage durchgesetzt werden. Hier bietet sich die sog. **Stufenklage** gemäß § 254 ZPO an, wo die Klage auf Leistung eines bestimmten Geldbetrages mit dem Auskunftsanspruch verbunden werden kann.

5. Beitritt zu einem Sicherheitenpool?

292 Die Auskunftspflicht des Insolvenzverwalters stößt immer wieder an ihre Grenzen, wenn insofern dem darlegungs- und beweisbelasteten Gläubiger der sog. **Nämlichkeitsnachweis** nicht gelingt.

293 Häufig stehen Gläubiger vor dem Problem, dem Insolvenzverwalter ihre **Sicherungsrechte** ausreichend nachzuweisen, was ihnen obliegt. Immer dann, wenn der Schuldner die ihm gewährten Sicherheiten nicht ausreichend dokumentiert hat oder sich gerade bei sicherungszedierten Forderungen aus der Buchhaltung nicht en détail ermittelt lässt, welcher Gläubiger an welcher Einzellieferung bzw. Rechnung Absonderungsrechte, und wenn ja, in welcher Höhe, hat, so geht die Auskunftspflicht des Insolvenzverwalters ins Leere. Ein Getränkegroßhändler zum Beispiel bezieht regelmäßig von mehreren Herstellern Getränke und fasst diese Lieferungen in mehreren Bestellungen zusammen.

294 Der Gläubiger muss dann nach dem sachenrechtlichen Bestimmtheitsgrundsatz sein Recht an der konkreten, einzelnen Sache nachweisen und den sog. Nämlichkeitsnachweis führen, da ihm insoweit die Darlegungs- und Beweislast trifft.

295 Schließen sich jedoch alle durch verlängerten Eigentumsvorbehalt besicherten Gläubiger zusammen, so können diese **Beweisschwierigkeiten** umgangen werden und sich der Insolvenzverwalter nicht mehr auf den fehlenden Nämlichkeitsnachweis berufen. Kann z.B. für einzelne Lieferungen bzw. Rechnungen nicht geklärt werden, welchen Gläubiger in welcher Höhe ein Absonderungsrecht an den einzelnen Forderungen gegen Dritte zustehen, so brauchen diese Fragen nicht im Einzelnen geklärt werden, wenn alle in Betracht kommenden Gläubiger in einem **Pool** zusammengeschlossen sind.

296 Gibt es eine Vielzahl von Lieferanten, die sich auf verlängerten Eigentumsvorbehalt berufen, so ist eine Poolbildung regelmäßig **sinnvoll**.

IV. Erweiterter Eigentumsvorbehalt

297 Um das Sicherungsinteresse des Lieferanten zu befriedigen, kann der verlängerte Eigentumsvorbehalt noch mit dem **erweiterten Eigentumsvorbehalt** verbunden

werden. Darauf sollte jeder Lieferant insbesondere in umfangreichen, umsatzstarken Lieferbeziehungen achten.

Der erweiterte Eigentumsvorbehalt sichert nicht nur die individuelle Kaufpreis- 298 forderung, sondern die Vorbehaltsware sichert darüber hinaus noch alle weiteren offenen Forderungen des Verkäufers bzw. Lieferanten gegen den Käufer. **Bedingung für den Eigentumsübergang** ist hier also nicht nur die vollständige Erfüllung der einzelnen Kaufpreisforderung für die gelieferte, spezielle Vorbehaltsware, sondern auch die Erfüllung weiterer Forderungen.

Auch die Erstreckung des Eigentumsvorbehaltes auf Forderungen des Veräuße- 299 rers, die nicht in den zugrunde liegenden Kaufvertrag wurzeln, gewähren dem Verkäufer bzw. Lieferanten in der Insolvenz des Käufers lediglich ein **Recht zur abgesonderten Befriedigung (Absonderungsrecht).**[48] Es gilt insofern das zum verlängerten Eigentumsvorbehalt Gesagte.[49]

Auch der erweiterte Eigentumsvorbehalt kann sowohl individualvertraglich, als 300 auch im unternehmerischen Verkehr formularmäßig in AGB vereinbart werden.[50] Der erweiterte Eigentumsvorbehalt sollte **standardmäßig** vereinbart werden. Ein Muster dazu findet sich ab S. 421 in Kapitel 8.

Vorsicht ist wiederum geboten, wenn die Allgemeinen Geschäftsbedingungen 301 bzw. **Einkaufsbedingungen** des belieferten Käufers eine sog. **Abwehrklausel** beinhalten. Für diesen Fall wird der erweiterte Eigentumsvorbehalt nicht Vertragsinhalt, auch wenn die eigenen AGB des Verkäufers den erweiterten Eigentumsvorbehalt vorsehen und etwaigen Abwehrklauseln des Käufers widersprechen.

Praxistipp !
Jeder Lieferant sollte mittels Rahmenvertrag oder gesonderter Vereinbarung seinen erweiterten Eigentumsvorbehalt durchsetzen.

Bei der anschließenden Verwertung durch den Insolvenzverwalter ist zu beach- 302 ten, ob die eigentliche Kaufpreisforderung für diesen Liefergegenstand vom insolventen Käufer bereits **bezahlt** worden ist oder nicht. Hat der insolvente Käufer die eigentliche Kaufpreisforderung noch nicht bezahlt, so ist **Aussonderung** der unbezahlten Sache möglich. Dem Verkäufer steht grundsätzlich das Aussonderungsrecht zu.

Ist dagegen die eigentliche Kaufpreisforderung bereits erfüllt, so besichert das 303 Eigentum an der Vorbehaltsware lediglich noch die übrigen Forderungen des Lieferanten gegen den Käufer. In diesem Fall steht nach § 166 Abs. 1 InsO das **Verwertungsrecht** allein dem Insolvenzverwalter zu. In diesem Fall gilt das Gleiche wie bei

48 BGH, Urteil vom 8.5.2014 – IX ZR 128/12 Rn 14.
49 Siehe dazu oben ab Rn 259 in Kapitel 9.
50 BGH, Urteil vom 27.9.2000 – VIII ZR 155/99 (= NJW 2001, 292).

der Verwertung von sicherungszedierten Forderungen durch den Insolvenzverwalter gemäß § 166 Abs. 2 InsO.

304 Der Käufer **erwirbt** im Übrigen immer dann Eigentum an der Vorbehaltsware, wenn erstmalig alle Forderungen aus der Geschäftsbeziehung erfüllt sind.

D. Sicherungsübereignung und -abtretung

305 Regelmäßig genutzte Sicherheiten, gerade im Geschäftsverkehr mit Kreditinstituten, sind die **Sicherungsübereignung** und die **Sicherungszession.**

306 Diese sind grundsätzlich **insolvenzfest**. Der Verwalter kann jedoch für die von ihm übernommene Feststellung und Verwertung der besicherten Sachen und Forderungen 9% vom Erlös vorab für die Masse vereinnahmen. Das ist bei Auswahl und Bezifferung der Sicherheiten mit zu berücksichtigen.

I. Sicherungsübereignung

1. Vereinbarung der Übereignung des Sicherungsgutes

307 Obwohl die Sicherungsübereignung ein weit verbreitetes und typisches Sicherungsmittel der Geldkreditgeber ist, sind die rechtlichen Regelungen dieses Sicherungsmittels in der **Insolvenzordnung** sehr knapp ausgefallen.

308 Im Rahmen einer **Sicherungsübereignung** übereignet der Sicherungsgeber (Schuldner bzw. Geschäftspartner) dem Sicherungsnehmer (Gläubiger, Geldkreditgeber oder Lieferant) eine Sache zum Zwecke der Absicherung einer Forderung. Dazu bedarf es einer **Einigung**, § 929 BGB. Die erforderliche **Übergabe** der Sache erfolgt in den allermeisten Fällen jedoch nicht durch Überlassung der Sache an den Gläubiger, sondern in aller Regel verbleibt die Sache bei demjenigen Schuldner, der diese Sicherheit „begibt".

309 Deshalb erfolgt hier die notwendige Übergabe im Wege der Einräumung mittelbaren Besitzes an den Sicherungsnehmer gemäß § 930 BGB. Die Sicherungsübereignung erfolgt in der weit überwiegenden Anzahl der Fälle, also nach Maßgabe der §§ 929, 930, 868 BGB, durch **Einigung** über den Eigentumsübergang und **Vereinbarung eines Besitzkonstituts**. Das kann wie folgt geschehen:

Vertragsmuster
Beispiel für einen Sicherungsübereignungsvertrag

„§ 1 Gegenstand der Sicherungsübereignung
(1) Der Sicherungsgeber überträgt hiermit an den Sicherungsnehmer das Eigentum an folgendem Kraftfahrzeug, Maschine, Werkzeug etc. (nachfolgend Sicherungsgut genannt):
Hersteller ...,
Typ ...,

Fahrgestellnummer ...,
Amtliches Kennzeichen ...,
Tag der Erstzulassung ...,
Kilometer-Stand ...,
Versicherung ...

(2) Das Sicherungsgut befindet sich in der Produktionshalle am Sitz/Garage am ersten Wohnsitz des Sicherungsgebers. Eine dauernde Veränderung des Standortes bedarf der Einwilligung des Sicherungsnehmers.

(3) Für die Dauer der Sicherungsübereignung übergibt der Sicherungsgeber dem Sicherungsnehmer die über das Sicherungsgut ausgestellten Fahrzeugbriefe. Der Sicherungsnehmer bestätigt den Empfang der vorgenannten Unterlagen.

(4) Die Übergabe des Sicherungsgutes an den Sicherungsnehmer wird in der Weise ersetzt, dass der Sicherungsnehmer dem Sicherungsgeber das Sicherungsgut zu treuen Händen überlässt. Soweit Dritte unmittelbaren Besitz am Sicherungsgut erlangen, tritt der Sicherungsgeber bereits jetzt seine bestehenden und zukünftigen Herausgabeansprüche an den Sicherungsnehmer ab.

§ 2 Sicherungszweck

Die Übereignung und die Übertragung der sonstigen mit diesem Vertrag gestellten Rechte und Ansprüche erfolgt zur Sicherung aller gegenwärtigen, zukünftigen – auch bedingten oder befristeten – Forderungen, die dem Sicherungsnehmer gegen den Sicherungsgeber aus dem Darlehensvertrag vom ... i.H.v. ... und Zinsen p.a. i.H.v. ... zustehen, und zwar auch dann, wenn die vereinbarte Laufzeit des Darlehens verlängert wird.

§ 3 Deckungsgrenze

Die Parteien sind sich darüber einig, dass der Wert des Sicherungsgutes bei Vertragsabschluss ...% (Deckungsgrenze) der zu sichernden Forderung (§ 2) entspricht. Unterschreitet der Wert des Sicherungsgutes die Deckungsgrenze nachhaltig, so ist der Sicherungsgeber zu einer entsprechenden Ergänzung des Sicherungsgutes verpflichtet.

§ 4 Nutzung des Sicherungsgutes

(1) Im Rahmen des üblichen Gebrauchs ist es dem Sicherungsgeber gestattet, das Sicherungsgut zu nutzen. Er ist verpflichtet, das Sicherungsgut auf seine Kosten in ordnungsgemäßem und betriebsfähigem Zustand zu halten und insbesondere die notwendigen Reparaturen sachgerecht durchführen zu lassen. Der Sicherungsgeber hat die Wartungs-, Pflege- und Gebrauchsempfehlungen des Herstellers zu befolgen.

(2) Der Sicherungsnehmer ist jederzeit berechtigt, das Sicherungsgut am Standort (§ 1 Abs. 2) zu überprüfen. Zu diesem Zweck ist dem Sicherungsnehmer freier Zutritt zum Standort zu gewähren und jede zu diesem Zweck erforderliche Auskunft zu erteilen.

(3) Soweit sich das Sicherungsgut in unmittelbarem Besitz Dritter befindet, werden diese vom Sicherungsgeber angewiesen, dem Sicherungsnehmer Zutritt zum Sicherungsgut zu gewähren.

§ 5 Eigentum, Belastungen und sonstige Maßnahmen Dritter

(1) Der Sicherungsgeber versichert, dass ihm an dem Sicherungsgut das unbedingte sowie unbelastete Eigentum zusteht.

(2) Der Sicherungsgeber versichert ferner, dass rückständige Forderungen wegen Hallen-, Garagen- oder Stellplatzmiete, durch die ein Vermieterpfandrecht begründet sein könnte, sowie Prämienrückstände gegenüber dem Haftpflicht- oder dem Kasko-Versicherer oder Pfandrechte aus einem Werkvertrag nicht bestehen.

(3) Soweit das Sicherungsgut in gemieteten Räumen abgestellt wird, hat der Sicherungsgeber auf Verlangen des Sicherungsnehmers den Nachweis zu erbringen, dass die Mietzahlungen geleistet worden sind.
(4) Sollten Pfändungen oder sonstige Maßnahmen Dritter in das Sicherungsgut erfolgen, hat der Sicherungsgeber den Sicherungsnehmer unverzüglich hierüber zu informieren. Dies gilt gleichfalls für alle mit dem Sicherungsgut zusammenhängenden Vorkommnisse. Der Sicherungsnehmer ist befugt, zur Abwendung von Maßnahmen Dritter diese auf Kosten des Sicherungsgebers abzuwenden.

§ 6 Ersatzteile und Zubehör
Werden nach Abschluss dieser Vereinbarung Teile aus dem Sicherungsgut entfernt bzw. ausgebaut, so verbleiben diese solange im Eigentum des Sicherungsnehmers, bis sie durch gleichwertige Teile ersetzt worden sind. Hinzuerworbene Bestandteile und Zubehörstücke werden mit ihrem Einbau bzw. ihrer Einbringung in das Sicherungsgut Eigentum des Sicherungsnehmers; sie werden dem Sicherungsgeber gleichfalls leihweise zur Benutzung überlassen.

§ 7 Lastentragung
(1) Der Sicherungsgeber trägt sämtliche das Sicherungsgut betreffende Gefahren, Haftungen, Steuern, Abgaben und alle sonstigen Lasten, auch soweit sie mit dem Betrieb des Sicherungsgutes in Zusammenhang stehen. Insbesondere bleibt der Sicherungsgeber Halter des Fahrzeugs i.S.v. § 7 StVG.
(2) Der Sicherungsgeber ist verpflichtet, den Sicherungsnehmer von allen Verbindlichkeiten freizustellen, die ihn als Eigentümer des Sicherungsgutes etwa treffen sollten.

§ 8 Versicherungen
(1) Der Sicherungsgeber ist verpflichtet, das Sicherungsgut für die Dauer der Sicherungsübereignung im Rahmen einer Vollkaskoversicherung sowie einer ausreichenden Haftpflichtversicherung zu versichern. Der Sicherungsgeber hat dem Sicherungsnehmer das Bestehen der Versicherung anzuzeigen sowie die Verpflichtung, sämtliche Prämienzahlungen dem Sicherungsnehmer unverzüglich nach dem Fälligkeitstermin unaufgefordert nachzuweisen. Besteht das Versicherungsverhältnis nicht mehr, so darf das Sicherungsgut nicht mehr genutzt werden.
(2) Sämtliche sich aus diesem Versicherungsverhältnis ergebenden gegenwärtigen und zukünftigen Ansprüche gegen den Versicherer tritt der Sicherungsgeber unter Maßgabe der Zweckbestimmung des § 2 an den Sicherungsnehmer hiermit ab.
(3) Der Sicherungsgeber ist verpflichtet, dem Versicherer mitzuteilen, dass das Sicherungsgut an den Sicherungsnehmer zu Eigentum übertragen ist und sämtliche Rechte aus dem Versicherungsvertrag, soweit sie das Sicherungsgut betreffen, dem Sicherungsnehmer zustehen und der Sicherungsnehmer in die Rechte, nicht aber in die Pflichten des Versicherungsvertrages eintritt.
(4) Der Sicherungsgeber beantragt bei der Versicherung einen entsprechenden Sicherungsschein, der dem Sicherungsnehmer zu übersenden ist.

§ 9 Verwertung
(1) Verstößt der Sicherungsgeber gegen die ihm obliegenden Pflichten zur vertragsgemäßen Behandlung des Sicherungsgutes in erheblicher Weise oder verfügt er über das Sicherungsgut über den Rahmen des üblichen Gebrauchs hinaus, ist der Sicherungsnehmer berechtigt, die Nutzungsbefugnisse zu widerrufen und die Herausgabe des Sicherungsgutes zu verlangen. Dasselbe gilt, wenn der Sicherungsgeber die Zahlungen eingestellt hat oder ein Insolvenzantrag gestellt worden ist. Die Herausgabe kann der Sicherungsnehmer ferner dann verlangen, wenn der Sicherungsgeber mit fälligen Zahlungen hinsichtlich der durch diesen Vertrag gesicherten Forderungen in Verzug ist oder seine vertraglichen Verpflichtungen nicht erfüllt.

(2) Im Falle des Zahlungsverzugs hinsichtlich der durch diesen Vertrag gesicherten Forderung und Nebenleistungen ist der Sicherungsnehmer zudem berechtigt, das Sicherungsgut in unmittelbaren Besitz zu nehmen und zu verwerten, soweit dies zur Erfüllung der rückständigen Forderung erforderlich ist.
(3) Die Verwertung ist dem Sicherungsgeber unter Fristsetzung von einem Monat schriftlich anzudrohen.
(4) Im Verwertungsfalle ist der Sicherungsnehmer berechtigt, das Sicherungsgut nach seiner Wahl öffentlich zu versteigern oder freihändig zu verkaufen und den Erlös zur Abdeckung der durch diesen Vertrag gesicherten Forderung zu verwenden.
(5) Nach Verwertung hat der Sicherungsnehmer nach Abführung der Umsatzsteuer einen noch verbleibenden Überschuss an den Sicherungsgeber herauszugeben.

§ 10 Rückübertragung und Freigabe von Sicherheiten
(1) Soweit die durch den Sicherungsübereignungsvertrag gesicherten und sich aus ihm ergebenden Forderungen in voller Höhe getilgt sind, hat der Sicherungsnehmer die ihm übertragenen Sicherheiten auf den Sicherungsgeber zurück zu übertragen.
(2) Schon vor vollständiger Befriedigung der durch diesen Vertrag gesicherten Ansprüche ist der Sicherungsnehmer auf Verlangen des Sicherungsgebers verpflichtet, das übertragene Sicherungsgut an den Sicherungsgeber ganz oder teilweise freizugeben, soweit der Schätzwert des Sicherungsgutes ...% der gesicherten Ansprüche des Sicherungsnehmers nicht nur vorübergehend überschreitet. Der Sicherungsgeber hat dem Sicherungsnehmer in diesem Fall ein anderes werthaltiges Sicherheitsgut zur Sicherung anzubieten.
(3) Für den Wertvergleich maßgebend ist der jeweilige Verkehrswert des Sicherungsgutes, der sich nach der jeweils aktuellen Schwacke-Liste richtet.

§ 11 Salvatorische Klausel
Soweit eine Bestimmung dieses Vertrages ganz oder teilweise unwirksam ist oder nicht durchgeführt werden kann, berührt dies die Gültigkeit des Vertrages im Übrigen nicht.

Praxistipp !
Auch bei der Sicherungsübereignung gilt das sachenrechtliche Bestimmtheitserfordernis. D.h., die zu übereignende Sache muss im Übereignungsvertrag durch **einfache äußere Merkmale** so bestimmt bezeichnet sein, dass jeder Kenner des Vertrages sie zu dem Zeitpunkt, in dem das Eigentum übergehen soll, unschwer von anderen unterscheiden kann; die bloße Bestimmbarkeit (insbesondere aufgrund außervertraglicher Umstände) genügt nicht. Das Sicherungsgut ist also so genau wie irgend möglich im Vertrag zu bezeichnen bzw. zu beschreiben!

Der Sicherungsnehmer wird durch Einigung und Vereinbarung des **Besitzkonstituts** Vollrechtsinhaber. Er ist also **Eigentümer**. 310

Die rechtlichen Befugnisse des Sicherungsnehmers sind durch die **Sicherungsabrede** beschränkt. D.h., er darf auf das Sicherungsgut nur in den vertraglich vereinbarten Fällen Zugriff nehmen. I.d.R. nur dann, wenn die Forderungen, zu deren Besicherung die Sicherungsübereignung erfolgte, nicht bedient werden. 311

Es kommt grundsätzlich **jede Forderung** als Gegenstand einer Sicherungsabrede und Anlass einer Sicherungsübereignung in Frage. In der Praxis handelt es sich durchgängig um eine Geldforderung und hier ganz überwiegend um **Forderungen** 312

aus Darlehensverträgen. Regelmäßig geht es um die Beziehung zweier Geschäftspartner, häufig Lieferant und Kunde oder Kreditinstitut und Kreditnehmer. Mitunter kann jedoch auch eine **Forderung des Sicherungsnehmers gegen eine Dritten** einbezogen werden, für die der Geschäftspartner die Sicherheit stellt.

313 Bei den Forderungen kann es sich um eine einzelne oder um **mehrere** Forderungen handeln, es können auch gegenwärtige oder zukünftige Forderungen sein. Bei **künftigen Forderungen** genügt wie für die Abtretung nach § 398 BGB eine Bestimmbarkeit. D.h., die Festlegung von Kriterien, die im Zeitpunkt der Entstehung eine eindeutige Feststellung gewährleisten. Weder das **Nichtentstehen** noch das **Erlöschen** der gesicherten Forderung führt grundsätzlich zur Unwirksamkeit oder zum automatischen Rückfall des Sicherungseigentums. Entsteht die Forderung endgültig nicht, so hat der Sicherungsgeber bei bereits erfolgtem Vollzug der Übereignung einen schuldrechtlichen **Anspruch auf Rückübereignung**, der sich aus der Sicherungsabrede, ggf. in deren ergänzenden Auslegung, notfalls aus § 812 Abs. 1 Satz 2 2. Alt. BGB ergibt.

314 Die eigentliche Sicherungsabrede (Sicherungsvertrag) enthält die schuldrechtlichen Regelungen des Innenverhältnisses, namentlich auch der **treuhänderischen Stellung** des Sicherungsnehmers. Die Sicherungsabrede ist grundsätzlich formfrei, sie ist der Rechtsgrund für die Übereignung der Sache. In der Sicherungsabrede sind also die **gesicherten Forderungen** zu beschreiben und zugleich die als Sicherheit zu **übereignenden Sachen** zu bestimmen.

315 Im Rahmen der Sicherungsabrede ist typische Regelungsmaterie weiter die **Rechts- und Pflichtenstellung des Sicherungsgebers und des Sicherungsnehmers**. Beim Sicherungsgeber fallen darunter auf der Haben-Seite vor allem die Regelung eines Besitz-, Gebrauchs-, oder Nutzungsrechts zu seinen Gunsten, die Gestattung einer Weiterveräußerung oder -verarbeitung sowie ggf. eines Anspruchs auf Rückübereignung (Freigabe) des Sicherungsgutes. Auf der Pflichtenseite wird typischerweise zumindest die Pflicht zur sorgfältigen Behandlung und Erhaltung der Sache, oft auch ihrer Versicherung, geregelt, ferner die Pflicht zur Herausgabe der Sache an den Sicherungsnehmer bei Eintritt des Sicherungsfalls.

316 Die Sicherungsabrede unterliegt als Vertrag den **Allgemeinen Rechtsgeschäftsregeln**. Vorsicht ist geboten, wenn die Sicherungsabrede, zum Teil auch die Sicherungsübereignung selbst, in **Formularverträgen** fixiert werden soll. Auf solche Vereinbarungen finden die §§ 305ff. BGB Anwendung, weil es sich i.S.v. § 305 Abs. 1 BGB um Allgemeine Geschäftsbedingungen handelt, die den jeweiligen Vertragspartner des Verwenders vor allem vor überraschenden Klauseln (§ 305c Abs. 1 BGB) sowie mit Hilfe einer Inhaltskontrolle nach § 307 BGB vor unangemessenen Nachteilen schützen soll. Wichtiger Anwendungsfall der AGB-Inhaltskontrolle ist **Freigabe in Fällen nachträglicher Übersicherung**. Hier wird in der Regel ein schuldrechtlicher Rückübereignungsanspruch begründet, der grundsätzlich nicht gegen § 307 BGB verstößt.

2. Sicherungseigentum in der Insolvenz

Lässt sich der Geschäftspartner für seine Forderungen das Sicherungseigentum einräumen, so ist er ein gesicherter Gläubiger. Im Falle der **Insolvenz** des Sicherungsgebers steht dem Gläubiger (Sicherungsnehmer) ein Recht zur abgesonderten Befriedigung aus der sicherungsübereigneten Sache gemäß § 51 Abs. 1 Nr. 1 InsO zu, das sog. **Absonderungsrecht**. 317

Trotz seiner formalen Stellung als Eigentümer wird dem Sicherungsnehmer kein Recht zur Aussonderung der ihm gehörenden Sache aus der Insolvenzmasse gewährt, im Gegensatz zur Einzelzwangsvollstreckung außerhalb des Insolvenzverfahrens, in deren Rahmen die formale Eigentümerstellung des Sicherungsnehmers durch die Möglichkeit der Drittwiderspruchsklage nach § 771 ZPO umfassend gewährleistet wird. 318

Der sicherungshalber übereignete Gegenstand gehört zwar damit nach der materiellen Eigentumslage nicht zu dem Vermögen des Schuldners. Aufgrund der besonderen insolvenzrechtlichen Haftungslage wird die sicherungsübereignete Sache im Insolvenzverfahren aber als dem Schuldnervermögen zugehörig betrachtet. Das Sicherungseigentum ist daher in der Insolvenz wirtschaftlich ein **besitzloses Pfandrecht** (§ 51 Nr. 1 InsO). 319

Das Recht auf abgesonderte Befriedigung aus dem sicherungsübereigneten Gegenstand berechtigt den Gläubiger nicht dazu, den Gegenstand vom Insolvenzverwalter **heraus zu verlangen**. Diesem steht gemäß § 166 Abs. 1 InsO das alleinige **Recht zur Verwertung** des Sicherungsguts zu, soweit er die Sache – was beim Sicherungseigentum in aller Regel der Fall ist – in seinem **Besitz** hat.[51] Das dem Sicherungsnehmer gewährte Absonderungsrecht ist die Folge der im Insolvenzverfahren maßgeblichen wirtschaftlichen Betrachtung. Diese führt dazu, dass aufgrund der Sicherungsabrede dem Sicherungsnehmer die Sache nur deswegen zur Sicherheit übereignet wurde, damit er sich für den Sicherungsfall aus dem Wert der Sache befriedigen kann. Die Sache soll der Insolvenzmasse weiter dienen und vom Insolvenzverwalter genutzt werden können. 320

Tatsächlich geht es Sicherungsnehmern nicht um die Sache selbst, sondern lediglich um denjenigen **Wert**, den diese Gegenstände verkörpern. 321

II. Sicherungszession (Sicherungsabtretung)

Mitunter existieren im Betrieb des Geschäftspartners keine Maschinen, Fahrzeuge oder vergleichbare Sachen, die sicherungsübereignet werden können. Häufig sind bereits alle werthaltigen Gegenstände, oft das ganze Warenlager, an die Hausbank sicherungsübereignet. Von Sicherungsrechten **freie Sachen** existieren nicht. 322

51 Zur Verwertung siehe nachfolgend ab Rn 334 Kap. 9.

323 Dann ist zu **prüfen**, ob nicht andere freie Vermögenswerte des Geschäftspartners existieren, die noch nicht als Sicherheiten fungieren, z.B. einzelne oder mehrere, auch künftige **Forderungen**. Diese können ebenfalls zur Sicherheit abgetreten werden.

1. Vereinbarung einer Sicherungszession

324 Bei der **Sicherungszession** wird zur Sicherung einer Forderung des Gläubigers bzw. Lieferanten nicht das Eigentum an einem Vermögensgegenstand übertragen, sondern ein Recht sicherungshalber abgetreten. Zumeist handelt es sich um ein Recht an einer **Forderung** des Sicherungsgebers gegen den Endkunden (Drittschuldner), die der Sicherungsnehmer im Sicherungsfall gegenüber dem Drittschuldner realisieren kann. Drittschuldner ist derjenige, gegen den sich die Forderung des Geschäftspartners (Sicherungsgeber) richtet.

325 Die Sicherungszession erfolgt regelmäßig entweder
- durch Abtretung einer einzigen bestimmten Forderung,
- in Form einer **Globalzession**, oder
- im Rahmen eines verlängerten Eigentumsvorbehalts[52]

a) Einfache Sicherungsabtretung

326 Bei der einfachen Sicherungsabtretung sind Gegenstand der Abtretung eine oder mehrere bestimmte Forderung(en) des Geschäftspartners gegen Dritte, des sog. **Zedenten** an den Gläubiger, den sog. **Zessionar**. Auch hier gilt es, die sicherungsabzutretenden Forderungen so genau wie irgend möglich zu bestimmen.

Vertragsmuster
Beispiel für eine einfache Sicherungsabtretung

„§ 1 Gegenstand der Abtretung
Gegenstand dieser Abtretung ist/sind folgende Forderung(en) des Zedenten:
Alle Ansprüche aus der Herstellung und Lieferung der Rollen-Offset-Druckmaschine des Typs ...,
Hersteller ...,
Baujahr ... gemäß Kauf- und Werklieferungsvertrag vom ...,
Nr. ...,
Auftragsnummer: ...,
vereinbarter Kaufpreis: € ... einschließlich aller etwaigen Ansprüche aus Zahlung, Lieferung, Schadensersatz sowie Kündigung.

52 Vgl. dazu ab Rn 243 Kap. 9 „Verlängerter Eigentumsvorbehalt".

§ 2 Zweck der Abtretung
Die abgetretene Forderung dient der Sicherung folgenden Anspruchs bzw. folgender Ansprüche des Zessionars:
Anspruch des Zessionars gegen den Zedenten aus der Lieferung von ... an den Betriebsstandort in ... gemäß Vertrag Nr. ... vom ... .
Die Parteien sind sich einig, dass etwaig weitere zwischen ihnen bestehende Sicherungsabreden durch diese Vereinbarung nicht berührt werden.

§ 3 Offenlegung und Verwertung
Es besteht Einvernehmen darüber, dass diese Sicherungsabtretung den Drittschuldner unverzüglich offen gelegt wird. Zahlungen des Drittschuldners sind nur an den Zessionar zulässig.

oder:

Bis auf Widerruf durch den Zessionar ist der Zedent berechtigt, die nach diesem Vertrag abgetretenen Forderungen innerhalb des ordnungsgemäßen Geschäftsbetriebes einzuziehen. Der Zessionar ist jederzeit berechtigt, diese Ermächtigung zu widerrufen oder zu beschränken und die Abtretung dem Drittschuldner anzuzeigen, falls der Verjährungsfall eingetreten ist oder der Zessionar seine Verpflichtungen aus dieser Vereinbarung mehr als nur unerheblich verletzt hat.

§ 4 Freigabe der Sicherheit
Bei vollständiger Erfüllung der gesicherten Forderung hat der Zessionar die abgetretenen Ansprüche rückabzutreten."

Mitunter bestehen Geschäftskontakte auch gegenüber Einzelpersonen bzw. Verbrauchern, wo die Abtretung von Lohn- bzw. Gehaltsansprüchen in Frage kommt. Mitunter gewähren Arbeitgeber ihren Arbeitnehmern ein Darlehen, welches über einen längeren Zeitraum in monatlichen Raten zurückzuzahlen ist. Auch hier erfolgt zur Sicherung der Forderung aus dem Darlehensvertrag die **Abtretung von Lohn- bzw. Gehaltsansprüchen**. 327

Klauselmuster
Beispiel für die sicherungsweise Lohn- oder Gehaltsabtretung

Zur Sicherung der Forderung aus dem Darlehensvertrag vom ... tritt der Arbeitnehmer den jeweils pfändbaren Teil seiner gegenwärtigen und künftigen Gehaltsansprüche gegen seinen jeweiligen Arbeitgeber in Höhe der noch geschuldeten Raten und Zinsen an den Arbeitgeber ab. Der Arbeitgeber nimmt diese Abtretung an. Der Arbeitnehmer versichert, dass er zur unbeschränkten Verfügung über die Vergütungsforderung berechtigt ist, insbesondere, dass sie nicht an Dritte abgetreten oder verpfändet und nicht gepfändet ist.

---

b) Globalzession
Einen Sonderfall der Sicherungszession stellt die sog. **Globalzession** dar. Diese 328
zeichnet sich dadurch aus, dass sich der Gläubiger zu Sicherungszwecken bereits **zukünftige** Forderungen des Schuldners abtreten lässt. Diese müssen zur Wirksam-

keit der Globalzession bereits im Zeitpunkt ihrer globalen Abtretung **ausreichend bestimmbar**, d.h., im Zeitpunkt ihrer Entstehung nach
- der Gläubiger
- Schuldner und
- Rechtsgrund einwandfrei ermittelbar sein.

329 In aller Regel wird es sich hierbei um eine **stille Zession** handeln, die den Zedenten (Geschäftspartner) weiterhin zur Einziehung der abgetretenen Forderungen im Rahmen seines gewöhnlichen Geschäftsbetriebes ermächtigt. Das heißt, die Globalzession wird dem Drittschuldner gegenüber **nicht angezeigt**.

! **Praxistipp**
Zahlt der jeweilige Kunde auf die Forderung des Zedenten, so erlischt diese mit Wirkung gegenüber dem Zessionar nach den §§ 362, 407 BGB. Den hiermit verbundenen Verlust der Sicherheit können entsprechend gesicherte Gläubiger nur vermeiden, wenn sie die Abtretung gegenüber den Drittschuldnern bzw. Endkunden offengelegt haben. D.h., sie müssen die Einziehungsbefugnis widerrufen, erst dann können sie die etwaig noch offenen Forderungen selbst einziehen.

---

330 Wesentliche Bedeutung kommt daher den vertraglichen Regelungen zu, wann der sog. **Verwertungsfall** eintritt, sodass der Zessionar berechtigt ist, die entsprechende Einziehungsermächtigung zu widerrufen und die abgetretenen Forderungen und etwaigen dazugestellten Sicherheiten zu verwerten, z.B. weil der Zedent seinen Zahlungsverpflichtungen aus dem Darlehensvertrag bei Fälligkeit ganz oder teilweise nicht nachkommt.

Vertragsmuster
Beispiel für eine Globalzession

„§ 1 Umfang der Sicherungszession
(1) Die Zedentin tritt hiermit ihre sämtlichen gegenwärtigen und zukünftigen, bedingt oder unbedingt bestehenden Forderungen aus Lieferungen und Leistungen gegenüber allen Dritten einschließlich der mit der Zedentin verbundenen Unternehmen an die Zessionarin ab.
(2) Der gegenwärtige Bestand der abgetretenen Forderungen ergibt sich aus der als Anlage 1 beigefügten Forderungsliste. Die Zedentin wird der Zessionarin jeweils zum dritten Bankarbeitstag eines Monats eine aktualisierte Liste aller abgetretenen Forderungen zum Ende des vorangehenden Monats übermitteln. Die Vertragspartner stimmen darin überein, dass die in Abs. 1 genannten Forderungen auch dann an die Zessionarin abgetreten sind, wenn sie nicht oder nicht in voller Höhe in den Forderungslisten genannt sind.
(3) Mit den abgetretenen Forderungen gehen alle für diese bestehenden Sicherheiten auf die Zessionarin über. Soweit den abgetretenen Forderungen Lieferungen unter Eigentumsvorbehalt zugrunde liegen oder der Zedentin bewegliche Sachen zur Sicherung der jeweiligen Forderung übereignet worden sind, so vereinbaren die Vertragspartner, dass das Vorbehaltseigentum und das Sicherungseigentum auf die Zessionarin übergehen. Das Recht der Zedentin auf Herausgabe gegen den unmittelbaren Besitzer wird hiermit ebenfalls abgetreten. Hat die Zedentin das Sicherungsgut in

unmittelbarem Besitz, so wird die Übergabe der Sache dadurch ersetzt, dass sie das Sicherungsgut für die Zessionarin unentgeltlich verwahrt.

§ 2 Sicherungszweck
Die Forderungsabtretung und die übrigen nach diesem Vertrag gestellten Sicherheiten dienen der Besicherung sämtlicher gegenwärtigen und künftigen, bedingten oder unbedingten Ansprüchen der Zessionarin aus dem Kreditvertrag vom ... sowie aus diesem Vertrag.

§ 3 Einziehung von Forderungen
Bis auf Widerruf durch die Zessionarin ist die Zedentin berechtigt, die nach diesem Vertrag abgetretenen Forderungen innerhalb des ordnungsgemäßen Geschäftsbetriebs einzuziehen. Die Zessionarin ist jederzeit berechtigt, diese Ermächtigung zu widerrufen oder zu beschränken und die Abtretung den Gläubigern anzuzeigen, falls der Verwertungsfall eingetreten ist oder die Zessionarin ihre Verpflichtungen aus diesem Vertrag mehr als nur unerheblich verletzt hat.

§ 4 Verwertung
(1) Die Zessionarin ist berechtigt, die Einziehungsermächtigung gemäß § 3 zu widerrufen und die gemäß diesem Vertrag abgetretenen Forderungen sowie die hiernach bestellten sonstigen Sicherheiten nach Maßgabe dieses § 4 zu verwerten, sobald die Zedentin ihre Zahlungsverpflichtungen aus dem Kreditvertrag bei Fälligkeit ganz oder teilweise nicht erfüllt („Verwertungsfall").
(2) Der Widerruf und die Verwertung der abgetretenen Forderungen und die damit verbundene Offenlegung der Forderungsabtretung sind erst zulässig, nachdem die Zessionarin der Zedentin diese unter Setzung einer Frist von einer Woche angedroht hat und die Frist erfolglos abgelaufen ist."

2. Sicherungszession in der Insolvenz

Hinsichtlich der Sicherungsabtretung in der Insolvenz gilt das gleiche wie bei der Sicherungsübereignung: In der Insolvenz des **Sicherungsgebers** begründet die Sicherungszession nach § 51 Nr. 1 InsO ein **Absonderungsrecht** des Sicherungsnehmers (Gläubiger bzw. Geschäftspartner). Auch die Sicherungszession wird also wie ein rechtsgeschäftliches Pfandrecht behandelt. 331

Damit steht dem Gläubiger ebenfalls kein Recht etwa auf Abtretung der Forderung zur Einziehung zu, sondern lediglich ein **Recht auf abgesonderte** und damit vorzugsweise **Befriedigung** aus der sicherungshalber abgetretenen Forderung. 332

III. Verwertung der Absonderungsrechte

Wird das Insolvenzverfahren über das Vermögen des Sicherungsgebers eröffnet, so gilt es, die durch Sicherungsübereignung und Sicherungsabtretung eingeräumten **Absonderungsrechte** zu **verwerten.** 333

1. Unverzügliche Information des Insolvenzverwalters

334 Es ist nicht Aufgabe eines **Insolvenzverwalters**, mögliche Absonderungsrechte zu **ermitteln** und die Absonderungsberechtigten dazu zu befragen oder zu informieren. Jeder Insolvenzverwalter muss aber die ihm **bekannten Absonderungsrechte** bei der Verwertung der Insolvenzmasse beachten und die infolge der Verwertung erzielten Erlöse an den Absonderungsberechtigten auskehren. Deshalb sollte der Insolvenzverwalter unverzüglich nach Insolvenzeröffnung über alle bestehenden Sicherheiten, die Ansprüche des Gläubigers besichern, informiert werden. Dabei sollte der Insolvenzverwalter so präzise wie möglich über die über alle gestellten Sicherheiten unter Vorlage entsprechend aussagekräftiger Nachweise wie z.B. die Vereinbarung über die Sicherungsrechte informiert werden.

Vertragsmuster
Musterschreiben an den Insolvenzverwalter – Geltendmachung eines Absonderungsrechts

„Sehr geehrter Herr ... (Insolvenzverwalter),

gegenüber der vorbezeichneten Schuldnerin steht uns eine fällige Forderung in Höhe von € ... zu. Entsprechende Unterlagen sowie unser Kündigungs- und Inanspruchnahmeschreiben an die Schuldnerin vom ... sind in der Anlage beigefügt. Zahlungen hierauf sind bislang nicht erfolgt.
Wir weisen darauf hin, dass uns die Schuldnerin zur Besicherung unserer Forderung folgende Sicherheiten gestellt hat:

- Sicherungsübereignung des in Besitz der Schuldnerin befindlichen LKWs mit dem amtlichen Kennzeichen ... sowie der Fahrgestell-Nr.: ...;
- Sicherungsübereignung der noch in der Insolvenzmasse befindlichen Gegenstände des beweglichen Anlagevermögens gemäß Anlage ...;
- Sicherungsabtretung der Schuldnerin zustehenden Forderungen aus den Warenlieferungen vom ... und vom ... gegenüber den Drittschuldnern ...
- [...]

Die Sicherungsverträge sind gleichfalls in Kopie beigefügt.
Hinsichtlich dieser Sicherheiten beanspruchen wir schon jetzt abgesonderte Befriedigung. Hinsichtlich der noch in der Insolvenzmasse befindlichen Gegenstände bitten wir um Auskunft über deren Zustand, hilfsweise um Besichtigung vor Ort. Weiter beanspruchen wir Auskunft hinsichtlich der zur Sicherheit abgetretenen Forderungen, hilfsweise begehen wir Einsicht in die Bücher und Geschäftspapiere der Schuldnerin.
Vorsorglich weisen wir darauf hin, dass uns in Ansehung der sicherungsübereigneten Gegenstände gemäß Anlage ... vor einer Veräußerung Mitteilung über die beabsichtigte Weise der Verwertung zu erteilen ist.

Mit freundlichen Grüßen“

---

335 Zu beachten ist, dass das Insolvenzgericht ein Insolvenzverfahren in **Eigenverwaltung** anordnen kann. Dann ist der insolvente Schuldner berechtigt, unter der Aufsicht eines Insolvenzverwalters die Insolvenzmasse zu verwalten und über sie zu verfügen.

Das **Recht** des Insolvenzverwalters **zur Verwertung** von Gegenständen, an denen Absonderungsrechte bestehen, steht dann dem **Schuldner** zu, § 282 Abs. 1 Satz 1 InsO. Nach § 282 Abs. 2 InsO soll der Schuldner sein Verwertungsrecht im Einvernehmen mit dem Sachwalter ausüben. Das heißt, dem bisherigen Geschäftspartner gegenüber ist das Absonderungsrecht anzuzeigen, vorsorglich parallel auch dem Sachwalter. 336

2. Verwertung der sicherungsübereigneten Sachen

Die Verwertung von sicherungsübereigneten Sachen (Sicherungsgut) erfolgt grundsätzlich durch den **Insolvenzverwalter** nach Maßgabe der §§ 166 ff. InsO. Voraussetzung für das Verwertungsrecht des Insolvenzverwalters ist jedoch, dass dieser das betreffende Sicherungsgut **in Besitz** hat, § 166 Abs. 1 InsO. 337

Nach Durchführung der Verwertung wird der um die Verwertungskosten verminderte **Erlös** gemäß der §§ 170 Abs. 1, 171 InsO an den Sicherungsnehmer ausgekehrt, soweit er diesem zur Befriedigung seiner gesicherten Forderung(en) zusteht. 338

Verwertet der Insolvenzverwalter selbst, so kann er aus dem Verwertungserlös die **Kosten der Feststellung** und **der Verwertung** des Gegenstands einschließlich seiner **Umsatzsteuerbelastung** vorweg für die Insolvenzmasse entnehmen. Der verbliebende Erlös ist nach der Verwertung **unverzüglich** an den Absonderungsberechtigten auszukehren. 339

§ 171 Abs. 1 InsO legt für die **Feststellungskosten** eine gesetzliche Pauschale von 4% vom tatsächlich erzielten Bruttoerlös fest. Die Kostenpauschale für die **Verwertungskosten** wie z.B. Bewertung des Absonderungsguts beträgt nach § 171 Abs. 2 InsO weitere 5% des tatsächlich erzielten Bruttoerlöses. Insgesamt hat der Verwalter also Anspruch auf 9% vom Erlös. Des Weiteren entnimmt der Insolvenzverwalter die bei der Verwertung entstehende **Umsatzsteuer** ebenfalls dem Erlös, §§ 170 Abs. 1 Satz 1, 171 Abs. 2 Satz 3 InsO. Das heißt, er zieht die Umsatzsteuer als **Teil der Verwertungskosten** vom Erlös ab. 340

Zu beachten ist noch, dass der Insolvenzverwalter **vor** Wahrnehmung seines Verwertungsrechtes gemäß § 168 Abs. 1 InsO dem absonderungsberechtigten Gläubiger **mitzuteilen** hat, auf welche Weise und mit welchem Erlös (Kaufpreis) der sicherungsübereignete Gegenstand veräußert werden soll unter Hinweis auf die damit verbundenen Verwertungskosten. Kennt der Gläubiger eine **bessere Verwertungsalternative**, so muss der Insolvenzverwalter diese wahrnehmen. 341

Befindet sich die sicherungsübereignete Sache allerdings nicht im Besitz des Insolvenzverwalters, auch nicht in dessen mittelbaren Besitz, z.B. weil der Gläubiger seinen Herausgabeanspruch bereits vor Insolvenzeröffnung geltend gemacht hatte, so ist ausnahmsweise der **Gläubiger** selbst gemäß § 171 InsO **verwertungsberechtigt**. Er kann die Verwertung fortsetzen. Er braucht das Sicherungsgut nicht an den Verwalter zurückzugeben und schuldet auch keinerlei Kostenbeiträge an die Insolvenzmasse. 342

343 Bei der Sicherungsübereignung können **Kollisionen** auftreten mit dem **Vermieter-/Verpächterpfandrecht** an den eingebrachten Sachen. Erfolgte die Sicherungsübereignung vor Einbringung in das Grundstück, so ist die Sicherungsübereignung vorrangig. Erfolgte die Sicherungsübereignung jedoch erst nach Einbringung in das Grundstück, so geht sie dem Vermieterpfandrecht nach. Bei der Sicherungsübereignung eines **Warenlagers** mit wechselndem Bestand ist das Vermieterpfandrecht vorrangig.

344 Im Übrigen gilt zwischen konkurrierenden Absonderungsrechten immer das zeitliche **Prioritätsprinzip**.

3. Verwertung von sicherungszedierten Forderungen

345 Die Verwertung **sicherungszedierter Forderungen** ist der Verwertung von sicherungsübereigneten Sachen ähnlich geregelt.

346 Der Verwalter darf also die zur Sicherung eines Anspruchs abgetretenen Forderungen des Schuldners einziehen oder in sonstiger Weise verwerten, § 166 Abs. 2 InsO. Voraussetzung ist lediglich, dass die sicherungshalber abgetretene Forderung im Zeitpunkt der Eröffnung des Insolvenzverfahrens **noch besteht** und nicht bereits erfüllt ist. Forderungen, die mit Sicherheitsabtretungen wie z.B. die Globalzession belastet sind, unterliegen ebenfalls dem **Verwertungsrecht** des **Insolvenzverwalters**.

347 Mit **Eröffnung des Insolvenzverfahrens** kann der Drittschuldner nur noch an den Insolvenzverwalter befreiend leisten. Ob die Abtretung der Forderungen zuvor z.B. vom Gläubiger gegenüber dem Drittschuldner offengelegt wurde, ist dabei **unerheblich**. Das Einziehungsrecht und damit auch die Prozessführungsbefugnis des Absonderungsberechtigten sind jetzt ausgeschlossen.

348 Die Verwertung der sicherungshalber abgetretenen Forderungen erfolgt durch **Forderungseinzug oder den Verkauf der Forderung**. Ebenso wie bei der Verwertung sicherungsübereigneter Sachen kann der Insolvenzverwalter dem Erlös aus der Einziehung der Forderung die in den §§ 170, 171 InsO geregelten **Kostenpauschalen** von 4% für die Feststellung und von weiteren 5% für die Verwertung zzgl. der anfallenden Umsatzsteuer entnehmen, bevor er den **Erlös unverzüglich** an den Absonderungsberechtigten auszukehren hat.

! **Praxistipp**
Der vorläufige Insolvenzverwalter hat grundsätzlich kein Verwertungsrecht. Der Absonderungsberechtigte ist grundsätzlich bis zur Insolvenzeröffnung berechtigt, abgetretene Forderungen selbst einzuziehen. Kostenbeiträge nach den §§ 170, 171 InsO fallen nicht an.

E. Sicherheit durch Bargeschäfte

Es gibt Geschäftspartner, die können **keine Sicherheiten** stellen. Der Gläubiger bzw. Lieferant wird prüfen, ob er die Vertragsbeziehung fortsetzen kann. Das gilt insbesondere dann, wenn es sich um ein bereits in Schwierigkeiten geratenes Unternehmen handelt, bei dem die Zahlungen für Lieferungen schon nicht mehr pünktlich und auch nicht vollständig erfolgen, sodass sich ein ansteigender Zahlungsrückstand ansammelt. 349

I. Zweck des Bargeschäftes und mögliche Anwendungsfälle

Hier können im Liefer- und Zahlungsverkehr noch sog. Bargeschäfte (§ 142 InsO) wie 350
z.B. **Vorkasse** helfen. Denn § 142 InsO nimmt sog. Bargeschäfte aus **sämtlichen Anfechtungstatbeständen** aus. Nach dem Wortlaut gilt § 142 InsO zwar nicht für die Anfechtung wegen vorsätzlicher Gläubigerbenachteiligung gem. § 133 InsO. Tendenziell vertritt die höchstrichterliche Rechtsprechung jedoch mehr und mehr die Auffassung, dass Bargeschäfte nicht gläubigerbenachteiligend und daher auch nicht nach § 133 InsO anfechtbar sind.[53] **Bargeschäfte** sind entgeltliche Geschäfte, bei der gleichwertige Leistungen ausgetauscht werden.

Damit der Gläubiger in den Genuss der Vorteile eines Bargeschäfts i.S.v. § 142 351
InsO kommt, verlangt diese Vorschrift *„eine Leistung des Schuldners, für die unmittelbar eine gleichwertige Gegenleistung in sein Vermögen gelangt."* Der Tatbestand verlangt also **drei Elemente**:
- Verknüpfung von Leistung und Gegenleistung durch Parteivereinbarung,
- Gleichwertigkeit von Leistung und Gegenleistung, und
- Enger zeitlicher Zusammenhang zwischen Leistung und Gegenleistung (Unmittelbarkeit).

Dabei werden Leistungen **jeglicher Art** von § 142 InsO erfasst, soweit ihnen ein 352
wirtschaftlicher Wert zukommt. Erfasst sind sowohl Sicherungen als auch Befriedigungen von Forderungen.

Die häufigsten **Anwendungsfälle** für den Gläubigerlieferanten sind: 353
- Besicherung von neu ausgereichten (Lieferanten-)Krediten
- Lieferung beweglicher Sachen gegen Vorkasse oder sofortige Zahlung

53 Vgl. zum Beispiel BAG BeckRS 2014, 67287 Rn 57.

II. Verknüpfung von Leistung und Gegenleistung durch Parteivereinbarung

354 Die vom Gläubiger zu erbringende Gegenleistung muss **für die** Leistung des Schuldners erbracht worden sein. Das heißt, Leistungen und Gegenleistungen müssen durch **Parteivereinbarung miteinander verknüpft** sein.

Praxistipp
Das Bargeschäft muss **vor** Durchführung vereinbart sein, am besten **schriftlich.**

355 Werden also Leistung und/oder Gegenleistung freiwillig und ohne eine zu Grunde liegende Abrede erbracht, ist eine Bardeckung i.S. des § 142 InsO ausgeschlossen. Privilegiert sind nur **Vereinbarungen** zwischen Schuldner und Gläubiger (Anfechtungsgegner).

356 Auch **wesentliche Abweichungen** von der Vereinbarung schließen die Annahme eines Bargeschäfts aus. So dürfen z.B. Zahlungen nicht **vor** einer vertraglich vereinbarten Fälligkeit erfolgen.

357 Vertragsparteien können den Inhalt ihrer Vereinbarungen noch abändern, ohne den Charakter der Bardeckung zu gefährden, wenn sie die Abänderungsvereinbarung treffen, **bevor** die erste Leistung eines Vertragsteils erbracht worden ist. In einem solchen Fall ist nach Sinn und Zweck von § 142 InsO eine abändernde Kongruenzvereinbarung, durch die ein Bargeschäft erst ermöglicht wird, der Deckungsanfechtung entzogen.[54]

Beispiel
Im Auftrag eines Bauherrn errichtet die Hausbau GmbH ein Gebäude. Aufgrund ständiger Geschäftsbeziehung lässt sich die Hausbau GmbH die benötigten Fenster und Türen von ihrem Lieferanten auf die Baustellen liefern. Allerdings bestehen erhebliche Zahlungsrückstände der Hausbau GmbH gegenüber dem Lieferanten. Ratenzahlungsvereinbarungen werden nicht eingehalten, Sicherheiten nicht gestellt. Die zahlungsunfähige Hausbau GmbH (Schuldner) trifft mit dem Auftraggeber (Bauherr) und dem Lieferanten der Türen/Fenster vor Fälligkeit der nächsten Werklohnrate die Vereinbarung, dass der Kaufpreis für die von dem Lieferanten zu liefernden Bauteile von dem Auftraggeber vor Lieferung direkt an den Lieferanten gezahlt wird.

358 Eine wesentliche Abweichung von der Parteivereinbarung liegt auch dann nicht vor, wenn im Vertrag von vornherein eine **Ersetzungsbefugnis** für eine der Vertragsparteien eingeräumt worden war.[55] D.h., falls Abweichungen in der Abwicklung der Leistungen wahrscheinlich sind, sollten Ersetzungsbefugnisse von vornherein ver-

54 BGH, Urteil vom 17.7.2014 – IX ZR 240/13 Rn 21 (= ZIP 2014, 1545).
55 BGH, Urteil vom 21.12.1977 – VIII ZR 255/76.

einbart werden, wie z.B. dass statt Zahlung per Überweisung auch Zahlung in Bar oder dass der eine Vertragspartner auch berechtigt ist, Vorkasse zu verlangen.

Praxistipp
Befindet sich der Geschäftspartner bereits in der Krise oder ist er bereits zahlungsunfähig, so sollten Leistungen – wenn überhaupt – nur noch im Wege von Bargeschäften ausgetauscht werden. Das gilt vor allem bei der Einräumung neuer Kredite an den Geschäftspartner gegen Sicherheiten. Bei der Lieferung beweglicher Sachen an den Geschäftspartner sollte entweder Vorkasse oder aber sofort fällige Zahlung binnen zwei bis vier Wochen erfolgen. Die **Höchstgrenze** zwischen Leistung und Zahlung liegt bei **30 Tagen**.

Sollte der Geschäftspartner argumentieren, dass Vorkasse nicht vereinbart und der 359
Gläubiger vorleistungspflichtig sei, so kann jeder Gläubiger auf die **Unsicherheiteneinrede** des § 321 BGB verweisen und die weitere Belieferung von einer Vorkassezahlung abhängig machen.

Beispiel
Der Lieferant stellt Etiketten für die Beschriftung von Shampoo-Flaschen her, die von dem Abnehmer an diverse Supermärkte und Discounter geleifert werden. Der Abnehmer ist in der Krise und zahlt nur unpünktlich seine Rechnungen, für die ein Zahlungsziel von 30 Tagen vereinbart ist. Ist unsicher, ob die eigene Ware bezahlt wird, greift § 321 BGB ein. Der Abnehmer muss dann Vorkasse leisten, dann erhält er umgehend die Ware (Etiketten). Das Bargeschäft ist grundsätzlich sicher.

Auch hier gilt: Die Belieferung gegen Vorkasse sollte vor Zahlung **schriftlich** fixiert 360
werden, da nur (beweisbar getroffene) Vereinbarungen zwischen dem Geschäftspartner und dem Gläubiger i.S.v. § 142 InsO privilegiert werden. Der Insolvenzverwalter wird dies später überprüfen.

III. Gleichwertigkeit von Leistung und Gegenleistung

Nach § 142 InsO müssen Leistung und Gegenleistung **gleichwertig** sein. Allerdings 361
darf die Leistung des Gläubigers, z.B. des Lieferanten, auch höherwertig sein; entscheidend ist, dass der Leistungsaustausch nicht zu einer unmittelbaren Gläubigerbenachteiligung führt, sondern lediglich eine Vermögensumschichtung bewirkt.[56] D.h., die Gegenleistung des Gläubigers (Lieferanten) muss der Leistung des Schuldners (mindestens) gleichwertig sein. Dies ist nach **objektiven Maßstäben** zu beur-

56 *Rogge/Leptien* in: Schmidt, Hamburger Kommentar zum Insolvenzrecht, 5. Auflage 2015, § 142 Rn 10.

teilen, jedoch immer unter Berücksichtigung der Umstände des Einzelfalls (konkrete Marktsituation etc.).

362 Maßgeblicher Zeitpunkt für die Frage der Gleichwertigkeit ist i.d.R. der Abschluss des dem Leistungsaustausch zu Grunde liegenden **Kausalgeschäfts**, also des Vertrages. Dauert der Leistungsaustausch länger, so muss die Gleichwertigkeit der Leistungen jedenfalls in dem Zeitpunkt noch gegeben sein, an dem die **erste Vertragsleistung erbracht** wird. Unvorhergesehene Wertverluste der Gegenleistung (des Gläubigers) nach dem maßgeblichen Zeitpunkt bewirken lediglich einen mittelbare Gläubigerbenachteiligung und ändern nichts an der Anwendbarkeit des § 142 InsO.

363 Ob der Wert der Gegenleistung (des Gläubigers) bei Insolvenzeröffnung **noch in der Insolvenzmasse vorhanden ist** und somit verwertet wird, kann spielt keine Rolle. Ist die **Gegenleistung** allerdings **weniger wert** als die Leistung des Schuldners, so kann bei einem **teilbaren Rechtsgeschäft** nur derjenige Teil angefochten werden, der die Leistung die Gegenleistung wertmäßig übersteigt; der Rest ist als Bargeschäft anzusehen.

364 Bei der Hingabe eines Kredits gegen Sicherheiten liegt ein Bargeschäft auch dann vor, wenn der Wert der Sicherheit die Darlehensvaluta in verkehrsüblichem Maße übersteigt. Bei der **Besicherung eines Darlehens** ist die verkehrsübliche Differenz zwischen Verkehrswert der Sicherheit und Darlehensvaluta hinzunehmen. Werden bewegliche Sicherungsgegenstände hingegeben, so ist ein **Risikoaufschlag** von ca. 50% auf den Nennwert des Darlehens noch als angemessen dar zu sehen.[57]

! **Praxistipp**

Schädlich ist es, wenn die für den Neukredit eingeräumte Sicherheit auch (offene) **Altverbindlichkeiten** abdeckt. Dann ist die Sicherheitengewährung als Ganzes anfechtbar; es sei denn, die Sicherheiten sind (z.B. aufgrund einer Rangvereinbarung) in der Weise teilbar, dass ein Teil lediglich die neuen Verbindlichkeiten und ein anderer Teil die Altverbindlichkeiten sichert. In diesem Fall kommt hinsichtlich der neu gewährten Kredite ein Bargeschäft in Betracht.

---

365 **Vorsicht** ist geboten bei der Lieferung von Waren gegen Vorkasse oder gegen unmittelbare Bezahlung, wenn an diesen ein **erweiterter Eigentumsvorbehalt** besteht, z.B. weil die von den Parteien verwendeten allgemeinen Geschäftsbedingungen (AGB) einen solchen Eigentumsvorbehalt vorsehen. Beim erweiterten Eigentumsvorbehalt geht das Eigentum an der Ware erst im Falle der **Bezahlung aller offenen Rechnungen** des Lieferanten auf den Schuldner über. Das heißt, trotz Bezahlung der Ware erhält der Schuldner an dieser kein Eigentum, mangels Eigentumsübergangs erhält der Schuldner keine gleichwertige Gegenleistung.

57 BGH, Beschluss vom 27.11.1997 – GSZ 1 u. 2/97.

Praxistipp

Die Vereinbarung muss in der Krise vorsehen, dass der erweiterte Eigentumsvorbehalt bzw. entsprechende AGB nicht gelten oder jedenfalls das Eigentum an der bezahlten Ware sofort mit Zahlung übergeht.

An der **Gleichwertigkeit** fehlt es auch, wenn der Gläubiger Leistungen an den Schuldner nur unter der Voraussetzung erbringt, dass dieser zugleich mit der sich hieraus ergebenden Verbindlichkeit die nach wie vor offenen Altverbindlichkeiten begleicht.[58] 366

IV. Zeitlicher Zusammenhang zwischen Leistung und Gegenleistung (Unmittelbarkeit)

Schließlich müssen Leistung und Gegenleistung zur Erfüllung des Tatbestandsmerkmals des § 142 InsO „unmittelbar" in **engem zeitlichem Zusammenhang** ausgetauscht werden. 367

Beispiel

In dem oben unter Ziff. II. genannten Beispiel liefert der Lieferant sofort nach Erhalt der Direktzahlungen durch den Bauherrn die Fenster und Türen auf die Baustellen der Hausbau GmbH aus.

Es gibt keine starren Zeitgrenzen für die Annahme eines Bargeschäfts. Es darf zwischen Leistung und Gegenleistung nur so viel Zeit vergehen, dass das Geschäft nicht den **Charakter** eines **Kreditgeschäftes** annimmt. Dafür ist entscheidend, ob das Rechtsgeschäft unter Berücksichtigung der konkreten Erfüllungsmöglichkeiten und/oder üblichen Leistungsbräuche nach der Verkehrsauffassung noch als einheitliche Bardeckung oder schon als Kreditgewährung geurteilt wird. Es muss also nach der Art der ausgetauschten Leistungen differenziert werden. 368

Eine sofortige Zug um Zug-Leistung ist ebenso wenig erforderlich wie eine bestimmte Reihenfolge von Leistung und Gegenleistung. Eine Vorleistung des Schuldners ist auch nicht erforderlich.[59] 369

Als unmittelbarer Leistungsaustausch bei Kauf und Bezahlung beweglicher Sachen dürfte eine Frist von zwei Wochen zwischen Zahlung und Lieferung bzw. Lieferung und Zahlung unschädlich sein, die **Höchstgrenze** liegt allerdings bei **30 Tagen**. Wird für einen Kredit als Sicherheit ein Grundpfandrecht zugunsten des Gläubigers bestellt, so liegt noch ein Bargeschäft vor, wenn das Grundpfandrecht für das bereits ausgekehrte Darlehen innerhalb eines Monats bestellt wird. 370

---

58 BGH, Urteil vom 30.1.1986 – IX ZR 79/85.

59 BGH, Urteil vom 13.4.2006 – IX ZR 258/05 (= ZIP 2006, 1261).

371 Wegen der begünstigenden Regelung in § 140 Abs. 2 InsO ist i.d.R. nur die bis zur Stellung des Eintragungsantrags verstreichende Zeit maßgeblich. Es kommt also nicht auf den Zeitpunkt der Eintragung in das Grundbuch an (vgl. § 140 Abs. 1 InsO). Es genügt, dass zwischen Auskehr des Darlehens und Antragstellung (auf Eintragung des Grundpfandrechts) ein Zeitraum von max. einem Monat liegt.[60]

372 Lässt sich der liefernde Gläubiger nicht sofort bezahlen, sondern akzeptiert bei der Bezahlung einen **Kundenscheck**, so wird grundsätzlich ebenfalls das Vorliegen eines Bargeschäfts verneint.[61]

! **Praxistipp**
Der liefernde Geschäftspartner sollte deshalb keine Kundenschecks akzeptieren, sondern auf Vorkasse oder sofortige Bezahlung binnen vierzehn Tagen bestehen, um die Vorzüge eines Bargeschäfts für sich in Anspruch nehmen zu können.

---

373 Damit der erforderliche enge zeitliche Zusammenhang erhalten bleibt, sollten Lieferanten Zahlungen ihres säumigen Geschäftspartners ferner nicht – wie sonst in der Buchhaltung üblich – auf die ältesten offenen Forderungen verrechnen, sondern immer auf die **jeweils letzte Lieferung**, für die die Zahlung erfolgt.

374 In der Praxis befindet sich der Lieferant oft in der Situation, dass er ein in Schwierigkeit geratenes Unternehmen weiter mit Ware und Leistungen beliefert und dafür auch laufend, wenn auch stockend, Zahlungen erhält, sodass ein hoher Zahlungsrückstand existiert. Die Zahlungen erfolgen häufig nicht pünktlich und vor allem nicht vollständig. Der Schuldner wird in solchen Fällen regelmäßig jeweils nur die ältesten offenen Forderungen begleichen (wollen). Bei fehlender Tilgungsbestimmung ergibt sich die Verrechnung der Zahlungen auf die ältesten offenen, insbesondere ungesicherten Forderungen zudem aus § 366 Abs. 2 BGB.

375 In solchen Fällen sollte jeder Lieferant stattdessen jeweils auf unmittelbare Zahlung der **jeweils letzten Lieferung** bestehen, um so das der Anfechtung entzogene Bargeschäft zu Stande zu bringen. Selbst wenn hier der Gläubiger bereits Kenntnis von der eingetretenen Zahlungsunfähigkeit des Schuldners hat (vgl. § 130 Abs. 1 Nr. 1 InsO), so können diese Zahlungen als Bargeschäfte auch innerhalb des 3-Monats-Zeitraums vor dem Insolvenzantrag der Anfechtung entzogen sein.

376 Diese Vorgehensweise sollte daher zwingend zwischen den Vertragsparteien vereinbart und möglichst schriftlich fixiert werden.

---

60 BGH, Urteil vom 9.2.1955 – IV ZR 173/54 (= BB 1955, 269).
61 BGH, Urteil vom 13.4.2006 – IX ZR 158/05 (= ZIP 2006, 1261).

V. Rechtsfolgen

Bei Vorliegen eines Bargeschäfts i.S.v. § 142 InsO scheidet eine Anfechtung der Zahlung durch den Schuldner oder der Bestellung der Sicherheit durch den Schuldner mangels Gläubigerbenachteiligung aus, weil der Schuldner vom Gläubiger unmittelbar eine gleichwertige Gegenleistung erhalten hat. 377

Hintergrund: Auch ein sich in der Krise befindlicher Schuldner muss die Möglichkeit haben, weiterhin in einem Geschäftsverkehr teilzunehmen, etwa, indem er bei seinen Lieferanten Ware gegen sofortige Barzahlung erwirkt. 378

Liegen die Voraussetzungen des § 142 InsO vor, so ist die Anfechtung gemäß der §§ 130, 132, 135 und 136 InsO ausgeschlossen. Lediglich die Anfechtung des § 133 Abs. 1 InsO bleibt gem. § 142 InsO **ausdrücklich** möglich, wenn trotz Vorliegens eines Bargeschäfts eine mittelbare Gläubigerbenachteiligung eingetreten ist und die übrigen Voraussetzungen des § 133 Abs. 1 InsO erfüllt sind. 379

Nach Auffassung des BGH ist derjenige nicht schutzbedürftig, der dem Schuldner einen Vermögensgegenstand zu einem angemessenen Preis, aber in dem Wissen abkauft, dass der Schuldner der Erlös seinen Gläubigern entziehen will. Gerade eine bewusste und erkannte Bevorzugung Einzelner soll zugunsten des Grundsatzes der Gleichbehandlung aller Gläubiger verhindert werden.[62] 380

Allerdings ist ein solcher **Gläubigerbenachteiligungsvorsatz** i.S.v. von § 133 Abs. 1 InsO in aller Regel nicht gegeben, wenn der Schuldner in einem engen zeitlichen Zusammenhang eine kongruente Gegenleistung für die von ihm empfangene Leistung erbringt, welche zur Fortführung seines eigenen Unternehmens nötig ist und damit den Gläubigern im Allgemeinen nützt. Dies gilt auch dann, wenn Schuldner und Anfechtungsgegner Vorkasse für die von diesem erbrachten Leistungen vereinbart haben. Der Benachteiligungsvorsatz kann mithin entfallen, wenn im unmittelbaren Zusammenhang mit den potenziell anfechtbaren Rechtshandlungen eine gleichwertige Gegenleistung in das Vermögen des Schuldners gelangt, also ein Leistungsaustausch ähnlich einem Bargeschäft stattfindet.[63] 381

Beispiel

In dem oben unter Ziff. II. genannten Beispiel hat die Hausbau GmbH im unmittelbaren Zusammenhang mit den Zahlungen durch den Bauherrn an den Lieferanten durch die Auslieferung der Fenster und Türen eine gleichwertige Gegenleistung erhalten. Ohne diese Direktzahlungen hätte die Hausbau GmbH ihr Bauvorhaben nicht fortsetzen können und die berechtigte Aussicht, die nächste Werklohnrate oder gar alle noch ausstehenden Raten beim Bauherrn zu verdienen, verloren.

---

62 BGH, Urteil vom 17.7.2014 – IX ZR 240/13 Rn 28 (= ZIP 2014, 1595).

63 BGH Urteil vom 17.7.2014 – IX ZR 240/13 Rn 29 (= ZIP 2014, 1595).

382 Dennoch bleibt die Vereinbarung von Bargeschäften mit kurz vor der Insolvenz stehenden oder gar bereits zahlungsunfähigen Geschäftspartnern weiter risikobehaftet und ist deshalb vorher auf ihre Bedeutung und Anfechtbarkeit hin zu überprüfen.

! **Praxistipp**
In der Krise oder Insolvenz des Geschäftspartners sollten Bargeschäfte eher zurückhaltend, und wenn ja, nur gegen Vorkasse erfolgen. Bei Vorkasse sollten die gegenseitigen Leistungen binnen 14 Tagen, maximal innerhalb eines Zeitraums von 30 Tagen abgewickelt werden. Ferner sollte immer intern überprüft werden, ob positive Kenntnis davon besteht, dass der Schuldner seinen Vermögensgegenstand zwar zu einem angemessenen Preis, aber mit dem Plan verkaufen will, den Erlös seinen Gläubigern zu entziehen. Dann ist das Geschäft besser zu unterlassen.

---

383 Die Anfechtbarkeit gem. § 131 InsO kann § 142 InsO von Vornherein nicht ausschließen, weil es bei sog. **inkongruenten Deckungen** an der erforderlichen vertraglichen Verknüpfung von Leistung und Gegenleistung fehlt. Denn Leistungen, die nicht der Parteivereinbarung entsprechen, stellen keine Bardeckungen dar.

F. Pfandrechte

384 Neben Sicherungsübereignung und Sicherungsabtretung kommen auch vertragliche bzw. rechtsgeschäftliche **Pfandrechte** als Kreditsicherheit in Betracht. Pfandrechte an Gegenständen werden in § 50 InsO als sog. „Prototypen" der Absonderungsrechte an **beweglichen Vermögensgegenständen** genannt.

I. Erscheinungsformen der Pfandrechte

385 Es gibt im Wesentlichen drei Erscheinungsformen eines Pfandrechts: Zunächst einmal das in den §§ 1204–1256, 1268, 1273 ff. BGB geregelte vertragliche bzw. **rechtsgeschäftliche Pfandrechte**, welche für Kreditsicherungsrechte geeignet sind.

386 Daneben gibt es auch **gesetzliche Pfandrechte**, die Kraft gesetzlicher Sondervorschriften aufgrund eines besonderen Rechtsverhältnisses zugunsten des Gläubigers an Sachen und Rechten zur Sicherung seiner Forderung entstehen. Hierzu gehören z.B. das **Vermieterpfandrecht** (§ 562 BGB), das Unternehmerpfandrecht (§ 647 BGB) sowie das Pfandrecht des Spediteurs, des Kommissionärs oder des Frachtführers.

387 Schließlich gehören zu den Pfandrechten auch die sog. **Pfändungspfandrechte**, welche im Wege eines staatlichen Vollstreckungsaktes entstehen, vgl. §§ 804 f. ZPO.

388 Das rechtsgeschäftliche Pfandrecht (§§ 1204 ff. BGB) ist der klassische Fall der Begründung eines **Absonderungsrechts** im Fall der Insolvenz des Pfandrechtsschuldners. Es gewährt seinem Inhaber in diesem Falle
- ein Recht auf abgesonderte Befriedigung
- aus dem Pfandgut

– wegen der Pfandforderung
– in der Reihenfolge Hauptforderung, Zinsen, Kosten.

Voraussetzung ist natürlich, dass das Pfandrecht an dem Gegenstand der Insolvenzmasse **wirksam** und **insolvenzfest** bestellt worden ist. 389

II. Typische Pfandgegenstände

Ein rechtsgeschäftlich bestelltes Pfandrecht kann 390
– sowohl an einem **beweglichen Gegenstand** als auch
– an übertragbaren **Rechten und Forderungen** bestellt werden.

1. Pfandrechte an beweglichen Sachen

Anders als bei der Sicherungsübereignung und Sicherungsabtretung bildet die **Verpfändung beweglicher Sachen** eher eine Ausnahme, denn an beweglichen Sachen entsteht das Pfandrecht durch 391
– **Einigung** zwischen dem Pfandrechtsschuldner und dem Pfandrechtsgläubiger und
– Übertragung des unmittelbaren Besitzes.

I.d.R. muss der Sicherungsgeber jedoch mit den Pfandgegenständen wie zum Beispiel den Betriebsmitteln, Maschinen usw. arbeiten, kann also den Besitz nicht übertragen, sodass diese i.d.R. **sicherungsübereignet** werden. 392

Bei der Verpfändung beweglicher Sachen bietet sich daher i.d.R. **Schmuck, Münzsammlungen** oder **Edelmetalle** sowie **nicht depotverwahrte Wertpapiere** an. 393

Während die Beachtung der Pfandverwertungsvorschriften des BGB i.d.R. einen höheren Zeitaufwand erfordern, liegt der **Vorteil** der Verpfändung beweglicher Sachen im Insolvenzfall darin, dass im Gegensatz zu Sicherungsübereignungen und Sicherungsabtretungen die Gläubiger im Verwertungsfall **keine Kostenbeiträge** an die Insolvenzmasse abführen müssen, weil dem Insolvenzverwalter i.d.R. kein eigenes Verwertungsrecht nach dem § 166 InsO zusteht. Das in § 166 InsO geregelte Verwertungsrecht des Insolvenzverwalters knüpft an den Besitz an. Hat der Insolvenzverwalter jedoch die verpfändete Sache nicht in Besitz, steht das Verwertungsrecht dem absonderungsberechtigtem Gläubiger zu, § 173 InsO. Folglich fallen auch keine Kostenbeiträge nach den §§ 170 ff. InsO an. 394

Bei vertraglichen Pfandrechten erfolgt die Verwertung durch **Pfandverkauf** im Wege der öffentlichen Versteigerung gem. der §§ 1228, 1233 ff. BGB oder nach den Regeln der ZPO über die Zwangsversteigerung. 395

396 Verletzt der Absonderungsberechtigte die Verwertungsvorschriften (z.B. rechtswidriger Verkauf einer Pfandsache statt öffentlicher Versteigerung), so kann der Insolvenzverwalter vom absonderungsberechtigten Gläubiger **Schadensersatz** verlangen, wenn er einen höheren Erlös im Zuge einer korrekten Verwertung nachweisen kann.

2. Verpfändung von Festgeld- und sonstigen Kontoguthaben

397 Hauptanwendungsfall der Kreditsicherung mittels Pfandrecht sind **Festgeld-, Spar- und sonstige Kontoguthaben**, die der Vertragspartner bei einer oder mehrerer Banken unterhält.

398 Nachteilig ist bei einer solchen **Verpfändung von Forderungen** lediglich die zwingende Notwendigkeit der **Anzeige der Verpfändung** gem. § 1280 BGB bei der Bank als Drittschuldnerin. Regelmäßig soll eine Besicherung durch Forderungen bis zum Eintritt des Besicherungsfalls still behandelt werden, dies geschieht jedoch meist nur im Interesse des Sicherungsgebers und nicht des Gläubigers, wie z.B. des Lieferanten.

399 Soweit das Pfandrecht an einer Forderung bestellt werden soll (§ 1279 BGB), ist

- die **Einigung** über die Pfandrechtsbestellung sowie
- die **Pfandanzeige** des Pfandgebers an den Drittschuldner gem. § 1280 BGB Voraussetzung für eine wirksame Bestellung.

Vertragsmuster
Beispiel für eine Kontoverpfändung

„Vertrag über die Verpfändung von Kontoguthaben

zwischen der

– im Folgenden **„Verpfänder“** genannt –

und

– im Folgenden **„Pfandnehmer“** genannt –

– Verpfänder und Pfandnehmer werden nachfolgend gemeinsam auch **„Parteien“** genannt –

Präambel

[...]

Dies vorausgeschickt, vereinbaren die Parteien was folgt:

§ 1 Gegenstand der Verpfändung
Der Verpfänder ist Inhaber des bei der [...] (nachfolgend: **„Bank“** genannt), geführten Kontos mit der Konto-Nr.: [...] (nachfolgend **„Pfandkonto“** genannt).

§ 2 Verpfändung und Annahme des Pfandrechts
Der Verpfänder verpfändet hiermit dem Pfandnehmer gleichrangig sämtliche gegenwärtigen und zukünftigen Guthaben (einschließlich sämtlicher Zinsansprüche), die auf dem Pfandkonto jeweils gutgeschrieben sind bzw. werden sowie alle bestehenden und künftigen Rechte und Ansprüche – insbesondere das Recht zur Saldofreistellung, Ansprüche auf Salden aus Rechnungsabschlüssen und das Recht zur Kündigung – (nachfolgend „**Pfandrecht**" genannt). Das Kontoguthaben des Pfandkontos beträgt per [...] 2014 [...] (in Worten: Euro [....]).
Der Pfandnehmer nimmt das Pfandrecht an.

§ 3 Sicherungszweck
Die Verpfändung erfolgt zur Sicherung von folgenden Ansprüchen [...]

§ 4 Anzeige der Verpfändung
Der Verpfänder verpflichtet sich, der Bank die Verpfändung unverzüglich mit dem diesem Vertrag als **Anlage** beigefügten Schreiben anzuzeigen. Der Verpfänder wird dem Pfandnehmer einen Nachweis darüber erbringen, dass die Anzeige erfolgt ist.

§ 5 Weitere Pflichten des Verpfänders
Der Verpfänder ist gegenüber dem Pfandnehmer verpflichtet:
(a) dem Pfandnehmer auf Verlangen alle gewünschten Informationen und Dokumente zum Pfandkonto (etwa Saldenbestände, Kopien von Kontoauszügen etc.) zu übermitteln;
(b) die Bank für Auskünfte jeder Art zum Pfandkonto gegenüber dem Pfandnehmer für die Dauer der Verpfändungsvereinbarung vom Bankgeheimnis zu entbinden und anzuweisen, dem Pfandnehmer auf Verlangen des Pfandnehmers alle Informationen und Dokumente zum Pfandkonto (etwa Saldenbestände, Kopien von Kontoauszügen etc.) zu übermitteln.

§ 6 Verwertung
(1) Der Pfandnehmer kann sich, sobald ein nach Maßgabe von § 3 der Vereinbarung zu sichernder Anspruch des Pfandnehmers gegen den Verpfänder fällig geworden und nicht vom Verpfänder bezahlt worden ist, zur Verwertung des Pfandrechts jederzeit nach Vorliegen der Voraussetzungen für eine Pfandreife gemäß §§ 1273, 1204ff. BGB, sämtlicher Rechte der Bundesrepublik Deutschland bei Pfandreife bedienen (insbesondere nach §§ 1204ff. und §§ 1234ff. BGB). Dies schließt das Recht ein, das Guthaben auf dem Pfandkonto und Zinsansprüche, die auf dem Pfandkonto gutgeschrieben sind, einzuziehen.
(2) Der Verpfänder erkennt abweichend von § 1277 Satz 1 BGB hiermit ausdrücklich an, dass für die Verwertung ein vollstreckbarer Titel oder eine Vollstreckungsankündigung nicht erforderlich sind, und dass eine Frist von einem Monat für die Mitteilung an den Verpfänder über die Verwertung ausreichend ist. Vorbehaltlich der Regelung in nachfolgendem Absatz (3) kann vor Ablauf dieser Frist eine Verwertung nicht erfolgen.
(3) Die Verwertung des Pfandrechts ist ohne vorherige schriftliche Mitteilung an den Verpfänder und ohne Einhaltung einer Frist zulässig, falls in Bezug auf den Verpfänder das Insolvenzverfahren eröffnet oder beantragt worden ist und der Antrag nicht als unzulässig zurückgewiesen worden ist.
(4) Der Pfandnehmer hat jederzeit bis zur vollständigen Erfüllung sämtlicher gesicherter Ansprüche bei der Ausübung seiner Rechte unter diesem Vertrag die berechtigten Interessen des Verpfänders zu berücksichtigen. Der Pfandnehmer wird das Pfandrecht nur in dem Umfang verwerten, als dies zur Erfüllung rückständiger Forderungen gegen den Verpfänder erforderlich ist.
(5) Erlöse aus der Verwertung des Pfandrechts werden in der von dem Pfandnehmer zu bestimmenden Rangfolge verwendet.

(6) Der Pfandnehmer kann nach eigenem Ermessen festlegen, welche von mehreren Sicherheiten zur Erfüllung von gesicherten Ansprüchen zu verwenden ist.

§ 7 Sicherheitenfreigabe
(1) Nach Befriedigung aller nach § 3 dieser Verpfändungsvereinbarung gesicherten Ansprüche hat der Pfandgläubiger das Pfandrecht sowie einen etwaigen Übererlös aus einer Verwertung frei bzw. herauszugeben. Dies gilt nicht, wenn das Pfandrecht einem Dritten zusteht.
(2) Der Pfandnehmer ist bereits vor vollständiger Befriedigung seiner durch die Verpfändung gesicherter Ansprüche verpflichtet, auf Verlangen das Pfandrecht ganz oder teilweise freizugeben, soweit der realisierbare Wert des Pfandrechts 110% der gesicherten Ansprüche des Pfandnehmers nicht nur vorübergehend überschreitet. Vorhandene Guthaben auf dem Pfandkonto werden für die Berechnung des realisierbaren Wertes mit 100% ihres Euro-Betrages angesetzt.

§ 8 Verschiedenes
(1) Dieser Vertrag unterliegt dem Recht der Bundesrepublik Deutschland.
(2) Änderungen oder Ergänzungen der Bestimmungen dieses Vertrages einschließlich dieser Schriftformklausel bedürfen zu ihrer Wirksamkeit der Schriftform; dies gilt auch für die Aufhebung der Schriftform. Mündliche Nebenabreden sind nicht getroffen worden.
(3) Sollte eine der Bestimmungen dieses Vertrages ganz oder teilweise ungültig oder nicht durchsetzbar sein oder werden, bleiben die übrigen Teile und Bestimmungen oder den ungültigen Teil der Bestimmung durch eine Klausel zu ersetzen, die der ursprünglichen Absicht der Parteien entspricht oder bestmöglich entspricht. Entsprechendes gilt im Falle einer unbeabsichtigten Lücke."

---

400 Werden die Konten des Vertragspartners bei mehreren Kreditinstituten geführt, so ist vom Gläubiger zu prüfen, ob jene andere Konten des Verpfänders ebenfalls von der Verpfändung erfasst werden sollen. Es ist auch im Einzelnen zu prüfen, welche Forderungen des Gläubigers alle besichert werden sollen.

! **Praxistipp**
Angesichts der Tatsache, dass der Zugang der Verpfändungsanzeige durch den Gläubiger beim Drittschuldner bzw. bei der Bank **Wirksamkeitsvoraussetzung jeder Verpfändung** ist, sollte der Gläubiger den Drittschuldner bzw. die Bank üblicherweise auch um die Abgabe einer Verpfändungsbestätigung ersuchen, damit er die Verpfändung notfalls nachweisen kann.

---

401 Weiter ist im Rahmen der Anzeige der Verpfändung zu klären, ob der eigene Vertragspartner mit dem Drittschuldner bzw. mit der kontoführenden Bank ein **Verpfändungsverbot** vereinbart hat. Wenn ja, kann das Pfandrecht an dem Kontoguthaben nicht wirksam bestellt werden, § 1274 Abs. 2 BGB. Des Weiteren ist zu klären durch Rückäußerung der Bank, inwieweit dem Anspruch auf das Kontoguthaben **Einwendungen** entgegenstehen, ob **vorrangige Pfandrechte** bereits existieren und in welchem Umfang das **Pfandrecht nach den Allgemeinen Geschäftsbedingungen** der Banken geltend gemacht wird.

402 **Vorsicht** ist geboten, wenn die verpfändeten Konten im **Kontokorrent** geführt werden. Die Vorausabtretung kontokorrentgebundener Einzelforderungen und des

kausalen Schlusssaldos aus dem Kontokorrent scheitert an § 91 Abs. 1 InsO, da die Kontokorrentabrede erst mit der Insolvenzeröffnung erlischt.[64]

Sollten also verpfändete Konten im Kontokorrent geführt werden, so besteht kein Absonderungsrecht an dem Anspruch aus der Gutschrift, falls die Kontokorrentabrede ohne Kündigung erst mit der **Insolvenzeröffnung** erlischt. Endet jedoch die Kontokorrentabrede z.B. durch Kündigung bereits vor Eröffnung des Insolvenzverfahrens, so steht dem Gläubiger an einem Kontoguthaben ein insolvenzfestes Pfandrecht zu. 403

Der insofern absonderungsberechtigte Gläubiger kann dann die verpfändeten Forderungen selbst einziehen, denn verpfändete und gepfändete Forderungen unterliegen dem **Verwertungsrecht** des absonderungsberechtigten Gläubigers. 404

Vor Eintritt der **Pfandreife** darf der Insolvenzverwalter jedoch verpfändete Forderungen einziehen. Er muss aber den Erlös dann für den Absonderungsberechtigten hinterlegen, bis die gesicherte Forderung fällig wird. Da sich aber dieses Einziehungsrecht des Insolvenzverwalters nicht aus § 166 Abs. 2 InsO ergibt, fallen für die Insolvenzmasse keine Kostenbeiträge nach den §§ 170, 171 InsO an. 405

3. Verpfändung gewerblicher Schutzrechte

Verpfändbar sind auch **gewerbliche Schutzrechte** wie z.B. 406
- Patentrechte (§ 15 PatG),
- Gebrauchsmusterrechte (§ 22 GebrMG),
- Geschmacksmusterrechte (§ 30 GeschmMG) oder
- Markenrechte (§ 29 MarkenG).

Das Markengesetz enthält in § 29 MarkenG eine ausdrückliche Regelung über die Verpfändung einer Marke i.S.v. § 3 MarkenG. Ist die Marke im Markenregister eingetragen, so kann auf Antrag eines Beteiligten bei entsprechendem Nachweis gegenüber dem Patentamt auch die **Verpfändung** selbst in das **Markenregister** eingetragen werden, § 29 Abs. 2 MarkenG. 407

Für die **Markenpfandrechtsbestellung** gelten die allgemeinen Vorschriften der §§ 1273 ff. BGB. Einer Anzeige entsprechend § 1280 BGB an das Patentamt bedarf es jedoch nicht. 408

Auch wenn Marken ebenso wie Patente, Geschmacksmuster usw. eher ein Problem der Bewertung darstellen, sind sie im Rahmen von Spezialfinanzierungen durchaus als geeignete Sicherheit in Betracht zu ziehen. Der Vorteil der Verpfändung liegt in der Möglichkeit der Eintragung im Register. Nachteil der Verpfändung einer Marke ist jedoch, dass im Insolvenzfall deren Verwertung ebenfalls durch 409

64 BGH, Urteil vom 25.6.2009 – IX ZR 98/08 Rn 10 (= NJW 2009, 2677).

Pfandverkauf im Wege der öffentlichen Versteigerung erfolgen müsste. Deshalb bietet die **Sicherungsübertragung** im Rahmen der Verwertung klare Vorteile gegenüber dem Pfandrecht an der Marke.

410 Dem Zessionar der Markenrechte stehen sowohl die Markenrechte als auch das Widerspruchsrecht nach § 42 MarkenG unmittelbar selbst zu. In der Insolvenz bleibt auch im Falle der Übertragung der Marke zu Sicherungszwecken das **Verwertungsrecht** beim Sicherungsnehmer. Denn die §§ 166ff. InsO schreiben bei gewerblichen Schutzrechten nicht die Verwertungsbefugnis des Insolvenzverwalters vor, der Sicherungsnehmer kann hier selbst verwerten. Der Sicherungsnehmer ist auch insofern nicht mit Kostenbeiträgen nach den §§ 170, 171 InsO belastet.

! **Praxistipp**

Stehen gewerbliche Schutzrechte, insbesondere Markenrechte, als Sicherheit zur Verfügung, sollte deren Sicherungsübertragung und alternativ deren Verpfändung in Betracht gezogen werden. Weitere verpfändbare Rechte sind Gesellschaftsanteile, insbesondere Geschäftsanteile an einer GmbH oder an Personengesellschaften, soweit die Verpfändbarkeit im Gesellschaftsvertrag zugelassen ist. Anteil an Genossenschaften sind nicht verpfändbar, aber das Geschäftsguthaben und der Auseinandersetzungsanspruch.

---

411 Allen Pfandrechten an einem Recht ist gemeinsam, dass der Pfandgläubiger bei wirksamer Bestellung im Insolvenzverfahren über das Vermögen des Pfandschuldners die **abgesonderte Befriedigung** aus dem sicherungshalber übertragenen Recht gem. § 50 Abs. 1 InsO beanspruchen kann.

G. Risiko: Anfechtung der Sicherheitenbestellung

412 Ein Gläubiger darf sich nicht damit begnügen, sich für den Fall der Insolvenz des Vertragspartners Sicherheiten für seine Forderungen einräumen zu lassen. Sicherheitenbestellungen und entsprechende Vertragsklauseln müssen standardmäßig auch immer zwingend auf ihre **Anfechtungsfestigkeit** für den Fall eines Insolvenzverfahrens überprüft werden. Das gilt erst recht, wenn die Insolvenz des Vertragspartners absehbar wird oder bereits kurz bevor steht.

! **Praxistipp**

Der Insolvenzverwalter bzw. im Falle einer eigenverwalteten Insolvenz der Sachwalter wird jede im Vorfeld einer Insolvenz erfolgte Sicherheitenbestellung auf ihre Anfechtbarkeit hin überprüfen. Er wird die Anfechtung bei bestehendem Anlass erklären, sodass es gilt, bei Bestellung der Sicherheit immer das Anfechtungsrisiko auszuschließen oder jedenfalls auf ein hinnehmbares Mindestmaß zu beschränken.

I. Rechtsfolgen der Anfechtung

Voraussetzung dafür, dass ein Insolvenzverwalter sein Anfechtungsrecht nach § 129 InsO (Grundnorm für die Insolvenzanfechtung) ausüben kann, ist, dass ein **Insolvenzverfahren eröffnet** worden ist. 413

Das heißt, die Anfechtung nach den §§ 129ff. InsO ist ohne ein eröffnetes Insolvenzverfahren unmöglich und auch nur solange möglich, wie das Insolvenzverfahren nicht beendet ist. Das Anfechtungsrecht des Insolvenzverwalters bzw. Sachwalters endet also grundsätzlich mit Aufhebung des Insolvenzverfahrens (§ 200 InsO). 414

Der Insolvenzverwalter wird die Anfechtbarkeit einer Rechtshandlung, hier die der Sicherheitenbestellung, bei entsprechender Aussicht auf Erfolg zunächst außergerichtlich geltend machen. Je nach Sach- und Rechtslage und Finanzierbarkeit der Kosten des Rechtsstreits wird er sein Anfechtungsrecht auch gerichtlich geltend machen. Bei Bedarf kann er u.U. **Prozesskostenhilfe** nach §§ 114ff. ZPO erhalten. 415

Dabei stützt er sich auf die §§ 143ff. InsO, die die Rechtsfolgen der Insolvenzanfechtung regeln. § 143 InsO sieht einen **Anspruch auf Rückgewähr zur Masse** vor. 416

Die Insolvenzmasse soll in dem Zustand versetzt werden, in dem sie sich befände, wenn die anfechtbare Rechtshandlung, hier also die Bestellung der Sicherheit auf oder an dem belasteten Gegenstand, unterblieben wäre. Die gesamten **Kosten** des Vollzuges der **Rückabwicklung** hat bei erfolgreicher Anfechtung immer der Anfechtungsgegner zu tragen. 417

Wurde also ein zur Insolvenzmasse gehörender Gegenstand in anfechtbarer Weise zugunsten einer anderen Person belastet, so kann gem. § 143 Abs. 1 Satz 1 InsO die Rückübertragung oder Beseitigung des dinglichen Rechts gefordert werden, damit der Insolvenzverwalter den Gegenstand für die Masselasten frei verwerten kann. 418

Jedem **Aus- oder Absonderungsrecht** des aufgrund anfechtbarer Rechtshandlungen Berechtigten kann der Insolvenzverwalter deshalb dauerhaft mit der **Einrede der Anfechtbarkeit** (§ 146 Abs. 2 InsO) begegnen. 419

Wurde eine **bewegliche Sache** anfechtbar **verpfändet**, so ist das Pfandrecht aufzuheben und zugleich der zu diesem Zweck übertragene Besitz an den Insolvenzverwalter zuzugeben. Bei Verpfändung einer **Forderung** hat der Anfechtungsgegner entsprechend § 1280 BGB dem Drittschuldner die Aufhebung der Pfändung anzuzeigen. 420

Hat der Insolvenzschuldner seine **Forderungen** lediglich als **Sicherheit** zediert oder **bewegliche Sachen zur Sicherheit übereignet**, so kann der Insolvenzverwalter sie unabhängig von der Zession bzw. Sicherungsübereignung nach § 166 Abs. 2 InsO verwerten. Verlangen diese unter Hinweis auf ihr anfechtbar erlangtes Absonderungsrecht Auskehr der vom Insolvenzverwalter erzielten Erlöse, so kann dieser dem absonderungsberechtigten Gläubigern dauerhaft die Anfechtbarkeit des Absonderungsrechts nach § 166 Abs. 2 InsO entgegenhalten. 421

Das Gleiche gilt, wenn der Insolvenzschuldner zugunsten des Lieferanten eines Dritten eine **Bürgschaft** oder **Garantie** abgegeben haben sollte. 422

423 Wurde ein **Grundpfandrecht (Grundschuld/Hypothek)** anfechtbar begründet oder übertragen, so kann der Insolvenzverwalter i.d.R. wählen, welche Mittel der Rückgewähr i.S.v. § 143 InsO für ihn in Betracht kommen:

424 Er kann zum Einen die Einwilligung des Anfechtungsgegners in die **Löschung** der Belastung, z.B. der Grundschuld verlangen, was aber regelmäßig nur dann Sinn macht, wenn keine weiteren nachrangigen Belastungen auf dem Grundstück vorhanden sind, die dann zum Zuge kommen.

425 In diesem Falle hat der Insolvenzverwalter jedenfalls bislang stattdessen die Übertragung des Grundpfandrechtes an den Insolvenzschuldner verlangt, was auch mittels rangwahrenden Verzichts nach den §§ 1168 Abs. 2, 1192 BGB möglich ist. Dann wird die Grundschuld bzw. Hypothek nach § 1177 BGB zur **Eigentümergrundschuld**. Ziel war hier, auf diese Weise das Aufrücken nachrangiger Belastungen zu vermeiden, weil sonst der Insolvenzverwalter bei Verkauf des Schuldnergrundstücks den Erlös auf die nachrangigen Belastungen und nicht auf „seine" Eigentümergrundschuld verteilen müsste.

426 Der Weg, über die Herbeiführung einer Eigentümergrundschuld die nachrangigen Belastungen von der Erlösverteilung auszuschließen, dürfte dem Insolvenzverwalter mittlerweile jedoch **versagt** sein:

427 Nach der jüngsten BGH-Rechtsprechung steht dem Inhaber einer nachrangigen Grundschuld gem. § 1179a Abs. 1 BGB ein **insolvenzfester Anspruch** auf **Löschung** der Eigentümergrundschuld gegen den Insolvenzverwalter zu, weil sich hier Grundpfandrecht und Grundstückseigentum in einer Person (Insolvenzverwalter) vereinigen. Der Erlös aus dem Verkauf eines Grundstücks steht dann den nachrangigen Grundschuldgläubigern und nicht dem Verwalter zu.[65]

428 Dem Inhaber des anfechtbar erlangten Grundpfandrechts nützt dies jedoch nichts, er wird in jedem Falle keine Rechte aus der Belastung ableiten können.

II. Gegenstand der Insolvenzanfechtung: Die gläubigerbenachteiligende Rechtshandlung

429 Gemäß § 129 Abs. 1 InsO kann der Insolvenzverwalter Rechtshandlungen, die vor der Eröffnung des Insolvenzverfahrens vorgenommen worden sind und die Insolvenzgläubiger benachteiligen, nach Maßgabe der §§ 130–146 InsO anfechten.

430 Das heißt, Gegenstand der Insolvenzanfechtung muss immer eine die Gläubiger benachteiligende **Rechtshandlung** sein. Eine Rechtshandlung im Sinne von § 129 InsO ist jedes von einem Willen getragene Handeln, das rechtliche Wirkungen auslöst und das schuldnerische Vermögen zum Nachteil der Gläubiger verändern kann. Der Begriff ist bewusst weit gefasst.

65 BGH, Urteil vom 27.4.2012 – V ZR 270/10 Rn 11 (= NZI 2012, 756).

Jedwede **Bestellung oder Einräumung von Sicherheiten**, die das Vermögen des Schuldnerunternehmens belasten, ist daher eine Rechtshandlung. 431

Kommt hinzu, dass die Rechtshandlung entweder die Schuldenmasse vermehrt oder im Falle der Bestellung von Sicherheiten die Aktivmasse verkürzt und dadurch den Zugriff der Gesamtgläubiger auf das Schuldnervermögen vereitelt, erschwert oder verzögert, sodass sich die **Befriedigungsmöglichkeiten der Insolvenzgläubiger** ohne die Sicherheitenbestellung bei wirtschaftlicher Betrachtungsweise **günstiger** gestaltet hätten, so ist die Rechtshandlung **gläubigerbenachteiligend**. 432

Der entscheidende **Zeitpunkt**, in dem eine Rechtshandlung als vorgenommen gilt, richtet sich nach § 140 InsO. Nach § 140 Abs. 1 InsO gilt eine Rechtshandlung als in dem Zeitpunkt vorgenommen, in dem ihre rechtlichen Wirkungen eintreten. 433

Die Frage, wann eine Rechtshandlung als vorgenommen gilt, ist deshalb so wichtig, weil die §§ 130 ff. InsO für die einzelnen **Anfechtungstatbestände** bestimmte **Fristen** bzw. **Anfechtungszeiträume** vorsehen, innerhalb derer die Rechtshandlung vorgenommen worden sein muss, damit diese der Anfechtung unterfallen. Liegen diese außerhalb des Anfechtungszeitraums, so scheidet eine Anfechtbarkeit aus. 434

Insofern bestimmt § 139 InsO, dass die in den §§ 130 ff. InsO bestimmten Fristen mit dem Anfang desjenigen Tages beginnen, der durch seine Zahl dem Tag entspricht, an dem der erste zulässige und begründete Antrag auf Eröffnung des Insolvenzverfahrens beim Insolvenzgericht eingegangen ist. Das heißt, die Anfechtungsfrist wird von dem zuerst gestellten **Insolvenzantrag** zurückgerechnet und umfasst je nach Anfechtungstatbestand einen Monat, drei Monate, zwei oder mehrere Jahre. 435

Rechtshandlungen, die aus lediglich einem Akt bestehen, sind mit dessen **Abschluss** vorgenommen. Wird also eine Sache verpfändet, so ist gem. § 1205 BGB Einigung und Übergabe erforderlich. Die Verpfändung bestehender **Forderungen** setzt gem. § 1280 BGB eine Abtretungsanzeige an den Drittschuldner voraus und wird erst damit wirksam. Werden **zukünftige** Forderungen verpfändet, so gilt erst ab dem Zeitpunkt ihrer Entstehung diese Rechtshandlung als vorgenommen. 436

Sollen bestehende Forderungen durch **Bürgschaft** oder **Garantie** gesichert werden, so wird erst mit Annahme der formgerechten Bürgschaftserklärung diese Sicherung wirksam. 437

Nach erfolgter Einigung und Übergabe bzw. Besitzeinräumung ist auch die **Sicherungsübereignung** wirksam. 438

Die **Sicherungsabtretung bestehender Forderungen** wird grundsätzlich mit Annahme der angebotenen Abtretung wirksam, dagegen werden sicherungshalber abgetretene **zukünftige Forderungen** erst mit Entstehung der abgetretenen Forderungen wirksam. Das gilt auch dann, wenn die Vorausabtretung im Wege eines verlängerten Eigentumsvorbehalts erfolgt ist. 439

Einen Sonderfall stellt nach § 140 Abs. 2 InsO die **Bestellung eines Grundpfandrechts** (Grundschuld/Hypothek) dar. Hier liegt die gläubigerbenachteiligende Rechtshandlung nicht erst dann vor, wenn die Eintragung im Grundbuch erfolgt ist, 440 sondern der entscheidende Zeitpunkt der Rechtshandlung wird von § 140 Abs. 2 InsO vorverlegt.

441 Ist die Willenserklärung des Schuldners für diesen bereits bindend, sind also alle für den endgültigen Rechtserwerb erforderlichen Akte bereits vollzogen, und es steht nur noch die Registereintragung aus, dann ist maßgeblicher Zeitpunkt für die Rechtshandlung der **Zeitpunkt der Antragsstellung**, welcher sich regelmäßig aus den Registerakten des Grundbuchamts usw. ergibt.

442 Wird ein Antrag auf Eintragung einer **Vormerkung** zur Sicherung des Anspruchs auf die Rechtsänderung gestellt, so gilt die Rechtshandlung bereits mit Stellung des Antrags auf Eintragung der Vormerkung als vorgenommen, § 140 Abs. 2 Satz 2 InsO. Denn die Vormerkung wird nach § 106 InsO als **geschützte Rechtsposition** geachtet.

443 Liegt insofern die angegriffene Rechtshandlung in einem der Anfechtungszeiträume der §§ 130 ff. InsO, bedarf es dann der Prüfung, ob neben der Gläubigerbenachteiligung i.S.v. § 129 InsO auch alle weiteren Tatbestandsvoraussetzungen der §§ 130 ff. InsO vorliegen:

III. Anfechtung der Sicherung als kongruente oder inkongruente Deckung, §§ 130, 131 InsO

444 Bestellt der Vertragspartner seinem Gläubiger eine Sicherheit in den letzten drei Monaten vor Antragstellung, so prüft der Insolvenz- bzw. Sachwalter zunächst, ob eine kongruente Sicherung nach § 130 InsO oder eine inkongruente Deckung nach § 131 InsO vorliegt.

1. Anfechtung bei kongruenter Deckung, § 130 InsO

445 § 130 Abs. 1. InsO erfasst die **kongruente Deckung**, d.h., Befriedigungen und Sicherungen, die dem **Insolvenzgläubiger** (§ 38 InsO) gebühren, weil er auf sie so, wie sie erbracht wurden, auch einen **Anspruch** hatte.

446 **Kongruente Deckungen** sind immer solche Leistungen, auf die der Gläubiger in dieser konkreten Art und in diesem Zeitpunkt der jeweiligen Handlung einen Anspruch hat. Der Gläubiger hat also einen Anspruch auf diese gewährte Befriedigung bzw. Sicherung und hat auch nichts anderes erlangt, als die **schuldrechtlich geschuldete Befriedigung bzw. Sicherung**.

Beispiel
Haben also Gläubiger/Lieferant und Schuldner im Liefervertrag vereinbart, dass der Schuldner die ihm aus der Weiterveräußerung der Kaufsache entstehende Kaufpreisforderung an den Lieferanten zur Sicherheit abgetreten wird und tritt der Schuldner dann nicht schon im Kaufvertrag, sondern erst bei Weiterveräußerung diese Kaufpreisforderung zur Sicherheit ab, so hat der Gläubiger die mit Kaufvertrag geschuldete Sicherungsabtretung erlangt, diese Sicherung ist damit kongruent.

Eine Rechtshandlung ist nach § 130 Abs. 1 Nr. 1 InsO anfechtbar, wenn die Deckung (also die jeweilige Sicherung) in den letzten drei Monaten vor dem Antrag auf Eröffnung des Insolvenzverfahrens gewährt wurde, der Schuldner zur Zeit der Vornahme der Handlung zahlungsunfähig war und der Gläubiger dies wusste. Erfolgte die Rechtshandlung erst nach Insolvenzantragstellung, so reicht nach § 130 Abs. 1 Nr. 2 InsO aus, dass der Gläubiger die Zahlungsunfähigkeit oder der Eröffnungsantrag kannte. 447

Liegt also die dem Gläubiger gewährte Sicherung **in den letzten drei Monaten vor Antragstellung**, so kommt es für § 130 InsO maßgeblich auf die **schuldrechtliche Abrede** an, ob diese Sicherung so auch **geschuldet**, also kongruent war. Ist das nach den ursprünglich getroffenen Vereinbarungen oder Absprachen der Fall, so muss grundsätzlich der Insolvenzverwalter weiter beweisen, dass der Gläubiger/Anfechtungsgegner Kenntnis von der Zahlungsunfähigkeit i.S.v. § 17 InsO oder aber zumindest nach § 130 Abs. 2 InsO Kenntnis von Umständen hatte, die zwingend auf Zahlungsunfähigkeit schließen ließen (§ 130 Abs. 1 Satz 1 Nr. 1 InsO), oder aber Kenntnis vom Insolvenzantrag bzw. Zahlungsunfähigkeit gem. § 130 Abs. 1 Satz 1 Nr. 2 InsO hatte. 448

Bei **nachträglichen wesentlichen Änderungen** der ursprünglichen schuldrechtlichen Abrede bzw. Vereinbarung kommt es für die Abgrenzung zur Kongruenz und Inkongruenz jeweils darauf an, ob die getroffene Änderung außerhalb (dann Kongruenz) oder innerhalb (dann Inkongruenz) von drei Monaten vor Insolvenzantragstellung erfolgt ist. 449

Beispiel
Das ist z.B. der Fall, wenn der Schuldner jetzt mit seinem Vertragspartner vereinbart, dass dieser statt des laut Kaufvertrag geschuldeten Geldes nun Waren- oder Dienstleistungen erhalten soll.

Von dem Begriff der Sicherung sind sowohl **gesetzliche** als auch **vertragliche Sicherheiten** erfasst, z.B. Sicherungszessionen (auch von künftigen Forderungen), Sicherungsübereignungen, Pfand- und Zurückbehaltungsrechte aller Art oder auch Personalsicherheiten wie Garantien. Auch die **Vormerkung** im Sinne des §§ 883 ff. BGB zählt zu den Sicherungsmitteln, die den Anfechtungsregeln der §§ 130 ff. InsO unterfallen. Schließlich stellt auch die **Herstellung einer Aufrechnungs- bzw. Verrechnungslage** eine Sicherung dar. Denn sie ermöglicht es, durch erklärende Aufrechnung die eigene Forderung jedenfalls in Höhe der Forderung des Schuldners zu realisieren. 450

Dagegen ist die Lieferung einer Ware unter **Eigentumsvorbehalt** keine von § 130 InsO erfasste Sicherung, da hier die Sicherung nicht aus dem Vermögen des Schuldners gewährt wird. 451

Praxistipp
Jeder Lieferant sollte bereits im ersten Kauf- oder Liefervertrag vereinbaren, welche Sicherheiten der Schuldner stellt oder später zu stellen hat, bevor die erste Leistung erbracht wird. Der Lieferant

sollte immer festlegen, worauf er Anspruch hat. Ebenso sollte er Regelungen aufnehmen, was gelten soll, wenn eine ursprünglich gestellte Sicherheit untergeht oder entwertet ist. Dann sollte der Vertrag konkret regeln, welche weiteren Sicherheiten der Schuldner zu stellen hat.

452 Bei § 130 Abs. 1 InsO bereitet weniger die Frage der schuldrechtlichen Abrede als auch die Sicherung Probleme als vielmehr der Nachweis der **Zahlungsunfähigkeit** des Schuldners.

453 Diese liegt vor, wenn der Schuldner nicht in der Lage ist, seine fälligen Zahlungspflichten zu erfüllen, § 17 Abs. 2 Satz 1 InsO. Die Zahlungsunfähigkeit kann am einfachsten anhand einer **Zahlungseinstellung** festgestellt werden. Die Zahlungsunfähigkeit wird nach § 17 Abs. 2 Satz 2 InsO vermutet, wenn der Schuldner seine Zahlungen eingestellt hat. Zahlungseinstellung ist dasjenige nach außen hervortretende Verhalten, in dem sich typischerweise ausdrückt, dass er nicht in der Lage ist, seine fälligen Zahlungspflichten zu erfüllen.[66]

454 So begründet z.B. eine **eigene Erklärung des Schuldners** nach Fälligkeit, zur Erfüllung der Forderung in einer Einmalzahlung nicht in der Lage zu sein, die Zahlungseinstellung, sofern sich die Erklärung des Schuldners insgesamt auf einen **wesentlichen Teil** (d.h. auf einen etwa 10% der Gesamtverbindlichkeit betragenden Teil) bezieht.

455 Das Gleiche gilt, wenn der Schuldner infolge der ständigen verspäteten Begleichung seiner Verbindlichkeiten einen Forderungsrückstand vor sich herschiebt und demzufolge ersichtlich am Rande des **finanzwirtschaftlichen Abgrunds** operiert.[67]

456 So kann auch die Nichtzahlung einer **einzigen Verbindlichkeit** eine Zahlungseinstellung begründen, wenn die Forderung von insgesamt nicht unbeträchtlicher Höhe ist, was je nach Zuschnitt des schuldnerischen Geschäftsbetriebs auch eine einzelne Forderung i.H.v. rund 33.000 € sein kann.[68]

457 Liegt keine Zahlungseinstellung vor, so ist regelmäßig von **Zahlungsunfähigkeit** auszugehen, wenn eine innerhalb von drei Wochen bestehende Liquiditätslücke des Schuldners 10% oder mehr seiner fälligen Gesamtverbindlichkeiten beträgt. Eine Ausnahme wird jedoch zugelassen, wenn mit an Sicherheit grenzender Wahrscheinlichkeit zu erwarten ist, dass die Liquiditätslücke demnächst (fast) vollständig geschlossen wird und den Gläubigern ein Zuwarten nach den besonderen Umständen des Einzelfalles zuzumuten ist.[69] Bei der Zahlungsunfähigkeitsprüfung sind

66 BGH, Urteil vom 7.5.2013 – IX ZR 113/10 Rn 15.

67 BGH, Urteil vom 6.12.2012 – IX ZR 3/12 Rn 21 (= NJW 2013, 940).

68 BGH, Beschluss vom 26.2.2013 – II ZR 54/12 Rn 6 (= GmbHR 2013, 482); Urteil vom 6.12.2012 – IX ZR 3/12.

69 BGH, Urteil vom 24.5.2005 – IX ZR 123/04; Urteil vom 6.12.2012 – IX ZR 3/12.

auch die im Drei-Wochen-Zeitraum fällig werdenden Verbindlichkeiten zu berücksichtigen, die sog. Passiva II.[70]

Zahlungsunfähigkeit liegt dagegen nicht vor bei einer bloßen **Zahlungsstockung**. Eine solche ist anzunehmen, wenn der Schuldner sich binnen **drei Wochen** die benötigten liquiden Mittel beschaffen kann. Lediglich ganz geringfügige **Liquiditätslücken** bleiben außer Betracht. Von einer geringfügigen Liquiditätslücke ist regelmäßig bis zu einer Unterdeckung von 10% auszugehen. 458

Ein Schuldner ist **nicht zahlungsunfähig**, wenn er die konkrete Möglichkeit hat, sich kurzfristig hinreichende liquide Mittel durch neue Kredite bzw. durch die Veräußerung oder Beleihung von Vermögensgegenständen zu verschaffen. Dabei ist grundsätzlich nicht erforderlich, dass sich der Schuldner die liquiden Mittel auch tatsächlich kurzfristig verschafft. Letztlich kommt es immer auf den Einzelfall an. 459

Grundsätzlich liegt die **Darlegungs- und Beweislast** für das Vorliegen von Zahlungsunfähigkeit im Zeitpunkt der Besicherung beim Insolvenzverwalter. 460

2. Anfechtung bei inkongruenter Deckung, § 131 InsO

Inkongruente Deckungen sind alle solche Leistungen oder Sicherungen, auf die der Gläubiger keinen Anspruch hat oder die er nicht in der Art oder zu der Zeit, in der sie erfolgten, zu beanspruchen hat. § 131 InsO sieht für die Anfechtung solcher inkongruenter Deckungen erleichterte Voraussetzungen vor, weil ein Gläubiger für weniger schutzwürdig angesehen wird, der solche inkongruente Deckungen, meist kurz vor Insolvenzantrag, noch erhält. 461

Praxishinweis !
Generell sollte jede in der kritischen Zeit (Drei-Monatszeitraum vor Insolvenzantragsstellung) zwischen einem Gläubiger und dem Schuldner zu treffende Vereinbarung, wonach Letzterer Sicherheiten bestellt, auf ihre Anfechtbarkeit hin überprüft werden.

Zu beachten ist hier, dass die Forderung auf die Hauptleistung, z.B. die Kaufpreiszahlung, dem Gläubiger noch **kein Recht auf eine Sicherung** gibt. Auch **Schadensersatzansprüche** geben einen Anspruch auf Sicherung nur dann, wenn gerade die Bestellung einer Sicherheit als Naturalrestitution nach den §§ 249ff. BGB geschuldet ist. 462

Eine Sicherung ist regelmäßig nur dann **zu beanspruchen**, wenn sie vertraglich hinreichend bestimmt besonders vereinbart worden war oder etwa kraft Gesetzes ein gesetzlicher Anspruch auf Besicherung besteht, wie das z.B. in den §§ 648, 648a, 775 Abs. 2, 1039 Abs. 2, 1051, 1067 Abs. 2 und 2128 BGB der Fall ist. 463

70 Str., vgl. BGH, Urteil vom 6.12.2012 – IX ZR 3/12 Rn 21; Urteil vom 7.5.2013 – IX ZR 113/10 Rn 15.

Praxistipp
Größte Vorsicht ist geboten bei **nachträglich vereinbarten Besicherungen.** Die nachträgliche, vertraglich vereinbarte Besicherung einer bereits bestehenden Verbindlichkeit in den Fristen des § 131 InsO bedeutet regelmäßig eine inkongruente Deckung.[71]

464 Die Gewährung einer Sicherheit ist nur dann kongruent, wenn der Sicherungsnehmer einen Anspruch auf gerade diese Sicherheit hatte. Wird ein Anspruch auf Sicherung in demselben Vertrag eingeräumt, durch den der gesicherte Anspruch selbst entsteht, so liegt in der späteren Gewährung der Sicherheit keine inkongruente Deckung, weil von Anfang an ein Anspruch auf die Sicherung bestand. Wird hingegen eine bereits bestehende Verbindlichkeit **nachträglich** besichert, kann darin eine inkongruente Deckung liegen. Inkongruent ist also **eine nach Entstehen einer Verbindlichkeit gewährte Sicherung.**[72]

Beispiel
Bestellt ein Schuldner für die bereits lange zuvor begründete Kaufpreisforderung eine Grundschuld, ohne dass im Kaufvertrag ein Anspruch auf diese Sicherung vereinbart worden ist, so handelt es sich um eine inkongruente Deckung.

465 Das gilt selbst dann, wenn der Schuldner die Sicherheit zugleich mit der Erteilung eines vertraglichen Schuldanerkenntnisses bestellt, obwohl dieser zugunsten des Gläubigers bereits zuvor Ansprüche aus vorsätzlicher unerlaubter Handlung begründet hat. Das Schuldanerkenntnis dient dann ebenso wie die Hypothek lediglich der Sicherung des bereits zuvor entstandenen Anspruchs.[73]

466 Vorsicht ist ebenso geboten, wenn der Schuldner später eine **andere Sicherheit** leistet, als er sie vertraglich oder nach dem Gesetz schuldet. Stellt der Schuldner eine andere Sicherheit als ursprünglich vereinbart, so erhält der Gläubiger eine **der Art nach** nicht zu beanspruchende Sicherung, was ebenfalls § 131 InsO unterfällt.

467 Lediglich ganz **geringfügige Abweichungen** zwischen der unanfechtbar zu beanspruchenden Sicherung und der tatsächlich gewährten Sicherheit führen nicht zu einer Inkongruenz. So kann § 131 InsO beispielsweise ausscheiden, wenn bei einem Anspruch auf Pfandbestellung derselbe Gegenstand zur Sicherheit übereignet wird oder statt einer Hypothek eine Grundschuld im gleichen Rang bestellt wird.

468 Diese Grundsätze gelten auch bei **Zwangsvollstreckungsmaßnahmen.** Der Gläubiger eines Zahlungsanspruchs hat eine Sicherung, die er während der Krise

---

71 BGH, Urteil vom 18.4.2002 – IX ZR 219/01.
72 BGH, Urteil vom 18.3.2010 – IX ZR 57/09 Rn 16 (= NZI 2010, 439).
73 BGH, Urteil vom 18.3.2010 – IX ZR 57/09.

des Schuldners (Drei-Monatszeitraum) durch eine Pfändung im Wege der Zwangsvollstreckung erlangt, nicht zu beanspruchen. Sie ist also inkongruent.[74]

Beispiel
Hat also ein Gläubiger zwei Monate vor Insolvenzantrag im Wege einer Kontopfändung beim Schuldner ein Pfändungspfandrecht an dessen Kontoguthaben erlangt, so stellt dies im Falle einer Insolvenzeröffnung eine inkongruente Sicherung am Kontoguthaben dar.

Sicherungen, die sogar im letzten Monat vor dem Eröffnungsantrag im Wege der Zwangsvollstreckung erlangt wurden und noch nicht verwertet wurden, werden nach § 88 InsO mit Verfahrenseröffnung ipso jure unwirksam, weshalb es in einem solchen Falle der Anfechtung durch den Insolvenzverwalter erst gar nicht bedarf. Handelt es sich bei dem Schuldner um einen Verbraucher, so gilt dies nach § 88 Abs. 3 InsO sogar dann, wenn in den letzten drei Monaten vor dem Eröffnungsantrag Zwangsvollstreckungsmaßnahmen erfolgten, die zu Sicherungen führten. 469

Schließlich hat ein Gläubiger die erlangte Sicherung im Sinne von § 131 InsO **„nicht zu der Zeit zu beanspruchen"**, wenn sein im Vertrag unanfechtbar begründeter Anspruch auf Sicherung noch gar nicht fällig oder aufschiebend bedingt oder befristet ist. 470

Beispiel
Dem Gläubiger steht aufgrund ursprünglicher Vereinbarung die Bestellung einer Grundschuld für seine Darlehensforderung tatsächlich zu. Aufgrund der nahenden Insolvenz erfolgt die Besicherung jedoch vorzeitig, bevor der Anspruch auf Sicherung fällig war. Auch in einem solchen Fall ist die erlangte Sicherung inkongruent.

IV. Anfechtung bei vorsätzlicher Gläubigerbenachteiligung, § 133 InsO

Besonders „gefährlich" für jeden Gläubiger, der sich eine Sicherheit bestellen lässt, ist die nach § 133 Abs. 1 InsO mögliche Anfechtung wegen vorsätzlicher Benachteiligung. 471

§ 133 Abs. 1 InsO ist eine Art **Generalklausel.** Er ermöglicht die Anfechtung von Sicherungen von Seiten des Schuldners, die dieser bewusst zum Nachteil der Gesamtheit der Gläubiger vorgenommen hat. Ein kollusives Zusammenwirken mit dem Sicherungsnehmer (Anfechtungsgegner) ist zwar nicht erforderlich, aber oft gegeben. 472

Da § 133 Abs. 1 InsO alle Rechtshandlungen bzw. Sicherungen von Seiten des Schuldners **in den letzten zehn Jahren vor dem Insolvenzantrag** erfasst, handelt 473

74 BGH, Urteil vom 10.2.2005 – IX ZR 211/02.

es sich um eine sehr weitreichende Anfechtungsnorm, die in der Insolvenzpraxis mittlerweile die vom Insolvenzverwalter am häufigsten angeführte Anfechtungsnorm darstellt.

474 Besonders gravierend ist dabei, dass nach der bisherigen Rechtsprechung des BGH auch **kongruente Deckungen** der Vorsatzanfechtung nach § 133 InsO unterliegen; mit der Folge, dass jeder Gläubiger gut beraten ist, ausnahmslos vor jeder Sicherheitenbestellung eine rechtliche Prüfung vornehmen sollte, ob die Sicherheitenbestellung unter anfechtungsrechtlichen Gesichtspunkten **sicher** ist.

475 § 133 Abs. 1 InsO verlangt zunächst in der Person des Schuldners (des Sicherheitengebers) **Gläubigerbenachteiligungsvorsatz**. Ein Schuldner, der seine Zahlungsunfähigkeit kennt, handelt i.d.R. mit Benachteiligungsvorsatz. In diesem Fall weiß der Schuldner, dass sein Vermögen nicht ausreicht, um sämtliche Gläubiger zu befriedigen.

476 Auch die nur **drohende Zahlungsunfähigkeit** stellt ein starkes **Beweisanzeichen** für den Benachteiligungsvorsatz des Schuldners dar, wenn sie ihm bei Vornahme der Rechtshandlung bekannt war. In diesen Fällen handelt der Schuldner nur dann nicht mit Benachteiligungsvorsatz, wenn er aufgrund konkreter Umstände – etwa der konkreten Aussicht, demnächst weiteren Kredit zu erhalten oder Forderungen realisieren zu können – mit der baldigen Überwindung der Krise rechnen kann. Droht die Zahlungsunfähigkeit, bedarf es konkreter Umstände, die nahelegen, dass die Krise noch abgewandt werden kann.[75]

477 Darüber hinaus muss der Gläubiger/Anfechtungsgegner **Kenntnis** von diesem Benachteiligungsvorsatz beim Schuldner haben. Die Kenntnis von dem Gläubigerbenachteiligungsvorsatz beim Gläubiger wird gem. § 133 Abs. 1 Satz 2 InsO vermutet, wenn dieser Gläubiger wusste, dass die Zahlungsunfähigkeit drohte, und dass die Handlung die Gläubiger insgesamt benachteiligte. Dabei reicht die **Kenntnis der tatsächlichen Umstände**, die zwingend auf die drohende Zahlungsunfähigkeit schließen lassen.

478 Eine **inkongruente Deckung**, wie hier die nachträgliche Bestellung einer Sicherheit ohne entsprechende Verpflichtung, stellt nach der Rechtsprechung des BGH i.d.R. ein **Beweisanzeichen** nicht nur für den Benachteiligungsvorsatz des Schuldners, sondern auch für die Kenntnis des Anfechtungsgegners von diesem Vorsatz dar.

479 Allerdings bildet eine inkongruente Deckung nur dann ein Beweisanzeichen für den Benachteiligungsvorsatz des Schuldners und für die Kenntnis des Gläubigers von diesem Vorsatz, wenn die Wirkungen der Rechtshandlung (hier also der Sicherung) zu einem Zeitpunkt eintraten, als zumindest aus der Sicht des Empfängers der Leistung Anlass bestand, an der **Liquidität des Schuldners zu zweifeln.**[76] Das wird von den Beteiligten oft „vergessen".

---

75 BGH, Urteil vom 24.1.2013 – IX ZR 11/12 Rn 23, 24.

76 BGH, Urteil vom 18.12.2003 – IX ZR 199/02; Urteil vom 6.12.2012 – IX ZR 3/12 Rn 46.

Die Einstufung einer inkongruenten Deckung als Beweisanzeichen eines Benachteiligungsvorsatzes beruht darauf, dass nach allgemeiner Erfahrung im Geschäftsverkehr Schuldner regelmäßig nicht bereit sind, anderes oder gar mehr zu leisten, und eine solche Begünstigung folglich bei dem Empfänger den Verdacht erwecken muss, dass wegen seiner Bevorzugung für andere Gläubiger entsprechend weniger übrig bleibt. Verdächtig wird die Inkongruenz allerdings erst, sobald ernsthafte Zweifel an der Zahlungsunfähigkeit des Schuldners auftreten, die Gegenmaßnahmen gut informierter und durchsetzungskräftiger Gläubiger auslösen, welche in einer späteren Insolvenz die Gleichbehandlung aller Gläubiger durchbrechen. Der auslösende Umstand für die von einer inkongruenten Deckung vermittelte Indizwirkung liegt danach in einer ernsthaften Besorgnis bevorstehender Zahlungskürzungen oder -stockungen des Schuldners, weil sich damit die Gefährdung der anderen, nicht in gleicher Weise begünstigten Gläubiger aufdrängt.[77] 480

Das heißt, die Inkongruenz der Deckung und damit die nachträgliche Besicherung allein stellt dann kein ausreichendes Beweisanzeichen für einen Gläubigerbenachteiligungsvorsatz des Schuldners dar, wenn es an einer **finanziell beengten Lage** fehlt.[78] 481

Praxishinweis !

Die Empfänger inkongruenter Deckungen können sich gegen eine Vorsatzanfechtung schützen, indem sie bei Bestellung der Sicherheit dokumentieren, dass aus ihrer subjektiven Sicht keine ernsthaften Zweifel an der Liquidität des Schuldners bestanden.

V. Anfechtung von Sicherheiten für Dritte als Schenkung, § 134 InsO

Bestellt der Schuldner nachträglich dem Gläubiger/Lieferanten eine Sicherheit für eine eigene, bereits begründete Verbindlichkeit, so behaupten Insolvenzverwalter häufig, diese ohne Gegenleistung erfolgte Nachbesicherung im Zwei-Personen-Verhältnis wäre nach § 134 InsO anfechtbar. 482

Nach der ständigen Rechtsprechung des BGH ist jedoch die nachträgliche Bestellung einer Sicherheit für eine eigene, entgeltlich begründete Verbindlichkeit nicht als unentgeltliche Leistung gem. § 134 Abs. 1 InsO anfechtbar. Diese nachträgliche Bestellung unterfällt allenfalls den Voraussetzungen des § 133 Abs. 1 InsO.[79] 483

Anders liegt der Fall im sog. **Drei-Personen-Verhältnis**. 484

---

77 BGH, Urteil vom 7.11.2013 – IX ZR 248/12 Rn 12.

78 BGH, Urteil vom 7.11.2013 – IX ZR 248/12 Rn 13.

79 BGH, Urteil vom 18.3.2010 – IX ZR 57/09 Rn 10; Urteil vom 7.11.2013 – IX ZR 248/12 Rn 6.

Beispiel
Ein Dritter erhält ein Darlehen von Seiten des Gläubigers. Der Gläubiger lässt sich von dem späteren Insolvenzschuldner hierfür eine Bürgschaft stellen.

485 Eine unentgeltliche Schenkung liegt hier nicht darin, dass der die Sicherheit leistende Dritte (Bürge) selbst keinen Kredit erhält. Bei der Bestellung von Sicherheiten bleibt die Leistung entgeltlich, wenn der Sicherungsnehmer (Kreditgeber) dem Sicherungsgeber (Bürge) für seine Leistung die Kreditgewährung an einen Dritten verspricht. Maßgeblich ist, ob der Zuwendungsempfänger/Sicherungsnehmer für die empfangene Sicherheit seinerseits eine Gegenleistung, wie z.B. einen Kredit an einen Dritten als **Vermögensopfer** zu erbringen hat. Das schließt § 134 InsO aus.[80]

486 Erfolgt allerdings von Seiten des Insolvenzschuldners nur eine **nachträgliche Besicherung einer fremden (Kredit-)Forderung**, ohne dass der Sicherungsnehmer zugunsten des Sicherungsgebers oder des Dritten ein Vermögensopfer erbringt, dann liegt Unentgeltlichkeit i.S.v. § 134 BGB vor. Das gilt selbst dann, wenn der die Sicherheit stellende Schuldner ein eigenes wirtschaftliches Interesse daran hat, dass der Dritte den Kredit erhält.[81]

Praxistipp
Eine Schenkungsanfechtung i.S.v. § 134 InsO ist auch dann gegeben, wenn der Schuldner nachträglich eine fremde Forderung besichert, indem ein ungekündigtes aber kündbares Darlehen stehen gelassen wird. Nach der einschlägigen Rechtsprechung des BGH stellt das bloße Stehenlassen des Darlehens durch den Gläubiger kein ausreichendes **Vermögensopfer** dar.[82] Das Darlehen muss zunächst gekündigt und zurückgeführt werden.

VI. Anfechtung der Gewährung von Sicherheiten für Gesellschafterdarlehen, § 135 InsO

487 Schließlich sind nach § 135 Abs. 1 Nr. 1 InsO Rechtshandlungen anfechtbar, die für die Forderung eines Gesellschafters auf Rückgewähr eines Darlehens oder einer gleichgestellten Forderung Sicherung in den letzten zehn Jahren vor dem Insolvenzantrag oder danach gewährt haben.

488 Jeder Gesellschafter muss also wissen, wenn er oder ein gesellschaftergleiche Dritter eine Finanzierungsleistung erbringen, dass die dafür gewährte Sicherheit ganze zehn Jahre der Anfechtung unterliegt, ohne dass es sich dabei um eine **Krisenfinanzierung** handeln muss. Ausschlaggebend ist alleine der Umstand einer Darlehensgewährung durch den Gesellschafter oder gesellschaftergleichen Dritten.

80 BGH, Urteil vom 9.11.2009 – IX ZR 9/08 Rn 8; Urteil vom 1.6.2006 – IX ZR 159/04 Rn 10.
81 BGH, Urteil vom 1.6.2006 – IX ZR 159/04 (= ZIP 2006, 1362).
82 BGH, Urteil vom 7.5.2009 – IX ZR 71/08 (= ZIP 2009, 1122).

Nach herrschender Meinung unterfallen nur Sicherheiten, die im Wege eines **Bargeschäfts** gem. § 142 InsO für die Lieferung oder den Kredit gestellt werden, nicht unter § 135 InsO.

1. Maßgebliche Rechtshandlung

Anfechtbar sind im Rahmen des § 135 Abs. 1 Nr. 1 InsO alle – auch nicht rechtsgeschäftliche – Rechtshandlungen, die eine Sicherung des Gesellschafterdarlehens bewirken. Mit „Sicherung" werden alle Rechtspositionen umschrieben, die dem Gesellschafter als Gläubiger eines Rückgewähranspruchs von Seiten der Gesellschaft eingeräumt werden und den fortbestehenden Leistungsanspruch in seiner Durchsetzbarkeit verstärken oder erleichtern. 489

Praxistipp !

Unter einer **Sicherung** ist jede dem Gesellschafter für sein Darlehen oder die gleichgestellte Forderung aus Gesellschaftsmitteln gewährte Sicherheit – gleich ob Pfandrecht, Hypothek, Grundschuld, Sicherungsübereignung, Sicherungsabtretung, Kaution, Hinterlegung einer Sicherheitsleistung, Patronatserklärung, Zwangshypothek oder Pfändungspfandrecht – zu verstehen. Erfasst werden auch **gesetzliche Sicherungen** wie das Vermieterpfandrecht.

2. Betroffene Forderungen

§ 135 Abs. 1 InsO unterwirft die Sicherung eines Gesellschafterdarlehens und gleichgestellter Forderungen i.S.d. § 39 Abs. 1 Nr. 5 der Anfechtung. 490

Zu den Gesellschafterdarlehen gehört jedes Darlehen, also auch Sachdarlehen, Gefälligkeitsdarlehen oder partiarisches Darlehen durch einen an der Gesellschaft i.S.d. § 39 Abs. 1 Nr. 5 beteiligten Gesellschafters, der mit mehr als 10% am Haftkapital beteiligt ist. Die Anfechtung erfasst auch sog. **Überbrückungskredite**. 491

Vorsicht ist geboten, wenn der Gesellschafter seiner Gesellschaft Forderungen, die z.B. aus normalen Austauschgeschäften wie Kaufvertrag oder Mietvertrag herrühren im Wege von Vereinbarungen oder rein faktisch stundet, da jede Stundung bei wirtschaftlicher Betrachtungsweise eine Darlehensgewährung bewirkt.[83] 492

Praxishinweis !

Sofern der Gesellschafter mit seiner Gesellschaft über Kauf-, Miet- und andere Verträge verbunden ist und Forderungen gegen seine Gesellschaft generiert, sollten die Forderungen hieraus grundsätzlich innerhalb gewährter, noch üblicher Zahlungsziele bedient werden. Lässt der Gesellschafter die Forderungen jedoch stehen und macht diese nicht geltend, ist spätestens dann die Schwelle zur Stundung überschritten.

83 *Gehrlein* BB 2008, 846, 852.

3. Person des Darlehensgebers

a) Gesellschafter

493 § 135 InsO erfasst zum einen Darlehen von Gesellschaftern, wobei es nicht darauf ankommt, ob die Gesellschafterstellung im Zeitpunkt der Gewährung der Gesellschafterhilfe bestand. Vielmehr ist entscheidend, dass der Sicherheitennehmer **innerhalb des Zeitraums der Anfechtbarkeit** nach § 135 Abs. 1 Nr. 1 InsO bis zu der anfechtbaren Rechtshandlung die Gesellschaftereigenschaft inne hatte.[84]

494 Gibt der Darlehensgeber seine gesellschaftsrechtliche Beteiligung ab und erfolgt dies innerhalb der Jahresfrist des § 135 Abs. 1 Nr. 2 InsO, bevor der Insolvenzantrag erfolgt, so bleibt es bei der Einstufung als Gesellschafterdarlehen.

495 Gibt er seine gesellschaftsrechtliche Beteiligung jedoch **früher als ein Jahr** vor Insolvenzantrag ab, ist er wie ein sonstiger, normaler Darlehensgeber zu behandeln.[85]

496 Tritt der Gesellschafter eine gegen die Gesellschaft gerichtete Darlehensforderung binnen eines Jahres vor Antragstellung ab und tilgt die später insolvente Gesellschaft anschließend die Verbindlichkeit gegenüber dem neuen Darlehensgeber (Zessionar), so kann der Insolvenzverwalter nach Verfahrenseröffnung diese Tilgung nicht nur gegenüber dem Zessionar, sondern auch weiterhin gegenüber dem Gesellschafter anfechten.[86]

497 Von der Behandlung als Gesellschafterdarlehen macht § 135 Abs. 4 i.V.m. § 39 Abs. 4 und 5 InsO nur **zwei Ausnahmen**:

498 So nimmt § 39 Abs. 4 Satz 2 InsO solche Gesellschafter von § 135 InsO aus, die ab dem Zeitpunkt drohender bzw. eingetretener Zahlungsunfähigkeit oder Überschuldung Anteile an der Gesellschaft erwerben (also Neugesellschafter werden) und der Gesellschaft einen Kredit gewähren (sog. **Sanierungsprivileg**).

499 Nach § 39 Abs. 5 InsO werden auch solche Darlehensgeber von § 135 InsO ausgenommen, die mit bis zu 10% an dem Haftkapital der Gesellschaft beteiligt sind und nicht zu den geschäftsführenden Gesellschaftern gehören (sog. **Kleinbeteiligtenprivileg**).

b) Gesellschaftergleiche Dritte

500 Da nach §§ 135 Abs. 1, 39 Abs. 1 Nr. 5 InsO den Gesellschafterdarlehen solche Forderungen aus Rechtshandlung gleichgestellt werden, die einem Gesellschafterdarlehen wirtschaftlich entsprechen, gehören zu den gleichgestellten Forderungen grds.

---

84 BGH, Urteil vom 21.2.2013 – IX ZR 32/12 Rn 27 (= NZI 2013, 469).
85 BGH, Urteil vom 21.2.2013 – IX ZR 32/12 Rn 27 (= NZI 2013, 469).
86 BGH, Urteil vom 21.2.2013 – IX ZR 32/12 Rn 28 ff.

auch **Darlehen verbundener Unternehmen**, also solche, die mit dem Gesellschafter horizontal oder vertikal verbunden sind.[87]

Danach werden Darlehen eines Dritten als Gesellschafterdarlehen bewertet, wenn der Dritte **bei wirtschaftlicher Betrachtung** einem Gesellschafter gleichsteht. Ist also z.B. ein Gesellschafter sowohl an der darlehensnehmenden als auch der darlehensgebenden Gesellschafter beteiligt, so unterliegt die Darlehensgeberin der Regelung des §39 Abs. 1 Nr. 5 InsO dann, wenn der Gesellschafter kraft einer Mehrheitsbeteiligung beherrschenden Einfluss auf die darlehensgebende Gesellschaft ausüben kann.[88] 501

Das Gleiche gilt, wenn der Gesellschafter der darlehensnehmenden Schuldnerin mit 50% an der darlehensgebenden GmbH beteiligt und zugleich alleinvertretungsberechtigter Geschäftsführer dieser GmbH ist.[89] 502

Praxistipp !
Jeder Darlehensgeber, der auch nur mittelbar über weitere Beteiligungen mit dem darlehensnehmenden Unternehmer verbunden ist, sollte vor einer Kreditvergabe gegen Sicherheiten das Anfechtungsrisiko nach den §§ 135, 133 InsO prüfen lassen, **bevor** der Kredit ausgezahlt wird.

H. Insolvenzbedingte Lösungsklauseln in Verträgen

Ein großer Teil der in Deutschland verwendeten wirtschaftsrechtlichen Verträge ist teilweise nichtig. Sie alle sehen Sonderkündigungsrechte für den Fall der Insolvenzeröffnung oder eines Insolvenzantrags des Vertragspartners vor, obwohl der BGH bereits 2012 insolvenzabhängige Klauseln wegen Verstoß gegen § 119 InsO für unwirksam erklärte.[90] 503

Praxishinweis !
Insolvenzbedingte Lösungsklauseln bieten keinen Schutz mehr vor der Insolvenz des Vertragspartners.

I. Bei Insolvenzantrag Kündigung?

Wird ein Vertragspartner insolvent, wollen Geschäftspartner grundsätzlich sofort mit der meist fristlosen Kündigung aller laufenden Verträge reagieren können, egal 504

87 BGH, Urteil vom 21.2.2013 – IX ZR 32/12 Rn 15f.
88 BGH, Urteil vom 28.2.2012 – II ZR 116/11 (= NZI 2012, 522); Urteil vom 21.2.2013 – IX ZR 32/12 Rn 20ff.
89 BGH, Urteil vom 18.7.2013 – IX ZR 219/11.
90 BGH, Urteil vom 15.11.2012 – IX ZR 169/11.

ob Mietvertrag, Energieliefervertrag oder Dienstleistungsvertrag. Sie fürchten die Risiken und Probleme, in einer möglicherweise unsicheren Geschäftsverbindung Vorleistungen zu erbringen, aber später auf ihren Forderungen sitzen zu bleiben und nur mit einer Quote bedient zu werden, die in Deutschland im Regelfall 9–10% beträgt.

505 Trotz langsam steigender Akzeptanz der Insolvenz als Sanierungsinstrument setzen die Geschäftspartner jedenfalls zunächst wenig Hoffnung in eine weitere Zusammenarbeit oder reagieren überhastet zum Schutz eigener Interessen. Allerdings sollte jeder Geschäftspartner in Krise und Insolvenz des Vertragspartners sorgfältig **prüfen**, ob die fristlose Kündigung das Mittel der Wahl ist, oder ob nicht vielmehr zunächst andere Sicherungsmaßnahmen den gleichen Erfolg versprechen und zunächst Fortführungsmöglichkeiten mit dem vorläufigen Insolvenzverwalter auszuloten sind.

506 Die vertragliche Kündigung stützen sie typischerweise auf ein lange vor der Insolvenz vereinbartes **Sonderkündigungsrecht** für den Fall der Insolvenzeröffnung oder der Abweisung eines Antrags mangels Masse. Häufig finden sich auch die automatische Vertragsbeendigung oder die Kündigungsmöglichkeit bereits mit Insolvenzantragstellung – egal ob von Seiten eines Gläubigers oder durch den Vertragspartner selbst. Je mehr Geschäftspartner allerdings kündigen, desto geringer sind die vom Insolvenzverwalter noch vorzufindenden Sanierungschancen; jede erfolgreiche Sanierung, insbesondere solche mit Hilfe von Insolvenzplänen, setzt ein Fortbestehen der Lieferbeziehungen und Geschäftskontakte voraus. Neue Geschäftspartner wie Lieferanten zu gewinnen ist im laufenden Insolvenzverfahren der Ausnahmefall.

507 Aus diesem Grunde gewährt § 103 InsO ein sog. **Wahlrecht** des Insolvenzverwalters: „Ist ein gegenseitiger Vertrag zur Zeit der Eröffnung des Insolvenzverfahrens vom Schuldner und vom anderen Teil nicht oder nicht vollständig erfüllt, so kann der Insolvenzverwalter anstelle des Schuldners den Vertrag erfüllen und die Erfüllung vom anderen Teil verlangen." Eine ausdrückliche Unwirksamkeit von diesem Wahlrecht entgegenstehender Klauseln regelt § 103 InsO allerding nicht, weshalb umstritten ist, ob das Wahlrecht mit Hilfe insolvenzabhängiger Kündigungsklauseln unterlaufen werden darf, da § 119 InsO grundsätzlich die Unwirksamkeit von den §§ 103ff. InsO abweichender Vereinbarungen anordnet.

508 Eine ausdrückliche „**Kündigungssperre**" bestimmt § 112 InsO lediglich für Miet- und Pachtverhältnisse, die der Vermieter bzw. Verpächter nach dem gestellten Insolvenzantrag wegen ausstehender Mieten aus der Zeit vor dem Eröffnungsantrag nicht mehr kündigen kann. Nach § 108 InsO bestehen diese trotz Insolvenzeröffnung fort. Hier kann es in der Tat Sinn machen, sich von aussichtslosen Mietverhältnissen zu lösen, **bevor** der Mieter Insolvenzantrag stellt.

509 Das Insolvenzrecht will so dem Insolvenzverwalter alle Sanierungschancen erhalten, ohne dass die Geschäftspartner alle Verträge kündigen oder dringend benötigte Räumlichkeiten, Maschinen oder Know-how entziehen. Eine in einem **Mietver-**

trag vereinbarte insolvenzabhängige **Lösungsklausel** ist nach allgemeiner Ansicht unwirksam.[91]

II. Die BGH-Entscheidung aus 2012

Nach der neueren Rechtsprechung des BGH[92] folgt aus § 119 InsO die Unwirksamkeit der im Vertrag für den Insolvenzfall vereinbarten Lösungsklauseln, weil solche Vereinbarungen im Voraus das Wahlrecht des Insolvenzverwalters nach § 103 InsO ausschließen und dem von § 119 InsO intendierten Masseschutz zuwiderlaufen. Der vom BGH entschiedene Sachverhalt war wie folgt: 510

1. Sachverhalt

Der gewerbliche Kunde eines Stromanbieters geriet während der Laufzeit des Energielieferungsvertrages in Insolvenz. Vereinbart war, dass der Vertrag auch ohne Kündigung automatisch endet, wenn der Kunde einen Insolvenzantrag stellt oder aufgrund Kündigung automatisch endet, wenn der Kunde einen Insolvenzantrag stellt oder aufgrund eines Gläubigerantrags das vorläufige Insolvenzverfahren eingeleitet oder eröffnet wird. Stromanbieter und vorläufiger Insolvenzverwalter schlossen sodann einen neuen Vertrag zu höheren Preisen. Der vorläufige Insolvenzverwalter meinte allerdings, der alte Vertrag zu den günstigeren Preisen sei weiterhin gültig, und akzeptierte den neuen nur unter Vorbehalt. Später verweigerte der Insolvenzverwalter die Begleichung der Rechnungen des Stromanbieters; Letzterer hätte nach dem alten, weiterhin gültigen Vertrag abrechnen müssen. Der Stromanbieter klagte auf Zahlung der offenen Beträge. In beiden Vorinstanzen hatte er Erfolg. Spätestens mit Bestellung des vorläufigen Verwalters habe das alte Vertragsverhältnis aufgrund der wirksamen Lösungsklausel geendet. Hiergegen wendete sich der Verwalter. 511

2. Begründung

Der BGH gab dem Verwalter Recht, dieser konnte daher den Strom weiterhin zu den günstigen Konditionen des alten Vertrages beziehen. Es handele sich um eine insolvenzabhängige Lösungsklausel, also eine Regelung, die einer der Parteien für den Fall der Zahlungseinstellung, des Insolvenzantrages oder der Insolvenzeröffnung das Recht einräume, sich vom Vertrag zu lösen, oder die den Vertrag unter eine entsprechende auflösende Bedingung stelle. 512

91 BGH, Urteil vom 22.10.2013 – II ZR 394/12 Rn 12 (= NJW 2014, 698).
92 BGH, Urteil vom 15.11.2012 – IX ZR 169/11.

Kapitel 10
Konfliktlösungsmöglichkeiten

Ist es zum Zerwürfnis der Parteien gekommen und herrscht Streit über das Bestehen oder die Höhe von Ansprüchen, so ist der Gang zum Gericht sicherlich ein zielführendes, aber nicht immer das einfachste und schnellste Mittel. Abhängig davon wie zerstritten die Vertragsparteien tatsächlich sind, kann es sinnvoll sein, erst andere **Wege der Streitbeilegung** zu beschreiten. Eine erfolgreiche, gütliche Einigung vor einem Mediator oder in einem Schiedsverfahren kann **Zeit, Kosten und Mühen sparen**. 1

A. Mediation

Die Mediation ist ein vertrauliches und strukturiertes Verfahren, bei dem Parteien mit Hilfe eines oder mehrerer Mediatoren freiwillig und eigenverantwortlich eine **einvernehmliche Beilegung ihres Konflikts** anstreben, § 1 Abs. 1 MediationsG. 2

Gerade im Wirtschaftsverkehr kann ein neutraler Mediator zur Streitbeilegung ratsam sein, da sich dort weniger emotional belastete Parteien begegnen, die häufig auf beiden Seiten eine ressourcensparende Konfliktlösung wünschen. 3

I. Überblick

Die Mediation basiert auf dem Grundgedanken von **Freiwilligkeit, Selbstbestimmung** und **Vertraulichkeit**. So kann auch schon im Vertrag mittels einer **Mediationsklausel** vereinbart werden, dass vor Klageerhebung eine Problemlösung mittels eines Mediationsverfahrens angestrebt werden muss. 4

Teilnahme, Fortführung und Beendigung des Mediationsverfahrens sind vom **Parteiwillen** abhängig. Auch über die Hinzuziehung Dritter haben die Parteien allein zu entscheiden, § 2 Abs. 4 MediationsG. Der Mediator selbst hat keine Entscheidungsbefugnis. Er kann jedoch die Mediation abbrechen und beenden, insbesondere dann, wenn mit einer eigenverantwortlichen Kommunikation und Einigung der Parteien nicht mehr zu rechnen ist, § 2 Abs. 5 Satz 2 MediationsG. 5

Vom Gericht kann zudem nach § 278a ZPO ein Mediationsverfahren angeregt werden und das Gerichtsverfahren solange ruhen gelassen werden. Beide Parteien müssen jedoch mit diesem Vorgang einverstanden sein. 6

Wichtige Voraussetzung für ein erfolgreiches Mediationsverfahren ist nicht nur das Vertrauen in die **Neutralität des Mediators**, § 1 Abs. 2 MediationsG, sondern auch in seine **Verschwiegenheit**, § 4 MediationsG. Alle Umstände, die seine Neutralität beeinträchtigen können, hat er nach § 3 MediationsG offenzulegen. 7

8 Ebenso ist der Ausgang des Verfahrens **nicht öffentlich**. Während des Verfahrens eingebrachte Informationen dürfen nur in drei Fällen offengelegt werden. So dürfen dann Informationen weitergegeben werden, wenn dies zur Umsetzung der in der Mediation erzielten Vereinbarung notwendig ist, wenn es sich um offenkundige Tatsachen handelt oder wenn es aus vorrangigen Gründen der öffentlichen Ordnung geboten ist.

II. Verfahren

9 Entsprechend der Natur des Mediationsverfahrens wird den Parteien ein **bestimmter Ablauf weitestgehend freigestellt**. Sie bestimmen selbst über die Verfahrensregeln der Gespräche und Vermittlungen. Auf Wunsch ist es auch möglich, bewährte Mediationsverordnungen wie jene des Deutschen Instituts für Schiedsgerichtsbarkeit e.V. (DIS-MedO) oder der Internationalen Handelskammer (ICC Mediationsklauseln).

10 Der Mediator wird mit **Zustimmung** beider Parteien ausgesucht, § 2 Abs. 1 MediationsG. Dieser darf jedoch nach § 3 Abs. 2 und 3 MediationsG nicht in einer Sache tätig werden, wenn er bereits zuvor oder währenddessen für eine Partei tätig war. Zudem hat ein Mediator auf Wunsch einer Partei seine Qualifikation und Erfahrungen auf dem Gebiet der Mediation offenzulegen, § 3 Abs. 5 MediationsG.

11 Ist ein Mediator ausgesucht, hat dieser sich darüber zu vergewissern, dass beide Parteien freiwillig an dem Verfahren teilnehmen und Grundsätze und Ablauf des Verfahrens verstanden haben, § 2 Abs. 1 MediationsG. Jegliche weitere Inhalte werden von den Parteien bestimmt, wie z.B. Streitgegenstand, Gesprächsregeln, Beteiligte etc.

12 Eine Mediation gilt im Übrigen als Aufnahme von Vertragsverhandlungen gemäß § 203 BGB und hemmt somit jegliche **Verjährungsfristen**. Ein Problem kann dennoch entstehen sobald eine lange Zeitspanne zwischen Streitentstehung und Beginn der Mediation liegt. Für diesen Fall ist eine entsprechende Hemmungsklausel im Vertrag zu empfehlen.

13 Bei **Abschluss einer erfolgreichen Mediation** erlangt die erzielte Vereinbarung von sich aus keine Rechtsverbindlichkeit. Sie kann jedoch in einem **abschließenden Vertrag** festgehalten werden, § 2 Abs. 5 Satz 3 MediationsG. Die Mediation **scheitert** hingegen, wenn eine Partei sie beenden möchte oder der Mediator mangels Erfolgsaussichten abbricht, § 2 Abs. 5 MediationsG. Den Parteien bleibt dann der **Rechtsweg unbenommen**.

Klauselmuster

„**1.** Die Parteien verpflichten sich, im Falle einer sich aus diesem Vertrag ergebenden Streitigkeit, vor Klageerhebung bei einem ordentlichen Gericht oder einem Schiedsgericht zu erörtern und zu prüfen, ob eine Mediation durchgeführt werden soll.

2. Während der Dauer einer Mediation ist der Rechtsweg ausgeschlossen.

3. Die Parteien vereinbaren die Kosten der Mediation zu gleichen Teilen/im Verhältnis ... zu tragen.
4. Die Parteien verpflichten sich zur vertraulichen Behandlung aller im Rahmen des Mediationsverfahrens aus dem Bereich der anderen Partei offenbarten Informationen. Diese dürfen bei einem eventuellen späteren Rechtsstreit vor dem Schiedsgericht oder einem ordentlichen Gericht nicht ohne Zustimmung der anderen Partei eingeführt werden.
5. Die Parteien bestimmen ... zum Mediator./Der Mediator wird von ... (Neutraler Dritter) bestimmt.
6. Verjährungsfristen für Ansprüche im Zusammenhang mit Streitigkeiten aus diesem Vertrag gelten für den Zeitraum zwischen Entstehung der Streitigkeit und Beendigung der Mediation als gehemmt.
7. Sollten die Parteien in der Mediation nicht zu einer Einigung kommen, so kann jede Partei nach Beendigung des Mediationsverfahrens Klage vor dem ordentlichen Gericht erheben.
bzw. „... so kann jede Partei nach Beendigung des Mediationsverfahrens Entscheidung der Sache vor einem Schiedsgericht gemäß Absatz ... dieses Vertrages verlangen."

Durch vergleichbare Klauseln wird von den Parteien verlangt, die Durchführung eines Mediationsverfahrens in Erwägung zu ziehen. Es bleibt den Parteien überlassen, ob sie bei Ablehnung oder Scheitern einer Mediation auf die ordentlichen Gerichte oder auf die Schiedsgerichtsbarkeit verweisen. In letzterem Falle ist der Vertrag um eine Schiedsvereinbarung zu ergänzen. 14

Klauselmuster
Muster zur Einbindung der Mediationsordnung der Deutschen Institution für Schiedsgerichtsbarkeit e.V.

„Die Parteien verpflichten sich, im Falle einer sich aus diesem Vertrag ergebenden Streitigkeit, vor Klageerhebung bei einem ordentlichen Gericht oder einem Schiedsgericht eine Mediation gemäß der Mediationsordnung der Deutschen Institution für Schiedsgerichtsbarkeit e.V. (DIS.MedO) in der jeweils gültigen Fassung durchzuführen."

Ergänzend können u.a. Regelungen zur Anzahl der Mediatoren, Sprache und Ort des Verfahrens gemacht werden.

Klauselmuster
Muster zur Einbindung der Mediationsklausel zur Prüfung der Anwendung der ICC-Mediationsregeln

„In the event of any dispute arising out of or in connection with the present contract, the parties agree in the first istance to discuss and consider refering the dispute to the ICC Mediation Rules."

bzw.

„Die Parteien vereinbaren, im Falle aller Streitigkeiten, die sich aus oder in Zusammenhang mit dem vorliegenden Vertrag ergeben, zunächst zu erörtern und zu prüfen, ob die Streitigkeit den ICC-Mediations-Regeln unterworfen werden soll."

Auch in dieser Klausel wird die Durchführung einer Mediation wie oben der flexiblen Entscheidung der Parteien unterworfen. Bei Bedarf kann die Klausel durch Verweis auf eine Schiedsvereinbarung im Vertrag ergänzt werden:

„The commencement of proceedings under the ICC Mediation Rules shall not prevent any party from commencing arbitration in accordance with subclause ... below."

bzw.

„Die Parteien sind durch die Einleitung des Verfahrens gemäß den ICC-Mediations-Regeln nicht daran gehindert, ein Schiedsverfahren gemäß Absatz ... einzuleiten."[1]

15 Entscheiden sich die Parteien für diese Möglichkeit, ist der Vertrag um eine entsprechende Schiedsvereinbarung zu ergänzen.

III. Kosten

16 Das der Mediation zugrunde liegende Rechtsverhältnis ist meist ein **Dienstvertrag**. Geschuldet wird die Leitung der Mediation, nicht aber deren Erfolg. Für gewöhnlich werden die **Kosten des Mediationsverfahrens im Gespräch** mit den Parteien geklärt oder vorab ein **Vertrag** mit beiden Parteien vereinbart. Ist aber keine Absprache getroffen worden, gilt gemäß § 612 Abs. 1, 2 BGB die übliche Vergütung als vereinbart. Die Medianden sind im Zweifel **Gesamtschuldner**.

17 In der Regel werden für den Mediator **Stundenhonorare** vereinbart. Wir hoch diese sind, ist abhängig vom Mediator und dessen Qualifikation. Während einige ihre Dienste für etwa 80 € die Stunde anbieten, können in schwierigen Wirtschaftsfällen bis zu 500 € pro Stunde verlangt werden.

18 Eine weitere Orientierung bietet die „Hamburger Mediationsordnung für Wirtschaftskonflikte", die von der Handelskammer Hamburg, der Hanseatischen Rechtsanwaltskammer Hamburg und dem Hamburger Institut für Mediation e.V. herausgegeben wird. Darin ist in § 10 geregelt, dass unter Berücksichtigung des Streitwertes und des für die Mediationsstelle zu erwartenden Aufwandes eine **Kostenpauschale** in Höhe von 100 bis 500 € erhoben wird zuzüglich Anspruch auf Ersatz notwendiger Auslagen.

1 Von der Internationalen Handelskammer empfohlene Standard Mediation Clauses.

IV. Fazit

Während es bei Gerichtsverfahren nur Gewinner und Verlierer gibt, wird bei einer Mediation eine **Win-Win-Situation** gesucht und ein meist für alle Seiten zufriedenstellendes Ergebnis erzielt. Zudem dürfte im Ergebnis eine erfolgreiche Mediation günstiger sein, als eine Klärung der Streitigkeit vor den Gerichten und über meist mehrere Instanzen. 19

Zudem dauert ein erstinstanzliches Verfahren vor den Amtsgerichten gemäß einer Erhebung des Statistischen Bundesamtes von 2012 durchschnittlich 4,7 Monate und ein erstinstanzliches Verfahren vor den Landgerichten durchschnittlich 8,3 Monate.[2] Durch das **wesentlich kürzere Mediationsverfahren**, dessen Dauer auch nur auf einige Tage beschränkt sein kann, werden mitunter auch **Zeit und Arbeitsaufwand gespart**. 20

B. Schiedsverfahren

Mittels einer **Schiedsvereinbarung der Parteien** können sich diese auch darauf verständigen, dass alle oder einzelne Streitigkeiten, die in Bezug auf ein bestimmtes Rechtsverhältnis entstehen, von einem Schiedsgericht entschieden werden, vgl. § 1029 ZPO. Dabei kann es sich um vertragliche oder nichtvertragliche, bestehende oder zukünftige Rechtsverhältnisse handeln. 21

Das Schiedsgericht ist ein privates Gericht, welches aufgrund der Abrede der Parteien zusammentritt und ein **rechtsverbindliches Urteil** erlässt, einen sogenannten Schiedsspruch, vgl. § 1055 ZPO. Ein solches Verfahren ist bei vermögensrechtlichen Ansprüchen aller Art möglich, ausgenommen solche über den Bestand eines Mietverhältnisses über Wohnraum im Inland, vgl. § 1030 BGB. 22

I. Überblick

Einen Rechtsstreit vor einem Schiedsgericht zu klären bringt verschiedene **Vor- und Nachteile** mit sich. 23

Zum einen ist die **Verfahrensdauer** im Vergleich zu ordentlichen Gerichten i.d.R. erheblich verkürzt, wodurch sich auch Kosten einsparen lassen. Zudem können von den Parteien zahlreiche **Verfahrensgrundlagen selbst vereinbart** werden, z.B. der Ort, § 1043 ZPO, die Verfahrenssprache, § 1045 ZPO, oder sogar das im 24

2 Statistisches Bundesamt, Rechtspflege, Zivilgerichte Fachserie 10 Reihe 2.1, erschienen am 15. Oktober 2013, Artikelnummer: 210 021 012 700 4, S. 26, 50.

Verfahren anzuwendende Recht, § 1051 ZPO. Auch die Fragen, ob **ein oder drei Richter** entscheiden sollen und welche Personen dies sein sollen, können von den Parteien geklärt werden, §§ 1034, 1035 ZPO. Dies ermöglicht es, Richter mit besonderen Kenntnissen in rechtlichen, technischen und wirtschaftlichen Bereichen auszuwählen.

25 Einen weiteren Vorteil kann die **Nichtöffentlichkeit** des Schiedsverfahrens darstellen. Während vor ordentlichen Gerichten der Grundsatz der Öffentlichkeit aus § 169 GVG gilt, kann dies für Schiedsgerichtsverfahren ausgeschlossen werden. Geschäftsgeheimnisse und Interna aus den Geschäftsbeziehungen der Parteien werden folglich nur vor den zugelassenen Anwesenden („in camera") erörtert.

26 Besonders günstig ist eine Schiedsvereinbarung zwischen **Parteien aus unterschiedlichen Ländern**. Durch das New Yorker Übereinkommen über die Anerkennung und Vollstreckung ausländischer Schiedssprüche lässt sich ein Schiedsspruch in vielen Ländern der Welt **leichter vollstrecken**, wohingegen ein Urteil der ordentlichen Gerichte häufig zunächst in einem langen Verfahren von ausländischen Behörden anerkannt werden muss. In islamischen Ländern werden Urteile westlicher Länder häufig erst gar nicht anerkannt.

27 Eine **kürzere Verfahrensdauer** ist jedoch nicht immer gewährleistet, sie kann im Einzelfall die Dauer und die Kosten eines staatlichen Gerichtsverfahrens übersteigen. Außerdem birgt der verkürzte Instanzenzug auch die **Gefahr von Fehlentscheidungen**. Denn mit der Schiedsklausel verzichten die Vertragspartner häufig auf rechtliches Gehör vor den staatlichen Gerichten. Reicht eine Partei in einer Streitsache trotz Schiedsabrede Klage bei einem ordentlichen Gericht ein, kann sich dieses für unzuständig erklären, sofern die andere Partei die Unzuständigkeit des Gerichtes rügt, vgl. § 1032 ZPO. Es bleibt nur dann weiter zuständig, wenn es feststellt, dass die Schiedsvereinbarung nichtig, unwirksam oder undurchführbar ist. Darüber hinaus bedarf es zur **Vollstreckung inländischer Schiedssprüche** mit Wirkung des rechtskräftigen Urteils einer **Vollstreckbarerklärung** durch das Oberlandesgericht, § 1064 ZPO.

II. Verfahren

28 Um die Zuständigkeit eines Schiedsgerichtes überhaupt zu begründen, müssen die Parteien hierüber zunächst eine Schiedsvereinbarung getroffen haben. Diese kann entweder in einer **selbstständigen Vereinbarung** oder als **Klausel** in einem Vertrag festgehalten werden, vgl. § 1029 Abs. 2 ZPO.

29 Weiterhin muss sie entweder in einem von beiden Vertragsparteien unterzeichneten Dokument oder in einem den **Nachweis der Vereinbarung sicherstellenden Schriftwechsel** der Parteien aufgeführt sein, um den Formerfordernissen aus § 1031 ZPO zu genügen.

Praxishinweis
Ist eine Partei Verbraucher, muss die Schiedsvereinbarung in einem gesonderten Dokument, welches ansonsten keine weiteren Regelungen enthält, vereinbart und von den beiden Parteien unterschrieben worden sein, § 1031 Abs. 5 ZPO.

Innerhalb der Schiedsvereinbarung können die Parteien den Ablauf des Verfahrens entweder **selbst regulieren** oder auf **Schiedsverordnungen größerer Institute** zurückgreifen, z.B. die Schiedsgerichtsordnung Bauwesen (SGO Bau), die Schiedsgerichtsordnung der Deutschen Institution für Schiedsgerichtsbarkeit e.V. (DIS-SchO) oder jener der Internationalen Handelskammer (ICC Rules). 30

In diesem Zusammenhang können die können die Parteien auch entscheiden, ob sie ein Ad-Hoc-Schiedsgericht oder ein ständiges Schiedsgericht entscheiden lassen wollen. Ein **Ad-Hoc-Schiedsgericht** tritt erst durch die Schiedsvereinbarung und die Klageeinreichung zusammen. Ein **ständiges Schiedsgericht** ist dagegen ein solches, welches von bestimmten Verbänden oder Organisationen für eine Vielzahl von Entscheidungen in bestimmten Rechtsbereichen zur Verfügung gestellt wird, z.B. die Schiedsgerichte zahlreicher Industrie- und Handelskammern, die Mitglied der Deutschen Institution für Schiedsgerichtsbarkeit e.V. sind. 31

Die Vereinbarung über einen **Einzelschiedsrichter** empfiehlt sich für Streitwerte unter 100.000 €. Bei einem **Dreierschiedsgericht** wird i.d.R. von jeder Partei ein Richter bestellt, welche dann gemeinsam einen Vorsitzenden bestellen, § 1035 Abs. 3 ZPO. In der Praxis hat sich gezeigt, dass Verfahren mit Einzelschiedsrichtern schneller beendet werden, als mit drei Schiedsrichtern. 32

Praxistipp
Eine Festlegung innerhalb der Schiedsvereinbarung darüber, wer Richter im Schiedsverfahren sein soll, kann im Nachhinein auftretende Streitigkeiten über die Benennung des Schiedsrichters vermeiden und Verfahrenszeit einsparen.

Die Schiedsvereinbarung sollte ferner enthalten, **welches materielle Recht** anwendbar sein soll, § 1051 ZPO. 33

Wurde die **Benennung der Schiedsrichter** vereinbarungsgemäß einem neutralen Dritten überlassen, beginnt das Verfahren mit **Klageeinreichung** und Anwaltsschreiben mit Bitte um Benennung der Richter.

Nach **Übersendung** der **Klageabschriften** an die andere Partei und Eingang der Klageerwiderung wird **Termin** zur mündlichen Verhandlung in Absprache mit den Beteiligten anberaumt. Diese erfolgt in einer **nichtöffentlichen Sitzung** des Schiedsgerichts und endet in der Mehrheit der Fälle mit einem **Schiedsspruch** in Form eines Vergleiches der Parteien. 34

Ein rechtswirksamer Schiedsspruch kann nur zwischen inländischen Parteien mittels eines Aufhebungsantrags angegriffen werden, § 1059 ZPO. Dieser kann nur auf die dort abschließenden Gründe gestützt werden, die im Wesentlichen auf den 35

Verstoß bedeutender Verfahrensprinzipien hinauslaufen. **Andere Rechtsmittel** gegen den Schiedsspruch oder einen weiteren Instanzenzug gibt es **nicht.**

Klauselmuster
Muster für die Einbindung der SGO Bau

„Alle Streitigkeiten, die sich im Zusammenhang mit dem Vertrag ... zwischen ... und ... vom ... oder über seine Wirksamkeit ergeben, werden durch ein Schiedsgericht nach der Schiedsgerichtsordnung für das Bauwesen (einschließlich Anlagenbau) (SGO Bau) herausgegeben von der Deutschen Gesellschaft für Baurecht e.V. in der jeweils gültigen Fassung unter Ausschluss des ordentlichen Rechtswegs endgültig entschieden.
Das Schiedsgericht entscheidet auch über die Rechtswirksamkeit und den Geltungsbereich der Schiedsvereinbarung.
Für die Vornahme gerichtlicher Entscheidungen wird das Oberlandesgericht ... vereinbart."

Empfehlenswerte Ergänzungen:
„Der Ort des schiedsgerichtlichen Verfahrens ist ..."
„Es wird von einem Einzelschiedsrichter entscheiden." oder „Es wird von drei Schiedsrichtern entschieden."
„Als Schiedsrichter werden bestellt ... (Person des Schiedsrichters/der Schiedsrichter)."
„Das anwendbare materielle Recht ist ..."
„Die Sprache des schiedsrichterlichen Verfahrens ist ..."

Klauselmuster
Muster für die Einbeziehung der DIS-SchO

„Alle Streitigkeiten, die sich im Zusammenhang mit dem Vertrag ... zwischen ... und ... vom ... oder über seine Wirksamkeit ergeben, werden durch ein Schiedsgericht nach der Schiedsgerichtsordnung der Deutschen Institution für Schiedsgerichtsbarkeit e.V. (DIS-SchO) in der jeweils gültigen Fassung unter Ausschluss des ordentlichen Rechtswegs endgültig entschieden.
Das Schiedsgericht entscheidet auch über die Rechtswirksamkeit und den Geltungsbereich der Schiedsvereinbarung.
Für die Vornahme gerichtlicher Entscheidungen wird das Oberlandesgericht ... vereinbart."

Empfehlenswerte Ergänzungen:
„Der Ort des schiedsrichterlichen Verfahrens ist ..."
„Es wird von einem Einzelschiedsrichter entschieden." oder „Es wird von drei Schiedsrichtern entschieden."
„Als Schiedsrichter werden bestellt ... (Person des Schiedsrichters/der Schiedsrichter)."
„Das anwendbare materielle Recht ist ..."
„Die Sprache des schiedsrichterlichen Verfahrens ist ..."

Klauselmuster
Muster zur Einbindung der ICC Rules

„All disputes arising out of or in connection with the present contract shall be finally settled under the Rules of Arbitration of the International Chamber of Commerce by one or more arbitrators appointed in accordance with the said Rules."

Hees

bzw.

„Alle Streitigkeiten, die sich aus oder im Zusammenhang mit dem vorliegenden Vertrag ergeben, werden nach der Schiedsgerichtsordnung der Internationalen Handelskammer (ICC) von einem oder mehreren gemäß dieser Ordnung ernannten Schiedsrichtern endgültig entschieden."

Empfehlenswerte Ergänzungen:
„The place of arbitration is ..."
„The number of arbitrations is ..."
„The law governing the contract is ..."
„The language of the arbiration is ..."[3]

III. Kosten

Da die Schiedsgerichte nichtöffentlich entscheiden, gibt es nur wenige Statistiken über die tatsächlich anfallenden Summen eines Schiedsgerichtsverfahrens. 36

Die Gesamtkosten eines **DIS-Schiedsverfahrens** belaufen sich bei einem Verfahren mit Einzelrichter und einem Streitwert von 100.000 € auf etwa 16.500 €. 37

Ein vor der **Internationalen Handelskammer** (ICC) geführtes Schiedsverfahren mit einem Streitwert von 100.000 € (= 129.000 $) würde etwa 31.000 € (= 40.000 $) Gesamtkosten verursachen. 38

Dies sind nur **grobe Angaben**, da sich durch abweichende Vergütungsvereinbarungen mit den Rechtsanwälten und eventuell anfallenden Kosten für Beweiserhebung und Sachverständigengutachten die Gesamtkosten erhöhen können. Dennoch sind die zu zahlenden Beträge bei einem Schiedsverfahren überschaubarer, da anders als vor einem ordentlichen Gericht ein weiterer Instanzenzug zu staatlichen Gerichten nur in den wenigen Fällen gravierende Verfahrensverstöße gemäß § 1059 ZPO möglich ist. 39

IV. Fazit

Schiedsverfahren eignen sich durch ihre **einfachere Vollstreckbarkeit** insbesondere für Fälle mit **Parteien aus unterschiedlichen Ländern**. Durch Schiedsvereinbarungen können so lange Streitigkeiten über Zuständigkeiten von Gerichten, anwendbares Recht und Durchsetzbarkeit der Ansprüche vermieden werden. Gerade wenn durch die Streitigkeit sensible Unternehmensinformationen tangiert werden, kann auch die **Vertraulichkeit** eines Schiedsgerichts ausschlaggebend für die Wahl dieser nichtöffentlichen Verfahrensart sein. 40

3 Von der Internationalen Handelskammer empfohlene Standard Arbitration Clauses.

41 Bei Konflikten zwischen inländischen Parteien ist **von Schiedsverfahren mit geringem Streitwert abzuraten**. Je geringer der Streitwert ist, desto eher wird von einer Ausschöpfung des Instanzenzuges vor den ordentlichen Gerichten abgesehen. Eine Klage vor ordentlichen Gerichten ist dann kostengünstiger.

! **Praxistipp**
Mit Blick auf die hohe Anzahl von Vergleichen vor den Schiedsgerichten scheint jedoch die Möglichkeit einer Mediation vor Einleitung eines Schiedsverfahrens angeraten.

C. Ordentliche Klage

42 Kann keine außergerichtliche Einigung über die Streitsache erzielt werden und wurde der ordentliche Rechtsweg nicht zugunsten der Schiedsgerichtsbarkeit ausgeschlossen, kann vor den ordentlichen Gerichten **Klage erhoben** werden. Sie stellt die **ultima ratio** der rechtlichen Konfliktlösungsmöglichkeiten dar.

I. Überblick

43 Der Ablauf eines zivilrechtlichen Verfahrens ist in erster Linie in der Zivilprozessordnung (ZPO) geregelt. Aus den dort normierten Regelungen zeigen sich grundsätzliche Verfahrensprinzipien, die bei jedem Verfahren gelten und gegeneinander abgewogen werden müssen.

44 Zunächst gilt die **Dispositionsmaxime**, auch bekannt als „Wo kein Kläger, da kein Richter." Es bestimmten grundsätzlich die Parteien über Beginn und Ende des Verfahrens. Ohne Erhebung einer Klage oder sonstige Einleitung eines Verfahrens wird kein Zivilgericht tätig. Weiterhin steht es den Parteien frei, jederzeit auch vor einem Urteil oder einem Verhandlungstermin den Prozess wieder zu beenden, z.B. durch Klagerücknahme, §269 ZPO, durch übereinstimmender Erledigung, §91a ZPO, oder mittels Prozessvergleich. Sie legen zudem den Streitgegenstand des Verfahrens fest. Das Gericht darf daher den Parteien weniger aber nicht mehr oder etwas anderes zusprechen, als das, was die Parteien **beantragt** haben, §308 ZPO. Von Amts wegen untersucht das Gericht nur bestimmte Umstände, wie z.B. Prozessvoraussetzungen.

45 Für den Ablauf des Verfahrens gilt zudem der **Verhandlungs- und Beibringungsgrundsatz**. Anders als im Strafverfahren ermittelt das Gericht einen Sachverhalt nicht von sich aus. Es zieht **nur solche entscheidungserheblichen Tatsachen** in Erwägung, die **von den Parteien in den Prozess eingeführt** werden.

46 Zur besseren Kontrolle und Vermeidung einer Geheimjustiz gilt der **Grundsatz der Öffentlichkeit** im deutschen Zivilverfahren. Nach § 169 GVG ist die Verhandlung vor Gericht einschließlich Urteilsverkündung öffentlich. Ausnahmen von diesem Prinzip gibt es nur für wichtige Fälle.

Damit die Öffentlichkeit, der keine Akten vorliegen, dem Verfahren folgen kann, gilt der **Grundsatz der Mündlichkeit**. Alle Anträge und Tatsachenvorträge sind von den Parteien während der mündlichen Verhandlung vorzutragen und allein dieser Vortrag ist Grundsatz der gerichtlichen Entscheidung, § 128 Abs. 1 ZPO. Dem Gericht und der anderen Partei zugegangene Schriftsätze sind insoweit nur Vorbereitung auf den mündlichen Vortrag. In der Praxis wird der Grundsatz jedoch ad absurdum geführt. So können Anwälte für ihre Vorträge auf eben jene Schriftwechsel verweisen, vgl. § 137 Abs. 3 ZPO, oder die Parteien können von Anfang an auf eine mündliche Verhandlung verzichten und den Rechtsstreit in einem schriftlichen Verfahren mit anschließender Entscheidungsverkündung des Gerichts klären, § 137 Abs. 2 ZPO. 47

Elementar und deswegen auch im Grundgesetz in Art. 103 Abs. 1 GG und Art. 6 Abs. 1 MRK verankert, ist das **Recht auf rechtliches Gehör**. Es muss grundsätzlich jede Partei vor Erlass einer Entscheidung unterrichtet, angehört und Gelegenheit zur Stellungnahme gegeben werden. Dies zeigt sich z.B. in § 139 Abs. 1 ZPO. Nach dieser Norm hat der Richter mit den Parteien den Rechtsstreit in rechtlicher und tatsächlicher Hinsicht zu erörtern und Fragen zu stellen. Er hat dahin zu wirken, dass die Parteien sich rechtzeitig und vollständig über alle erheblichen Tatsachen erklären, insbesondere ungenügende Angaben zu den geltend gemachten Tatsachen ergänzen, die Beweismittel bezeichnen und die sachdienlichen Anträge stellen. 48

Bei welchem Gericht Klage eingereicht werden kann und wie ein weiterer Instanzenzug abläuft ist abhängig vom **Streitwert** der Klage. Unter Streitwert versteht man den **objektiven Wert des Interesses des Klägers** an seinem Begehren, bei Zahlungsklagen folglich den Betrag der Hauptforderung. In der ersten Instanz beginnen Zivilprozesse mit einem Streitwert von bis zu 5.000 € bei einem Amtsgericht. Für Prozesse mit höheren Streitwerten sind erstinstanzliche Landgerichte sachlich zuständig, bei welchem zudem Anwaltszwang herrscht. 49

Praxistipp !

Auch wenn bei Prozessen vor dem Amtsgericht kein Anwaltszwang herrscht, kann es sich lohnen, einen Anwalt als Prozessvertreter zu bestellen. Einem Laien kann es eher passieren, dass er ungeeignete Schritte im Verfahren einleitet oder geeignete unterlässt, wie die Geltendmachung von Einreden. Wer von vornherein Rechtsbeistand zu Hilfe nimmt, kann sich manchmal ein eventuelles Berufungsverfahren vor dem Landgericht sparen und erhält eine beratende Einschätzung zu Kosten und Risiko des Rechtsstreits.

II. Verfahren

In den unterschiedlichen Stadien des Zivilverfahrens werden den Parteien verschiedene Handlungsmöglichkeiten zur Verfolgung ihrer Rechte geboten. 50

1. Verfahrensbeginn

51 Bereits bei der Einleitung gerichtlicher Geltendmachung der Ansprüche kommen mehrere Möglichkeiten in Betracht.

52 Bei reinen Zahlungsforderungen kann ein **Mahnverfahren** gemäß §§ 688 ff. ZPO einen einfachen, schnellen und günstigen Weg zu einem Vollstreckungstitel bieten. Wehrt der Anspruchsgegner sich nicht durch Widerspruch oder Einspruch gegen ihm zugestellte gerichtliche Mahnbescheide, erlässt das Gericht ihm gegenüber einen Vollstreckungsbescheid, § 669 ZPO. Dieser kann als Vollstreckungstitel, § 794 Abs. 1 Nr. 4 ZPO, durchgesetzt werden.

Praxistipp
Kann man als Gläubiger davon ausgehen, dass der Schuldner sich nicht gegen einen Mahnbescheid wehrt, ist ein Mahnverfahren äußerst vorteilhaft. Wird sich der Schuldner dagegen wahrscheinlich verteidigen, kann er das Mahnverfahren und die darin laufenden Fristen nutzen, um den Prozess vor Gericht weiter hinauszuschieben. Zweckmäßiger ist in diesen Fällen die sofortige Klage.

53 In der Regel beginnen gerichtliche Zivilprozesse mit der **Einreichung einer Klageschrift** gemäß § 253 ZPO. Sie muss vollständig und zustellungsfähig die Parteien beschreiben, entweder in Schriftform oder über elektronischem Wege eingereicht worden sein, § 130a Abs. 2 ZPO, keine anderen schwerwiegenden Mängel aufweisen und vom Kläger oder dessen Anwalt unterschrieben sein, § 130 Nr. 6 ZPO. Prozessvoraussetzung ist weiterhin die Prozesshandlungsfähigkeit des Klagenden, welche bei Verfahren vor den Landgerichten nur in Vertretung durch einen Anwalt vorliegt, § 78 ZPO.

54 Die Zeitspanne bis zum ersten Verhandlungstermin, geschweige denn bis zum Erlass eines rechtskräftigen Urteils kann im Zweifel abhängig von der Komplexität des Sachverhalts und gewählten Rechtsmittel eine sehr lange sein. Ist aber die Durchsetzung eines nicht auf Geld gerichteten Anspruches erforderlich, kann im Wege des **einstweiligen Rechtsschutzes** eine vorläufige Entscheidung des Gerichts erwirkt werden.

55 Das Gericht wird bei Antrag auf Erlass einer einstweiligen Verfügung die vorgebrachten Tatsachen und Zulässigkeitsvoraussetzungen lediglich summarisch prüfen. Diesem Schritt muss nicht zwangsweise die Einleitung eines Zivilprozesses folgen. Möchte man dagegen verhindern, dass die andere Partei eine solche einstweilige Verfügung bei Gericht beantragt, besteht die Möglichkeit, dort eine **Schutzschrift** zu hinterlegen.

2. Haupttermin

56 Die mündliche Verhandlung im Gerichtsalltag gestaltet sich erheblich weniger dramatisch, als in so manchen Gerichtsshows im Fernsehen dargestellt. In der mündlichen Verhandlung werden die zuvor in Schriftsätzen angeführten Stellungnahmen

aufgegriffen, ergänzt, ggf. mittels Beweisaufnahme bestärkt, weiterführende Fragen gestellt und über die Sache verhandelt.

Kann das Gericht kein abschließendes Urteil erlassen, vertagt es entweder die Entscheidung, § 227 ZPO, oder es trifft einen Beschluss zur weiteren Prozessförderung, z.B. einen Beweisbeschluss mit Anberaumung eines weiteren Termins. 57

3. Ende des Verfahrens

In der Regel ergeht am Ende des Rechtsstreits ein **abschließendes Urteil** nach §§ 310ff. ZPO. Es enthält u.a. die Urteilsformel, eine knappe Wiedergabe des Tatbestandes, die Entscheidungsgründe des Gerichtes und eine Quotelung der Kosten. Wie hoch der zu zahlende Betrag ist, wird in einem anschließenden Kostenfestsetzungsverfahren nach §§ 103ff. ZPO ermittelt. 58

Hat das Gericht nach der Ansicht einer Partei fehlerhaft entschieden, kann unter Umständen **Berufung**, §§ 511ff. ZPO, gegen das ergangene Urteil eingelegt werden. Bei einem zulässigen Berufungsantrag wird in einem Berufungsverfahren von einem höheren Gericht die Entscheidung unter Berücksichtigung neu vorgetragener Tatsachen auf Rechtsfehler hin überprüft. Will sich die eine Partei gegen dieses Berufungsurteil wehren, kann **Revision** beantragt werden, §§ 542ff. ZPO. Sofern diese zulässig ist, wird von einer weiteren Instanz das Berufungsurteil lediglich auf rechtliche Bewertungsfehler hin überprüft. Weitere vorgetragene Tatsachen werden nicht berücksichtigt. Zugunsten des Rechtsfriedens ist eine erneute Bewertung vor dem Bundesgerichtshof, dem Bundesverfassungsgericht oder einem europäischen Gerichtshof nur unter sehr eingeschränkten Voraussetzungen möglich. 59

Mitunter kommt es zu einem **Prozessvergleich** zwischen den Parteien. Dieser Ausdruck gegenseitigen Nachgebens zur Beilegung eines anhängigen Rechtstreits vor Gericht besteht zum einen aus einer Prozesshandlung und einem schuldrechtlichen Vertrag. Es kommt nicht nur zur Wiederherstellung des Rechtsfriedens ohne Prestigeverlust einer Partei, sondern i.d.R. auch zu sachgerechten Lösungen und Prozesskostenminimierung. Zudem besteht für die Parteien die Möglichkeit, über das ursprüngliche Klagebegehren hinausgehende Regelungen zu treffen. 60

Ist jedoch noch vor einer Entscheidung des Gerichtes der Klagegrund weggefallen oder verlieren die Parteien aus sonstigen Motiven das Interesse an einer gerichtlichen Klärung, können sie mittels einer **übereinstimmenden Erledigungserklärung** nach § 91a ZPO das Verfahren beenden. Die Rechtshängigkeit des bisher streitigen Anspruches wird unmittelbar beendet und alle im Rechtsstreit ergangene, noch nicht rechtskräftige Entscheidungen verlieren ihre Wirksamkeit. Es erfolgt nur noch ein Kostenbeschluss unter Berücksichtigung des bisherigen Sach- und Streitstandes nach billigem Ermessen oder durch Kostenvergleich der Parteien. 61

III. Kosten

62 Die Kosten eines Zivilprozesses variieren je nach Aufwand für Beweisaufnahme, Sachverständigengutachten und Vergütungsvereinbarung mit dem Rechtsanwalt. Daher lassen sich die anfallenden Beträge nur grob angeben und können im **Einzelfall erheblich abweichen**. Schätzungsweise können für einen Streitwert von 100.000 € für das Verfahren in der ersten Instanz mögliche Kosten über etwa 12.000 € entstehen. Bei vollem Instanzenzug mit Berufung und Revision können sich diese auf etwa 45.000 € erhöhen. Je nach Ausgang des Verfahrens werden sie zu unterschiedlichen Anteilen von den Parteien getragen.

Stichwortverzeichnis

Die Zahlen und Buchstaben in Fettdruck beziehen sich auf die Kapitel des Werkes, die Ziffern beziehen sich auf die Randnummern innerhalb der Kapitel.

Printed and bound by CPI Group (UK) Ltd, Croydon, CR0 4YY
05/10/2026
14975896-0004